江苏水利年鉴

2012

江　苏　省　水　利　厅

图书在版编目（CIP）数据

江苏水利年鉴. 2012 / 江苏省水利厅编. -- 南京 : 凤凰出版社, 2012.12
ISBN 978-7-5506-1711-7

Ⅰ. ①江… Ⅱ. ①江… Ⅲ. ①水利建设—江苏省—2012—年鉴 Ⅳ. ①F426.9-54

中国版本图书馆CIP数据核字(2012)第317185号

书　　名	江苏水利年鉴(2012)
编　　者	江苏省水利厅
责任编辑	常宁文
出版发行	凤凰出版传媒股份有限公司 凤凰出版社(原江苏古籍出版社) 发行部电话025-83223462 南京市湖南路1号A楼,邮编:210009
出版社地址	南京市中央路165号,邮编:210009
出版社网址	http://www.fhcbs.com
照　　排	南京凯建图文制作有限公司
印　　刷	江苏凤凰通达印刷有限公司 南京市六合区冶山镇,邮编:211523
开　　本	787×1092毫米　1/16
印　　张	29.5
字　　数	717千字
版　　次	2012年12月第1版　2012年12月第1次印刷
标准书号	ISBN 978-7-5506-1711-7
定　　价	78.00元

(本书凡印装错误可向承印厂调换,电话:025-57572508)

2011年5月26日，水利部和省政府签署共同加快推进江苏水利现代化建设合作备忘录

2011年7月16日，全省推进水利现代化建设工作会议在南京召开

2011年8月6日，省委书记罗志军到省防汛防旱指挥部检查指导防汛防台工作

2011年6月7～8日，省长李学勇到江都、高邮、洪泽等地检查指导防汛防旱工作

2011年12月8日，水利部部长陈雷视察南京市水利工作

2011年12月9日，新一轮治淮首项骨干工程淮河入江水道整治工程开工

2011年9月7～8日，省政协主席张连珍率队赴苏北现场督办提案办理工作

2011年2月13日，省委常委、副省长黄莉新赴徐州市检查指导抗旱工作

2011年12月10日，首届中国湖泊论坛暨第九次江苏科技论坛在南京举行

2011年12月15日，全国水利风景区建设与管理工作会议在溧阳召开

2011年12月23日，全省水利工作会议在苏州召开

2011年12月2日，全省水利现代化规划工作座谈会在南京召开

2011年1月26日，南水北调洪泽站开工建设

2011年3月15日，南水北调东线一期睢宁二站和徐洪河影响处理工程开工建设，至此江苏省境内南水北调东线一期18座泵站工程全部开工建设

2011年3月15日，南水北调徐州市截污导流主体工程建成通水

2011年5月11日，徐州市举行铜山区、丰县、睢宁县、贾汪区四县区水务局集体揭牌仪式，标志着徐州市水务发展进入新格局

2011年2月，省水利厅组织苏北抗旱调水

新沭河治理三洋港挡潮闸建设现场

强化水政巡查，打击长江非法采砂

2011年7月1日，省水利厅召开纪念建党90周年大会，举办各种活动庆祝建党90周年

《江苏水利年鉴》编辑委员会

《江苏水利年鉴》编辑部

编 辑 说 明

一、《江苏水利年鉴》是由江苏省水利厅主办、凤凰出版社出版的年刊，它如实记载了江苏水利事业发展和改革的进程，集文献、信息、资料于一书，具有权威性、综合性、连续性、存史性。本卷为第24卷。

二、《江苏水利年鉴》2012年卷记述2011年度江苏水利事业各方面的资料和信息，编排上基本采用"栏目""编目""条目"三级结构的年鉴体例，本年度栏目设置作了部分调整，共设：综述、重要文献、水利法制、水利建设、水利管理、防汛防旱、水文工作、南水北调、水利科技、水利经济、行业发展能力建设、地方水利、厅直工管单位、大事记、水利统计资料等15个栏目。

三、《江苏水利年鉴》收入的文稿，均由各市、县水利局和省水利厅各处室、厅直属单位提供或专人撰稿，并实行文责自负。编辑部一般只作技术性加工，有关技术内容、文字、数据保密等问题均由撰稿人所在单位把关审定。

四、《江苏水利年鉴》的编辑出版，得到了全省水利系统各有关部门、单位的支持和帮助，在此表示衷心的感谢，我们热忱欢迎广大读者提出宝贵意见，以便改进工作。

序

《江苏水利年鉴》是江苏省水利厅主办的综合性刊物。自1998年正式出版发行以来，历经14个春秋，她生动地记载了江苏水利现代化建设前进的脚步和取得的巨大成就。在历届省委、省政府的正确领导下，全省各级水利部门以邓小平理论和“三个代表”重要思想为指导，全面贯彻科学发展观，大力推进江苏水利现代化建设，为经济社会的又好又快发展提供有力的支撑和保障。《江苏水利年鉴》以其鲜明的特点、详实的事例、朴实的语言，客观反映了这一时期江苏水利改革、开拓、创新的发展历程和崭新风貌，为我们鉴往知来，开阔视野，提高科学决策水平，更好地推动江苏水利事业发展，提供了有益的帮助，也为更好地了解和认识江苏水利，增进相互交流与合作提供了重要的平台。

当前，全省水利系统正牢固确立科学发展观，围绕省委、省政府提出的建设更高水平小康社会的奋斗目标，积极实践新时期治水新思路，努力把握水的自然规律和经济规律，改革水利，创新水利，努力开创经济社会与水资源环境协调发展的新局面。我们要针对江苏工业化、城市化快速发展对水利工作提出的新要求，把保障水资源可持续利用和水生态环境可持续发展作为现代水利的主要任务，坚持水安全、水资源和水环境统筹规划、综合治理，全面提高水利工程的防洪保安能力、水资源保障能力、水环境保护能力和水利行业的公共服务社会管理能力，为促进科学发展、建设和谐社会提供更好的支撑和保障。

希望《江苏水利年鉴》与时俱进，努力进取，不断提高编辑水平和刊物质量，更好地体现水利特色和时代特征，进一步强化信息功能、咨政功能和服务功能，为又好又快地推进江苏水利现代化建设作出新贡献！

吕振霖

目　　录

综　　述

重要文献

水利法制

水利建设

水利管理

防汛防旱

水文工作

南水北调

水利科技

水利经济

行业发展能力建设

地 方 水 利

厅直工管单位

大 事 记

水利统计资料

综　　述

2011年水利发展综述

省水利厅厅长 吕振霖

2011年,是“十二五”的开局之年,也是新一轮水利大建设、大发展的起始之年。在省委、省政府的坚强领导下,全省水利工作紧紧围绕中央和省委、省政府的决策部署,加强水利建设,强化水利管理,深化水利改革,创新水利发展,水利的基础保障和服务民生能力显著增强,为全省粮食“八连增”、保障经济社会又好又快发展作出了重要贡献。

水利现代化建设开启新征程。以深入贯彻中央和省委“两个一号文件”和“两个水利会议”精神为契机,各地积极行动,采取扎实有效措施,加快水利改革发展和现代化建设的热潮正在全省蓬勃兴起。一是明确发展思路。省委、省政府召开由省、市、县、乡四级党委、政府主要负责同志参加的全省水利现代化建设推进会议,对推进水利现代化建设进行全面部署,明确提出了构建“六大体系”的目标,力争到2015年初步建成水利现代化综合保障体系,到2020年率先基本实现水利现代化。各地先后召开水利现代化工作会议,对加快推进水利现代化建设作出专门部署。各市、县(市)都出台了加快水利改革发展的综合性文件。省各有关部门各司其职,密切配合,形成了共同加快推进水利现代化建设的工作合力。二是科学制定规划。省级水利现代化规划编制已经完成,13个省辖市和县(市)的水利现代化规划正抓紧编制;由6个大类、22项指标组成的江苏水利现代化评价指标体系印发试行,为全省水利现代化建设提供了科学规划依据。三是推进试点示范。江苏省被水利部确立为全国水利现代化建设唯一试点省份;苏州、无锡被列为全国水利现代化建设试点城市。省政府与水利部签订共同加快推进水利现代化建设合作备忘录。省里选择了一批市、县(市)作为省级水利现代化试点单位,制定了水利现代化建设试点工作方案,全省水利现代化试点工作全面启动。四是拓宽投入渠道。下发了水利建设基金征收管理政策,土地出让收益10%用于农田水利建设的政策也已出台。在中央规定基础上,扩大了基金征收范围,加大了基金征收管理力度。各市、县政策规定陆续出台。各地积极创新水利投融资机制,吸引社会资金参与水利建设。全省全年水利全社会投资超过280亿元,其中争取国家资金66.5亿元,省级财政资金49亿元,市、县配套56亿元,金融信贷社会资金90亿元,其他社会资金18.5亿元。

防灾减灾能力得到新提升。2010年10月至2011年7月,江苏省发生了建国以来最为严重的气象干旱。旱情发生后,省防指超前部署谋划,加强监测预报,及时启动抗旱应急预案,全力组织抗旱水源,实现了大旱之年无大灾。据统计,江水北调、江水东引、引江济太三大跨流域工程累计抗旱调水256亿立方米,减免灾效益达到174亿元。8月上旬,针对第9号超强台风“梅花”的严重威胁,及时启动防台风Ⅱ级应急响应,提前预降河湖水位,落实重点部位防范措施。全省累计投入抗台风人数24万人次、抢险人数0.63万人次,组织回港避风船只1.12万艘,有效避免了超强台风可能造成的损失，夺取了防汛抗台工作的全面胜利。

水利工程建设跃升新台阶。全年完成重点水利工程投资 110 亿元，比上年增长 20%以上。新一轮治淮工程全面启动，淮河入江水道整治工程、世行贷款淮河流域重点平原洼地治理等一批骨干工程全面开工建设；南水北调工程取得突破性进展，全年完成工程投资 30.8 亿元，累计完成工程投资 91.5 亿元，占全部工程投资的 75%，已建工程在抗御 2011 年特大干旱中发挥了重要作用；沿海水利工程加快推进，通榆河北延送水工程、川东港闸下移工程全面建成，盐龙湖水库主体工程建成，泰东河、卤汀河拓浚工程全面实施，九圩港闸加固工程、焦港闸迁建工程、徐圩片区送水等工程开工建设；太湖治理走马塘工程实现全线贯通，东太湖整治、梅梁湖生态清淤工程超额完成年度建设任务；油车水库主体工程已经建成；滁河治理工程已经开工建设；中小河流治理工程加快实施，列入《全国重点地区中小河流近期治理建设规划》的第一批 87 条中小河流 106 个项目全面开工建设，大部分项目实施完成。大型灌排泵站和大中型水闸更新改造工程、重点区域治理工程、城市水利、小型水库除险加固等工程建设按计划实施。

农村水利建设取得新突破。围绕服务农业现代化和新农村建设，突出建设高标准农田、畅通农村河网水系、改善农民饮水条件等重点，全年全省农村水利建设完成投资 63.5 亿元，比上年增长 13%，投工投劳 2263 万个工日，完成土方 5.6 亿立方米，实现新增有效灌溉面积 71 万亩、旱涝保收高标准农田 60 万亩、节水灌溉工程控制面积 215 万亩。其中，疏浚县、乡河道 3238 条、村庄河塘 1.9 万条(面)，土方 3.91 亿立方米，农村水环境持续改善；全面完成 44 个小型农田水利重点县及 34 个专项工程建设任务，新增灌溉面积 55 万亩，年新增节水能力 2 亿立方米，新增粮食生产能力 23.8 万吨；实施了 13 个大型灌区、2 个中型灌区节水配套改造项目，新增灌溉面积 16 万亩，新增节水能力 1.9 亿立方米，新增粮食生产能力 9600 万公斤；解决 280 万农村居民饮水安全问题，全面完成国家 2005 年核定的江苏省 1367.6 万人农村饮水安全建设任务。

水资源管理与保护得到新加强。围绕落实“三条红线”，认真落实最严格的水资源管理制度，编制了《江苏省落实最严格水资源管理制度工作方案》，分行业用水效率管理考核、主要河湖纳污总量控制和分市用水总量控制等制度基本建立。持续推进节水型社会建设和八大高耗水行业节水减排专项行动，完成 11 个省级节水型社会试点验收，在全省 1 万多所学校、1250 万名学生中开展节水型学校创建活动，创建 8 个水资源管理示范县。完成首批 8 个水源地达标创建，全省已建成应急备用水源地 36 个。全省万元 GDP 耗水量下降 4%的目标超额完成。扎实推进太湖水环境治理，落实调水引流、生态清淤、蓝藻打捞、湖泛监控等关键措施，太湖水质和生态环境明显改善。

水利管理工作取得新进展。在建设管理上，积极推进规划许可制、竞争立项制、投资控制制、资金保障制、绩效评估制，建立水利建设项目咨询评估机制，大力推进水利建设市场诚信体系建设。在工程管理上，加大水利工程管理维护投入，水管单位规范化管理稳步推进，全省创建省级以上水管单位 80 多家，其中国家级水管单位 11 家。在河湖管理上，全面建立了省管湖泊联席会议制度，推行河道管理“河长制”，保障岸线资源依法有序利用。在依法管理上，加大水利依法行政力度，《江苏省水库管理条例》正式施行，组织开展全省水资源专项执法检查、采砂专项整治等行动。水利科技及水文、信息化工作取得明显进步。水利普查工作取得显著成效，普查对象清查成果通过国务院普查办阶段性验收。

机关作风和党风廉政建设有了新面貌。

年初，根据省委、省政府关于加强民生实事工程建设的总体要求，水利厅党组向全社会作出了“建民生水利、让百姓受益”的郑重承诺，明确提出要重点办好10件水利惠民实事工程，主动接受社会监督。8月份，认真贯彻省委、省政府关于领导干部下基层“三解三促”的活动部署要求，组织开展了“百名处级干部进百村”活动，厅领导和102名处级干部先后深入到106个行政村，问计于民、问需于民，拜农民群众为师，向人民群众学习，与农民群众同吃同住同劳动，走访慰问困难农户，实地查看农村灌溉泵站、村庄河塘、灌排沟渠、饮水工程设施等，具体了解农村水利设施运行管理情况。与村干部共同研究解决饮水安全、河塘疏浚、泵站改造、沟渠整治、水费征收等方面的现实需求，得到基层干部群众的充分肯定。深入开展以“办民生水利实事，创群众满意窗口”为主题的为民服务创先争优活动，并在推行文明优质服务中建立了5个为民服务的重点窗口岗位，得到社会充分认可和群众积极拥护。以深入贯彻《廉政准则》为重点，进一步加强党风廉政责任制，加强惩防体系建设，加强宣传教育。制定《关于贯彻落实〈关于实行党风廉政建设责任制的规定〉的实施意见》和《2011年省水利厅系统党风廉政建设工作有关处室、单位责任分解意见》；制定了《关于构建省水利厅系统反腐倡廉教育机制的实施意见》等5项制度；征订分发党风廉政建设教育片和正反典型教育资料光盘32套、宣传教育书籍201套；深化重点工程纪检监察现场派驻制，江苏省经验在2011年全国水利工程建设项目执法监察工作座谈会上作典型交流，得到部领导充分肯定。

重 要 文 献

重要文件

中共中央　国务院
关于加快水利改革发展的决定

中发〔2011〕1号

水是生命之源、生产之要、生态之基。兴水利、除水害，事关人类生存、经济发展、社会进步，历来是治国安邦的大事。促进经济长期平稳较快发展和社会和谐稳定，夺取全面建设小康社会新胜利，必须下决心加快水利发展，切实增强水利支撑保障能力，实现水资源可持续利用。近年来我国频繁发生的严重水旱灾害，造成重大生命财产损失，暴露出农田水利等基础设施十分薄弱，必须大力加强水利建设。现就加快水利改革发展，作出如下决定。

一、新形势下水利的战略地位

（一）水利面临的新形势。新中国成立以来，特别是改革开放以来，党和国家始终高度重视水利工作，领导人民开展了气壮山河的水利建设，取得了举世瞩目的巨大成就，为经济社会发展、人民安居乐业作出了突出贡献。但必须看到，人多水少、水资源时空分布不均是我国的基本国情水情。洪涝灾害频繁仍然是中华民族的心腹大患，水资源供需矛盾突出仍然是可持续发展的主要瓶颈，农田水利建设滞后仍然是影响农业稳定发展和国家粮食安全的最大硬伤，水利设施薄弱仍然是国家基础设施的明显短板。随着工业化、城镇化深入发展，全球气候变化影响加大，我国水利面临的形势更趋严峻，增强防灾减灾能力要求越来越迫切，强化水资源节约保护工作越来越繁重，加快扭转农业主要"靠天吃饭"局面任务越来越艰巨。2010年西南地区发生特大干旱、多数省区市遭受洪涝灾害、部分地方突发严重山洪泥石流，再次警示我们加快水利建设刻不容缓。

（二）新形势下水利的地位和作用。水利是现代农业建设不可或缺的首要条件，是经济社会发展不可替代的基础支撑，是生态环境改善不可分割的保障系统，具有很强的公益性、基础性、战略性。加快水利改革发展，不仅事关农业农村发展，而且事关经济社会发展全局；不仅关系到防洪安全、供水安全、粮食安全，而且关系到经济安全、生态安全、国家安全。要把水利工作摆上党和国家事业发展更加突出的位置，着力加快农田水利建设，推动水利实现跨越式发展。

二、水利改革发展的指导思想、目标任务和基本原则

（三）指导思想。全面贯彻党的十七大和十七届三中、四中、五中全会精神，以邓小平理论和"三个代表"重要思想为指导，深入贯彻落实科学发展观，把水利作为国家基础设施建设的优先领域，把农田水利作为农村基础设施建设的重点任务，把严格水资源管理作为加快转

变经济发展方式的战略举措，注重科学治水、依法治水，突出加强薄弱环节建设，大力发展民生水利，不断深化水利改革，加快建设节水型社会，促进水利可持续发展，努力走出一条中国特色水利现代化道路。

（四）目标任务。力争通过5年到10年努力，从根本上扭转水利建设明显滞后的局面。到2020年，基本建成防洪抗旱减灾体系，重点城市和防洪保护区防洪能力明显提高，抗旱能力显著增强，“十二五”期间基本完成重点中小河流（包括大江大河支流、独流入海河流和内陆河流）重要河段治理、全面完成小型水库除险加固和山洪灾害易发区预警预报系统建设；基本建成水资源合理配置和高效利用体系，全国年用水总量力争控制在6700亿立方米以内，城乡供水保证率显著提高，城乡居民饮水安全得到全面保障，万元国内生产总值和万元工业增加值用水量明显降低，农田灌溉水有效利用系数提高到0.55以上，“十二五”期间新增农田有效灌溉面积4000万亩；基本建成水资源保护和河湖健康保障体系，主要江河湖泊水功能区水质明显改善，城镇供水水源地水质全面达标，重点区域水土流失得到有效治理，地下水超采基本遏制；基本建成有利于水利科学发展的制度体系，最严格的水资源管理制度基本建立，水利投入稳定增长机制进一步完善，有利于水资源节约和合理配置的水价形成机制基本建立，水利工程良性运行机制基本形成。

（五）基本原则。一要坚持民生优先。着力解决群众最关心最直接最现实的水利问题，推动民生水利新发展。二要坚持统筹兼顾。注重兴利除害结合、防灾减灾并重、治标治本兼顾，促进流域与区域、城市与农村、东中西部地区水利协调发展。三要坚持人水和谐。顺应自然规律和社会发展规律，合理开发、优化配置、全面节约、有效保护水资源。四要坚持政府主导。发挥公共财政对水利发展的保障作用，形成政府社会协同治水兴水合力。五要坚持改革创新。加快水利重点领域和关键环节改革攻坚，破解制约水利发展的体制机制障碍。

三、突出加强农田水利等薄弱环节建设

（六）大兴农田水利建设。到2020年，基本完成大型灌区、重点中型灌区续建配套和节水改造任务。结合全国新增千亿斤粮食生产能力规划实施，在水土资源条件具备的地区，新建一批灌区，增加农田有效灌溉面积。实施大中型灌溉排水泵站更新改造，加强重点涝区治理，完善灌排体系。健全农田水利建设新机制，中央和省级财政要大幅增加专项补助资金，市、县两级政府也要切实增加农田水利建设投入，引导农民自愿投工投劳。加快推进小型农田水利重点县建设，优先安排产粮大县，加强灌区末级渠系建设和田间工程配套，促进旱涝保收高标准农田建设。因地制宜兴建中小型水利设施，支持山丘区小水窖、小水池、小塘坝、小泵站、小水渠等“五小水利”工程建设，重点向革命老区、民族地区、边疆地区、贫困地区倾斜。大力发展节水灌溉，推广渠道防渗、管道输水、喷灌滴灌等技术，扩大节水、抗旱设备补贴范围。积极发展旱作农业，采用地膜覆盖、深松深耕、保护性耕作等技术。稳步发展牧区水利，建设节水高效灌溉饲草料地。

（七）加快中小河流治理和小型水库除险加固。中小河流治理要优先安排洪涝灾害易发、保护区人口密集、保护对象重要的河流及河段，加固堤岸，清淤疏浚，使治理河段基本达到国家防洪标准。巩固大中型病险水库除险加固成果，加快小型病险水库除险加固步伐，尽快消除水库安全隐患，恢复防洪库容，增强水资源调控能力。推进大中型病险水闸除险加固。山洪地质灾害防治要坚持工程措施和非工程措施相结合，抓紧完善专群结合的监测预警体系，加快实施防灾避让和重点治理。

(八) 抓紧解决工程性缺水问题。加快推进西南等工程性缺水地区重点水源工程建设,坚持蓄引提与合理开采地下水相结合,以县域为单元,尽快建设一批中小型水库、引提水和连通工程,支持农民兴建小微型水利设施,显著提高雨洪资源利用和供水保障能力,基本解决缺水城镇、人口较集中乡村的供水问题。

(九) 提高防汛抗旱应急能力。尽快健全防汛抗旱统一指挥、分级负责、部门协作、反应迅速、协调有序、运转高效的应急管理机制。加强监测预警能力建设,加大投入,整合资源,提高雨情汛情旱情预报水平。建立专业化与社会化相结合的应急抢险救援队伍,着力推进县、乡两级防汛抗旱服务组织建设,健全应急抢险物资储备体系,完善应急预案。建设一批规模合理、标准适度的抗旱应急水源工程,建立应对特大干旱和突发水安全事件的水源储备制度。加强人工增雨(雪)作业示范区建设,科学开发利用空中云水资源。

(十) 继续推进农村饮水安全建设。到2013年解决规划内农村饮水安全问题,"十二五"期间基本解决新增农村饮水不安全人口的饮水问题。积极推进集中供水工程建设,提高农村自来水普及率。有条件的地方延伸集中供水管网,发展城乡一体化供水。加强农村饮水安全工程运行管理,落实管护主体,加强水源保护和水质监测,确保工程长期发挥效益。制定支持农村饮水安全工程建设的用地政策,确保土地供应,对建设、运行给予税收优惠,供水用电执行居民生活或农业排灌用电价格。

四、全面加快水利基础设施建设

(十一) 继续实施大江大河治理。进一步治理淮河,搞好黄河下游治理和长江中下游河势控制,继续推进主要江河河道整治和堤防建设,加强太湖、洞庭湖、鄱阳湖综合治理,全面加快蓄滞洪区建设,合理安排居民迁建。搞好黄河下游滩区安全建设。"十二五"期间抓紧建设一批流域防洪控制性水利枢纽工程,不断提高调蓄洪水能力。加强城市防洪排涝工程建设,提高城市排涝标准。推进海堤建设和跨界河流整治。

(十二) 加强水资源配置工程建设。完善优化水资源战略配置格局,在保护生态前提下,尽快建设一批骨干水源工程和河湖水系连通工程,提高水资源调控水平和供水保障能力。加快推进南水北调东中线一期工程及配套工程建设,确保工程质量,适时开展南水北调西线工程前期研究。积极推进一批跨流域、区域调水工程建设。着力解决西北等地区资源性缺水问题。大力推进污水处理回用,积极开展海水淡化和综合利用,高度重视雨水、微咸水利用。

(十三) 搞好水土保持和水生态保护。实施国家水土保持重点工程,采取小流域综合治理、淤地坝建设、坡耕地整治、造林绿化、生态修复等措施,有效防治水土流失。进一步加强长江上中游、黄河上中游、西南石漠化地区、东北黑土区等重点区域及山洪地质灾害易发区的水土流失防治。继续推进生态脆弱河流和地区水生态修复,加快污染严重江河湖泊水环境治理。加强重要生态保护区、水源涵养区、江河源头区、湿地的保护。实施农村河道综合整治,大力开展生态清洁型小流域建设。强化生产建设项目水土保持监督管理。建立健全水土保持、建设项目占用水利设施和水域等补偿制度。

(十四) 合理开发水能资源。在保护生态和农民利益前提下,加快水能资源开发利用。统筹兼顾防洪、灌溉、供水、发电、航运等功能,科学制定规划,积极发展水电,加强水能资源管理,规范开发许可,强化水电安全监管。大力发展农村水电,积极开展水电新农村电气化县建设和小水电代燃料生态保护工程建设,搞好农村水电配套电网改造工程建设。

(十五) 强化水文气象和水利科技支撑。

加强水文气象基础设施建设，扩大覆盖范围，优化站网布局，着力增强重点地区、重要城市、地下水超采区水文测报能力，加快应急机动监测能力建设，实现资料共享，全面提高服务水平。健全水利科技创新体系，强化基础条件平台建设，加强基础研究和技术研发，力争在水利重点领域、关键环节和核心技术上实现新突破，获得一批具有重大实用价值的研究成果，加大技术引进和推广应用力度。提高水利技术装备水平。建立健全水利行业技术标准。推进水利信息化建设，全面实施“金水工程”，加快建设国家防汛抗旱指挥系统和水资源管理信息系统，提高水资源调控、水利管理和工程运行的信息化水平，以水利信息化带动水利现代化。加强水利国际交流与合作。

五、建立水利投入稳定增长机制

（十六）加大公共财政对水利的投入。多渠道筹集资金，力争今后10年全社会水利年平均投入比2010年高出一倍。发挥政府在水利建设中的主导作用，将水利作为公共财政投入的重点领域。各级财政对水利投入的总量和增幅要有明显提高。进一步提高水利建设资金在国家固定资产投资中的比重。大幅度增加中央和地方财政专项水利资金。从土地出让收益中提取10%用于农田水利建设，充分发挥新增建设用地土地有偿使用费等土地整治资金的综合效益。进一步完善水利建设基金政策，延长征收年限，拓宽来源渠道，增加收入规模。完善水资源有偿使用制度，合理调整水资源费征收标准，扩大征收范围，严格征收、使用和管理。有重点防洪任务和水资源严重短缺的城市要从城市建设维护税中划出一定比例用于城市防洪排涝和水源工程建设。切实加强水利投资项目和资金监督管理。

（十七）加强对水利建设的金融支持。综合运用财政和货币政策，引导金融机构增加水利信贷资金。有条件的地方根据不同水利工程的建设特点和项目性质，确定财政贴息的规模、期限和贴息率。在风险可控的前提下，支持农业发展银行积极开展水利建设中长期政策性贷款业务。鼓励国家开发银行、农业银行、农村信用社、邮政储蓄银行等银行业金融机构进一步增加农田水利建设的信贷资金。支持符合条件的水利企业上市和发行债券，探索发展大型水利设备设施的融资租赁业务，积极开展水利项目收益权质押贷款等多种形式融资。鼓励和支持发展洪水保险。提高水利利用外资的规模和质量。

（十八）广泛吸引社会资金投资水利。鼓励符合条件的地方政府融资平台公司通过直接、间接融资方式，拓宽水利投融资渠道，吸引社会资金参与水利建设。鼓励农民自力更生、艰苦奋斗，在统一规划基础上，按照多筹多补、多干多补原则，加大一事一议财政奖补力度，充分调动农民兴修农田水利的积极性。结合增值税改革和立法进程，完善农村水电增值税政策。完善水利工程耕地占用税政策。积极稳妥推进经营性水利项目进行市场融资。

六、实行最严格的水资源管理制度

（十九）建立用水总量控制制度。确立水资源开发利用控制红线，抓紧制定主要江河水量分配方案，建立取用水总量控制指标体系。加强相关规划和项目建设布局水资源论证工作，国民经济和社会发展规划以及城市总体规划的编制、重大建设项目的布局，要与当地水资源条件和防洪要求相适应。严格执行建设项目水资源论证制度，对擅自开工建设或投产的一律责令停止。严格取水许可审批管理，对取用水总量已达到或超过控制指标的地区，暂停审批建设项目新增取水；对取用水总量接近控制指标的地区，限制审批新增取水。严格地下水管理和保护，尽快核定并公布禁采和限采范围，逐步削减地下水超采量，实现采补平衡。强化水资源统一调度，协调好生活、生产、生态环境用水，完善水资源调度方案、应急调度预案和调度计划。建立和完善国家水权制度，充分运用市场机制优化配置水资源。

（二十）建立用水效率控制制度。确立用水效率控制红线，坚决遏制用水浪费，把节水工作贯穿于经济社会发展和群众生产生活全过程。加快制定区域、行业和用水产品的用水效率指标体系，加强用水定额和计划管理。对取用水达到一定规模的用水户实行重点监控。严格限制水资源不足地区建设高耗水型工业项目。落实建设项目节水设施与主体工程同时设计、同时施工、同时投产制度。加快实施节水技术改造，全面加强企业节水管理，建设节水示范工程，普及农业高效节水技术。抓紧制定节水强制性标准，尽快淘汰不符合节水标准的用水工艺、设备和产品。

（二十一）建立水功能区限制纳污制度。确立水功能区限制纳污红线，从严核定水域纳污容量，严格控制入河湖排污总量。各级政府要把限制排污总量作为水污染防治和污染减排工作的重要依据，明确责任，落实措施。对排污量已超出水功能区限制排污总量的地区，限制审批新增取水和入河排污口。建立水功能区水质达标评价体系，完善监测预警监督管理制度。加强水源地保护，依法划定饮用水水源保护区，强化饮用水水源应急管理。建立水生态补偿机制。

（二十二）建立水资源管理责任和考核制度。县级以上地方政府主要负责人对本行政区域水资源管理和保护工作负总责。严格实施水资源管理考核制度，水行政主管部门会同有关部门，对各地区水资源开发利用、节约保护主要指标的落实情况进行考核，考核结果交由干部主管部门，作为地方政府相关领导干部综合考核评价的重要依据。加强水量水质监测能力建设，为强化监督考核提供技术支撑。

七、不断创新水利发展体制机制

（二十三）完善水资源管理体制。强化城乡水资源统一管理，对城乡供水、水资源综合利用、水环境治理和防洪排涝等实行统筹规划、协调实施，促进水资源优化配置。完善流域管理与区域管理相结合的水资源管理制度，建立事权清晰、分工明确、行为规范、运转协调的水资源管理工作机制。进一步完善水资源保护和水污染防治协调机制。

（二十四）加快水利工程建设和管理体制改革。区分水利工程性质，分类推进改革，健全良性运行机制。深化国有水利工程管理体制改革，落实好公益性、准公益性水管单位基本支出和维修养护经费。中央财政对中西部地区、贫困地区公益性工程维修养护经费给予补助。妥善解决水管单位分流人员社会保障问题。深化小型水利工程产权制度改革，明确所有权和使用权，落实管护主体和责任，对公益性小型水利工程管护经费给予补助，探索社会化和专业化的多种水利工程管理模式。对非经营性政府投资项目，加快推行代建制。充分发挥市场机制在水利工程建设和运行中的作用，引导经营性水利工程积极走向市场，完善法人治理结构，实现自主经营、自负盈亏。

（二十五）健全基层水利服务体系。建立健全职能明确、布局合理、队伍精干、服务到位的基层水利服务体系，全面提高基层水利服务能力。以乡镇或小流域为单元，健全基层水利服务机构，强化水资源管理、防汛抗旱、农田水利建设、水利科技推广等公益性职能，按规定核定人员编制，经费纳入县级财政预算。大力发展农民用水合作组织。

（二十六）积极推进水价改革。充分发挥水价的调节作用，兼顾效率和公平，大力促进节约用水和产业结构调整。工业和服务业用水要逐步实行超额累进加价制度，拉开高耗水行业与其他行业的水价差价。合理调整城市居民生活用水价格，稳步推行阶梯式水价制度。按照促进节约用水、降低农民水费支出、保障灌排工程良性运行的原则，推进农业水价综合改革，农业灌排工程运行管理费用由财政适当补助，探索实行农民定额内用水享受优惠水价、超定额用水累进加价的办法。

八、切实加强对水利工作的领导

（二十七）落实各级党委和政府责任。各级党委和政府要站在全局和战略高度，切实加强水利工作，及时研究解决水利改革发展中的突出问题。实行防汛抗旱、饮水安全保障、水资源管理、水库安全管理行政首长负责制。各地要结合实际，认真落实水利改革发展各项措施，确保取得实效。各级水行政主管部门要切实增强责任意识，认真履行职责，抓好水利改革发展各项任务的实施工作。各有关部门和单位要按照职能分工，尽快制定完善各项配套措施和办法，形成推动水利改革发展合力。把加强农田水利建设作为农村基层开展创先争优活动的重要内容，充分发挥农村基层党组织的战斗堡垒作用和广大党员的先锋模范作用，带领广大农民群众加快改善农村生产生活条件。

（二十八）推进依法治水。建立健全水法规体系，抓紧完善水资源配置、节约保护、防汛抗旱、农村水利、水土保持、流域管理等领域的法律法规。全面推进水利综合执法，严格执行水资源论证、取水许可、水工程建设规划同意书、洪水影响评价、水土保持方案等制度。加强河湖管理，严禁建设项目非法侵占河湖水域。加强国家防汛抗旱督察工作制度化建设。健全预防为主、预防与调处相结合的水事纠纷调处机制，完善应急预案。深化水行政许可审批制度改革。科学编制水利规划，完善全国、流域、区域水利规划体系，加快重点建设项目前期工作，强化水利规划对涉水活动的管理和约束作用。做好水库移民安置工作，落实后期扶持政策。

（二十九）加强水利队伍建设。适应水利改革发展新要求，全面提升水利系统干部职工队伍素质，切实增强水利勘测设计、建设管理和依法行政能力。支持大专院校、中等职业学校水利类专业建设。大力引进、培养、选拔各类管理人才、专业技术人才、高技能人才，完善人才评价、流动、激励机制。鼓励广大科技人员服务于水利改革发展第一线，加大基层水利职工在职教育和继续培训力度，解决基层水利职工生产生活中的实际困难。广大水利干部职工要弘扬“献身、负责、求实”的水利行业精神，更加贴近民生，更多服务基层，更好服务经济社会发展全局。

（三十）动员全社会力量关心支持水利工作。加大力度宣传国情水情，提高全民水患意识、节水意识、水资源保护意识，广泛动员全社会力量参与水利建设。把水情教育纳入国民素质教育体系和中小学教育课程体系，作为各级领导干部和公务员教育培训的重要内容。把水利纳入公益性宣传范围，为水利又好又快发展营造良好舆论氛围。对在加快水利改革发展中取得显著成绩的单位和个人，各级政府要按照国家有关规定给予表彰奖励。

加快水利改革发展，使命光荣，任务艰巨，责任重大。我们要紧密团结在以胡锦涛同志为总书记的党中央周围，与时俱进，开拓进取，扎实工作，奋力开创水利工作新局面！

二〇一〇年十二月三十一日

中华人民共和国国务院令

第 604 号

《太湖流域管理条例》已经 2011 年 8 月 24 日国务院第 169 次常务会议通过，现予公布，自 2011 年 11 月 1 日起施行。

总　理　温家宝

二〇一一年九月七日

太湖流域管理条例

第一章　总　则

第一条　为了加强太湖流域水资源保护和水污染防治，保障防汛抗旱以及生活、生产和生态用水安全，改善太湖流域生态环境，制定本条例。

第二条　本条例所称太湖流域，包括江苏省、浙江省、上海市（以下称两省一市）长江以南，钱塘江以北，天目山、茅山流域分水岭以东的区域。

第三条　太湖流域管理应当遵循全面规划、统筹兼顾、保护优先、兴利除害、综合治理、科学发展的原则。

第四条　太湖流域实行流域管理与行政区域管理相结合的管理体制。

国家建立健全太湖流域管理协调机制，统筹协调太湖流域管理中的重大事项。

第五条　国务院水行政、环境保护等部门依照法律、行政法规规定和国务院确定的职责分工，负责太湖流域管理的有关工作。

国务院水行政主管部门设立的太湖流域管理机构（以下简称太湖流域管理机构）在管辖范围内，行使法律、行政法规规定的和国务院水行政主管部门授予的监督管理职责。

太湖流域县级以上地方人民政府有关部门依照法律、法规规定，负责本行政区域内有关的太湖流域管理工作。

第六条　国家对太湖流域水资源保护和水污染防治实行地方人民政府目标责任制与考核评价制度。

太湖流域县级以上地方人民政府应当将水资源保护、水污染防治、防汛抗旱、水域和岸线保护以及生活、生产和生态用水安全等纳入国民经济和社会发展规划，调整经济结构，优化产业布局，严格限制高耗水和高污染的建设项目。

第二章 饮用水安全

第七条 太湖流域县级以上地方人民政府应当合理确定饮用水水源地，并依照《中华人民共和国水法》、《中华人民共和国水污染防治法》的规定划定饮用水水源保护区，保障饮用水供应和水质安全。

第八条 禁止在太湖流域饮用水水源保护区内设置排污口、有毒有害物品仓库以及垃圾场；已经设置的，当地县级人民政府应当责令拆除或者关闭。

第九条 太湖流域县级人民政府应当建立饮用水水源保护区日常巡查制度，并在饮用水水源一级保护区设置水质、水量自动监测设施。

第十条 太湖流域县级以上地方人民政府应当按照水源互补、科学调度的原则，合理规划、建设应急备用水源和跨行政区域的联合供水项目。按照规划供水范围的正常用水量计算，应急备用水源应当具备不少于7天的供水能力。

太湖流域县级以上地方人民政府供水主管部门应当根据生活饮用水国家标准的要求，编制供水设施技术改造规划，报本级人民政府批准后组织实施。

第十一条 太湖流域县级以上地方人民政府应当组织水行政、环境保护、住房和城乡建设等部门制定本行政区域的供水安全应急预案。有关部门应当根据本行政区域的供水安全应急预案制定实施方案。

太湖流域供水单位应当根据本行政区域的供水安全应急预案，制定相应的应急工作方案，并报供水主管部门备案。

第十二条 供水安全应急预案应当包括下列主要内容：

（一）应急备用水源和应急供水设施；

（二）监测、预警、信息报告和处理；

（三）组织指挥体系和应急响应机制；

（四）应急备用水源启用方案或者应急调水方案；

（五）资金、物资、技术等保障措施。

第十三条 太湖流域市、县人民政府应当组织对饮用水水源、供水设施以及居民用水点的水质进行实时监测；在蓝藻暴发等特殊时段，应当增加监测次数和监测点，及时掌握水质状况。

太湖流域市、县人民政府发现饮用水水源、供水设施以及居民用水点的水质异常，可能影响供水安全的，应当立即采取预防、控制措施，并及时向社会发布预警信息。

第十四条 发生供水安全事故，太湖流域县级以上地方人民政府应当立即按照规定程序上报，并根据供水安全事故的严重程度和影响范围，按照职责权限启动相应的供水安全应急预案，优先保障居民生活饮用水。

发生供水安全事故，需要实施跨流域或者跨省、直辖市行政区域水资源应急调度的，由太湖流域管理机构对太湖、太浦河、新孟河、望虞河的水工程下达调度指令。

防汛抗旱期间发生供水安全事故，需要实施水资源应急调度的，由太湖流域防汛抗旱指挥机构、太湖流域县级以上地方人民政府防汛抗旱指挥机构下达调度指令。

第三章 水资源保护

第十五条 太湖流域水资源配置与调度，应当首先满足居民生活用水，兼顾生产、生态用水以及航运等需要，维持太湖合理水位，促进水体循环，提高太湖流域水环境容量。

太湖流域水资源配置与调度，应当遵循统一实施、分级负责的原则，协调总量控制与水位控制的关系。

第十六条 太湖流域管理机构应当商两省一市人民政府水行政主管部门，根据太湖流域综合规划制订水资源调度方案，报国务院水行政主管部门批准后组织两省一市人民政府水行政主管部门统一实施。

水资源调度方案批准前，太湖流域水资源调度按照国务院水行政主管部门批准的引江济太调度方案以及有关年度调度计划执行。

地方人民政府、太湖流域管理机构和水工程管理单位主要负责人应当对水资源调度方案和调度指令的执行负责。

第十七条 太浦河太浦闸、泵站，新孟河江边枢纽、运河立交枢纽，望虞河望亭、常熟水利枢纽，由太湖流域管理机构下达调度指令。

国务院水行政主管部门规定的对流域水资源配置影响较大的水工程，由太湖流域管理机构商当地省、直辖市人民政府水行政主管部门下达调度指令。

太湖流域其他水工程，由县级以上地方人民政府水行政主管部门按照职责权限下达调度指令。

下达调度指令应当以水资源调度方案为基本依据，并综合考虑实时水情、雨情等情况。

第十八条 太湖、太浦河、新孟河、望虞河实行取水总量控制制度。两省一市人民政府水行政主管部门应当于每年 2 月 1 日前将上一年度取水总量控制情况和本年度取水计划建议报太湖流域管理机构。太湖流域管理机构应当根据取水总量控制指标，结合年度预测来水量，于每年 2 月 25 日前向两省一市人民政府水行政主管部门下达年度取水计划。

太湖流域管理机构应当对太湖、太浦河、新孟河、望虞河取水总量控制情况进行实时监控。对取水总量已经达到或者超过取水总量控制指标的，不得批准建设项目新增取水。

第十九条 国务院水行政主管部门应当会同国务院环境保护等部门和两省一市人民政府，按照流域综合规划、水资源保护规划和经济社会发展要求，拟定太湖流域水功能区划，报国务院批准。

太湖流域水功能区划未涉及的太湖流域其他水域的水功能区划，由两省一市人民政府水行政主管部门会同同级环境保护等部门拟定，征求太湖流域管理机构意见后，由本级人民政府批准并报国务院水行政、环境保护主管部门备案。

调整经批准的水功能区划，应当经原批准机关或者其授权的机关批准。

第二十条 太湖流域的养殖、航运、旅游等涉及水资源开发利用的规划，应当遵守经批准的水功能区划。

在太湖流域湖泊、河道从事生产建设和其他开发利用活动的，应当符合水功能区保护要求；其中在太湖从事生产建设和其他开发利用活动的，有关主管部门在办理批准手续前，应当就其是否符合水功能区保护要求征求太湖流域管理机构的意见。

第二十一条 太湖流域县级以上地方人民政府水行政主管部门和太湖流域管理机构应当加强对水功能区保护情况的监督检查，定期公布水资源状况；发现水功能区未达到水质目标的，应当及时报告有关人民政府采取治理措施，并向环境保护主管部门通报。

主要入太湖河道控制断面未达到水质目标的，在不影响防洪安全的前提下，太湖流域管理机构应当通报有关地方人民政府关闭其入湖口门并组织治理。

第二十二条 太湖流域县级以上地方人民政府应当按照太湖流域综合规划和太湖流域水环境综合治理总体方案等要求，组织采取环保型清淤措施，对太湖流域湖泊、河道进行生态疏浚，并对清理的淤泥进行无害化处理。

第二十三条 太湖流域县级以上地方人民政府应当加强用水定额管理，采取有效措施，降低用水消耗，提高用水效率，并鼓励回用再生水和综合利用雨水、海水、微咸水。

需要取水的新建、改建、扩建建设项目，应当在水资源论证报告书中按照行业用水定额要求明确节约用水措施，并配套建设节约用水设施。节约用水设施应当与主体工程同时设计、同时施工、同时投产。

第二十四条 国家将太湖流域承压地下水作为应急和战略储备水源，禁止任何单位和个人开采，但是供水安全事故应急用水除外。

第四章 水污染防治

第二十五条 太湖流域实行重点水污染物排放总量控制制度。

太湖流域管理机构应当组织两省一市人民政府水行政主管部门，根据水功能区对水质的要求和水体的自然净化能力，核定太湖流域湖泊、河道纳污能力，向两省一市人民政府环境保护主管部门提出限制排污总量意见。

两省一市人民政府环境保护主管部门应当按照太湖流域水环境综合治理总体方案、太湖流域水污染防治规划等确定的水质目标和有关要求，充分考虑限制排污总量意见，制订重点水污染物排放总量削减和控制计划，经国务院环境保护主管部门审核同意，报两省一市人民政府批准并公告。

两省一市人民政府应当将重点水污染物排放总量削减和控制计划确定的控制指标分解下达到太湖流域各市、县。市、县人民政府应当将控制指标分解落实到排污单位。

第二十六条 两省一市人民政府环境保护主管部门应当根据水污染防治工作需要，制订本行政区域其他水污染物排放总量控制指标，经国务院环境保护主管部门审核，报本级人民政府批准，并由两省一市人民政府抄送国务院环境保护、水行政主管部门。

第二十七条 国务院环境保护主管部门可以根据太湖流域水污染防治和优化产业结构、调整产业布局的需要，制定水污染物特别排放限值，并商两省一市人民政府确定和公布在太湖流域执行水污染物特别排放限值的具体地域范围和时限。

第二十八条 排污单位排放水污染物，不得超过经核定的水污染物排放总量，并应当按照规定设置便于检查、采样的规范化排污口，悬挂标志牌；不得私设暗管或者采取其他规避监管的方式排放水污染物。

禁止在太湖流域设置不符合国家产业政策和水环境综合治理要求的造纸、制革、酒精、淀粉、冶金、酿造、印染、电镀等排放水污染物的生产项目，现有的生产项目不能实现达标排放的，应当依法关闭。

在太湖流域新设企业应当符合国家规定的清洁生产要求，现有的企业尚未达到清洁生产要求的，应当按照清洁生产规划要求进行技术改造，两省一市人民政府应当加强监督检查。

第二十九条 新孟河、望虞河以外的其他主要入太湖河道，自河口1万米上溯至5万米河道岸线内及其岸线两侧各1000米范围内，禁止下列行为：

（一）新建、扩建化工、医药生产项目；

（二）新建、扩建污水集中处理设施排污口以外的排污口；

（三）扩大水产养殖规模。

第三十条 太湖岸线内和岸线周边5000米范围内，淀山湖岸线内和岸线周边2000米范围内，太浦河、新孟河、望虞河岸线内和岸线两侧各1000米范围内，其他主要入太湖河道自河口上溯至1万米河道岸线内及其岸线两侧各1000米范围内，禁止下列行为：

（一）设置剧毒物质、危险化学品的贮存、输送设施和废物回收场、垃圾场；

（二）设置水上餐饮经营设施；

（三）新建、扩建高尔夫球场；

（四）新建、扩建畜禽养殖场；

（五）新建、扩建向水体排放污染物的建设项目；

（六）本条例第二十九条规定的行为。

已经设置前款第一项、第二项规定设施的，当地县级人民政府应当责令拆除或者关闭。

第三十一条 太湖流域县级以上地方人民政府应当推广测土配方施肥、精准施肥、生物防治病虫害等先进适用的农业生产技术，实施农药、化肥减施工程，减少化肥、农药使用量，发展绿色生态农业，开展清洁小流域建设，有效控制农业面源污染。

第三十二条 两省一市人民政府应当加强对太湖流域水产养殖的管理，合理确定水产养殖规模和布局，推广循环水养殖、不投饵料养殖等生态养殖技术，减少水产养殖污染。

国家逐步淘汰太湖围网养殖。江苏省、浙江省人民政府渔业行政主管部门应当按照统一规划、分步实施、合理补偿的原则，组织清理在太湖设置的围网养殖设施。

第三十三条 太湖流域的畜禽养殖场、养殖专业合作社、养殖小区应当对畜禽粪便、废水进行无害化处理，实现污水达标排放；达到两省一市人民政府规定规模的，应当配套建设沼气池、发酵池等畜禽粪便、废水综合利用或者无害化处理设施，并保证其正常运转。

第三十四条 太湖流域县级以上地方人民政府应当合理规划建设公共污水管网和污水集中处理设施，实现雨水、污水分流。自本条例施行之日起5年内，太湖流域县级以上地方人民政府所在城镇和重点建制镇的生活污水应当全部纳入公共污水管网并经污水集中处理设施处理。

太湖流域县级人民政府应当为本行政区域内的农村居民点配备污水、垃圾收集设施，并对收集的污水、垃圾进行集中处理。

第三十五条 太湖流域新建污水集中处理设施，应当符合脱氮除磷深度处理要求；现有的污水集中处理设施不符合脱氮除磷深度处理要求的，当地市、县人民政府应当自本条例施行之日起1年内组织进行技术改造。

太湖流域市、县人民政府应当统筹规划建设污泥处理设施，并指导污水集中处理单位对处理污水产生的污泥等废弃物进行无害化处理，避免二次污染。

国家鼓励污水集中处理单位配套建设再生水利用设施。

第三十六条 在太湖流域航行的船舶应当按照要求配备污水、废油、垃圾、粪便等污染物、废弃物收集设施。未持有合法有效的防止水域环境污染证书、文书的船舶，不得在太湖流域航行。运输剧毒物质、危险化学品的船舶，不得进入太湖。

太湖流域各港口、码头、装卸站和船舶修造厂应当配备船舶污染物、废弃物接收设施和必要的水污染应急设施，并接受当地港口管理部门和环境保护主管部门的监督。

太湖流域县级以上地方人民政府和有关海事管理机构应当建立健全船舶水污染事故应急制度，在船舶水污染事故发生后立即采取应急处置措施。

第三十七条 太湖流域县级人民政府应当组建专业打捞队伍，负责当地重点水域蓝藻等有害藻类的打捞。打捞的蓝藻等有害藻类应当运送至指定的场所进行无害化处理。

国家鼓励运用技术成熟、安全可靠的方法对蓝藻等有害藻类进行生态防治。

第五章 防汛抗旱与水域、岸线保护

第三十八条 太湖流域防汛抗旱指挥机构在国家防汛抗旱指挥机构的领导下，统一组织、指挥、指导、协调和监督太湖流域防汛抗旱工作，其具体工作由太湖流域管理机构承担。

第三十九条 太湖流域管理机构应当会同两省一市人民政府，制订太湖流域洪水调度方案，报国家防汛抗旱指挥机构批准。太湖流域洪水调度方案是太湖流域防汛调度的基本依据。

太湖流域发生超标准洪水或者特大干旱灾害，由太湖流域防汛抗旱指挥机构组织两省一市人民政府防汛抗旱指挥机构提出处理意见，报国家防汛抗旱指挥机构批准后执行。

第四十条 太浦河太浦闸、泵站，新孟河江边枢纽、运河立交枢纽，望虞河望亭、常熟水利枢纽以及国家防汛抗旱指挥机构规定的对流域防汛抗旱影响较大的水工程的防汛抗旱调度指令，由太湖流域防汛抗旱指挥机构下达。

太湖流域其他水工程的防汛抗旱调度指令，由太湖流域县级以上地方人民政府防汛抗旱指挥机构按照职责权限下达。

第四十一条 太湖水位以及与调度有关的其他水文测验数据，以国家基本水文测站的测验数据为准；未设立国家基本水文测站的，以太湖流域管理机构确认的水文测验数据为准。

第四十二条 太湖流域管理机构应当组织两省一市人民政府水行政主管部门会同同级交通运输主管部门，根据防汛抗旱和水域保护需要制订岸线利用管理规划，经征求两省一市人民政府国土资源、环境保护、城乡规划等部门意见，报国务院水行政主管部门审核并由其报国务院批准。岸线利用管理规划应当明确太湖、太浦河、新孟河、望虞河岸线划定、利用和管理等要求。

太湖流域县级人民政府应当按照岸线利用管理规划，组织划定太湖、太浦河、新孟河、望虞河岸线，设置界标，并报太湖流域管理机构备案。

第四十三条 在太湖、太浦河、新孟河、望虞河岸线内兴建建设项目，应当符合太湖流域综合规划和岸线利用管理规划，不得缩小水域面积，不得降低行洪和调蓄能力，不得擅自改变水域、滩地使用性质；无法避免缩小水域面积、降低行洪和调蓄能力的，应当同时兴建等效替代工程或者采取其他功能补救措施。

第四十四条 需要临时占用太湖、太浦河、新孟河、望虞河岸线内水域、滩地的，应当经太湖流域管理机构同意，并依法办理有关手续。临时占用水域、滩地的期限不得超过2年。

临时占用期限届满，临时占用人应当及时恢复水域、滩地原状；临时占用水域、滩地给当地居民生产等造成损失的，应当依法予以补偿。

第四十五条 太湖流域圩区建设、治理应当符合流域防洪要求，合理控制圩区标准，统筹安排圩区外排水河道规模，严格控制联圩并圩，禁止将湖荡等大面积水域圈入圩内，禁止缩小圩外水域面积。

两省一市人民政府水行政主管部门应当编制圩区建设、治理方案，报本级人民政府批准后组织实施。太湖、太浦河、新孟河、望虞河以及两省一市行政区域边界河道的圩区建设、治理方案在批准前，应当征得太湖流域管理机构同意。

第四十六条 禁止在太湖岸线内圈圩或者围湖造地；已经建成的圈圩不得加高、加宽圩堤，已经围湖所造的土地不得垫高土地地面。

两省一市人民政府水行政主管部门应当会同同级国土资源等部门，自本条例施行之日起2年内编制太湖岸线内已经建成的圈圩和已经围湖所造土地清理工作方案，报国务院水行政主管部门和两省一市人民政府批准后组织实施。

第六章 保障措施

第四十七条 太湖流域县级以上地方人民政府及其有关部门应当采取措施保护和改善太湖生态环境，在太湖岸线周边500米范围内，饮用水水源保护区周边1500米范围内和主要入太湖河道岸线两侧各200米范围内，合理建设生态防护林。

第四十八条 太湖流域县级以上地方人民政府林业、水行政、环境保护、农业等部门应当开展综合治理，保护湿地，促进生态恢复。

两省一市人民政府渔业行政主管部门应

当根据太湖流域水生生物资源状况、重要渔业资源繁殖规律和水产种质资源保护需要，开展水生生物资源增殖放流，实行禁渔区和禁渔期制度，并划定水产种质资源保护区。

第四十九条 上游地区未完成重点水污染物排放总量削减和控制计划、行政区域边界断面水质未达到阶段水质目标的，应当对下游地区予以补偿；上游地区完成重点水污染物排放总量削减和控制计划、行政区域边界断面水质达到阶段水质目标的，下游地区应当对上游地区予以补偿。补偿通过财政转移支付方式或者有关地方人民政府协商确定的其他方式支付。具体办法由国务院财政、环境保护主管部门会同两省一市人民政府制定。

第五十条 排放污水的单位和个人，应当按照规定缴纳污水处理费。通过公共供水设施供水的，污水处理费和水费一并收取；使用自备水源的，污水处理费和水资源费一并收取。污水处理费应当纳入地方财政预算管理，专项用于污水集中处理设施的建设和运行。污水处理费不能补偿污水集中处理单位正常运营成本的，当地县级人民政府应当给予适当补贴。

第五十一条 对为减少水污染物排放自愿关闭、搬迁、转产以及进行技术改造的企业，两省一市人民政府应当通过财政、信贷、政府采购等措施予以鼓励和扶持。

国家鼓励太湖流域排放水污染物的企业投保环境污染责任保险，具体办法由国务院环境保护主管部门会同国务院保险监督管理机构制定。

第五十二条 对因清理水产养殖、畜禽养殖，实施退田还湖、退渔还湖等导致转产转业的农民，当地县级人民政府应当给予补贴和扶持，并通过劳动技能培训、纳入社会保障体系等方式，保障其基本生活。

对因实施农药、化肥减施工程等导致收入减少或者支出增加的农民，当地县级人民政府应当给予补贴。

第七章 监测与监督

第五十三条 国务院发展改革、环境保护、水行政、住房和城乡建设等部门应当按照国务院有关规定，对两省一市人民政府水资源保护和水污染防治目标责任执行情况进行年度考核，并将考核结果报国务院。

太湖流域县级以上地方人民政府应当对下一级人民政府水资源保护和水污染防治目标责任执行情况进行年度考核。

第五十四条 国家按照统一规划布局、统一标准方法、统一信息发布的要求，建立太湖流域监测体系和信息共享机制。

太湖流域管理机构应当商两省一市人民政府环境保护、水行政主管部门和气象主管机构等，建立统一的太湖流域监测信息共享平台。

两省一市人民政府环境保护主管部门负责本行政区域的水环境质量监测和污染源监督性监测。太湖流域管理机构和两省一市人民政府水行政主管部门负责水文水资源监测；太湖流域管理机构负责两省一市行政区域边界水域和主要入太湖河道控制断面的水环境质量监测，以及太湖流域重点水功能区和引江济太调水的水质监测。

太湖流域水环境质量信息由两省一市人民政府环境保护主管部门按照职责权限发布。太湖流域水文水资源信息由太湖流域管理机构会同两省一市人民政府水行政主管部门统一发布；发布水文水资源信息涉及水环境质量的内容，应当与环境保护主管部门协商一致。太湖流域年度监测报告由国务院环境保护、水行政主管部门共同发布，必要时也可以授权太湖流域管理机构发布。

第五十五条 有下列情形之一的，有关部门应当暂停办理两省一市相关行政区域或者主要入太湖河道沿线区域可能产生污染的建设项目的审批、核准以及环境影响评价、取水许可和排污口设置审查等手续，并通报有关地方人民政府采取治理措施：

（一）未完成重点水污染物排放总量削减和控制计划，行政区域边界断面、主要入太湖河道控制断面未达到阶段水质目标的；

（二）未完成本条例规定的违法设施拆除、关闭任务的；

（三）因违法批准新建、扩建污染水环境的生产项目造成供水安全事故等严重后果的。

第五十六条 太湖流域管理机构和太湖流域县级以上地方人民政府水行政主管部门应当对设置在太湖流域湖泊、河道的排污口进行核查登记，建立监督管理档案，对污染严重和违法设置的排污口，依照《中华人民共和国水法》、《中华人民共和国水污染防治法》的规定处理。

第五十七条 太湖流域县级以上地方人民政府环境保护主管部门应当会同有关部门，加强对重点水污染物排放总量削减和控制计划落实情况的监督检查，并按照职责权限定期向社会公布。

国务院环境保护主管部门应当定期开展太湖流域水污染调查和评估。

第五十八条 太湖流域县级以上地方人民政府水行政、环境保护、渔业、交通运输、住房和城乡建设等部门和太湖流域管理机构，应当依照本条例和相关法律、法规的规定，加强对太湖开发、利用、保护、治理的监督检查，发现违法行为，应当通报有关部门进行查处，必要时可以直接通报有关地方人民政府进行查处。

第八章 法律责任

第五十九条 太湖流域县级以上地方人民政府及其工作人员违反本条例规定，有下列行为之一的，对直接负责的主管人员和其他直接责任人员依法给予处分；构成犯罪的，依法追究刑事责任：

（一）不履行供水安全监测、报告、预警职责，或者发生供水安全事故后不及时采取应急措施的；

（二）不履行水污染物排放总量削减、控制职责，或者不依法责令拆除、关闭违法设施的；

（三）不履行本条例规定的其他职责的。

第六十条 县级以上人民政府水行政、环境保护、住房和城乡建设等部门及其工作人员违反本条例规定，有下列行为之一的，由本级人民政府责令改正，通报批评，对直接负责的主管人员和其他直接责任人员依法给予处分；构成犯罪的，依法追究刑事责任：

（一）不组织实施供水设施技术改造的；

（二）不执行取水总量控制制度的；

（三）不履行监测职责或者发布虚假监测信息的；

（四）不组织清理太湖岸线内的圈圩、围湖造地和太湖围网养殖设施的；

（五）不履行本条例规定的其他职责的。

第六十一条 太湖流域管理机构及其工作人员违反本条例规定，有下列行为之一的，由国务院水行政主管部门责令改正，通报批评，对直接负责的主管人员和其他直接责任人员依法给予处分；构成犯罪的，依法追究刑事责任：

（一）不履行水资源调度职责的；

（二）不履行水功能区、排污口管理职责的；

（三）不组织制订水资源调度方案、岸线利用管理规划的；

（四）不履行监测职责的；

（五）不履行本条例规定的其他职责的。

第六十二条 太湖流域水工程管理单位违反本条例规定，拒不服从调度的，由太湖流域管理机构或者水行政主管部门按照职责权限责令改正，通报批评，对直接负责的主管人员和其他直接责任人员依法给予处分；构成犯罪的，依法追究刑事责任。

第六十三条 排污单位违反本条例规定，排放水污染物超过经核定的水污染物排放总量，或者在已经确定执行太湖流域水污染物特别排放限值的地域范围、时限内排放水污染物超过水污染物特别排放限值的，依照《中华人民共和国水污染防治法》第七十四条的规定处罚。

第六十四条 违反本条例规定，在太湖、淀山湖、太浦河、新孟河、望虞河和其他主要入太湖河道岸线内以及岸线周边、两侧保护范围内新建、扩建化工、医药生产项目，或者设置剧毒物质、危险化学品的贮存、输送设施，或者设置废物回收场、垃圾场、水上餐饮经营设施的，由太湖流域县级以上地方人民政府环境保护主管部门责令改正，处20万元以上50万元以下罚款；拒不改正的，由太湖流域县级以上地方人民政府环境保护主管部门依法强制执行，所需费用由违法行为人承担；构成犯罪的，依法追究刑事责任。

违反本条例规定，在太湖、淀山湖、太浦河、新孟河、望虞河和其他主要入太湖河道岸线内以及岸线周边、两侧保护范围内新建、扩建高尔夫球场的，由太湖流域县级以上地方人民政府责令停止建设或者关闭。

第六十五条 违反本条例规定，运输剧毒物质、危险化学品的船舶进入太湖的，由交通运输主管部门责令改正，处10万元以上20万元以下罚款，有违法所得的，没收违法所得；拒不改正的，责令停产停业整顿；构成犯罪的，依法追究刑事责任。

第六十六条 违反本条例规定，在太湖、太浦河、新孟河、望虞河岸线内兴建不符合岸线利用管理规划的建设项目，或者不依法兴建等效替代工程、采取其他功能补救措施的，由太湖流域管理机构或者县级以上地方人民政府水行政主管部门按照职责权限责令改正，处10万元以上30万元以下罚款；拒不改正的，由太湖流域管理机构或者县级以上地方人民政府水行政主管部门按照职责权限依法强制执行，所需费用由违法行为人承担。

第六十七条 违反本条例规定，有下列行为之一的，由太湖流域管理机构或者县级以上地方人民政府水行政主管部门按照职责权限责令改正，对单位处5万元以上10万元以下罚款，对个人处1万元以上3万元以下罚款；拒不改正的，由太湖流域管理机构或者县级以上地方人民政府水行政主管部门按照职责权限依法强制执行，所需费用由违法行为人承担：

（一）擅自占用太湖、太浦河、新孟河、望虞河岸线内水域、滩地或者临时占用期满不及时恢复原状的；

（二）在太湖岸线内圈圩，加高、加宽已经建成圈圩的圩堤，或者垫高已经围湖所造土地地面的；

（三）在太湖从事不符合水功能区保护要求的开发利用活动的。

违反本条例规定，在太湖岸线内围湖造地的，依照《中华人民共和国水法》第六十六条的规定处罚。

第九章　附　则

第六十八条 本条例所称主要入太湖河道控制断面，包括望虞河、大溪港、梁溪河、直湖港、武进港、太滆运河、漕桥河、殷村港、社渎港、官渎港、洪巷港、陈东港、大浦港、乌溪港、大港河、夹浦港、合溪新港、长兴港、杨家浦港、旄儿港、苕溪、大钱港的入太湖控制断面。

第六十九条 两省一市可以根据水环境综合治理需要，制定严于国家规定的产业准入条件和水污染防治标准。

第七十条 本条例自2011年11月1日起施行。

中共江苏省委　江苏省人民政府
关于加快水利改革发展推进水利现代化建设的意见

苏发〔2011〕1号

水是生命之源、生产之要、生态之基。水利是经济社会发展的重要基础支撑，具有很强的公益性、基础性和战略性。江苏地处江淮沂沭泗流域下游，是全国唯一拥有大江大河大湖大海的省份，洪涝、干旱等灾情频繁发生，水利在经济社会发展中始终具有重要的战略地位。新中国成立以来，特别是改革开放以来，历届省委、省政府组织带领全省人民坚持不懈大干水利，初步建成了防洪、排涝、调水、挡潮、灌溉等水利工程体系，但防洪保安、水资源保障、水生态保护等方面还存在不少问题。全面建设更高水平的小康社会，率先基本实现现代化，必须切实加强水利基础设施建设，以水利现代化支撑和保障经济社会发展现代化。根据《中共中央、国务院关于加快水利改革发展的决定》（中发〔2011〕1号），紧密结合江苏实际，现就加快水利改革发展、推进水利现代化建设提出如下意见。

一、水利改革发展的指导思想、目标任务和基本原则

（一）指导思想。以邓小平理论和“三个代表”重要思想为指导，深入贯彻落实科学发展观，紧紧围绕“两个率先”，积极践行可持续发展的治水思路，按照水利现代化建设的要求，把水利作为全省基础设施建设的优先领域，把农田水利作为农村基础设施建设的重点任务，把严格水资源管理作为加快转变经济发展方式的战略举措，更加注重水安全、水资源、水环境统筹，更加注重大中小工程配套，更加注重城乡水利协调，更加注重工程措施和非工程措施结合，加强水利建设，强化水利管理，深化水利改革，不断提高水利的防洪保安、水资源保障、水环境保护和服务民生能力，率先走出一条具有江苏特色的水利现代化道路。

（二）目标任务。力争通过5年左右的努力，初步建成现代化的水利综合保障体系。“十二五”期间，全省基本建成标准较高、协调配套的防洪减灾工程体系，功能齐全、长效管护的农村水利工程体系，优化配置、高效利用的水资源保障体系，有效控制、河湖健康的水生态保护体系，依法治水、管理规范的水工程管理服务体系，综合配套、保障有力的政策法规支撑体系。淮河、沂沭泗、长江、太湖等重点流域防洪标准全面达到50年一遇以上的规划目标，区域骨干河流排涝标准达到20年一遇左右，大中城市达到国家防洪排涝标准；全省有效灌溉面积占耕地面积比例达到85%以上，旱涝保收面积达到72%以上，灌溉水利用系数提高到0.58以上；全省年用水总量控制在560亿立方米以内，城乡供水保证率进一步提高，单位地区生产总值用水量降到120立方米每万元以下；水功能区水质达标率提高到70%左右，集中式饮用水水源地水质达标率达到100%；最严格的水资源管理制度基本建立，水利工程良性运行机制基本形成，水利投入稳定增长机制进一步完善，有利于水资源节约和合理配置的水价形成机制基本建立。到

2020 年，全省基本实现水利现代化。

（三）基本原则。一要坚持以人为本、民生优先。着力解决人民群众最关心最直接最现实的水利问题，大力发展民生水利，让人民群众得益受惠。二要坚持科学治水、人水和谐。遵循水的自然规律和经济社会发展规律，合理开发利用水资源，优化配置水资源，有效保护水资源。三要坚持标本兼治、统筹兼顾。实行防洪除涝抗旱并举、开源节流保护并重、建设管理改革并进，促进区域与流域、农村与城市水利协调发展，充分发挥水利综合效益。四要坚持政府主导、社会参与。加大公共财政对水利发展的保障力度，鼓励社会资本参与水利基础设施建设，支持农民参与农村水利建设管理，形成政府社会协同治水兴水的合力。五要坚持深化改革、创新机制。用改革的办法解决制约水利发展的深层次矛盾，加强水利重点领域和关键环节改革攻坚，形成有利于水利科学发展的体制机制，增强水利发展的活力和动力。

二、全面加强水利基础设施建设

（四）加大流域防洪工程建设力度。开展新一轮淮河治理，推进淮河入江水道整治、淮河入海水道二期工程、分淮入沂、蓄滞洪区安全工程等重点项目建设。加快太湖治理，建设走马塘、新沟河、新孟河等引排骨干工程。实施长江堤防加固、河势整治及长江口综合治理。巩固海堤达标建设成果。加大城市防洪排涝基础设施建设力度，切实提高城市防洪排涝标准，增强城市防灾减灾能力。城市开发区、工业园区建设，要达到规定的防洪排涝标准。

（五）突出以中小河流为重点的区域治理。更加重视区域治理，不断提高区域防洪排涝能力。完成滁河、水阳江等长江主要支流和列入国家规划的区域河流治理，加大中小河流治理力度。加快里下河、洪泽湖周边、沂南沂北、南四湖湖西、阳澄淀泖地区等重点易涝洼地治理。继续实施大型灌排泵站更新改造和病险水库、水闸除险加固工程建设。

（六）加强水资源配置工程建设和水生态保护。加快南水北调东线一期工程建设，确保 2013 年全线通水。加强沿海水资源工程建设，完成泰州引江河二期、泰东河拓浚等工程，抓紧建设区域内部供水工程及平原调蓄水库，保证沿海开发水资源供给。继续实施丘陵地区水源工程建设，改善生产生活条件。深入推进太湖水环境综合治理。积极推进南水北调、江水东引、引江济太三大跨流域调水工程的清水通道建设。强化河湖环境保护和生态建设，对重点河湖健康状况进行评估。加强山丘区和平原沙土区水土流失治理，治理水土流失面积 500 平方公里。建立建设项目占用水利设施和水域补偿制度。

三、着力加强农村水利工作

（七）大兴农田水利建设。按照实现农业现代化的要求，推进高标准农田建设。实施小型农田水利重点县建设，整合各类涉及农田水利的建设资金，统一规划、综合整治，集中投入、连片治理，大力实施农田小型灌排泵站、涵闸配套设施建设，全面提升粮食和农业综合生产能力。继续推进大中型灌区节水改造工程建设，基本完成 29 个大型灌区、10 个中型灌区改造任务，加强农村圩区建设。扩大节水、抗旱设备补贴范围，积极推广应用节水灌溉技术，强化灌区用水管理，切实提高农业用水效率，提升灌区服务农业增产、农民增收和农村发展的能力。

（八）建立农村河道疏浚整治长效机制。按照畅通水系、恢复引排能力、改善环境、修复生态、拆坝建桥、方便群众的要求，继续疏浚整治县乡河道和村庄河塘。坚持分级负责、因地制宜，建立河道轮浚和长效管护机制，实现农村河道疏浚整治和管理养护经常化、制度化。

（九）扎实推进农村饮水安全工程建设。继续实施农村饮水安全工程建设，积极推进区域供水，全面解决农村居民饮水安全问题。强化农村饮水安全工程运行管理，落实管护主体，明确管护责任，加强水源保护和水质监测，确保工程长期发挥效益。认真落实农村饮水安全工程土地供应、税收优惠和供水用电价格优惠政策，供水用电执行居民生活或农业灌溉用电价格。

（十）加强基层水利管理服务体系建设。建立健全职能明确、队伍精干、服务到位的基层水利管理服务体系，全面提升基层水利管理服务能力。乡镇水利站承担着水资源管理、防汛抗旱、农田水利建设、农村饮水安全、水利科技推广等公益性职能，要按规定核定人员编制，将人员和事业经费纳入县级财政预算，充分发挥其在农村水利建设管理中的作用。实行专业管理和群众管理相结合，大力发展农民用水合作组织。

四、全面落实最严格的水资源管理制度

（十一）实行用水总量控制管理。严格水资源开发利用管理，确立水资源开发利用控制红线，建立省、市、县三级行政区域取用水总量控制制度。严格执行水资源论证制度，加强相关规划与项目建设布局的水资源论证工作，对擅自开工建设或投产的一律责令停止。严格取水许可审批管理，对取用水总量已达到或超过控制指标的地区，暂停审批或限制审批新增取水。严格地下水开发利用管理，实施地下水取水总量和地下水位控制，组织开展地下水超采区修复治理。优化水资源调度方案，协调安排生活、生产和生态环境用水。建立和完善水权制度，充分运用市场机制优化配置水资源。

（十二）强化用水效率控制管理。确立用水效率控制红线，把节水减排工作贯穿于经济发展全过程和社会生活各个环节，坚决遏制用水浪费。制定实施不同区域、行业和用水产品的用水效率指标，加强用水定额和计划用水管理。强化对取水单位的取水管理，对取用水大户的用水效率实行重点监管。严格限制水资源不足地区建设高耗水型工业项目。开展取排水规范化整治，落实建设项目节水设施同步建设制度。深入开展企业、社区、学校、灌区、城市等节水载体创建活动，大力推进节水型社会建设。建立行政区域用水效率和效益评价与考核指标体系，发挥政府在节水型社会建设中的主导作用。执行国家节水强制性标准，淘汰不符合节水标准的用水工艺、设备和产品。实行用水产品用水效率标识管理，对节水型产品和节水型器具实施扶持优惠政策。

（十三）严格水功能区监督管理。确立水功能区限制纳污红线，从严核定水域纳污容量。强化全省水功能区管理，协调好水功能区划与土地利用、城市建设、岸线开发等相关规划的关系。严格控制入河湖排污总量，把限制排污总量作为水污染防治和污染减排的重要依据，明确工作责任，抓好措施落实。加强水功能区和水源地水量、水质监测。对排污量超出水功能区限制排污总量的地区，限制审批新增取水和入河排污口。

五、加强水利社会管理和公共服务能力建设

（十四）提高防汛防旱应急处置能力。严格落实防汛防旱行政首长负责制，健全完善应急管理机制。加强预测预报预警能力建设，强化防汛应急响应和联动机制，推进防洪风险管理，完善各类应急抢险救援预案，加大防汛抢险专业队伍建设力度，健全防汛物资储备体系，努力实现“指挥决策科学化、应急处置规范化、防汛抢险专业化”。加强人工增雨等影响天气能力建设，科学开发利用空中云水资源。

（十五）强化河湖水域管理。建立健全河湖管理体系，实行“河湖蓝线”管理制度，全面推行河道管理“河长制”。严格河湖水域管理，

落实占用补偿措施。岸线开发利用必须符合防洪规划、水功能区管理要求，维护水利工程安全和能力，明确开发利用控制条件和保护措施。严格实行河湖管理范围内建设项目防洪影响评价、水规划同意书和建设项目审批制度。建立饮用水源地核准和安全评估制度。组织开展水源地环境整治，因地制宜规划建设备用水源地。强化饮用水源地应急管理，制定突发性事件应急处置预案。加强长江、沂沭泗等水域采砂管理，严厉打击非法采砂行为。

（十六）积极推进依法治水。坚持依法行政，围绕防汛防旱、河湖管理、水资源管理、水利工程管理、农村饮水安全管理、农田水利管理等方面，完善水利法规体系，使水利建设、管理的各个方面有法可依、有章可循。健全水利规划体系，强化规划对涉水项目的管理和约束作用。大力推进水行政综合执法，加强水利执法队伍和能力建设，完善执法体制机制，规范执法行为，落实执法保障经费。维护社会水事秩序，建立水事纠纷依法调处机制。做好水库移民安置工作，落实后期扶持政策。

（十七）增强水利科技支撑能力。健全完善水利科技创新体系，加强水利现代化基础研究和关键技术研发，加大现代水利先进技术引进和推广应用力度。加快水利信息化建设，全面实施“金水工程”，推进现代化通信技术、物联网技术、遥测遥感技术等在水资源管理、暴雨洪水监测预报、防洪抗旱指挥调度、水利工程运行管理等方面的应用，以水利信息化引领和带动水利现代化。

（十八）推进水文气象现代化建设。加强水文气象基础设施建设，优化站网布局，着力增强防洪重点地区、重点城市、重点水功能区、地下水超采区的水文监测能力。加快水量水质自动监测、应急机动监测和信息处理能力建设，建立健全现代化的水文信息采集、传输和处理及预报会商体系。加强气象预测预报预警能力建设，完善气象观测网站，提高气象公共服务水平。

六、建立健全水利投入稳定增长机制

（十九）加大公共财政对水利的投入。多渠道筹集资金，力争今后10年全省全社会水利年平均投入比2010年高出一倍。将水利作为公共财政投入的重点领域，省、市、县各级财政对水利投入的总量和增幅要有明显提高，市、县财政要确保当年可用财力的2%至4%用于水利工程建设。继续征收防洪保安资金、水利建设基金、南水北调基金等财政性资金用于重点水利建设。从土地出让收益中提取10%用于农田水利建设，省级集中部分资金支持重点地区。从土地出让金中提取的农业土地开发资金，要按规定比例用于农村水利建设。有防洪任务的城市，要从城市维护建设税中划出不少于15%的资金用于城市防洪排涝工程建设。逐步提高水资源费征收标准，专项用于水资源的保护管理、节约利用和水源工程建设。加强各类用于水利建设的财政性资金征收管理，确保应收尽收、规范使用。优化水利投资结构，各级财政每年安排一定比例的资金用于水工程、水资源管理，切实解决“重建轻管”问题。

（二十）拓宽水利融资渠道。鼓励符合条件的地方政府融资平台公司通过直接、间接融资方式，吸引社会资金参与水利建设，引导和鼓励金融机构增加水利建设信贷资金。有条件的地方可以根据不同水利工程的建设特点和项目性质，确定财政贴息的规模、期限和贴息率。支持符合条件的水利企业上市和发行债券，探索发展大型水利设备设施的融资租赁业务，积极开展水利项目收益权质押贷款等多种形式融资。鼓励和支持发展洪水保险。提高水利利用外资的规模和质量。按照谁投资、谁受益的原则，积极推进经营性水利工程市场融资。

（二十一）广泛吸引社会资金投资水利。

通过民办公助、政府购买、委托管理等多种形式，鼓励企业、个人及社会团体投资公益性或准公益性水利工程项目。民营企业按照规划建设的水利项目，产权和收益归投资人。民营企业投资喷灌、滴灌等节水灌溉工程，享受与集体经济组织同等补助政策。按照多干多补、多筹多补的原则，加大“一事一议”财政奖补力度，发动和组织农民群众兴修农田水利。

七、大力创新水利发展体制机制

（二十二）积极推进水资源管理体制改革。按照经济规律和水的自然规律，完善水资源管理体制，建立事权清晰、分工明确、行为规范、运转协调的水资源管理工作机制。强化城乡水资源统一管理，对城乡供水、水资源综合利用、水环境治理和防洪排涝等实行统筹规划、协调推进，促进水资源优化配置。健全完善水资源保护和水污染防治协调机制。

（二十三）全面推进水利工程建设管理体制改革。健全水利工程分级建设负责制，完善水利建设项目法人制，逐步推进政府重点水利项目代建制。加强水利建设市场监管，强化市场主体诚信体系和工程质量安全监督体系建设，推行质量体系认证制度。全面实行水利建设项目规划许可制、竞争立项制、投资控制制、资金保障制、绩效评价制，提高投资效益。改进水利投资分配使用办法，将各地水利建设资金落实到位情况与省级资金安排补助相挂钩，对城市防洪排涝、地方基建、水环境治理等以地方投入为主的水利建设项目，实行“以奖代补”、“先干后补”等补助政策，充分调动各地的积极性。

（二十四）深化水利工程管理体制改革。区分水利工程性质，分类推进改革，健全良性运行机制。各级财政要按照分级管理、分级负责的要求，落实好公益性、准公益性水管单位基本支出和维修养护经费。加大水利工程维修养护市场培育，积极推进“管养分离”，建立健全水利工程维修养护体系。深化小型水利工程产权制度改革，明晰所有权和使用权，明确管护主体和管理责任。加强水利工程安全监测、自动控制系统等基础设施建设，不断提高管理的信息化、自动化水平，确保水利工程良性运行。

（二十五）积极推进水价改革。充分发挥水价的调节作用，大力促进节约用水和产业结构调整。逐步提高非农业用水价格，工业和服务业用水实行超额累进加价制度，拉开高耗水行业与其他行业的用水价差。推进农业水价综合改革，农业灌排工程运行管理费用由财政适当补助，进一步减轻农民负担。出台鼓励中水和再生水利用的价格政策。积极推进容量水价和计量水价制度。

八、切实加强对水利工作的领导

（二十六）落实各级党委、政府责任。各级党委、政府要从全局和战略高度，把水利工作摆上经济社会发展更加重要的位置，及时研究解决水利改革发展中的突出问题。各地要结合当地实际，健全完善水利规划体系，研究制定推进水利现代化建设的实施方案，认真落实水利改革发展的各项政策措施，确保取得实效。各级水行政主管部门要强化责任意识，加强水利队伍建设，充分发挥职能作用，切实抓好水利改革发展的实施工作。各有关部门和单位要各司其职、密切配合，尽快制定完善各项配套措施和办法，共同推进水利事业发展。要把加强农田水利建设作为农村基层开展创先争优活动的重要内容，充分发挥农村基层党组织的战斗堡垒作用和广大党员的先锋模范作用，带领广大农民群众加快改善农村生产生活条件。

（二十七）加强检查考核。各级党委、政府要把水利改革发展和现代化建设纳入目标考核内容，实行防汛防旱、农村饮水安全保障、水资源管理、水库安全管理行政首长负责制，对水利建设、管理、改革等各项任务进行检查考核，考核结果作为干部综合考核评价的重要依据。切实加强对水利投入政策落实情况、配套资金到位情况的督促检查，确保各项投入政策落实到位。加强水利专项资金监督管理，强化财政、审计、监察部门的监督检查责任。

（二十八）动员全社会力量关心支持水利发展。加大宣传力度，提高全民的水患意识、节水意识、水资源保护意识，动员社会力量参与水利建设。把水情教育纳入国民素质教育体系和中小学教育课程体系，作为各级领导干部和公务员教育培训的重要内容。把水利纳入公益性宣传范围，为推进水利现代化建设营造良好舆论氛围。对在水利现代化建设中取得显著成绩的单位和个人，各级政府要按照有关规定予以表彰奖励。

加快水利改革发展，推进水利现代化建设，任务艰巨，使命光荣，责任重大。全省各级各部门要切实统一思想认识，与时俱进，开拓进取，扎实工作，奋力开创全省水利改革发展和现代化建设新局面，为全面建成更高水平的小康社会、率先基本实现现代化提供更加有力的水利支撑和保障。

二〇一一年一月二十一日

省政府办公厅关于印发
江苏省"十二五"水利发展规划的通知

苏政办发〔2011〕103号

各市、县(市、区)人民政府,省各委办厅局,省各直属单位:

《江苏省"十二五"水利发展规划》已经省人民政府同意,现印发给你们,请认真贯彻实施。

二〇一一年七月二十二日

江苏省"十二五"水利发展规划

水是生命之源、生产之要、生态之基。水利是经济社会发展的重要基础支撑。特定的地理位置和水系特点,决定了我省既有丰富的水资源优势,也是水旱灾害易发地区,经济社会的快速发展与水资源的可持续利用矛盾依然存在。水利作为重要的基础设施,必须与国民经济和社会发展相协调,保障防洪与供水安全,促进水生态环境改善,为全省实现"两个率先"提供有力的基础保障和社会服务。

本规划是全省"十二五"重点专项规划,是我省"十二五"时期水利发展的重要依据。规划期从2011至2015年。

一、形势与要求

(一)"十一五"发展成就

"十一五"时期,我省紧紧围绕富民强省、"两个率先"的目标,认真贯彻落实科学发展观,积极践行可持续发展的治水思路,抢抓机遇,加大投入,深化改革,强化管理,基本实现"十一五"规划确定的水利发展目标。水利建设投入达598亿元(其中省级以上投资的水利重点工程投入368亿元),是"十五"时期的2.3倍,一大批水利工程建成投入运行,水利减灾兴利能力再上新台阶。防汛防旱取得全面胜利,水资源管理与保护工作显著加强,水资源供给保障能力进一步增强,水环境恶化趋势有所遏制,水利管理与改革取得新进展,水利社会管理与公共服务能力得到明显提高。水利为促进全省经济社会又好又快发展和改善民生,提供了重要的基础保障。

1. 防汛防旱取得全面胜利。基本建成水灾害应急反应系统。防汛决策支持系统不断完善,完成省防汛防旱指挥中心智能化改造,实现省、市、县三级防指视频会商。规范化建设不断加强,编制实施《江苏省防汛防旱应急预案》、《江苏省防御台风应急预案》、《江苏省抗旱预案》、《江苏省饮用水源地突发性水污染事故水利工程应急调度预案》等预案;开展洪水风险图编制试点,规定水旱灾害预警级别,并向社会公众发布警示。防汛抢险专业化水平不断提高，建成13支省级专业防汛机动抢险队，联合省军区组成15支抗洪抢险专业分队，联合省武警总队建成两级抗洪抢险梯队，防汛物资储备管理水平明显提升。成功抗御2006年里下河洪涝灾害、2007年淮河大水、2008年滁河大水、2009年春秋旱及第8号台风、2010年淮北局部特大暴雨等水旱灾害；累计实现江水北调（江都站）83亿立方米，江水东引216亿立方米，基本保证了苏北地区经济社会发展需求；扩大引江济太调水规模，明显改善了太湖及周边地区水质；通过水利工程应急调度，科学应对部分地区的水污染突发事故，保障了地区社会安定和经济发展。我省水利工程直接减免灾效益达228亿元。

2. 防洪除涝工程能力进一步增强。淮河流域重点实施完成东调南下二期工程、淮北大堤加固及黄墩湖、鲍集圩等行蓄洪区安全续建工程，1991年国务院确定的19项治淮项目中与我省有关的11项骨干工程已基本完成；实施长江干流南京河段二期工程整治及镇扬河段、澄通河段部分险工险段的巩固守护；启动新一轮太湖流域综合治理骨干工程建设。完成海堤达标建设任务。重点实施里下河、洪泽湖周边、中运河两岸、白马湖、高宝湖等湖洼治理及苏北沿江、太湖湖西、武澄锡虞等16个水利分区178项区域治理工程。启动实施41项中小河流治理工程。城市防洪建设有序实施，13个省辖市中心城区防洪排涝工程体系基本形成。水库除险加固全面提速，完成29座大中型、基本完成555座小型病险水库的除险加固。启动实施大型灌排泵站改造工程。全省流域防洪能力进一步巩固，沂沭泗河下游防洪标准由20年一遇提高到50年一遇，区域综合抗灾能力进一步改善，可有效抗御新中国成立以来流域大洪水，控制中小洪水的灾害损失。

3. 跨流域、跨区域骨干调水工程能力稳步提高。南水北调东线一期工程完成过半，具备调水出省的工程能力。三阳河潼河宝应站、刘山站、解台站、蔺家坝站、江都站改造、淮安四站及输水河道、淮阴三站、骆马湖水资源控制、南四湖水资源控制等工程全面建成；刘老涧二站、泗洪站、泗阳站和皂河一、二站及淮安二站改造、金湖站、洪泽站、金宝航道、高水河整治、里下河水源调整、骆南中运河影响处理等工程开工建设。江都、淮安、宿迁、徐州市截污导流工程基本完成。编制《江苏沿海地区水利建设三年实施方案（2010～2012）》，加快沿海地区供水工程建设；建成通榆河北延送水工程，可相机向连云港市送水30～50立方米/秒。

4. 太湖水环境综合治理初显成效。根据《太湖流域水环境综合治理总体方案》、《江苏省太湖水环境综合治理实施方案》，全面开展应急综合治理。2007年～2010年，累计引江调水81.9亿立方米、入湖36.6亿立方米，生态清淤70.5平方公里、2020万立方米，打捞蓝藻200多万吨，落实工业节水减排项目62项，完成70%以上入湖河流综合整治。编制《太湖"湖泛"应急预案》，开展湖泛巡查及监测预警。走马塘工程完成过半，东太湖综合治理启动，新沟河、新孟河、望虞河西岸控制等骨干引排通道工程前期工作加快推进，太湖水环境与生态状况持续改善，保障了区域供水安全。

5. 水资源管理与保护持续加强。强化水资源管理工作。完成《江苏省水资源综合规划》，印发《江苏省水资源管理考核办法》，初步形成省、市、县三级水资源管理考核体系；规范实施总量控制、定额管理、取水许可、水资源有偿使用、建设项目水资源论证、水功能区划管理、入河排污口监管等制度；出台《江苏省水资源费征收使用管理办法》，累计征收水资源费23亿元、南水北调基金9亿元。加强饮用水源地保护。核准公布全省142个饮用水源地名录，划定全省111个水源地保护区范围，制定饮用水源地突发性水污染应急预案，推进备用水源地建设。强化水功能区管理。核定

1323个地表水(环境)功能区纳污能力,提出限制排污总量意见,强化水功能区的水质监测。加强地下水管理。完成《江苏省地下水功能区划报告》,巩固苏锡常地区地下水全面禁采成果,严格控制苏中、苏北深层地下水开采量,地面沉降有所遏制。加强河湖管理。完成全省重要湖泊保护规划,12个省管湖泊及3个跨市湖泊保护规划得到省政府批复并完成勘界定桩,建立洪泽湖、骆马湖、里下河等湖泊管理与保护联席会议制度,河湖采砂管理得到加强。加强水土流失防治。治理水土流失面积400平方公里,开发建设项目水土保持"三同时"制度得到加强,水土保持监测网络进一步健全。

6. 节水型社会建设快速推进。发布《江苏省节水型社会建设纲要》、《江苏省节水型社会目标考核办法》与《江苏省省级节水型社会载体建设标准(试行)》,初步形成节水型社会建设制度体系。全面推进南京、徐州、泰州、南通、张家港5个国家级及无锡、淮安、大丰等11个省级节水型社会试点工作。创建国家级节水型城市7个、节水型灌区35个、节水型企业(单位)441个、节水型社区144个、节水型高校84个,完成节水技改项目1497项。修订并发布113个工业行业324个用水定额标准。用水效率明显提高,全省万元地区生产总值用水量下降至161立方米,农田灌溉水利用系数提高到0.55,在保障经济快速增长的同时,全省用水总量实现微增长。

7. 农村水利建设加快发展。围绕粮食安全、防洪安全、饮水安全等民生改善目标,农村水利投入大幅增加,总投入230亿元,投工3.6亿个。重点实施了农村饮水安全、农村河道疏浚整治、灌区续建配套与节水改造、小型农田水利建设等工程。解决1275万农村人口饮水不安全问题,改善560万农村居民饮水条件;完成"十一五"农村河道疏浚整治规划任务,疏浚土方20亿立方米;实施29个大型、10个中型灌区的续建配套与节水改造工程;全面实施小型农田水利建设,44个县被列为国家重点县建设。全省农田有效灌溉面积达5740万亩,占耕地面积的81.6%;旱涝保收田达4844万亩,占耕地面积的68.9%;节水灌溉工程控制面积达2135万亩,占有效灌溉面积的37%。农村水利建设进一步提高了农业综合生产能力,改善了农村水环境,提升了农民生活质量。

8. 水利管理与改革不断深化。水法规体系进一步完善,制定了《江苏省人民代表大会常务委员会关于加强饮用水源地保护的决定》、《江苏省水文条例》、《江苏省防洪条例》3部地方法规,修订了《江苏省河道管理实施办法》、《江苏省长江防洪工程管理办法》2部政府规章,形成了45个政府规范性文件,分解落实233项行政权力,制定46项依法行政和强化行政监督配套制度。政务公开有序推进,行政许可不断规范,执法力度进一步加大。水利规划管理明显加强,出台《江苏省水利规划管理办法(试行)》和《江苏省〈水工程建设规划同意书制度管理办法〉实施细则(试行)》,编制完成了水资源综合规划、防洪规划、湖泊保护规划、水系规划、沿海地区水利规划等一批重要水利规划,提出了《江苏省水利现代化评价指标体系(试行)》。积极推行规划计划5项制度改革,加强和完善水利工程建设管理制度。稳步推进水务一体化管理,加强地方水资源管理能力建设。深入推进水利工程规范化管理,进一步规范涉河事务管理,79个县(市、区)全面完成水利工程管理体制改革任务,13个省辖市通过省级验收。农村水利建设和管理改革扎实推进。人才和科技工作得到加强,全省水利人才队伍结构和素质得到改善提高,7项成果获得省政府科技进步奖,5项成果获得水利部大禹科技奖。水库移民后期扶持工作进展顺利。

(二) 面临的形势

"十二五"时期,是我省全面实现以县为单

位的更高水平小康社会、向基本现代化迈进的关键时期，水利作为国民经济与社会发展不可替代的基础支撑，必须与之相适应，并适度超前发展。

1. 全省经济社会现代化要求着力提升水利保障能力。“十二五”时期，我省正处于长江三角洲区域经济一体化与江苏沿海开发两大国家战略叠加的历史机遇期，资源节约型、环境友好型社会建设将明显加快，民生改善需求更加迫切，区域共同发展和城乡一体化发展格局逐步形成，社会公共服务体系更加完善。随着全球气候变暖、极端天气频度与强度增加，水旱灾害威胁加剧，经济发展和社会财富的持续积累，洪涝损失风险进一步加大，需要继续加强安全水利建设，巩固提高防洪除涝标准，加强预测预报预警能力建设，增强应对突发性灾害的应急能力，提升区域和城市防洪减灾的综合能力，为经济社会发展和人民安居乐业提供防洪安全保障。沿海大规模开发和苏北工业化快速发展，水资源需求的结构性短缺是重要制约瓶颈之一，需要加快实施南水北调、江水东引等跨流域骨干水源调配工程。建设“两型”社会，缓解资源短缺和生态环境的瓶颈约束，节约与保护水资源是重要举措。要按照全省主体功能区规划要求，加快推进河湖保护与水环境治理，促进经济社会与人口、资源、环境协调发展。发展现代农业，保障粮食安全，改善农村生产生活条件，要求加快以农村水利为重点的民生水利建设。加快城乡一体化发展，要求在适应城市化进程，加强城市水系综合治理的同时，统筹推进城乡水利建设。适应全省加快转变经济发展方式、改善和保障民生、建设生态文明等新形势，水利发展要围绕更高水平小康社会和基本现代化要求，进一步加强水利基础设施建设，增强防洪保安、水资源保障及水环境保护，强化政府社会管理和公共服务，着力提升水利综合保障能力。

2. 区域协调发展要求切实解决不同地区的水利突出问题。经过60多年建设和积累，江苏水利防御自然灾害和服务经济社会发展的能力有了显著增强，但地区之间、不同专业领域之间发展仍不平衡，水利发展中的一些问题仍比较突出。防洪除涝能力亟待进一步巩固提高。流域防洪尚未全面达到国家规定的防洪标准，洪泽湖及淮河下游地区防洪标准未达到100年一遇，太湖流域防洪标准未全面达到50年一遇，洪涝灾害并未从整体上消除，防洪减灾能力尚不平衡；区域治理任务仍然很重，部分低洼地区排涝标准偏低，城乡水系治理尚需进一步协调。水资源供给保障能力仍需加强。淮北地区、沿海地区、丘陵山区等区域水资源不足问题仍未彻底解决，根据水资源综合规划成果，全省中等干旱年份缺水29亿立方米，特殊干旱年份缺水52亿立方米；社会节水意识仍不强，水资源利用效率不高，应对特殊干旱年份和保障沿海等重点地区水资源需求的调配能力依然不足。河湖水资源保护形势依然严峻。违法占用河道、湖泊水域现象时有发生；全省单位面积污染物排放量居全国前列，大大超过河湖纳污能力，全省水功能区水质达标率徘徊在50%左右，太湖等重要河湖水污染形势依然严峻，重要城镇的水源地安全隐患仍然存在；本地城市化、工业化发展进程中带来的水质污染、水环境恶化问题还很突出，流域上游转移的污染问题越来越严重，进一步加剧了我省水资源安全的严峻形势；水源地污染事件仍时有发生，对居民生活造成较大影响。针对水利发展中长期困扰的“水多、水少、水脏”三大问题，要因地制宜解决水利发展中的突出问题，在加强流域治理的同时，更加突出中小河流治理，更加突出水资源节约和保护，更加突出河湖管理和保护。

3. 践行科学发展观要求，建立现代水利发展模式。“十一五”以来，各地积极探索可持续的水利发展模式，但发展的体制、机制性障碍尚未得到彻底消除，水利建设和管理的事权划分仍不清晰；重建轻管的现象尚未根本转变，河湖管理和保护还面临一些深层次矛盾，工程效益衰减的现象仍未得到遏制。农村水利的长效运行管护机制还在探索；水资源管理还不够严格；水利建设管理部分环节的市场化运作推进不快等等。解决这些问题，要求坚持科学的水利发展思路，更加注重水安全、水资源、水环境统筹；更加注重大中小工程配套；更加注重城乡水利协调；更加注重工程措施和非工程措施结合。转变发展方式，防洪减灾要实现由传统防控向科学防御转变；水利工程建设要从注重建设规模向注重投资效益转变；水资源利用要从粗放利用向高效利用转变；水利管理要从注重行业管理向社会管理转变。加强制度创新，落实以"三条红线"控制为主要内容的最严格水资源管理制度；建立有效的河湖管理与保护制度，事权明晰、稳定可靠的水利投入机制，以及健全规范的工程管理体制和运行机制，为水利现代化建设提供制度保障。

二、指导思想与发展目标

（一）指导思想

以邓小平理论和"三个代表"重要思想为指导，深入贯彻科学发展观，全面落实中央《关于加快水利改革发展的决定》和省委、省政府《关于加快水利改革发展推进水利现代化建设的意见》要求，紧紧围绕"两个率先"的战略目标，坚持以人为本、人水和谐的治水理念，以积极推进水利现代化建设为主题，以加快转变水利发展方式为主线，以改革创新为动力，加强工程建设，突出科学管理，强化依法行政，统筹推进安全水利、资源水利、环境水利、民生水利建设，为更高水平小康社会和现代化建设，以及人民群众的幸福生活提供水利基础保障和服务。

（二）发展目标

"十二五"时期，江苏水利发展的总体目标是：初步建成现代化的水利综合保障体系，即基本建成标准较高、协调配套的防洪减灾工程体系，功能齐全、长效管护的农村水利工程体系，优化配置、高效利用的水资源保障体系，有效控制、河湖健康的水生态保护体系，依法治水、管理规范的水工程管理服务体系，综合配套、保障有力的政策法规支撑体系；苏南等有条件的地区和部分领域基本实现水利现代化。到 2020 年，全省基本实现水利现代化。

1. 防洪减灾。流域防洪能力得到巩固提高，区域防洪除涝能力明显改善，全省大中城市达到国家规定防洪标准，防汛调度和应急能力进一步提高，防洪减灾工程体系进一步完善。全省绝大部分地区经受一般洪涝基本不受损失，经过人为努力能够防御新中国成立以来最大洪水，最大限度减轻灾害损失，保障人民群众生命财产安全和全省经济社会发展大局稳定。

淮河水系洪泽湖及下游保护区防洪标准达到 100 年一遇，沂沭泗水系中下游地区主要防洪保护区防洪标准达到 50 年一遇，太湖流域巩固 50 年一遇标准；长江干流可防御 1954 年型洪水，部分堤段达到 100 年一遇防洪标准，河势得到基本稳定，滁河、水阳江达到 20 年一遇防洪标准；海堤巩固 50 年一遇防潮标准。区域骨干河道的防洪标准一般达到 20 年一遇；在除涝标准方面，武澄锡虞、阳澄淀泖、浦南、秦淮河地区基本达到 20 年一遇，太湖湖西地区达到 10～20 年一遇，固城石臼湖、滁河地区达到 10 年一遇，里下河腹部、苏北沿江大部分地区达到 5～10 年一遇，其他地区基本达到 5 年一遇。城市防洪达到国家规定标准，重要河道排涝标准达到 20 年一遇。

2. 农村水利。全面推进农村水利标准化、现代化建设，建成一批高标准农村水利建设示范县，苏南等地区农村水利基本达到现代化。

农田灌、排、降、控能力明显增强，农业综合生产能力得到提高；全面解决农村居民饮水安全问题，苏中和有条件的苏北地区逐步实现城乡同质、同网供水；农村河网水系得到整治，农村河道轮浚机制与长效管护机制基本建立，农村河道引排能力得到巩固提高，农村水环境持续改善。农田有效灌溉面积占耕地面积比例达85%以上，旱涝保收面积占耕地面积比例达72%以上，节水灌溉工程控制面积占有效灌溉面积比例达40%以上。

3. 水资源供给保障。跨流域、跨区域调水工程体系进一步完善，落实最严格的水资源管理制度，节水型社会建设全面推进，水资源利用效率明显提高。水资源保障能力上一个新台阶，通过合理调配，满足人民生活、经济发展和生态环境用水基本需求，一般干旱年份，全省生活、生产用水基本不受影响，特殊干旱年份，大面积地区生活用水和关系国计民生的重点行业用水有保障。

实现南水北调东线一期工程增供水量目标，北调灌区、东引灌区供水保证率适度提高，沿海地区供水条件显著改善，淮北地区年增供水量19亿立方米(其中沿海北部地区5亿立方米)、沿海中部和南部地区年增供水量12亿立方米。全省用水总量控制在560亿立方米以内，生活供水保证率达97%，重点工业供水保证率达95%，苏南和沿江平原地区农业灌溉保证率达90%，淮北地区、沿海地区及丘陵山区农业灌溉保证率达75%以上，河湖生态用水基本得到保障。全省单位地区生产总值用水量降到120立方米/万元以下，单位工业增加值用水量下降25%，灌溉水利用系数达0.58。

4. 水资源与水生态保护。水域保护与水土保持制度进一步完善，水资源保护能力上一个新水平，江河湖库基本得到有效保护，城乡饮用水源安全保障能力明显提高，水环境状况有所改善。

通过水工程优化调度，水体流动性和应对突发水污染事件能力得到增强，重要河湖水位有效调控，水环境容量增加。以水功能区管理为载体，全省主要江河湖库水污染得到有效控制，水功能区水质达标率达70%左右，集中式饮用水水源地水质达标率达100%。太湖等重点湖泊水生态环境状况持续改善，地下水超采状况持续好转，超采面积比控制在5%以内，全省大部分地区水域环境和生态明显改善。

5. 管理与改革。水资源管理体制和机制进一步完善，最严格的水资源管理制度基本建立。水利建设管理进一步规范，水利工程管理改革进一步深化，水利工程标准化管理全面推进，河湖管理制度进一步健全，有效保证水利基础设施的功能和能力。水利投入稳定增长机制基本建立，有利于水资源节约和合理配置的水价形成机制初步形成，水利工程良性运行机制基本建立。水法规体系和水利规划体系进一步完善，水利综合执法体系进一步健全，水利科技创新能力及人才队伍综合素质进一步提高，保证水利事业健康发展。

三、发展布局与主要任务

(一) 发展布局

强化水利基础设施，加强农村水利建设，系统推进水利信息化，提高水利支撑和保障经济社会发展的综合能力。

在防洪减灾方面，重点实施新一轮淮河治理，推进太湖、长江治理，完成病险水库及大型泵站加固改造，加快大中型水闸除险加固，加强重点区域、洼地及中小河流治理，建设城市防洪工程体系，完善防汛防旱指挥系统和灾害应急反应系统，显著提升防洪保安能力。在农村水利方面，重点推进小型农田水利重点县建设，建成一批高标准农村水利建设示范县，提升粮食安全保障能力；继续加强农村饮水安全建设，加快灌区续建配套与节水改造，建立农村河道轮浚与长效管护机制，加强基层水利服务体系建设。在水资源供给保障方面，重点加快南水北调及沿海地区骨干调水工程建设，优化和完善区域调、供水网络，健全水资源管理体系，落实最严格的水资源管理制度，强化突发性水污染事件应急处置能力建设，保障城乡供水安全。水资源保护和水生态修复，重点加强太湖等重要河湖和饮用水源地的治理与保护，逐步提高河湖水环境承载能力，持续开展城乡河道疏浚整治，推行以纳污总量控制为主要内容的水功能区管理制度，维护河湖健康。在水工程管理服务和政策法规支撑体系建设方面，重点加强水利规划体系和法规体系建设，强化依法行政，深化资源管理、建设管理、工程管理和投资机制改革，加强科技创新和队伍建设，系统推进水利信息化建设，着力提升水利服务社会、服务民生的综合能力。

1. 服务沿海地区发展大局，提供水资源供给和防洪防潮安全保障。围绕沿海地区开发和振兴苏北发展战略，全面完成南水北调东线一期工程，加快实施沿海江水东引北送骨干供水工程，完善区域输水配水网络，提高沿海和苏北缺水地区的水资源保障能力，满足滩涂开发以及沿海地区工业化、城市化和农业生产对淡水资源的合理增长需求；进一步治理淮河、巩固海堤，确保沿海和苏北地区防洪防潮安全；加大沂沭泗地区、里下河地区的中小河流和洼地治理力度，提高区域引排能力，改善区域水环境。

2. 围绕长江三角洲区域发展要求，增强水利基础支撑力。呼应长江三角洲区域经济一体化和地区经济发展转型升级，着重为缓解我省长江两岸及太湖地区的资源环境约束创造条件，为提升苏南发展水平、促进苏中快速崛起提供水利基础支撑。太湖地区按照总体方案，加快引排通道建设，扩大引江济太规模，增加河湖水环境容量，提高太湖地区防洪保安能力，同时，为太湖流域下游地区增供水源。继续推进长江干流河道整治及长江口综合治理，巩固提高防洪能力，稳定长江河势及深水岸线，科学合理开发利用洲滩，并为配合深水航道上延南京整治提供良好的河势基础。

3. 呼应城乡一体化发展战略，实现城乡水利协调发展。根据省委十一届九次全会提出的城乡发展一体化战略要求，统筹研究区域治理与城市水利，城区水系与农区引排河道之间的协调关系。加强城市开发区、工业园区防洪排涝建设，完善大中城市防洪排涝体系。加快推进中小河流治理和水闸、泵站加固改造，加强城镇河道整治与区域河道的衔接配套，完善重点中心镇村引排水系，畅通引排，提高引排水能力，改善水环境、构建更为宜居的河湖水景观。配合区域供水、集中供水的建设和调整，加强饮用水源地的建设和保护，保障城乡饮用水源安全。

4. 适应农业和农村现代化要求，加强农村水利建设。围绕农业现代化和新农村建设，统筹农村洪涝旱污治理，以农田水利标准化建设推进农村水利现代化。围绕国家新增千亿斤粮食生产能力规划，重点实施小型农田水利、农村饮水安全、农村河道疏浚整治和灌区续建配套与节水改造工程，发挥水利在提高农业综合生产能力、改善农民生活条件、促进社会主义新农村建设等方面的重要基础作用。

（二）主要任务

1. 以新一轮治淮为重点，加强防洪除涝工程建设。积极推进以新一轮治淮为重点的流域防洪工程建设，巩固提高流域防洪能力。加强区域骨干河道、中小河流和低洼易涝地区治理，加快病险水闸、泵站、水库加固改造，恢复提高区域防洪除涝能力。完善城市防洪排涝体系。

(1) 流域防洪。根据2010年国务院治淮工作会议部署，以巩固扩大淮河下游入江入海安全泄量为重点，加快推进新一轮治淮工程建设。完成淮河入江水道整治工程，实施分淮入沂整治及洪泽湖大堤加固，使洪泽湖及淮河下游保护区防洪标准达到100年一遇；建设淮河入海水道二期工程，进一步扩大淮河洪水入海能力；加快实施黄墩湖、洪泽湖周边滞洪区安全建设，积极推进蓄滞洪区移民迁建；巩固沂沭泗骨干河道防洪能力。

进一步巩固江堤、防护江岸，保持重要险工和节点岸段稳定，实施河势控制及护岸工程等，并为 12.5 米深水航道工程上延至南京创造条件；统筹推进南京市新济洲河段、八卦洲河段左汊、镇扬河段三期、扬中河段嘶马弯道崩岸、长江口徐六泾节点综合整治。

加快实施新孟河、新沟河工程，扩大太湖流域洪水排江能力，争取实施环太湖大堤、望虞河、太浦河等后续工程，开展吴淞江行洪工程前期研究，力争使太湖流域达到防御不同降雨典型的 50 年一遇洪水标准，并向 100 年一遇防洪标准过渡。

结合滩涂围垦开发，巩固海堤 50 年一遇高潮位加 10 级风浪的防潮标准，对侵蚀性海岸段进一步完善护岸保滩设施，下移部分挡潮闸。

(2) 区域防洪排涝。根据《淮河流域重点平原洼地除涝规划》，加快里下河、洪泽湖周边、沂南沂北、南四湖等重点易涝洼地治理，改变低洼地区易涝状况。整治里下河入海四港，新辟川东港，结合沿海地区供水工程，疏浚沿海地区中小河流，维护重要河口排水功能，提高沿海地区排涝能力。加强秦淮河等沿江骨干河道治理，完成滁河、水阳江近期治理工程，改善沿江地区防洪排涝条件。实施七浦塘等太湖湖西、武澄锡虞、阳澄淀泖地区引排干河治理，提高太湖区域防洪除涝能力。完成《全国重点地区中小河流近期治理建设规划》确定的 85 条中小河流治理项目，继续实施完成第二批 120 条中小河流治理项目，加强重要支流治理。按照省际重点水事矛盾敏感地区水利规划，推进苏鲁、苏皖省际边界河道治理。

(3) 病险水库水闸加固及泵站更新改造。在完成 41 座大中型水库除险加固的基础上，争取实施其余 7 座中型水库除险加固。完成列入水利部新一轮规划的 36 座小(一)型病险水库的除险加固，继续实施完成 300 座小(二)型病险水库的除险加固。实施 124 座大中型病险水闸除险加固工程，其中，大型水闸 6 座，中型水闸 118 座，争取完成一半工程任务。完成列入《全国大型灌溉排水泵站更新改造规划》的 33 处大型灌排泵站更新改造工程。

(4) 城市水利。围绕保障城市防洪、供水安全和改善人居等水环境，加快城市水系综合整治。按照国家规定的城市防洪标准，完成省辖市城市骨干防洪排涝工程，完善中小城市防洪排涝体系，加强小城镇引排能力建设。恢复并保持城区适宜水面率，畅通城市河湖水系，改善城区水环境。加强城市饮用水源地保护，保障城市饮用水安全。逐步建立与城市规模、功能和地位相适应的现代城市水利工程体系。

2. 以南水北调及沿海地区供水为重点，加快水源工程建设。加强水资源供给保障能力建设，实施南水北调、江水东引等调水骨干工程，提高区域河道输水能力。

(1) 南水北调东线一期工程。按照国务院确定的 2013 年南水北调东线一期工程全面建成通水的目标，实施刘老涧二站、泗洪站、泗阳站、皂河二站、金湖站、洪泽站、睢宁二站、邳州站、皂河一站改造、淮安二站改造、里下河水源调整、金宝航道、沿运河闸洞漏水处理、高水河整治、徐洪河及骆南中运河影响处理、洪泽湖及下级湖抬高蓄水位影响处理等工程。全面实现一期工程省内增供 19 亿立方米(其中沿海北部地区 5 亿立方米)和送水出省 17 亿立方米的建设目标。同时，启动实施南水北调东线一期江苏境内受水区配套工程建设，主要包括干、支线配套工程，干线影响工程，计量监测工程，水质保护补充工程等，配合主体工程发挥效益。

(2) 沿海开发供水工程。服务沿海开发战略，加快实施沿海淡水资源供给工程建设，根据《江苏沿海地区水利建设三年实施方案》，完成泰州引江河二期、泰东河、卤汀河、川东港、大三王河拓浚工程，实施黄沙港南段拓浚工程，并结合连申线航道通榆河南延工程及九圩港拓浚工程，扩大沿海供水规模。建设通榆河至沿海主要港区、港城和滩涂围垦开发供水支线工程及盐龙湖等沿海平原水库，基本建成向沿海开发供水的引江口门和骨干输水通道工程。沿海中部和南部地区实现增供水量12亿立方米，基本满足沿海开发对淡水资源的需求。

3. 以太湖水环境综合治理为重点，加强水环境治理工程建设。加强水环境综合治理与保护，开展重点河湖的“清水通道”工程建设，保障饮用水水源地水质，提高河湖水环境承载能力。

(1) 太湖水环境综合治理。根据国家及我省太湖水环境综合治理方案，继续推进太湖蓝藻打捞、生态清淤、河网整治、节水减排、“湖泛”防控等水环境综合治理。加快太湖引排通道工程建设，完成走马塘、新沟河延伸拓浚整治工程，建设新孟河延伸拓浚工程，扩大引江济太规模，增加水环境容量；开展太湖生态修复和太湖入湖河道综合整治，完成望虞河西岸控制、东太湖综合治理、太湖底泥清淤和主要入湖河道整治，建立重点湖区定期清淤和水位调控机制，加强蓝藻治理，减少入湖污染，减轻内源污染。

(2)“清水通道”建设。加强南水北调、江水东引、引江济太三大调水系统的“清水通道”建设。按照南水北调东线一期工程水质保护目标，积极推进京杭大运河、新通扬运河、三阳河、金宝航道、徐洪河、淮沭河等南水北调“清水通道”建设，完善京杭大运河沿线城市截污导流工程，实施新沂河“尾水通道”扩建工程。加强通榆河(包括北延段)、泰州引江河、泰东河、卤汀河、望虞河等供水河道保护与管理，加快推进“清水通道”建设的有关前期工作，为沿海地区开发和太湖治理提供优质水源。加强集中式饮用水源地保护与备用水源地建设，保障居民饮水安全。结合区域引排河道整治、城区河道整治、水利血防等工程，改善区域河湖及城乡水环境。

4. 以粮食安全及改善民生为目标，大力推进农村水利建设。围绕农业现代化和城乡一体化，以提升粮食安全保障和农业综合生产能力、防灾减灾能力、服务民生能力为目标，统筹农村防洪除涝、水资源供给、水环境保护治理，着力推进农村水利标准化、现代化，重点实施小型农田水利、农村饮水安全、农村河道疏浚、灌区续建配套与节水改造工程建设。

(1) 小型农田水利。以小型农田水利重点县建设为抓手，加大小型农田水利建设力度，重点实施小型灌排泵站、灌区渠系配套、高效节水灌溉工程、山丘区塘坝、小型涵闸等小型农田水利建设，建成一批高标准农田水利建设示范县，全面提高农业抗灾减灾能力，改善农村生产生活条件。

(2) 农村饮水安全。继续实施农村饮水安全建设，解决656万人农村居民饮水安全问题。

(3) 农村河道疏浚。继续实施农村河道整治，2011年～2012年完成农村河道疏浚土方7亿立方米，其中，县乡河道4亿立方米，村庄河塘3亿立方米，达到基本疏浚一遍的目标，改善农村水环境。建立农村河道轮浚机制，2013年～2015年疏浚土方10亿立方米，建立长效管护机制，巩固提高农村河道引排能力。

(4) 灌区续建配套与节水改造。加大灌区续建配套与节水改造力度，继续实施29个大型灌区改造，完成10个中型灌区的骨干灌排工程配套改造，完成衬砌骨干渠道1500公里，更新改造各类建筑物2万座，提高农业综合生产能力。推动灌区信息化建设，加快建设灌区自动化控制和灌区信息管理系统，提高灌区运行管理效率。

5. 以“三条红线”控制为重点，强化水资源管理与保护。严格水资源管理，出台《关于落实最严格的水资源管理制度的意见》，制定“三条红线”控制的实施办法，实行行政区域用水总量、河湖水域纳污总量、用水效率控制管理。加强城乡供水水源安全保护，推进水资源规范化管理和能力建设，全面提高水资源保障能力。

(1) 建立健全以用水总量控制为重点的水资源配置体系。建立水资源总量控制管理的框架体系。明确全省取水许可总量控制指标，强化定额管理，实施区域用水总量、取水户用水总量与行政边界、重要河湖节点水量水位控制。加强地下水资源保护，严格控制地下水开采量，全面推行地下水取水总量控制和水位控制。

严格取用水审批。将水资源管理红线指标作为水资源论证的前置性条件，进一步规范取水许可审批、发放、监督管理等工作。建立规划水资源论证、区域建设项目禁批和限批、水资源论证后评估制度与责任追究制度，促进经济结构布局与水资源承载能力相协调。

完善水资源有偿使用制度。建立合理的水价形成机制，研究差别水价、阶梯水价、超计划加价及鼓励中水和再生水利用的价格政策，积极推进水价改革。加强我省境内南水北调调水成本测算工作。严格水资源费征收使用管理，对重点行业和用水大户定期组织审计和专项检查。

建立用水总量考核机制。逐步建设行政边界、用水户供水计量设施，结合南水北调、江水东引及引江济太工程管理，建立区域及重点调水线路的用水总量考核机制。

(2) 继续推进以提高用水效率为重点的节水型社会建设。加强节水技术改造，推广使用循环用水、厂际串联用水、中水回用等节水技术，培养和扶持一批节水典型；加强节水型载体建设，建成一批规模化、高水平的节水型灌区、企业(单位)、社区、园区、学校和城市；推进区域供水，加强城市公共用水管理，扩大非传统水资源开发利用规模，全面推广节水型器具。

加强用水定额管理。进一步完善各行业用水定额指标，明确用水定额红线，实行用水效率控制。加强节水考核管理，建立行政区域用水效率考核体系。

健全节水激励机制。探索建立农业节水补偿机制，确立节水产品市场准入制度，推行节水型器具财政补贴制度，对从事节水项目的企业给予政策鼓励，运用经济杠杆促进水资源的节约和保护。

(3) 建立以纳污总量控制为重点的水资源保护体系。建立河湖纳污总量控制制度。根据水功能区纳污总量意见，提出分阶段入河(湖)排污总量，建立水功能区水质达标率考核制度，把限制排污总量作为水污染防治和污染减排的重要依据，探索建立补偿机制。

严格水功能区监督管理。进一步完善水功能区管理的各项制度，从严核定水域纳污总量。以太湖、洪泽湖、骆马湖、京杭大运河、通榆河及跨流域、跨区域调水河道为试点，开展入河(湖)排污总量考核。组织开展排污口普查，编制排污口整治规划、水生态系统保护与修复规划。

(4) 加强以水源地安全为重点的城乡供水保障。保护重要供水水源及重要饮用水源地水质，加强集中式饮用水源地的监测与保护，保障太湖、洪泽湖、骆马湖等重要湖泊和水库水源地的用水安全。积极开展水源地达标建设，按照“一地一备”的要求，加快实施备用水源地规划建设，大中城市基本建成备用水源地，调整改造不安全、不可靠的水源地，确保饮用水源地安全供水。建立饮用水源地核准和安全评估制度，重点对饮用水水源地的水量、水质和管理安全等因素进行综合评估，并按要求核准公布，接受社会监督。

6. 以维护河湖健康为目标，加强河湖管理与保护。建立健全河湖管理保护制度，严格河湖水域岸线等资源管理和水土流失防治。建立河湖健康评价指标体系，定期开展重要河湖健康评价。

(1) 湖泊保护。全面落实省政府公布保护名录中的湖泊管理机构，明确机构性质和职责、人员和管理经费渠道，建立完善的湖泊管理组织体系和网络。健全省管湖泊联席会议制度，形成更加有效的湖泊管理体制与运行机制。落实湖泊保护规划中各项功能区的管理与保护措施，严格按照湖泊保护规划和基本农田保护要求，实施湖泊退田退渔还湖，开展湖泊重要功能区保护范围的标识工作。建立健全湖泊巡查制度，定期开展湖泊水质监测和湖泊水域与滩地开发利用情况遥感动态监测。

(2) 河道管理。健全河道管理体制，合理界定河道等级，明确河道功能定位，按照河道分级管理职责，推进建立"河长制"。明确区域骨干河道管理单位，落实有效管理与保护。指导各地做好确权划界工作，为河道管理奠定基础。在长江河道采砂管理的基础上，着力推进全省河湖采砂管理工作。加强水库管理，规范水库开发利用行为。

(3) 水域管理。加强水域、岸线和滩地管理工作，实行"河湖蓝线"管理制度。明确水域管理责任，落实各级水域管理责任制；争取出台《江苏省建设项目占用水域管理办法》，动态掌握水域情况；落实占用补偿措施，切实加强对现状水域的保护。进一步规范涉河开发利用项目与活动的管理，建立岸线资源依法、科学、有序利用和协调发展的机制，强化监管，维护河湖功能与能力。

(4) 水土流失防治。强化水土保持监督执法，全面落实开发建设项目水土保持"三同时"制度。加强山丘区和平原沙土区水土流失治理，抓好山丘区小流域综合治理及平原河道水土流失综合治理试点工作。"十二五"时期，丘陵山区治理水土流失面积500平方公里。

7. 以水利信息化建设为重点，提升水利现代化水平。适应水利现代化建设要求，以建立健全水文信息监测与服务网络体系为基础，以加强水文基础设施建设、提高水旱灾害及水环境预测、预报、预警能力为重点，努力提升水文现代化水平。按照统一规划、应用主导、资源共享、先进实用的原则，利用先进信息技术，加强水利信息化、智能化技术改造，全面实施"金水工程"，构建智慧水利框架。

(1) 基础建设。水文站网与监测能力建设。构建水情、水资源、水质、水生态环境、城市水文、巡测与应急监测六大监测站网体系。加快水文基础标准化建设和规范化管理，完善水环境监测网点和巡测基地布局与功能，全面提升防汛防旱、水资源和环境监测能力。

水利信息数据库及网络建设。完成全省水利普查工作，为水利信息系统建设提供基础；开展水利数据中心建设，整合扩展已有信息资源，加快信息共享、服务与发布，建立数据中心管理与维护机制；加快水利信息网络建设，充分利用政务外网、社会公网资源，建设覆盖全省的水利信息网络，健全信息安全管理机制，形成水利信息化安全体系，为全省水利工作提供先进、安全的信息基础保障。

(2) 业务应用系统。完善防汛抗旱指挥系统，整合集成现有防汛防旱决策支持系统，建设重点工程防汛监控、重要河湖洪水预报、水库预警和水量、水质调度等应用系统，形成更及时、更科学、更有效的防汛防旱指挥体系；围绕水资源管理"三条红线"，基本完成水资源管理信息系统，实现水资源信息的快速传递、全面共享和综合管理；初步建立河湖水系及资源管理系统，实现对重点江河湖库水域、水量、水质、岸线、取排水、污染物排放等重要信息的实时采集和汇总分析，对全省主要江河湖库水资源环境的有效监控和科学管理；建设以南水北调、江水东引、引江济太为重点的跨流域骨干调水工程信息管理系统，实现对三大调水工程的科学调度、全程监控与智能化管理；完善以政务公开为重点的水利电子政务系统，推进行政权力网上公开透明运行系统和水利网站建设，实现“外网受理、内网办理、外网反馈”的功能，提高水行政部门管理效率；初步建立综合决策和应急管理系统，建设可视化的综合决策会商环境，完善全省视频会议系统，开发基于GIS(地理信息系统)平台的综合信息服务系统、应急管理系统、辅助决策支持系统及远程指挥调度系统。

8. 以水利应急能力建设为重点，加强防汛防旱减灾体系建设。完善防汛防旱减灾体系，强化应急管理，加强政策法规建设，提升防汛社会化管理水平，努力实现“指挥决策科学化、应急处置规范化、防汛抢险专业化”，提高水旱灾害防御和服务能力。发生设计标准以内洪水，保证水库不垮坝，流域性堤防、大中型涵、闸、泵站不出险，万亩以上大圩圩堤不溃决，避免人民生命财产遭受重大损失。遇新中国成立以来最大洪水，保证流域性堤防和海堤不决口，保证省辖市城区、县级城镇和重要基础设施等防洪安全。抗御超标准洪水有应急措施，减少灾害损失，在任何情况下，确保长江、洪泽湖、里运河、苏北灌溉总渠和骆马湖大堤的安全。完善突发性水污染事件应急管理机制，提高水利部门应对突发性水污染事件的处置能力。

(1) 防汛防旱指挥系统建设。完善防汛信息收集、管理手段，扩大信息共享。整合已建应用软件、各类信息，实现共享；建成基本工情数据库系统；初步建设灾情监视和评估子系统，实现灾情动态监视与评估；建设重点水利工程视频监控系统，建成省、市(厅直属管理处)、县(市、区)三级防汛防旱视频信息管理平台，实现全省范围内防汛防旱视频信息的交换与共享。

完善洪水预报调度系统，提高预测预报水平。完善水库预报调度系统，完成6座大型、11座重点中型水库仿真调度系统；研制淮河入江水道及里下河地区洪(涝)水预报调度系统；完善、改进已建洪水预报调度系统，实现流域、区域及重要防洪节点预报调度方案的全覆盖。

完善多水源多工程联合调度机制。研究实施苏北地区江水北送、江水东引以及洪泽湖、骆马湖等多水源联合调度，提高洪水资源利用率和水资源优化配置水平；开展引江济太排水多线路试验研究；开展水量水质统一调度、河道水污染扩散及调水冲污试验研究；完善水库调度方案，提高水库防洪减灾兴利效益。

(2) 预警能力建设。开展河、湖、库及城市高风险区洪水风险图编制，为洪水风险管理提供科学依据；建设水库防汛通信预警系统，增强水库下游地区预警能力；完善各类防洪预案，定期开展演练；细化防御台风应急预案和蓄滞洪区运用预案的预警信息发布、传递和接收以及人员撤退转移、安置等应急响应措施。

提高水利部门应对突发性水污染事件的能力。建立和完善水源地水量、水质监测体系，建成区域性调水干线和用水大户水资源在线监控和预警系统；完善突发性水污染事件应急处理预案和报告制度，落实水工程调度应急管理机制，优先保证居民生活用水和事关国计民生的重点行业用水。

(3) 应急管理机制。建立健全防汛防旱组织机构。完善省、市、县三级防汛防旱组织体系，推动防汛防旱任务重的地区将防汛防旱机构逐步延伸到乡镇和基层。

提高防汛物资储备管理水平。按照“分级储备、分级管理”的原则，加强物资储备站库建设，省、市、县三级逐年增加物资储备数量，提高储备管理水平。

加强防汛抢险专业队伍建设。分批在防

汛重点县（市、区）建立符合地区防汛特点的防汛机动抢险专业队伍，建立省级防汛专业抢险训练基地，定期进行培训演习，提高应急抢险实战能力。

（4）社会化管理。完善以行政首长负责制为中心的防汛防旱责任制，建立责任追究制度。强化各级防汛防旱指挥部成员单位之间的应急响应机制和联动机制。制定《江苏省蓄滞洪区管理条例》、《江苏省蓄滞洪区运用补偿办法》，加强蓄滞洪区管理和居民财产登记工作，建立蓄滞洪区运用补偿机制。加强防汛防旱工作宣传，增强社会公众的防灾减灾意识和自我避险能力。健全社会动员机制，依法落实各级人民政府、各个行业和公民的防汛防旱权利和义务。

四、实施保障

（一）强化政府职能和投入保障

履行政府职能，规范行政许可。强化水利公共服务，规范涉水事务的社会管理，明晰水利事权划分，逐级落实管理责任，持续提升水利自身可持续发展能力和公共服务能力。建立健全水旱灾害、重大水污染事件等水利突发性事件的预警和应急机制，增强政府应对各种水事危机和风险的能力。

加强水利规划管理，强化建设项目前期工作。加大规划管理力度，突出规划符合性审查，确保各类工程建设与资源开发活动不影响水利工程功能、能力和河湖健康。加强水利现代化规划编制、水利规划模型研制、规划信息系统建设。适应区域发展和强县扩权改革要求，编制县域水利规划，修编市区水利规划，完善区域水利规划，加强资源管理与保护规划。健全建设项目前期责任体系和管理机制，加大前期工作考核、奖惩和投入力度，加强项目前期论证、切实提高水利前期工作质量，加快推进一批对经济社会发展有重要影响的重点水利工程前期工作，增加项目储备。

加大公共财政对水利的投入，多渠道筹措水利资金。根据全省水利发展的目标与任务测算，“十二五”时期，水利规划投资规模为1006亿元，其中，重点工程686亿元，农村水利320亿元。省、市、县各级财政对水利投入的总量和增幅有明显提高，市、县财政要确保当年可用财力的2%～4%用于水利工程建设。收足用好水利建设基金、防洪保安资金、农业重点开发建设资金、南水北调基金等政府性基金。落实10%的土地出让收益用于农田水利建设、城市维护建设税中划出不少于15%的资金用于城市防洪排涝工程建设等有关政策。优化水利投资结构，加大对水工程、水资源管理方面的投入。省、市、县各级水利建设基金中，要划出一定比例资金，专项用于水利工程维修管护、应急度汛，切实改变重建轻管的现象。

（二）加强水利法治建设

完善水法规体系。制定《江苏省水库管理条例》、《江苏省水土保持条例》、《江苏省农村水利条例》、《江苏省抗旱条例》、《江苏省节约用水管理办法》、《江苏省河道采砂管理办法》、《江苏省建设项目占用水域管理办法》、《江苏省水政监察管理办法》等法规、规章，修订《江苏省水利工程管理条例》，基本建立适应水行政管理和水利发展要求的水法规体系。

推进依法行政。按照“依法、公正、公平、公开”的原则行使行政权力，推行行政权力网上公开透明运行，增强行政决策的透明度和公众参与度，落实行政执法责任制，强化对行政权力运行的监督和约束。深化行政审批制度改革，简化审批程序，强化后续监管。加强水法制宣传教育，开展“六五”普法工作。

强化水行政执法。完善行政监督制度，加强执法监督，大力开展阳光行政文明执法创建活动。加强水政监察队伍建设，严格水行政执法，重点加强对河湖岸线及水域资源开发利用、取水和入河排污口设置行为监管以及对水资源费和水利规费征收等的执法检查，维护正常水事秩序。

（三）推进水利改革和政策创新

推进水资源管理体制改革，创新水资源管理机制。加强涉水行政事务的综合管理，强化城乡水资源统一管理，对城乡水资源开发利用、水环境整治和防洪排涝治理等实行统筹规划、协调推进。积极推进水利行业改革，建立政府主导、社会筹资、市场运行、企业开发的水务良性运行机制。建立事权清晰、分工明确、行为规范、运转协调的水资源管理工作机制，落实最严格的水资源管理制度，推进合理水价形成机制，出台促进节约用水和产业结构调整的价格政策，完善水资源有偿使用制度，促进水资源的优化配置与高效利用。建立以新老工程统一调度、联合运行为原则的省南水北调工程运营机制和管理体制。

深化水利工程管理体制改革，完善水利工程管理制度。积极推进“管养分离”，培育养护市场，逐步精简管理机构，提高管理效能。完善以水库为主体的水利工程安全运行管理制度，建立安全事故报告、安全管理监督制度，加强安全管理检查指导。加强水利工程规范化管理，完善各类工程管理的技术规范、操作规程和管理制度，力争全省有 1/3 的水管单位达到省级以上管理水平。建立和完善水管单位内部良性运行机制。积极落实管理经费，争取各项财政性经费足额到位。加强水利工程管理考核，有序开展水利工程目标管理工作，确保工程完好和效益的正常发挥。

深化水利建设管理改革，健全水利工程建设管理制度。规范水利项目投资管理，全面实行水利建设项目规划许可制、竞争立项制、投资控制制、资金保障制和绩效评价制，研究推进省直管县财政管理方式改革情况下水利建设管理体制与政策问题。加强工程建设管理，完善项目法人制、招标投标制、建设监理制，强化合同管理制、质量与安全监督制和竣工验收制。强化公益性水利工程项目法人责任制，在以地方投资为主的建设项目中积极探索、稳步试行“代建制”、“总承包制”等建设管理模式。强化水利建设市场监管职能，加快建立和完善水利建设市场主体信用体系。加强水利建设队伍的资质与能力管理，重点加强监理队伍的培育和管理。完善水利工程质量与安全监督体系，在全省各市和部分重点县（市）推动建立专职的质量与安全监督机构。

加快农村水利改革，创新农村水利发展机制。研究健全农村水利工程建设的分级管理体制，积极探索明确农村水利工程管理的责任主体和运行管理体制机制，按照工程属性落实管理机制，健全长效管护标准。建立和完善农村水利投入新机制和激励政策，发展以农村水利为重点的民生水利工程。加强乡镇水利站建设，完善基层水利服务体系，理顺基层水利管理体制，落实经费，加强政策扶持，激活运行机制，建立水利站人才培养长效机制。

完善水利工程移民管理体制，建立健全水利工程移民管理机制。根据移民工作属地管理的原则，明确各级移民工作管理部门与职能。建立健全水利工程移民工作管理机制，规范水利工程移民安置规划审核程序，建立大中型水利工程移民安置监管制度，研究水利工程移民拆迁安置补偿监督管理实施办法，健全水库移民后期扶持政策实施管理制度。

（四）加强队伍建设和科技工作

加强水利人才队伍建设。稳步提升人才总量，积极改善人才结构，不断提高人才队伍素质。健全人才工作机制，构建分层次教育培训体系，不断深化干部人事制度改革。实施青年人才、高层次人才、高技能人才、新领域人才、水文化人才等五大重点人才培养工程，加强基层人才队伍建设，逐步建设一支适应水利事业发展需要，数量充足、门类齐全、结构合理、素质精良的人才队伍。

推进科技创新。围绕沿海地区开发、南水

北调、太湖水环境治理等重点工程建设与水资源管理最新要求，积极开展近海围滩开发、重要调水干线清水通道建设、太湖水环境治理、落实最严格的水资源管理制度等一批事关全局和长远的重大课题研究。健全完善水利科技创新体系，加强水利现代化基础研究和关键技术研发，加大现代水利先进技术引进和推广应用力度，全省建设10个水利科技示范点，抓好国家“948”项目实施，每年争取引进2～3项国内外先进适用技术或关键设备，做好科技成果转化与推广工作。建设水利科技服务平台，完善水利科技进步体系。

附件：1. 江苏省“十二五”水利发展主要指标（略）

2. 江苏省“十二五”水利重点工程项目表（略）

全省集中式饮用水源地达标建设意见的通知

苏政办发〔2011〕153号

各市、县(市、区)人民政府,省各委办厅局,省各直属单位:

省水利厅、省住房城乡建设厅、省环保厅《关于开展全省集中式饮用水源地达标建设的意见》已经省人民政府同意,现转发给你们,请认真贯彻实施。

二〇一一年十月二十八日

关于开展全省集中式饮用水源地达标建设的意见

省水利厅　省住房城乡建设厅　省环保厅

为贯彻落实省人大常委会《关于加强饮用水源地保护的决定》和省政府批复同意的《江苏省饮用水水源地安全保障规划》,决定在全省开展集中式饮用水源地达标建设工作,落实最严格的饮用水源地保护措施,全面提高饮水安全保障水平。现提出如下实施意见:

一、目标任务和时间要求

(一) 目标任务。按照“水量保证、水质达标、管理规范、运行可靠、监控到位、信息共享、应急保障”的要求,建立集中式饮用水源地安全保障体系,确保饮用水源水质优良、水量充足、水生态良好,实现“一个保障”、“两个达标”、“三个没有”、“四个到位”。

“一个保障”。即:保障水源地安全供水,正常情况下水源地安全供水,突发事件情况下保证应急供水。

“两个达标”。即:集中式饮用水源地水质达到国家规定的水质标准,供水保证率达97%以上。

“三个没有”。即:水源地一级保护区范围内没有与供水设施无关的设施和活动;二级保护区范围内没有排放污染物的设施或开发活动;准保护区范围内没有对水体污染严重的建设项目、设施或开发活动。

“四个到位”。即:水源地保护机构和人员到位;警示标牌、分界牌和隔离措施到位;备用水源地和应急管理预案到位;水质在线监测和共享机制建立到位。

(二) 时间要求。从2011年起,利用2~3年左右的时间,通过工程措施和非工程措施,建立我省集中式饮用水源地安全保障体系。根据各地经济发展水平和水源地实际状况,分区域、分阶段进行,2013年年底前,经省核准的集中式饮用水源地必须全部达标,其中,苏南和苏中地区在2012年年底前完成水源地达标建设任务，苏北地区在 2013 年年底前全面完成。

二、实施步骤

（一）制定工作计划。各级地方人民政府在全面排查饮用水源保护区内的排污企业、违法建设项目和其他影响水源地安全的开发活动基础上，针对存在的具体问题，研究制定达标建设实施方案，并以县为单位上报省水利厅、住房城乡建设厅和环保厅备案。

（二）实施达标建设。根据各地达标建设实施方案，组织有关部门集中开展饮用水源地达标建设，加大饮用水源地安全保障工程建设投入，加快备用水源工程建设。省有关部门根据职责分工，加大对各地达标建设工作的督促指导。

（三）开展自查评估。根据《江苏省集中式饮用水源地达标建设标准》，做好建设档案、总结材料准备，逐条对照，开展自查自评，达到省规定标准后，由县（市）人民政府向省水利厅提出验收申请，设区的市由省辖市人民政府向省水利厅提出验收申请。

（四）组织考核验收。各地达标建设任务完成后，由省水利厅会同省住房城乡建设厅、环保厅等部门组织考核验收。对验收达标的水源地，报请省人民政府批准后对外公布；对验收未达标的水源地，提出整改要求，并组织复查，直至完全达标。

三、加强集中式饮用水源地达标建设工作的组织领导

市、县（市、区）人民政府是保障饮水安全的责任主体，对本行政区域内的饮用水源地建设与保护负责，要高度重视集中式饮用水源地达标建设工作，加强组织领导，落实推进措施，加大投入力度，全力做好达标建设工作，确保城乡饮水安全。

省各有关部门要按照职责分工，认真组织实施，加强督促指导，确保达标建设工作取得实效。省水利厅负责水源地达标建设的水量调配和水源工程，保障水源地的水量供给，对饮用水源地水资源实行监督管理。省环保厅负责提出饮用水源地污染源整治意见，加强水源地水质监测与污染源监控，对饮用水源地污染防治实行监督管理。省住房城乡建设厅负责加强城镇供水和取水口保护的指导，督促各地供水企业建设与其供水规模相匹配的等级水质化验室，推进城乡统筹区域供水，加强饮用水安全保障达标考核，确保供水水质安全。

水源地达标建设以地方投入为主，省有关部门将在现有资金渠道中安排部分以奖代补资金，支持引导各地开展达标建设工作。

附件：江苏省集中式饮用水源地达标建设标准

附件

江苏省集中式饮用水源地达标建设标准

根据《中华人民共和国水法》、《中华人民共和国水污染防治法》、《江苏省人民代表大会常务委员会关于加强饮用水源地保护的决定》等规定，通过开展集中式饮用水源地达标建设，建立集中式饮用水源地安全保障体系。

一、水量保障

（一）保持饮用水源地取水口附近河岸及河床稳定、取水不受滑坡、塌陷及洪涝影响。

（二）区域水资源配置优先满足居民生活饮用水需求，饮用水源地供水保证率达97%以上。

（三）加强江河湖库等饮用水源地引水工程建设，制定水资源实时调度方案，保障河道饮用水源地合理流量和湖泊、水库及地下水饮用水源地合理水位。

（四）易受咸潮影响的感潮河段饮用水源地，利用现有河道或沿河滩地设置满足城乡居民基本生活要求的蓄淡避咸调节水库。

二、水质安全

（一）地表水饮用水源地水质不低于国家《地表水环境质量标准》Ⅲ类标准，地下水饮用水源地水质不低于《地下水质量标准》Ⅲ类标准。

（二）地表水饮用水源地一级保护区内没有与供水设施和保护水源无关的建设项目和设施，二级保护区内没有排放污染物的建设项目和设施，准保护区内没有对水体污染严重的建设项目和设施。

（三）地下水饮用水源地一级保护区没有与供水设施和保护水源无关的地下建设项目，二级保护区及准保护区没有影响地下水质的开发利用活动和设施。

（四）加强饮用水源地水源林、堤坡种草、生态湿地建设，落实水土保持、水源涵养和水质净化等措施。

（五）个别水质指标暂时达不到标准的饮用水源地，相关自来水厂增设预处理或深度处理设备，消除超标污染因子的影响。

三、备用水源地

（一）县级以上城市应具备2个以上水系相对独立的饮用水源地，并通过供水管网建设，实现互为备用。不具备条件建设2个以上相对独立饮用水源地的地区，应当建设以地下水为应急水源供水或与相邻地区实行联网供水。

（二）县级以上城市应建设能满足与当地条件相适应的居民生活饮用水需求的备用水源地，并设置完备的接入自来水厂的引水配套设施。

四、水源地管理

（一）建立饮用水源地行政首长负责制，建立健全保护饮用水源地的部门联动、协作和

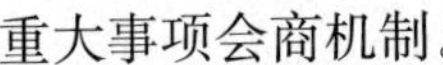

重大事项会商机制。

（二）编制饮用水源地安全保障规划，定期开展水量、水质安全评估工作。

（三）饮用水源地按规定程序经核准公布，在完成保护区划分后向社会公告，接受社会监督。

（四）所有饮用水源地应划分一、二级保护区和准保护区，并按规定报批。在各类保护区边界设立警示标志，明确保护区地理界线和管理要求。一级保护区陆域边界实施物理或生物隔离措施。

（五）建立一级保护区逐日巡查制度，二级保护区、准保护区范围内实行不定期巡查制度，密切跟踪水源地状况。

（六）加强供水厂取水口保护。及时清理取水口保护范围内漂浮物；在取水口安装防撞设施和警示标志，有条件的地方应做好取水口物理隔离措施；安装视频设施，实现24小时在线监控。

（七）地表水饮用水源每月至少监测1次水质，地下水饮用水源地每2个月至少监测1次水质；发生旱情、水质超标等情况时，应增加水量、水质监测频次。

（八）保障5万人以上的饮用水源地，应当安装在线水质监测系统，并实现信息共享。

五、应急预案

（一）饮用水源地应当制定有针对性的应急预案，做到“一地一策”，对饮用水源地发生突发性水污染、自然灾害、人为破坏等事件提出具体应急处置措施。应急预案应当根据水源地变化情况适时进行修订。

（二）饮用水源地上游风险企业、敏感单位及工业园区，应编制影响饮用水源地环境安全的应急预案，或在已有预案中增加影响饮用水源地环境安全应急处置的专门内容，并做到“一厂（单位）一案”。

（三）每年对饮用水源地进行环境安全评估，根据水源地供、用水变化情况，提出具体保护和应急处置措施。

（四）发生突发事件时，立即启动应急预案，并按照环境突发事件应急处置相关规定及预案要求，及时向本级人民政府和上级主管部门报告。

省政府关于调整防洪保安资金征收和使用有关政策的通知

苏政发〔2011〕80号

各市、县(市、区)人民政府,省各委办厅局,省各直属单位:

根据《中共江苏省委 江苏省人民政府关于加快水利改革发展推进水利现代化建设的意见》(苏发〔2011〕1号)和财政部、国家发展改革委、水利部《关于印发〈水利建设基金筹集和使用管理办法〉的通知》(财综〔2011〕2号)精神,省人民政府决定,自2011年1月1日至2020年12月31日,继续征收防洪保安资金。结合近年来我省经济社会发展和防洪保安资金征收实际情况,对防洪保安资金征收和使用有关政策进行适当调整。现将有关事项通知如下:

一、调整征收对象。防洪保安资金征收对象统一为我省境内从事生产、经营活动的各类企业。事业单位、社会团体、个体工商户、职工个人不再缴纳防洪保安资金。

二、调整征收机关。我省境内中央企业应缴纳的防洪保安资金,委托财政部驻江苏省财政监察专员办事处征收。其他企业应缴纳的防洪保安资金,按照隶属关系,由各级地方税务部门征收。

三、调整使用政策。各级征收的防洪保安资金,纳入省、市、县(市、区)各级水利建设基金统筹使用。

四、调整征收经费来源。各级征收机关不再从所征收的防洪保安资金中提取征收手续费。防洪保安资金征收管理所需工作经费及代征费用,由同级财政预算安排。

二〇一一年六月二十三日

江苏省人民政府关于水利建设基金征收和使用管理有关问题的通知

苏政发〔2011〕66号

各市、县人民政府，省各委、办、厅、局，省各直属单位：

《中共中央国务院关于加快水利改革发展的决定》（中发〔2011〕1号）规定："进一步完善水利基金政策，延长征收年限，拓宽来源渠道，增加收入规模。"经国务院同意，2011年1月，财政部、国家发展改革委、水利部下发了《关于印发水利建设基金筹集和使用管理办法的通知》（财综〔2011〕2号）。根据中央规定，结合江苏实际，省人民政府决定，2011年1月1日至2020年12月31日继续征收水利建设基金，对相关政策作适当调整，并继续实行省和市、县分级筹集、分级使用。现将有关事项通知如下：

一、省级水利建设基金来源

（一）中央对地方成品油价格和税费改革转移支付中定额提取部分；

（二）省级收取的政府还贷性车辆通行费中提取3%；

（三）新增建设用地有偿使用费（剔除上缴中央部分、在返还市县前）提取3%；

（四）省级收取的防洪保安资金；

（五）省级收取分成的农业重点开发建设资金用于水利部分。

二、市、县水利建设基金来源

（一）市、县收取的城市基础设施配套费提取3%；

（二）市、县收取的防洪保安资金；

（三）市、县分成的农业重点开发建设资金用于水利部分；

（四）从城市维护建设税中划出不少于15%的资金用于城市防洪和水源工程建设；

（五）市、县人民政府确定的政府性基金和其他收费项目提取部分。

三、水利建设基金是用于水利工程建设、水利工程维修养护、防汛应急度汛等的专项资金，按规定用于流域骨干河流、中小河流、湖泊治理；病险水库除险加固；泵站改造；城市防洪设施建设；水资源工程建设；重点水土流失防治工程建设；农村饮水和灌区节水改造工程建设；水利工程维修养护和更新改造；防汛应急度汛；其他经政府批准的水利工程项目。在省、市、县各级水利建设基金中，都要划出一定比例的资金，专项用于水利工程维修养护、应急度汛，切实改变重建轻管现象。

四、水利建设基金属政府性基金，由各级财政部门负责征收，收支纳入政府性基金预算管理，实行专款专用，年终结余结转下年度使用。

五、水利建设基金纳入省、市、县各级水利资金统筹安排使用。每年年初，各级水行政主管部门根据水利建设规划，编制年度水利建设基金支出预算，经财政部门审核，并报同级人民政府批准后安排使用。

六、筹集水利建设基金，是增加水利投入、加强水利基础设施建设的一项重要政策。各级人民政府对此要高度重视，加强对基金筹集和使用管理工作的组织协调，确保基金足额征收、管严用好，充分发挥效益。任何地方、部门和单位不得减征、缓征、停征或者侵占、截留、挪用水利建设基金。各级财政部门要建立健全水利建设基金征收、使用统计报告制度，每年向同级人民政府作出专门报告。各级审计部门要加强对水利建设基金筹集、使用情况的审计监督，对违反规定的要严肃处理。

二〇一一年四月三十日

省政府办公厅关于促进库区和移民安置区经济社会发展的通知

苏政办发〔2011〕149号

各市、县(市、区)人民政府,省各委办厅局,省各直属单位:

近年来,全省各有关地区和部门认真贯彻中央和省委、省政府关于做好大中型水库移民后期扶持工作的部署要求,全面兑现后期扶持政策,持续加大库区和移民安置区基础设施建设力度,取得了明显成效,移民收入持续增加,经济社会发展持续加快,社会总体和谐稳定。但少数库区和移民安置区基础设施比较薄弱,移民群众生产生活条件相对落后,移民与当地农民的收入水平和实际生活水平存在一定差距,长远发展问题尚未根本解决。为进一步巩固水库移民后期扶持政策实施成果,不断提高库区和移民安置区群众生产生活水平,促进库区和移民安置区经济社会发展,根据国家发展改革委等14部委《关于促进库区和移民安置区经济社会发展的通知》(发改农经〔2010〕2978号)要求,紧密结合我省实际,现就有关事项通知如下:

一、充分认识促进库区和移民安置区经济社会发展的重要性

加大库区和移民安置区政策扶持力度,解决库区和移民安置区群众生产生活困难问题,是全面落实"六个注重"、全力实施"八项工程"、又好又快推进"两个率先"的迫切需要,事关全省社会和谐稳定大局。各有关地区和部门要充分认识加快库区和移民安置区经济社会发展的重要性、紧迫性,进一步加强组织领导,明确工作责任,按照"统一规划、作用互补、渠道不乱、用途不变,各负其责、各记其功"的原则,全面落实水库移民后期扶持各项政策措施,加快建立促进库区经济平稳发展、移民持续增收、社会和谐稳定的长效机制,到"十二五"期末,努力实现全省库区和移民安置区移民人均纯收入基本达到当地农民人均纯收入水平的目标。

二、认真组织编制库区和移民安置区经济社会发展规划

"十二五"时期,是江苏全面建成更高水平小康社会并向率先基本实现现代化目标迈进的关键时期,也是加快库区和移民安置区经济社会发展的重要阶段。各有关地区和部门要在巩固库区和移民安置区现有政策实施成果基础上,综合考虑当前移民最关心、最直接、最现实的利益问题,充分征求移民意见,听取库区和移民安置区群众反映,认真组织编制《库区和移民安置区基础设施建设和经济发展规划》,明确目标任务,落实推进措施。各有关地区和部门在"十二五"规划及各专项规划中,要统筹考虑安排库区和移民安置区的经济社会发展项目,加大扶持力度,加快推进步伐,逐步缩小和消除库区及移民安置区与当地经济社会发展的差距。各级移民管理机构要加强与各相关部门的协调配合,整合各类资源,推进水库后期扶持政策全面落实。

三、加大库区和移民安置区项目投资倾斜力度

各有关市、县人民政府要以解决当前库区和移民安置区生产生活中存在的突出困难和提高移民群众收入水平为重点，积极筹措资金，拓宽投资渠道，加大投入力度，在年度投资计划中向库区和移民安置区倾斜，调整并优先安排农村道路、农村饮水安全、危房改造、农田水利、农产品生产基地建设、水土保持、扶贫开发、农村劳动力转移、农村沼气、农村环境整治、农村电网完善、农村社会服务、基础教育、职业教育和移民技能培训、学前教育、乡村医疗卫生机构建设等民生项目，力争在2～3年内使库区和移民安置区基础设施有较大改善，移民群众生产生活水平明显提高。各级安排的水库移民后期扶持资金，要重点解决其他投资渠道难以覆盖的库区和移民安置区发展问题。移民专项资金要优先安排移民最急需的项目，在保证资金用途不变的前提下，可以与其他渠道资金整合，相对集中安排使用，实行整村推进，努力提高投资的使用效益。

四、强化库区和移民安置区经济社会发展项目管理

各有关地区和部门要以项目带动为抓手，加快项目实施进度，加强项目建设管理，提高项目管理水平，让广大群众尽早共享项目实施成果。对于列入各相关部门年度投资计划的项目，由相关县级主管部门负责督促落实；对于移民专项资金安排的项目，由移民管理机构负责督促落实。加强项目质量和进度管理，严格执行项目法人制、招标投标制、建设监理制、合同管理制、竣工验收制等制度。在项目实施过程中，实行政务公开，公示与移民长远生计直接相关的项目实施情况，确保移民群众充分享有知情权、参与权、表达权、监督权，坚决防止因信息公开不够、项目建设不规范、管理不到位等引发新的信访问题或不稳定因素。项目实施完成后，要抓紧组织竣工验收和办理移交手续，明晰工程产权和使用权，明确管护主体，落实管护责任，保证项目长期发挥效益。根据《江苏省大中型水库移民后期扶持结余资金使用管理实施细则》规定，严格资金扶持方向，谁主管谁负责，谁使用谁负责，严禁截留挪用，严禁以其他项目建设名目套取资金。各有关市、县移民管理机构要主动了解掌握情况，将各部门专项投入到库区、移民安置区的资金和完成的工作量及时统计汇总，上报省移民管理机构。

五、形成库区和移民安置区经济社会发展合力

各有关地区和部门要把推动库区和移民安置区经济社会发展，作为当前和今后一个时期的重要任务，精心组织实施，一级抓一级，层层抓落实，确保各项政策措施落到实处、取得实效。各有关县人民政府要在规划编制、项目安排、资金拨付、项目管理等环节，落实责任部门、工作职责和政策措施，全力推进库区和移民安置区经济社会发展。各有关行业主管部门要会同移民管理机构，加大对项目管理、建设进度、工程质量、资金落实等情况的监督检查，形成各负其责、齐抓共管的良好局面。各级财政、审计、水库移民管理机构要按照职责分工，建立健全资金管理制度，加强移民专项资金县级财政报账管理，严格审查把关，及时公布项目建设资金使用情况，促进资金使用管理规范化、制度化。各级监察、审计部门要主动介入、提前介入，坚持事前、事中、事后全程审计。对库区和移民安置区经济社会发展项目资金使用中发现的违反国家政策问题，要依法依纪严肃处理、限期整改，确保资金投向科学合理，确保资金使用安全高效，确保工程项目发挥效益。

二〇一一年十月十九日

关于印发《江苏省水利基本建设项目前期工作管理规定》的通知

苏水计〔2011〕105号

各市水利(务)局、厅直各单位：

2006年我厅印发了《江苏省水利基本建设项目前期工作管理暂行规定》(简称《暂行规定》)，对加强前期工作管理、规范基本建设程序，起到了较好作用。为进一步加强政府投资项目管理、提高水利工程建设项目投资效益，依据国家和省近年来新出台的前期工作管理有关规定和要求，对原《暂行规定》进行了补充、修订，并经厅长办公会议审议通过，现将《江苏省水利基本建设项目前期工作管理规定》印发实施。

二〇一一年十一月一日

江苏省水利基本建设项目前期工作管理规定

第一章　总　则

第一条　为加强政府投资项目管理、提高水利工程投资效益，根据国家有关法律法规，以及国家发展改革委、水利部和省有关建设项目前期工作管理制度，结合我省实际制定本规定。

第二条　凡转报水利部、国家发展改革委审批的水利基本建设项目，以及列入省级水利重点工程投资计划的水利基本建设项目，前期工作管理适用本规定。

第三条　本规定所称水利基本建设项目是指防洪、排涝、调水、抗旱和水资源保护、水生态修复等向社会提供水利公共产品和公益服务、不能直接得到经济回报的社会公共基础设施建设项目。按其经济社会效益的作用大小和影响范围，并根据事权划分原则，分为流域性项目、区域性项目、省级补助市县项目、地方自办项目四类。

流域性项目是指列入流域治理规划、由国家审批立项，并进入国家水利投资计划的重大水利工程建设项目。区域性项目主要是指列入《江苏省骨干河道名录》中的区域性骨干河道和重要跨县河道整治，以及列入国家专项治理规划的水利工程建设项目。省级补助市县项目是指省或市县审批立项、省级根据有关政策给予适当投资补助的重要县域河道治理工程项目。地方自办项目是指市县审批立项、市县负责筹措全部建设投资的水利工程项目。

按照效益大小和受益范围的不同，水利基

本建设项目建设投资由中央、省级、市县政府和受益部门(或单位)共同或者分别承担。流域性项目建设投资以中央、省级为主,工程所在市县按照直接受益情况分担部分投资。区域性项目由省级和市县共同投资,按照确定的投资政策安排省级投资。省级补助市县项目,以市县地方投资为主,省级视项目重要程度按省政府确定的补助政策给予适当补助或奖励,并对苏北欠发达地区和革命老区适当倾斜。地方自办项目由市县负责筹资。

第四条 流域性项目和区域性项目建设投资全额列入省水利基本建设投资计划。省级补助市县项目的省补投资部分列入省水利基本建设投资计划。省级补助市县项目的其余建设投资,地方自办项目的全部建设投资,以及由各种社会投资进行的水利基础设施建设投资,列入所在市县的水利基本建设投资计划,并全部纳入全省全社会水利投入和完成情况统计。

第二章 项目前期工作阶段划分和上报文件要求

第五条 按照基本建设程序,水利基本建设项目前期工作一般划分为项目建议书、可行性研究、初步设计三个阶段。工作内容包括报告编制、上报、审核(咨询)和审批。

第六条 水利基本建设项目应当符合经过批准的流域或者区域水利规划、专业规划、专项规划、中长期发展规划,由各级水行政主管部门、相关行业主管部门或者项目业主提出立项申请,经过项目建议书及可行性研究报告审批立项。

第七条 符合下列条件的水利基本建设项目,立项过程可以适当简化:

(一) 经国务院、省政府及授权部门批准的专项规划或实施方案中的工程项目,可直接编制可行性研究报告申报立项;

(二) 在已有的防洪(潮)堤防基础上进行的堤防除险加固工程项目,可直接编制可行性研究报告申报立项;

(三) 经过批准的区域水利规划中确定的区域性项目、经过批准的城市防洪规划中的城市防洪排涝工程项目,以及省级补助市县项目,可直接编制可行性研究报告申报立项;

(四) 列入全国专项建设规划的病险水库除险加固、中小河流治理、大型灌排泵站更新改造、大中型水闸除险加固工程项目,分别按照国家发展改革委、财政部、水利部的管理规定,直接编制可行性研究报告或者直接编制初步设计报告申报立项;

(五) 国家发展改革委、水利部、省发展改革委明确可以简化立项程序的其他水利基本建设项目。

第八条 项目建议书的编制以批准的流域或者区域水利规划、专业规划、专项规划、中长期发展规划为依据。项目建议书的编制内容和深度要求按照水利部《水利水电工程项目建议书编制暂行规定》(水规计〔1996〕608 号文)执行。上报项目建议书应当附具下列文件:

(一) 项目外部建设条件涉及相邻市县和其他行业或第三人利益时,须附具相关市县、行业主管部门或者第三人的书面意见;

(二) 项目主管部门关于项目建设管理与运行维护管理初步方案的书面文件;

(三) 项目主管部门和同级财政部门关于项目建设资金筹集初步方案及资金来源意向的书面文件。

第九条 可行性研究报告的编制以批准的项目建议书为依据(立项过程简化者除外)。可行性研究报告的编制内容和技术深度,按照《水利水电工程可行性研究报告编制规程》(DL5020—93),以及国家有关部委关于征地移民、环境评价、节能设计、招标投标、文物保护、劳动保护和卫生等专章设计要求执行。上报可行性研究报告应当附具下列文件:

（一）项目建议书的批准文件（立项过程简化者除外），项目建设资金筹措方案承诺、建设管理单位批准文件或者组建方案、运行维护管理单位和管理维护经费落实方案的书面文件；

（二）按规定应当办理水工程建设规划同意书或者取水许可等行政许可的项目，应当附具许可文件；行蓄洪区内的非防洪工程项目，应当附具经审查同意的洪水影响评价报告；

（三）移民安置规划大纲及批复文件，以及地方人民政府确认文件和主管部门审核意见；

（四）城乡建设主管部门的建设项目规划选址意见书；

（五）国土主管部门对建设项目用地申请的预审意见；

（六）经批准的环境影响评价报告书或者环境影响报告表；

（七）经批准的水土保持方案报告书或者报告表；

（八）按规定应当办理地震安全性评价的项目，需附具地震主管部门的审定意见。

直接进入可行性研究阶段的项目，应当一并附具项目建议书阶段应提交的规划依据和外部建设条件等相关文件材料。

第十条 初步设计报告的编制以批准的可行性研究报告为依据（立项过程简化者除外）。初步设计的编制内容及深度要求，按照《水利水电工程初步设计报告编制规程》（DL5021－93）执行。上报初步设计时应当附具下列文件：

（一）可行性研究报告的批准文件（立项过程简化者除外），批准投资方案的资金筹集承诺文件，项目法人（项目建设单位）及工程管理机构批准文件和管理维护经费承诺文件；

（二）向省级国土主管部门提出的建设项目上地年度使用计划（没有征用土地的项目除外）。

第十一条 流域性工程以及申报国家投资的工程项目，按照水利部颁布的编制规定和定额编制投资估（概）算。其余工程项目，按照省颁布的编制规定和定额编制投资估（概）算。

第三章 项目设计文件申报批准程序

第十二条 项目建议书及可行性研究报告申报。

（一）流域性工程项目。由省水利厅组织编制，或者会同流域机构、省发展改革委编制，上报水利部、国家发展改革委审批；

（二）跨市区域性工程项目。由省水利厅会同有关市水行政主管部门组织编制，上报水利部或者省发展改革委审批；

（三）一市范围内的区域性工程以及水库加固、大中型水闸加固、大型泵站更新改造、江海堤防加固等工程项目，由市水行政主管部门组织编制，或者由县（市）水行政主管部门组织编制、市水行政主管部门核转，上报省水利厅或者省发展改革委审批；

（四）省级补助市县项目。不涉及省际、市际关系的项目，由市水行政主管部门或者市发展改革委审批，省水利厅核准“项目建设资金申请报告”（附件参照可行性研究报告上报文件）。涉及省际、市际关系的项目由市水行政主管部门报省水利厅审批；

（五）地方自办项目。由市水行政主管部门按照有关规定审批，报省水利厅备案。其中涉及省际或市际边界水利、与流域区域治理及骨干工程或者其他行业关系密切的项目，须报省水利厅审查核准。

第十三条 项目初步设计报告申报。

（一）工程项目初步设计应当严格按照批准的可行性研究报告编制。初步设计概算投资原则上不得突破批准的可行性研究报告估算投资。由于工程项目基本条件发生变化，引起工程规模、设计方案、施工方案、工程数量的改变，概算投资超过可行性研究报告估算投资

10%以内时，应当对工程变化内容和增加投资提出专题分析报告；概算投资超过可行性研究报告估算投资 10%以上（含 10%）时，必须重新编制可行性研究报告，按照可行性研究报告申报程序重新报批；

（二）流域性工程项目初步设计报告和跨市区域治理工程项目初步设计报告的申报和审批程序同可行性研究报告。经国家发展改革委或者水利部或者省发展改革委批复后，由省水利厅批转项目法人（项目建设单位）执行；

（三）一市范围内的区域性工程项目初步设计报告，工程规模、概算投资较大的，由市水行政主管部门上报省水利厅或者省发展改革委审批；工程规模和概算投资较小的，由省水利厅委托市水行政主管部门审批，并在可行性研究报告批复时予以明确；

（四）省级补助市县项目初步设计报告由市水行政主管部门审批。其中涉及省际或市际边界水利、与流域区域治理或者其他行业关系密切的项目，报省水利厅备案。

第十四条 初步设计变更申报。

（一）项目实施过程中，建设标准或者工程规模改变、工程布置及主要结构变更、主机组变更，以及概算子项目之间进行较大调整等重大设计变更，须按初步设计报告申报程序上报原审批单位审批，原则上不予调增已批准的初步设计概算投资；

（二）在批准的建设标准和概算投资范围内，非重大设计变更、子项目内非重大概算调整等，由项目主管部门或者项目法人（项目建设单位）依据批准的初步设计予以审核，抄报初步设计原审批单位备案；

（三）项目设计变更的设计文件应当由项目法人（项目建设单位）委托原设计单位编制，设计文件应当达到初步设计深度要求。动用初步设计概算预备费，必须经批准后实施。

第十五条 勘察设计单项合同大于 30 万元，或者建设项目估算投资大于 2000 万元的水利工程建设项目，项目主管部门或者项目法人（项目建设单位）必须依法进行勘察设计招标。

初步设计和施工图设计必须依法招标选择项目承担单位。

独立水利枢纽、水库和单项建筑物工程，以及信息化建设项目，从可行性研究阶段开始推行勘察设计一次性总体招标，或者先进行设计方案招标、再分阶段招标。河道治理工程可行性研究，为水利规划和实施方案编制等工作服务的基础调查、勘探测量、专题研究和方案论证等前期工作，积极推行招标选择承担单位。

第四章 项目前期工作管理职责

第十六条 前期工作实行省、市分级管理，并由项目主管部门、项目责任单位和项目承担单位根据管理要求各负其责。

第十七条 项目可行性研究报告（或项目建议书）一般由项目主管部门组织编制，项目初步设计报告由项目法人（项目建设单位）组织编制。

第十八条 省水利厅和市、县（市）水利（务）局为项目主管部门，负责前期工作计划安排、立项申请、业务指导及组织协调，对前期工作质量和进度进行检查监督，并做好项目前期储备。项目主管部门对上报工程的设计文件必须严格把关，对所报设计文件及其附件，提出明确的初审意见。

省水利厅直接组织编制重大项目可行性研究报告，主持或者参加工作大纲和阶段成果的咨询、论证，工作成果的审查验收。

第十九条 项目法人（项目建设单位）是项目责任单位，办理勘察设计招标、签订勘察设计合同，加强合同执行情况的监督检查，对前期工作进度和成果质量负责。重大项目或比较复杂的项目，项目法人（项目建设单位）应当委托（必要时通过招标选择）有相应资质的咨询单位，对前期工作过程中的重大问题，以及关键技术和工程方案进行论证。项目法人（项目建设单位）应具体组织或者提前介入建设项目规划选址、征地补偿和移民安置规划、环境影响评价和水土保持方案等前置性专项工作，充分调研论证，取得各类公示和确认手续，办理有关批准事项和行政许可。

第二十条 项目承担单位是具备相应资质、具体承担各项勘察设计前期工作的单位。项目承担单位应当本着严肃的科学态度和高度的社会责任感，根据签订的勘察设计合同开展各阶段工作，按时提交工作成果；严格执行国家和行业标准、规范，建立并落实质量保证体系，加强质量管理，达到相应设计阶段的工作深度和工作质量要求，对工程设计质量终身负责。

项目承担单位应当根据项目特点及技术要求，开展相应专题研究，确保工作深度。项目由两个或者两个以上单位组成联合体或者总包分包承担的，由合同签订单位总负责，统一规范标准、工作大纲和深度要求等，加强协调配合，保证工作质量和总体进度。

第二十一条 前期工作实行项目主管领导和项目负责人负责制。项目主管部门、项目责任单位和项目承担单位均应明确项目主管领导和项目责任人，对项目设计质量和进度负责。

省水利厅负责制定水利基本建设项目前期工作五年实施方案（滚动修订）和年度实施计划，分解落实前期工作项目管理责任；建立前期工作通报制度，加强监督、检查、考核，定期分析研究项目前期工作的进展情况和存在问题，对成果质量和时间进度达不到要求的责任单位和承担单位进行通报批评。

第二十二条 项目主管部门建立前期工作基金或周转金，保障项目前期工作进展。

省水利厅前期工作基金或者周转金用于省级（含省级以上）重点项目前期工作。签订勘察设计合同的项目法人（项目建设单位）申请取得经费，依合同约定分期支付勘察设计单位，并负责在项目批准立项开工后从工程勘测设计费中归还。

第二十三条 凡由项目主管部门或者项目法人（项目建设单位）用政府资金安排完成的建设项目前期工作成果，其所有权属项目主管部门，项目承担单位未经项目主管部门同意不得随意转用和扩散。健全项目前期工作档案管理，经审查验收的水利建设项目前期工作成果，分级存入项目前期工作成果库。流域性工程项目和以省级投资为主的项目，其成果存入省级水利建设项目前期工作成果库。省级补助的市县地方项目前期工作成果，由市水利（务）局存入市级水利建设项目前期工作成果库。

第五章 省水利厅项目审批工作制度

第二十四条 省级审批工程项目，估算投资在3000万元以下的项目建议书、可行性研究报告由省水利厅审批，3000万元以上（含3000万元）的项目由省水利厅提出初审意见转报省发展改革委审批。省水利厅审批项目建议书、可研报告按照省依法行政领导小组确认的权限和流程执行。省水利厅转报省发改委审批的项目，按照省水利厅审批项目程序提出初审意见。

第二十五条 省水利厅审批项目可行性研究报告（或项目建议书）分为竞争立项和技术审查两个阶段。

除国务院或者授权有关部委、省政府或者授权有关厅局批准的流域规划、区域规划、专项规划、实施方案中已明确列入的水利建设项目可直接进入技术审查阶段外，上报省级审批的水利建设项目都要先经过竞争立项阶段，通过竞争立项的项目再进行技术审查。省级补助市县项目，省水利厅参照竞争立项办法核准“项目建设资金申请报告”。

第二十六条 省水利厅项目审批的竞争立项工作每年进行一次。按照初步审核、立项评审、项目公示程序进行。

初步审核是审查上报项目是否符合申报条件。主要审查项目规划依据、资金承诺、上报文件是否符合要求等。

立项评审由省水利厅组织专家进行。评审的主要内容包括:项目建设的规划及政府投资范围的符合性、必要性和迫切性,工程标准和任务规模、工程效益的合理性、可研报告编制是否符合规程规范要求等,并进行赋分排序。

立项评审结果经厅办公会议审议通过后在江苏水利网上公示一周。无异议项目为通过竞争立项项目。

第二十七条 通过竞争立项的项目进入可行性研究报告技术审查阶段。经过咨询评估、专家审查、厅办公会议审议等程序,办理项目审批文件或者转报初审意见。

省水利厅职能部门提出技术咨询任务书,委托有资质的水利工程咨询单位或者设计单位,对项目可行性研究报告进行咨询评估。积极创造条件,逐步推行招标选择咨询单位。咨询单位经过初步审阅,对于仍达不到深度要求的,编制单位需进行修改、补充。承担技术审查的咨询评估单位要建立责任制,咨询评估单位、项目负责人及具体审查人员对所提出的咨询评估意见承担责任。

一般项目根据咨询单位的咨询评估意见提出技术审查意见;重大项目在咨询评估意见的基础上召开技术审查会议,邀请有关单位和有关方面专家进行审查,再提出技术审查意见;在此基础上办理项目审批文件或者转报文件。项目可行性研究报告审批文件需明确工程建设的必要性和迫切性,工程任务规模和建设内容、总体布置和主要设计方案、工程实施的外部关系及建设管理和工程管理、工程投资和资金筹措方案、分期实施意见和工程效益等。

第二十八条 省水利厅审批项目初步设计的技术审查程序同可行性研究报告技术审查。

第二十九条 省水利厅转报初审的程序制度参照以上规定办理。

第三十条 由国家发展改革委、水利部审批立项、列入水利基本建设计划的大型灌区改造、节水示范、水土保持、农村饮水安全,以及特大防汛抗旱经费安排的水毁修复和抗旱工程等项目,按照国家发展改革委、水利部有关管理规定执行。

第六章 附 则

第三十一条 省水利厅发布的水利基本建设项目前期工作管理的有关规定与本规定相抵触的,以本规定为准。

第三十二条 本规定自 2011 年 12 月 1 日执行。2006 年我厅印发的《江苏省水利基本建设项目前期工作管理暂行规定》同时废止。

重要讲话

坚持科学发展　落实任务措施　全力推进水利改革发展试点工作

——在加快水利改革发展试点工作座谈会上的讲话

水利部部长　陈　雷

（2011年9月8日）

同志们：

今年7月8日，胡锦涛总书记在中央水利工作会议上指出："改革是水利事业发展的强大动力。要加快水利重点领域和关键环节改革攻坚，破除制约水利发展的体制机制障碍，着力构建充满活力、富有效率、更加开放、有利于科学发展的水利体制机制。"温家宝总理要求："通过深化水利投资体制、工程建设体制、运行管理体制、水利服务体制、用水价格机制等改革，切实使水利事业进入良性发展轨道。"为深入贯彻落实今年中央1号文件和中央水利工作会议精神，水利部决定开展加快水利改革发展试点，选择不同地区、不同流域开展水利现代化建设、水利改革、实施最严格水资源管理制度等试点工作，通过抓试点、解难点、集中突破、以点带面，奋力推进水利事业跨越式发展。今天，我们召开加快水利改革发展试点工作座谈会，主要任务是对试点工作进行全面动员和具体部署，进一步统一思想认识，明确目标任务，落实工作措施，抓好试点工作，为加快水利改革发展积累宝贵经验。刚才，周学文同志介绍了试点工作情况，湖南、江苏、山东省水利厅负责同志作了典型发言，其他15个试点地区的代表发了言，讲得都很好。下面，我讲几点意见。

一、充分认识加快水利改革发展试点工作的重大意义

开展加快水利改革发展试点，是水利部党组贯彻落实今年中央1号文件和中央水利工作会议精神的一项重大举措，对于抓住和用好水利改革发展的战略机遇期，奋力开创中国特色水利现代化建设新局面，具有十分重要的意义。

第一，开展加快水利改革发展试点是深入贯彻中央水利工作战略部署的关键步骤。今年中央1号文件和中央水利工作会议从党和国家事业全局的高度，对水利改革发展作出全面部署，掀开了治水兴水的崭新篇章。加快水利改革发展是一项十分庞大的系统工程，涉及各个方面不同需求，事关多方利益关系，既要统筹兼顾、全面推进，又要抓住关键、重点突破；既要搞好顶层设计、系统规划，又要因地制宜、分类指导。年初以来，有多个省、自治区、直辖市主动要求针对水利改革发展中的重点和难点问题开展试点攻坚。通过对一些有基础条件的地区和部分关键领域进行仔细比较、反复筛选、科学论证，最终选定在湖北省境内的汉江流域、江苏省和北京、宁波、大连、青岛、无锡、苏州、绍兴、中山等8城市，分别开展流域、省级区域和城市水利现代化试点；在浙江、湖南、重庆3个省、直辖市开展加快水利改革试点；在天津、河北、上海、山东4个省、直辖市开展加快实施最严格水资源管理制度试点。力求通过这些试点，探索实践中国特色水利现代化道路模式，研究破解制约水利改革发展的体制机制障碍，推动实施最严格水资源管理制度尽快取得实效，在全社会形成广泛的示范带动效应，把中央关于新时期水利改革发展的具体部署真正落到实处。

第二，开展加快水利改革发展试点是努力探索中国特色水利现代化道路的必然选择。今年中央1号文件明确提出，要努力走出一条中国特色水利现代化道路，这是党中央、国务院站在新的历史起点上对水利工作提出的总体要求，是当前和今后一个时期水利改革发展必须坚持的正确方向。加快推进水利现代化，既要创新治水管水理念，也要改善基础设施条件；既要提升调度管理水平，也要转变水利发展方式。我国国情水情极为复杂，兴水治水任务极其繁重，不同区域之间差异很大，探索有中国特色水利现代化道路没有现成经验可资借鉴，没有固定模式可以效仿，必须敢于探索、勇于实践，鼓励和引导试点地区结合当地实际，因地制宜提出水利现代化的目标和措施，用现代治水理念和先进科学技术武装和改造传统水利，通过先行先试、积累经验、树立样板，率先建成一批水利现代化示范区，为全国水利现代化建设提供示范和借鉴。

第三，开展加快水利改革发展试点是积极推进水利体制机制创新的重要举措。体制机制创新是水利事业发展的不竭源泉和强大动力。今年中央1号文件和中央水利工作会议着眼于破除体制机制障碍、促进水利科学发展，提出了一系列重大改革措施，包括建立健全水利投入稳定增长机制，不断拓宽水利投融资渠道；推进水资源管理体制改革，完善流域管理与行政区域管理相结合的水资源统一管理体制；深化水利工程管理体制改革，积极探索社会化和专业化的多种管理模式；健全基层水利服务体系，完善基层水利服务机构；积极推进水价改革，大力促进节约用水和产业结构调整等。这些改革内容，涉及财政、投资、金融、税收、土地、价格、政绩考核等多个领域，情况复杂，任务繁重。通过在东中西部不同省份开展试点，有助于找准体制机制方面的深层次矛盾，破解重点领域和关键环节的突出制约，使各地学有榜样、干有方向、赶有目标，推进水利改革不断深化和拓展，逐步形成充满活力、富有效率的体制机制，为水利事业跨越发展提供更加有力的制度保障。

第四，开展加快水利改革发展试点是加快落实最严格水资源管理制度的迫切要求。中央1号文件和中央水利工作会议将实行最严格的水资源管理制度上升为国家的重大战略举措，并明确了一系列刚性要求和硬性措施。实行最严格的水资源管理制度，建立“三项制度”、确立“三条红线”，是前无古人的崭新工作，也是十分复杂的艰巨任务，有很多基础性工作需要抓紧完成，诸多关键性指标需要分解落实，一些综合性协调协商机制需要尽快建立。开展加快实施最严格水资源管理制度试点，就是要促进有条件的地区率先制定落实江河水量分配方案，率先建立科学合理的用水定额指标体系，率先启动实施水功能区限制纳污管理制度，率先落实最严格水资源管理责任制度。通过试点先行，发现问题、摸索经验、创新思路，建立和完善加强水资源管理的各项指标体系，探索有效落实“三条红线”的方法和途径，为推进全国实施最严格水资源管理制度提供方法、技术和实践支持。

二、准确把握加快水利改革发展试点工作的总体要求

开展好加快水利改革发展试点，必须着力把握好试点工作的指导思想、基本原则、总体目标和方法步骤。

第一，正确把握试点工作的总体思路。开展加快水利改革发展试点，要深入贯彻落实科学发展观，全面落实今年中央1号文件和中央水利工作会议精神，围绕实现水利跨越式发展、探索中国特色水利现代化道路的目标，积极践行可持续发展治水思路，统筹规划、科学推进水利现代化建设，创新突破、建立健全水利科学发展的体制机制，积极推进、加快实施最严格的水资源管理制度，推进试点地区带头落实中央精神，加快推进水利改革发展，率先取得实质性突破，为全国加快水利改革发展积累经验、提供示范。

第二，正确把握试点工作的基本原则。开展加快水利改革发展试点，必须坚持以下几项原则：一是政府主导。水利是公益性很强的基础设施，各级政府作为推动水利改革发展的责任主体，必须充分发挥公共财政的保障和引导作用，积极调动全社会力量共同治水兴水。二是因地制宜。要从试点地区的实际情况出发，针对当地的资源环境条件、经济社会发展水平和水利发展状况，制定切合实际的方案、规划和政策措施。三是循序渐进。要充分认识水利改革发展的长期性和复杂性，处理好近期和远期的关系，合理安排工作任务和进度时序，有计划、有步骤、有秩序地全面推进。四是分类指导。要根据试点的不同类型和区域，有针对性地突出重点内容、做好规范指导，灵活确定目标要求和方法步骤，不搞一刀切。五是改革创新。要瞄准目标任务，不断拓宽工作思路、创新工作方法，积极探索实践各具特色的发展模式和发展途径，避免形式主义，务求取得新实效。

第三，准确把握试点工作的总体目标。加快水利改革发展试点的总体目标是：推进水利现代化建设，试点地区率先基本建成防汛抗旱减灾体系、水资源合理配置和高效利用体系、水资源保护和河湖健康保障体系、有利于水利科学发展的制度体系等四大体系；深化各项水利改革，建立稳定的水利投入增长机制，不断深化水资源管理、水利工程建设和管理、基层水利服务体系和水价等重点领域和关键环节改革，有效破解制约水利发展的体制机制障碍；率先实施最严格水资源管理制度，落实“三条红线”和水资源管理责任制度。

第四，正确把握试点工作的方法步骤。各项试点要按照“区分类型、各有重点”的要求，有计划、分步骤扎实开展，充分发挥典型示范作用。在加快水利现代化试点方面，流域层面重点围绕流域防洪抗旱减灾水利工程体系构建、流域水资源优化配置和科学调度、水权制度建设、水生态保护、信息化建设等方面开展；省级区域层面重点围绕完善水利基础设施、水资源管理和水生态保护、行业能力建设等方面开展；城市水利现代化试点重点围绕城市水务一体化管理、城市防洪排涝供水保障、城市节约用水、城市水生态环境保护和信息化建设等方面开展。在加快水利改革试点方面，重点围绕建立水利投入稳定增长机制、完善水资源管理制度、深化水利工程建设与管理体制改革、健全基层水利服务体系和推进水价改革等五个方面开展。其中，湖南省全面开展五项改革试点，浙江省重点开展水利工程管理体制改革和水利基层服务体系建设试点，重庆市重点开展水利投融资机制改革和水价改革试点。加快实施最严格水资源管理制度试点，重点围绕落实“三条红线”和水资源管理责任制度来开展。

三、突出抓好加快水利改革发展试点工作的关键环节

加快水利改革发展试点工作各有侧重，各试点省市要围绕今年中央1号文件和中央水利工作会议的重大战略部署，紧密联系本地区水利工作实际，准确把握每项试点工作的重点和难点，抓住关键环节，加强分类指导，科学安排部署，有序推进试点工作。

第一，水利现代化试点要突出抓好规划编制。科学编制规划是推进水利现代化建设的重要基础。规划编制要体现科学发展、和谐发展的战略思想，根据经济社会发展的新形势和水利发展阶段性特征，紧紧围绕全面建设小康社会奋斗目标，从有利于推动科学发展，有利于转变发展方式，有利于保障和改善民生，有利于水资源可持续利用，有利于提高水利社会管理和公共服务能力等方面来深入分析、综合研究、科学施策，高起点、全方位谋划水利现代化。

一是在治水理念上要突出现代化导向。编制水利现代化规划，首先要从转变传统水利发展模式入手，准确把握贯彻落实科学发展观对水利工作的新要求，不断丰富完善可持续发展治水思路，科学谋划水利现代化的宏伟蓝图。规划强调的水利发展，必须是科学发展，是好中求快、又好又快的发展，是速度与结构、质量、效益统一的发展，是保障经济与普惠民生统一、人与自然和谐、东中西部协调的发展，是长期、稳定、可持续的发展。规划确立的目标任务，必须突出水利基础设施现代化、水资源调度管理现代化、水利工程管理现代化、水利信息化，努力走出一条中国特色水利现代化道路。

二是在基础设施上要构建现代化体系。与发达国家相比，与国内其他领域基础设施相比，水利基础设施建设明显滞后。编制水利现代化规划，必须立足国家区域发展战略和国家中长期发展目标，统筹谋划重点水利工程建设布局，不断完善水利防灾减灾体系、水资源优化配置体系，强化水资源保护和水污染防治，实现区域内、流域内防洪安全、供水安全和生态安全目标。

三是在管理手段上要体现现代化水平。管理水平不高是当前我国与发达国家的主要差距之一，水利管理薄弱是制约水利现代化的突出瓶颈。编制水利现代化规划，要充分学习、借鉴和应用世界上水利管理领域的前沿技术和科技成果，应用信息、通讯、预测、决策等方面的最新技术，建立有利于水利科学发展的制度体系、水利信息化与科技创新体系，提高水利管理的科学化水平。

四是在指标设置上要反映现代化要求。规划编制既要提出带有方向性和指导性的目标，也要提出一些可量化、易评估、能检查的指标。要按照表征明显、易于监测、便于考核的原则，采取定性指标与定量指标相结合的办法，从防洪抗旱减灾能力、水资源高效利用水平与供水保障能力、水资源及水生态环境保护能力、水利发展保障能力等方面，构建水利现代化评价指标，用科学合理的指标体系引领水利现代化发展方向，推动水利现代化发展进程。

第二，水利改革试点要突出抓好体制机制创新。开展加快水利改革试点，必须加大重点领域和关键环节的改革攻坚力度，有效破解水利发展的深层次制约，全面构建水利科学发展的体制机制，增强水利事业的生机和活力。

一要加快建立以政府公共财政投入为主、社会投入为补充的水利投入稳定增长机制。通过这一保障机制，稳定和提高水利在国家固定资产投资中的比重，满足未来10年江河治理、水资源配置等重点水利工程建设需要；大幅度增加财政专项水利资金规模，加快农田水利等中小型水利工程建设；进一步充实和完善水利建设基金，拓宽征收渠道，扩大征收规模；落实好从土地出让收益中提取10%用于农田水利建设的政策，明确中央和省级统筹比例，加强统筹的使用及管理；落实水利建设金融支持、吸引社会资金的政策措施，进一步拓宽水利投融资渠道。

二要切实理顺水资源管理体制。按照建设资源节约型、环境友好型社会的要求，积极推进城乡水务一体化，对城乡供水、水资源综合利用、水环境治理和防洪排涝等进行统筹规划、协调实施，促进水资源优化配置，改变水务管理职能交叉、体制不顺的局面；加快完善流域管理与行政区域管理相结合的水资源统一管理体制，遵循水资源的自然特性，以流域为整体实行全方位综合管理，建立政府主导、部门协作和公众参与的管理模式，切实加强流域水资源的统一规划、统一管理和统一调度；加快建立水资源保护和水污染防治协调协作机制，建立地表水功能区区划和监督管理机制、饮用水水源保护机制、水资源安全协作机制，全面提高水资源管理的效能和水平。

三要健全水利工程建设管理和良性运行机制。继续深化水利工程建设管理体制改革，在全面实行项目法人责任制的同时，积极探索代建制、BT、BOT 和工程总承包等建设管理方式；探索小型农田水利建设管理新机制，建立规划指导、政策引导、村民自建、民主管理、政府验收的建设管理新机制，引导群众筹资投劳参与小型农田水利工程建设、管理和监督，充分发挥受益农户在小型农田水利建设和管理中的主体作用。进一步深化国有水利工程管理体制改革，落实好公益性、准公益性水管单位基本支出和维修养护经费；重点推进小型水利工程特别是农村集体所有的小型水利工程管理体制改革，明确工程管护主体和管护责任，落实公益性小型水利工程管护经费渠道。通过试点，建立制度完善、监管有效、市场规范的水利工程建设管理体制和责权明确、管理科学、保障有力的水利工程运行管理体制。

四要理顺基层水利管理体制。以乡镇或小流域为单元，健全和完善基层水利服务机构，强化公益性职能，理顺管理体制，落实人员、编制和经费，不断加强基层水利人才队伍建设，完善人员聘用和教育培训制度，逐步建立职能明确、布局合理、队伍精干、服务到位的基层水利服务体系。按照积极稳妥、注重实效、政府指导、农民自愿、自主管理的原则，明确财政扶持政策，大力推进农民用水合作组织建设。

五要建立兼顾效率和公平的水价形成机制。工业和服务业用水要逐步实行超额累进加价制度，拉开高耗水行业与其他行业的水价价差。合理调整城市居民生活用水价格，稳步推行阶梯式水价制度。按照促进节约用水、降低农民水费支出、保障灌排工程良性运行的原则，推进农业水价综合改革，农业灌排工程运行管理费用由财政适当补助，探索实行农民定额内用水享受优惠水价、超定额用水累进加价的办法。

第三，实施最严格水资源管理制度试点要突出抓好指标分解、制度落实和监督考核。开展加快实施最严格水资源管理制度试点，主要是在试点省、市率先确立水资源管理“三条红线”，将红线控制指标逐级分解到所辖市、县；率先出台省级实行最严格水资源管理制度意见、实施方案和考核办法；率先强化水资源统计、计量、检测能力建设，建成省级水资源管理系统；率先建立水资源管理行政首长负责制，为全面实施最严格水资源管理制度提供经验和示范。

一要突出抓好指标分解。最严格水资源管理制度的实质是建立一套可分解、可操作、可检查、可考核、可奖惩的制度体系。从全国来看，到 2015 年，水资源管理的主要目标是：用水总量力争控制在 6350 亿立方米以内，万元工业增加值用水量比“十一五”下降 30%以上，农业灌溉水有效利用系数达到 0.53 以上，全国重要水功能区达标率达到 60%以上。当前，试点最主要的任务是，按照全国“十二五”水资源管理目标，从流域层面进行统筹，按省、市、县三级行政区逐级明确水资源开发利用、节约保护的主要指标，在试点地区率先确立“三条红线”。

二要突出抓好制度建设。要建立用水总量控制制度，严格执行建设项目水资源论证制度，严格取水许可审批管理，严格实行地下水取水总量控制和水位控制，依法制定和完善水资源调度方案、调度计划和应急调度预案，对水资源实行统一调度。要建立用水效率控制制度，大力推进节水型社会建设，建立健全有利于节约用水的体制机制，积极鼓励污水处理回用等非常规水源开发利用并纳入水资源统一配置，严格建设项目节水“三同时”管理，加快推进各行业节水技术改造，建设工业和城镇生活节水示范工程。要建立水功能区限制纳污制度，严格控制入河入湖排污总量，从严核定水域纳污容量，强化入河排污口监督管理，建立水功能区水质达标评价体系；依法划定饮用水水源保护区，组织开展饮用水水源地核准和安全评估工作，完善饮用水水源地突发事件应急预案，保障供水安全；开展重要河湖生态环境评估，提高突发水污染事件应急能力。

三要突出抓好监督考核。加快取水、排水、入河排污口计量监控设施建设，完善水量水质监测体系，提高监控能力，基本建成省级水资源管理信息系统，做到主要控制指标可监测、可评价、可考核，为实施最严格的水资源管理提供技术支撑。要明确责任主体，建立有效的考核评价办法，把水资源管理责任落实到县级以上地方政府主要负责人。要把水资源开发利用、节约保护的主要控制性指标纳入各地经济社会发展综合评价体系，严格考核并将结果作为地方政府相关领导干部综合考核评价的重要依据。对完成考核目标较好的市、县应给予表彰奖励，对未完成考核目标的市、县要限期整改并实行取水许可、入河排污口设置的区域限批政策。

四、着力落实加快水利改革发展试点工作的各项措施

加快水利改革发展试点工作任务繁重、时间紧迫、责任重大。各试点地区政府及水行政主管部门，要把加快水利改革发展试点工作摆上重要议事日程，增强责任感和使命感，加强领导、健全机制，迎难而上、开拓创新，确保各项试点任务落到实处，取得实效。

第一，切实加强组织领导。为做好加快水利改革发展试点工作，水利部专门成立了加快水利改革发展试点工作领导小组，我任组长，矫勇、周英、四一、学文同志任副组长，相关司局主要负责同志担任成员，领导小组办公室设在部规划计划司。各试点地区要抓紧组建以政府主要领导牵头的试点领导小组及其工作机构，并建立相应的工作机制，切实做到组织到位、人员到位、责任到位、措施到位、保障到位，确保试点工作的顺利实施。

第二，科学制订规划方案。目前，湖南省加快水利改革试点方案已由水利部和湖南省人民政府批复印发，江苏省无锡市和苏州市水利现代化规划大纲已通过审查，正在抓紧编制规划。各试点地区要按照已经印发的三类试点通知要求，结合本地实际，深入调研，充分协商，分别编制本地区水利现代化规划、水利改革发展试点方案和实施最严格水资源管理制度试点方案。省级试点规划和试点方案由试点地区水行政主管部门按照试点内容和进度要求组织编制，由水利部组织审查，水利部和试点地区省级人民政府联合批复。其他地区的试点规划由水利部组织审查，市人民政府批复。

第三，建立健全工作机制。加快水利改革发展试点涉及面广、工作量大、时效性强，必须创新工作机制，形成工作合力。要建立沟通协调机制，水利部门要主动与政府沟通、汇报，及时研究解决试点中遇到的重大问题，加强与发展改革、财政等部门的协调配合，统一步调、齐抓共管。要建立定期通报制度，加强试点工作的阶段总结，及时通报各试点地区改革进展情况。要建立督促检查机制，水利部有关司局要按照试点计划进度，开展跟踪调研和分析评估，加强督促检查和指导，及时发现问题、协调矛盾、解决困难。

第四，着力抓好启动实施。各地区要按照

试点工作的总体要求，抓紧细化目标任务，明确责任主体，落实进度安排，开展前期工作，下拨项目资金，不失时机地做好各项试点启动工作。要正确处理全面落实水利改革发展任务与试点工作的关系，统筹兼顾，突出重点，对试点明确的重要任务要优先安排，试点确定的关键项目要优先实施，试点发现的突出问题要优先解决，力求在较短时间内取得实质性进展，提供有益的经验。

第五，切实强化考核评估。要研究建立科学有效的试点考核评价体系，及时跟踪评价分析水利改革发展进程和存在的突出问题。要注重总结各地的试点实践，对在试点过程中发现的好经验、好做法、好政策、好典型，本着成熟一个推广一个的原则，及时做好总结、宣传和推广。要严把考核验收关，各地在试点中必须坚持高标准、严要求，不搞花架子，不做表面文章，确保每一项试点成果都经得起历史检验。水利部将会同试点省、直辖市人民政府，根据实施方案所确定的年度目标和考核标准，开展试点工作年度考核。试点结束后，水利部和相关省、直辖市人民政府共同组织验收。

同志们，加快水利改革发展试点是全面贯彻落实今年中央1号文件和中央水利工作会议精神的重要举措，意义重大而深远。我们要在以胡锦涛同志为总书记的党中央领导下，深入贯彻落实科学发展观，积极践行可持续发展治水思路，以高度自觉的政治责任感担当水利改革攻坚先锋，以锲而不舍的坚定决心破解水利发展难题，以严谨务实的工作作风推进水利现代化建设，抓住机遇，乘势而上，锐意进取，开拓创新，奋发有为，扎实工作，为推动水利改革发展作出新的更大贡献！

深入贯彻落实中央决策部署 全面推进水利跨越发展

——在2011年度全国水利厅局长会议上的讲话

水利部部长　陈　雷

（2011年9月8日）

同志们：

这次会议的主要任务是：深入贯彻落实中央经济工作会议、中央农村工作会议精神以及中央关于加快水利改革发展的决策部署，坚持科学发展主题和加快转变经济发展方式主线，系统回顾2011年水利工作，全面总结2011年中央1号文件和中央水利工作会议精神贯彻落实情况，研究部署2012年水利重点工作，在新的起点上全力谱写水利改革发展新篇章。

国务院领导对这次会议高度重视，回良玉副总理作出重要批示，充分肯定了2011年水利工作成绩，对做好今年水利工作提出明确要求，对广大水利干部职工寄予殷切期望，我们要深入学习领会，认真贯彻落实。

这次会议之所以在广东召开，是因为广东作为我国改革开放的先行区、科学发展模式的试验区，治水任务十分艰巨、水利改革发展成效显著。广东省委、省政府始终把水利摆在全省工作的突出位置来抓，中共中央政治局委员、广东省委书记汪洋同志亲自谋划水利改革发展蓝图，亲临水利一线检查指导工作；原省长黄华华同志、省长朱小丹同志、副省长刘昆同志等各位省领导也都高度重视、十分关心、大力支持水利。特别是在贯彻落实2011年中央1号文件和中央水利工作会议精神方面，广东认识高、行动快、力度大、举措实、成效好、亮点多，省委、省政府7次召开水利综合性会议和专题会议，及时制定配套政策措施，率先出台土地出让收益省级统筹办法，全面实施农田水利万宗工程、千宗治洪治涝保安工程、千里海堤加固达标工程、村村通自来水工程和最严格的水资源管理制度，民生水利发展迈上了新的台阶，为“加快转型升级、建设幸福广东”提供了有力的支撑。广东省委、省政府对这次会议高度重视，汪洋同志对开好会议作出重要指示，今天又在百忙之中亲临会议指导。小丹同志发表了热情洋溢的致辞，全面介绍了广东经济社会发展和水利工作进展情况，听后深受鼓舞、倍感振奋。中央和国家有关部门对水利工作十分关心，有关负责同志专程莅临会议。下面，我讲几点意见。

一、2011年水利工作成效显著，“十二五”水利发展开局良好

2011年是水利发展史上具有里程碑意义的一年。中央先后出台1号文件、召开最高规格的水利工作会议，对加快水利改革发展作出全面部署。各级水利部门认真贯彻落实中央决策部署，抢抓机遇，开拓进取，“十二五”水利改革发展取得良好开局，为实现全国粮食产量“八连增”、总产再创历史新高和经济社会又好又快发展提供了有力的水利支撑。

第一，防汛抗旱减灾成效显著。2011年我国旱涝交织、多灾连发。北方冬麦区、长江中下游和西南地区接连出现三次大范围严重干旱，全国有260多条江河发生超警以上洪水，钱塘江发生1955年以来的最大洪水，汉江

上游、嘉陵江、黄河泾洛渭流域同时发生严重秋汛，先后有7个台风或热带风暴在我国登陆。在党中央、国务院的坚强领导下，国家防总、水利部超前部署、科学调度、有序应对，地方各级党委、政府精心组织、靠前指挥、全力抗灾，有关部门顾全大局、同心协力、密切配合，广大军民携手并肩、顽强拼搏、团结奋战，夺取了防汛抗旱减灾工作的全面胜利。有效解决了旱区2055万群众因旱临时饮水困难，完成抗旱浇地3.2亿亩，抗旱减免粮食损失465亿公斤，大旱之年粮食产量再创新高。解救受洪水围困群众98万人次，转移安置受灾群众838万人次，全国大江大河堤防无一决口，大中型水库无一垮坝，洪涝灾害损失主要指标比1990年以来均值偏少4～8成，其中因灾死亡人数为新中国成立以来最低。

第二，水利薄弱环节建设明显加强。大中型灌区续建配套和大型灌排泵站更新改造加快推进，规划实施的434处大型灌区已有110处完成规划投资并销号。新增节水灌溉工程面积2208万亩，其中高效节水灌溉面积近1000万亩。启动第三批400个小型农田水利重点县建设，全国重点县达到1250个。冬春农田水利建设再掀高潮。5400座小(1)型病险水库除险加固加快实施，4.1万座小(2)型病险水库除险加固全面启动，大中型病险水闸除险加固积极推进，对920条中小河流和81条主要支流、内陆河流及独流入海河流重要河段进行治理，开展两批1100个县级山洪灾害防治非工程措施建设。启动实施西南重点水源工程近期建设规划。解决了6398万农村居民和农村学校师生饮水安全问题，兑现了政府庄严承诺。

第三，水利基础设施建设全面加快。淮河入江水道整治工程开工建设，长江中下游河势控制及重点河段崩岸治理深入开展，黄河标准化堤防建设稳步推进，洞庭湖、鄱阳湖近期治理项目加快实施。山西引黄入晋北干线、吉林引嫩入白全线通水，西藏旁多、贵州黔中、黄河海勃湾成功截流，海南红岭、河南河口村、云南小中甸等一批重点水利工程开工建设。水电新农村电气化县建设全面启动，小水电代燃料工程规模不断扩大，农村水电增效扩容改造试点项目启动实施，全年新增农村水电装机300万千瓦。国家水土保持重点工程建设扎实推进，水土保持监督管理进一步加强，全年完成水土流失综合治理面积5.1万平方公里，实施坡改梯310万亩。塔里木河综合治理深入推进，黑河近期治理通过总体竣工验收，石羊河流域综合治理近期目标基本实现，敦煌水资源合理利用和生态保护综合规划启动实施，太湖流域水环境明显改善，水利风景区建设蓬勃发展。

第四，最严格水资源管理迈开步伐。分流域、分省区控制指标分解工作取得阶段性进展。基本完成了25条跨省江河流域水量分配技术方案，严格实施建设项目水资源论证和取水许可，对高耗水服务业用水开展专项执法检查。编制完成《全国节水型社会建设“十二五”规划》，修订了火电、钢铁、纺织等高耗水行业用水定额，制定了生活用水器具强制性节水标准，宁夏作为第一个全国节水型社会建设省级试点通过验收。《全国重要江河湖泊水功能区划》得到国务院批复，公布了全国重要饮用水水源地名录，深入开展水源地达标建设，启动全国重要河湖健康评估试点。组织实施河北向北京、引黄济津济冀、引察济向应急调水，开展黄河、黑河水量调度、三峡水库向中下游补水以及引江济太、珠江枯水期水量统一调度，确保了重要城市和重点地区供水安全和生态安全。

第五，水利体制机制改革不断深化。水资源管理体制进一步完善，全国76%的县级以上行政区实行城乡涉水事务一体化管理。中小型水利工程建设管理模式不断创新，以县为单元的集中建设管理模式广泛应用。水管单位体制改革继续深化，中央财政对中西部地区、贫困地区公益性水利工程维修养护经费补助机制初步建立。基层水利服务体系建设得到加强，各地新建、恢复乡镇或流域水利站1752个，中央财政扶持发展1200支县级抗旱服务队。农业水价综合改革积极推进，城市居民生活用水阶梯水价和非居民用水超额累进加价制度进一步推广。部省合作、行业合作广泛开展，水利部与10个省、自治区以及多家中央部委、金融机构、新闻单位签订合作协议。进一步加大水利援藏、援疆工作力度，认真做好水利移民工作，全面落实水库移民后期扶持政策。

第六，依法治水管水能力显著提升。全国抗旱规划得到国务院批复，全国中小河流治理和病险水库除险加固、山洪地质灾害防御和综合治理总体规划以及全国重点小(2)型病险水库除险加固规划印发实施。全国水利发展"十二五"规划、七大流域综合规划等多项重点规划进入协调报批阶段。修订后的《水土保持法》正式施行，首部流域综合性行政法规《太湖流域管理条例》颁布实施。开展河湖管理、河道采砂、农村水电等专项执法检查，查处水事违法案件5万余起，调处水事纠纷8000余件，有力维护了良好水事秩序。全面启动"六五"普法，认真开展规范性文件和第六轮行政审批项目清理，稳步推进政务公开。水利部组织74个稽查组，完成了1320个项目总体核查和209个重点项目现场稽查工作。全面加强水利安全生产管理工作，水利安全生产形势稳定向好。人大建议、政协提案办理受到代表和委员的普遍好评。

第七，水文和水利科技支撑不断加强。水文站网体系和功能进一步完善，中小河流水文监测系统建设全面实施，水利部水文情报预报中心挂牌成立，水文测报工作进一步加强。国家防汛抗旱指挥系统二期工程可研得到批复，国家水资源管理系统前期工作扎实开展，全国水土保持监测与管理信息系统二期、农村水利管理信息系统、水库移民后期扶持信息系统等投入运行。国家级水利科技创新基地建设进展顺利，流域水循环模拟与调控国家重点实验室开始建设，启动新一批部级重点实验室和工程技术研究中心建设。落实"十二五"国家级重大科技项目12项，引进国外先进实用水利技术50余项，推广转化先进水利科技成果近100项，发布水利技术标准64项，5项水利科技成果获得国家科学技术进步二等奖。水利国际交流与合作深入开展，签署7项双边合作协议、协定和谅解备忘录，应邀参加联合国秘书长水与卫生顾问委员会第十六次会议和世界水理事会会员会议，举办第四届长江论坛，派出防洪专家组赴泰国协助抗洪，中国水利专家首次当选国际灌排委员会主席。国际河流工作全面加强。第一次全国水利普查清查登记工作圆满完成，填表上报工作全面展开。

第八，党的建设和干部队伍建设扎实推进。隆重庆祝建党90周年，深入学习党的十七届六中全会精神，扎实开展学习型党组织建设，组织广大党员干部为民服务创先争优。深入推进干部人事制度改革，加强干部选拔任用和交流锻炼，全面实施重点人才工程，启动万名县市水利局长和万名乡镇水利站长培训计划。全面落实党风廉政建设责任制，扎实推进水利惩防体系建设，积极探索建立水利廉政风险防控机制，深入开展水利工程建设领域突出问题专项治理，积极推进水利审计免疫系统和水利行政审批网上监察系统建设，进一步加强和改进巡视工作。着力强化预算执行管理，年末水利部预算执行进度达到99.5%，确保了预算执行序时、均衡、安全和有效。成立水利部新闻宣传中心，建立水利部新闻宣传员制度，全方位加大了行业内外媒体宣传报道力度。水利行业精神文明建设成果丰硕，22个单位获"全国文明单位"称号，12个单位获"全国青年文明号集体"称号。编制并印发2011～

2020年水文化建设规划纲要，水文化建设蓬勃发展，水利系统报刊出版单位改革继续深化。离退休干部工作进一步加强。工青妇、学会、协会等团体作用得到充分发挥。深入开展信访矛盾纠纷排查化解，来信来访明显减少。机关后勤服务保障水平不断提升。

回顾一年来水利工作，我们获得了深刻启示。一是必须牢牢把握科学发展主题、加快转变经济发展方式主线，深入贯彻落实新时期中央水利工作方针和治水方略，坚定不移地走中国特色水利现代化道路。二是必须自觉践行以人为本、执政为民的宗旨，集中力量加快推进民生水利发展，让水利改革发展成果更好地惠及人民群众。三是必须始终坚持尊重自然、人水和谐的理念，坚持在开发中保护、在保护中开发，以水资源的可持续利用保障经济社会的可持续发展。四是必须牢固树立质量第一、安全至上的意识，全面加强水利工程建设管理和运行管理，确保工程建得成、管得好、长受益。五是必须大力弘扬解放思想、改革创新的精神，加快水利重点领域和关键环节改革攻坚，着力破解水利发展的体制机制障碍。六是必须不断巩固政府主导、社会协同的格局，凝聚治水兴水的强大合力，集中全社会力量办好水利。

水利工作成绩来之不易，这是党中央、国务院高度重视、坚强领导的结果，是地方党委政府、有关部门鼎力支持、合力推进的结果，是社会各界、广大干群同心协力、团结治水的结果，也是各级水利部门、广大水利干部职工开拓进取、顽强拼搏的结果。借此机会，我代表水利部，向长期关心支持水利工作的各有关部门，地方各级党委、政府和社会各界，表示衷心的感谢！向长年奋战在水利一线的广大干部职工，致以崇高的敬意和诚挚的问候！

二、中央政策措施落实有力有效，全社会治水兴水热潮全面掀起

2011年中央1号文件和中央水利工作会议指明了水利改革发展的前进方向，描绘了中国特色水利现代化的宏伟蓝图，明确了一系列支持水利的重大政策举措，将水利提升到关系经济安全、生态安全、国家安全，关乎治国理政、现代化建设、民族振兴的高度。水利部高度重视中央战略决策部署的贯彻落实工作，多次召开专题会议认真研究部署，及时制定分工和实施方案，积极协调推动有关部门制定出台配套政策，全面启动加快水利改革、实行最严格水资源管理制度和推进水利现代化三类试点，切实加强跟踪督办和监督检查，努力营造大兴水利的良好氛围。中央有关部门以及金融机构将水利作为优先保障领域和重点支持对象，从财政、金融、税收、土地、价格、宣传等方面全方位加大支持力度，形成了治水兴水的强大合力。在各方面的共同努力下，2011年水利建设投资再创新高，落实资金3452亿元，其中中央水利投资1141亿元，首次突破千亿元大关；中央财政水利专项资金大幅度增加，落实资金459亿元，较上年增长71.2%；地方水利投资规模达到2311亿元，创历史新高。国家开发银行、中国农业银行、农业发展银行全年新增水利建设贷款724亿元。水利建设基金筹集使用、水资源费使用管理、土地出让收益计提、建设项目占用补偿、农村供水用电价格调整、加强水利公益性宣传等17项政策文件颁布实施。

地方各级党委、政府对水利的认识高度、重视程度和支持力度前所未有。全国31个省、自治区、直辖市出台了贯彻落实的实施意见或决定，27个省、自治区、直辖市党委、政府召开了水利工作会议。各地因地制宜制定了一系列针对性强、操作性好、含金量高的政策和措施，值得认真总结借鉴。

一是在加大公共财政水利投入方面提出了新目标。各地均提出力争今后10年全社会水利年平均投入比2010年高出一倍的目标，不少地方进一步明确了各级财政对水利投入的比重和增幅要求。如甘肃要求各级财政每年新增水利投入按新增财政收入的5%～10%提取；广西提出“十二五”期间财政预算用于水利的资金年均增幅超过10%，自治区本级预算内基建投资每年安排不少于12%用于重大水利项目前期经费和水利建设。一些地方结合实际提高土地出让收益计提比例，如黑龙江为10%～15%，山东为10%～20%，云南明确从土地出让总收入中提取5%用于农田水利；13个省、自治区、直辖市制定了省级统筹办法，多数统筹比例为10%～50%。一些地方拓宽水利建设基金渠道，如江苏明确从征收的农业重点开发建设资金中提取60%用于水利工程建设。一些地方加大城市建设维护税提取力度，一些地区上调水资源费征收标准或扩大征收范围。

二是在落实金融支持水利政策方面呈现了新亮点。水利部分别与国家开发银行、中国农业银行联合印发了金融支持水利建设的指导意见。各地制定出台了加大金融支持的具体措施，如辽宁与国家开发银行签署了400亿元开发性金融贷款支持水利发展合作协议；西藏明确农村水利建设信贷资金享受“三农”优惠政策；山东提出各级小额贷款资金优先用于农村小型水利工程建设。一些地方还积极创新水利贷款模式，如重庆提出通过政府购买公共服务、水利项目收益权质押贷款等多种形式融资；广西鼓励符合条件的地方通过水利收益权质押贷款用于水利建设，给予优惠利率和延长贷款期限；陕西提出用水利建设基金、水资源费、煤油气开采水土流失补偿费等收费权作为质押贷款。一些地方加大财政贴息力度，如江西明确对公益性水利项目参照中央基本建设贷款项目贴息标准给予支持，由工程所在地政府财政负责贴息，可以当地未来土地出让收益作为还本付息来源。

三是在吸引社会资金投资水利方面制定了新举措。24个省、自治区、直辖市建立了省级水利投融资平台公司，河北、内蒙古、吉林、云南等地制定了扶持水利投融资平台公司的具体政策措施。一些地方拓展水利融资渠道，辽宁、江西、湖北、重庆等地发行债券筹集水利资金，广东、广西和宁夏的一些水利企业上市融资。各地还出台了一些吸引社会资金兴办水利的政策，如天津提出对企业购置专用节水设备的投资给予税额抵免；内蒙古提出非政府资金投入水利基础设施建设，享受西部大开发和发展非公有制经济、自治区发展民营经济的各项优惠政策；贵州提出对供水等有偿服务性项目，通过民营渠道筹集建设资金，政府适当给予补助；安徽鼓励企业投入资金用于城镇段中小河流治理，并给予政策优惠。

四是在落实最严格水资源管理制度方面取得了新进展。各地结合水资源条件和经济社会发展实际，加快开展“三条红线”和考核制度的落实工作。广东出台了最严格水资源管理制度实施方案；山东确定了全省及各市、县用水总量、用水效率和水功能区限制纳污控制指标，并划定三条“警戒线”，对达到警戒线的进行预警并采取相应措施；北京提出以水定发展，市政府与各区县和用水大户签订用水责任书；河北提出建立水资源论证公众参与、后评估和责任追究制度；天津建立地表水、地下水价格联动机制，通过大幅度提高地下水资源费标准，遏制地下水超采；甘肃提出将深层承压水和超采区范围内的地下水取水许可审批权限上收一级管理。

五是在破解水利体制机制障碍方面迈出了新步伐。在推进水利工程建设管理体制改革方面，湖南制定《投资水利工程预选承包商名录管理办法》，健全水利建设市场主体准入和退出机制。在深化水利工程管理体制改革方面，安徽按照每个乡镇不少于10万元标准设立农田水利工程维修养护专项资金，并纳入县级财政预算；浙江提出小型水利工程推广物业化管理、民间组织管理等模式，探索建立“以大带小、小小联合”的区域化集中管理模式；海南要求每个小型水库原则上都应配备专职管理人员，所需经费由市县财政负责。在推进水价改革方面，福建提出建立农业灌溉水费财政直补惠农机制。

六是在健全基层水利服务体系方面实现了新突破。各地纷纷制定政策措施，为基层水利服务体系建设创造良好的制度环境。黑龙江明确县级政府要恢复和建立乡镇水利站，实行垂直领导，人员与办公经费纳入县级财政预算；北京、天津、山西、内蒙古、辽宁、湖南、贵州、甘肃等地按规定核定乡镇水利管理机构人员编制，经费纳入县级财政预算；安徽80%以上的农业乡镇设立了水利站；广东建立“宗宗工程有人管，镇镇都有水管所，村村都有水管员”的基层水利服务体系；山西将县级抗旱服务组织承担公益性抗旱任务的人员和工作经费全部纳入县级财政预算。

在看到水利改革发展喜人形势的同时，我们也要清醒地认识到，2011年中央1号文件和中央水利工作会议精神的贯彻落实还存在不少困难和问题。一是部分地方政策措施细化实化不够，特别是在建立水利投入稳定增长机制、落实最严格水资源管理制度、健全基层水利服务体系等方面，缺乏硬指标硬措施，针对性和操作性还不够强。二是水利投资需求仍存在较大缺口，投资结构还不尽合理，部分地区中央补助项目的地方配套资金落实率较低。三是水利建设管理亟待加强，一些地方前期经费投入不足，前期工作深度不够，工程招标管理、质量监控、资金监管、项目验收等工作比较粗放。四是重建轻管的现象还比较突出，对工程后续管护和运行机制建设重视不够。五是水利社会管理较为薄弱，一些水利发展领域还存在立法空白，水行政执法能力需要进一步提高，水资源管理、水域岸线管理、水行政管理需要进一步强化。六是行业自身建设相对滞后，基层水利部门技术力量薄弱，管理和服务能力亟待增强。对这些问题，我们要高度重视，迎难而上，抓住重点，突破难点，尽快加以解决。

三、深入贯彻落实中央决策部署，真抓实干推动水利跨越发展

当前，我国已进入改革开放和现代化建设的关键时期，经济社会发展形势总体很好，全面建设小康社会取得重大进展。但也要看到，国际形势发生深刻而复杂的变化，国内发展中不平衡、不协调、不可持续问题依然突出，特别是我国粮食在实现历史罕见的“八连增”之后，面临着产量基数高、生产成本高、资源约束强等新形势。水利是现代农业建设不可或缺的首要条件，是经济社会发展不可替代的基础支撑，是生态环境改善不可分割的保障系统。各级水利部门要抓住用好水利改革发展战略机遇，推动中央决策部署进一步落到实处，为经济社会长期平稳较快发展奠定更加坚实的水利基础。

第一，立足推进科学发展，在搞好水利顶层设计上下功夫。治水兴水是一项复杂的系统工程和长期的艰巨任务，必须作好顶层设计，科学谋划水利工作总体思路、主攻方向、重点任务，有计划、有步骤，分阶段、分层次推进，不断取得阶段性突破和进展。顶层设计要突出战略性，着眼保障国家安全认识水资源问题，立足经济社会全局看待水利工作，站在时代前列谋划水利发展，围绕牵动全局的主要工作、事关长远的重大问题、关系民生的紧迫任务，提出水利发展战略目标，研究制定兴水惠民的战略举措，全面提升水利对经济社会的支撑保障能力。顶层设计要注重系统性，兴利除害结合、防灾减灾并重、开发保护统一、治标治本兼顾，协调推进流域与区域、城市与农村、东中西部水利发展，统筹解决洪涝灾害、干旱缺水、水污染、水土流失等问题，促进水利事业全面协调可持续发展。顶层设计要体现创新性，不断深化水资源管理体制、水利投融资体制、水利工程建设和管理体制、水务管理体制、农田水利建设机制、水价形成机制、水资源开发利用生态补偿机制等方面的改革创新，注重改革措施的协调性，着力构建充满活力、富有效率、更加开放、有利于水利科学发展的体制机制。

第二，不断完善治水思路，在转变水利发展方式上下功夫。在新的历史起点上加快水利改革发展，必须准确把握中央新时期水利工作方针和治水方略，积极践行并不断丰富完善可持续发展治水思路，加快推动传统水利向现代水利、可持续发展水利转变。要加快从控制洪水向洪水管理转变，坚持科学防控、依法防控、综合防控，给洪水以出路，合理利用雨洪资源。要加快从供水管理向需水管理转变，坚持节水优先、以水定需、量水而行，全面建设节水型社会。要加快从水土流失重点治理向预防保护、综合治理、生态修复相结合转变，优化配置工程、生物和耕作措施，注重发挥大自然的自我修复能力。要加快从水资源开发利用为主向开发保护并重转变，更加注重水利建设中的生态保护和移民安置，实现经济效益、社会效益和生态效益的多赢。

第三，践行以人为本理念，在保障和改善民生上下功夫。民生水利是水利部门践行立党为公、执政为民的具体体现。近年来，各级水利部门集中力量办了很多事关国计民生的大事、关系群众切实利益的好事，推动民生水利发展取得显著成效，受到人民群众的拥护和赞誉。民生问题实质是发展问题，归根结底要靠发展来解决。要从维护人民群众的根本利益出发，从人民群众要求最迫切的突出问题入手，切实把民生优先原则落实到水利改革发展的各领域和全过程。在应对洪涝干旱灾害过程中，要始终坚持以人为本、生命至上，最大程度保障受灾群众的生命财产安全和饮水安全。在推进水利建设过程中，要坚持把人民群众直接受益的基础设施作为优先领域，干成一批百姓看得见、摸得着、得实惠的好事实事。在加强水利管理过程中，要妥善处理好各种利益关系，保障人民群众在水资源开发利用、城乡供水保障、用水结构调整、水利移民安置、蓄滞洪区运用补偿等方面的合法权益。在制定和出台各项水利政策措施过程中，要统筹考虑多方面的需求，注意倾听基层干部群众的意见和声音，确保政策措施反映群众意愿、符合基层实际。

第四，落实治水兴水政策，在健全水利投入机制上下功夫。水利大发展需要资金大投入。要充分发挥政府主导作用，确保财政性资金对水利投入的总量和增幅都有明显提高，全面落实从土地出让收益中提取10%用于农田水利建设的政策。近期，水利部和财政部将联合下发土地出让收益中央统筹使用管理办法，各地也要结合实际强化省级统筹，解决好土地出让收益与农田水利建设资金需求不匹配的矛盾。要落实水利建设基金筹集和使用管理办法，没有出台实施细则的地方要尽快制定出台。要严格水资源费征收和使用管理，扩大水资源费征收范围，提高地下水、高耗水行业、矿产资源开发等水资源费征收标准。要落实好中国人民银行等7部门即将出台的关于进一步做好水利改革发展金融服务的意见，鼓励和支持符合条件的地方政府融资平台公司通过直接、间接融资方式拓宽水利融资渠道，积极发展BOT、TOT、BT等新型水利项目融资模式，支持符合条件的水利企业通过上市和发行债券进行直接融资，发展大型水利基础设施设备和中小农田水利灌溉系统融资租赁服务，进一步拓宽水利建设项目的抵押质押物范围和还款来源，充分发挥财政贴息资金对信贷资金的引导和杠杆作用。要加大一事一议财政奖补力度，加快出台涉及水利用地、用电、税收等优惠政策，广泛吸引社会资金投入水利。

第五，围绕保障粮食安全，在强化农田水利建设上下功夫。水利是现代农业建设不可或缺的首要条件。维护国家粮食安全，必须始终把农田水利作为提高农业综合生产能力的决定性因素。要加快推进大中型灌区续建配套和灌排泵站更新改造，加强灌区末级渠系节水改造和田间工程配套，大力发展有效灌溉面积，大规模建设旱涝保收高标准农田。要突出抓好小型农田水利重点县建设，通过分期分批建设，集中连片配套改造，着力提高农业综合生产能力与抗御自然灾害能力。要因地制宜建设“五小水利”工程，全面实施山丘区小型水利设施恢复抢救工程，加大塘堰清淤力度，加快建设雨水集蓄利用工程，大力发展集雨窖灌节水农业，不断改善山丘区农业生产条件。这里，我要特别强调，我国人增地减水缺的矛盾十分突出，必须把发展节水灌溉作为一项根本性措施来抓。要以东北、西北、华北等区域为重点，积极推广管道输水、喷灌、微灌等高效节水灌溉技术，大力发展节水型设施农业和旱作农业，确保“十二五”期间新增高效节水灌溉面积 5000 万亩，力争实现新增 1 亿亩的目标。要建立健全农业灌溉用水总量控制和用水定额管理制度，加强量水设施建设，改进水费计收手段，抓好输水、灌水、用水过程各个环节的节水。要强化灌溉制度研究，推广非充分灌溉和水稻“薄、浅、湿、晒”控制灌溉。要积极研发具有中国特色、适合国情、质优价廉的节水灌溉技术和设备，推动高效节水灌溉技术和装备的综合集成和规模化、产业化发展。

第六，着眼提升保障能力，在加快薄弱环节建设上下功夫。从根本上扭转水利建设明显滞后的局面，必须抓住薄弱环节，集中力量加以突破。要围绕保障防洪安全加快江河治理，突出抓好中小河流治理、病险水库水闸除险加固、山洪灾害防治等防洪薄弱环节建设，“十二五”时期基本消除影响防洪安全的突出隐患。要围绕保障供水安全建设水源工程，加快农村饮水安全工程、大中型水库、西南重点水源工程建设，因地制宜建设村镇和城市应急备用水源，让人民群众早日喝上足量、清洁、安全、卫生的放心水，全面提高应对特大干旱、持续干旱和突发水安全事件的能力。要围绕保障生态安全推进生态建设，加强重点区域水土流失防治，全面开展坡耕地综合整治，积极推进水生态修复，大力发展农村水电，维持良好的水生态环境。

第七，优化水资源配置，在推进河湖水系连通上下功夫。实施河湖水系连通是提高水资源配置能力的重要途径。要加快推进南水北调东中线一期工程及配套工程建设，继续开展南水北调东中线二期和西线工程前期论证，构建我国“四横三纵、南北调配、东西互济”的水资源宏观配置格局。要尊重河湖自然循环和演变规律，全面考虑水的资源功能、环境功能、生态功能，通过建设水库、闸坝、泵站、渠道等必要的水工程，构建引排顺畅、蓄泄得当、丰枯调剂、多源互补、调控自如的江河湖库水网体系。要针对东部地区经济发达、河网密布、水环境压力大等情况，加快骨干工程建设，维系河网水系畅通，率先构建现代化水网体系。要针对中部地区水系复杂、河道淤堵、循环不畅等问题，积极实施清淤疏浚，新建必要的人工通道，增强河湖连通性，恢复河湖生态系统及其功能。要针对西部地区缺水严重、生态脆弱、人水矛盾尖锐等问题，在科学论证、充分比选的基础上，合理兴建必要的调水工程，缓解当地发展受制于水的状况。要针对东北地区水资源分布不均、水质污染、湿地萎缩等问题，开源节流并举，在有条件的地方加快河湖连通工程建设，恢复扩大湖泊湿地水源涵养空间，保障东北老工业基地的可持续发展。

第八，严格水资源管理，在全面建设节水型社会上下功夫。中央农村工作会议将实行最严格的水资源管理制度与实行最严格的耕地保护制度提升到相同的高度，最近，国务院出台了《关于实行最严格水资源管理制度的意见》，明确提出了“三条红线”控制指标及分阶段目标，对实行最严格水资源管理制度作出全面部署。我们一定要狠抓落实，抓紧确立“三条红线”，严格实行“四项制度”，全面推进节水型社会建设。要严格实行用水总量控制，抓紧完成主要江河流域水量分配方案制定，把好水资源论证和取水许可关口，实行地下水取水总量和水位双控制度，确保到2015年全国用水总量控制在6350亿立方米以内，2020年控制在6700亿立方米以内。要严格用水效率控制，修订区域用水定额，推行节水强制标准，强化用水计划管理，实施重点用水监控，确保到2015年全国万元工业增加值用水量比2010年下降30%以上，农田灌溉用水有效利用系数提高到0.53；到2020年万元工业增加值用水量降低到65立方米以下，农田灌溉水有效利用系数提高到0.55以上。要从严核定水域纳污容量，依法提出限制排污总量意见，严格入河排污口和水功能区监督管理，力争到2015年重要江河湖泊水功能区水质达标率提高到60%以上，到2020年提高到80%以上。要抓紧建立水资源管理责任和考核制度，加强水质水量监测能力建设，做到主要控制指标可监测、可评价、可考核，充分发挥红线的约束作用。

第九，加强工程建设和运行管理，在构建良性机制上下功夫。当前，大规模水利建设全面展开，大量项目同步实施，多条战线齐头并进，建好、管好、用好水利工程，是对水利部门的重大考验。要加强水利工程建设管理，严格履行基本建设程序，进一步完善项目法人、招标投标、施工监理、质量监控、资金使用、合同管理等各项制度，对中小型公益性水利工程积极推行集中组建项目法人、设计施工总承包、分类打捆招标、集中采购原材料等行之有效的建管模式，做到安全生产警钟长鸣、监督检查常抓不懈、质量责任终身追究。要充分发挥监察部、水利部联合监督检查机制的作用，进一步深化水利建设领域专项治理工作。要坚持建管并重，积极推行“先建机制、再建工程”，不断探索水利工程分级管理、分类管理、专业管理、集中管理、群众管理的模式和途径，加快建立权责明确、精简高效、制度完善、管理科学的工程运行机制。从2011年起，中央财政对中西部地区、贫困地区县属公益性水利工程维修养护经费给予适当补助，这项政策来之不易，要制定严格的管理办法，加强监督检查和审计稽查，确保资金的安全和效益。各地也要抓紧建立省级财政补助机制，对省内贫困县市公益性水利工程维修养护经费予以补助。

第十，强化行业能力建设，在夯实水利发展基础上下功夫。实现水利跨越式发展，必须做好强基固本工作。要以乡镇或小流域为单元设立基层水利站，按规定落实人员和经费，加大对防汛专业抢险队、抗旱服务队、水利科技推广、灌溉试验站等专业化服务队伍的扶持力度，大力发展农民用水合作组织，积极探索建立村组水管员制度，力争到2013年底，初步建立起职能明确、布局合理、队伍精干、服务到位的基层水利服务体系。要针对水利投入大幅度增加、水利建设任务异常繁重的新形势，进一步加强国家、流域机构和地方水利部门稽查监督管理机构、能力和队伍建设，全面强化监督检查，确保“四个安全”。要适应民生水利快速发展的形势和需要，尽快制订出台当前急需的技术标准，抓紧修订不适应工作需要的规程规范。要着力强化水利科技创新和成果推广转化，不断加强水文站网体系和监测能力建设，进一步提升水利科技含量和技术装备水平，加快推进水利信息化。要全面实施《全国水利人才队伍建设“十二五”规划》，加快培养和造就一支综合素质高、业务能力强、工作作风实，能打硬仗、善打硬仗的水利干部职工队伍，为水利跨越发展提供组织保障和智力支持。

四、扎实做好2012年水利工作，全力谱写水利改革发展新篇章

2012年是党的十八大召开之年，是实施

“十二五”规划承前启后的重要一年，是经济社会发展进程中十分关键的一年。当前，水利建设点多线长面广，水利管理改革进入攻坚阶段，人民群众寄予殷切期望，社会各界给予广泛关注，水利工作任务重、要求高、责任大，正处于负重前行的关键阶段。回良玉副总理特别叮嘱我们，做好今年的水利工作，要按照中央的总体部署，突出把握好稳中求进的总基调。稳，就是要保持兴水惠民政策的连续性和稳定性，巩固和发展大干水利的良好势头；就是要保持水利投入的稳定增长，防止出现大的波动和反复；就是要保持防汛抗旱减灾工作的有力有序，确保人民群众生命财产安全；就是要保持农田水利建设的力度不断加大，促进粮食持续增产、农民持续增收；就是要保持大规模水利建设的顺利实施，切实管好资金、建好工程、确保质量。进，就是要抓住和用好水利改革发展的重大机遇，力争在细化实化量化配套政策上推出新举措，在加快水利薄弱环节建设上取得新成效，在落实最严格水资源管理制度上迈出新步伐，在创新水利体制机制上实现新突破，在发展民生水利上再创新佳绩。

第一，全力做好防汛抗旱减灾工作。全面落实防汛抗旱行政首长负责制，及时对新上岗的防汛抗旱行政责任人进行培训，认真做好防汛抗旱各项准备工作。加强水文气象预报和监测预警，及时启动应急响应，科学调度水利工程，突出抓好重要堤防、水库、水电站和在建水利工程安全度汛，着力加强台风和山洪灾害防御，认真做好城市防洪排涝和北方河流防凌汛工作。抓紧实施全国抗旱规划，积极兴修小型蓄、引、提工程，有计划地增打一批抗旱机电井，加快建设抗旱应急备用水源工程，健全旱情监测预警站网和抗旱服务组织体系，加强抗旱水源管理和统一调配，组织实施向北京应急供水、江河枯水期水量统一调度。

第二，加快实施“三位一体”建设规划。全面落实全国中小河流治理、病险水库除险加固、山洪地质灾害防御和综合治理总体规划任务，确保汛前完成规划内5400座小(1)型病险水库除险加固主体工程，年底前全面完成规划任务；加快实施小(2)型病险水库除险加固；基本完成近期规划确定的2209条重点中小河流重要河段治理任务；确保汛前完成2010年和2011年山洪灾害防治非工程措施项目建设任务。实施大中型病险水闸除险加固，加快海堤达标建设和水毁灾毁水利工程修复。

第三，着力强化农村水利基础设施。解决6000万农村居民和800多万农村学校师生的饮水安全问题。完成30～40处大型灌区续建配套与节水改造任务，突出做好新增千亿斤粮食产能规划涉及的666处中型灌区节水改造，在有条件的地方新建一批灌区。加快大型灌排泵站更新改造。扩大小型农田水利重点县建设范围，尽快覆盖农牧业大县。集中力量建设一批规模化高效节水灌溉示范区，全面开展东北四省区节水增粮行动，抓好牧区节水灌溉饲草料地建设，力争新增高效节水灌溉面积1000万亩以上。加大冬春农田水利建设力度，确保投资增量、机械台套、主要效益等指标好于往年。加强农村水能资源管理，积极推进水电新农村电气化县和小水电代燃料工程建设，全面完成农村水电增效扩容改造试点任务，新增农村水电装机300万千瓦。大力开展农村水系治理、河道清淤疏浚、塘堰清淤扩挖、山丘区山塘整治等农村水环境综合整治工程，沟通水系，改善水质，恢复功能，建设良好的农村水生态环境。

第四，加快重点枢纽和水源工程建设。坚持规划先行，科学确定重点水利工程建设的目标任务、总体布局和实施重点。加快淮河入江水道整治、太湖走马塘拓浚延伸、洞庭湖蓄洪垸围堤加固等江湖治理工程建设步伐，抓紧建设四川亭子口、河南河口村、江西峡江、云南小中甸、贵州黔中、吉林哈达山、西藏旁多等骨干工程，积极推进牛栏江滇池补水等调水工程建设。扎实做好珠江大藤峡、淮河出山店、黄河古贤、引汉济渭、滇中引水等重点项目前期工作。全面实施大中型水库、西南重点水源工程建设规划，着力解决好西南等地区工程性缺水问题。

第五，深入推进水土保持生态建设。加大水土保持重点工程建设力度，加快坡耕地综合整治步伐，积极开展生态清洁型小流域建设，力争启动实施革命老区水土保持生态建设项目，治理水土流失面积 5 万平方公里，完成坡改梯面积 300 万亩。强化水土流失监控和生产建设项目水土保持监督，加大重要生态保护区、水源涵养区、江河源头区的生态自然修复和保护力度。加快实施敦煌水资源合理利用与生态保护规划，全面完成塔里木河流域近期综合治理建设任务，继续推进石羊河流域重点治理。建立水利风景区动态监管和退出机制，不断提升水利风景区的建设与管理水平。

第六，切实加强水资源红线管理。召开全国水资源工作会议，对贯彻落实《国务院关于实行最严格水资源管理制度的意见》进行全面部署。着力抓好“三条红线”分流域、分省区指标分解确认。力争完成 25 条跨省重要江河流域水量分配工作。严格水资源论证和取水许可，开展地下水超采区划定和复核，明确地下水限采和禁采范围。抓紧修订用水定额指标体系，建立重点用水单位监控名录，严格用水计划管理。落实《全国重要江河湖泊水功能区划》，加快核定水域纳污能力，提出分阶段限排意见，强化水功能区监测和入河排污口监管，搞好全国重要饮用水水源地安全保障达标建设。会同有关部门抓紧出台实行最严格水资源管理制度考核办法。

第七，不断提升水利社会管理能力。进一步加大依法治水管水力度，配合有关部门做好洪水影响评价管理条例、南水北调供用水管理条例的审查修改工作，积极推进节约用水条例等水法规立法进程。不断强化水法制宣传教育，全面推进水利综合执法，加强河道管理，严厉查处违法侵占、围垦河湖行为，保持对非法采砂的高压严打态势。完成第六轮行政审批项目集中清理工作，做好行政复议和水事矛盾纠纷预防调处。进一步加强水利政策研究和管理，深入开展水利改革发展重大问题研究。尽快完成七大流域综合规划、农村饮水安全“十二五”规划等规划的报批，抓好全国水中长期供求规划、灌溉发展总体规划、水资源保护规划、水土保持规划等规划的编制工作。完善水利工程建设项目信息公开和诚信体系，稳步推进水利建设项目按属地原则进入有形市场交易，着力强化市县水利工程质量监督。建立全国水利工程安全监督工作数据库，进一步加大安全监管和隐患排查治理力度，严防伤亡事故特别是重特大安全事故。加大水利工程稽查力度，强化整改落实。积极推进矛盾纠纷排查化解，扎实做好水利信访维稳工作。

第八，积极创新水利发展体制机制。扎实做好加快水利改革发展试点工作，尽快在重点领域和关键环节上取得突破。完善流域管理与区域管理相结合的水资源管理制度，充分发挥流域管理机构的综合协调、技术指导、行政执法和监督检查作用，大力推进城乡水务一体化。深化水利工程管理体制改革，加大公益性水利工程管护经费补助力度，用好中央财政补助资金。加快推进小型水利工程产权制度改革，明确所有权和使用权，落实管护主体和管护责任。狠抓基层水利站机构、职能、编制、人员和经费落实工作，统筹推进基层抗旱服务队和防汛机动抢险队建设，加大对农民用水合作组织的扶持力度。建立农业灌溉成本合理分担机制，推进农业灌溉定额管理和计量收费，稳步推进城市工业、服务业和居民生活用水价格改革。

第九，扎实做好各项水利基础工作。完成第一次全国水利普查工作，推进普查成果的转化应用。加强水文行业管理和基础工作，加快中小河流水文监测系统建设，实施国家防汛抗旱指挥系统二期、国家水资源管理系统等信息化项目建设。推进国家级创新基地建设，打造流域科技创新中心，抓好地方水利科研中心和科技试验站建设，加强重点实验室与工程技术研究中心的能力建设与绩效评估。认真做好水利重大科技项目的立项组织和科研攻关，加快科研成果推广运用。巩固完善水利双边定期交流机制，积极参加第六届世界水论坛、国际灌排会议等重要国际水事活动，筹备举办第五届黄河国际论坛，进一步做好国际河流涉外工作。

第十，加强党的建设和干部队伍建设。深入推进学习型党组织建设和创先争优活动，扎实开展“基层组织建设年”活动，不断提高党的建设科学化水平。深化干部人事制度改革，大力加强水利人才队伍建设，稳步推进事业单位分类改革，进一步加强水利社团建设。进一步落实党风廉政建设责任制，全面完成水利惩防体系建设五年规划任务，积极推进水利廉政风险防控管理。坚持预算执行进度和资金绩效两手抓，强化预算执行工作，加强水利资金和资产的监督管理。认真做好离退休干部、后勤保障等工作。加大水利新闻宣传工作力度，营造治水兴水的良好舆论环境和社会氛围。深化水利系统新闻出版体制改革，推进水文化繁荣发展。深入开展水利系统精神文明创建活动，积极践行社会主义核心价值体系，大力弘扬“献身、负责、求实”的水利行业精神。

同志们，水利是功在当代、利在千秋、造福民生、惠及子孙的伟业，我们肩负的使命光荣而艰巨。让我们在以胡锦涛同志为总书记的党中央领导下，高举中国特色社会主义伟大旗帜，深入贯彻落实科学发展观，抓住机遇、锐意进取，奋发有为、扎实工作，努力开创水利工作新局面，以优异成绩迎接党的十八大胜利召开！

黄莉新:在全省市县水利局长会议上的讲话

（2011 年 1 月 23 日）

这次全省市县水利局长会议,贯彻全国水利工作会议和全省农村工作会议精神,回顾总结“十一五”全省水利发展情况,研究谋划“十二五”水利发展思路,部署落实今年水利工作任务,这对于加快全省水利改革发展、推进水利现代化建设具有重要的意义。会上,省水利厅振霖同志对“十二五”和今年水利工作将作具体部署。下面,我讲几点意见。

一、正确把握形势,切实增强加快水利改革发展的责任感和紧迫感

水是生命之源、生产之要、生态之基。我省地处江淮沂沭泗流域下游,是全国唯一拥有大江大河大湖大海的省份,水利在全省经济社会发展中具有重要的战略地位。“十一五”以来,全省水利系统按照省委、省政府的部署要求,积极践行可持续发展的治水思路,围绕发展安全水利、资源水利、环境水利和民生水利,加大水利投入力度,加快水利建设步伐,加强水利工程管理,一大批水利工程建成投入运行、发挥工程效益,取得了显著成绩。全省重点水利工程建设取得显著成效,流域防洪工程普遍达到 50 年一遇,区域排涝工程大多达到 10 年一遇。农村水利建设取得重要突破,全省有效灌溉面积、旱涝保收田面积分别占耕地面积的 81.6%、68.9%,疏浚完成全省 80%以上的农村河道,1200 万农民饮水安全工程全面完成。防汛抗旱取得全面胜利,“十一五”期间我省水利工程直接减免灾效益达到 228 亿元。全省水利投资规模大幅增长,水资源管理与保护水平显著提高,水利工程减灾兴利效益明显提升,水利服务社会、服务民生能力进一步增强。据统计,“十一五”期间全省水利建设投入 598 亿元,是“十五”期间的 2.1 倍。2010 年全省水利建设投入 140 亿元,其中省级财政投入 43.6 亿元,是 2005 年的 3.4 倍。可以说,“十一五”是我省水利投入最多、发展最快、成效最显著的时期之一。水利事业发展所取得的成效,为全省“三农”工作连续七年保持粮食增产、农业增效、农民增收、农村发展的好形势发挥了重要作用,为全省经济社会发展大局作出了重要贡献。这些成绩的取得,是省委、省政府科学决策、正确领导的结果,是各级各有关部门协调配合、大力支持的结果,也是全省水利系统广大干部职工顽强拼搏、辛勤劳动的结果。在此,我谨代表省委、省政府,向全省水利系统广大干部职工表示衷心的感谢和亲切的慰问!

“十二五”时期,是我省全面建设更高水平小康社会、积极推进现代化进程的重要时期,也是水利改革发展不断深入、加快推进水利现代化建设的关键阶段,水利事业发展面临着新形势、新任务。从党中央、国务院的要求看,党的十七届五中全会突出强调要加强水利,中央今年 1 号文件聚焦水利,首次就水利工作专门出台综合性文件,强调要把水利工作摆上党和国家事业发展更加突出的位置,将水利提升到关系经济安全、生态安全、国家安全的战略高度。这是党中央、国务院从全局高度作出的重大决策部署,为推动水利跨越式发展提供了难得的历史机遇。从江苏经济社会发展的需要看,“十二五”时期我省要全面建成更高水平小康社会,苏南等有条件的地区要率先实现基本现代化。水利作为重要的基础设施,在推进传统农业向现代农业转型升级中的基础作用更加突出,在经济社会发展中的保障作用更加凸显,在改善民生中的服务作用更加显现,必须适度超前、加快发展,以水利现代化支撑和保障经济社会现代化。从水利改革发展的实践看,当前还存在不少薄弱环节和问题。部分流域防洪标准还不高,农田水利设施还比较薄弱;水利项目前期、建设管理有待进一步加强,农村水利长效管护机制还没有完全建立;部分地区水污染问题还比较严重;水利体制机制的创新完善还需要作出不懈努力。全省各地各有关部门要充分认识新时期加快水利改革发展的重要性、紧迫性,坚持把水利工作摆在全局工作更加突出的位置,推动新时期江苏水利事业增创新优势、再创新辉煌。

二、科学统筹谋划,加快推进水利现代化建设

根据中央今年1号文件精神,紧密结合江苏实际,省委、省政府出台了《关于加快水利改革发展推进水利现代化建设的意见》。省委今年1号文件,全面贯彻了中央1号文件精神,充分体现了改革创新要求,明确提出了水利现代化建设任务,具有较强的前瞻性、针对性和可操作性。

“十二五”时期,全省水利工作的指导思想是:以邓小平理论和“三个代表”重要思想为指导,深入贯彻落实科学发展观,紧紧围绕“两个率先”,积极践行可持续发展的治水思路,按照水利现代化建设的要求,把水利作为全省基础设施建设的优先领域,把农田水利作为农村基础设施建设的重点任务,把严格水资源管理作为加快转变经济发展方式的战略举措,更加注重水安全、水资源、水环境统筹,更加注重大中小工程配套,更加注重城乡水利协调,更加注重工程措施和非工程措施结合,加强水利建设,强化水利管理,深化水利改革,不断提高水利的防洪保安、水资源保障、水环境保护和服务民生能力,率先走出一条具有江苏特色的水利现代化道路。

“十二五”时期,全省水利工作的主题是,加快水利改革发展步伐,积极推进水利现代化建设。主线是,加快转变水利发展方式,提升水利服务发展能力。具体要加快实现“四个转变”:防洪减灾由传统防控向科学防御转变,水利工程建设从注重建设规模向注重投资效益转变,水资源利用从粗放利用向高效利用转变,水工程管理从行业管理向社会管理转变。目标任务是:力争通过5年左右的努力,初步建成现代化的水利综合保障体系。即全省基本建成标准较高、协调配套的防洪减灾工程体系,功能齐全、长效管护的农村水利工程体系,优化配置、高效利用的水资源保障体系,有效控制、河湖健康的水生态保护体系,依法治水、管理规范的水工程管理服务体系,综合配套、保障有力的政策法规支撑体系。到2020年,全省基本实现水利现代化。

加快水利改革发展,推进水利现代化建设,必须遵循五条基本原则。一要坚持以人为本、民生优先。着力解决人民群众最关心最直接最现实的水利问题,大力发展民生水利,让人民群众得益受惠。二要坚持科学治水、人水和谐。遵循水的自然规律和经济社会发展规律,合理开发利用水资源,优化配置水资源,有效保护水资源。三要坚持标本兼治、统筹兼顾。实行防洪除涝抗旱并举、开源节流保护并重、建设管理改革并进,促进区域与流域、农村与城市水利协调发展,充分发挥水利综合效益。四要坚持政府主导、社会参与。加大公共财政对水利发展的保障力度,鼓励社会资本参与水利基础设施建设,支持农民参与农村水利建设管理,形成政府社会协同治水兴水合力。五要坚持深化改革、创新机制。用改革的办法破解制约水利发展的深层次矛盾,加强水利重点领域和关键环节改革攻坚，形成有利于水利科学发展的体制机制，增强水利发展的活力和动力。

全省各地要全面贯彻落实中央和省委今年1号文件精神，结合本地实际，抓紧研究制定实施意见，对水利改革发展各项任务进行细化、实化和具体化，全力以赴予以推进，推动水利改革发展再上新台阶。

三、突出工作重点，确保"十二五"水利改革发展良好开局

今年是"十二五"的开局之年，也是推进水利改革发展的关键一年。全省水利系统要抢抓机遇、锐意进取，突出重点、狠抓落实，大幅度增加投入，大规模开展建设，大力度推进创新，确保全面完成全年目标任务，为"十二五"水利改革发展开好局、起好步。着重要抓好以下六个方面的工作：

（一）在创新水利发展思路上求突破，着力提高水利科学发展水平。坚持以推进水利现代化为发展方向，以水利规划为龙头带动，以统筹兼顾为根本方法，以改革创新为发展动力，以水利信息化为支撑，加快水利现代化建设步伐，全面提高水利规划、建设和管理水平，努力实现从传统水利向现代水利、可持续发展水利转变，以水利的可持续发展支撑和保障经济社会的可持续发展。认真落实水利现代化评价指标体系、农村水利现代化标准指标体系，切实提高水利现代化建设水平。

（二）在推进水利工程建设上求突破，着力提高水利工程建设成效。今年全省水利重点工程建设任务初步安排99亿元，全省农村水利计划投资60亿元。重点工程要全面启动新一轮淮河治理，实施淮河入江水道整治等治淮"新三项"工程；加快南水北调东线工程建设，基本建成运河线工程；加快沿海水利项目建设，实施卤汀河、泰东河和泰州引江河二期工程；继续加快太湖水环境治理项目建设，基本完成走马塘主体工程建设；加强以中小河流为重点的区域治理工程建设；继续实施滁河、水阳江治理和城市防洪工程建设。要着力加快农村水利建设，紧紧围绕服务现代农业发展和新农村建设的要求，大力实施农村饮水安全工程、农村河道疏浚整治、小型农田水利重点县建设和灌区节水改造，不断改善农村居民生产生活条件。

（三）在强化水利管理上求突破，着力提高水利工程综合效益。要加强水利工程建设管理，在强化工程质量管理、安全管理、资金管理的同时，积极推进规划许可制、竞争立项制、投资控制制、资金保障制、绩效评价制，着力提高投资效益。加强农村水利建设管理，建立健全农村水利分级管理机制、多元投入机制、长效管护机制，加快推进农村水利现代化和标准化建设，提升农村水利建设管理水平。加强水资源管理，落实最严格的水资源管理制度，加快节水型社会建设，强化饮用水源地保护和水功能区管理，完善突发性水污染应急管理机制，促进水资源优化配置、高效利用和有效管理。加强河湖工程管理，全面推进"河长制"，严格河湖水域、河湖岸线资源开发利用的监管，加大水行政执法力度，确保水利工程完好和安全。

（四）在加快防汛防旱应急管理体系建设上求突破，着力提高防灾减灾能力。要坚持依法防控、科学防控、群防群控，加快推进指挥决策科学化、应急处置规范化、防汛抢险专业化建设，健全完善防汛防旱应急管理体系，切实提高防汛防旱工作水平，确保安全度汛。针对全球气候变化、极端性天气增多的特点，立足于防大汛、抗大灾、抢大险，严格汛前检查，抓紧水毁修复；针对近年来暴露出来的险工隐患，实行重点治理，加强水利能力建设；针对可能发生的突发性洪涝、台风灾害和水污染事件，抓紧修订完善应急预案，不断提高应急处置能力，确保人民群众的生命财产安全。

（五）在深化水利改革上求突破，着力提

高水利发展活力。要着力深化水利改革，创新体制机制，用改革的办法解决制约水利发展的深层次矛盾。实行政府主导和市场调节相结合，加大水资源管理体制、水利工程建设管理体制、水利工程管理体制、水利投融资机制改革力度，建立健全水利可持续发展的长效机制，增强水利发展活力和动力。积极推进水价改革，充分发挥水价的调节作用，促进节约用水和产业结构调整。大力实施“科技兴水”战略，加大新技术、新材料、新工艺在水利发展中的应用，全面提升水利科技水平。

（六）在加大水利投入上求突破，着力提高水利资金保障水平。要按照中央要求，全面落实增加水利投入的各项政策，确保今后10年全省全社会水利年平均投入比2010年高出一倍。要将水利作为公共财政投入的重点领域，严格执行当年可用财力2％至4％用于水利建设、城市维护建设税15％用于城市防洪排涝工程建设等政策，继续收足用好防洪保安资金、水利建设基金、南水北调基金和水资源费，从土地出让收益中提取10％用于农田水利建设。积极运用市场机制，广泛吸纳社会资金参与水利建设，加大“一事一议”财政奖补力度，发动和组织农民群众大干农田水利，逐步建立政府主导、市场运作、社会参与的水利建设投入新机制。

同志们，加快水利改革发展，事关农业农村发展，事关人民群众切身利益，事关实现“两个率先”大局。全省水利系统要以科学发展观为指导，以高度负责的精神、科学严谨的态度、真抓实干的作风，奋力开创水利改革发展新局面，加快水利现代化建设进程，为实现“两个率先”、建设美好江苏提供更加有力的水利支撑保障，以优异的成绩向建党90周年献礼！

严格管理水资源 推进水利新跨越

——纪念第十九届“世界水日”暨第二十四届“中国水周”

省委常委、副省长 黄莉新

今天是第十九届“世界水日”，第二十四届“中国水周”也在今天拉开帷幕。联合国确定今年“世界水日”的主题是“城市用水：应对都市化挑战”。我国今年纪念“世界水日”和开展“中国水周”宣传活动的主题为“严格管理水资源，推进水利新跨越”。我们纪念“世界水日”和“中国水周”，就是要通过纪念活动，广泛深入宣传发动，全面落实水资源管理制度，以水资源的可持续利用促进经济社会的可持续发展。

水是生命之源、生产之要、生态之基，水利是经济社会发展的重要基础支撑，在经济社会发展中始终具有重要的战略地位。我省滨江临海，河湖众多，是全国唯一拥有大江大河大湖大海的省份，水多、水少、水脏等问题都不同程度地存在，既有全国水资源形势的共性，也有地域的特殊性。在工业化、城市化加快推进过程中，水资源、水环境方面的问题已成为经济社会发展的重要制约因素。今年省委1号文件明确提出实行最严格的水资源管理制度，把严格水资源管理作为加快转变经济发展方式的战略举措，更加注重水安全、水资源、水环境统筹，加强水利建设，强化水利管理，深化水利改革，不断提高水利的防洪保安、水资源保障、水环境保护和服务民生能力，在全国率先走出一条具有江苏特色的水利现代化道路。这是针对我省经济社会发展的新形势作出的重大决策，对于实现全省水资源的可持续利用和经济社会的可持续发展具有重大而深远的意义。我们要像重视粮食安全一样重视水资源安全，像严格土地管理一样严格水资源管理，像抓好节能减排一样抓好节水工作，从水量、用水效率和水质三个方面，建立用水总量控制、用水效率控制和水功能区限制纳污“三项制度”，确立用水总量、用水效率、水功能区限制纳污“三条红线”，使水资源要素在全省经济布局、产业发展、结构调整中成为重要的约束性、控制性、先导性指标，促进经济社会与水资源环境协调发展。

——严格管理水资源，必须实行用水总量控制管理。抓紧制定重要河湖水量分配方案，建立取用水总量控制指标体系，作为需水管理的重要依据，实施区域用水总量控制。加强相关规划与项目建设布局的水资源论证工作，国民经济和社会发展规划以及城市总体规划的编制、重大建设项目的布局，应当与当地水资源禀赋条件、水土保持和防洪减灾的要求相适应。严格建设项目水资源论证和取水许可审批管理，建立取水许可禁批和限批制度，对取用水总量已达到或超过控制指标的地区，暂停审批或限制审批新增取水；对取用水总量接近控制指标的地区，限制审批新增取水。严格地下水开发利用管理，实施地下水取水总量和地下水位双控制制度，组织开展地下水超采区修复治理。优化水资源调度方案，协调安排生活、生产和生态环境用水。

——严格管理水资源，必须强化用水效率控制管理。大力推进节水型社会建设，把节水减排贯穿于经济发展全过程和社会生活各个环节，坚决遏制用水浪费。发挥政府在节水型社会建设中的主导作用，制定实施不同区域、行业和用水产品的用水效率指标，加强用水定额和计划用水管理；强化对取水单位的取水管理，对取用水大户的用水效率实行重点监管，开展取排水规范化整治，落实建设项目节水设施“三同时”制度，深入推进企业、灌区、社区、学校等节水型载体创建活动；加大重点行业和关键环节的节水力度。在农业领域，继续抓好大中型灌区节水技术改造，大力推广喷灌、滴灌和控灌等先进适用的节水灌溉技术，积极发展现代旱作节水农业和设施农业；在工业领域，严格限制水资源不足地区建设高耗水型工业项目，尽快淘汰不符合节水标准的用水工艺、设备和产品，重点抓好钢铁、火电、纺织、化工等高耗水行业节水；在城市生活领域，加强供用水管理，提高公众节水意识，大力推广节水器具，对节水型产品和节水型器具实施扶持优惠政策。

——严格管理水资源，必须加强水功能区监督管理。建立水功能区限制纳污制度，按照水功能区目标要求，从严核定水域纳污容量，加强市界和重要控制断面水质监测，严格控制入河湖排污总量。根据不同水功能区的功能定位和水质现状，确定未来一个时期各地区不同功能区的达标率要求，强化水功能区达标监督管理。加强水功能区和水源地水量、水质监测，协调好水功能区划与土地利用、城市建设、岸线开发等相关规划的关系。对排污量超出水功能区限制排污总量的地区，限制审批新增取水和入河排污口。苏南排污量超过水功能区纳污能力的地区，污水处理厂尾水回用率不得低于处理规模的30%，其他地区不得低于20%。

——严格管理水资源，必须加大河湖水域管理力度。水资源开发利用应当以维持河流合理流量和湖泊、水库以及地下水的合理水位，维护河湖生态健康为前提。加快南水北调、江水东引、引江济太等主要输水干线清水通道建设，其他区域性水资源调配河道按照清水通道要求加强管理。建立健全河湖管理体系，实行“河湖蓝线”管理制度，全面推行河道管理“河长制”。严格河湖水域管理，落实占用补偿措施。岸线开发利用必须符合防洪规划、水功能区管理要求，明确开发利用控制条件和保护措施。建立饮用水源地核准和安全评估制度，组织开展饮用水源地综合整治和达标建设，因地制宜规划建设备用水源地。强化饮用水源地应急管理，以水源地为单位，按照“一地一策”的要求，制定突发性事件应急处置预案。

——严格管理水资源，必须建立合理水价形成机制。充分发挥水价的调节作用，大力促进节约用水和产业结构调整。逐步提高水资源费征收标准，建立差别化水资源费征收制度，确保应收尽收，规范使用。逐步提高非农业用水价格，工业和服务业用水实行超额累进加价制度，拉开高耗水行业与其他行业的用水价差。出台鼓励中水和再生水利用的价格政策，对“零排放”企业免征污水处理费，促进节水减排、节水减污。积极推进容量水价和计量水价制度，开采深层地下水用于工业和商业经营的，实行竞争性开采试点。各级财政每年安排一定比例的资金用于水工程、水资源管理，切实解决“重建轻管”问题。

——严格管理水资源，必须落实水资源管理责任。水资源问题关系到国计民生，涉及方方面面，具有广泛的社会性。各级政府要站在全局和战略的高度，推动建立统筹协调、组织有序、运转高效、保障有力的工作机制。县级以上地方政府主要负责人对本行政区域水资源管理和保护工作负总责，各有关部门和单位要按照职能分工，尽快制定完善各项配套措施和办法，形成工作合力。水行政主管部门要增强服务意识，切实履行职能，努力为社会提供更多更好的水利公共产品和公共服务。要建立水资源管理责任和考核制度，把水资源开发利用、节约保护等主要控制性指标作为国民经济和社会发展的"刚性指标",纳入地方政府综合考核评价体系,把严格水资源管理的各项政策措施落到实处。

严格管理水资源,节约保护水资源,是推进水利现代化的必然要求,是造福百姓民生的根本大计。我们要深入贯彻落实科学发展观,积极行动起来,全面落实最严格的水资源管理制度,加快转变经济发展方式,为加快水利改革发展、实现水利新跨越,把江苏的明天建设得更加美好作出新的更大的贡献。

黄莉新:全力开创水利现代化建设新局面

——在全省水利工作会议上的讲话

(2011 年 12 月 23 日)

同志们:

省政府召开这次全省水利工作会议,主要任务是深入贯彻落实中央和省委今年 1 号文件、中央经济工作会议和全省经济工作会议精神,回顾总结 2011 年全省水利工作,研究分析新形势下水利工作面临的新情况、新任务,全面部署 2012 年水利工作任务,进一步统一思想、凝心聚力,以更加扎实有效的举措,加快推进水利现代化建设。今天上午,大家参观了苏州市水利建设现场。会上,省水利厅振霖同志将通报全省水利建设有关情况,省发改委一峰同志、省财政厅晓平同志将分别对水利建设项目管理和水利建设资金使用管理提出具体要求,有关市、县政府负责同志还要作交流发言。下面,我先讲几点意见。

一、今年全省水利改革发展取得重要进展

今年是"十二五"的开局之年,也是新一轮水利大建设、大发展的起始之年。全省各地各有关部门紧紧围绕中央和省委、省政府的部署要求,进一步加大水利建设力度、管理力度、投入力度,水利服务发展和民生的能力显著增强,为全省粮食"八连增"、保障经济社会又好又快发展作出了重要贡献。主要体现在以下几个方面。

(一) 水利现代化建设取得新突破。今年以来,各地认真贯彻中央和省委 1 号文件精神,加快水利改革发展和现代化建设的热潮正在全省蓬勃兴起。一是明确发展思路。省委、省政府召开由省、市、县、乡四级党委、政府主要负责同志参加的全省推进水利现代化建设工作会议,对推进水利现代化建设进行全面部署,明确提出了构建"六大体系"的目标,力争到 2020 年率先基本实现水利现代化。各地先后召开水利现代化工作会议,对加快推进水利现代化建设作出专门部署。各市、县(市)都出台了加快水利改革发展的综合性文件。省各有关部门各司其职、密切配合,形成了共同加快推进水利现代化建设的工作合力。二是科学制定规划。《江苏水利现代化规划》已经完成,确定了六大类 22 项指标组成的江苏水利现代化评价指标体系。13 个省辖市和县(市)的水利现代化规划正在抓紧编制,为全省水利现代化建设提供科学依据。三是推进试点示范。江苏被水利部确立为全国水利现代化建设唯一试点省份,苏州、无锡被列为全国水利现代化建设试点城市。省政府与水利部签订了共同加快推进水利现代化建设合作备忘录。省里选择了一批市、县(市)作为省级水利现代化建设试点单位,制定了试点工作方案,全省水利现代化试点工作全面启动。四是拓宽投入渠道。省政府制定下发了水利建设基金征收管理政策,从土地出让收益中提取 10%用于农田水利建设的政策也已出台。在中央规定基础上,扩大了基金征收范围,加大了基金征收管理力度。各市、县政策规定也在陆续出台。各地积极创新水利投融资机制,吸引社会资金参与水利建设。全省水利全社会投资超过 260 亿元。今年,中央检查组先后三次来我省督促检查贯彻落实中央 1 号文件精神情况,

对我省加快水利改革发展和水利现代化建设工作给予了充分肯定。

（二）水利工程建设取得新成效。重点水利工程建设全年完成投资 110 亿元，比上年增长 20%。新一轮治淮工程全面启动，入江水道整治等一批骨干工程开工建设。南水北调工程全年完成投资 30.8 亿元，累计完成投资 91.5 亿元，占工程总投资的 74%。沿海水利工程加快推进，通榆河北延送水、川东港闸下移等工程全面建成。太湖治理走马塘工程实现全线贯通。滁河防洪治理工程开工建设。中小河流治理工程加快实施，重点区域治理、城市水利、小型水库除险加固等工程按计划实施。农村水利建设全面提速，全年完成投资 63.5 亿元，比上年增长 13%，累计完成土方 5.6 亿立方米，新增有效灌溉面积 71 万亩、旱涝保收高标准农田 60 万亩。全面完成 44 个小型农水重点县及 34 个专项工程建设任务，解决了 280 万农村居民饮水安全问题，国家核定我省 1367.6 万人农村饮水安全建设任务全面完成。全省水利建设呈现良好的发展态势。

（三）水资源管理与保护得到新加强。围绕落实“三条红线”，认真落实最严格的水资源管理制度，编制了《江苏省落实最严格水资源管理制度工作方案》，分行业用水效率管理考核、主要河湖纳污总量控制和分市用水总量控制等制度基本建立。推进节水型社会建设和八大高耗水行业节水减排专项行动，在全省 1 万多所学校、1250 万名学生中开展节水型学校创建活动，创建 8 个水资源管理示范县。完成首批 8 个水源地达标创建，全省已建成应急备用水源地 36 个。全省万元 GDP 耗水量下降 4%的目标有望超额完成。扎实推进太湖水环境治理，落实调水引流、生态清淤、蓝藻打捞、湖泛监控等关键措施，太湖水质和生态环境持续改善。

（四）水利管理工作取得新进展。在建设管理上，积极推进规划许可制、竞争立项制、投资控制制、资金保障制、绩效评价制，建立水利建设项目咨询评估机制，大力推进水利建设市场诚信体系建设。在工程管理上，加大水利工程管理维护投入，水管单位规范化管理稳步推进，全省创建省级以上水管单位 80 多家，其中国家级水管单位 11 家。在河湖管理上，全面建立了省管湖泊联席会议制度，推行河道管理“河长制”，保障岸线资源依法有序利用。在依法管理上，加大水利依法行政力度，《江苏省水库管理条例》正式施行，组织开展全省水资源专项执法检查、采砂专项整治等行动。水利科技及水文、信息化工作取得明显进步。我省第一次水利普查工作取得显著成效，普查对象清查成果通过国务院普查办阶段性验收，质量与进度走在全国前列。

（五）防灾减灾能力得到新提升。去年 10 月至今年 7 月，我省发生了建国 60 年以来最为严重的气象干旱，旱情发生后，省防指超前部署谋划，加强监测预报，及时启动抗旱应急预案，全力组织抗旱水源，实现了大旱之年无大灾。据统计，江水北调、江水东引、引江济太三大跨流域工程累计抗旱调水 256 亿立方米，减免灾效益达到 174 亿元。8 月上旬，针对第 9 号超强台风“梅花”的严重威胁，及时启动防台风Ⅱ级应急响应，提前预降河湖水位，落实重点部位防范措施，有效避免了超强台风可能造成的损失，夺取了防汛抗台工作的全面胜利。

在充分肯定成绩的同时，我们也要清醒地看到，当前全省水利工作中仍然存在一些薄弱环节。在水利建设方面，重点工程建设进展不平衡，有的前期工作相对滞后，一些地方配套资金到位率不高，影响工程建设进度。在水资源保护方面，侵占水域、擅自排污、非法采砂等现象仍时有发生。在水利发展体制机制方面，水利投入机制还不活，农村水利管理比较薄弱，水利改革与创新工作需要进一步加强。此外，还有少数地方对水利工作重视程度不够，有的地方水利投入方面的政策落实还不到位，等等。对于这些问题，我们要高度重视，采取有效措施，切实加以解决。

二、全力加快水利现代化建设

当前和今后一个时期，是我省全面建成更高水平小康社会、奋力开启基本实现现代化的重要时期，是加快转变经济发展方式、推动经济转型升级的攻坚时期，也是深化水利改革发展、加快推进水利现代化建设的关键时期。各地各有关部门务必充分认识水利的基础性、全局性、战略性地位，始终紧扣水利现代化建设主题，围绕加快转变水利发展方式主线，加大水利改革发展力度，以水利的现代化支撑保障经济社会发展的现代化。

（一）要坚持规划引领。没有高水平的水利现代化规划，就不会有成功的水利现代化实践。当前，省级及苏州、无锡、南京市现代化规划已基本编制完成，其他市、县（市）进展不平衡。各地要围绕构建“六大体系”的目标，按照2012年建成省、市、县三级水利现代化规划体系的要求，把编制水利现代化规划摆在突出位置，通过编制规划更好地理清工作思路，把握水利现代化建设全局。13个省辖市及试点县（市）水利现代化规划明年上半年要全部完成，其他县（市、区）下半年要全部完成。要注重提高规划的系统性，加强省、市、县三级规划的衔接，既突出不同层次规划的重点，又重视上下规划之间的联系和配套，做到在治水理念上突出现代化导向，在指标体系上反映现代化要求，在工程布局上构建现代化体系，在水利管理上体现现代化水平。

（二）要突出创新驱动。大力弘扬“三创三先”的新时期江苏精神，创新水利发展思路，创新水利发展机制，创新水利发展模式，着力提升江苏水利现代化建设水平。一要推进发展思路创新。正确认识水是自然资源和经济资源的双重属性，统筹水安全水资源水环境和水生态水文化水景观，提高安全水利、资源水利、民生水利、环境水利、文化水利的统筹规划、综合治理水平，实现江苏水利的跨越式发展。二要推进体制机制创新。深化水利工程建设管理体制改革，健全完善“五项制度”，积极试行代建制，强化市场主体诚信体系建设，提高水利建设管理水平。深化工程管理体制改革，区分水利工程性质，完善公益性工程政府保障、经营性工程推向市场、准公益性工程民办公助的水利工程运行管理机制，加强水利工程规范化管理。积极推进水价改革，合理调整水资源费标准，促进水资源节约与保护。三要推进水利技术创新。集中力量开展水利重大技术攻关，运用信息技术改造提升传统水利行业。加快以水文气象测报分析系统、水利工程监控调度系统、水资源管理配置系统、防汛抗旱指挥决策支持系统为重点的水利信息化体系建设，努力实现水资源调度精准化、防汛决策指挥科学化、应急管理规范化。

（三）要注重典型引路。水利现代化建设是一项全新的实践。各地要在完成水利现代化规划编制的基础上，按照《江苏省水利现代化建设试点工作方案》要求，抓紧组织规划实施。镇江、南通、徐州3市以及16个省级水利现代化试点县（市），要完善试点工作方案，积极组织实施。要把水利现代化建设的重点难点问题带到示范点上进行探索实践，及时向面上示范推广经验，有力有序推进水利现代化建设。

（四）要落实投入政策。各地要紧紧围绕今后10年全省全社会水利年平均投入确保比2010年高出一倍的要求，认真对照各项政策措施，明确工作责任，加强督查考核，确保中央和省委、省政府加大水利投入的各项政策不折不扣落实到位。尚未出台水利建设基金政策、土地出让收益提取10%用于农田水利建设政策的市、县，必须抓紧研究、尽快出台。要积极拓宽水利融资渠道，吸引社会资金参与水利建设，引导和鼓励金融机构增加水利建设信贷资金。通过民办公助、政府购买、委托管理等多种形式，鼓励企业、个人及社会团体投资公益性或准公益性水利工程项目。按照多干多补、多筹多补的原则，加大“一事一议”财政奖补力度，组织发动农民群众兴修农田水利。建立水利投入政策、水利工程配套资金落实情况督查通报制度，将考核情况与水利项目的立项审批、省级以上水利投资分配等进行挂钩，建立健全奖惩制度，推动政策落实到位。

（五）要强化队伍建设。实现水利现代化，人才是关键。近年来，全省水利人才队伍建设取得明显成效，但与水利现代化的要求相比还有不少差距。在一些县(市、区)水行政主管部门的领导班子中，专业技术干部不到1/3，不少乡镇水利站中甚至没有水利专业的工作人员。要大规模开展水利干部培训工作，重点抓好新任市县水利局长、乡镇水利站长、紧缺专业技术人才的培训，鼓励技术干部参加学历提升学习、专业进修学习、重点课题研究和实际工程建设锻炼，建立专业技术干部知识更新机制，提高业务水平和创新能力，努力建设一支具有现代水利管理意识和技术素质的水利干部队伍。要大力实施百名高层次人才工程，择优选择优秀科技人才、青年骨干人才和高技能人才各100名，作为江苏水利现代化建设的核心技术力量，以人才队伍的现代化建设支撑和保障全省水利的现代化建设。

三、全面做好2012年全省水利工作

2012年全省水利工作的总体要求是：深入贯彻中央和省委1号文件精神，按照中央经济工作会议和全省经济工作会议要求，紧紧围绕全省“两个率先”大局，坚持以科学发展观为指导，以推进水利现代化建设为主题，以转变水利发展方式为主线，积极践行可持续发展治水思路，统筹水安全水资源水环境和水生态水文化水景观，加大水利建设，强化水利管理，深化水利改革，创新水利发展，不断提高水利的防洪保安、水资源管理、水环境保护和服务民生能力，为又好又快推进“两个率先”提供有力的水利基础保障。着重抓好以下几个方面的工作：

（一）着力推进重点水利工程建设，提升水利基础支撑和保障能力。明年全省水利重点工程投资计划初步安排118亿元。要全面实施新一轮淮河治理，加快入江水道整治和重点平原洼地治理工程建设，开工建设洪泽湖大堤加固、分淮入沂整治等工程。打好南水北调工程建设攻坚战。全面完成运河线调水工程，加快运西线工程建设，为2013年全线建成通水创造条件。扎实推进太湖水环境综合治理，全面建成走马塘工程并发挥效益，基本完成东太湖综合整治，开工建设新沟河工程。加快实施长江治理，继续实施南京长江堤防能力提升工程，抓紧推进滁河水阳江治理工程建设。加大沿海水利建设力度，加快泰东河、卤汀河拓浚工程，开工建设泰州引江河二期、川东港拓浚工程，推进区域开发供水工程建设。继续实施重点区域治理工程，全面完成国家规划的第一批87条中小河流治理任务，启动新一轮中小河流治理规划项目，实施七浦塘、射阳河等支流治理。开工建设国家规划的6座中型水库除险加固，全面完成199座小(2)型水库除险加固，继续实施10处大型灌排泵站更新改造。加快省辖市城市骨干防洪排涝工程建设，进一步提升防洪减灾和水资源保障能力。

（二）着力加快农村水利建设，提升服务农业现代化能力。明年全省农村水利建设投资计划初步安排90亿元，完成土方工程6亿立方米，新建小沟以上建筑物6万座，修建防渗渠道5000公里，解决农村饮水不安全人口221万人。加快小型农田水利工程建设，按照系统规划、连片治理，集中投入、整体推进的要求，组织实施69个小型农田水利重点县以及专项工程项目建设，加强旱涝保收高标准农田建设，确保建一片、成一片。扎实推进农村饮水安全工程建设，确保2012年底前全面完成工程建设任务。加快大中型灌区节水改造工程建设，明年春灌前全面完成建设任务。加大农村河道疏浚整治、小型桥梁和小流域水土流失治理工程建设力度，疏浚整治农村河道3.6亿立方米，新建改造农村小型桥梁6250座。加强乡镇水利站建设，提高基层水利服务能力。强化农村水利建设管理，推进农村水利区域化规划、标准化设计、工厂化生产、专业化安装、规范化管理，提高农村水利建设现代化水平。

（三）着力加强水资源管理与保护工作，提升水资源保障能力。水资源管理现代化是江苏水利现代化的重要组成部分，要抓紧制定全省水资源管理现代化建设方案，明确目标任务、考核要求和推进措施，把水资源管理的“三条红线”制度落到实处。要建立用水总量控制指标，将省下达的总量分解至市、县。建立重点行业、重点地区的用水效率红线，开展节水型企业、社区、学校等各类载体创建。加强水功能区监督管理，强化重点河湖排污总量控制和管理，制定分年度削减方案，建立水功能区纳污总量及水质达标评价体系。深化太湖水环境综合治理，认真落实各项治理措施。组织实施水源地达标建设，确保县级以上水源地在2013年前全面达标。加大重点流域水污染防治力度，实施河湖退圩还水、还湿地等水生态修复。积极推进节水减排、再生水利用等工程建设，开展水资源管理示范县和现代化试点，努力走出一条有江苏特色的水资源管理现代化道路。

（四）着力强化水利管理工作，提升水利社会管理和公共服务能力。要积极调整治水思路，加快职能转变，认真履行水利社会管理和公共服务职能。加强河湖水域管理，建立健全河湖工程管理机构，落实管理经费，全面推进“河长制”，强化河湖岸线资源开发利用监管，加大水行政执法力度，实现省骨干河道、所有湖泊和水库管理全覆盖，确保水利工程完好。依法管理和规范各项涉水项目建设等行为，严厉打击非法采砂行为。加快推进水利信息化，加强水文现代化建设，努力以水利信息化带动和支撑水利现代化。认真做好水利工程移民工作，强化后期扶持项目管理，促进社会和谐稳定。继续推进水利普查工作，认真落实各项工作措施，确保如期高质量完成水利普查任务。

（五）着力做好防汛防旱工作，提升防灾减灾能力。近年来，我省汛情相对平稳，但在防汛防旱应急管理上仍存在一些薄弱环节。各级各有关部门务必高度重视，按照“信息采集自动化、指挥决策科学化、应急处置规范化、防汛抢险专业化”的要求，强化防汛防旱应急能力建设。要严格落实各项责任制，认真组织汛前检查，修订完善各类水旱灾害应急预案，增强预案的针对性和可操作性。加大水旱灾害预警预测系统能力建设，逐步建成省、市、县三级监测预警系统和应急管理体系。探索建立专业队伍长效管理机制，有效整合防汛、抗旱、抢险三类专业队伍。强化对全省专业技术队伍常规化训练，提高队伍应急抢险的实战能力。

四、切实加强水利现代化建设的组织领导

当前，全省水利现代化建设任务重、要求高，各地各有关部门要科学统筹安排，突出工作重点，狠抓措施落实，确保全省水利现代化建设有力有序推进。

（一）建立健全水利现代化建设组织领导体系。各地要把水利现代化建设列入重要议事日程，建立健全组织领导体系，及时研究解决建设进程中的重大问题。严格落实防汛防旱、饮水安全保障、水资源管理、水库安全管理等行政首长负责制，确保责任到位、措施到位、投入到位。各有关部门要通力合作，齐抓共管，形成合力。水利部门要充分发挥职能作用，当好党委、政府的参谋助手，精心搞好水利现代化建设规划、设计和施工组织工作。发展改革、财政等有关部门要及时安排计划、落实资金，保证水利工程建设需要。国土、环保、建设、交通、农委、卫生、海洋与渔业、气象、物价、金融、林业、农业资源开发等部门要各司其职，密切配合，共同推进水利现代化进程。

（二）切实强化水利现代化建设考核监督。要对照《江苏水利基本现代化指标体系》，把水利现代化各项指标纳入各级政府的年度考核目标，完善考核评价制度，加大投入政策落实情况监督力度，确保各项政策落实到位。要加强对投资项目的管理监督，实行全程监管，管好用好水利建设投资，确保工程质量和资金安全。纪检、财政、监察、审计、稽查等部门要关口前移，主动介入，加大对项目建设中违法违纪行为的查处力度，绝不姑息迁就。

（三）迅速掀起冬春水利建设高潮。当前正值水利建设的黄金季节，各地要立足当前，精心部署安排，加强组织发动，积极营造大干水利的浓厚氛围，迅速掀起冬春水利建设高潮。要抓紧明年实施项目的前期工作，保证年度工程及时开工建设。对已开工的项目，要在保证工程质量前提下，加快工程建设进度，确保建设任务顺利完成。

同志们，当前水利改革发展面临着难得机遇，推进水利现代化建设任务艰巨、责任重大。我们要以高度负责的态度、开拓创新的精神和求真务实的作风，团结拼搏、积极进取，奋发努力、扎实工作，全面完成2012年水利工作各项任务，在新的起点上开创水利现代化建设新局面，为全面建成更高水平小康社会、奋力开启基本实现现代化新征程作出新的更大的贡献！

落实最严格的水资源管理制度
保障经济社会可持续发展

——纪念第十九届“世界水日”暨第二十四届“中国水周”

江苏省水利厅厅长 吕振霖

江苏地处江淮沂沭泗流域下游，河湖众多，水资源相对丰沛，是全省独特的资源优势。但是，随着全省工业化、城市化大规模推进，水资源、水环境、水生态等方面的问题日趋突出，不但影响到水资源的可持续利用，而且威胁到城乡人民的饮水安全，已成为制约经济社会发展的重要瓶颈。中共中央今年一号文件《关于加强水利改革发展的决定》突出强调，必须把严格水资源管理作为促进转变经济发展方式的战略举措。建设优化配置、高效利用的水资源保障体系，保障经济社会可持续发展，是新时期江苏水利改革发展的一项重大任务。

“十一五”以来，全省各级水利部门以科学发展观为指导，认真贯彻可持续发展治水新思路，切实加强水资源管理，积极推进河湖生态保护，加强节水防污型社会建设，水资源安全保障水平得到显著提升。一是加强水资源管理法规体系初步建立。近几年来，省人大常委会先后出台了《关于在苏锡常地区限期禁止开采地下水的决定》、《江苏省水资源管理条例》、《江苏省湖泊保护条例》、《关于加强饮用水源地保护的决定》、《江苏省水文条例》等一批地方性法规，进一步确立了水利部门对水资源实行统一管理的主体地位。二是水资源综合规划体系基本形成。先后编制完成了《江苏省水资源综合规划》、《江苏省节水型社会建设规划纲要》、《江苏省地表水（环境）功能区划》、《江苏省水系规划》、《江苏省湖泊保护规划》、《江苏省饮用水源地安全保障规划》以及太湖等一批重要湖泊的治理规划，初步形成了加强水资源管理与保护的规划体系。三是水资源调度能力显著提升。经过多年的建设，江水北调、江水东引和引江济太三大跨流域调水工程体系进一步完善配套，平均跨流域调水规模120亿立方米以上，占全省水资源消耗总量的四分之一。随着南水北调、沿海水资源工程以及太湖引江工程的加快建设，特别是水资源调度信息化改造工程完成后，全省水资源调度和控制能力进一步增强。四是水资源管理制度建设全面加强。实行建设项目水资源论证制度，严格取排水行政审批管理；建立水资源有偿使用制度，先后四次调整水资源费征收标准；初步建立水资源管理目标考核体系，充分运用经济和行政手段，加大水资源管理力度。五是节水型社会建设成效明显。以节水减排、节水减污为重点，探索不同类型地区节水型社会建设模式，徐州、南京、张家港等5个市（县）被列为国家级节水型社会试点城市；深入开展“八大高耗水行业”节水专项行动，积极推进工业节水减排工程；以农业灌区节水改造为重点，大力发展节水农业；全省平均新增节水能力9.5亿立方米，万元GDP用水量和万元工业增加值用水量年均分别下降7.6%和8.6%。六是河湖管理和保护力度不断加大。完成全省重要水功能区纳污能力的核定，向有关部门提出了限制排污总量意见；积极开展饮用水源地达标建设，完成一批备用水源地建设；定期向社会发布重点水功能区、重要河湖和饮用水源地水质状况，制定突发性水污染事件应急管理预案；建立省管湖泊联席会议制度，全面推广“河长制”，完成重要河湖勘界确权管理，建立河湖水域卫星监控系统和定期巡查执法机制。七是水环境治理取得重要进展。加强地下水资源管理，实现苏锡常地区地下水全面禁采目标。太湖水环境综合治理取得阶段性重要成果，调水引流、蓝藻治理、生态清淤、湖泛防控、节水减排和河网整治等水利措施在太湖治理中发挥了关键性作用。以退渔还湖为重点的东太湖、滆湖等综合治理取得显著资源环境效益和经济社会效益，促进经济社会与水资源环境的共赢发展。

我省水资源管理和保护工作虽然取得了重要进展，但是随着全省工业化、城市化的加快推进，水资源和水生态环境方面的矛盾仍然比较突出：污染排放总量明显大于河湖的承载能力，河湖水体污染和生态退化的趋势尚未得到根本扭转；淮北地区、丘陵山区等局部水资源短缺的矛盾依然存在，水利的基础保障能力明显不足；社会用水效率不高、水资源浪费现象仍然比较普遍，流域性水污染事件也时有发生；水资源监控手段和能力建设不足，严格水资源管理的体制机制还不完善等等。需要我们在“十二五”水利改革发展中着力解决。

“十二五”是江苏全面建设水利现代化的关键时期，全省水资源管理与保护工作将以科学发展观为指导，紧紧围绕“两个率先”和建设“生态友好型、资源节约型”社会的发展目标，全面落实最严格的水资源管理制度，按照科学利用和有效保护的原则，突出维护河湖的健康生命，确保城乡供水安全，着力建设严格水资源管理和保护的政策法规体系、规划管理体系、工程配套体系和监督考核体系，以水资源的可持续利用保障经济社会的可持续发展。

第一，进一步加强政策法规体系建设，为实行最严格的水资源管理提供制度保障。全面贯彻落实中央提出的水资源管理“三条红线”制度，尽快出台《江苏省水资源管理“三条红线”管理考核办法》，积极推动《江苏省节约用水条例》和《江苏省地下水管理条例》等地方立法工作，强化水行政主管部门的执法主体职能，加强执法手段，严格执法管理，提高依法治水管水的权威。积极探索更加合理的水价形成机制，提高水资源费征收标准，建立差别水价、阶梯水价、超定额累进加价制度。加强对重点用水企业的考核管理，对“零排放”企业实行优惠水价、免征污水处理费等鼓励政策，促进节水减排、节水减污。在深层地下水（含矿泉水、地热水）中开展水权交易和容量水价试点。将万元工业增加值用水量、渠系水利用系数以及水功能区达标率等重要指标列入政府的考核指标体系。不断创新水资源社会管理和公共服务机制，积极动员和鼓励社会公众参与水资源管理与保护。

第二，进一步健全水资源规划体系，为实行最严格的水资源管理提供科学依据。进一步完善各地区的水资源综合规划、河湖保护规划、节水型社会建设规划、饮用水源地安全保障规划、排污口整治规划等相关规划。按照不同区域的水系特点和资源环境功能，划定禁止开发利用区域、限制开发利用区域、可开发利用区域，实行分类分级管理和保护。进一步完善河湖水系规划和重要河湖综合整治规划，合理调整河网水系，科学规划河道的引排功能，优化设置饮用水源地和污水处理设施，加强清水通道建设，确保尾水专道排放、清水安全调度。继续深化重点湖泊联席会议制度，全面推广“河长制”，分级落实河湖管理保护行政首长责任制。

第三，进一步完善水资源工程体系，为实行最严格的水资源管理提供工程支撑。全面完成南水北调一期工程建设，加快扩大江水东引和引江济太工程建设，在主要输水干线加强清水通道建设和管理，做到严格管理，有效保护。继续开展“八大行业”节水减排专项行动，逐步提高行业用水定额标准，促进企业节水技术改造。将再生水、海水、微咸水、矿坑水、雨水等非常规水源，纳入水资源统一配置，建设一批中水回用和分质供水示范工程。编制再生水利用规划，推进污水处理厂尾水深度处理回用，逐年提高回用比例。建立饮用水源地规划核准和安全评估制度，组织开展现有水源地整治和达标建设，加强备用水源地规划建设力度，提高全省城乡供水安全保障水平。继续开展地下水超采区生态修复治理，认真落实南水北调受水区和沿海地区地下水超采区压采措施，加强报废井、地源热泵系统以及凿井施工管理，建立健全地下水动态监测和监督管理体系，防止地下水污染。探索建立地下水取水总量和地下水位双控制制度，重新复核地下水超采区，划定地下水位控制线。

第四，进一步完善水资源监督考核体系，为实行最严格水资源管理提供动力机制。按照“增强节水压力、激发节水动力、挖掘节水潜力、形成社会合力”的工作思路，制定和完善鼓励、限制、淘汰的政策措施和技术标准，引导社会各类用水户主动节水、自觉节水，提高用水效率。加强水资源管理信息系统建设，落实行政边界断面、重要控制断面和地下水的监控手段，建立行政区域用水总量监控体系及考核奖惩办法。完善水功能区监测评价体系。进一步核定重要湖泊和水功能区限制排污总量意见，并督促有关职能部门分解落实到各入河湖排污口。开展河湖排污口规范化整治，制定相应的监督管理办法。加强突发性水污染事件应急管理能力建设，提高饮用水源地监测、监控和预警能力。按照水资源管理“三条红线”控制制度的要求，调整完善水文水资源监测站网布局，突出加强水功能区、饮用水源地、供水调水线、湖泊、水库、地下水和突发性水污染事故等重点水文水资源监测监控工作，提高自动化、智能化水平。加强对重点用水大户的监督管理，实行在线监控考核，加强对新建、改建、扩建项目监督管理，严格节水“三同时”制度；加强对各类工业园区的监督管理，鼓励创建节水减排示范园区。

严格水资源管理，维护江河湖泊健康生态，保障水资源的可持续利用，是人类社会共同的重大使命。我们要不断探索和把握水的自然规律和经济社会发展规律，始终以科学发展观为指导，坚持依法管水、科学治水，努力保障经济社会与水资源环境的协调发展，为把江苏的明天建设得更加美好而不懈奋斗。

吕振霖:在全省市县水利局长会议上的讲话

——突出主题 紧扣主线 加快推进江苏水利现代化建设

(2011年1月23日)

这次全省市县水利局长会议的主要任务是,全面贯彻落实全国、全省经济工作会议和农村工作会议精神,认真学习领会今年中央一号文件和省委一号文件,分析新形势下水利发展的新任务新要求,对加快水利现代化建设和做好今年的水利工作提出部署要求。在会议开始时,省委常委、副省长黄莉新同志发表了重要讲话,充分肯定了"十一五"全省水利发展取得的成就,深刻分析了新形势下水利发展面临的机遇与挑战,明确提出了"十二五"江苏水利发展的主题、主线和主要目标任务,并对2011年的工作提出了部署要求。黄省长的重要讲话立意高远、内涵丰富,具有很强的针对性和指导性,全省水利系统一定要认真学习,深刻领会,全面贯彻落实。这次会议在徐州市召开,并专门安排半天时间,参观考察徐州市水利建设和水务管理工作现场,刚才,又听取了徐州市水务局的经验介绍。这几年徐州市委、市政府对水利工作高度重视,不仅水利建设的投入多,而且水务体制改革的力度大;水务部门思想解放、工作开拓,水利改革发展取得显著成绩,水利在经济社会发展全局中的基础保障能力和社会服务水平都有很大提升,得到社会各界和人民群众的充分肯定,给我们大家留下了深刻印象。在今天会议上交流的其他8个单位,也从不同的侧面反映了水利改革创新的成功经验,值得各地各单位认真学习借鉴。下面,我就贯彻落实黄省长的重要讲话精神,围绕突出主题、紧扣主线、加快推进江苏水利现代化建设讲几点意见。

一、关于抢抓新一轮水利大发展的历史机遇

今年中共中央以一号文件作出《关于加快水利改革发展的决定》,省委也以一号文件提出《关于加快水利改革发展推进水利现代化建设的意见》。这是中央和省委、省政府从经济社会发展全局和战略高度作出的重大决策部署,必将带来新一轮水利大发展的重大机遇。认真学习、深刻领会、准确把握、全面贯彻中央《决定》和省委《意见》,解放思想,抢抓机遇,以更大力度推进水利改革发展,加快水利现代化建设,是"十二五"全省水利工作的主题。学习领会中央《决定》和省委《意见》,必须突出把握以下几点:

一是要准确把握新形势下水利发展的战略定位。中央《决定》明确指出,水是生命之源、生产之要、生态之基,水利是现代农业建设不可或缺的首要条件,是经济社会发展不可替代的基础支撑,是生态环境改善不可分割的保障系统,具有很强的公益性、基础性、战略性。而且第一次把水利提升到关系经济安全、生态安全、国家安全的战略高度,充分体现了党中央对我国国情的准确把握,对新形势下水利的战略地位和作用的科学判断,是我们党对水利工作认识的一次重大飞跃。这对凝聚全社会的力量,加快水利改革发展和现代化建设,必将产生巨大的推动作用和深远的历史影响。我们要把思想认识统一到中央《决定》和省委《意见》精神上来,统一到中央和省委、省政府关于水利改革发展的重大部署要求上来,切实

增强加快水利改革发展、推进水利现代化建设的责任意识和使命意识。

二是要准确把握新形势下水利发展的指导思想和目标任务。中央《决定》强调，要把水利作为国家基础设施建设的优先领域，把农田水利作为农村基础设施建设的重点任务，把严格水资源管理作为加快经济发展方式转变的重大举措。省委《意见》提出，要按照“六大体系”的要求，力争通过5年左右的努力，初步建成现代化水利综合保障体系；到2020年，基本实现全省水利现代化，努力走出一条具有江苏特色的水利现代化之路。我们必须全面把握中央和省委对新形势下水利发展的指导思想和目标要求，紧密结合全省水利发展实际，把重点突破和全面推进更好地结合起来，以更大的力度推进水利建设，强化水利管理，深化水利改革，创新水利发展，努力实现水利现代化建设的新跨越。

三是要准确把握新形势下水利发展的政策措施。加快水利现代化建设，最根本的是靠政策支持，靠制度保障，靠改革推动。中央《决定》和省委《意见》出台了一系列支持水利发展的政策举措，明确提出今后10年水利年平均投入比2010年高出一倍，各级财政对水利投入的总量和增幅要有明显提高，充分发挥政府在水利建设中的主导作用。从土地出让收益中提取10%用于农田水利建设；进一步加强防洪保安资金、水利建设基金、南水北调基金征收政策管理；调整提高水资源费征收标准；引导金融资金、鼓励社会资金投入水利建设；支持农民通过“一事一议”政策投入水利建设管理。同时，在建立严格的水资源管理制度、加强基层水利服务体系建设、建设项目占用水利设施和水域补偿制度、农村饮水安全工程在用地用电优惠等方面都明确了许多政策措施，针对性很强、含金量很高。我们一定要认真梳理，逐条落实，充分发挥政策和制度的效率和效益，推进全省水利更好更快发展。

二、关于“十二五”水利发展的主题、主线

在省委的《意见》中，已经明确提出“十二五”水利发展的主题是加快水利现代化建设，主线是转变水利发展方式，主要目标是基本建成现代化水利综合保障体系。主题、主线和主要目标构成了我省“十二五”水利发展的主要纲领，明确了“十二五”水利发展的主要方向，也充分体现了“十二五”水利发展的主要特征。我们必须把突出主题、紧扣主线始终贯穿于“十二五”水利现代化建设的全过程。

第一，突出主题、主线，是提高水利科学发展水平的必然要求。水利作为基础设施和基本保障，必须与经济社会发展要求相适应。经过几十年的艰苦努力，我省已经基本建成防洪减灾、水资源调配和农田水利工程体系，水利的基础保障能力显著提升。但是也必须清醒地看到，面对经济社会的新发展和人民群众生产生活的新要求，我们还有不少理念、观点和工作方法不适应水利科学发展的要求。譬如，我们比较注重工程建设，不太注重工程效益；比较重视水资源的开发利用，不太注重水资源的节约与保护；比较注重行业内部管理，不太注重社会管理和公共服务等等。深入贯彻科学发展观，加快转变经济发展方式，落实到水利行业，就是要把水利发展的重点切实转变到更加重视水利投资效益、资源节约保护和社会管理与公共服务上来。

第二，突出主题、主线，是实现小康社会发展目标和现代化建设的必然要求。省委、省政府明确了“十二五”全面建成小康社会、加快向现代化迈进的战略目标。小康社会和现代化建设不仅有经济增长目标，更重要的是城乡人民生活质量提升和资源环境可持续利用的保障目标。在当前城市防洪安全存在明显薄弱环节、水质型缺水与水资源浪费的情况同时存在、河湖水域持续减少、水生态环境日趋退化的情况下，迫切要求加快转变水利发展方式。特别是要在破解影响和制约经济社会可持续发展和城乡人民生活质量的突出水问题上，提升水利的保障能力和服务功能，为全省现代化建设和人民群众的幸福生活提供更加有力的水利基础支撑。

第三，突出主题、主线，是江苏率先实现水利现代化目标的必然要求。水利现代化是一个复杂的系统工程。省厅根据水利现代化的基本特征和江苏水利的特点，按照区域和县域两个层次，提出了水安全、水资源、水生态和社会服务4个大类、20多个指标的水利现代化评价体系。我们在对这些指标的具体测算分析过程中发现，许多指标已经达到或者经过努力很快就能达到，但也有一些指标实现的难度很大，这主要与我们长期以来的水利发展方式密切相关。推进水利现代化建设，必须加快转变水利发展方式，在继续加强大江大河治理的同时，更加突出中小河流的统筹治理，更加突出大中小工程的配套建设，更加突出城乡水利的协调发展，更加突出水资源的节约利用和严格保护，更加突出河湖管理和生态修复，更加突出信息化、智能化技术改造，更加突出水利发展政策法规体系建设，着力增强水利的可持续发展能力。

三、关于加强农村水利的现代化建设

发展现代农业、推进新农村建设、服务农民的幸福生活，都需要现代水利提供重要保障。农村水利面广量大，基础薄弱，现代化建设的任务艰巨，是水利现代化发展的攻坚任务。加强农村水利现代化建设必须突出抓好以下重点工作：

一是加强科学规划，实行集中连片综合治理。大规模农村水利建设将是“十二五”水利发展的重点任务，必须切实转变过去零打碎敲、分散建设的农村水利发展模式，坚持统一规划、综合配套、集中建设的发展思路。当前，最主要的任务是，以县(市、区)为单位，抓紧编制农村水利现代化建设方案，省厅上半年要提出方案编制指导大纲，争取年内各县(市、区)基本完成方案文本，经省、市组织审查后，由县(市、区)人民政府批准实施，为今后5～10年农村水利现代化建设提供科学依据。

二是加强重点建设，发挥农村水利的综合功能效益。要围绕发展现代农业和新农村建设，突出三大重点任务：突出农田水利建设，通过加快实施小型农田水利重点县工程和灌区节水改造工程，大规模推进农田水利设施的更新改造和配套建设，大幅度提升农田水利的基础保障能力；突出农村饮水安全建设，继续实施农村饮水安全工程，基本解决农村饮水不安全问题，大部分地区实现城乡一体化供水；突出农村河网综合整治，深入推进农村河道疏浚整治，畅通水系、提升引排能力，拆坝建桥、方便农民生产生活，治理环境、修复农村河网生态，改善农村的生产生活环境。

三是加强科技创新，提升农村水利的建设水平。按照现代农业和新农村发展要求，加强农村水利的科技创新，建立健全县、乡水利科技推广服务组织网络，制定农村水利的建设标准，大力推进农田水利设施的装备化改造，切实解决好最后1公里的田头设施、村庄河塘整治维护以及农村自来水入户等农村水利的难点问题。

四是加强管理创新，建立农村水利长效维护机制。要把建立长效管理机制，作为农村水利现代化建设的一项重点任务。根据农村水利不同的服务功能和运行特点，建立不同形式的管理维护模式。农村饮水安全工程的经营管理，要在政府提供优惠政策的基础上，建立由用水户参与的市场运行管理模式；农村河道的长效管理，要实行县、乡公共财政补贴，受益群众筹资，水土资源综合利用等多渠道筹集维护管理资金；农田水利工程的维护管理，可以实行所有权与经营管理权分开，建立由政府管理的经营承包机制。由于农村水利具有很强的社会性和公益性特点，必须把民办公助作为农村水利管理的基本政策。

五是加强典型引导，积极发挥先进经验的示范指导作用。农村水利现代化建设的重点在基层，必须鼓励基层的实践创造，重视基层的实践经验。省厅将在苏南、苏中和苏北分别抓一批农村水利现代化示范县（市、区）的建设，每个市局要重点抓好一个示范县（市、区）的建设，各个县（市、区）局要重点抓好一个示范乡镇的建设。把农村水利现代化建设的重点难点问题带到示范点上研究和实践，把示范点上研究实践的成果和经验及时带到面上推广和指导，做到以点带面、点面结合，有力有序地推进农村水利现代化建设。

四、关于加强城市水利基础设施建设

“十二五”是江苏从小康社会加快向现代化目标迈进的关键时期，也是工业化、城市化高速发展的阶段，经济要素加快向城市聚集，农村人口加快向城市流动，社会财富加快向城市集中。水利作为城市发展的重要基础设施，这几年也得到很大发展，主要城市防洪排涝工程体系基本建成，许多城市的水生态环境也有明显提升。但是，就总体而言，水利基础设施建设仍然滞后于城市的快速发展，一些城市总体防洪排涝工程能力明显偏低，城市河道阻水障碍越来越多、功能严重衰减；一些老城区地下排水管网破损堵塞，严重削弱排水功能；特别是一些城市新区和开发区，原有的水系被打乱、新的水系又没有系统的规划建设，大雨大涝、小雨小涝的问题比较突出；加之城市水利管理体制人为分割等多种原因，城市防洪安全仍然存在较大风险。加强城市水利基础设施建设，提高水利在城市大建设、大发展中的基础保障作用和服务功能，仍然是“十二五”水利发展需要重点解决的课题之一。

一要抓紧修订新一轮城市水利发展规划。全省大部分城市都曾编制过防洪规划，但由于历史的局限，已经难以适应今天城市化快速发展的要求，必须根据各地城市发展规划和水情工情发生的重大变化，重新进行修订，并经市人民政府批准后，纳入城市规划管理体系。新一轮城市水利规划要以城市防洪安全为重点，实行水资源、水环境、水景观统筹规划、综合治理，充分体现城市水利的特点，力求使城市水利不仅成为保障防洪安全的阵地，而且成为彰显城市魅力的标志。

二要突出城市防洪排涝薄弱环节建设。针对这几年城市防洪排涝暴露出来的问题，突出加强地下排水管网的规划建设，按照雨污分流，建立城市地下排水专用管网，并根据城市水情工情的变化，提高管网建设标准，满足特大暴雨条件下的街区强排水要求。特别是要抓紧解决老城区和学校、医院、商场等重要公共服务机构地下排水设施的建设改造，保证居民的生命财产安全和城市重要公共服务机构的安全运转。要组织对城市河网泄洪排涝和调蓄能力的系统调查，按照设计标准进行综合整治，坚决清除行洪障碍，对因长期建设不能恢复设计行洪排涝能力的，必须经规划论证建设补偿工程。特别是城市新区、各类经济开发区、高新技术园区因开发建设打乱了原有水系布局和工程设施的，必须抓紧规划重建，确保达到国家规定的城市防洪排涝标准。要加强城市排涝泵站规划建设，既增强城市排涝能力，又改善城市河道的生态环境。

三要加强城市突发性水灾害应急能力建设。这几年，城市因强暴雨或水污染而引发的突发性水灾害明显增多，对城市居民的生产生活造成了很大影响，迫切需要加强城市突发性水灾害应急管理能力建设。各地要根据城市可能出现的突发性水灾害特点，认真制定应急管理预案，包括加强突发性洪涝灾害水利工程应急调度管理、社区受涝应急排水、堤防水库应急抢险、突发性水污染灾害备用水源应急启用，加强污染源的监测预警和调水释污、排污的处理方案等，加强抢险专业队伍和物资装备建设等。

四要理顺城市水利管理体制。按照《水

法》、《防洪法》等水利法律法规和政府机构改革“三定”方案，认真落实水利部门对城市河湖的行政管理职能；把城市防洪排涝纳入防汛防旱指挥系统，严格统一指挥、统一调度、统一管理；加强城市水利管理队伍的培训，切实解决部分城市水利设施管理不正常状况；认真落实城市水利管理责任制和责任追究制，抓紧建立更加严密的城市防洪排涝安全管理体制机制。

五、关于落实最严格的水资源管理制度

水资源是基础性的自然资源和战略性的经济资源，实行最严格的水资源管理制度，保障水资源的可持续利用，是贯彻科学发展观的必然要求，也是落实转变经济发展方式的重要任务。江苏的水资源虽然相对丰沛，但本地水资源不足，且时空分布不均，特别是在大规模工业化、城市化发展中，由于河湖生态退化和环境污染，突发性水污染事件时有发生，已经影响和制约经济社会的可持续发展和人民群众的健康生活，实行最严格的水资源管理制度势在必行。落实最严格的水资源管理，关键是要落实三条红线管理制度。中央《决定》和省委《意见》都对实行三条红线管理提出明确要求，我们必须根据江苏的特点，从操作层面突出抓好几项工作：

一是落实用水总量控制红线制度，关键要在强化用水终端管理上抓紧突破。江苏河湖众多、水系复杂，落实区域用水总量管理必须从用水末端抓起，建立起用水户特别是用水大户的有效监督和管理机制。全省正在组织实施的水资源信息化管理系统的建设，要把建立对全社会重要用水户的在线监督管理作为首要目标，争取两年内建立全省年地表水用水规模 20 万吨、地下水用水规模 6 万吨以上用水大户的监控系统。只有建立起用水终端的有效管理制度，才能为建立水资源的总量管理制度提供基础支撑。

二是落实用水效率红线管理，关键要在优化供水结构上抓紧突破。社会经济发展方式粗放，用水结构不合理，是导致污染排放迅速增加、水体污染日趋严重、水环境容量越来越小的主要原因。必须通过行政和经济手段，促进水资源向低耗水、低污染、低排放、高效益的高新技术产业和现代服务业优化配置，促进企业中水回用、循环利用，鼓励各行各业的节水减排，以节水型社会建设促进经济发展方式的转变。

三是落实纳污总量红线管理，关键要在强化监督考核上抓紧突破。导致河湖水体污染问题日益加剧的根本原因，是入河湖污染排量长期严重超标。严格控制入湖污染、有效治理河湖内源污染，是修复河湖健康生态的根本措施。当务之急，是要抓紧根据河湖纳污能力的研究成果，提出重要河湖和重要水功能区限制污染总量排放的实施办法，配合有关部门倒排到排污企业和口门，并建立严格的监督考核机制。要完善重要河湖水量水质监控体系，开展入河湖主要污染物排放总量监测，定期公布重要河湖生态健康状况。

六、关于加强河湖资源管理与保护

河湖是水资源的主要载体，是生态环境的控制性要素。我省河湖众多，是独特的资源环境优势。但是多年来，河湖水域不断减少，生态环境持续退化，不仅直接影响防洪排涝安全，而且威胁到水资源的安全调配和城乡安全供水。加强河湖管理和生态保护，已经成为全社会重要而又紧迫的任务。这几年，各地在河湖管理与保护方面取得了重要进展，完成了省管湖泊的勘界管理，加强了对河湖生态监测分析，建立了定期巡查执法制度和水质监测分析制度等。贯彻中央《决定》和省委《意见》，必须进一步深化河湖管理，加大河湖保护力度，建立维护河湖健康生态的有效机制。

一要全面实行河长制和湖泊联席会议制度。真正建立起以水利部门为主导的河湖统一管理体制。把中央《决定》和省委《意见》中有关加强河湖水域岸线管理、取水排水管理的要求，落实到河长制和湖泊联席会议制度之中，建立严格的责任考核和责任追究制度，树立起水利部门依法管河管湖的权威。

二要抓紧落实河湖水域占补平衡制度。中央《决定》和省委《意见》中明确强调，要加强河湖水域管理，实行水域占补平衡制度，省政府正在制定这方面的行政规章。要按照中央《决定》、省委《意见》和即将出台的省政府行政规章的要求，抓紧制定实施细则，落实具体管理办法和操作制度，力争年内在全省全面实施，真正做到依法依规严格管理，充分发挥这一政策在维护河湖健康生态方面的重大作用。

三要严格涉河（湖）项目行政审批管理。围绕维护河湖的健康生态，依据相关规划和研究成果，加快建立重要河湖限量取水排水、控制岸线利用和水域开发的具体标准，加强防洪和生态安全论证，严格行政审批管理。要进一步细化河湖管理具体内容和标准，严格考核，认真督查。

四要加强河湖管理综合执法检查。建立河湖管理综合执法机制，定期组织重要河湖执法巡查，坚决依法处理非法圈围、侵占河湖水域、擅自开发利用岸线、取水排水和非法采砂行为。利用卫星遥感和信息化技术，加强对重要河湖水域岸线的监控管理。

五要开展河湖安全和生态状况评价活动。把河湖保护与水功能区管理有机结合起来，与水源地达标建设有机结合起来，加强对重要河湖、重要水功能区和水源地水量水质监测和安全评价，建立预警机制，落实应急管理预案，确保全省城乡安全供水。

七、关于以信息化推动水利现代化

信息化是水利现代化的重要标志，用信息化和智能化技术集成改造和装备水利行业，是水利现代化建设的一项关键性任务。经过多年努力，全省水利信息化建设已经取得重大进展。基本实现水文站网数据采集和传输系统的自动化改造，基本完成省、市、县三级防汛防旱决策指挥系统建设，基本建成各级水行政机关行政权力网上运行系统。但是，完成水利信息化智能化建设的任务仍很艰巨。

要抓紧完善水利信息化发展规划。全省水利信息化单项工程做了很多，但是存在项目分散、重复建设、资源浪费的问题，必须抓紧全省水利信息化发展规划工作，按照"系统科学、功能配套、技术先进、上下联动、资源整合、信息共享"的要求，建设具有鲜明行业特色的水利信息化智能化运行管理体系。年内首先要完成省、市、县三级水利信息化发展规划体系编制工作，为全面推进水利信息化智能化建设提供指导。

要突出水利信息化服务平台建设。继续加强全省防汛防旱决策指挥和调度平台建设。真正做到从气象分析、水文测报到数据处理、水情分析，从调度方案形成、下达调度指令到水利工程运行监控、效果分析，从险情预警、组织抢险方案到决策指挥、队伍物资调运，实现信息化智能化管理。加强水资源管理和服务平台建设。实现行政区域用水总量管理、用水终端管理、行业用水效率管理、水资源费征收管理的信息化智能化建设目标，为落实水资源严格管理制度提供技术支撑。加强重要河湖管理和监控平台建设。按照分级管理、分级负责的要求，建立对重要河湖卫星遥测监控系统，强化对水域岸线资源管理，定期开展对重要河湖和集中式饮用水源地水质水量和生态环境监测，建立河湖生态健康和城乡供水安全预警机制。加强水利基础数据库平台建设。充分利用水利普查成果和测绘部门提供的万分之一电子地图，完成全省水利基础数据库的建设，为水利的科学规划、建设和管理提供基础服务。加强水利社会管理和公共服务平台建设。特别是要办好各级水行政主管部门的服务网站，按照大水利的发展要求，拓展社会服务内容，扩大与群众交流平台，增加民生水利服务项目，完善电子办公系统，实行水行政管理的公开透明运行；增加网站的信息量和可读性，提升网站的社会影响力。

要加强水文基础设施和服务能力建设。围绕加快水文现代化建设，抓紧编制水文事业发展规划，完善站网规划，加强重要河湖、重点水功能区和重要城市水文基础设施建设，加强地下水、跨流域调水、饮用水源地和水功能区的监测能力建设，加强信息采集、传输、存储、处理、应用能力建设，加快提升水文自动化、智能化管理水平。

八、关于创新水利发展体制机制

改革创新是实现传统水利向现代水利发展转变的根本动力，中央《决定》和省委《意见》都特别强调，要改革制约水利发展的体制机制问题。在黄省长的重要讲话中，对加强水利改革创新提出十分明确的要求。我们一定要把改革创新贯穿于水利现代化发展的全过程，落实到水利工作的各个方面。

一要继续深化水利建设管理改革。进一步完善水利建设项目法人制度，积极推进政府水利项目代建制，研究制定代建制的管理规范；加强水利建设市场监管，强化诚信体系建设，建立更加严格的优胜劣汰机制；深化规划许可、竞争立项、投资控制、资金保障和绩效评价制度，进一步完善相关配套政策，制定具体操作规程，落实检查考核措施，提高投资效率和效益。

二要继续深化水利工程管理改革。按照公益性工程政府保障、经营性工程推向市场、准公益性工程民办公助的原则，在完成对水利工程分类定性的基础上，修订不同类型水利工程维修保障标准，进一步落实各级政府对公益性水利工程和农田水利工程管理与维护的保障政策；继续发展和规范水利工程维修养护市场，制定维修养护市场管理办法，推进公益性水利工程管养分离体制的不断完善。

三要继续深化水资源管理体制改革。按照水的自然规律要求和大水利的行业发展方向，积极推进涉水事务体制改革，实现供水、排水、污水处理和节约用水的一体化管理。已经实行水务体制的地区，要充分发挥体制优势，不断拓宽水务工作领域，加强涉水事务社会管理和公共服务，着力提升水务工作管理水平。省厅将进一步加大工作力度，支持各地水务事业的发展。

四要继续深化水利投融资体制改革。面对新一轮水利大发展的历史机遇，必须进一步创新水利投融资体制，扩大水利投资渠道。在落实扩大政府财政投入政策的同时，要充分利用水利政策资金、水利建设中形成的土地资源、环境资源，建立水利融资平台，促进更多的社会资本和金融资本投入水利建设；充分利用政府民办公助、农村“一事一议”政策，调动受益群众投资投劳水利建设管理的积极性。真正建立政府投入、社会投入和受益群体投入共同增长、促进水利事业又好又快发展的良性机制。

五要突出加强乡镇水利站建设。乡镇水利站是最基层的水利服务组织，承担着农业灌溉、抗旱排涝、农田水利建设、河道管理和农村饮水安全等许多公益性任务。必须按照机构落实、编制落实、职能落实、经费保障落实的要求，切实加强乡镇水利站的建设，争取年内以省政府名义下发关于加强乡镇水利站建设的意见，各地也要积极争取地方党委、政府出台有关加强乡镇水利站建设的具体措施，充分发挥乡镇水利站在农村水利建设管理中的重要作用。

九、关于加强水利发展政策法规体系建设

中央《决定》和省委《意见》提出了加强水利发展的若干政策措施，各级水利部门要切实加大工作力度，确保各项政策不折不扣到位。要认真落实各级财政对水利投入的增长政策，保证可用财力的2%至4%用于水利建设，加强防洪保安资金、水利建设基金和南水北调基金征收管理，确保专项用于重点水利建设；要继续落实农重资金重点用于水利建设、城市维护建设税15%用于城市防洪排涝建设的政策；要抓紧落实土地开发收益的10%用于农村水利的政策，省厅要会同省财政、国土、物价等部门制定具体操作办法，确保政策落到实处；要认真落实水资源费标准调整政策，年内提出具体方案报省政府审批；要具体完善农村“一事一议”用工政策，积极引导农民投资投劳农村水利建设。真正确保今后十年水利建设投资年均在2010年的基数上增长一倍以上。省厅将会同省财政等有关部门，进一步加大对市、县水利投资政策落实情况的检查考核力度，并将政策落实和地方配套资金到位情况，与省级投资计划分配和地方水利项目立项审批实行严格挂钩。

加强水利社会管理公共服务，需要全面推进依法行政。要围绕实行最严格的水资源管理、河湖管理、城乡供水安全管理、突发性水灾害事件应急管理的新任务新要求，进一步完善水法规体系建设。今年要完成水库管理的地方立法工作，要积极推进河道管理、抗旱管理、节水型社会建设等地方立法工作，力求做到在水利管理的各个方面都能有法可依。要以百湖（河）执法巡查活动为载体，加强水利综合执法，完善综合执法体系，加强执法队伍和装备建设，提高水利综合执法能力，树立水利综合执法权威。

十、关于加强水利普查工作

国务院决定用3年时间，开展第一次全国水利普查，这是新中国水利发展史上的一件大事，是一次事关国情、省情和综合发展能力的基础调查，也是国家资源环境调查的重要组成部分。开展水利普查，系统评估全省水利工程保障能力，全面调查河湖生态和水资源状况，建立更加全面的水利基础信息系统，为更好地推进水利现代化建设、保障全省“两个率先”战略目标实现，具有重大而又深远的意义。为做好全省水利普查工作，这里突出强调几点：

一是切实加强水利普查队伍建设。要建立健全普查工作机制，省、市、县都已经建立水利普查领导小组及其办公室，水利部门作为业务主管部门，一定要充分发挥主观能动性，组建强有力的工作班子，组织专门的普查工作队伍，加强人员培训和业务指导，主动协调相关部门的配合工作，保证水利普查工作有力有序推进。

二是准确把握水利普查主要内容。这次水利普查包括河流湖泊基本情况、水利工程基本情况、经济社会用水情况、河湖治理保护情况、水土保持情况和水利行业能力建设情况等六个方面内容，是一次综合性、系统性的行业普查。省厅根据国家普查要求，结合江苏水利发展实际，又补充增加了部分调查内容，提高了部分项目的普查精度，各市、县一定要根据水利部和省厅的实施方案和序时进度，落实具体的普查措施，不折不扣地完成普查方案既定的各项任务。

三是严格保证水利普查数据真实可靠。要坚持依法依规普查。严格遵守统计法和国家有关规定，严格执行普查工作方案和工作标准，坚决排除人为干扰，对普查过程中出现的违法违规和弄虚作假行为，要依法依规严肃追究有关人员的责任。要科学规范普查。各级水利普查机构和普查人员都要按照《实施方案》确定的普查对象、普查内容和普查指标进行调查，不得擅作主张、随意变更，确保调查数据的完整性、系统性、权威性。要真实准确普查。工作质量是衡量这次普查成败的标准，必须把确保质量贯穿普查工作全过程，严格实行目标责任制和岗位责任制，建立质量控制体系，严格审核把关，严格检查评估，确保每一个普查数据真实可靠，经得起实践和历史检验。

四是认真落实水利普查经费保障。这次水利普查经费主要由各级财政分别负担，各级水利普查办要根据《实施方案》，认真测算工作经费，提请财政部门逐年纳入政府预算，并制定严格的经费管理制度，确保经费使用合规、安全、高效。

五是切实加强水利普查宣传教育。要利用报刊、广播、电视、网络等多种新闻媒体以及城乡文化活动、宣传板报等群众喜闻乐见的方式，加大对水利普查工作的宣传力度，让广大人民群众和社会各界了解水利普查，动员各类普查对象积极参与水利普查，形成全社会关心和支持水利普查的良好氛围。

十一、关于加强水利人才队伍建设

实现水利现代化发展的关键，是建设一支能够适应水利现代化建设和管理的人才队伍。这几年，全省水利系统的人才队伍建设取得明显成绩，职工队伍的学历水平有了明显提升，专业技术人员在职工中的比例有所增加，省、市、县三级水利专业人才队伍基本形成。但是与水利现代化发展要求相比还有很大差距，特别是县和县以下水利系统专业技术人才明显缺乏，在一些县(市、区)水行政主管部门的领导班子中，专业技术干部不到1/3；在许多乡镇水利站中甚至没有学习水利专业的大学生；在水利专业技术干部中，知识结构单一、专业技术老化情况也比较突出，特别缺少知识面宽的复合型高级管理人才和专业创新能力强的领军人才。加快水利现代化建设，必须把加强人才队伍建设摆上更加突出的位置。

一要大规模开展水利干部培训工作。省厅建立乡镇水利站长培训机制，精选培训内容和授课老师，提升培训层次，严格考核结业制度，保证培训质量，下决心提升乡镇水利站长的履职能力。要继续完善县(市、区)水利局长专业培训制度，凡是新进入县(市、区)水利局长岗位的，都必须进行专业培训学习，掌握水利发展的基础知识、水利社会管理公共服务的主要职能、水利行业发展的主要政策法规等履行职责必需的基本业务素质。要继续加强水利职工队伍的培训管理，努力建设一支具有现代水利管理意识和技术素质的水利职工队伍。

二要建立专业技术干部知识更新机制。通过完善相关制度和政策，鼓励技术干部参加学历提升学习、专业进修、国外访问学习、重点课题研究和实际工程建设锻炼，不断优化技术干部特别是年轻技术干部的知识结构，提升业务水平和创新能力。

三要实施百名高层次人才工程。通过引进和培养，着力建设一支水利现代化建设和管理的领军人才队伍。省厅将通过业绩评价、择优选择各100名工程建设优秀年轻技术干部和工程管理优秀年轻管理干部，进行重点培训和锻炼，作为江苏水利现代化建设的核心技术力量，以人才队伍的现代化建设支撑和保障全省水利的现代化建设。

同志们，2011年是“十二五”水利发展的开局之年，是全面贯彻中央《决定》和省委《意见》的第一年，做好2011年的水利工作具有特殊重要的意义。在黄省长的重要讲话中，已经对今年水利改革发展工作提出了明确要求，我们一定要认真抓好落实。这里，我再强调几项重点工作：

一是努力实现重点水利建设再上新台阶。今年计划安排重点水利工程建设投资99亿元，实际完成投资要争取110亿元以上。全面加快南水北调工程建设，完成年度投资28亿元，累计完成投资88亿元，占工程投资80%左右，全面完成运河线泵站工程和截污导流工程，为2013年全线通水奠定坚实基础；启动新一轮治淮工程建设，完成年度投资21.6亿元，在全面完成治淮11项骨干工程的基础上，开工建设淮河入江水道工程，完成黄墩湖滞洪区避洪楼工程，完成淮河入海水道二期工程可研报告上报审查；继续推进沿海水利建设，完成年度投资10.1亿元，全面开工建设泰东河和泰州引江河二期工程，实施沿海区域内部供水工程建设，争取启动川东港工程建设；继续推进太湖水环境综合治理，完成年度投资13亿元，基本完成走马塘主体工程建设，加快东太湖水环境综合整治，争取新沟河工程开工建设，完成新孟河工程立项审查；突出以中小河流为重点的区域治理，完成年度投资15亿元，全面实施列入国家近期规划的85条中小河流治理工程，完成列入国家计划的大中型泵站改造、小型水库除险加固工程，实施滁河、水阳江等重点区域治理工程，继续推进城市水利建设。

二是大力推进农村水利建设更大突破。今年安排农村水利投资60亿元以上。集中围绕现代农业和新农村建设，继续实施四项重点工程。继续实施农村饮水安全工程，按计划解决280万以上农村居民饮水安全问题；继续实施河道疏浚整治，完成农村河道疏浚整治土方3.5亿立方米，确保3年内所有县乡河道、村庄河塘疏浚整治一遍；继续推进小型农田水利重点县建设，完成44个重点县年度工程建设任务，争取扩大我省列入国家重点县范围；继续实施大中型灌区改造工程，完成13个大型灌区、2个中型灌区项目节水改造，完成国家千亿斤粮食增产工程末级渠系建设项目。

三是扎实做好今年防汛防旱工作。针对全球气候变化、极端性灾害明显增多的特点，立足于防大汛、抗大灾、抢大险，严格汛前检查，抓紧水毁修复；针对近年来一些地方暴露出来的薄弱环节，实行重点治理，加强水利能力建设；针对可能发生的突发性洪涝台风灾害和水污染事件，进一步修订应急管理预案，加强应急处置能力建设。当前，淮北地区已经持续110多天无有效降雨，旱情还在进一步发展，各级水利部门要切实加大抗旱组织工作力度，加强水源调配和储备，抓紧灌溉设备维修养护，保证春灌需求。

四是继续深化太湖水环境综合治理。围绕“两个确保”和湖体水质进一步好转的目标，继续深化太湖治理各项水利措施。进一步优化水利工程调度方案，加大江水入湖规模，提高引江调水效率和效益；进一步深化蓝藻打捞和处理，加强打捞装备能力建设，提高资源化利用水平；进一步强化“湖泛”监测预警和防控措施，严防“湖泛”大规模暴发带来的生态危害；进一步推进生态清淤工程，完成510万立方米污染底泥清淤任务，重点加大“湖泛”易发区的清淤力度；进一步加大太湖地区节水减排工作力度，全面完成44个节水减排示范项目。

五是认真落实最严格的水资源管理制度。我省是被水利部列为首批实行最严格水资源管理制度的试点省份，要按照部里的部署要求，抓紧编制试点方案，探索试点经验。抓紧测算水资源总量管理方案、重要河湖纳污总量控制目标和逐年削减方案，加强对用水大户的监督管理和不同行业用水效率管理考核。继续加大节水型社会建设力度，重点推进八大高耗水行业节水技术改造，确保万元GDP用水量继续下降4%，万元工业增加值用水量下降6%。严格饮用水源保护管理，启动15个水源地达标建设。加强“两费”征收管理，确保完成年度征收目标任务。

六是切实加强河湖水域岸线管理。出台《江苏省建设项目占用水域管理办法》行政规章，建立水域占补平衡管理制度；利用卫星遥测和信息化技术，完成对省管重要河湖水域岸线实时监控系统建设；全面推行“河长制”，基本建立省管重要湖泊联席会议制度，建立河湖管理保护责任考核机制；出台江河湖泊生态评价指标体系，建立重要河湖生态健康公报制度；继续实施百湖集中执法行动，打击非法采砂等涉河(湖)违法违规事件。

七是加快实施水利信息化、智能化项目建设。重点推进三大跨流域调水工程水量水质联合调度系统建设，基本建成通榆河全线水质监控系统，完善望虞河水质监控体系，启动南水北调水质监控系统建设。基本完成全省水库安全运行监控系统。开展河湖资源管理信息系统建设，完善重要水源地、重点用水大户实时监控系统。进一步深化太湖治理水利物联网项目建设。加快水利地理信息系统数据库建设，为全省水利信息化、智能化提供有力支撑。

八是积极推进水利管理改革创新。要依据水利现代化建设评价指标体系，分别建立以市、县为单位的水利现代化评价考核机制；针对城市水利建设中的薄弱环节，出台加强城市水利建设的意见；完成南水北调工程运行管理体制方案研究，有序推进南水北调工程运行管理体制建设；根据农村水利现代化发展的新要求，提出加强农村水利建设的意见；深化水利管理五项制度改革，进一步完善相关政策和制度规范，提高水利投资效率和效益。

九是认真做好水利工程移民工作。水利工程移民工作直接关系到人民群众的切身利益，也直接影响到水利工程建设与运行管理。根据政府机构改革的“三定”方案，这项工作职能已经移交水利部门。要按照“政府负责、属地管理”的原则，认真落实水利工程征地移民政策，坚决维护被征地移民的利益。要抓紧完善各级水利征地移民管理机构，建立健全水利工程征地移民法规、政策和制度。要认真做好水库移民后期扶持工作，切实帮助水库移民安置区生产生活条件的改善。继续加强三峡移民管理工作，为改善移民生产生活条件多办实事。要切实做好水库和三峡移民安置区的社会稳定工作，促进移民安置区和谐发展。

十是突出加强党的建设和机关作风建设。紧紧围绕建党 90 周年，深入开展创先争优活动，扎实推进学习型党组织建设。加强党风廉政和反腐败工作，深化党性党风党纪教育，强化水利系统腐败风险防控机制，加大对水利项目安排、投资计划、工程建设、资金管理等重点领域和关键环节的监察、审计、稽查，深入推进水利工程建设领域的专项治理工作。加强机关作风建设，深入开展“三走进三服务”活动，提高机关服务效率和质量。加强行业精神文明创建工作，坚决维护全省水利行业清正廉洁、务实创新的社会形象。

今年水利工作任务繁重、责任重大。必须切实加强领导。系统上下要把思想和行动统一到中央《决定》精神上来，统一到省委、省政府提出的推进水利现代化建设的决策部署上来，统一到省厅的具体工作任务上来。各地各单位要结合实际，认真研究工作方案，明确目标任务，突出主攻方向，狠抓薄弱环节，强化工作措施，对水利重点建设项目、水利管理重大任务、水利改革重大举措、水利发展重大政策，主要领导要亲自安排部署和检查落实，分管领导要全力以赴，认真组织推进。按照分级负责的原则，层层分解，明确责任，形成一级抓一级、层层抓落实的工作局面。必须敢于解放思想。推进江苏水利现代化建设是一项复杂的系统工程，没有完全可以套用的发展模式和经验，需要我们努力把握水的自然规律和经济社会发展规律，根据经济社会发展的新形势新要求，用创新的思维不断优化治水思路，用改革的办法不断破解影响和制约水利现代化发展的体制性障碍，用创新的手段不断突破水利现代化发展中的重大课题，推进水利现代化建设又好又快发展。必须弘扬务实作风。完成艰巨任务，需要有好的作风作保证。中央《决定》和省委《意见》提出了许多促进水利改革发展的重大举措，这次会议又部署了一系列重要工作任务，需要我们扑下身子，一件一件抓分解，一项一项抓落实；需要我们深入基层调查研究，深入工地现场办公，深入课题攻关突破；需要我们敢于负责，勇于担当，敢抓敢管，在解决实际问题上给力，以强烈的事业精神推动水利现代化建设。必须加强协调配合。面对新一轮水利大发展的历史机遇，各级水利部门要当好党委、政府的参谋和助手，积极争取党政领导的重视和支持，加强与发展改革、财政、国土、物价等部门的协调配合，加强全省水利系统内部的沟通联系，形成团结治水的工作机制。必须注重培育典型。水利现代化建设的重点在基层。要突出加强县、乡水利现代化建设试点工作，及时总结推广基层在水利现代化建设中的实践创造和先进经验，把在推进现代化建设中的重点课题拿到点上进行实践研究，把点上的成功实践和新鲜经验带到面上推广应用。必须加强宣传发动。要充分利用各种媒体和人民群众喜闻乐见的方式，深入宣传和解读中央加快水利改革发展的重大决策部署和政策措施，深入宣传和解读省委、省政府关于推进水利现代化建设的主题、主线和主要目标任务，深入宣传和报道基层水利改革发展和现代化建设的新鲜经验，最大限度地放大中央和省委、省政府的政策效应，最大限度地调动人民群众投入水利建设与管理的积极性，最大限度地营造全社会关注水利改革发展，支持水利现代化建设的浓厚氛围。

最后，还要强调一下节前和“两会”期间的安全生产和系统稳定工作。要切实抓好水利建设工地的安全生产、重点水利工程的安全运行和水利机关后勤的安全管理，强化安全管理措施，严格安全工作责任制和责任追究制；要认真安排特殊困难职工的家庭生活，及时发放伤残民工的生活补助，做好老干部走访慰问工作；要重视做好信访维稳工作，加强突出矛盾的及时排解和钝化工作，坚决维护全省水利系统的和谐稳定。

同志们，水利大发展的又一个春天已经到来，机遇难得，使命光荣，任务艰巨，责任重大。我们一定要在省委、省政府的正确领导下，紧紧围绕江苏水利现代化建设的伟大目标，开拓创新，奋力前行，以优异的成绩迎接建党 90 周年！

水利法制

政策法规

【水法规制订及政策研究】 (1) 做好水利立法工作。2011 年水利厅开展了 4 项立法工作。《江苏省水库管理条例》于 7 月 16 日经省第十一届人大常委会第二十三次会议审议通过,并自 2011 年 10 月 1 日起施行。《江苏省建设项目占用水域管理办法》已经省政府常务会议原则通过。《江苏省水政监察管理办法》已完成立法调研、征求意见和修改,待省政府法制办召开协调会。《江苏省实施〈中华人民共和国水土保持法〉办法》修订工作已二易其稿。(2) 编制水利立法、规范性文件制定计划。根据省委、省政府《关于加快水利改革发展推进水利现代化建设的意见》(苏发〔2011〕1 号)中提出的力争通过 5 年左右的努力,初步建成综合配套、保障有力的政策法规支撑体系的要求,水利厅制定了 2011～2015 年水利立法和规范性文件制定计划,经厅长办公会议审议通过后,印发厅机关各处室,并明确了主办处室、配合部门和时间要求。(3) 认真贯彻执行《江苏省规范性文件制定和备案规定》。一是 2011 年水利厅制定并发布了《江苏省小型农田水利重点县工程建设管理细则》、《江苏省水利工程建设项目法人委托质量检测实施办法(暂行)》、《江苏省水利厅关于公布废止失效部分规范性文件的通知》、《江苏省中小河流治理工程建设管理办法》、《江苏省望虞河管理规定》(修订)等五件规范性文件,均经厅政策法规处合法性审查,厅长办公会议审议,统一编苏水规文号,按规定明确施行日期,并及时向省政府法制办报备。报备率、及时率、规范率均达到 100%,目前尚无报备后被审查出问题退回或者修改的情况。(4) 开展了规范性文件的清理和行政规章后评估工作。根据省人大、省政府法制办的部署,开展了水利地方性法规、政府规章和厅规范性文件的清理工作。对水利厅发布的现行 117 件规范性文件进行了全面清理,废止了《江苏省防洪规划同意书制度实施办法》等 3 件规范性文件,宣布《江苏省取水计量设施使用管理办法》等 15 件规范性文件失效,对需要修订的规范性文件,落实了责任处室,明确了时间要求。同时,水利厅还组织开展了《江苏省长江河道采砂管理实施办法》的立法后评估工作,为 2012 年修订《办法》提供技术支撑。(5) 2011 年政策研究工作。水利厅修订了《江苏省淮河入海水道工程管理办法》、《江苏省水利厅立法草案和规范性文件制定工作规定》、《江苏省水利厅行政复议实施办法》、《江苏省水利厅行政许可听证程序规定》、《江苏省水利厅行政许可监督检查办法》5 件规范性文件和起草了《江苏省水行政处罚程序规定》待厅长办公会议审议;会同驻厅监察室制定并印发了《江苏省水利厅行政执法投诉回访规定》。(6) 认真贯彻《行政强制法》并根据省人大、省政府关于清理地方性法规和省政府规章中有关行政强制规定的部署要求,组织对 10 部地方性法规、3 部政府规章进行清理并将清理结果分别报省人大和省政府法制办。

【水利普法和法制宣传教育】 2011 年是“六五”普法工作的开局之年,全省水利系统坚持集中宣传和日常宣传相结合,普法和依法治理相结合,继续深入开展水法制宣传教育活动。一是省水利厅联合南京市水利局在雨花台广场开展了“3·22”世界水日宣传和咨询活动;在《新华日报》上发表了省委常委、副省长黄莉新和厅长吕振霖的署名文章以及关于“严格管理水资源,推进水利新跨越”、“城市用水:应对都市化挑战”、“节约保护水资源从我做起”等内容的文章;向全省水利系统印发了水利部统一制作的宣传画。各地水利部门采取多种形式广泛深入地开展了宣传教育活动,采取报刊刊登领导署名文章，设点咨询服务，举办文艺演出，召开座谈会，电视台播放宣传教育片，设立固定宣传场所，送法进机关、进乡村、进社区、进学校、进企业、进单位，举办征文活动等，广泛传播社会主义法治理念，宣传中央和省委“两个一号文件”精神，宣传水法律法规、水情、工情以及国家和省委、省政府的治水新思路、新政策、新任务，宣传依法行政、依法管理、依法经营，依法保障公民、法人和其他组织合法权益理念。据不完全统计，2011 年全省各级水行政主管部门水法规宣传共计投入 1429.57 万元，举办水法规培训班 332 期，培训人数 13202 人次，培训总投入 500.4844 万元。二是厅成立“六五”普法工作领导小组，编制印发全省水利系统“六五”普法规划。三是会同省人大农委召开学习贯彻《江苏省水库管理条例》座谈会，对学习、宣传、贯彻《条例》进行了全面部署。四是组织厅机关干部近 200 名参加了省法制办组织的《行政强制法》知识竞赛并获得团体优胜奖。组织厅机关干部对《江苏省水库条例》和相关水法律法规、依法行政知识进行测试，增强了机关干部水法律法规、相关法律法规、依法行政的意识和依法办事能力。

【水行政复议】 切实加强复议人员业务能力建设。组织行政复议人员学习行政复议法律法规，开展了案例分析点评，厅法制工作机构 2 名同志通过了省政府法制办组织的行政复议资格考试，厅政法处 7 名同志都具有了行政复议办案资格。2011 年省水利厅没有收到行政复议申请。

【水利依法行政工作】 (1) 认真组织学习国务院、省政府两个《意见》。国务院《关于加强法治政府建设的意见》和省政府《关于加快推进法治政府建设的意见》下发后，厅主要负责人主持召开厅依法行政领导小组成员会议，组织学习国务院和省政府两个《意见》，并紧密结合水利厅依法行政工作实际，研究部署依法行政工作。(2) 研究制定并印发《省水利厅落实省政府关于加快推进法治政府建设意见的实施方案》。根据国务院、省政府两个《意见》，结合江苏水利改革发展和现代化建设的实际，组织制定并印发了《省水利厅落实省政府关于加快推进法治政府建设意见的实施方案》，提出了省水利厅依法行政工作的总体要求和工作目标，确定了改革水行政管理方式、加强水利立法和规范性文件管理、推进依法科学民主决策进程、加强和改进水行政执法工作、加大行政监督和问责力度、依法防范和化解社会矛盾、全面落实法治政府建设保障措施等 22 项重点工作任务，并逐项提出了具体要求、落实措施和责任部门。(3) 加强依法行政工作领导。厅主要领导切实担负起推进依法行政第一责任人的责任。在水利立法、执法、规范性文件清理及制定，“六五”普法规划编制，厅系统依法行政考核情况等方面亲自听取汇报，提出明确要求。2011 年厅长办公会议先后 4 次听取和研究依法行政工作的有关问题。同时，在《省水利厅 2011 年主要工作任务分解落实方案》中将依法行政工作作为一项重要内容纳入年度工作考核指标体系，保障了水利厅依法行政工作顺利健康推进。(4) 加强对全省水利系统依法行政工作的指导。为推进全省水利系统依法行政工作，年初，水利厅向各设区市、县水利(务)局、厅机关各处室和厅直属各单位印发了《2011 年全省水利系统依法行政工作要点》，在 3 月份召开的全省水利政策法规工作会议上，厅领导通报了水利厅组织的对各设区市水利局 2010 年依法行政考核情况，对全省水利系统 2011 年依法行政工作作出了具体部署，提出明确要求。年底省水利厅组织了 3 个考核小组对 13 个设区的市水利局 2011 年度依法行政工作进行了考核，并下发了情况通报。(5) 实行重大决策的评估制度。2011 年水利厅组织对《江苏省“十一五”水利发展规划》建设任务完成情况进行了评估，总结回顾了“十一五”建设任务完成情况。分析了重点工程建设取得的效益和存在的问题。客观评估了规划执行情况和实施效果。为水利现代化规划制定和“十二五”规划执行提出了建设性建议。(6) 认真开展行政权力清理工作。对长期不使用或者使用频率较低的88项行政权力实施了暂停行使措施并报省政府法制办批准。

(李 伟)

水政监察

2011年，水政监察工作认真贯彻中央《决定》、省委《意见》和水利部《关于加强水政监察工作的意见》，紧扣水利中心工作，从抓队伍能力建设入手，通过深入开展“水资源管理专项执法检查”、“淮河流域河道采砂专项整治”以及“涉砂船舶治理年”等活动，不断加大水行政执法力度，规范长江河道采砂管理，加强规费征收，出色地完成了各项年度工作任务。

【水行政执法】 2011年，全省各级水政监察队伍，按照水利部统一部署，在全省组织开展了“水资源管理专项执法检查活动”和“淮河流域河道采砂管理专项整治行动”，并以专项活动为平台，充分发挥主观能动性，通过加强水法规宣传，狠抓执法巡查、防汛清障，严肃查处各类水事案件，努力提高全省水行政执法效能。一是扎实开展水资源管理专项执法检查活动。自7月开始，按照水利部统一部署，全省各级水政监察队伍，会同相关处室，以宣传为先导，以普查为基础，以办案为支撑，以整改为手段，以规范管理为目标，紧扣水资源开发利用、用水效率管理、水功能区限制纳污、水资源费征收等重点内容，通过深入发动，深度宣传，整合力量，强化执法，从普查入手，对所有取水口、排污口的行政许可、日常管理、规费征收等情况进行全面对照、排查、登记、建档，做到“三查三看”(一查有无新建、扩建取水设施或排污口，看有无非法取水及非法排污行为；二查是否安装了计量设施、运行是否正常，看水资源日常管理要求是否落实；三查水资源费征收票据，看水资源费征收是否到位)。据统计，全省共检查各类用水企业18700多个，填写登记表16000余份，发现并制止违法行为1000余起，下发整改通知书909份，立案查处153起，查封深井53眼，安装计量设施762套，封堵非法排污口197处，追缴水资源费1800多万元，384家企业主动申请办理取水许可。仅常州市就有241个单位主动递交取水许可申请，水资源费及南水北调基金征收比上年度增长30%，做到了取用水单位排查登记，违法行为立案查处，限期整改，非法凿井拆除封填，水资源费追缴“五到位”，成果显著。二是认真组织淮河流域河道采砂管理专项整治行动。认真组织淮河流域4市及有采砂管理任务的15个县(市、区)，严格落实水利部淮河流域河道采砂专项整治会议和《关于开展淮河流域河道采砂专项整治行动的通知》(水建管〔2011〕379号)精神，紧盯“两湖两库八河”(骆马湖、洪泽湖、石梁河水库、小塔山水库和全省境内的淮河干流、中运河、沂河、沭河、新沂河、新沭河、六塘河、徐洪河)等非法采砂较为突出水域，按照凡未经许可的采砂行为都是非法采砂，凡在主汛期内的采砂行为都是非法采砂的原则，集中时间、人力、物力，抓住涉砂船只、人员和砂石堆场3个重点；以水利厅、淮委、沂沭泗局名义在主流媒体发布公告。会同公安、交通、国土等相关部门，调集76台执法车，42艘执法艇，40多套专用装备，周密部署，高压严打非法采砂，扎实开展淮河流域河道采砂专项整治行动。据统计，全省共发放宣传单7万余份，张贴通告3800多份，与涉砂人员面对面宣传教育1600多人次；打击非法采砂船只270多条、击毁采砂机具近600台套、清理“三无”

船只 265 条，责令 529 条采砂船只在指定地点集中停泊，重点检查了 235 座砂场、关闭违法设置的砂场或砂码头 90 多座。水利部副部长矫勇在专项整治行动总结会上对江苏省的工作给予了充分肯定。三是落实执法巡查制度。各级水政监察队伍严格落实执法巡查制度，普遍采取划区分片、责任到人、定量考核、奖优罚劣等方法，加强对河湖及水利工程、设施及水资源保护等方面的执法巡查。据统计，全省共出动执法巡查人员 135620 人次，车辆(船艇)19416 台(航)次，发现并制止各类违法行为 3048 起，杜绝和减少了执法盲区，提高了执法巡查效能。四是严查水事案件。省水政监察总队(省砂管局)共受理各种信访、举报 141 件(含厅长信箱 10 件，水利部转办 1 件，政风热线 1 件，省委书记、省长信箱各 2 件)，做到了及时办理，按时反馈，没有回头。重点督查了江苏恒大混凝土有限公司在京杭运河高邮界首段违法建设案、吴江市不夜城在太湖内违法建设水上茶室及码头案、苏州市相城区经济技术开发区在望虞河漕湖内堆岛并建穿湖桥梁案、宿迁市恒力集团违法取水案等 20 多起。先后 4 次组织淮安市、宿迁市和连云港市水政执法力量，联合公安、新闻媒体，集中打击骆马湖、洪泽湖非法采砂。汛前，全省各地还结合开展专项活动，大力开展防汛清障执法，加大水事案件查处力度，先后查处了一批影响大、群众反映强烈的水事违法案件。据统计，全省共立案查处各类水事案件 543 起，拆除违章建筑 83002.16 平米，平毁违章圈圩 7160 亩，铲除违章种植 2160.65 亩，清除网簖 2518 处，维护了我省正常水事秩序。五是加强规费征收。采取定期征收、上门催交、通过法律程序强制追缴等手段，加大长江河道砂石资源费及水保两费征收力度，全年共征收砂石资源费 6340 多万元，水保两费 200 万元，做到应收尽收。

(董万华)

【河道采砂管理】 2011 年，坚持以维护长江河势稳定，保障防洪安全、通航安全为目标，以“两部”涉砂船舶治理年和“久安”行动为契机，深入开展涉砂船舶治理年活动，拓展联合执法机制，严厉打击非法采砂，做好工程性采砂项目监管，积极推进采砂管理能力建设，较好地完成了年度工作任务。一是以集中整治为手段，继续“高压严打”非法采砂行为。针对省长江全境或局部水域非法采砂反弹的状况，组织开展了为期一个月的“久安”行动。会同省公安厅、江苏海事局、长航公安驻苏分局等单位，对苏皖边界、靖江江阴交界、苏州南通交界“二号锚地”水域，实施了重点区域联合整治，确保长江安全度汛，有效遏制了非法采砂行为。据统计，全省共出动执法人员 18595 人次，执法车 3691 辆次，执法艇 2173 航次，实施 200 多次打击行动，查处非法采砂船 238 条次。二是扎实开展涉砂船舶治理年活动。5 月 20 日，按照水利部、交通运输部部署，在与江苏海事局联合下发《江苏省长江河道涉砂船舶治理的活动方案》的基础上，专门召开会议进行部署。沿江 8 市均建立组织，广泛宣传，全面排查，登记建档，依法整治涉砂船舶，打击非法采砂行为。继 2010 年成功铲除彭晓林非法采砂团伙(8 人判刑，2 人劳教)，2011 年又没收并拍卖了该团伙的一条非法采砂船，这是《条例》实施以来江苏省首次成功没收并拍卖非法采砂船。同时，进一步深化联席会议制度，与公安、海事等部门加强合作，多次开展联合执法，并在南京市进行综合执法船试点，实行一船悬挂水利、公安、海事三种标志，将查处非法采砂、“三无”船只、超载运输、治安及无证驾驶等违法行为等功能集于一船，提高了执法效能。专项活动期间，全省共登记采砂船 308 条、过驳吊机 240 条、涉砂从业人员 2840 人，查处非法采砂船 198 条次，拆除采砂设备 85 台套，扣押采砂船 18 条，指定集中停靠采砂船 120 条，责令遣返原籍 86 条，没收并拍卖非法采砂船 1 条，配合公安机关处理暴力抗法事件

32起，刑事拘留3人、行政拘留2人。三是强化现场监管，规范工程性采砂管理秩序。通过明确监管责任，落实监管单位、制订监管措施、加强监督检查、发现问题及时叫停整改等措施，对较大型的工程性采砂项目，及时召开监管准备会，现场核发采砂许可证，确保工程性采砂项目现场监管到位。2011年，全省共许可15个工程性采砂项目，总许可采量4606万方、许可采砂船只241条(含93条吹填船)，都较好地实施了现场监管，维护了全省良好的采砂管理秩序。新通海沙南通开发区上段岸线综合整治工程第一年度采砂等4个项目已通过专项验收；江苏景龙园现代农业投资开发有限公司吹填采砂等4个项目已经竣工即将验收；南京市浦口滨江大道填塘固基工程吹填采砂等7个项目正在实施之中。

(董万华)

【省际边界水事纠纷预防和调处工作】 认真开展省际边界水事纠纷排查化解工作。对排查出的17项矛盾纠纷隐患进行跟踪调查和化解处置，专题召开全省省际边界水事纠纷预防调处工作会议，总结调处经验，分析存在问题，提出工作要求；制定印发了《江苏省省际边界水事纠纷预防调处办法》，对省际边界水事纠纷的预防、调处以及应急处置作出规定，以维护省际边界社会稳定。

(李　伟)

【执法队伍建设】 以科学发展观为统领、以“争先创优”为抓手，坚持从提高队伍综合素质，更好地服务江苏社会经济持续健康发展、促进江苏水利现代化建设高度，按照抓思想作风建设、健全执法网络、提高业务素质和执法技能、实施有效管理的思路，采取有效措施，努力提升队伍建设水平。一是加强思想政治建设。在全省各级水政监察队伍中广泛开展以“班子争五好、党员五带头”为主题的争先创优活动，使全省队伍的凝聚力、战斗力明显增强。针对当前水行政执法及长江河道采砂管理工作中出现的新情况、新问题，继续深入开展文明执法、治理商业贿赂和政风行风评议活动，狠抓各级水政监察队伍和广大水行政执法人员思想建设、作风建设、廉政建设，全省广大水行政执法人员文明执法、廉洁办案能力进一步提高，增强拒腐防变能力，保证了执法人员政治安全。二是加强业务能力建设。年初，举办了一期140名执法骨干参加的全省执法骨干业务培训，邀请水利部政策法规司领导授课，开设“局长谈执法”专题讲座，请无锡市水利局王鸿涌局长授课，培训内容包括新出台水法律法规、水政监察制度建设、执法程序、说理式执法文书格式、执法技巧等执法实务，涵盖了水行政执法工作核心内容。11月，在扬州举办了一期长江河道采砂管理执法业务骨干培训班，100多名砂管执法骨干参训，提高了参训人员思想认识，增强了受训人员法律素养和运用法律手段思考解决问题、处理案件、服务社会的能力。组织开展了第四届全省水行政执法技能竞赛，全省22个单位、400多名一线执法骨干参赛，经过理论考试、拟写研讨文章、案例分析、电脑制作说理式执法文书、现场调查取证技能等内容的初赛、复赛和决赛，南京市水利局荣获一等奖，盐城市水利局、省江都管理处获得二等奖，淮安、连云港、南通市水利局获三等奖，苏州、徐州、泰州、宿迁市水利局及省洪泽湖管理处、动力二处等6个单位获组织奖，达到了以赛带训、以赛促学目的，培育了团队协作精神，提高了执法业务能力。三是加强硬件保障能力建设。与省财政厅联合下发了《2011年江苏省长江河道采砂管理资金项目申报指南》，规范项目管理，科学经费投入，充分发挥经费使用效能。并及时对沿江各市2010年砂石资源费使用情况和基地建设进行联合检查，评审2011年申报基地建设项目。沿江各地建成和在建的执法基地达到27个；为沿江36艘执法船艇配备了用于消防破拆的电动切割机、液压钳、救生杆及3G视频执法指挥系统和一些调查取证及执法等专用装备。为进一步加强全省执法队伍水资源执法能力，向水利部争取了90万元执法装备专项经费，为苏北各市县购置了电脑、数码相机、数码摄像机等执法器材，已全部配发到位。

（董万华）

2011年度出台（修订）的省级地方性水法规（规章）以及省水利厅规范性文件

一、地方性法规

江苏省水库管理条例

二、省政府涉水规范性文件

1. 中共江苏省委、江苏省人民政府关于加快水利改革发展推进水利现代化建设的意见

2. 省政府关于水利建设基金征收和使用有关问题的通知

3. 省政府关于调整防洪保安资金征收和使用有关政策的通知

三、省水利厅规范性文件

1. 关于印发《江苏省小型农田水利重点县工程建设管理细则》的通知

2. 关于印发《江苏省水利工程建设项目法人委托质量检测实施办法（暂行）》的通知

3. 江苏省水利厅关于公布废止失效部分规范性文件的通知

4. 关于印发《江苏省中小河流治理工程建设管理办法》的通知

5. 关于印发《江苏省望虞河管理规定》的通知

（李　伟）

水 利 建 设

水利建设　　113~121页

省重点水利工程

【淮河治理】 年度建设任务 140335 万元，全年完成投资 149901 万元。

1. 沂沭泗河洪水东调南下二期工程

南四湖西堤加固工程：江苏省境内工程初步设计概算投资 11406 万元，2011 年结转任务 3721 万元全部完成。

沂河、沭河、邳苍分洪道治理工程。主要建设内容：沂河工程总投资为 16585 万元。沂河华沂至铁路桥段 4.8 公里中泓开挖；沂河入湖段 4.2 公里中泓开挖；加固干河堤防 28.6 公里；险工护坡处理 16 处 19.4 公里；干堤截渗处理长 28.66 公里；涵洞处理 8 座；改建华沂漫水桥 1 座；修建干河堤顶防汛道路 38.06 公里，上堤道路 4 条 14.75 公里；新戴河堤防加固等。沭河工程总投资 16135 万元。沭河干流防护 10 处总长 11.718 公里；涵洞处理 10 座；加固改造塔山闸；新建口头、邵店和广玉 3 座壅水坝；改建杜湖桥；修建上堤道路 3 条 3.6 公里。邳苍分洪道工程总投资为 6073 万元。邳苍分洪道滩地清除阻水路堤 63.365 公里；清除庄台面积 49.24 万平方米；改建沙墩穿堤涵洞 1 座；新建流量 10.5 秒立方米周场排涝站 1 座；4 条支流回水段复堤总长度 19.6 公里；燕子河口右岸险工护砌 0.2 公里；上堤道路及堤顶防汛道路共 5.5 公里。工程于 2008 年 10 月 21 日开工，2011 年工程全部完成。

新沭河治理工程。主要建设内容：河道工程，新筑干河堤防 1.88 公里，新筑支流堤防 1.41 公里；护坡接高 16.25 公里，曹庄下段护岸 200 米，堤外填塘固基 2.74 公里；扩挖河道 10.52 公里，开挖排水通道 9.89 公里，右堤堤防加固 2.0 公里，清除滩面阻水塘埂 76.89 公里；新建堤顶防汛道路 45.95 公里，上堤道路 2.0 公里。建筑物工程，新建三洋港挡潮闸、排水闸；拆建磨山河桥闸、山岭房退水涵洞；加固范河闸。因洪致涝影响工程，新建富安调度闸、临洪东站自排闸、大浦第二抽水站。

水文基础设施工程。主要工程量：土方开挖 1871.79 万立方米，土方填筑 250.51 万立方米，砌石 9.8 万立方米，砼及钢筋砼 24 万立方米。工程概算总投资 87278 万元，其中新沭河治理工程（江苏段）河道治理及建筑物工程总投资为 32062 万元，三洋港挡潮闸枢纽工程总投资为 55216 万元。到 2011 年底，累计完成投资约 8.4 亿元，约占批复总投资的 96%。三洋港枢纽工程：挡潮闸工程于 2010 年 7 月 28 日通过水下工程（土建部分）验收，工作闸门完成现场拼装、防腐并吊装入槽；交通桥桥梁铺设完成，实现南北贯通；排架、检修便桥浇筑完成；左岸导堤、分流岛和翼墙后土填筑完成；工作桥浇筑及启闭机安装全部完成。挡浪墙浇筑完成，启闭机房浇筑完成过半。排水闸水下工程已经完成，启闭机安装完成，具备水下工程验收条件。河道工程：上游引河开挖Ⅰ标工程施工已经完成；Ⅱ标基本完成；Ⅲ标完成大半；Ⅳ标招标正在实施。上、下游 150 米通道已经完成，排水通道开挖已经完成。

大浦第二抽水站工程 2011 年 3 月 17 日通过水下工程验收，7 月 25～26 日完成机组启动试运行工作，正在进行机组启动试运行验收准备工作。排水通道开挖工程河道土方开挖已经完成，正在做投入使用验收准备工作。富安调度闸临时设施建设和上下游挡水围堰施工完成，正在进行闸塘基坑开挖。

2. 世行贷款淮河流域重点平原洼地治理工程

泰东河工程：泰东河工程是江苏省利用世界银行贷款实施的淮河流域重点平原洼地治理工程项目之一，是水利部《加快治淮工程建设规划》（2003～2007 年）确定实施的重点治淮项目之一。初步设计业经省发展改革委以苏发改农经发〔2010〕862号文批复，工程总投资12.76亿元（含宿迁市洪涝灾情巡测基地建设）。已下达投资计划80078万元，其中拟利用中央补助资金11000万元，省级投资41056万元，利用世行贷款10000万元，市县资金18022万元。工程主要建设任务是通过疏浚河道和加固堤防，提高现有河道排涝防洪能力；通过新建、重建、扩建、维修加固现有建筑物，使平原洼地治理区形成一个完整的防洪排涝体系。工程红线范围内迁坟工作全部结束；完成永久征地4124.39亩，临时占地2548.34亩；拆除房屋680户，拆除居民房屋58243平方米；拆除企业商铺42户，拆除企业商铺房屋8056平方米；三线及专项设施正在迁建、改建、恢复之中；泰东河工程盐城市境内（东台市）建设用地已上报国土资源部审批，泰州市境内建设用地因姜堰市耕地占补平衡协议正在商议中，其他报批材料已基本通过省国土资源厅的审查。泰东河已完成8个干河河道工程包和农民排灌协会包的合同签署，2个干河河道工程包已完成招标采购；5个建设监理标全部招标完成并签署合同；桥梁工程标正在进行设计方案变更报批和招标准备工作；服务类标中已完成招标代理机构标、勘察设计标、质量检测标和移民监理标等招标工作及水保监测、环境监测的合同谈判工作。1、2、3、4、8、9、10、11等8个干河河道工程施工、监理单位已经进场，工程正式开工建设，5、6包完成招标。里下河东南片（泰州市治理工程）：完成招标代理、施工图及监理招标工作，完成五叉河闸站及五叉港、九龙河闸招标图设计、图纸审查。土建工程类2个标招标文件已报世行审查。里运河渠北（淮安市治理工程）：已完成5个标的采购工作（土建工程类1个标和货物类2个标、服务类设计标1个、建设监理标1个）。项目开工申请报告已报待批。废黄河（徐州市治理工程）：工程年度任务已全部完成。完成主要内容有疏浚李庄闸至张集界段河道长25.2公里，完成河道疏浚土方105万立方米，河坡护砌27万立方米，新建河道浆砌块石护坡8公里，跌水38座，加固桥梁3座，新建河道生态植砖及草坡护坡42.4公里。本次完成治理面积99.6平方公里。

3. 黄墩湖滞洪区。睢宁县徐洪河浦棠桥、关帝庙桥改建工程主体工程已完成。

4. 黄墩湖滞洪区避洪楼建设已全部完成。

5. 淮河入江水道整治

淮河入江水道是淮河的主要泄洪通道之一，也是国务院确定的进一步治理淮河重点项目。该工程上起洪泽湖三河闸，下至江都附近的三江营，全长157.2公里，设计泄洪能力12000立方米每秒，可将淮河上中游70%以上的洪水泄入长江，与入海水道、分淮入沂、苏北灌溉总渠、废黄河等工程联合运用，为洪泽湖地区的防洪安全提供保障，保障洪泽湖大堤的防洪标准达到100年一遇；同时也承泄京杭运河西部宝应湖、高邮湖地区及里下河地区的涝水，改善区域排涝状况，具有较好的社会、经济综合效益。工程治理范围：三河闸至三江营，全长157.2公里，其中上段自三河闸至施尖长57.8公里，由新三河和金沟改道段组成；中段自施尖经高邮湖、新民滩、邵伯湖至六闸，全长57.6公里；下段自六闸至三江营，全长41.8公里，洪水由金湾河、运盐河等6条归江河道先分后合入长江。支流治理范围按干流设计洪水位平切、河口以上不超过5公里控制。工程治理任务：通过实施堤防加固、涵闸隐患处理和河道疏浚、切滩等工程，恢复入江水道设计行洪能力12000立方米每秒。工程建设内容：加固干河及支流河口段堤防，整治疏浚河道，新建、改建、加固穿堤建筑物，新建、维修堤顶防汛道路，实施影响处理工程等。工程建设规模：河道疏浚切滩72.275公里，堤防加固107.793公里，新建挡墙21.082公里，堤身地基防渗处理25.434公里，填塘固基15.770公里；抛石护岸17处8.350公里，新建、加固、接长护坡127.793公里；新建、接长林台护坡8.000公里；新建堤顶防汛道路192.354公里，改建、维修堤顶防汛道路141.178公里，新建上堤路3.600公里；新建、改建、加固穿堤建筑物95座，交通桥2座，交通码头2对，加固、新建、拆建排水泵站6座。工程永久征地1475.04亩（其中工程永久征地1083.35亩、新址宅基地及企事业单位迁建征地391.69亩），临时占地1846.89亩，影响居民2768人、拆迁房屋89184.60平方米，影响企事业单位26家、拆迁房屋及厂房16623.28平方米。工程投资：江苏省境内工程概算投资为311967万元，其中工程部分投资265508万元，征地补偿和移民安置投资41975万元，环境保护工程投资1421万元，水土保持工程投资3063万元。投资来源：中央投资182800万元，省级投资100862万元，市县配套28305万元。计划工期：2011年10月～2015年6月（45个月）。2011年工程进展情况：招投标：已完成招标17个，完成招标投资计划的17.9%。施工进度：淮安市工程：大墩岭切滩完成切土区部分围堰施工、完成临时便道的施工。观音滩切滩工程已完成进场临时道路和施工围堰的施工，正在施工施工区临时便道。东西偏泓闸土建施工及设备安装工程主要进行施工围堰填筑、老闸拆除、基坑开挖以及临时设施建设等。10座穿堤建筑物主要进行施工围堰、老闸拆除、基坑开挖以及临时设施建设等。扬州市工程：先行实施的项目乌塔沟整治工程，主要包括8.24公里河道开挖、堤防填筑，以及分洪道闸工程等，工程投资为19130万元。河道开挖已基本完成，堤防填筑已完成7公里，分洪道节制闸工程闸墩、排架浇筑完毕，西侧空箱岸墙墙身浇筑完毕，东侧正在进行施工准备；上下游一级翼墙浇筑完毕，二级翼墙搅拌桩浇筑完毕。新民滩切滩施工一标中标单位已进场，项目部搭设完毕，监理单位已签发开工令。正在进行地表清杂工作。第二批工程（邵伯湖切滩施工一标、运河西堤加固施工二标、运河西堤防渗加固施工一标、二标）于2011年11月11日签订合同。

（建设局）

【太湖治理】 1. 走马塘工程。走马塘拓浚延伸工程是国务院批准的《太湖流域水环境综合治理总体方案》和省政府批准的《太湖流域水环境综合治理实施方案》中规划先行实施项目。2009年4月，国家发展改革委批复了可研报告（发改农经〔2009〕1151号），2009年8月，省发展改革委批复了初步设计（苏发改农经发〔2009〕1107号）。省水利厅批准成立江苏省走马塘工程建设管理局（苏水基〔2009〕42号），项目法人组建按照“建管统一”的原则，工程建成后由省负责运行管理的张家港枢纽工程由省水利厅组建项目法人负责实施；工程沿线河道工程、跨河桥梁、口门控制工程、江边枢纽、影响处理及补偿工程等按照属地管理的原则，由沿线的无锡市、常熟市、张家港市分别组建项目法人，负责各自境内工程的建设管理。工程征地拆迁工作由无锡、苏州市及工程沿线县（市、区）人民政府包干负责。工程建设内容为开挖拓浚延伸河道66.51公里；建设张家港枢纽（张家港枢纽由立交地涵、节制闸、泵站和退水闸组成）和江边枢纽（江边枢纽由节制闸、船闸和渔道组成）；新建、维修、利用沿线口门控制建筑物59座；新建、拆建跨河桥梁55座；并对沿线影响工程进行处理。工程永久征地6759亩（其中工程永久征地5928亩、新址宅基地及企事业单位迁建征地831亩），临时占地12344亩，影响人口1191户、4761人，拆迁各类民房32.8万平方米、迁建企事业单位17.3万平方米。省发改委批复概算261170万元，省水利厅转批各项目法人总概算246944万元（不含耕地占用税14226万元），其中工程投资105521万元、征迁补偿投资141423万元，建设工期3年。2011年度建设任务90000万元，均为新增计划。全年完成投资96169万元。截至2011年12月底，走马塘工程全线民房拆迁完成99%；企事业单位拆迁完成96%。工程共88个标，已完成83个标的招标工作。河道工程总长66.51公里，完成61.11公里，正在实施5.4公里；调整后跨河桥梁51座，完成21座，正在实施27座；调整后口门建筑50座，完成32座，正在实施18座；张家港枢纽土建及设备安装基本完成，房建及装修正在扫尾，水土保持工程已开始施工，圆满完成泵站机组启动试运行；江边枢纽主体结构已基本完成；穿锡梅路地涵工程两根顶管现已全部贯通，井内斜管段下半部分底板及洞身部分正在实施；水系调整及影响处理工程正在扫尾。

无锡市：河道总长39公里，已完成开挖拓浚36.5公里，正在实施2.5公里；调整后28座跨河桥梁已基本完成15座，正在实施11座；3座口门建筑物基本完成；穿锡梅路地涵工程锡梅路顶管地涵工程两根顶管现已全部贯通，上游翼墙及护坡全部完成；水系调整共建设10座灌溉站，锡山区共7座，新区3座灌溉站，已基本完工。

张家港市：河道工程总长15.59公里，已完成河道开挖13.4公里，正在实施2.19公里；口门建筑物共29座，已完成14座，正在实施15座；调整后跨河桥梁共13座，正在加紧实施；水系调整及影响处理6个标段除第Ⅴ标段盐铁塘水系调整仍未完成招标，其余5个标段均已开工建设。江边枢纽节制闸已通过水下工程验收，船闸主体结构已基本完成，现在进行船闸、节制闸控制楼、上下游护坡及船闸上下游靠船墩的施工；闸上公路桥已完成铺装层施工、正进行标段内排涝站、涵洞及水文设施的施工。

常熟市：河道工程总长11.92公里，已完成河道开挖11.2公里，正在实施0.72公里，口门建筑物共18座已基本完成15座，其他3座正在抓紧实施；调整后跨河桥梁共10座，其中龚家塘桥、陆家巷桥、新坝桥、苏虞张公路桥、老204国道桥、王压公路桥6座桥梁已基本完成，其余4座均在抓紧实施；水系调整工程已基本完成。

张家港枢纽工程：地涵、节制闸、泵站、退水闸4座建筑物主体工程以及闸涵间引河河道土方开挖已经按照计划工期完成；泵站厂房及控制楼装修基本结束，管理用房办公楼和综合楼主体已浇筑完成，正在装修扫尾；水土保持施工单位已进场施工。供电线路架设工作已经完成，泵站试运行已经完成，正在准备验收。

2. 东太湖综合整治工程。主要建设内容包括：疏浚行洪供水通道33.3公里；退垦还湖5.59万亩，调整堤线8处，总长30.8公里，新建或改扩建口门控制建筑物18座；生态清淤22.99平方公里，清淤土方704.19万立方米；生态修复岸线69.9公里。工程总投资45.3亿元。2011年度建设任务42500万元，均为新增计划。全年完成42500万元。退垦还湖安置等前期工作即将结束，正进行动迁房安置扫尾工作；退垦还湖土方工程正顺利实施，已完成土方挖运1542万立方米。生态清淤工程一期清淤任务已完成，并通过了省相关部门的检测，累计完成清淤量572.85万立方米、清淤面积20.75平方公里。行洪供水通道工程目前正进行23公里泓道疏浚，已累计完成18.57公里、2494万方疏浚量。堤线调整工程目前正进行30.77公里、19个标段的堤身填筑和部分口门建筑物施工，已累计完成大堤土方填筑778万立方米。

3. 新沟河工程。可研报告已报请水规总院审查，环境影响评价、移民安置规划、水土保持方案同步报审，建设用地预审正在积极准备。

（建设局）

【长江治理】 2011年度建设任务42462万元，全年完成投资47666万元。

1. 南京长江能力提升：总投资约15.5亿元，其中2010年度长江干堤应急治理加固工程先期启动，该段批复投资2.17亿元，已基本完成。

2. 镇江二干河综合整治工程已全部完成。

3. 滁河防洪治理近期工程可研估算投资为166100万元。项目土地预审、环评、水保、移民大纲、移民规划等均已批复，可研报告已通过中咨公司评估。国家发改委2011年度计划已下达。2011年度实施方案已由省发改委批复。概算总投资54629万元。已开工建设，完成征迁投资等约10000万元。

4. 水阳江治理工程。国家发改委批复项目总体可研，估算投资22096万元。国家发改委2011年度计划已下达，2011年度实施方案已由省发改委批复，概算总投资19122万元。已开工建设，主要进行拆迁工作，完成征迁投资等约5000万元。

（建设局）

【海堤防达标】 2011年度建设任务5250万元，全年完成投资5250万元。

1. 连云港市：新城闸、开泰闸主体工程基本完成。西墅闸水下主体工程基本完成。官庄河闸基本完成水下工程。

2. 盐城市：大丰川东港闸下移工程目前启闭机房基本完成，护坡完成90%，下游坝已拆除，道路工程面层还未完成，自动化控制系统计划正在施工。

（建设局）

【沿海地区水利建设】 2011年度建设任务72094万元，全年完成投资85843万元。

1. 东台市三仓河东延供水工程：东台市三仓河东延供水工程是2010年新增项目，主要工程内容是开挖拓浚5.9公里河道，使区域排涝能力达5年一遇。2010年12月完成招投标工作，工程已基本完成。

2. 盐都区盐龙湖水库工程：工程主体工程已完工，正在实施生态工程和道路工程。

3. 南通九圩港闸加固工程已开工建设，完成经费2500万元。

4. 焦港闸拆建工程初步设计已批复，完成前期及拆迁经费等共计2650万元。

5. 栟茶运河拓浚工程（如东段）完成前期工作经费1000万元。栟茶运河拓浚工程海安段完成可研报告。

6. 海安北凌河工程完成可研报告。

7. 徐圩片区输水线工程正在建设。

8. 泰州引江河2期工程初步设计通过技术审查。

（建设局）

【水库除险加固】 1. 大中型水库除险加固。列入国务院除险加固专项规划的29座大中型水库均已全面完成。新增的6座中型水库正在进行前期工作。2. 小型水库除险加固。根据小(1)型、小(2)型水库除险加固建设管理的不同特点，先后制定了《江苏省重点小型病险水库除险加固项目和资金管理办法》（苏财规〔2011〕3号）、《江苏省小(2)型病险水库除险加固项目和资金管理办法》（苏财规〔2011〕22号）。召开全省重点小(2)型病险水库除险加固、全省小(2)型病险水库除险加固两个前期工作座谈会和全省小型病险水库除险加固工作推进会。组织开展对在建工程的专项督查，配合水利部稽查组做好审计稽查工作，对稽查组发现的问题督促有关单位及时整改。建立不定期巡查制度，切实加强项目实施过程中的巡查和实体工程检测频次，确保工程质量。完成199座小(2)型病险水库除险加固规划项目安全鉴定成果核查意见。建立省、市、县联合会商制度，完成列入《江苏省小(2)型病险水库除险加固规划》的199座小(2)型水库初步设计批复。截止到2011年底，有99座水库除险加固工程已完成招投标，有80座已开工建设。

（建设局　工管处）

【中小河流治理】 经水利部复核确认，江苏省列入《全国重点地区中小河流近期治理建设规划》的中小河流共87条、106个项目，2010年已批复初步设计52项、投资13.4亿元，除靖江横港正在招标外已全部开工。根据2011年前期工作任务和投资计划安排，要完成剩余54个项目初步设计审批、汛后全面开工。截至12月底，已批复52项、正在审查1项、1项已由常州市实施完成。年度建设任务140233万元，1～12月完成投资157524万元。

（建设局）

【水利血防】 2011年度建设任务5105万元。主要实施南京、镇江、扬州的水利血防工程。主要项目有：南京市石头河血防工程、江宁区和尚港天然河血防工程、六合区新禹河血防工程、六合区红光河血防工程；镇江市运粮河血防工程；扬州市邗江区扇子圩口血防工程、邗江区沙头小夹江血防工程、邗江区新沙滩血防工程。

南京市浦口区石头河血防工程、六合区新禹河水利血防工程、天然河、和尚港河水利血防工程均已基本完成。其余工程正在做前期准备工作。

（建设局）

【通榆河北延送水工程】 通榆河北延送水工程是沿海开发的水利基础设施，这项工程2007年12月9日正式开工建设，2011年底，主体工程已全面建成。实现了三年任务，二年就实现向连云港初通水、二年半全线贯通送水目标。2010年7月7日，省委、省政府在滨海举行通榆河北延工程贯通送水仪式，提前半年完成全线贯通送水。盐城市境内通榆河北延工程已全部建成；省直管的大套三站、灌河地涵骨干工程亦已建成；连云港市境内工程基本建成，尚有灌云县截污导流工程二期工程正在扫尾。

（建设局）

农村水利建设

2011年全省农村水利建设重点实施了农村饮水安全、农村河道疏浚整治、小型农田水利和灌区节水改造等重点工程，精心组织、科学规划、强化管理、扎实推进，取得了显著的成绩。全省农村水利建设累计完成投资63.5亿元，占年度计划（60亿元）的106%，累计投工投劳2263万工日，完成土方5.6亿立方米，修建小沟以上建筑物5.8万座，加固圩堤1567公里，更新改造圩口闸1050座、泵站5000座，新建改造塘坝870面。实现新增有效灌溉面积71万亩、新增旱涝保收农田60万亩、节水灌溉工程控制面积215万亩。农村水利的基础保障能力进一步提升，为全省粮食生产连续八年增产和农业增效、农民增收、新农村发展作出了重要贡献。

【农村饮水安全工程】 2011年度计划实施280万农村居民饮水安全工程，投资12.2亿元，涉及41个县（市、区）、64个项目区，新建改建水厂165处，铺设管道2.8万公里，工程已全面完成。

【农村河道疏浚整治工程】 2011年度计划完成农村河道疏浚整治土方3.5亿立方米，其中疏浚县乡河道完成土方2亿立方米，整治村庄河塘完成土方1.5亿立方米。2011年度全省农村河道疏浚整治工程已超计划完成，累计完成投资22.35亿元（其中省级按计划及时下达补助资金5.1亿元），完成土方3.8亿立方米，其中县乡河道疏浚完成土方2.1亿立方米，占计划的107%；整治村庄河塘完成土方1.7亿立方米，占计划的107%。

【小型农田水利工程】 2011年度计划投资18.24亿元，实施44个小型农田水利重点县及34个专项工程项目，所有项目已经实施完成。更新改造机电泵站2708座，修建塘坝165座，配套改造渠系建筑物4.58万座，新增、恢复和改善有效灌溉面积341万亩。江苏省小型农田水利重点县项目建设经国家水利部、财政部考核，两年综合排名第一，给予了江苏省第三批重点县名额的奖励，全省列入国家支持的小型农田水利重点县项目已达到69个，基本实现涉农县(市、区)全覆盖。

【灌区节水改造工程】 2011年度，大型灌区改造及节水灌溉工程列入全省重点水利工程建设目标任务6.38亿元，其中2010年结转投资2.54亿元，2011年新增投资3.84亿元。2010年结转2.54亿元建设任务5月底已全面完成，覆盖全省13个大型灌区。2011年，国家下达江苏省16个大型灌区续建配套工程，工程总投资8.23万元，其中中央资金2.74万元，省级资金3.22万元，市县(市、区)配套资金2.27万元。

【水土保持工程】 2011年，水土保持工程列入全省重点水利工程建设目标任务6130万元，其中2010年结转投资4570万元，2011年新增投资计划1560万元。2010年结转4570万元建设任务5月底已全面完成。2011年，国家下达江苏省水土保持工程投资3000万元，其中中央资金1000万元，省级投资668万元，地方配套1332万元。对照年初制定的重点水利工程建设目标任务，年底前累计完成投资6370万元，完成年度目标任务的104%。

【末级渠系及旱改水田间工程】 2011年末级渠系工程计划投资1.5亿元，其中中央投资1.2亿元，省财政配套0.3亿元，目前已全面完成。工程涉及全省15个县(市、区)，共新建改造涵闸3199座、泵站183座、生产桥839座、田间工程8377座，新建防渗渠道477公里。2011年旱改水工程计划投资2.18亿元，工程已全面完成。

(周水生)

城市水利建设

“十二五”城市水利建设围绕保障城市防洪、供水安全和改善人居等水环境，加快城市水系整治，逐步建立与城市规模、功能和地位相适应的现代城市水利工程体系。2011年累计完成投资超过10亿元，全省城市防御洪涝灾害的能力进一步提升，河湖环境得到显著改善。2011年各地城市防洪建设情况：南京市实施完成东山副城排涝泵站三期工程；徐州市完成双山水库泄洪闸改建及市区7座排水泵站改造，实施了拾屯河、徐运新河等治理工程；常州市实施完成运北片南运河、串新河、大运河东枢纽，开工建设采菱港、澡港河南枢纽；南通市全面实施2011年度市区骨干河道整治，完成兴石河、天星横河治理等；淮安市全面实施里运河防洪控制、古黄河水利枢纽及城区泵站改扩建；盐城市完成8条河道疏浚及5条外围堤防加固，全面实施胜利河东、西闸站等28座闸站建设；扬州市实施基本完成横沟河、黄泥沟综合整治；镇江市古运河中段一期综合整治工程水工部分基本完成；泰州市基本完成城市河道水源控制及城区老通扬运河、三森河、中干河河道整治等工程；宿迁市实施完成古黄河发展大道至黄河2号桥段整治。

(阚桂生)

信息化建设

2011年，全省各地切实加强了对水利信息化工作的领导，进一步落实责任，加大协调督查力度，信息化项目投资明显增加，建设进度明显加快，工作成效明显提高。

【规范信息化管理】 水利厅信息化工作领导小组于 8 月 11 日召开了工作会议，在总结 2010 年和近期水利信息化计划的基础上，讨论并确定了 2011 年水利信息化工作计划。强化省水利信息办统筹协调力度，完成了《江苏省水利信息化发展“十二五”规划》的编制工作，稳步推进水利信息化建设。组织开展水利信息化总体设计，督促检查在建信息化建设项目，对未按期完成的项目提出整改意见和措施，进一步明确在建信息化项目的相关责任单位和完成时间。

【在建项目进展】 2011 年实施水利信息化续建项目 6 项，新批准项目 3 项，下达投资计划 3525 万元，完成投资 4835 万元。其中：续建项目 6 项，江苏省水资源管理信息系统一期工程，江苏省水利信息网络改扩建工程，江苏省太湖流域水环境自动监测站网工程和江苏省级水情报汛站自动测报系统改扩建工程继续完成已下达投资，江苏省水利厅行政权力网上运行系统和水土保持监测网络和信息系统基本完成；新开工项目江苏省重点水利工程防汛视频监控系统，已完成项目招标；完成竣工验收项目 2 项，苏北地区水资源配置监控调度系统和望虞河、太浦河自动监测系统工程；完成江苏省小型水库防汛通信预警系统和江苏省重点水利工程电子远程招标系统的前期工作。

【全省水利科技暨信息化工作会议】 为全面贯彻落实中央和省委会议精神，总结交流 3 年来水利科技信息化工作经验，表彰先进，动员部署今后一个时期水利现代化建设中的科技创新与信息化工作，成功召开了全省水利科技暨信息化工作会议，有力地推动了全省水利科技和信息化工作的开展。全省水利的信息采集、计算机网络、数据存储管理等基础设施基本配套，防汛防旱、水资源管理、电子政务、水利公众服务等主要业务系统功能不断完善，水利信息化应用能力明显增强，水利的防灾减灾科学指挥与决策、水资源优化配置与管理、水行政服务与社会管理水平大幅提升。各级水行政主管部门对信息化工作的重视程度也不断增强，信息化项目的建设投资不断加大，体制机制不断完善，技术人员能力逐步增强，信息化工作的保障环境有了明显改善。

（陆　明）

水利管理

规划管理

【水利规划概述】 2011年江苏水利规划工作取得显著成效。一是基本完成《江苏水利现代化规划》。二是完成《江苏省水利发展“十二五”规划》，省政府以苏政办发〔2011〕103号批复。三是完成《江苏省防洪规划》，省政府以苏政复〔2011〕21号文批复。四是完成《江苏省水资源综合规划》，省政府以苏政复〔2011〕29号文批复。五是完成《长江澄通河段河道综合整治规划》，通过长江委审查，水利部函复意见。六是完成《江苏省应对气候变化规划水利专题报告》上报省发改委。七是配合长江委修订《长江中下游干流河道治理规划》。八是完成《江苏省60年(1950～2009)水利经济效益分析》。

(张 明)

【部分规划成果简介】

1. 江苏水利现代化规划

贯彻落实中央和省委、省政府一号文件精神，根据水利部《关于推进水利现代化试点工作的通知》(水利部〔2011〕270号)及水利部与省政府签署的共同加快推进江苏水利现代化建设合作备忘录要求，指导全省水利现代化建设，江苏省水利厅组织编制江苏水利现代化规划。2011年4月，省水利厅成立省水利现代化规划编制工作领导小组，印发《全省水利现代化规划编制工作意见》，启动规划编制。7月，开展分领域规划编制。10月，形成规划讨论稿，召开专家咨询会听取意见。11月，根据江苏省第十二次党代会关于基本实现现代化的战略部署以及水利部有关全国水利现代化试点工作要求，修改规划并征求市县水利局长、省各有关厅局部门负责人意见。12月，形成规划征求意见稿，征求三大流域机构、省各有关部门、13个省辖市人民政府意见。该规划总结评价了2010年水利发展状况，分析了今后十年水利发展需求，研究了江苏水利现代化的基本特征与目标内涵，提出了2011～2020年江苏水利现代化建设的指导思想、基本原则、总体布局，明确了“防洪减灾、水资源保障、水生态保护、农村水利工程、水工程管理服务、政策法规支撑”六大体系建设目标与任务，提出了“实施八项工程、强化四线管理、推进四项改革、夯实四个保障”的六大体系建设重点，明确了规划实施方案与保障措施，为今后十年全省水利现代化建设提供规划依据。

2. 江苏省防洪规划

1998年长江大水后，水利部根据中央文件精神部署开展防洪规划编制工作，水利厅着手开展省防洪规划编制工作，2004年形成《江苏省近期规划报告》(报批稿)。2008年、2009年国务院相继批复了《长江流域防洪规划》(国函〔2008〕62号)、《太湖流域防洪规划》(国函〔2009〕12号)、《淮河流域防洪规划》(国函〔2009〕37号)等规划，据此，水利厅组织开展《江苏省近期防洪规划报告》(报批稿)修订工作，对规划基准年、水平年和目标、布局、主要工程措施等进行了局部调整和补充完善，形成《江苏省防洪规划报告》和《江苏省防洪规划文本》，并于2011年经省政府批复(苏政复〔2011〕21号)。该规划全面分析了江苏省防洪形势，结合经济社会发展需求，明确了规划指导思想、目标，系统提出了防洪减灾体系框架及关系，重点对流域防洪、区域治理、城市防洪和防洪管理措施等方面进行了协调研究，并就流域防洪工程、区域治理工程、城市防洪工程、专项工程措施以及防洪管理、保障措施、实施意见等方面提出了规划意见，进行了综合评价，为江苏省防洪建设和管理提供了重要依据和指导。

3. 江苏省60年(1950～2009)水利经济效益分析

2009年12月，水利厅着手开展全省60年水利经济效益分析工作，2010年5月形成江苏省治淮60年水利经济效益分析报告，并正式报淮委。2011年形成全省60年水利经济效益分析报告，2012年1月通过了水利厅组织的专家评审。本次成果主要包括：江苏省60年(1950～2009)水利经济效益分析报告及测算成果表、江苏省治淮60年(1950～2009)水利经济效益分析报告及测算成果2个主报告，以及水利投入说明书、防洪效益说明书、除涝治渍治碱效益说明书、供水效益说明书、水土保持、水力发电、农村饮水安全效益计算说明书、太湖流域防洪除涝分析、淮河流域防洪减淹面积分析等7个专项报告。《江苏省60年(1950～2009)水利经济效益分析报告》系统分析了1988～2009年江苏淮河、沂沭泗、长江、太湖四大水系水利投入，定量测算了防洪、除涝治渍治碱、供水、水土保持、水力发电、农村饮水安全效益，进行了投入效益对比分析，在汇总、衔接建国40年(1950～1989)江苏水利经济效益分析成果的基础上，形成了全省60年水利效益分析成果。报告还初步分析了太湖流域“引江济太”改善水环境效益，定性分析了社会效益。

(张　明)

【水利现代化评介指标体系】　为科学评估全省水利现代化进程，引导各地水利现代化建设，根据江苏省委、省政府《关于加快水利改革发展推进水利现代化建设的意见》(苏发〔2011〕1号)，对2010年底出台的《江苏省水利现代化评价指标体系(试行)》进行修改完善，并征求了市、县水行政主管部门和专家意见；2011年11月，根据省第十二次党代会提出的《江苏基本实现现代化指标体系》(试行)，进一步修订形成六大类22项指标构成的《江苏水利基本现代化指标体系》，明确了基本实现水利现代化的评判标准，作为引导各地水利现代化建设、监测、评价全省水利现代化发展水平的基本依据。

(张　明)

【水利普查】　2011年是水利普查清查登记阶段，主要是对各类普查对象进行清查登记，编制普查对象名录。在全省各级水利普查机构的共同努力下，清查登记前各项准备工作3月下旬全面完成，对象清查名录6月底率先上报国务院普查办、9月份通过国家级阶段验收、12月底增补完善后再次提请厅长办公会审议，普查数据获取、预审和录入工作在12月底基本完成。江苏水利普查各个阶段的工作无论是质量还是进度都得到国务院普查办的充分肯定，先后有4次在全国性会议、10多次在流域座谈会上进行典型发言。一是积极争取领导支持。水利普查涉及面广、推动难度大。依据国普办的实施方案，将江苏水利普查各重要节点的工作任务、存在困难及时汇报，取得领导的关注和支持。领导小组2次召开全省水利普查工作会议，建立以厅领导牵头的分片督导工作机制。厅先后4次召开厅长办公会议专题研究普查工作，2次召开全省水利普查推进工作会议，并将水利普查工作列入年度考核体系。领导和相关部门对水利普查的重视和关心，对保障全省水利普查顺利推进起到关键作用。二是充分做好清查登记前的准备工作。清查登记各项准备工作在3月底前基本就绪。全省13个市、104个县(市、区)的855名专职人员3月底前全部集中办公；全省水利普查经费实际到位1.2亿元，其中省级到位4000万元；全省基层登记台账系统4月底上线运行。三是积极开展水利普查宣传活动。除常规宣传外，配合水利普查清查登记启动和迎接普查标准时点的到来，分别在3月、12月进行了两次集中宣传。制作了水利普查宣传片、公益广告片，在全省水利会议、省电视台城市频道、教育电视台、地铁、公交车进行播放，印制水利普查清查登记工作画册，争取各界对水利普查的关心和支持。四是切实加强数据质量控制。省普查办组织对普查对象清查成果分专业、分阶段、多层次进行审核把关。首先,会同现场工作组加强事中质量抽查;其次,组织技术支撑单位分专业审核清查数据,并开展对象归并和汇总工作;第三,邀请专家和厅相关部门对数据成果和技术问题进行审查;第四,报请厅长办公会审议;第五,根据国普办的复核意见作进一步完善。经审核,全省 13 个市级普查区 104 个县级普查区,水利工程、经济社会用水调查、河湖开发治理保护、行业能力调查、灌区、地下水取水井六类专业共计上报清查对象 598 万个。五是河湖和水保专业清查进展顺利。河湖专业根据本省特点进行了拓展。河流普查范围由来水面积 50 平方公里拓展至乡镇级重要河流,数量由上报国普办的 1583 条增加至 11786 条;湖泊普查范围由面积 1 平方公里拓展至 0.5 平方公里,数量由上报国普办 106 个增加至 160 个。水保专业已完成雨量资料的导入、普查表水文气象资料的填报、全省 424 个野外调查单元的野外采集调查及内业处理等。六是台账建设有序进行。全省共建立灌区取用水台账、工业建筑业与第三产业取用水台账和河湖取水口取水量台账等三大类取用水台账共 48704 个,为动态数据的获取奠定了坚实的基础。七是空间数据采集与处理基本完成。依托省测绘局基础地理信息中心,省普查办制作了水利普查 1∶1 万工作底图共 4466 张,按县、乡两级分批制作下发,完成空间对象标绘,以及 11786 条河流及 12.8 万个各类对象空间数据的采集、审核工作。八是填表上报培训全面完成。10 月下旬,全面启动填表上报阶段省级培训。先后举办了 8 个专业培训班,培训人员 1900 人左右。省级培训后,各市县迅即开展培训,完成培训人数约 20000 人。九是普查数据全面获取,进展顺利。基本完成了静态指标的预审和录入。全省普查静态数据名录 23.6 万个,需录入数据 462.2 万个,截至 2011 年 12 月 31 日,静态数据全部录入,动态数据正在审核。

(丁　虎)

建设管理

【前期工作】 2011 年,全省水利系统切实加大基础性、全局性建设项目的前期工作力度,超前组织安排、狠抓关键环节,水利重点项目前期工作取得突破性进展。治淮工程入江水道整治初步设计 6 月份得到水利部批复;分淮入沂整治及洪泽湖大堤加固可研已经国家发改委批复;入海水道二期工程总体方案已经水规总院咨询、可研报告已形成阶段成果;新沭河治理工程可研已通过评估。太湖治理新沟河工程可研通过中咨公司评估;新孟河、望虞河西岸控制工程可研通过水利部审查。长江治理滁河工程可研进入国家发改委审批程序,水阳江工程可研已经国家发改委批复,2011 年度工程实施方案经省发改委批复开工;长江新济洲河段整治可研通过中咨公司评估、镇扬河段三期工程可研通过水规总院审查。沿海水利焦港闸、九圩港闸、通吕通启运河、徐圩新区送水、东温庄水库等输水支线及平原水库工程前期工作相继完成,泰州引江河二期工程初设、王港闸下移及东凌水库工程可研已报省发改委审批。列入全国近期治理规划的 87 条河流、106 个项目已全部批复实施;列入《江苏省小(2)型病险水库除险加固规划》的 199 座小(2)型水库加固工程也全部批复实施,列入国家"三位一体"规划的 6 座中型水库除险加固项目初步设计已经流域机构复核;列入全国大型泵改规划的 33 处泵站,前期工作完成 18 项,已批复实施 8 处、批复可研 6 处;列入《全国大中型病险水闸除险加固专项规划》的 114 座大中型病险水闸加固项目,安全鉴定核查已全部完成,前期工作完成 31 项、批复实施 6 项。

（阚桂生）

【工程建设管理】 2011 年全省水利工程基本建设紧紧围绕着贯彻落实中央一号文件精神，按照“十二五”规划，省委、省政府进一步加大水利工程建设投入力度，在规范水利建设市场秩序，加快水利工程建设，推进水利工程竣工验收，加强水利工程建设队伍建设等方面，工作开展卓有成效。（一）项目法人和开工审批管理。办理项目法人审批 42 件。先后成立淮河入江水道工程建设管理局、世行贷款泰东河工程建设局等大中型工程建设管理单位作为项目法人或省水利厅的现场派出机构。办理开工审批 34 件。（二）招标投标管理。在中小河流治理项目招标实施中，基本实行“一标定终身”的分标方案；招标实施阶段重点抓招标文件审查和招标公告发布环节，及时对招标信息和招标文件的规范性、完整性、针对性进行把关，同时将项目经理（总监）和技术负责人在岗情况、承揽工程情况、工程进度和工程质量情况作为标后监督重点。全年共完成各类招投标项目共计 78 项，省网发布招标信息 413 条，国家网发布 400 条，招标项目资金累计为 23.92 亿元，发布中标公示 282 条，累计中标合同金额 21.98 亿。上半年发出《关于加强我省重点水利工程招投标备案工作管理的通知》，对招投标备案工作的备案项目范围、备案时间、备案资料进行细化，强化招投标审核管理工作。严把招标申请核准关，突出做好分标方案的审查，强化现场监督，及时查处招标投标违法违规行为，加强评标专家管理。全年办理走马塘治理工程、入江水道整治工程、新沭河治理工程、中小河流治理工程各类招投标项目共计 162 项，发布招标信息 620 条，发布中标公示 310 条，累计中标合同金额达 37.21 亿。建立参与水利工程建设项目招投标活动的从业单位信用档案，目前已收录 611 个工程项目信息，836 个从业单位信息，14438 条从业人员信息，8177 条工程业绩信息。开展江苏省水利工程电子招投标系统建设工作，编制完成《江苏省水利工程建设电子招投标系统可行性研究报告》。（三）履约考核。完成 3 个季度 104 个中标单位 473 个标段的考核工作，根据 2010 年考核结果对备案的 788 家从业单位进行信用等级初步评定，中标单位履约考核等次和信用等级在江苏水利网上公布。（四）工程验收管理。全年组织完成的共完成各类验收 72 项，其中竣工验收 32 项。一是加强验收目标管理。制订下发《2011 年省重点水利工程竣工验收计划的通知》，对全省水利重点工程验收工作作出指导，明确省、市两级验收任务。二是全力推进工程验收进程。2011 年省水利厅组织完成各类验收 39 项，其中竣工验收 29 项，投入使用和阶段验收 10 项。按计划完成了中运河、骆马湖堤防整治工程竣工验收，29 座大中型水库在全面完工后全部通过了竣工验收，验收工作走在全国前列。三是加强验收前委托检测。下发《水利工程建设项目法人委托质量检测实施办法》，对项目法人委托检测从制度上作了强制性规定，对新检测单位进行职业道德教育。（五）专项治理和稽查。2011 年开展工程领域专项治理第二年，水利部陈雷部长讲话已明确水利工程领域专项治理贯穿于“十二五”期间，省水利厅基建处负责专治办公室工作。（1）深入开展排查工作。针对 2009～2010 年排查工作中的薄弱环节和存在的问题，组织各地进行再梳理、再核实。5 月上中旬，组织 3 个检查组分 3 片对 26 个项目进行了突击检查。专项治理期间，累计共 21 次组织对厅直属单位和地方水利部门计 80 个项目进行专项治理检查，督促指导排查工作。（2）抓问题整改。项目法人（建设单位）对负责建设实施的项目中存在的问题进行自纠；各市水利（务）局、厅有关处室对履行项目审批、核准、备案和监管职责的情况存在的问题进行自纠。在整改过程中，针对岗位责任、业务流程、制度机制等方面存在的薄弱环节和潜在的廉政风险点，制定相应制度和监督措施，抓长效机制建设。(3) 配合中央检查组集中检查。6月20～26日，中央治理工程建设领域突出问题工作领导小组检查组，来江苏检查水利工程建设专项治理工作，实地检查新沭河治理等5个工程。检查组充分肯定了江苏在工程建设领域突出问题专项治理工作中作出的努力，对检查中发现的问题，立即组织整改，及时向水利部报送整改情况。(4) 开展水利工程稽查。加大对重点水利工程建设管理的监督检查力度。全年累计稽查项目14个，发出稽查整改书14份，通过稽查，发现的问题90%以上得到了整改。稽查工作在水利建设监督管理中发挥了重要作用。(5) 完善项目信息公开和诚信体系建设。项目信息公开和诚信体系建设要在2010年试点的基础上全面推进。按照省治工办的要求，编制更新工作方案，细化公开信息目录，建立全省水利工程统一的项目建设信息基础数据库，原有的"工程建设领域项目信息公开专栏"进行全新改版，专栏已公开项目信息4000余条，信用信息15000余条，按规定向省政府信用办共享平台报送。

【文明工地】 2011年，江苏省走马塘张家港江边枢纽工程等13个建设工地被评为"2011年江苏省水利工程建设文明工地"。

2011年江苏省水利工程建设文明工地

一、江苏省走马塘张家港江边枢纽工程

建设单位：张家港市走马塘工程建设处

监理单位：上海勘测设计研究院

施工单位：江苏省水利建设工程有限公司

二、南水北调东线江苏省段工程皂河二站工程

建设单位：江苏南水北调皂河站工程建设处

监理单位：上海宏波工程咨询管理有限公司

施工单位：江苏盐城水利建设有限公司

三、常州市运北片防洪节点大运河东枢纽工程

建设单位：常州市城市防洪工程建设处

监理单位：江苏省苏水工程建设监理有限公司

施工单位：中国水利水电第十一工程局有限公司

四、南水北调东线江苏省段工程金宝航道大汕子枢纽工程

建设单位：江苏省南水北调金宝航道大汕子枢纽工程建设处

监理单位：徐州市水利工程建设监理中心

施工单位：江苏省水利建设工程有限公司

五、宿迁市七堡引水枢纽工程

建设单位：宿迁市中心城市水系沟通七堡枢纽工程建设处

监理单位：上海宏波工程咨询管理有限公司

施工单位：上海市第二市政工程有限公司

六、镇江市运粮河御桥港东节制闸工程

建设单位：镇江市运粮河节制闸工程建设管理处

监理单位：镇江市华源建设监理中心

施工单位：江苏河海建设有限公司

七、南水北调东线江苏省段工程刘老涧二站工程

建设单位：江苏省南水北调刘老涧二站工程建设处

监理单位：江苏省苏水工程建设监理有限公司

施工单位：江苏淮阴水利建设有限公司

八、南京市高淳县杨家湾枢纽节制闸工程

建设单位：南京市高淳县杨家湾枢纽节制闸工

程建设处

监理单位：南京市水利规划设计院有限责任公司

施工单位：南京振高建设有限公司

九、江苏省走马塘常熟海虞镇段河道、桥梁工程

建设单位：常熟市走马塘工程建设处

监理单位：苏州市水利建设监理有限公司

施工单位：江苏省水利建设工程有限公司
常熟市水利工程有限公司

十、南京市江宁区长江干堤2010年应急加固工程

建设单位：江宁区长江干堤防洪能力提升工程建设处

监理单位：南京市水利规划设计院有限责任公司

施工单位：南京市水利建筑工程有限公司
南京明瑞建设有限公司

十一、连云港市蒋庄漫水闸拆建工程

建设单位：连云港市蒋庄漫水闸拆建工程建设处

监理单位：连云港市金河水利工程建设监理有限公司

施工单位：连云港市水利建筑安装工程有限公司

十二、盐城市城市防洪南洋中心河泵站工程

建设单位：盐城市城市防洪市级工程建设处

监理单位：江苏省水利工程科技咨询有限公司

施工单位：江苏盐城水利建设有限公司

十三、扬州市乌塔沟分洪道闸工程

建设单位：扬州市乌塔沟分洪道工程建设处

监理单位：南京江宏监理咨询有限责任公司

施工单位：扬州水利建筑工程公司

（黄仲熙）

【施工质量管理】 全省水利工程质量监督管理工作有序开展，成效明显。(1) 全省工程项目质量监督工作。认真做好淮河入江水道整治、新沭河整治、新沂河整治、沂沭邳等工程，治太走马塘整治、太湖生态清淤等工程，通榆河北延送水、世行贷款泰东河工程，海堤达标等重点工程的质量监督工作。做好沙河水库、大溪水库、房山水库等大中型水库除险加固和临洪东站、大套一站等大中型泵站改造项目的质量监督工作。做好中小河流治理工程、小型水库除险加固等重点民生水利工程的质量监督巡查工作。组织做好小型水库除险加固工程、中小河流工程、泵改工程竣工验收前的省级质量抽检工作。各市水利工程质量监督站承担了中小河流治理、小型水库除险加固、城市防洪、水利血防、区域水利、灌区改造、乡村供水工程的质量监督管理工作。全省水利工程质量总体保持良好态势。(2) 南水北调工程质量监督工作。南水北调工程江苏质量监督站继续做好金湖站、泗阳站、泗洪站、洪泽站、刘老涧二站、皂河站、邳州站、睢宁二站、淮安二站更新改造、金宝航道、高水河整治、里下河水源调整、洪泽湖抬高蓄水位影响处理、骆马湖以南中运河影响处理、徐洪河影响处理等项目的质量监督工作。坚持服务第一理念，主动提前介入工程的质量监督工作，规范参建单位质量行为。南水北调工程总体质量良好。(3) 质量检测管理工作。制定并发布了《江苏省水利工程建设项目法人委托质量检测实施办法（暂行）》，标志着我省水利工程建设项目法人委托质量检测走上了制度化轨道。(4) 质量管理制度标准建设取得新进展。《水利工程铸铁闸门设计制造安装验收规范》(DB32/T1712—2011）经江苏省质量技术监督局批准，发布施行，结束了全国水利行业没有铸铁闸门标准的历史。(5) 质量监督、检测队伍建设。县级质量监督机构建设取得新进展，全省又有昆山等县（市）获批准成立了专业质量监督机构，全省已有溧阳、吴江、张家港、常熟、昆山、宜兴、仪征、高邮、江都、丹阳、姜堰、泰兴、大丰、新沂等14个县(市)级专业质量监督机构。开展了县级水利工程质量监督员培训考核工作，全省共有300多人接受培训考核，270人取得县级质量监督员证书。1100多人参加了中国水利工程协会组织的质量检测员过渡考试培训及考试，876人通过考试。

【定额造价管理】 发行《江苏省水利工程预算定额(2010版)》，印发了《江苏省水利工程招标投标文件工程量清单格式》。举办《江苏省水利工程预算定额(2010年版)》配套软件与《江苏省水利工程招标投标文件工程量清单格式》培训班，培训1400多名学员。颁布《关于水利基本建设工程主要材料及燃料价格风险控制的指导意见》。

(肖志远)

工程管理

【水利工程管理】 (1)河湖管理。深化河湖管理与保护工作。一是进一步推进河湖管理组织体系建设。牵头组织成立了高邮湖邵伯湖、白马湖宝应湖、长荡湖滆湖、石臼湖固城湖4个湖泊管理与保护联席会议，全面建立起省管湖泊管理与保护联席会议制度。积极组织开展联席会议成员单位联合巡查和管理会商，务实推进联席会议办公室工作。二是加强湖泊空间管理体系建设。开展洪泽湖、高邵湖湖区核心功能区设标试点工作，深化对湖泊功能区的管理。会同有关厅属管理处组织沿湖各地开展洪泽湖巡查联合演练，进一步强化湖泊巡查工作。继续实施省管湖泊保护范围内滩地、水域遥感监测，加强对变化情况的核实与查处。三是认真开展省管湖泊科学监测。定期开展省管湖泊水质和富营养化的监测和分析，启动长荡湖水生态监测试点工作。四是根据《江苏省省管湖泊管理与保护工作考核办法》的要求，务实开展河湖管理考核工作。五是继续加强湖泊管理能力建设。完成了第三批23艘湖泊巡查船的建造，购置GPS、测距仪等湖泊巡查设备，启动了太湖等湖泊管理基地、巡查码头的建设，完成洪泽湖、里下河巡查管理系统建设，并投入使用。六是积极推进退圩还湖工作。加强对东太湖、滆湖、白马湖等退圩(渔)还湖工程的监管，对长荡湖等湖泊退圩(渔)还湖规划进行指导。七是加强重点河湖采砂管理。组织完成《淮河干流～洪泽湖采砂管理规划》的编制，加大对洪泽湖非法采砂的打击力度。八是加强湖泊培训和宣传工作。组织开展湖泊巡查艇使用、湖泊地理信息管理系统等业务知识培训。定期编制《省管湖泊管理季报》、《省管湖泊巡查月报》，启动《省管湖泊管理与保护年报》编制。九是积极推进河道管理“河长制”建立。编制完成了《江苏省河道管理“河长制”建立方案(讨论稿)》，并组织召开全省河道长效管理座谈会。(2)涉河建设项目管理。2011年，共办理涉河建设项目137项，其中省厅行政许可75项，协助流域机构办理行政许可62个。一是河湖管理检查工作。对全省范围内32条流域性河道、12个省管湖泊和14条流域面积大于1000平方公里的河流、3个市际湖泊以及《全国重点地区中小河流近期治理建设规划》确定的87条中小河流，开展专项检查活动，重点对涉河建设项目开展全面调查，摸清涉河建设项目的基本情况，开展清理整治工作，并及时上报情况，配合水利部流域机构的检查活动。二是京沪高铁防洪影响专项工作。组织对京沪高铁跨河建设项目情况进行调查，疏理出江苏省境内京沪高铁涉河工程86项，其中有28条河流需实施防洪补偿工程这一情况，专门召集水利、铁路建设部门召开协调会议，商谈铁路桥梁工程行政审批有关事宜，研究落实补偿处理方案，并配合水利部及有关流域机构专项检查工作，将京沪高铁长江大胜关大桥、滁河大桥和望虞河大桥等重点工程的防洪影响处理工程落实到位。同时，按照河道分级管理的权限，地方水行政主管部门加强与建设单位的联系，完善相关许可手续，落实防洪影响补偿措施，做好相关指导与服务工作。三是直管涉河桥梁安全管理工作。针对全省境内河道有不少桥梁属水利部门直接管理并兼作公路交通这一实际情况，对水利部门直管 1176 座桥梁(其中位于国道上 3 座、省道上 34 座、县道上 135 座)开展安全检查工作，要求各地排查辖区内桥梁情况，搜集桥梁设计、管理、维修等技术资料，掌握桥梁运行管理情况，开展桥梁安全监测，根据检查中发现的问题，逐项落实措施，切实加强桥梁安全管理工作，并就水利部门管理的桥梁，特别是县道以上桥梁的管理、监测问题与省交通厅沟通磋商，并达成初步意见。四是涉河项目后续监管工作。继续加大对涉河建设项目的监督管理，督促地方落实监管责任，开展施工方案审查，严把开工关，重点加强对建设项目过程和主要环节的控制，落实防洪补偿工程措施，抓好涉河工程专项验收，进一步指导市县对照省厅下发的涉河项目监管表式要求，开展工作并上报情况。2011 年汛前组织督查组对全省流域性河道管理范围内建设项目进行专项检查，特别是加大违法涉河建设项目的查处力度，对一些新违章项目，尤其是破坏防洪工程的行为及时制止。同时，启动涉河建设项目管理信息系统建设，逐步将已批项目的档案录入系统，建立涉河项目信息化平台。另外，应用遥感技术对长江涉河建设项目工程及其所占用情况进行实时监控，及时了解和掌握现场变化情况。(3) 水利工程规范化管理。一是水利工程管理考核和省级、国家级水管单位创建工作。完成省泰州引江河管理处和胥口水利枢纽国家级管理单位的新创建工作，完成红山窑水利枢纽国家级管理单位省级初验。截至年底，全省共有省级以上水利工程管理单位 96 个，其中国家级水利工程管理单位 11 个；省一级管理单位 41 个，省二级管理单位 29 个，省三级管理单位 15 个。二是省级小型水库规范化管理单位创建工作。开展小型水库规范化管理工作，指导小型水库创建省级小型水库规范化管理单位。截至年底，全省已有省级小型水库规范化管理单位 30 个。三是规程、规范的编制和执行工作。《江苏省水库管理条例》已颁布实施、《江苏省建设项目占用水域管理办法》已在省政府常务会议上通过，《水利工程观测规程》由江苏省质量技术监督局发布。(4) 水库安全运行管理。落实管理责任，对全省 908 座水库逐库明确政府、主管部门、管理单位等三级责任人的具体责任，并通过网站公布三级责任人名单；强化日常管理，加大水库大坝观测，开展观测资料的收集、整编与分析汇总力度。开展专项稽查，配合水利部开展水库安全运行管理稽查，并以水利部稽查组发现问题的整改工作为着力点，组织全省水库安全运行管理督查。强化一线培训，市县水行政主管部门人员和管理单位一线技术骨干进行系统培训。完成 30 座小型水库"江苏省小型水库规范化管理单位"创建工作。(5) 行业指导与管理。切实加强工程管理的行业监督、管理、指导、服务工作。一是安全鉴定及复核工作。对列入水库除险加固规划 6 座中型水库和列入全国大中型水闸除险加固规划的 116 座大中型水闸进行安全鉴定和开展核查工作，配合水利部完成大型灌溉排水泵站安全鉴定复核。二是堤坝白蚁危害普查、治理及达控复查验收工作。组织召开全省堤坝白蚁防治工作会议，建立健全防治网络，指导各地认真开展白蚁防治达控验收，落实具体的保障措施，不断巩固治理成果，切实维护工程大坝安全。三是水利林木管理。本年度累计审批水利林木采伐限额 8.3 万立方米。首次举办了全省水利防护林木培育与管理培训班。四是河湖及水利工程管理科技创新。完成涉河建设项目管理信息系统数据库系统的建立，完成洪泽湖、里下河巡查管理系统建设，启动长江水域及滩地占用情况遥感监测，开展长江堤防张家港堤段工程安全评价与现场监测技术研究、江苏省退圩还湖大纲研究。

（工管处）

【省属闸站工程管理】 在防汛防旱工作方面，根据省防指《关于开展2011年度水利工程汛前大检查的通知》的要求，4月10日至4月26日省河道局组织检查组对省属水利工程开展汛前检查，重点抽检了全省流域性防洪、排涝、抗旱骨干涵闸、泵站、变电所、堤防等85座工程、2个抗排队、2座变电所和各管理处的防汛准备工作和度汛应急预案情况，对照《厅直属水利工程定期检查内容（试行）》的要求，详细检查各管理单位的自检材料、工程试验资料、工程设备，重点检查了各管理单位提出的工程存在的问题以及关系工程安全的重要部位，并提出整改意见，限期整改。对检查出来的问题要求管理单位尽快处理，加强观测检查，确保汛期安全。对正在进行除险加固改造的闸站，要制订科学合理的应急处理方案，落实度汛措施。11月，河道局要求厅直各水管单位按照省防指有关要求做好水利工程汛后大检查工作，并根据检查情况和发现的问题，制定好2012年度工程维修养护项目计划和编制预算。2011年，省管水利工程科学调度，发挥了显著的工程效益。全年省管泵站共排涝28.39亿立方米，抽水抗旱177.13亿立方米；省管涵闸泄洪196.97亿立方米，引水202.18亿立方米。省属抗排队抗旱补水出机243台套，累计抽水2.9亿立方米。在维修养护工作方面，2011年，河道局根据各厅属水管单位上年汛后及当年汛前检查发现的问题，区别轻重缓急，本着应急、抢险、保安全的原则，合理安排工程经费，使一些比较迫切需要维修的工程、设备得到正常维修保养，为安全度汛提供了有力地保障。全年共安排省属闸站省级水利工程经费共5895.86万元。其中：维修经费4546.5万元，养护经费919.36万元，防汛岁修经费430万元。另外其他度汛应急和中央防汛抗旱补助等经费430万元。在技术管理工作方面，（1）加强技术管理基础工作，进一步推动水利工程“五化”管理，由河道局组织编写的江苏省地方标准《水闸运行规程》和参与编写的江苏省地方标准《水利工程观测规程》正式发布实施，其中《水利工程观测规程》荣获江苏省水利科技优秀成果三等奖。（2）积极开展新技术、新工艺、新设备在省属闸站工程的应用和推广工作。继续与省水科院合作进行《探地雷达在水工建筑物隐患探测中的研究与应用》项目研究，在江都万福闸与太平闸的水下隐患探测现场试验，并完成试验技术报告。（3）2011年9月至11月，省河道局对全省基层水利工程管理单位的工程安全运行情况进行了问卷及走访调研，并撰写完成《关于我省基层水利工程安全运行情况的调研和建议》调研报告。调研工程管理单位包括苏南、苏中、苏北3个片，工程类别包含了水闸、泵站、水库、堤防以及水利部门管理的船闸。从调研的情况来看，各基层水利工程管理单位及上级主管部门对水利工程安全运行工作都非常重视，通过管理体制改革、工程除险加固、工程管理考核、高新技术运用等，各类水利工程安全运行得到了较好的保障。在除险加固工作方面，2011年，省属闸站水利工程在建除险加固工程项目7个，完成投资金额3859.6万元，其中完成竣工验收项目1个。截止2011年底，有20座省属闸站工程完成安全检测和安全鉴定的除险加固前期工作，其中13座工程完成可研上报工作。

（王震球）

【水利风景区管理】 2011年，全省水利风景区建设与管理工作取得显著成效。一是水利风景区的发展保障。成立由厅领导任组长、有关处室(单位)负责同志为成员的水利风景区建设与管理工作领导小组;建立健全考核机制,对省级、国家水利风景区申报成功单位制度。二是完成省级景区评定与国家景区推荐工作。通过现场初审、专家现场评价、评委会评审并经领导小组评定,批准南京汤泉湖、南京蟠龙湖、徐州经济技术开发区金龙湖、徐州贾汪区南湖湿地园、丰县大沙河、新沂市马陵山黄巢湖、常州市北塘河枢纽、如皋市龙游、连云港市大圣湖、连云港市海陵湖、盱眙县天泉湖、镇江市白娘子爱情文化园、宿迁市船行灌区等13家景区为“省级水利风景区”;推荐如皋市龙游、淮安市樱花园2家水利风景区申报“国家水利风景区”,经水利部评定第11批。至此,江苏省已有“国家水利风景区”25家,“省级水利风景区”43家,“国家水利风景区”申报成功率保持100%。三是完成水利部水利旅游资源监督与管理试点工作。试点成果顺利通过审查。同时,在全省范围内开展了水利风景资源普查。四是抓好景区宣传推广工作。加强与旅游部门联系,扎实推进水利风景区联网并线工作,目前外秦淮河、金牛湖、泰州引江河等10多个景区已被当地旅游部门指定为主要景点;利用报刊、网络、宣传册、景区立标等加大景区宣传力度,提高景区知名度。

(曹　瑛)

【水利工程移民工作】 (1)组织编制“十二五”水库移民后期扶持规划。在总结大中型水库移民后期扶持政策实施第一个五年规划执行情况的基础上,2011年2月,省水库移民后期扶持领导小组办公室,省发展改革委、省财政厅、省水利厅分别下发《关于编制2011～2015年大中型水库移民后期扶持规划的通知》和《关于编制2011～2015年大中型水库库区和移民安置区基础设施建设和经济发展规划的通知》。先后召开全省水库移民后期扶持规划编制和水库移民后期扶持规划编制推进座谈会,以及规划编制专家审查会。南京市等10个省辖市年底前完成了规划的编制、初审上报工作,2011年底,省大中型水库移民后期扶持工作领导小组办公室对10市《水库移民后期扶持规划》实施了审批,为全省深入推进水库移民后期扶持工作奠定了基础。(2)开展水库移民后期扶持政策实施情况监测评估。为全面评估“十一五”水库移民后期扶持政策实施情况,依据国家发展改革委、财政部、水利部《关于开展大中型水库移民后期扶持政策实施情况监测评估的通知》(发改农经〔2011〕1033号)要求,组织江河水利水电咨询中心、河海大学移民研究中心、省工程勘测研究院、省水利勘测设计院、省水利科学研究院5家监测评估业务单位,对溧水县、新沂市、铜山区、睢宁县、赣榆县、东海县、盱眙县、大丰市、仪征市、句容市10个县(市、区)水库移民后期扶持政策实施情况进行了评估。(3)统筹库区和移民安置区资源整合。为进一步巩固水库移民后期扶持政策实施成果,不断提高库区和移民安置区群众生产生活水平,促进库区和移民安置区经济社会发展,根据国家发展改革委等14部委《关于促进库区和移民安置区经济社会发展的通知》(发改农经〔2010〕2978号)要求,省政府办公厅制定出台了《省政府办公厅关于促进库区和移民安置区经济社会发展的通知》(苏政办发〔2011〕149号)文件,强调各有关市、县人民政府要以解决当前库区和移民安置区生产生活中存在的突出困难和提高移民群众收入水平为重点,积极筹措资金,拓宽投资渠道,加大投入力度,在年度投资计划中向库区和移民安置区倾斜,调整并优先安排农村道路、农村饮水安全、危房改造、农田水利、农产品生产基地建设、水土保持、扶贫开发、农村劳动力转移、农村沼气、农村环境整治、农村电网完善、农村社会服务、基础教育、职业教育和移民技能培训、学前教育、乡村医疗卫生机构建设等民生项目,力争在2～3年内使库区和移民安置区基础设施有较大改善。(4)继续实施三峡移民危旧房改造。为帮助三峡移民改善住房条件，2009 年省长办公会议纪要确定帮扶三峡移民改善住房条件，省政府每年安排 750 万元，按三峡移民原迁户新建住房每户补助 1.5 万元的标准，帮助 500 户农村困难三峡移民改善住房条件。2011 年省政府继续安排 750 万元帮助三峡移民解决危旧房改造。截至年底，已累计扶持 1500 户三峡移民新建住房，尚有 880 户三峡移民没有得到改造住房资金补助。(5) 开展三峡移民安置资金审计。受国家审计署委派，省审计厅 2011 年 11 月 11 日至 2011 年 12 月 31 日，组成 2 个审计小组对盐城、南通市所属 10 个三峡移民安置县(市、区)三峡工程外迁移民资金财务决算审计。审计认为，江苏省三峡移民安置和政策扶持工作在省委、省政府的正确领导下，认真贯彻落实移民工作各项政策，安置工作顺利开展。南通、盐城两市各级党委和政府采取多种措施引导移民致富，积极帮助移民解决实际困难，促进移民早日融入当地社会。但审计也发现，我省在外迁移民资金管理使用、移民工程项目建设管理等方面存在一些问题，应引起高度重视并予以纠正，通过审计将进一步加强整改。(6) 检查调研。2011 年 5 月 16 日国务院三峡办党组成员张宝欣，外迁安置司、资金计划司司长一行 12 人到省检查调研三峡移民管理和稳定工作。10 月 24 日至 29 日，水利部移民开发局李天碧特派员等一行 5 人到赣榆县进行大中型水库移民后期扶持政策实施情况稽查。

(省移民办)

水资源管理

【落实最严格水资源管理制度】 根据省政府批准实施的《江苏省水资源综合规划》，组织编制完成《江苏省落实最严格水资源管理制度工作方案》和“三条红线”实施方案，分别制定用水总量、用水效率、限制纳污“三条红线”。用水总量方面，将用水总量控制指标分解落实到市，并会同省发改委征求 13 个市政府意见，力争 2015 年全省用水总量控制在 560 亿立方米以内。用水效率方面，确定市、县行政区域和重点用水单位及火电、化工等八大高耗水行业的用水效率控制指标，强化节水管理，全面实施用水效率红线控制。水功能区限制纳污方面，组织编制重点河湖限制排污总量意见；完善水功能区量质监测，在太湖流域建立对市政府的考核机制；开展入河排污口复核监测，严格控制入河湖污染物总量。

【节水型社会建设】 一是认真抓好试点。完成南通市、泰州市国家级试点中期评估，南通市被评为全国第一名，指导南京市做好终期验收准备。会同省发改委完成了无锡、淮安等 11 个省级节水型社会建设试点验收并由省政府授牌。二是积极创建节水载体。审核公布 2010 年 279 个节水型载体，2011 年创建完成节水型载体 216 个，超额完成年度目标任务。完成 93 所节水型高校创建，并会同省教育厅、财政厅下发《关于全面开展学校节水工作的通知》，正式启动节水型学校创建工作。12 月 22 日会同省教育厅召开会议，对节水型高校建设进行总结交流，全面启动节水型中小学创建。三是强化节水规划和立法。组织编制全省及各市节水型社会建设“十二五”规划，完成《江苏省节水型社会建设“十二五”规划》初稿，起草《江苏省节约用水条例》(讨论稿)。会同信息中心组织开展了一系列节水宣传活动。

【水资源保护】 一是强化饮用水源地保护。省政府同意并转发了省水利厅等部门制定的《关于开展集中式饮用水源地达标建设的通知》。横山水库等部分水源地通过了达标验收。12 月 20 日，会同住建厅、环保厅在苏州召开了全省集中式饮用水源地达标建设推进会，水源地达标建设全面启动。二是强化水功能区管理。完成国家重要水功能区的复核，组织编制太湖流域水功能区水质通报，并向所辖各级政府通报。严格入河排污口审批，年内全省批准入河排污口 10 个。三是强化河湖管理。对全省 2010 年度重点河湖开展健康监测评估工作，在国内首个编制完成河湖健康状况评估报告，已正式发布。

【水资源管理与能力建设】 一是开展水资源管理示范县建设。组织召开经验交流会，张家港、江阴、江宁、铜山、常熟、如皋 6 个县(市、区)通过验收。在此基础上，制定江苏省水资源管理现代化指标体系和指导意见(初稿)。二是加快推进信息化建设。水资源管理信息系统一期工程已完成 3300 多个用水大户的采集系统建设，应用系统建设初具框架。三是规范取用水管理。进一步加强取水许可、水资源论证，2011 年审批取水许可项目 92 个。举办建设项目水资源论证培训班，组织开展水资源论证资质单位申报和优秀报告书评选。四是强化地下水资源管理。在南水北调受水区和沿海地区开展地下水压采，全年压缩开采量 600 万立方米；启动地下水位红线划定和地下水超采区复核前期工作，探索建立地下水取水总量和地下水位双控制制度；组织开展地热水、矿泉水开发利用情况调查和地下水管理互查，规范"四个一"管理；开展地源热泵取水许可及水资源费征收试点；进一步加强地下水监测，定期发布地下水监测季报和年报。五是继续推进水务一体化。11 月 10 日召开水务管理座谈会，并赴外省专题调研，修改完善《关于深化水务改革促进水务事业健康发展的意见》提交水利厅领导审定。4 月徐州市铜山、贾汪、丰县、睢宁等市县挂牌成立水务局，中国水利报专版对徐州水务工作进行了宣传报道。举办全省水务管理培训班。六是加强"两费"征收工作。全面加大"两费"征缴力度，组织 2 次专项督查并全省通报，对工业园区取用水大户"两费"征缴专项审计。截止 12 月底，共征收水资源费 5.75 亿元，超额完成年度任务；南水北调基金 3.45 亿元，多年来首次完成年度计划，征收到位率大大高于往年。进一步规范水资源费管理，起草了《江苏省水资源费项目资金使用管理办法》(征求意见稿)，制定了水资源费调价初步方案。

(游　洋)

太湖水环境应急治理

【太湖蓝藻应急治理综述】 2011 年初春期，太湖应急度夏的形势十分严峻，越冬蓝藻种源生物量较往年有较大增加，加上太湖地区受罕见的冬春连旱影响，太湖水位明显偏低，有利于蓝藻的暴发生长。水利部门超前部署、优化方案、科学调度、及时处置，得到省委、省政府的充分肯定和社会的高度认可。一是强化蓝藻打捞，力争"日生日清"。无锡市增购机械化打捞设施，打捞能力同比增加 1/3，全湖形成 172 个打捞点、60 个打捞平台及 3 条移动打捞处理船相结合的网络体系。2011 年累计打捞蓝藻 97 万吨，较 2010 年增加了 30 余万吨。初步建立蓝藻生成、变化监测的预警机制、打捞处置智能管理系统，强化考核督查，努力实现太湖蓝藻"日生日清"。探索蓝藻打捞市场化机制，开展按藻泥产量结算的试点和月亮湾藻水分离站委托运行的试点。整治沿湖蓝藻堆场，及时妥善处理陈藻确保不产生次生环境问题。11 月 18 日召开全湖蓝藻打捞处置工作会议，总结推广先进经验，并就加强蓝藻监测预警、提高机械化打捞能力、强化藻水分离和陈藻处理、提高藻泥资源化利用程度等方面提出具体要求。二是持续生态清淤，减少湖体内源污染。2011 年太湖地区各级水利部门进一步加大生态清淤力度，超额完成 692 万方的年度清淤任务。对清淤工程的第三方同步开展验收,委托省水科院对清淤前后水下地形和堆场开展土方检测,加强考核督查,确保清淤工程量落实到位。2008 年以来,全湖累计清淤 80 平方公里、2500 万立方米污染底泥。三是加强监测预警,严密防控湖泛生态危害。从 4 月 10 日开始对湖泛易发区和重点湖区每日巡查监测,水利厅主要领导和分管领导在关键时刻赴现场带班巡查。每日编制《太湖巡查简报》,2011 年累计巡查 194 天,投入人力 1.7 万人次,出动车船 4149 辆(艘)次,行驶车(船)里程 32.2 万公里,巡湖面积 10.2 万平方公里,全年累计编发《太湖水质简报》、《太湖水源地巡查简报》等 1188 期,编制完成太湖水源地、入湖河道及湖体巡查等专题分析报告 14 份。深化对湖泛生成机理和应对措施研究,提出强化监藻打捞、生态清淤、强化曝气,人工增雨、科学调水等应急处置措施,并积极开展曝气船强化曝气、防治蓝藻堆积的试验,取得较好效果。加强与气象、科研部门的合作会商,建立和省气象局、中科院地理与湖泊研究所的会商机制,不断改进对湖泛的巡查、防控方案和措施。四是加强水质水量监测,开展水功能区达标考核。根据 2010 年 5 月《国务院关于太湖流域水功能区划的批复》及 2011 年两个"一号文件"的要求,水利部门于 2011 年 1 月起在太湖流域开展水功能区水质全覆盖监测,并逐月发布《江苏省太湖流域国家重点水功能区水质通报》。加强集中式饮用水源地的管理与保护,保障饮用水安全,目前实施了太湖流域片区 15 个饮用水源地的监测工作,定期发布水文情报,为相关部门和领导提供信息服务与决策依据。

(游　洋)

【太湖引流应急调度】 为保障无锡、苏州等太湖水源地供水安全,2011 年 1 月至 6 月上旬江苏省持续实施太湖调水引流。6 月 9 日太湖地区进入多雨期后,暂停引江济太,确保防洪安全。10 月 18 日根据太湖水情再次启动调水引流工作。调水引流期间,采取了严格控制望虞河沿线及环太湖的口门运行等措施,以提高引江入湖效率,直接减少劣质水排入太湖。全年常熟枢纽累计引水 31.9 亿立方米,望亭立交入湖 16.1 亿立方米。无锡梅梁湖泵站及大渲河泵站累计抽水 7.0 亿立方米,太浦闸累计放水 18.4 亿立方米。太湖平均水位 5 月 18 日降至全年最低 2.74 米,比年初下降了 0.27 米。期间通过常熟枢纽、望亭立交调水入湖 10.1 亿立方米。据分析,如不实施补湖措施,则太湖水位还将下降 0.40 米左右。

调水引流的实施,有效地补充了太湖地区河湖水量,减缓了干旱期太湖水位下降趋势;促进了梅梁湖、贡湖及东太湖水体流动,改善了太湖水源地水质,为太湖地区抗旱及保障供水安全发挥了重要作用。由于大量补充长江水,虽然上半年太湖水位低于往年同期,但全年水质呈好转趋势,各项水质指标都较往年有所下降,其中氨氮、总磷和总氮指标分别比往年下降 48.8%、16.5%和 21.5%,且没有出现大规模的蓝藻暴发。

(省防办室)

【太湖水环境整治方案】 国务院批复的《太湖流域水环境综合治理总体方案》确定的近期重点引排工程项目,我省境内有走马塘、新沟河、新孟河及望虞河西岸控制四项工程。走马塘工程 2009 年 10 月开工、目前主体工程基本建成。新沟河工程可研报告 2010 年 10 月报国家发改委、2011 年元月通过中咨公司评估,估算投资 48.4 亿元(其中征迁投资 22.8 亿元)。移民规划大纲、水土保持方案、环境评价报告已经批复,用地预审国土部正在办理。新孟河工程可研报告已通过水利部审查,即将转报国家发改委审批,估算投资 103.4 亿元(其中征迁 43.4 亿元)。移民规划大纲、环境评价报告、水土保持方案已经初审,用地预审工作正在进行。望虞河西岸控制工程可研报告已通过水利部技术审查，估算投资7.4亿元。移民规划大纲、环境评价报告、水土保持方案已经初审。

（阚桂生）

安全生产工作

【综述】 坚持以科学发展观为指导，切实履行安全生产综合管理职责，认真贯彻“安全第一，预防为主，综合治理”工作方针，紧紧围绕水利工作中心任务，强化措施，明确责任，水利行业安全生产工作成效明显。一是进一步落实了安全生产责任制。召开全省水利系统安全生产工作会议及安全生产委员会会议，学习贯彻国务院和水利部会议精神，分析全省水利安全生产形势，研究部署2011年和今后一段时期的水利安全生产工作。进一步明确了行政首长负总责、分管领导具体负责、一级抓一级、层层抓落实的“一岗双职”安全生产责任体系，落实了安全生产目标管理责任人，并把安全生产情况作为市、县水利部门和厅直单位评先评优一票否决内容之一。二是认真组织实施建设领域安全生产专项整治暨打击非法违法生产经营建设行为专项行动。根据部、省相关通知精神，制定实施计划，明确专项工作的具体内容并组织四个工作督查组，对全系统开展专项整治和专项行动工作进行督查。在随机抽查、听取汇报、查看资料的基础上，从工程建设项目名录中随机抽查建设施工单位，对检查中发现的隐患和薄弱环节，要求现场落实整改方案；对屡查屡有的隐患项目，现场责询原因，属于责任不落实、履职不到位的，建议有权部门予以追究处理。三是组织开展安全生产月和节假日安全生产大检查。及时制定安全生产月活动计划，严格落实汛前安全生产措施，着力抓好重点时节、重点环节、重点领域的安全生产大检查，做到职责明确、检查严格、整治到位；开展安全管理技能培训，举办了三类人员培训班。同时，根据节日水利建设管理特点，及时部署安全生产工作，强化施工现场防冻、防滑和重要设施的冬季保温，强化冬季防火和夏季防暑降温检查，并采取自上而下发动，自下而上检查的方式及时整改隐患，保证了水利建设的顺利进行。

（人事处）

【水利建设】 2011年，全省水利工程建设安全生产工作围绕水利工作中心任务，以“安全生产年”活动为主线，以强化水利施工企业安全生产主体责任为重点，重点抓好“三个深化”（深化安全生产责任落实、深化依法监管、深化专项整治）和“三个推进”（推进科技进步、推进安全达标、推进长效机制建设），在安全责任落实、安监队伍建设、安全教育培训、安全标准化工地建设等方面工作得到不断加强。经过各地各单位共同努力，2011年，全省未发生一起等级以上水利工程建设生产安全事故，重伤及死亡人数为零，继续保持持续向好的良好态势。一是安全监管队伍建设不断加强。全省13个市中，南京、徐州、苏州、盐城、扬州、宿迁等6市成立了专门的安全生产监管机构，配备安全生产监管人员，其余各市均已明确安全生产主管部门，单位分管领导、处室负责人、安全联络员。二是安全规章制度不断完善。2011年建设局组织编制完成了《江苏省水利工程建设安全施工标准化工地考核评分表》、《江苏省水利工程建设安全生产费用提取和使用管理指导意见》、《江苏省危险性较大水利工程安全专项施工方案编制及专家论证咨询管理暂行办法》，征求意见工作已经完成，将进一步加快省水利工程建设安全生产法制化、规范化、标准化进程。三是安全监管力度不断加强。2011年，按照继续深入开展“安全生产年”活动工作要求，结合水利工程建设实际，每逢“春节”、“五一”、“国庆”等重大节日，国家重大会议、活动举办前夕，以及汛前、冬季、防台风“梅花”等重要时段，建设局认真研究制定安全检查计划、方案，明确检查内容，细化检查大纲，组织发动各单位开展自查自纠、隐患整改和“回头看”等工作。定期成立安全专项督查组赴各水利工程一线开展安全督查指导，对发现存在的各类问题，现场指出，并发出书面整改意见。另一方面，建设局先后对蔷薇河地涵拆建工程、淮安抽水站变电所改造工程、江都水利工程管理处管理用房改造工程、省走马塘拓浚延伸张家港枢纽工程开展常态安全监督管理，2011 年又对省宜陵闸除险加固工程、淮河流域重点平原洼地治理工程泰东河工程开展常态安全监督管理，成立安全监督项目组，制定安全监督工作计划，定期开展安全监督活动，促进了全省水利安全生产基础性工作得到进一步夯实，切实解决影响安全生产突出问题，消除各类事故隐患。四是安全培训工作成效显著。加强安全教育培训，是提高安全监督管理人员业务水平，规范执法行为，提高执法质量的重要手段。近年来建设局把安全生产监督管理人员培训放在突出位置，依据国家最新安全生产法律法规、方针政策，结合全省水利实际，制订培训计划，规范培训内容，严格培训质量。已举办 6 次全省水利工程建设安全监督管理人员培训班，2011 年建设局举行了《水利工程建设安全生产监督检查导则》宣贯培训，目前已累计培训学员 1150 人次，653 名同志进行了培训注册登记。五是安全生产信息化建设全面推进。2011 年 6 月起，全省水利工程建设安全监督管理短信平台已经建立，并投入使用，定期向广大水利工程建设者发送安全短信。同时，全省水利工程建设安全监督管理软件研发工作已接近尾声，预计 2012 年上半年可试运行。

（杨国平）

【省属工程】 2011 年省河道局多次对各管理处的重点站所、重点部位和重要环节组织安全生产检查，排查安全隐患，检查了电气、机械设备的运行状况，水工建筑物存在的安全隐患，各种消防、救生等安全设施的设置，水陆交通工具和相关设施、设备的完好性，以及安全生产责任制的落实、安全生产组织网络的建立、安全生产工作的监督管理、职工安全意识的教育培训、建设项目安全生产的落实、单位安全管理目标的制定执行、反事故预案的制定、防恐和安全度汛措施的制订落实等情况，强调：(1) 确保防洪安全，防止发生大的灾害；(2) 确保人身安全，不得发生死亡事故；(3) 确保财产安全，防止火灾、重大设备事故的发生；(4) 确保加固维修项目安全，强化施工安全措施；(5) 确保多种经营项目安全，加强外出人员、车辆管理，加强通航安全管理，对有毒、易燃、易爆物品的运输、贮存、使用和高空、水上、水下、带电等作业按规定进行，切实做好劳动保护。2011 年省属闸站工程全年安全生产无事故。

（王震球）

【机关后勤保障】 2011 年，机关后勤工作紧紧围绕学习贯彻两个“一号文件”精神和水利中心工作，认真履行“保障、安全、发展”的工作职能，把握工作重点，找准服务切入点，按照领导的工作要求，统筹兼顾抓协调，突出重点抓落实，不断提高后勤服务水平和保障能力，各项工作取得了新的进展。2011 年，厅机关后勤服务中心首次被省级机关事务管理局评为“省级机关 2010～2011 年度机关办公楼(区)综合管理先进单位”，蒋寿景同志荣获“机关办公楼(区)综合管理先进工作者”。(1) 消防安全。认真贯彻落实省公安厅、省住建厅《关于印发〈高层建筑消防安全管理规定〉的通知》(苏公规〔2010〕2 号)文件精神，与厅办公室商定，层层建立了消防网络，明确了责任人；并组织有资质单位对大厦全自动消防设备进行了全面检测，对发现的问题及时整改，更换部分消防器材，并解决了多年来消防通道不畅通的问题；通过“安全生产月”、“11.9”宣传日举办全厅职工消防知识讲座，举办消防知识答卷，悬挂宣传横幅等，采取不同形式来宣传消防安全的重要性、普及消防常识，提高广大职工的防火技能和防范意识。(2) 设备安全。一是确保供电正常。及时与配电供应商沟通协商，妥善处理配电房改造后设备在磨合运行中出现的情况，保证用电设备安全；二是确保空调运行效果。更换溴化锂管道阀门机组并对内腔进行清洗保养，对部分楼层风机管道进行维修；三是确保电梯运行安全。完成了大厦电梯的年检工作，保障了乘梯者人身安全；四是保证大厦全监控。完成了对原有安全监控包括监视器、硬盘录像及解码器等主要设备的升级改造，新增大门、信访室等多处探点；五是确保了大厦消防用水。更换了大厦消防水池阀门，并对进水浮球进行了全面的检测试验。(3) 行车安全。严格按照《厅机关车辆管理办法》管理和调度车辆，根据不同季节变化，及时进行安全教育，除每月和不同季节转换的安全教育外，还邀请了省级机关事务管理局领导和五大队民警为厅机关和直属单位的全体驾驶员讲解交通形势，进行安全培训，不断增强驾驶人员安全意识。全年共安全行驶 130 多万公里，未发生一起有影响的责任等级事故，保证了厅公务用车和重大水事活动等用车。(4) 资金安全。配合省审计厅做好厅领导任期经济责任审计和 2010 年度部门预算执行情况审计；认真做好厅机关、10 家事业单位 2011 年度部门预算执行工作，把好事业财务及工程项目预、决算关，做到每个项目、每笔款项，收支往来清楚。认真执行部门预算，严把财务审批关，严把资金进出流程关，确保财务资金安全。(5) 节能减排。认真落实《公共机构节能条例》和省级机关资源节约领导小组作出的各项工作部署，把节能降耗工作摆上工作的重要议程，以加快健全公共机构节能管理体系为抓手，落实各项节能措施为重点，积极推进公共机构节能工作。一是大力加强宣传教育。利用张贴海报、悬挂横幅、电子显示屏滚动播放节能标语等形式，广泛开展节能宣传周和节能体验活动，形成全员参与的节能管能格局。二是实行年度节能和能源消耗定期报送制度，要求按时按项准确报送能源统计报表。三是通过能源消耗、表计计量，分析大厦内主要用电耗能是中央空调、防办室、通计中心机房的精密设备、空调及水泵等，经过分析优化，对部分设备改装了变频装置、设备机房增加送排风系统等相关措施，降低了能耗。四是大厦新增加自动开水器 24 台，从节约角度出发，由原先 23 时关闭改为 19 时关闭，有效减少用电能耗。2011 年江苏省水利厅节能工作被省级机关事务管理局评为节能先进单位。(6) 物业监管。大厦物业实行合同托管，安排专人督促检查合同的履行情况，每季度组织考核评分，促进大厦管理服务水平的提高。成立了大厦物业监督管理领导小组，后勤中心具体承办厅物业监督领导小组办公室日常事务，就物业存在的问题与物业公司专题会商，确保为大家创造一个整洁、优美、和谐的办公环境。(7) 会务保障。参与组织部、委、办会务 8 次，省政府名义召开的会议 24 次，协助厅办公室接待上级机关和兄弟单位来人 900 余人次，做好水务楼 14 楼会议室各种会务 45 次。

（殷允涛）

防汛防旱

防汛防旱　141～149页

雨情、汛情、旱情及灾情分析

【雨情】 2011年全省面平均降雨量1037毫米，与常年基本持平。淮北地区面平均降雨量为761毫米，较多年平均偏少13.8%；江淮之间面平均降雨量为1141毫米，较多年平均偏多14.0%；沿江苏南地区面平均降雨量为1122毫米，较多年平均偏多3.9%。

汛前(1～4月)淮北地区面均降雨量54毫米，为常年同期降雨量的40.4%，江淮之间面均降雨量70毫米，为常年同期降雨量的37.2%，沿江苏南地区面均降雨量103毫米，为常年同期降雨量的39.5%。2月27日前后，全省出现一次明显降雨过程，面降雨量23毫米，基本解决了冬小麦返青关键时节的用水问题；5月份，全省出现两次降雨过程，月面降雨量51毫米，基本解决了越冬作物田间用水。

2011年农业大用水之前的3次降雨过程基本解决了在田越冬作物的用水需求，在长期大规模实施江水北调补充河湖库的情况下，农业大用水开始前，河湖库水位仍因降雨过少无法抬高至正常水位；6月初大用水开始后，因仍无有效降雨，加之湖库供水快速加大，洪泽湖、骆马湖、微山湖水位迅速下降至死水位以下，用水形势非常严峻。6月9日开始，自南向北的降雨过程才逐渐缓解了我省各地农业用水的紧张形势(1月1日至6月8日，全省面平均降雨量142毫米，为1951年以来历史同期最小值；淮北地区累计降雨量比常年同期偏少47.3%，居历史同期倒数第6位；江淮之间累计降雨量比常年同期偏少54.5%，沿江苏南累计降雨量比常年同期偏少60.1%，均为1951年以来历史同期最小值)。

汛期(5～9月，下同)，淮河以南地区降雨明显偏多，其中沿江苏南地区、江淮之间面平均降雨量分别为935毫米、948毫米，分别比常年同期偏多38%、36%。淮北地区591毫米，比常年同期偏少10%。

江苏省淮河以南地区6月14日入梅，7月21日出梅，梅期38天，入梅偏早，出梅偏迟，梅期较常年偏多15天左右。梅雨量南部偏多、北部偏少。沿江苏南地区、江淮之间面平均梅雨量为423毫米、455毫米，为常年梅雨量的1.8倍、2.0倍；同期淮北地区降雨量170毫米，接近常年梅雨同期雨量(苏南地区和江淮之间历史最大梅雨量出现在1991年，分别为718.4毫米和770.0毫米，淮北地区梅雨同期最大降雨量486.5毫米。最长梅雨期为1996年的48天)。梅雨量最大点为邗江公道825毫米，其次为如皋丁埝704毫米。梅雨期间出现4次明显降雨过程，分别为6月17日至18日、6月23日至25日、7月3日至7日、7月10日至19日，其中第4次降雨过程面广量大，大部分地区先后出现暴雨到大暴雨，10天累计雨量最大为如皋丁埝522毫米，超过200毫米的还有南京、六合、高邮、兴化、海安、阜宁、常州、宜兴等20个市县。梅雨期及出梅后，扬州、南京等多个城市因强降雨发生短时积涝，影响车辆通行。

汛后10～12月，全省降雨量北多南少，其中淮北地区面平均降雨量115毫米，比常年同期偏多27%；江淮之间面平均降雨量123毫米，略多于常年同期；沿江苏南地区面平均降雨量71毫米，比常年同期偏少40%。

【水情】

淮河干流：(1)汛期洪水。受连续降雨影响，8月至9月淮河上中游多次出现洪水过程。淮河干流蚌埠闸最大流量为2820立方米每秒(8月27日)，入洪泽湖最大总流量为3457立方米每秒。省防指根据对淮河上中游洪水的预测分析，调度三河闸于8月18日开闸泄洪，最大泄洪流量为4500立方米每秒。汛期洪泽湖蒋坝最高水位为13.74米(9月19

日，6 级东北风)，超过警戒水位 0.24 米。汛期洪泽湖入湖总水量 74 亿立方米，其中淮河干流蚌埠闸来水总量 49 亿立方米。出湖总水量 88 亿立方米，其中三河闸下泄淮河洪水 31 亿立方米，占出湖水量的 35%；高良涧闸(站)下泄 20 亿立方米，占出湖总水量的 23%；二河闸下泄 37 亿立方米，占出湖总水量的 42%。(2) 秋冬汛。11 月下旬后期，淮河上中游、沂沭泗地区降雨较多，致使发生秋冬汛，蚌埠闸流量达到 880 立方米每秒。由于二河闸以下出路用于排放骆马湖洪水，为保障洪泽湖及淮河下游地区防洪安全，兼顾入江水道滩地近 10 万亩“以垦代清”小麦，同时为淮河入江水道整治工程开工建设提供保障，省防指充分利用灌溉总渠及里运河行洪。高良涧闸站最大泄洪流量 694 立方米每秒，总渠运东闸站以东最大行洪流量 514 立方米每秒，里运河南放最大流量 207 立方米每秒。

里下河地区：受梅雨及 8 月份强降雨影响，里下河地区两度出现超警戒水位。7 月 14 日兴化站水位最高达 2.62 米，超警戒水位 0.62 米；8 月 23 日水位达到 2.17 米，超过警戒水位 0.17 米。里下河北部地区的盐城、阜宁、建湖站最高水位也于 7 月 14 日分别达到 2.31 米、2.14 米、2.30 米，超过警戒水位 0.61 米、0.84 米、0.70 米。省防指根据雨水情，提前调度江都东闸、高港节制闸停止引江，并及时调度沿海四港闸全力排水，四闸合计最大日排水流量为 1503 立方米每秒；7 月中旬至 8 月下旬多次调度江都站抽排涝水，高港站也于 7 月中旬、8 月上旬两次投入排涝；北坍站、大套一、二站及南水北调宝应站结合抗旱抽排里下河涝水。通过抢排强排措施，避免了启用圩区滞涝。排涝期间(7～9 月上旬)累计抽排、自排里下河涝水 62.9 亿立方米，其中江都站、高港站累计抽排涝水 15.9 亿立方米。

沂沭泗流域：(1) 汛期洪水。8 月下旬、9 月中旬，沂沭泗地区先后发生强降雨过程，沂河、中运河、沭河均出现洪水过程。8 月 27 日，中运河运河镇洪峰流量 950 立方米每秒；8 月 29 日，沭河大官庄洪峰流量 1252 立方米每秒；9 月 16 日，沂河临沂站洪峰流量 2300 立方米每秒；9 月 17 日，我省港上站洪峰流量 1780 立方米每秒。针对骆马湖上游来水情况，省防办及时预测分析，多次商请沂沭泗水利管理局调度嶂山闸泄洪，控制骆马湖水位上涨。嶂山闸汛期 3 次泄洪，最大泄洪流量 2080 立方米每秒(8 月 30 日)，新沂河沭阳站最大流量 2510 立方米每秒(8 月 30 日)。汛期嶂山闸累计下泄洪水 10.8 亿立方米。(2) 秋冬汛。11 月下旬至 12 月，沂沭泗地区出现秋冬汛。受上游泄洪和区间来水影响，中运河运河镇流量最大达 517 立方米每秒，沂河港上最大流量为 230 立方米每秒。为避免新沂河滩地近 40 万亩小麦受淹并照顾南水北调在建工程，省防办商请沂沭泗水利管理局开启嶂山闸泄洪 400 立方米每秒，再通过新沂河南偏泓、柴米闸分泄；通过中运河泄洪，其中宿迁闸最大流量 404 立方米每秒。骆马湖年最高水位为 23.63 米(12 月 8 日)；微山湖年最高水位 32.74 米(11 月 21 日)。石梁河水库年最高水位 25.01 米(9 月 17 日)，最大泄洪流量为 872 立方米每秒。

长江流域：6 月上旬起，江苏省长江太湖地区进入多雨时期，旱涝急转，河湖库水位快速上涨，秦淮河、滁河等支流出现超警戒洪水过程；太湖地区河湖水位普遍长时间超警戒水位。汛期我省长江干流水情平稳。(1) 长江干流。汛期长江干流来水流量明显偏小，大通站最大流量仅 46400 立方米每秒(6 月 26 日)，较汛期最大值的多年平均少 14%。南京站最高潮位 7.38 米(6 月 20 日)，镇江站最高潮位 6.53 米(7 月 19 日)，均低于警戒水位。受天文潮影响，江阴、天生港站最高潮位分别为 5.65 米(8 月 31 日)、5.55 米(8 月 31 日)，分别超出警戒水位 0.15 米、0.35 米。(2) 秋淮河、滁河、水阳江流域。受强降雨及上游来水影响，6月中下旬起，水阳江、秦淮河等支流水位上涨较快，先后超过警戒水位。7月中旬，秦淮河东山站最高水位达9.06米(7月19日)，超过警戒水位0.56米；秦淮新河闸、武定门闸敞开泄洪，最大日流量分别为581立方米每秒、215立方米每秒。滁河晓桥最高水位9.74米(7月20日)，超过警戒水位0.24米；马汊河分洪道葛塘站最大流量为665立方米每秒；水阳江水碧桥站24小时内上涨2.25米，最高水位11.40米，超过警戒水位1.40米；固城湖高淳站最高水位10.23米，超过警戒水位0.23米；石臼湖蛇山闸站最高水位9.71米，低于警戒水位。(3)太湖地区。6月9日至8月底，太湖地区出现多次降雨过程，其中6月17日至18日出现强降雨，2天累计面雨量达140毫米。受暴雨影响，6月19日起，太湖水位超警戒，最高水位达3.90米(6月25日)，超过警戒水位0.40米；维持在警戒水位以上长达86天。期间苏南运河常州、无锡、苏州三站最高水位分别为5.12米、4.88米、4.19米，超过警戒水位0.82米、1.29米、0.69米，其中无锡水位与历史最高水位持平。太湖西部地区洮湖、滆湖最高水位分别为5.09米、4.49米，均超过警戒水位0.49米。2011年，常熟枢纽累计排水9.43亿立方米，望亭立交泄洪6.06亿立方米，太浦闸累计向下游排水18.40亿立方米(包括供水和泄洪)，有效地缓解了太湖地区防洪压力，确保了防洪安全。

大中型水库：2011年，全省大中型水库汛情平稳，未出现工程险情。茅东水库8月26日最高水位达27.24米，超历史最高水位0.22米，但比设计水位低1.33米。

【旱情】 继2010年秋冬连旱后，2011年1～6月，全省降雨持续偏少，上游来水异常偏枯，形成了秋冬春夏四季连旱。

(1)降雨持续偏少，土壤缺墒严重。2010年10月至2011年6月8日，沿江苏南地区、江淮之间、淮北地区8个多月的累计面雨量仅234毫米、178毫米、128毫米，只有常年同期的44%、44%、41%，均为1951年以来同期最小值。2010年10月至2011年6月底，淮北地区累计面雨量仅190毫米，是常年同期的48%，仍为1951年以来同期最小值。由于降雨稀少，气温偏高，受旱地区土壤墒情严重不足，极大地影响了农作物生长。2月11日，赣榆县青口墒情站实测20厘米、40厘米土层含水率只有8.0%、8.9%。

(2)上游来水异常偏枯，本地水源极为紧缺。2011年上半年，长江、淮河、沂沭泗诸河来水异常偏枯。5月初，长江大通站出现历史同期最低水位5.30米，流量14000立方米每秒左右，江苏省沿江潮位长期比常年同期偏低1～2.2米，导致沿江引水严重不足；淮河干流蚌埠闸1～6月来水量只有常年同期的18%，蚌埠闸累计关闸两个多月(87天)，为近30年来同期最长；沂沭泗河2010年汛后至2011年6月基本无来水补给。在大规模实施江水北调、江水东引、引江济太等跨流域调水补给的情况下，因正常用水消耗，主要湖库水位持续下降。6月中旬至7月上旬，微山湖、骆马湖、洪泽湖水位先后降至死水位以下，最低水位仅31.11米、20.29米、11.08米，分别低于死水位0.39米、0.21米、0.22米，"三湖一库"可用水量基本耗尽，最少时仅剩石梁河水库0.6亿立方米。太湖地区河网水位6月10日之前普遍比常年同期低0.3～1.0米左右，太湖平均水位最低时仅2.74米。省水阳江水系石臼湖5月份曾完全干涸，14天无水可用，为新中国成立以来所仅见。苏北里下河北部地区射阳镇6月21日出现历史最低水位0.22米；地势最低洼的兴化站水位一度降至0.86米，比常年同期低0.3～0.4米。全省大中型水库蓄水量只有常年同期的30%～40%，宜兴横山水库水位最低为24.33米，略高于死水位，为有资料以来同期最低水位；另外沙河、大溪、句容、龙王山、桂五等13座水库创近11年来同期的最低水位。小型水库和塘坝蓄水量仅有常年同期的10%～20%，少部分水库干涸。

(3) 干旱范围广，持续时间长。2011年旱情自北向南从徐州、连云港、宿迁、淮安4市逐步蔓延到水网发达的里下河、太湖等苏中、苏南地区，波及全省。整个干旱过程从2010年秋季延续到2011年夏季，跨越秋冬春夏四季。苏南地区旱情长达8个多月，直到6月中旬入梅后才得以解除；淮北地区旱情持续9个多月，直到7月下旬才解除，给全省城乡居民饮水、在田作物生长、航运及生态环境等造成不利影响。

【灾情】 2011年，江苏省共有南京、无锡、徐州、常州、苏州、南通、连云港、盐城、扬州、泰州等10个市、45个县(市、区)遭受洪涝干旱及台风影响。受灾人口183.62万人，紧急转移10万人；农作物受灾面积438.63万亩，成灾面积113.33万亩，绝收面积25.98万亩，林果损失49.39万棵，水产养殖损失1.53万吨；损坏堤防298处计26公里、护岸339处、水闸28座、机电泵站109座。因洪涝及台风灾害造成的直接经济损失27.48亿元，其中：水利工程水毁直接经济损失1.85亿元。因干旱造成农作物受灾面积722.36万亩，成灾面积362万亩，绝收面积29.98万亩，28.4万人和1.2万头牲畜饮水困难，旱灾造成直接经济损失达52.4亿元。

防汛防旱抗台风工作

【应对罕见气象干旱】 面对历史罕见的气象干旱，省防指及时启动抗旱应急预案，加强水利工程科学调度，充分运用江水北调、江水东引和引江济太三大跨流域调水工程系统，积极组织抗旱水源调度；各地各有关部门迅速动员，全力以赴，投入抗旱，有力保证了城乡居民生活和工农业生产的用水需求，最大限度保障了京杭运河等河道航运水位，实现了大旱之年无大灾和粮食产量八连增。(1) 周密部署，加强抗旱组织领导。省委、省政府高度重视抗旱工作。书记罗志军、省长李学勇多次作出重要指示，提出明确要求。2月15日，省政府专题召开全省粮食生产电视电话会议，省长李学勇对抓好抗旱工作、确保粮食生产安全进行全面部署落实。针对持续发展的旱情，省委常委、副省长、省防指指挥黄莉新先后4次召集水利、农业、气象、交通、海洋渔业、民政等有关部门，研究分析旱情形势，部署各项抗旱工作，并亲赴重旱区检查指导。7月4日江苏省启动淮北地区抗旱Ⅲ级应急响应。省防指积极组织指导抗旱工作，先后10多次召开抗旱工作专题会商会，研究部署各项具体措施。受旱地区各级党委、政府均多次召开专题部署会，主要负责同志亲赴受旱严重地区现场会商解决问题。各级水利、农业、交通、海洋渔业等部门按照各自职责分工，强化本行业抗旱工作的组织部署，形成抗旱工作合力。(2) 科学调度，有效补充抗旱水源。省防指充分发挥已建水利工程效益，科学调度三大跨流域调水工程，全力以赴，昼夜不停，引调江水增加抗旱水源。自2010年11月起，省防指调度江水北调沿线泵站全力抽引江水，调度南水北调淮阴三站、淮安四站、宝应站首次投入抗旱抽水。截止2011年7月底，省属及省指定大站累计抗旱翻水187亿立方米，其中江都站抽水64亿立方米，相当于2个洪泽湖的正常可用水量。根据里下河水位及抗旱形势，调度高港枢纽、江都东闸全力引江，首次开启高港站向里下河地区进行抗旱补水，2010年10月至2011年7月底，江都东闸、高港枢纽累计自引、抽引江水37亿立方米。及早实施引江济太，2010年10月1日便开启常熟枢纽泵站抽引江水，补水入湖，截止2011年6月9日累计抽引江水31.6亿立方米。实施湖西地区应急调水，5月13日调度镇江谏壁站开机抽引长江水，通过湖西地区河网向太湖和周边地区补水，增加太湖湖西地区抗旱水源。同时，组织沿江所有水闸和泵站全力抢潮引水、开机翻水，保证沿江地区的农业和社会用水。(3) 因地制宜，同心协力抗干旱。旱情发生后，省、市、县各级迅速行动，齐心协力，狠抓落实，有序有效组织抗旱工作。省防指积极指导督促各地疏通坝头坝埂，贯通水道，引进水源，保障农民浇灌用水，同时组织人力疏浚部分骨干河道，解决水位偏低引不进问题。4月份，针对高淳县主要水源地固城湖水位下降明显、影响居民饮水安全的情况，省防指紧急调动省防汛抗旱突击队，在水阳江架设63台套临时机组，向固城湖补水，累计翻水入湖4600万立方米，使湖泊水量水位得到保证。为解决石臼湖蟹民生产用水，省防指联合南京市防指及时启动应急预案，利用秦淮新河泵站经74.5公里的河道向石臼湖补水，累计引江补湖水量2000万立方米，相当于4个玄武湖的水量。市县各级抗旱服务组织、乡镇水利站利用移动式机泵、小白龙等田间灌溉设备，加大田地浇灌，同时发动组织基层干群采取机械的、人工的各种措施与抗旱施肥相结合，千方百计扩大浇灌面积。徐州、连云港、宿迁等供水末梢地区积极组织县、乡两级抗旱服务队深入实地，采取应急打井、架设潜水泵等措施，实行轮番作业，全力开展抗旱；淮安市从紧安排用水计划，强化节约用水，严禁小水电擅自发电，严查偷水放水，全力保障主要河湖水位和生产生活用水正常；镇江市发动群众广辟抗旱水源，通过兴建的各类应急抗旱设施，多引、多提、多拦、多蓄，努力缓解抗旱用水紧缺的局面。省防指各成员单位密切配合，通力协作。省气象局适时开展人工增雨；省财政厅及时下达抗旱资金1亿元，国家补助江苏省的第一批38支抗旱服务队所购设备在抗旱保供水过程中也充分发挥了效益；省国土局全力组织技术力量赴干旱严重地区找井、打井；省物价、电力、石油等部门主动提供抗旱用油用电服务等，形成了部门配合、上下联动、团结抗旱的工作合力。据统计，全省累计投入抗旱人力504.9万人，动用抗旱临时机泵20.6万台套，累计打井2469眼、引翻水313.3亿立方米。(4) 加强督查，强化用水管理。省防指先后派出30多批次工作组深入受旱严重地区，现场指导抗旱工作。6月中旬后，根据水情、旱情变化和水稻栽插进度，省防指逐旬3次下达苏北地区抗旱水源应急调度计划，明确江水北调沿线抗旱用水水位、流量指标，实施灌区轮灌、口门轮引等错峰供水措施。为保证应急水源调度计划落实到位，6月中下旬省防指派出由省水利厅机关处室负责同志牵头的近20批次工作组，赶赴运河段、中运河段等沿线有关市县，协助地方做好沿运用水管理工作，全力保障农业用水高峰期用水需求。7月4日省防指再次派出由省海洋与渔业局、交通运输厅和农委带队的3个抗旱工作组，分别对沿运地区水产养殖、船舶航运和农业生产等情况进行督查指导。由于各级各部门统筹强化用水管理，有力保证了全省近3400万亩水稻的栽插进度、内河航运期比上年明显增长，城乡供水正常。

【抗御强台风袭击】 针对第9号超强台风可能产生的灾害，省防指按照省委、省政府部署安排，迅速反应、充分准备、精心组织，各相关部门密切配合、通力合作，各级党委、政府和防指积极行动、全力防范，全省未出现明显灾情，没有发生人员伤亡，有效避免了灾害损失，夺取了防御工作的全面胜利，为全省经济发展和社会稳定赢得了主动。(1) 高度重视，及时组织会商部署。8月5日，省委书记罗志军就做好防御工作专门作出重要批示。8月6日晚，书记罗志军专程到省防指听取汇报，进一步部署落实防台抗台措施。8月5～6日，省长李学勇2次组织召开省防指成员单位防御台风会商会，传达总书记胡锦涛、副总理回良玉关于加强防台抗台工作的指示精神，对做好防御9号台风工作进行专题研究部署。省委常委、副省长黄莉新先后7次组织召开全省防台抗台视频会议和会商会议，研判台风动态和可能对全省的影响，部署落实防台抗台措施。8月5日，省政府办公厅专门下发了《关于切实做好第9号强台风防御工作的紧急通知》，明确要求做好防台防强降雨各项准备工作。省防指认真贯彻落实省委、省政府的部署要求，从最坏处准备，向最好处努力，先后下发文件通知19件，对防台工作进行安排。省水利、国土、住建、交通、农委、海洋与渔业、电力等部门也都针对各行业特点，对防御台风工作进行专题部署。市县各级各有关部门及时贯彻国家和省视频会议精神，迅速落实防台责任制，各级防汛行政责任人和技术责任人全部上岗到位，对有可能受风浪袭击的海堤和江堤，明确专人重点防守，全力防台抗台。(2) 加强督查，强化一线防台抗台指导。8月4日台风临近前，省防指迅速派出由相关成员单位负责同志带队的7个工作组，赶赴南通、盐城等防御台风重点地区，对各地各重点行业的防台抗台工作责任制、城乡重要基础设施和重点行业防护措施、出海作业船只和危险区域人员撤离等工作进行督查指导，确保不留隐患、不留死角。8月5日，省水利厅又连夜增派由厅领导带队的8个工作组，赶赴沿江沿海防御台风重点地区，检查落实防台抗台各项措施。在台风过境的关键时刻，省防指副指挥、省水利厅主要负责同志又带领专家组，直接坐镇台风可能登陆的南通沿海地区，组织指导防台抗台工作。(3) 科学调度，保证水利工程安全运行。为防御第9号台风可能带来的雨涝灾害，省防指加强对台风发展趋势的分析研判，及时启动防台风Ⅱ级应急响应，提前采取调度措施，预降重点地区河湖水位，防范可能因强暴雨而引发的洪涝灾害。在太湖地区，调度常熟枢纽全力排水，并协商太湖局调度望亭立交闸开闸，加大太浦闸排水流量，以预降太湖水位，两闸排水流量合计达324立方米每秒；为降低里下河地区河网水位，调度沿海所有涵闸全力抢潮排水，调度江都站、高港站全力开机抽排里下河涝水，降低河网水位，排涝入海入江总流量达1172立方米每秒；要求所有水库严格按照批准的调度方案控制运用，及时泄洪，确保水库安全。(4) 强化应急，超前调度抢险物资和队伍。针对台风可能在江苏省沿海登陆的预报，为强化应急抢险准备，8月6日省防指紧急调拨防汛块石2.1万吨、土工布2.8万平方米、编织袋5万只等急需物资送至南通、盐城可能遭受台风袭击的重点海堤堤段；调动省防汛机动抢险专业队会同省军区调集的500名官兵一起前移至防台一线附近泰州市集结待命，随时准备投入应急抢险。为有效保障防台一线通讯畅通，省防指还调动防汛卫星通讯车于8月6日上午开赴防台一线待命。据统计，全省累计投入编织袋128万条、编织布6万平方米、防汛块石及砂石料12.7万立方米，临时应急加固水利工程159处，投入经费1172.6万元。(5) 突出重点，确保关键部位防台安全。各级各部门针对防台工作重点，迅速行动，落实各项应对预案和防范措施，形成防台抗台工作强大合力。省水利厅会同各地严格落实江河湖海堤防、闸坝等重要水利工程的防台抗台措施，增派人员，强化巡堤查险工作，做好防风浪准备，对病险工程和险工患段严格落实看护责任，重点防守，确保安全。住建部门重点落实城市广告牌、树木及各类高空构建物的检查加固工作，强化对城市排水管网、排涝泵站等市政设施的检查维护，做好了应急排水准备；海事、渔业部门通知出海出湖船只全部回港避风；农业部门对高效农业、设施农业、畜禽等棚舍进行了加固保护；电力、通信、供水、供气等部门落实了相关公用设施的防台措施；

气象、海洋、水文等部门密切监视台风动向，全力做好预测预报，及时向社会发布台风预警信息。市县各级党政主要领导和分管领导都亲临各地防指会商研判台风形势，坐镇指挥部署，并深入一线检查指导防御工作落实情况。各地防指及时组织召开专题会议，下发紧急通知，对防台工作加强会商部署，并采取市县领导发表广播电视讲话等形式，动员广大干群积极投入防台抗台，确保人民生命安全、确保沿海安全。南通、苏州、无锡、盐城、泰州、连云港市均启动了防台风Ⅱ级应急响应，镇江、淮安市启动了防台风Ⅲ级应急响应；南京、苏州、南通、盐城、连云港、扬州、泰州等市及时派出50个工作组分赴各县(区)一线检查指导防台抗台工作。据统计，全省累计投入抗台人数24万人次、抢险人数0.63万人次，紧急转移海上、江上作业人员及城乡危房居住人员8.9万人，组织回港避风船只1.12万艘。

【抗御多次流域性洪涝灾害】 为确保2011年全省河湖水库防洪安全，省防指始终密切关注天气变化，多次组织防汛会商，科学调度水利工程，充分发挥了水利工程的兴利减灾效益。一是成功防御沿江主要支流、太湖地区超警戒洪水。入梅后秦淮河流域多次降雨，特别是7月18日南京城区突发强降雨，秦淮河水位上涨较快。省防指及时调度秦淮新河闸、武定门闸全力排水，有力支持了南京城区排涝。针对6月中旬起，因连续强降雨致使太湖地区河湖水位快速上涨、部分河道超警戒水位的实际情况，省防指及时调度太湖地区沿江涵闸全面投入排涝，并适时商请太湖局加大太浦闸、望亭立交排水流量。二是妥善处置沂沭泗、淮河流域汛期洪水。8月下旬至9月下旬，沂沭泗流域沂河、中运河、沭河出现洪水过程，省防指及时预测预报，多次商请沂沭泗管理局开启嶂山闸，控制骆马湖水位上涨，确保骆马湖及下游地区防洪安全。根据淮河上中游地区降雨情况，及时预测预报来水量，适时调度泄洪排水，汛期三河闸2次开闸泄洪，累计泄洪19天，共下泄淮河洪水31.1亿立方米，有效保证了洪泽湖周边及我省淮河下游地区的防洪安全。三是全力抢排里下河地区特大暴雨涝水。针对7月中下旬、8月下旬里下河地区出现的涝情，省防指提前调度沿海所有涵闸全力排水；及时启用江都站、高港站、大套一、二站、北坍站帮助抽排里下河涝水。7～8月底，累计抽排、自排里下河涝水58.6亿立方米，有效控制了该地区河网水位的上涨，最大限度地减轻了涝灾损失。据统计，抢排期间里下河地区累计投入巡堤查险13.4万人次，共发现险情545处，投入抢险人力3.4万人次。

2011年江苏省防汛防旱指挥部成员名单

指　挥：黄莉新　省委常委、副省长

副指挥：庞士勇　省军区参谋长

杨根平　省政府副秘书长

吕振霖　省水利厅厅长

陶长生　省水利厅副厅长

成　员：刘德海　省委宣传部部务委员

林一峰　省发展和改革委员会副主任

顾瑜芳　省经济和信息化委员会副主任

秦　军　省公安厅副厅长

凌　航　省民政厅副厅长

黄晓平　省财政厅副厅长

王译萱　省国土资源厅副厅长

王　翔　省住房和城乡建设厅副厅长

李先友　省交通厅运输厅副厅长
张小马　省水利厅副厅长
陆桂华　省水利厅副厅长
陆永泉　省水利厅副厅长
李亚平　省水利厅副厅长
徐惠中　省农业委副主任
陈　华　省卫生厅副厅长
柏仇勇　省环境保护厅副厅长
冯　彬　省武警总队副总队长
沈　毅　省海洋与渔业局副局长
濮梅娟　省气象局副局长
许二宁　省通信管理局副局长
徐筱棣　省供销合作总社副主任
王　勇　省农业机械管理局副局长
倪嘉成　上海铁路局南京铁路办事处副主任
马苏龙　省电力公司副总经理
王其敏　中石化江苏石油分公司副总经理

省防汛防旱指挥部下设办公室，办公室设在省水利厅，由陶长生同志兼任办公室主任。

一、骆马湖联防指挥部(驻省骆运水利工程管理处)

指　挥：李亚平　省水利厅副厅长(正厅级)
副指挥：漆冠山　徐州市人民政府副市长
秦正宝　宿迁市人民政府副市长
邱志高　连云港市人民政府副市长
杨运高　沂沭泗水利管理局副局长
史　琨　73071部队副参谋长
办公室主任：问泽杭　省骆运水利工程管理处书记、主任

二、淮河下游联防指挥部(驻省洪泽湖水利工程管理处)

指　挥：陶长生　省水利厅副厅长
副指挥：朱毅民　淮安市人民政府副市长
纪春明　扬州市人民政府副市长
陈还堂　盐城市人民政府副市长
丁士宏　泰州市人民政府副市长
办公室主任：黄章羽　省洪泽湖水利工程管理处书记、主任

三、太湖地区联防指挥部(驻省太湖地区水利工程管理处)

指　挥：陆桂华　省水利厅副厅长
副指挥：周玉龙　苏州市人民政府副市长
陈金虎　无锡市人民政府副市长
张耀钢　常州市人民政府副市长
办公室主任：颜廷举　省太湖地区水利工程管理处书记、主任

四、秦淮河联防指挥部(驻省秦淮河水利工程管理处)

指　挥：张小马　省水利厅副厅长
副指挥：陈维健　南京市人民政府副市长
曹当凌　镇江市人民政府副市长
办公室主任：陈振清　省秦淮河水利工程管理处书记、主任

(省防办室)

水 文 工 作

水文发展规划

【各类规划】 2011年，省政府批复《江苏省水文事业发展规划》，省发改委和省水利厅联合发布《江苏省水文站网规划》；《江苏省水文基础设施“十二五”建设规划》通过了水利部水规总院复审；《江苏省江水东引北送水文监测系统建设规划》通过了省水利厅审查；《镇江水文发展“十二五”规划》(列入《镇江市水利发展“十二五”规划》)，经镇江市政府批准；《镇江市城市水文站网规划》由镇江市水利局发布；《淮安市城市水文站网规划》、《淮安市“十二五”水文事业发展规划》(列入《淮安市“十二五”水利发展规划》)，经淮安市政府批准。

(王 泉 唐春生)

水文站网

【站网设置】 2011年，全省共有各类水文基本站点2815处，包括：水文站153处、水位站135处、雨量站237处、水质监测站1065处(其中：地表水864处、地下水201处)、地下水监测井1161眼(其中：浅层井307眼、深层井854眼)、泥沙站21处、蒸发站36处、墒情站7处。另外，还有苏北水资源供水监测专用站34处、引江济太水质监测专用站25处、水土保持监测站5处、水文巡测断面371处。

【资料整编】 (1) 地表水资料整编。全省地表水水文资料复审工作共完成153处水文站、135处水位站、476处降蒸(4处气象站未参加)站成果的复审工作，其中遥测资料直接参加整编的水位项目57处，雨量项目94处。共完成了水流沙672站年、降蒸472站年计185万字组的水文资料审查工作。完成了7726个电子文件，共21万字节的数据文件审查。成果质量达到水利部《水文资料整编规范》(SL247—1999)的标准要求。从审查情况看，全年送审的测验资料质量较好，全省水位完好率100%，雨量完好率100%，流量测次及其时空分布满足规范要求，较好地控制了洪水过程，实行流量间测的水文站点，及时、适时地开展校测工作；全省地表水水文资料成果达到规范要求。(2) 地下水资料整编。全省开展地下水监测总站数为1161个，其中浅层地下水监测站307个，深层地下水监测站854个，全年按照地下水监测规范要求，开展监测工作。对全年的地下水资料进行整编，刊布浅层地下水监测站水位、水温资料401站年。整编资料符合规范要求，达到刊布标准。(3) 水质资料整编。全省水质整编资料涉及地表水、地下水、排污口等各类站点2920个，其中：地表水国控站58个，省控站864个，功能区站1691个，省管湖泊监测站点104个，饮用水源地站点116个，护水控藻监测站点36个，市控站904个，排污口348个，地下水监测站点201个，其他监测站点368个。全省最终水质监测数据量达55.3万，较2010年增加18.2%。

(王 萍 闻 亮 方 瑞)

测报工作

【雨水情监测】 (1) 汛前准备。2011年4月14～19日，省水文局分四个组，采用分片抽查的方式对13个分局和6个省属水利工程管理处58个水文测站和3处水文基地的水文汛前准备工作进行重点检查。检查认为：各单位对水文测报汛前准备工作都非常重视，将防汛测报作为年度工作的第一要务。做到了领导重视，认识到位；检查全面，责任到位；措施有力，落实到位；急事急办，经费到位。达到技术上科学可行，设备上安全可靠，物资上准备充分，测洪方案切实可行，水情自动测报设施运行基本正常，相关设备和部件、器件完好，系统运行管理较为规范。但也存在一些问题，如：部分防汛的重要河道水文测验设施存在严重问题，如河道淤积、虹吸式水位台不畅通等，检查结束后，对全省汛前检查问题进行了汇总，并把一些亟待解决的问题列入汛前急办项目中，为安全度汛提供保障。（2）水情测报。自2010年10月至2011年6月中旬，全省持续干旱少雨，全省累计面雨量比常年同期偏少6～7成，其中淮河以南地区降雨量为1950年以来历史同期最低，同期江、淮沂沭泗上中游来水均异常偏少。受降雨偏少、上游来水偏少的共同影响，省内主要江河湖库水位普遍比常年同期偏低，洪泽湖、骆马湖最低水位仅为11.08米、20.29米，分别低于死水位0.22米、0.21米，太湖最低水位2.74米，为近10年来太湖最低水位，蓄水严重不足，石臼湖等部分湖库几近干枯，全省出现较为严重的气象干旱。为缓解旱情，江苏启动了引江济太、江水北调、江水东引三大调水工程，向太湖、骆马湖、里下河和沿海地区送水。但是在6月14日入梅后至8月，暴雨集中，暴雨量大，以致全省河湖水位迅速上涨，近3个月时间，太湖水位在警戒水位上方运行，最高水位达3.90米；受降雨影响，洪泽湖、骆马湖水位也分别于8月中旬及9月上旬超警戒，旱涝急转。经统计，全年向省水利厅、省水文局、省防指成员单位领导以及有关人员发送水旱情短信共2.9万余条，编制《江苏省水雨情简报》、《今日水情》、《大中型水库蓄水量简报》、《引江济太简报》365期，《东引北送调水应急监测简报》共24期，《江水北调沿运有关断面水位流量统计表》32期，《南水北调潼河、三阳河水质简报》24期，《太湖湖西区应急调水水质水量监测简报》27期。（3）雨水情分析。除了常规的月报、年报，各单位密切跟踪台风、暴雨、洪水等发展趋势，编写多期水雨情分析、分析及时、评价合理，在关键时刻为流域以及区域的抗洪排涝提供了重要依据。经统计，省水文局共完成月报15期、《水情快讯》33期，《太湖地区水情分析报告》2期，并将分析材料上报省防办以及部水文局。（4）旱情分析。受降雨持续偏少影响，2010年10月以来省淮北地区旱情严重，抗旱形势非常严峻。为做好抗旱测报工作，启动淮北地区土壤墒情及地下水应急监测工作。从2010年底开始，按照省防指的要求以及淮北地区的旱情，布设了15个土壤墒情临时监测点，同时开展墒情、地下水监测及信息报送工作，陆续下发了《关于加强春节期间水情测报工作的函》、《关于进一步加强墒情及地下水测报工作的通知》、《关于加强旱情信息报送工作的通知》等文件，而且随时对加测加报工作质量进行检查，有效地保证了信息准确、及时可靠。坚持编写《江苏省旱情简讯》22期，为抗旱提供了决策依据，得到了厅领导的肯定和表扬。（5）水文预报。完成了沂沭泗地区19个站点预报方案的修编工作，沂沭泗地区徐州、连云港进行了沂河、中运河、石梁河水库的洪水预报4期；省水文局实时滚动预报太湖水位72期，在台风“梅花”接近江苏海域期间，对洪泽湖台风期的最高水位进行了预估；苏南各市对沿江潮位站进行高潮位的作业预报近100个潮次，精度较高。

（王　萍　罗俐雅）

【水资源监测】（1）苏北供水监测。为探索苏北地区供、用水实际需求情况，掌握苏北地区各市全年供用水流量及水量交换、水位变化的动态过程，分析全年特别是农业生产各个用水高峰期、夏季城市生活和工业用水、洪水期（汛期）各市用水需求的变化规律，科学地利用和保护苏北地区水资源。为此，省水利厅制定了苏北各市的用水计划，从2000年起由省水文局组织扬州、淮安、宿迁、连云港、徐州、盐城水文分局和洪泽湖、总渠、骆运、淮沭河、江都水利工程管理处的水文部门承担对扬州、淮安、宿迁、连云港、徐州、盐城等6市实际用水情况进行计量监测，以此监督和考核各市执行省厅下达用水计划的执行情况，为省水利厅科学调度、分配与调整供水计划提供准确、科学和权威的技术数据与决策支持。苏北供水沿线设有34处专用计量监测断面，各监测断面非汛期每天监测1次水位（河道、闸站上、下）与流量，汛期每天监测2次水位、流量，并计算前一日的日平均流量。所有各类监测信息均通过公用数据交换网和微波线路传至省水文局信息中心的数据库存贮，经计算机处理后形成可用的监测数据，同时在江苏省水文水资源勘测局内网上还有专供查阅的"苏北供水监测"网页，相关单位在任何时间都可以在这个网页上查询和下载需要的监测数据，极大地方便了用户，有效地实现了苏北供水监测信息资源共享。（2）环境资源区域补偿断面监测。为落实省政府关于"推行环境资源区域补偿制度，促进太湖流域水环境综合治理，改善太湖流域主要河流水质"的精神，2007年以来，省政府在太湖流域陆续设置了一定数量环境资源区域补偿断面，由环保和水利部门负责监测断面的水质、水量。省水文局2011年共承担30处环境资源区域补偿断面流量、流向监测工作，按季度向省环保厅提供监测资料。同时由省环保厅、省水利厅联合发函，按季度向南京、镇江、常州、无锡、苏州市人民政府通报试点断面水质水量情况，要求组织所辖县（市）排查污染来源，落实控源截污措施，加强监督检查，努力改善主要断面水质。

【水环境监测】 （1）常规水质监测。全省共布设省控地表水水质站点864个、国控站58个，监测频次为4～12次/年。监测项目分必测项目、间测项目、选测项目3种，其中必测项目为水温、pH值、溶解氧、高锰酸盐指数、五日生化需氧量、氨氮、氰化物、挥发酚、总磷等10项；间测项目为总氮、化学需氧量（CODcr）、铜、锌、氟化物、砷、汞、镉、铬（六价）、铅、石油类等11项；选测项目为硒、阴离子表面活性剂、硫化物、总大肠菌群、悬浮物、透明度、叶绿素、藻类等。（2）水功能区监测。在多年水功能区监测的基础上，省水文局继续深入推进此项工作。一是对全省450个重点水功能区监测项目及站网进行优化调整，逐月编发《江苏省重点水功能区水质通报》。二是新增太湖通报。为促进太湖地区水资源质量持续好转，新增《江苏省太湖流域国家重点水功能区水质通报》，月测月报，覆盖国务院批复的江苏省太湖地区185个水功能区。三是继续开展水功能区全覆盖监测。为更好地全面掌握全省各类水功能区水质状况，强化水功能区的监督管理与量化考核，落实最严格水资源管理制度，2011年仍继续对全省1329个水功能区进行了全覆盖监测，及时通报监测，为全省水环境质量的持续、根本改善而不懈努力。（3）饮用水水源地水质监测。省水文局继续对全省104处集中式地表水饮用水水源地开展监测工作。监测频次为每月两次，分别于每月的5、25日实施。监测项目为水温、溶解氧、PH、电导、高锰酸盐指数、氨氮、总磷、氯化物、氟化物等10余项。在此基础上，充分发挥水文部门量质并重优势，补充省内主要河湖水情及各监测水源地水位流量信息，编制发布《江苏省集中式饮用水水源地水文情报》，刊期为每半月一次。（4）省管湖泊水质监测。根据省水利厅部署，省水文局按季度组织开展4次省管湖泊水质监测，范围包括：太湖、滆湖、长荡湖、固城湖、石臼湖、洪泽湖、骆马湖、高邮湖、邵伯湖、里下河腹部地区湖泊湖荡、白马湖、宝应湖等12个湖泊，并与水利厅工管处联合编制《江苏省省管湖泊管理季报》4期。（5）护水控藻水质监测。每年1月开始省水文局对太湖调水引流沿线、太湖主要水源地和环太湖主要出入口门的36个断面进行护水控藻水质监测；并于4月10日始，逐日对太湖水源地及湖体进行巡查，现场监测气象及水温、溶解氧、透明度、藻密度等水质指标，记录蓝藻生长及发展情况等。全年累计进行太湖护水控藻水质监测235天，巡查194天，投入人力1.9万人次，出动车船4484辆(艘)次，行驶车(船)里程35.3万公里，巡湖面积10.4万平方公里，完成水质监测1.3万站次，获得水质数据15.7万个。全省累计编发《太湖水质简报》、《太湖水源地巡查简报》等1716期，编制完成太湖水源地、入湖河道及湖体巡查等专题分析报告17份，为水利工程的合理调度运行，保证调水引流的最佳效能及领导的科学决策提供有力的技术支撑与信息服务。(6) 突发性水污染事故跟踪监测。2011年，先后参与处理了南京便民河槽罐车爆炸、溧水县柘塘新河水污染、秦淮河死鱼、太湖东茭咀黑水等6起突发性水污染事故。(7) 入河排污口监测。继续开展省淮河流域入河排污口调查及监测工作。年初，省水文局组织徐州、淮安、盐城等8个水文分局，在3月底前完成了入河排污口调查，并于5月和10月分别进行了一次监测。每次排污口监测周期为一天，每天取样三次。监测项目为流量、水温、pH值、化学需氧量、五日生化需氧量、氨氮、挥发酚、总磷、总氮等9项。全年共计调查排污口348个，实测303个。(8) 调水监测。继续组织开展引江济太、蔷薇河送清水及秦淮河调水工程水质监测。太湖局组织实施的引江济太监测工作与省护水控藻监测工作合并执行，详见护水控藻水质监测。蔷薇河送清水水质监测已连续监测近15年，布设站点13个，监测频次为每5天1次及每10天1次不等。秦淮河调水工程水质监测始于2005年7月，沿途布设站点7个，监测频次为每月2次。

(王　萍　刘俊杰　闻　亮)

分析研究

【水文测报方式改革】 2011年是江苏省实行测报方式改革的第4年，徐州、连云港、无锡、常州分局为测报方式改革试点单位。在全省水文资料复审会议期间，成立遥测审查专门小组对试点单位水位、雨量遥测资料直接用于资料整编情况进行全面审查，对遥测数据的合理性检查、入库的完整率等进行分析统计，所有遥测数据均能达到整编要求。

【河湖普查】 编制了《江苏省河湖基本情况普查工作方案》，3月底通过省水利普查办组织的专家审查；编制了《江苏拓展河湖基本情况普查工作方案》，并对各县、市水利普查办人员进行培训；对各市、县普查办在国普河湖名录使用中发现的问题，进行逐条梳理，提出初步处理意见，并组织专家审查会进行审定，完善了《江苏省国普河流清查名录》；会同省基础地理信息中心，到13个市水利普查办，对国普河湖和拓展河湖清查成果开展现场复核工作，重点复核了河流名称、河流走向等，编制了《江苏省省级水利普查拓展河湖对象清查名录》，通过专家审查。根据专家意见，编制了《江苏省省级河湖普查技术说明及合理性分析报告》；完成了水文站和水位站基本情况清查表和实测与调查最大洪水情况清查表的填制；组织有关人员对国普河湖成果进行最后审核，清查河流1526条，湖泊106个；会同省基础地理信息中心，为满足河流治理保护普查的需要，对100平方公里以上河流进行分县(区)河段量算。

【水土保持普查】 参照水土流失普查技术细则，结合江苏省实际，制定了江苏省水土保持普查工作方案，并按照方案技术要求与进度安排，参加国家级培训75人次，组织市县培训300余人次，完成了全省75个雨量站30年的日降水量资料的243万字组的筛选；制作424个野外调查单元工作底图；开展了野外调查的现场指导，并对重点地区进行了实地抽查，顺利完成了市县的野外单元的调查工作；制定了省、市两级的野外调查单元审查方案，采取多种形式的质量控制和审查方式，确保我省424个野外调查单元资料通过审查并按时上报。

【新沂河行洪能力水文测验与分析研究】 该项目研究的目的主要是对整治后的新沂河行洪能力进行分析研究评价，验证整治工程效益，同时进一步探究新沂河洪水组成、特点及其运动规律，为新沂河防洪保安提供技术支撑和决策支持。主要立足于新沂河沭东段，进行断面布设与测验方案设计，拟定水文测验质量控制措施，现场测定新沂河行洪能力与洪水过程，着重从同时水面线、最高水位水面线、相应洪水实测与设计水面线等方面进行水面线分析；从代表站水位流量关系分析、同流量的水位变化分析、同水位流量变化分析、东友涵洞以下河段水位流量关系分析等方面进行水位流量关系分析；在糙率分析方面，重点开展了糙率计算与分析、2008年与2003年糙率对比分析、糙率沿程变化分析等工作。该项目特点：(1) 水文测验手段先进、技术含量高、成果精度较高。(2) 多因素对比综合分析行洪能力。通过对新沂河整治前后沿程水面线的变化、水位流量关系的变化、河床糙率变化等方面影响行洪能力的变化进行了系统分析、比较分析。该项研究成果已在验证新沂河整治工程效益和河道工程设计糙率的选定中得到应用；同时可作为以后新沂河整治规划设计的重要依据。

【江苏省水利地理信息系统】 系统基于0.5米分辨率高清晰影像和CORS定位技术，实现集遥感影像、基础地理信息数据、水利基础数据为一体的全省水利“一张图”，首次建立了1∶10000的全省统一的水利基础数据库；系统采用先进的计算机图形、遥感影像数据处理和地理信息系统技术，开发了数据库维护、服务管理、信息发布以及三维景观展示系统；基于服务的体系架构、面向应用的空间分析与图式化表达，实现水利地理信息跨平台部署、共享与服务。

【江苏省实时雨水情分析评价系统】 根据暴雨洪水分析评价业务需求，设计水文特征值数据库表结构，建立江苏省水文特征值数据库、暴雨洪水数据库，开发基于水文特征值数据库、实时雨水情数据库、暴雨洪水数据库的江苏省实时雨水情分析评价系统。系统能快速实现常规雨水情查询及各种专题报表查询；对正在发生的特大雨水情能自动揭示并预警；能快速完成实时雨水情、特大暴雨、特大洪水等分析评价；实现定期(月、汛期、非汛期、全年)及不定期、分流域以及区域的雨水情分析统计，并自动生成雨水情分析相关成果(包括各类图表、及基于模板下的文字报告)，着力提高水情人员雨水情分析评价工作效率。

【江苏省水情综合业务系统】 系统研究主要基于最新Web与ArcGIS技术，紧密围绕防汛水情会商业务服务核心，同时涵盖水情值班日常管理、实时雨水情查询和监控、水情会商发布等子系统、开发调用洪水预报系统接口等。系统能满足当前及未来一定时期内省级水情业务管理、水情查询监控、防汛水情会商的业务需求，具有界面友好、快捷高效、技术先进、易于推广等特点，可为防汛抗旱决策提供及时准确的水情信息服务和决策支持服务。

【江苏省水位改正方案关键技术研究】 主要研究全省290处水文站、水位站水位资料历年沉降改正方案，包括改正年份的确定、逐年改正量的分配以及水位改正后的合理性对照分析等。根据不同类型、不同区域、不同年份的特点，分析各测站水位改正的不同方案。同时分析水文测站冻结基面与绝对基面的历年改正数，研究目标为实现全省历年水位资料的连续、一致、可靠。

【水位数据自动采集处理方法研究】 选择江苏省沿海、沿江、湖泊、河道有风浪、闸门启闭影响较大的10个典型水位站，采用水位自动采集技术，按照国内水文自动测报系统建设的结构，应用国内广泛使用的浮子式编码水位计，采用每秒钟采集一次水位数据，积累6个月的水位连续数据。开发滤波分析软件，对各个站的水位数据进行不同时段的滤波处理，与自计水位记录进行比较分析，优选最高精度的水位数据采集处理方法。根据水位流量关系曲线，推算流量过程，与常规流量过程进行比较分析，最终得出符合水文测验规范要求的水位自动采集与处理方法。通过对江苏省内风浪、闸门启闭影响较大的10个典型水位站的水位数据采集方法研究，提出符合水位观测标准和水文资料整编规范的水位数据自动采集处理方法，进一步推进江苏水文现代化建设，为防汛防旱、水资源管理和各行各业提供翔实的水文信息。

【统一通信技术研究及应用】 统一通信用于水利厅内部协同办公，是融合了通信系统CT和信息系统IT应用的综合解决方案。本项目的研究目标，是以水利厅日常办公固定电话号码为依托，基于宽带互联网络，实现语音、视频、即时通信、数据等各种通信方式的有效结合，为内部用户提供一个功能丰富，协同便捷的沟通环境，提高工作效率。

【南通市沿海开发引江调水对水环境修复改善研究】 研究主要内容包括：南通市"引江调水"的必要性及可行性与南通市"引江调水"近期实施方案及中远期工程措施。"引江调水"的目标为：通过引江调水和沿海排水，拉动内河水流运动，进行多水源联合调度技术，消除呆滞水域，提高水体自净能力，同时加强对入河排污口的管理，严格控制入河污染物排放量。在引江调水后，主要河道消除劣Ⅴ类水体。中远期实现市区各河道水质达到或接近Ⅳ类，70%～80%骨干河道水质达到或接近Ⅲ类；水功能区水质实现全面达标。

【常州市城区河网模型研究】 以太湖流域水网水量模型为基础，对模型中河网及下垫面进行进一步细化及分区；选取常州地区典型实测水文资料，以水文学、水动力学计算为重点，对模型参数进行率定和优化；采用历史实测洪水过程资料，对模型进行演算验证；根据验证结果对模型及参数进行调试，确保模型模拟精度符合规范要求。研究通过对常州市城区及周边水网精细概化，进行水量模型开发、率定和验证，为后期模型系统集成及应用于实时预报提供技术支撑。

【秦淮河流域洪水多模型的集合预报技术与应用研究】 本课题主要目标为研制多个用于秦淮河流域洪水预报模型，初步建立秦淮河流域洪水预报模型库，探索基于贝叶斯模型理论的秦淮河流域多模型洪水集合预报的关键技术，构建科学的秦淮河流域多模型洪水集合预报模型，研究秦淮河大洪水、特大洪水应用的完善和改进方案，并进行示范应用。

（陈　静　王　萍）

基础建设

【前期工作】 先后完成《泰州引江河二期工程水文设施工程可行性研究报告》、《江苏省水文综合实验楼及水文发展基地附属设施工程可行性研究报告》的报批工作；编制完成《泰州引江河二期工程初步设计报告水文专题》、《射阳港、东灶港海洋潮位站水文基础设施建设工程可行性研究报告》、《江苏省通榆河调水工程水文监测系统可行性研究报告》；编制完成《江苏省江水东引北送通榆河调水工程水文设施建设方案》，通过了省水利厅组织的审查；

编制完成《江苏省中小河流水文监测系统实施方案(2011 年度)》,经省发展改革委批复。

【建设管理】 (1) 江苏省太湖流域水环境自动监测站网工程。测站土建:完成 25 个站的土建工程建设工作;自动监测系统:完成 13 个站的自动监测系统安装调试工作,完成 15 个站的全球眼的安装工作;监控中心:完成软硬件设备购置工作,通过了合同工程完工验收;完成监控中心信息管理系统,进入试运行。(2) 省级水情报汛站自动测报系统改扩建工程。土建部分:完成 11 个分局土建工程建设工作,淮安朱码闸、扬州陆庄、射阳镇,徐州港上、华沂,南京东山,盐城滨海闸通过了合同工程完工验收;报汛通信系统:完成报汛通信系统Ⅰ标、Ⅱ标的安装调试工作,进入试运行;水情中心系统集成:完成水情中心系统集成标安装调试工作,进入试运行;软件开发:开展软件系统开发Ⅰ标、软件系统开发Ⅱ标软件开发工作。(3) 江苏省水利信息网络改扩建工程。完成工程项目法人的组建、初步设计的报批、质量监督申请、项目划分报批、工程招投标及合同签订工作;安装完成Ⅰ标中网络设备;完成Ⅱ标中视频设备单点安装,进入联调阶段。(4) 2010~2011 年水文水资源监测工程。完成工程项目法人的组建和初步设计的报批工作;完成高淳、铜山、镇江沿江基地土建部分,完成技术装备购置Ⅰ标、Ⅱ标、邵伯土建及附属设施招标和合同签订工作,完成金锁镇水文站土建招标公告发布工作。(5) 宿迁洪涝灾情巡测基地。完成工程分标方案、招标报告报批工作,完成仪器设备购置Ⅱ标招标公告发布工作。(6) 淮河入江水道整治工程水文设施。完成工程初步设计的报批工作,完成工程建设任务拆分工作,由省淮河入江水道整治工程建管局下达给江都建设处、总渠建设处、淮安建设处、扬州建设处具体负责实施。(7) 江苏省中小河流水文监测系统(2011 年度)。完成工程实施方案的报批和项目法人的组建工作,组织 13 个分局完成施工图设计审查工作。(8) 水保二期建设。完成了“全国水土保持监测与信息系统建设二期工程”江苏省分部工程建设任务。在该项目中,全省共建设了 1 个省总站,连云港、南京 2 个地区分站,6 个水土保持监测点。该项目已于 9 月 20 日通过了水利部水土保持监测中心组织的初步验收,标志着我省“二期工程”建设工作全面完成。

(王　泉　方　瑞　唐春生)

南 水 北 调

【概述】 2011年，江苏省南水北调工程建设领导小组办公室(以下简称"江苏省南水北调办")和南水北调东线江苏水源有限责任公司(以下简称"江苏水源公司")紧紧围绕"工程率先建成通水，水质率先稳定达标"目标，认真贯彻中央和省委、省政府两个"一号文件"、中央水利工作会议、国务院南建委第五次全体会议、全省加快推进水利现代化建设会议精神，建立严格的目标管理责任制和考核奖惩制，落实切实可行的工作保障措施，有力有序推进工程建设管理各项工作，实现了阶段性工程建设目标。2011年，江苏省南水北调调水工程完成投资30.8亿元，超额完成2.8亿元，工程形象进度达到序时要求。工程开工以来，累计完成投资91.5亿元，占工程批复概算总投资的75%。40项设计单元工程已完成19项，其中省际边界工程已经率先全部建成，具备送水出省工程条件。江苏省控制工期的工程削减指标全面完成。单位工程优良率达到95.6%，并一直保持无等级质量事故发生和无人员伤亡，工程质量和安全总体受控良好。治污工程建设方面，根据《东线工程治污规划》和《江苏段控制单元治污实施方案》，江苏省南水北调治污项目共有102项。截至2011年底，纳入治污规划的102项工程已经全部建成。江苏省南水北调14个控制断面6项指标年均值全部达到地表水Ⅲ类标准，达标率为100%，比"十五"末提高35.6个百分点，比南水北调工程实施前提高92.8个百分点。

(杨金海　袁连冲)

【前期工作】 2011年，江苏省南水北调办公室和江苏水源公司统筹安排，精心组织，加强协调沟通力度，推动前期工作取得重要进展。随着东线一期江苏境内主体工程40个设计单元工程初步设计全部通过批复，江苏境内工程主要前期工作已经基本结束。

(一) 调水工程。一是完成剩余设计单元初步设计编制报审，顺利获批。2011年，认真抓好主体调水工程中剩余的沿运闸洞漏水处理工程、血吸虫北移防治工程、东线江苏段调度运行管理系统、东线江苏段管理设施及南四湖下级湖抬高蓄水位影响处理等5个设计单元工程的初步设计编制工作，把好设计质量关口，严格内部审核，及时上报审查，顺利获得了国务院南水北调办的批复。至此南水北调东线一期江苏境内主体调水工程所有40个设计单元工程初步设计全部批复通过，江苏境内主体调水工程前期工作基本完成；二是招标设计和施工图设计延续较高水平。通过认真严格的招标设计和施工图组织管理，确保工程设计质量，避免将设计缺陷和隐患带入到工程建设中，以减少工程建设中的不必要的设计变更，从而将工程建设进度和质量的控制管理前移到了设计阶段。年度完成洪泽湖抬高蓄水位影响处理、徐洪河影响处理、沿运闸洞漏水处理、血吸虫北移防治等设计单元工程的招标设计审查审批，为工程及时开工实施奠定基础。同时，各在建设计单元工程的施工图设计编制组织和审查审批工作也有序进行，确保了工程建设进度的圆满实现；三是设计变更管理规范有序。依照《设计变更管理办法》，明确设计变更上报流程，认真及时地组织进行设计变更审查，有理有据地进行设计变更审批和分类。抽出专门时间，对已完工程的设计变更进行梳理，完善各类手续，确保工作程序的规范。

(二) 配套工程。2011年，江苏省南水北调配套工程前期工作取得新突破。一是《江苏省南水北调配套工程规划总报告》于年初通过省发改委审查。江苏省南水北调办已提出配套工程实施方案，正在商省水利厅组织实施。二是配套工程中的水质保护补充工程已经开始起步实施。其中的丰沛、新沂、睢宁和宿迁等市、县截污导流工程均已完成可行性研究报告的编制上报，正在进行防洪影响评价和环境影响评价的编制报审工作以及用地手续的办理等。新沂市截污导流工程可研、初设已获省发改委批复，防洪影响评价、环境影响评价等均获有关部门批复通过，已开始进入招投标程序，即将正式开工建设。此外，为保证向连云港市送清水，新沂河尾水通道扩建完善工程可行性研究报告也已编制完成。

（薛刘宇　刘丽君）

【投资计划管理】

（一）投资计划完成情况。2011年，江苏境内各项工程进展加快。截至2011年底，调水工程中，三阳河潼河宝应站工程，长江—骆马湖段2003年度工程，骆马湖—南四湖段工程，南四湖水资源控制、水质监测工程和骆马湖水资源控制工程等4个单项共计14个设计单元工程全部建设完成；长江—骆马湖段其他工程单项中，刘老涧二站和骆马湖以南中运河影响处理工程2个设计单元工程于2011年基本建设完成，剩余年度前开工的泗阳站改建、泗洪站枢纽、皂河一站改造、皂河二站、金湖站、淮安二站改造、金宝航道、高水河整治、里下河水源调整等工程，及2011年开工的洪泽站、邳州站、睢宁二站、洪泽湖抬高蓄水位影响处理、徐洪河影响处理等工程，合14个设计单元工程正加快建设；东线江苏段专项工程单项中，江苏境内文物保护设计单元委托省文物局正继续实施，沿运闸洞漏水处理、血吸虫北移防治等2个设计单元工程已于2011年年内开工实施，东线江苏段调度运行管理系统、东线江苏段管理设施等2个设计单元工程正在抓紧进行招标设计阶段前期工作，尚未开工；南四湖下级湖抬高蓄水位影响处理工程单项，合1个设计单元，已明确了建管模式，即将开工实施。截污导流工程中，列入主体调水工程一并实施的截污导流工程单项，合4个设计单元工程，其中江都、宿迁两市截污导流工程已于年度前完成建设任务，淮安、徐州两市截污导流工程于2011年年内基本完成建设任务。

2011年，江苏段工程年度计划完成投资28亿元，实际完成30.8亿元，其中调水工程完成29.45亿元，列入主体调水工程一并建设的四市截污导流工程完成1.39亿元，占工程建设年度计划的110.15%。

根据全部40项设计单元工程的批复文件，考虑已下达的部分设计单元概算调整情况，江苏境内主体工程概算总投资为121.8亿元。计入省级配套的淮阴三站挡洪闸工程投资2721万元，和地方配套的淮安截污导流工程增项投资25680万元后，江苏境内主体工程实际概算总投资为124.64亿元。

截至2011年底，江苏省南水北调工程总累计完成投资91.46亿元，其中调水工程完成76.39亿元，占概算总投资109.57亿元的68.81%，列入主体调水工程一并建设的四市截污导流工程已完成全部15.07亿元投资。调水工程累计完成土方7002.31万立方米，砌石78.3万立方米，混凝土100.69万立方米，金属结构9461.39吨，机电设备安装283台套。

（二）工程形象进度。2011年，在工程沿线市、县地方政府、省水利厅有关部门和省属水利管理单位的支持和配合下，南水北调东线江苏境内工程全体建设者，紧扣东线工程2013年建成通水的总体目标，和省委、省政府关于江苏南水北调争创“工程率先通水，治污率先达标”的指示精神，围绕年度工程建设任务，大力推进工程建设进度，严格工程建设过程中的质量和安全生产控制管理，连续第十年超额完成年度建设任务。一是一批设计单元工程完成建设任务，已完工程发挥效益。2011年，江苏境内又有南四湖水资源控制工程杨官屯河闸工程、大沙河闸工程，以及刘老涧二站工程、骆马湖以南中运河影响处理工程等设计单元工程完成建设任务，截污导流工程4个设计单元全部建设完成，至此，南水北调东线一期江苏境内主体调水工程全部40个设计单元工程已有20个建设完成。各已完工程的各类专项验收工作加快推进，淮安四站及淮安四站输水河道2个设计单元工程征迁移民专项验收也获得通过,为下一阶段各设计单元工程完工验收工作的开展打好了基础。同时,在2011年苏北地区面临严峻的抗旱形势时,宝应站、江都三站、江都四站、淮阴三站、淮安四站等一批南水北调江苏境内已完工设计单元工程,以及部分建设完成的皂河一站等工程先后投入运行,为缓解苏北地区旱情,保障人民群众生产和生活用水安全做出了重要贡献。二是年度在建工程进展顺利。2011年,江苏境内各在建工程有序推进。刘老涧二站年内通过机组试运行验收,工程建设任务基本完成;骆马湖以南中运河影响处理工程各标段施工基本结束,主要工程建设任务完成;泗阳站改建工程督促施工单位加大资源投入,严抓工期进度,目前泵站主体已完成厂房浇筑,6台套机组设备基本安装到位,具备水下工程验收条件。泗洪站枢纽工程奋力赶超工程进度,目前土建Ⅰ标船闸和节制闸工程已基本建设完成,并通过验收,土建Ⅱ标泵站主体已完成底板浇筑;皂河一站改造工程泵型大,更新改造技术要求高,同时因肩负参与防汛抗旱的重要任务,工期十分紧张。在有关单位机密配合下,2号机组改造全面完成并投入当年的防汛抗旱运行,1号机组改造正在加快;皂河二站工程进度和质量控制以及安全生产、文明工地建设稳定保持较高水准,目前泵站主体土建施工基本结束,具备水下验收条件。金湖站工程安全生产工作很有特色,目前土建Ⅰ标清污机桥和下游引河工程已经完成,土建Ⅱ标泵站主体基本完成主厂房结构施工,开始机组设备安装。淮安二站改造工程抓紧运行间隙加快施工,目前建筑物加固改造基本结束,开始旧设备拆除和新设备安装。金宝航道、里下河水源调整、高水河整治等河道工程认真解决征迁难题,工程建设全面铺开。三是一批影响通水的关键设计单元工程及时开工建设。2011年是决定着南水北调东线一期江苏境内工程能否按期建成通水的关键之年。江苏省南水北调办和江苏水源公司倒排工期,找准关键节点,加大前期工作力度,统筹配置建设资源,保障影响通水的设计单元工程尽早开工建设。2010年获得初步设计批复的洪泽站、邳州站、睢宁二站、洪泽湖抬高蓄水位影响处理、徐洪河影响处理等5个设计单元工程,及2011年获得初步设计批复的沿运闸洞漏水处理、血吸虫北移防治等2个设计单元工程,于2011年先后开工实施。其中洪泽站工程着力解决体量大,附属工程多、工期紧的困难,工程建设进度控制和质量管理展现较高水平,目前,泵站主体已完成进出水流道层浇筑,洪泽湖挡洪闸工程完成施工围堰并通过验收;邳州站工程克服地方征迁矛盾,及时抢抓工期,目前,泵站主体已完成地面以下部分及上下游全部翼墙的混凝土浇筑;睢宁二站工程进展总体顺利,目前泵站主体已完成底板浇筑,正在抓紧进水流道层施工;洪泽湖抬高蓄水位影响处理、徐洪河影响处理、沿运闸洞漏水处理、血吸虫北移防治等设计单元工程委托工程所在地县(区)水行政主管部门或省属水管单位组建现场建设管理机构,年内征迁工作完成大半,招标工作基本完成,各中标施工单位已进场实施。四是截污导流工程全部完成。2011年,由江苏省南水北调办负责组织建设的截污导流工程单项4个设计单元工程中,淮安、徐州两市截污导流工程基本建设完成,正抓紧各项验收工作,至此,加上已于年度前建设完成并投入运行的江都、宿迁两市截污导流工程,列入主体调水工程一并建设的截污导流工程单项,已完成全部4个设计单元工程的建设任务。

(薛刘宇　刘丽君)

【征地移民】 2011年,江苏省南水北调办坚持“保证工程顺利进行,保证群众安居乐业”的原则,认真组织开展工程征地拆迁和移民安置工作,全年征迁工作目标全面完成,开工工程建设用地得到保证,在建工程征迁安置实施顺利，工程用地手续办理加快推进。截至2011年底，工程永久用地和临时用地征用工作已经基本完成，累计拆迁居民户4750多户，移民安置1.9万人，拆迁各类房屋56万平方米。征地手续办理工作取得突破性进展，在40项设计单元工程中，已有6项获得批复，5项报国土资源部待批；其余单元工程用地材料已经整理完成上报审查。全年完成征迁投资11亿元。

2011年江苏南水北调工程征迁完成工程永久用地3000亩，临时用地2.1万亩，拆迁居民户1200多户，搬迁人口5000多人，生产安置人口约3000多人，拆迁各类农村房屋13万平方米，全年完成征迁投资11.0亿元。在省政府正确领导和工程沿线各级政府积极支持下，至2011年底，江苏南水北调40个设计单元工程，其中有征迁任务的单元工程征迁工作基本完成。征迁安置实施方案按时编报审批，及时协调化解征迁矛盾，积极推进用地手续办理，创建和谐施工环境保障机制，没有发生有影响的阻工和群体性上访事件，保证了工程建设的顺利进行和被征迁群众的安居乐业。

（一）确保工程开工建设用地。(1) 及时分解任务。2011年是南水北调工程建设的高峰年、关键年，所有项目全部开工，江苏省南水北调办公室及时分解全年主要工作任务，要求征迁部门提前与现场建设单位对接，根据各工程的特点及开工进场时序，和各标段施工用地的情况，排定交地节点时间，重点提前拆迁、分批次提供用地。(2) 切实落实责任。及早落实各县、市任务责任，年初下发了征迁年度考核办法，明确各工程各标段的拆迁、交地时间节点，分工负责，落实责任人，按月考核，按季通报，半年考核。平时加强检查、督查，按督查通报制度进行通报。按时完成任务的记入年底奖励，未完成任务的进行通报、约谈等。(3) 狠抓进度推进。要求市、县各级征迁单位积极采取措施，提前开展实物量复核，边拆迁边按工程用地计划提供施工用地。金湖站、金宝航道、卤汀河都是在初设批复前就提前做好征迁准备。泰州市姜堰市、兴化市、海陵区细化补偿标准，出台地方优惠补贴政策，组织地方基层干部全力投入包保拆迁，各县(市、区)集中力量在5月份就完成全部房屋拆迁的80%以上，在短时间内就做好开工现场和施工排泥场临时用地交付。扬州市江都市在一个月内全部完成卤汀河工程拆迁。睢宁站、邳州站均发出征迁前通告，县委、政府及时研究制定实施办法下发到户，保证征迁顺利实施。在沿线地方各级政府和征迁部门的积极配合下，金宝航道、里下河水源调整卤汀河、大三王河、灌区调整工程拆迁基本完成。确保了施工单位进场用地需求。睢宁二站、邳州站、洪泽站永久、临时用地全部提供。徐洪河影响处理、洪泽湖抬高蓄水位影响处理工程也能按计划提供用地。(4) 规范拆迁行为。在工程征迁开始前，与工程所在市或者县签订征迁任务和责任包干协议书，要求按照南水北调工程建设规定制定相应的工作责任制度、财务管理制度，加强征迁档案管理。2011年分别对睢宁、邳州、宿豫等地征迁进行了培训。要求征迁严格按照流程规范操作，做到实物量、标准、补偿“三公开”，上墙公示，填写“到户卡”，补偿款由县直接打卡到户。同时加强征迁财务审计监督，对泗洪站、泗阳站征迁资金进行了专项审计。发挥纪检监察在拆迁中的监督作用，邳州市在邳州站工程拆迁成立了“纪检监察小组”，设立举报箱和监督电话，对兑付补偿的数量、标准、金额全部进行监督。充分发挥移民监理作用，里下河水源调整、金宝航道等工程招标确定移民监理单位，对骆南中运河、洪泽湖抬高蓄水位等工程委托移民监理，移民监理全面监督见证实物量复核、补偿标准确定、补偿费用审核等，积极配合协调征迁矛盾。

（二）确保和谐建设环境。(1) 建立长效责任机制。因在建工程较多，涉及的地方群众利益关系复杂，围绕创建和谐建设环境，下发了《关于保证南水北调工程和谐建设环境的通知》(苏调办〔2011〕13 号)，要求从 2011 年 3 月起至工程竣工，持续开展南水北调工程征地移民矛盾纠纷排查化解活动。同时下发《关于建立工程建设环境维护和专项设施迁建快速处置机制的通知》(苏调办〔2011〕31 号)，要求各级南水北调办(水利局)和现场建管单位建立工程建设环境维护和专项设施迁建快速处置工作制度、预案等，完善施工环境保障机制，及时协调化解征迁矛盾。现场成立了协调小组和快速反应机制，及时协调处理征迁、施工、专项迁建等矛盾纠纷，把矛盾化解和处理在基层，保证了工程顺利实施。(2) 具体问题及时协调。成立现场协调小组，工程建设过程出现矛盾纠纷，各部门快速反应，及时分析研究，提出解决办法，立即协调处理。扬州市在高水河工程拆迁上按照“谁主管、谁负责”的原则，严格落实责任，江都市政府、邵伯、仙女镇政府先后协调化解三个鸭场、两个船厂和渔民阻工事件，确保工程顺利施工。泗阳县南水北调办协调工程建设处和施工单位，妥善解决因施工车辆运输引起的红线外房屋裂缝问题。邳州市南水北调办配合现场建设处，妥善处理了施工队伍与地方打架事件。洪泽站工程范围内仅剩一家鹅场未搬迁，在多次协调拒不搬迁的情况下，洪泽县南水北调办正通过司法程序依法处理鹅场搬迁。徐州市邳州站工程由于施工降水造成了地下水位降低，对周围群众的生产生活造成影响，部分群众为此要求施工单位停止施工。拆迁部门一方面要求施工单位减少施工降水井的数量，另一方面在施工影响的刘集村进行农村饮水安全工程，建设集中式供水水厂，不仅解决群众用水困难问题，同时解决了农村饮水不安全的问题。(3) 及时调查办理信访。由于拆迁面广量大，拆迁时间周期短，难免有个别群众对政策标准存有疑问，2011 年先后有 10 余人次信访咨询。每次信访都是热情接待，认真听取反映的问题，耐心说明解释，派人实地调查处理。先后三次去宝应、姜堰等地与拆迁群众沟通说明补偿标准，变上访为针对性的下访。对卤汀河工程涉及的姜堰市华港镇港口村、桑湾村安置点上访咨询，拆迁办主任亲自接待，针对提出的问题，该作说明解释的进行解释，由于地方工作不细致未解决的问题，当场书面承诺交地方定期解决，并随后检查落实解决情况，得到被安置群众的理解和支持。对姜堰市的四家企业，在长时间不肯拆迁被起诉到法院的情况下，本着和谐拆迁的原则，在强制执行即将到期的前几天，进行了协调解决。对洪泽站工程涉及的刘颜军承包养殖的鱼塘，在多次答应交地又反悔的情况下，保证施工不受干扰，现场联合办公，实地解决交地的疑问。

(三) 确保被拆迁群众安居乐业。(1) 做好生活安置。在房屋拆迁开始前，要求落实集中安置区具体地块，做好“三通一平”基础设施，方便被拆迁群众边拆迁边建设新房。现已开工工程移民安置工作有序进行，金宝航道 4 个安置区全面建设，其中金湖县 478 户年底前基本能搬进新居，宝应湖农场 210 户已安置到刘圩社区集中安置点，宝应县结合镇村规划，将 73 户集中安置到范水镇规划小区内。里下河水源调整卤汀河 6 个安置区正在进行基础设施建设，海陵区城东街道采取政府补贴集中建房，面积置换的模式解决城市规划区的拆迁难题。泗洪站安置区经过多次协调用地，新居正在建设。其他工程分散安置工作已经就绪，自建的新居已经落成。(2) 做好生产安置。征地补偿款及时拨付到村组，在村组进行承包土地调整。对影响土地面积较小，群众自愿要求货币补偿安置的，按照土地法规定的程序征地补偿款直接打卡到户。同时也关注遗留问题解决，淮安市楚州区多方筹集资金，建设淮安四站输水河道三堡安置区对外交通桥梁，使之与楚洪公路相通，建设市场，解决被搬迁群众的生产生活。

（四）用地手续办理取得突破性进展。金湖站、淮安四站及输水河道工程土地手续获国家批准。三潼宝工程、泗阳站、泗洪站、皂河二站、洪泽站、金宝航道工程用地报批材料已上报国土资源部。刘山、解台、蔺家坝、骆马湖水资源控制、姚楼河闸、杨官屯河闸、大沙河闸、睢宁二站、邳州站、高水河等工程已上报省厅审查；里下河水源调整用地报批材料组织基本完成。(1) 实行跟踪机制。征迁办与省国土厅及土勘院成立专门对接跟踪机制，每月沟通用地手续办理进度，遇到问题及时协调，报批补正材料即时完成。多次与省国土厅及土勘院沟通协调耕地占补平衡、征地补偿标准等制约用地手续办理的瓶颈问题。也报请省政府办公厅多次协调，现经过协调的意见上报省领导阅批。(2) 实行配合机制。为保证合法用地、及时用地，所有开工工程征迁部门都积极配合国土部门，及时组织勘测定界和用地材料组织报批。与省征地事务所一起，奔赴徐州、宿迁、泰州、盐城、扬州、淮安的县市布置催办用地材料。涉及林地使用许可和树木砍伐，多次与省林业部门沟通，积极协调办理林地使用许可和砍伐证。涉及临时用地土地复垦方案，统一委托国土规划部门编制，并派人配合去实地调查现状资料。涉及勘测定界的，及时提供符合要求的红线图，并专人配合工作。

（五）推进征迁安置专项验收。完成三阳河潼河宝应站工程、刘山站、解台站、蔺家坝站、骆马湖水资源控制工程，淮安四站及输水河道工程档案专项验收。对骆运管理处泗阳站、刘老涧二站档案验收完成。完成淮安四站及输水河道工程征地移民完工验收。

（王志林　徐忠阳）

【控制性文物保护二期项目】 南水北调工程东线控制性文物二期保护项目（江苏段）涉及泗州城遗址、项王城遗址等地下文物点 8 处。2011 年是南水北调江苏段第二期文物保护重点建设之年。已经或正在发掘保护文物点有盱眙县泗州城遗址、项王城遗址、戚洼墓地，老庙滩遗址，泗洪县小龙头遗址、泗阳县王屋基遗址等 6 处，共计勘探面积 1102000 平方米，发掘面积 39600 平方米，已出土了部分西周至汉唐时期文物。

（王志林　徐忠阳）

【生态环境】 2010 年，《南水北调东线工程江苏段控制单元治污实施方案》确定的 102 项治污项目全部开工建设。其中，已完成 99 项，完成率 97%；在建 3 项，在建率 3%。

（一）工程进展。江苏省在《南水北调东线工程治污规划》总体原则下，结合实际编制了《南水北调东线工程江苏段控制单元治污实施方案》，确定治污项目共 102 个，总投资 59.15 亿元，其中，工业点源项目 65 个；污水处理厂 26 个；综合整治项目 6 个；截污导流工程 5 个。到 2011 年底，102 项工程已经全部建成。

（二）水质情况。按照《南水北调东线江苏段 14 个控制单元治污方案》要求，在调水干线设定 14 个水质控制断面，控制指标中的水环境质量指标主要是高锰酸盐指数、溶解氧、氨氮、石油类、挥发酚、五日生化需氧量 6 项；污染物总量控制指标是化学需氧量和氨氮。2011 年，江苏省南水北调 14 个控制断面 6 项指标年均值全部达到地表水Ⅲ类标准，达标率为 100%，比“十五”末提高 35.6 个百分点，比南水北调工程实施前提高 92.8 个百分点。

（陈红卫　张树麟）

【工程基金】 根据国务院办公厅《南水北调工程基金筹集和使用管理办法》（国办发〔2004〕86 号）文件，江苏省通过在全省范围内提高水资源费征收标准 0.07 元/立方米来筹集。江苏省南水北调工程基金的征收任务 37 亿元，其中上缴中央用于调水工程部分 12 亿元，留省用于治污工程部分 25 亿元（省内称南水北调治污基金）。征收期限为从 2006 年起执行8年,每年计划征收3.446亿元,各市按2001年用水量核定每年上缴任务;另外在征收期限内,省财政每年安排1亿元专项资金计入南水北调基金,以确保完成南水北调工程基金的征收任务。

江苏省政府及有关部门十分重视北调工程基金征收工作。近年来,省水利厅、财政厅会同地方政府,不断加大南水北调基金征收管理力度,通过采取基金征收与水利项目立项审批和投资计划安排双挂钩,加强南水北调基金征收管理审计监督等有效措施,确保完成年度基金征缴任务,保证了工程建设的资金需要。到2011年底,全省已累计征收南水北调工程基金12.52亿元,省财政计划安排的8个亿已经全部到位,按计划累计上缴国家财政的8.77亿元南水北调基金已及时足额上缴,同时省财政调度28904万元,用于治污工程建设。

(陈红卫　张树麟)

【环境保护】 治污环保是南水北调东线工程成败的关键,关系到工程效益的发挥。江苏省是南水北调东线的源头区,保证水源清洁是南水北调东线成功的关键。根据国务院提出的“三先三后”原则,省委、省政府始终把做好南水北调东线治污作为贯彻落实科学发展观、加强环境保护和生态建设的重要举措,切实摆上重要议事日程。省委、省政府多次召开专题会议,进一步落实和强化治污责任。一是省政府印发了《江苏省淮河流域水污染防治规划执行情况考核暂行办法》,把南水北调治污工作作为重点考核内容。二是积极借鉴太湖治污经验,推行“河长制”,要求淮河流域和南水北调沿线地区的党政负责同志担任“河长”,建立治污项目包干制,亲自督办,靠前指挥。三是创新考核机制,探索抵押金制度。徐州市为进一步把断面考核落到实处,建立了重点断面达标风险抵押金制度,凡辖区内重点断面不能达标的县(市、区),没收全部风险抵押金。四是加强对控制断面水质监测,从2011年7月开始,省环境监测中心每月组织对14个重点控制断面开展监督性监测,及时将监测结果通报给沿线各地政府,以引起沿线各地政府重视,切实增强工作紧迫感和责任感。

(陈红卫　张树麟)

【治污工作】

(一)治污工程进展。江苏省根据国务院转发的《南水北调东线工程治污规划实施意见》要求,按照水质、总量、项目、投资、责任五位一体的原则,组织编制了《南水北调东线江苏段14个控制单元治污方案》,主要是通过实施产业结构调整、工业综合治理、流域综合整治、城市污水处理及再生利用和截污导流工程,实现节水、治污、生态环境保护与调水工程的有机结合,确保输水干线水质达到地表Ⅲ类的标准。《南水北调东线江苏段14个控制单元治污方案》确定南水北调东线工程江苏段治污项目102个,总投资59.15亿元。其中,65项工业点源项目;26项污水处理厂项目;6项综合整治项目;5项截污导流项目。到2011年底,102项工程已经全部建成。

江苏省高度重视南水北调东线工程治污工作,省政府多次召开专题会议研究部署治污工作。针对目前治污工作进展和治污工程效果,紧紧围绕2012年境内输水干线全线水质达标的要求,重点开展了以下工作:一是新增四项尾水资源化利用及导流工程。江苏省根据各控制单元现状和各地发展情况,为实现南水北调输水干线水质目标,决定新增丰沛(丰县和沛县)、新沂、睢宁和宿迁等4项尾水资源化利用及导流工程。丰沛(丰县和沛县)、新沂、睢宁和宿迁4项尾水资源化利用及导流工程可研已编制完成。新沂尾水导流工程可研和初步设计已经省发改委批复,开始招标。丰沛、睢宁尾水资源化利用及导流工程可行性研究报告已经审查。丰沛尾水资源化利用及导流工程估算投资为5.28亿元,新沂市尾水导流工程估算投资为2.12亿元，睢宁县尾水导流工程估算投资为2.99亿元，宿迁市尾水通道二期工程估算投资为5.2亿元，合计15.59亿元。省政府已经明确，工程建设资金由省以上投资和地方配套资金组成，其中，省南水北调治污工程基金补助50%，其他向中央争取，地方适当配套。二是实施三个不稳定达标断面达标方案。针对近年来复新河沙庄桥、京杭运河邳州张楼和高邮北澄子河三垛西大桥3个断面不能稳定达标的情况，江苏省组织编制了3个断面水环境综合整治及达标方案。计划实施158个工程项目，总投资约25.61亿元，分两个阶段实施，其中，2013年前实施87个项目，2013～2015年实施71个项目。该方案已经通过相关部门组织的审查，并得到省政府批复，印发有关地方政府组织实施。省政府明确省以上补助40%左右，其中省南水北调治污工程基金补助30%。目前，省级财政已安排2亿元左右资金，用于支持2013年前的项目实施。三是实施污水处理厂配套管网规划。江苏省组织编制了《南水北调东线江苏省城镇污水管网建设实施方案(2011～2012)》，在2011～2012年期间投资22.08亿元，建设污水收集管网614.5公里，泵站37座，对11.11公里的管线实施雨污分流和87.2公里的老旧管网实施改造。省政府明确该项工程投资主要由地方筹措，省级从中央管网建设补助资金中安排约三分之一，实行以奖代补。该规划已经省政府同意，由省发改委和省建设厅批转相关地方正在组织实施。四是建设南水北调沿线自动监测站网。为确保南水北调全线水质安全，形成较为完善的监测预警和应急处置工作体系，江苏省决定在南水北调沿线14个监测断面具备建站条件的断面建设水质自动监测站。目前，建站工作已经开始实施，将于2012年上半年完成建设并投入使用，建站资金全部由省财政安排。

(二)污水处理厂。根据《南水北调东线工程江苏段控制单元治污实施方案》，纳入南水北调治污规划26座污水处理厂已全部建成投运，其中，有17个采取了BOT方式建设运营，共融集社会资金8.7亿元。新增日处理能力112.75万吨，治污减排能力大幅提升。截至2011年底，江苏省南水北调沿线城市污水处理率已达到80%。

为推进城市污水处理厂建设，江苏省根据“污染者付费、治污者收益”的原则，提高了污水处理费征收标准，建立环境资源有偿使用机制。沿线各市(县)的污水处理费已全部调整至每吨1.0元以上，有效调动了社会资本投资的积极性，为污水处理设施实现投资主体多元化、运营主体企业化、运行管理市场化创造了条件。为加强城市污水处理费的征收、使用和管理，江苏省还出台了《江苏省城市污水处理费管理办法》，明确城市污水处理费的征收和使用要接受当地财政、物价、审计等有关部门的监督和检查，确保专项经费专款使用。为加强对自备水源用户污水处理费征收工作，省政府出台了《关于加强自备水源用户城市污水处理费征收工作的意见》，省财政厅、物价局等六部门制定了《江苏省自备水源用户污水处理费征收管理办法》，明确了对自备水源用户污水处理费征收的具体办法，力求有效解决为规避缴纳污水处理费，自备水源用户群体在不断加大的实际情况。省财政厅、建设厅还出台了《江苏省淮河流域城镇污水处理工程管网项目建设奖励办法》，以“以奖代补”形式支持淮河流域暨南水北调污水处理厂管网建设。

江苏省截污导流工程是《南水北调东线工程治污规划》确定的清水廊道工程，主要由江都、淮安、宿迁和徐州市截污导流工程组成。另外，泰州市截污导流工程未纳入治污规划，由泰州市政府组织实施。江苏省截污导流工程的主要内容是将污水处理厂和少数工业企业经处理达标排放的尾水拦截，通过埋设管道、疏浚老河道增加过流能力、开挖部分河道打通通道等方式导走，不再进入南水北调东线输水干线，保证输水干线三阳河段、大运河及里运河淮安城区段、中运河宿迁城区段、大运河徐州段形成清水廊道，实现南水北调东线江苏段干线输水水质稳定达到Ⅲ类水目标。

江都、淮安、宿迁和徐州市截污导流工程总投资12.5亿元，其中，江都截污导流工程0.81亿元，淮安截污导流工程3.32亿元，宿迁截污导流工程1.12亿元，徐州截污导流工程7.25亿元。按照江苏省南水北调工程建设总体安排，江都、宿迁市截污导流工程2009年底已全面建成。淮安、徐州市截污导流工程已于2011年建成。

（1）淮安市截污导流工程。淮安市截污导流工程主要是将清浦、清河、开发区现状直接排入大运河、里运河的污水截流，送至污水处理厂集中处理后，尾水通过清安河排入淮河入海水道南泓。淮河入海水道将建尾水导流入海湿地处理工程，对尾水进一步生态处理后东排入海，有效改善南水北调输水干线大运河及里运河淮安城区段水质及水环境。工程主要建设内容为铺设沿大运河、里运河截污干管长20.12公里，配套建设污水提升泵站2座，移址重建清安河穿运涵，清除里运河污染底泥24.3公里，里运河城区段护岸防护赔建9.19公里，实施清安河河道疏浚22.04公里。工程设计尾水排放规模为9.7万吨/日，概算投资33240万元，工期27个月，工程于2007年11月开工建设。至2011年底，工程已经建成，合同项目完成验收已经完成，正在抓紧准备专项验收和竣工验收工作。

（2）宿迁市截污导流工程。宿迁市截污导流工程主要包括运西截污工程和尾水输送工程两部分。运西截污工程主要是封堵现有老城区12家工业企业向中运河的排污口，并沿运河铺设截污干管，将处理过的工业尾水收集至提升泵站；尾水输送工程主要是将尾水提升后通过管道输送至新沂河，经湿地处理后东排入海，有效改善南水北调输水干线中运河宿迁城区段水质及水环境。

工程主要建设内容为铺设运西工业废水收集干管6.3公里，铺设尾水输送干管23.2公里；新建0.25立方米/秒、0.85立方米/秒提升泵站各1座。工程设计尾水排放规模7万吨/日，概算投资11164万元，工期18个月，工程于2007年12月开工建设。至2010年底，工程已经建成，完成档案、水保、移民专项验收，于2011年底正式投入运行，正在抓紧准备环保专项验收和竣工验收工作。

（3）江都市截污导流工程。江都市截污导流工程主要是在江都市城区污水收集处理的基础上，新建尾水提升泵站和尾水输送管道，将进入三阳河、新通扬运河的江都市清源污水处理厂尾水输送至长江主江堤外窦桥港。工程建设内容为铺设尾水输送干管22.92公里，管线共穿越大小河道21条、等级公路6条；新建提升泵站一座。工程设计尾水排放规模为4万吨/日，概算投资8125万元，工期12个月，工程于2007年12月10日开工建设。截至2010年底，工程已经完成全部专项验收和竣工验收工作。

（4）徐州市截污导流工程。徐州市截污导流工程主要是利用现有的河渠和新开渠道等，建立运河沿线区域尾水“蓄存、导流、回用”体系，将京杭运河不牢河段、中运河邳州段、房亭河等对南水北调东线工程有影响的区域尾水统筹考虑，对尾水进行收集、回用、导流，剩余尾水从大马庄涵洞处入新沂河北偏泓入海。工程建设内容为新开尾水渠道（涵管）25.7公里，利用现状河道144.58公里（其中疏浚85.83公里）；建设干渠建筑物42座，其中控制涵闸24座，输水涵洞14座，砼渠道3座，提升泵站1座；新（改）建跨河桥梁94座，按照恢复原功能原则实施小型配套建筑物116座。工程设计尾水入新沂河排放规模为41.09万吨/日，概算投资72493万元，工期30个月，工程于2008年10月25日开工建设。2011年3月，徐州市截污导流工程主体工程通水。至2011年底，工程已经建成，正在抓紧准备专项验收和竣工验收工作。

（三）流域综合治理。根据《南水北调东线工程江苏段控制单元治污实施方案》，江苏省确定流域综合治理项目6项，分别是苏北运河船舶污染综合整治、江都垃圾场搬迁、高邮黑液塘、徐州大吴氧化塘改建污水处理厂、徐州桃园氧化塘改建污水处理厂和江都源头生态保护项目，截至2011年底，上述6个项目已经全部完成。

为提高流域综合治理水平，江苏省采取有效措施，不断深化流域综合治理。一是将调水源头江都取水口划为饮用水源保护区，国家环保总局批准为源头生态功能区，扬州市编制了专门的保护规划，并委托高等院校编制可行性研究和初步设计，目前部分工程已启动实施。二是加强生态建设。调水沿线地区积极开展全国生态示范区创建工作，实施生态农业示范县建设，大力发展生态农业，加强无公害农产品、绿色食品和有机食品基地建设，狠抓农业面源污染防治。目前，江苏省南水北调沿线地区通过生态农业示范县建设，已建成无公害农产品、绿色食品和有机食品基地1500多万亩，化肥使用量比2000年减少了15%以上。三是积极推进船舶石油污染综合整治。为做好大运河船舶污染防治工作，江苏省投资2800余万元在沿线已建成21座船舶垃圾收集站和43座油废水回收站，治理大运河船舶污染的硬件已建成，为确保这些治污设施切实发挥作用，省交通厅、建设厅、环保厅联合下发了《关于在苏北运河统一开展船舶垃圾、油废水送交和接收工作的通告》。

（陈红卫　张树麟）

【工程审计与稽查】

（一）审计与稽查。2011年，国调办加强了对南水北调东中线在建工程的质量监控和督查力度，稽查活动和质量飞检活动频率和密度增加。江苏南水北调全年配合完成了国调办组织的质量飞检5次，原材料专项稽查1次，对金宝航道工程和邳州站工程的监理专项稽查各1次，以及质量问题集中整治专项活动1次。针对稽查、检查和专项整治活动中发现的问题，一是认真分析原因，研究制定整改措施，督促参建单位及时落实到位。二是吸取经验，总结得失，要求所有在建单项工程各有关参建单位借鉴学习，对照自查自纠，避免同类问题反复出现。三是严肃责任追究，对违规行为严厉处罚，不回避，不姑息，整肃风气。通过以上措施，江苏境内工程整体建设管理水平得到进一步提高，形成上下一心，重视工程建设质量和合同管理的良好氛围。

（二）招投标监督。江苏省南水北调办公室和江苏省纪委、省监察厅派驻南水北调东线江苏段工程纪检监察工作组（以下简称“派驻纪检组”），分别履行招投标工作的行政监督和纪检监察职责。在招投标监督管理工作中，坚持“公平、公正、公开、廉洁”的原则，依法行政，严格过程控制，年度招标投标工作保持规范有序。

2011年，共完成对104个招标标段的监督管理工作，其中调水工程98个标段，截污导流工程6个标段。调水工程招标的有洪泽站工程12个标，邳州站工程11个标，睢宁二站工程12个标，徐洪河影响处理工程9个标，洪泽湖抬高蓄水位影响处理工程8个标，金湖站工程5个标，淮安二站改造工程2个标，里下河水源调整工程19个标，血吸虫北移防移工程2个标，沿运闸洞漏水处理工程9个标，泗洪站工程4个标，泗阳站工程2个标，皂河二站工程、金宝航道工程、骆南中运河影响处理工程各1个标。截污导流工程招标的有徐州市境内2个标段、淮安市境内4个标段。招标总合同总金额161017.91万元，其中调水工程159377.9万元，截污导流工程1640.01万元。

在招投标监督管理中，江苏省南水北调办与派驻纪检组按照招投标工作相关法律、法规，紧密配合，全程监督，采取有效措施保证招标投标工作质量，维护公平公正的市场秩序。一是把好招标文件审查关。江苏省南水北调工程招标文件必须通过专家审查才能出售，通过审查保证了招标文件编制的质量，避免条款歧义的产生。二是严格招投标备案和资格后审。参加江苏南水北调工程投标单位在购买标书前一律到我办进行招标备案，获得备案确认书后方可登记购买招标文件，备案实行一标一备制。三是推进开放竞争，构建面向全国的江苏省南水北调招投标市场。一大批优秀企业参与到土建施工、监理、机电设备制造等等标段的建设实施中，参建单位遍及江苏、山东、上海、天津、浙江、湖北、湖南、河南等省(市)，充分体现了江苏省南水北调工程招标投标市场的良好竞争环境。通过这些措施方法，有力保证了南水北调东线江苏境内工程建设平稳、有序地开展。

(三) 工程质量监督。2011 年是江苏省南水北调工程建设高峰之年，工程建设投资创历年之最。为切实做好南水北调工程质量监督工作，南水北调工程江苏质量监督站先后组建了洪泽站、邳州站、睢宁站等设计单元工程质量监督巡回抽查组，及时开展质量监督工作，保证工程质量监督工作的到位。针对面广量大的沿线影响工程建设特点，江苏质监站联合工程所在地市水利工程质量监督站开展质量监督工作，实现了工程质量监督工作的全覆盖。按照《南水北调工程质量监督导则》，结合工程实际情况，先后制定了洪泽站等设计单元工程的质量监督计划，发送项目法人及现场建设管理机构。工程实施期间，各巡回抽查组采用定期和不定期的方式，按照建设高峰期每月开展 1 次质量监督巡查的频次，对工程质量管理行为和工程实体质量进行监督检查，及时、准确掌握工程质量状态，尤其是加强质量管理薄弱地区的监督检查力度，防止局部地区质量失控。按照国务院南水北调工程质量集中整治工作的要求，认真开展质量集中自查自纠，并配合做好质量集中整治工作。强化和规范工程质量检测工作，安排专项资金开展质量监督检测，提高了质量监督工作的科学性、严肃性和权威性。严格工程验收前的质量监督检查工作，提高工程验收的质量。会同项目法人推动已完工程的质量检验评定与验收工作。列席各工程阶段验收。

2011 年，江苏质监站累计组织开展了 64 次调水工程质量监督巡查和 10 次截污导流工程的质量监督巡查，南水北调工程质量状况继续保持平稳态势，工程建设质量总体良好。

(薛刘宇　刘丽君)

【配套工程】

(一) 概述。2011 年，江苏省南水北调配套工程前期工作继续推进，《江苏省南水北调配套工程规划》中的“水质保护补充工程”开始起步实施。

(二) 前期工作。《江苏省南水北调配套工程规划》(以下简称《配套工程规划》)已于 2010 年编制完成并上报省政府。2011 年 1 月，江苏省发改委受省政府委托组织了审查。江苏省南水北调办根据审查意见对《配套工程规划》组织了进一步的修改完善了，同时提出了江苏省南水北调配套工程实施意见。

根据《配套工程规划》，江苏省南水北调配套工程主要任务是围绕消化干线供水能力、提高水资源配置水平、发挥东线南水北调工程整体效益的目标，完善江苏省供水配套工程体系，提高输配水系统的节水、管水和水质保护能力，实现对南水北调供水区的科学调度和科学管理，更好地满足经济和社会发展对水资源的保障需求。规划的配套工程主要包括：输水干线口门完善工程、输水支线配套工程、两湖抬高蓄水位影响处理完善工程、干(支)线水量计量与水质监测工程、农业用水户内部配水和计量工程、水质保护补充工程等 6 个主要设计单元。规划的工程总投资 57.7 亿元。

江苏省南水北调办公室按照“突出重点、远近结合、先急后缓”的原则，拟定了配套工程的分步实施计划。2011 年，江苏省南水北调办从江苏省实际出发，着重加快了《配套工程规划》中“水质保护补充工程”的前期工作。一是新增截污导流工程前期工作有突破。为实现江苏段南水北调输水干线水质持续稳定达标，经调查论证和规划设计，《配套工程规划》中增加建设丰沛、新沂、睢宁和宿迁等市县截污导流工程，以进一步削减入河进湖污染物。目前，徐州市的新沂市尾水导流工程、丰县沛县尾水导流和资源化利用工程、睢宁县尾水导流和资源化利用工程和宿迁市中心城市截污导流二期工程均已完成可行性研究报告的编制上报，其中新沂市尾水导流工程可行性研究报告、初步设计报告已获得江苏省发改委的批复，并已于 2012 年初开工建设，丰县、沛县及睢宁县截污导流工程可行性研究报告已经通过初审，即将批复实施。二是其他水质保障工程前期工作正在加快。扬州市境内的南水北调东线水源地保护工程完成方案编制，为保证向连云港市送清水的新沂河尾水通道扩建完善工程已经基本完成可行性研究报告的编制。三是不稳定达标断面综合治理方案进一步深化。根据省政府常务会议和专题会议精神，省环保厅组织编制了南水北调东线丰县复新河单元沙庄桥、高邮北澄子河三垛西大桥、京杭运河邳州张楼 3 个断面的水环境综合整治及达标方案，目前该方案已得到省政府批复，有关地方政府组织已实施。

（三）工程进展。2011 年，《江苏省南水北调配套工程规划》中的“水质保护补充工程”开始起步实施。“水质保护补充工程”是在全面分析江苏省南水北调沿线 14 个治污控制单元水质达标情况的基础上，对现状突出问题实施补充工程，主要包括对达标情况较差的高邮北澄子河、丰县复兴河单元的水质达标工程，续建新沂河尾水通道扩大工程，以及徐州、宿迁其他区域尾水导流工程，同时对江都市为保护南水北调东线源头的夹江、芒稻河区域规划进行的综合整治项目中生态廊道工程给予适当补助。

2011 年，新沂市尾水导流工程可行性研究报告、初步设计报告获得江苏省发改委的批复，招投标准备工作完成，建设管理机构组建完毕。2012 年 1 月，完成了施工监理、玻璃钢缠绕夹砂管采购 01 标、施工 1 标的招投标工作，施工单位已进场施工。至此，江苏省南水北调配套工程中的“水质保护补充工程”正式起步实施。同时，丰县、沛县和睢宁县截污导流工程以及宿迁市中心城市截污导流二期工程也正在加快前期工作和开工建设前的各项准备工作，并将于 2012 年陆续开始实施。

（薛刘宇　刘丽君）

【新闻宣传】 2011 年，江苏省南水北调办认真落实国务院南水北调办《关于进一步加强宣传工作意见》要求，紧紧围绕中心工作，加强重点宣传，拓展宣传路径，强化基础建设，为又好又快推进工程建设提供良好的舆论支持。

（一）重点宣传取得新成效。紧紧抓住泵站工程全部开工建设、完建工程提前发挥功能效益、单元工程初步设计全部批复等重要节点和契机，强力做好宣传报道工作，为有力有序推进全局工作服务。3 月 16 日，境内睢宁二站工程开工建设，标志江苏省南水北调泵站工程全部开工，进入全面加快建设的新时期，我们认真策划宣传方案，积极配合新闻媒体，将江苏省加快建设进度、加强建设管理的情况在中央和省主要媒体进行集中宣传，社会反响很好。去年下半年以来，淮河以北地区遭遇罕见的四季连旱，江苏南水北调完建泵站全力开机翻水 63 亿立方，保证受旱地区人民群众生产生活用水，借势组织在各大主流媒体广泛宣传南水北调工程重要意义，让人民群众进一步了解南水北调，支持南水北调。在单元工程初步设计全部批复之际，及时向省政府报送工程进展情况，让领导同志及时掌握南水北调工程动态，今年以来累计报送政务信息12条，专报信息8条。另外，还从泵站工程、河道工程、完建工程等方面组织了5期工程建设管理情况图片剪影报道，3期已经正式发布，剩余2期计划本月内完成。

（二）宣传路径取得新拓展。为进一步扩大南水北调宣传覆盖面，坚持“不为我所有，但为我所用”的宣传组织理念，不断拓展宣传路径，创新宣传形式，取得了良好效果。今年5月，在抗旱调水的关键时期，积极策划走进江苏《政风热线》，与全省广播听众面对面交流南水北调工程的重要意义、进展情况、功能效益等，社会反响大，宣传效果好。当前，南水北调工程已进入建设高峰期和实现通水关键期，为进一步宣传建设工程的重要意义，展示工程建设阶段性成果，讴歌一线建设者和征迁群众，为加快推进工程建设鼓与呼，邀请赵本夫、叶兆言等著名作家开展了以“走进南水北调东线源头，共话南水北调千秋伟业”为主题的作家采风活动，创作了一批作品。注重利用党报、党刊发声，今年我们邀请《人民日报》、《新华日报》等主流媒体著名记者走进一线深度采访，为工程又好又快建设提供舆论支持。

（三）基础建设取得新提高。加强宣传工作制度建设，培养高素质宣传队伍，搞好与新闻媒体联络，构筑南水北调宣传平台，是做好宣传工作的基础。根据国务院南水北调办“十二五”时期宣传工作方案，研究制订了江苏省南水北调2011～2015年宣传工作计划，从宣传组织与策划、时间与节点、形式与内容等方面具体指导今后几年南水北调宣传工作，目前各项宣传工作都在按计划落实，确定今年要办成的展示中心、科技出版物等十项重点宣传工作正积极推进。配合国务院南水北调办筹备南水北调纪录片，航拍工作取得突破性进展。2011年从页面设计、栏目设置、内容链接等方面对江苏南水北调网站进行改版，改版后的网站结构更加合理、查询更加便捷，目前网站点击率已经达到200万次，很多原创稿件被人民网、新华网、中国南水北调网等重要媒体采纳。注重加强宣传队伍建设，各级南水北调办和现场建设机构均明确了分管领导和宣传员，建立用稿激励机制和培训机制，鼓励通联人员多观察、多思考、多撰稿，全面提高宣传队伍工作水平。

（杨金海　袁连冲）

【队伍建设】

（一）队伍建设。2011年，江苏省南水北调办按照江苏省水利厅党组的要求，加强干部队伍建设，做好干部教育培训工作。定期组织干部职工参加政治学习和业务学习。做好人事和干部管理方面的相关工作，协调办理出国学习和考察人员的相关手续。

（二）党建工作。2011年，江苏省南水北调办的党建工作坚持以邓小平理论和“三个代表”重要思想为指导，全面落实科学发展观，以党支部集中、党小组分头和党员个人自学等形式，组织支部党员同志认真学习科学发展观，学习中央和省委、省政府两个“一号文件”、中央水利工作会议、国务院南建委第五次全体会议、全省加快推进水利现代化建设会议等精神。按照江苏省水利厅党组部署，认真开展好“百名干部进百村”活动，及时制定活动工作方案，确定基层服务联系点，严格按照部署做好各项工作。一是把开展“百名干部进百村”活动与加快南水北调工程建设紧密结合起来，进一步提高干部职工加快工程建设的紧迫性意识，全面提升工程建设管理水平；二是把开展“百名干部进百村”活动与提高服务水平紧密结合起来，紧紧围绕工程建设目标，增强责任意识，加强部门协调，提升服务水平，一切围绕工程转，一切围绕工地转，确保工程建设各项工作顺利推进；三是把开展“百名干部进百村”

活动与加强队伍建设紧密结合起来，充分发挥党员领导干部先锋模范作用，以好的队伍争创南水北调工程建设好的业绩。

（杨金海　袁连冲）

【党风廉政建设】　2010年，江苏省南水北调办认真贯彻中央、江苏省和江苏省水利厅党组党风廉政建设各项规定，按照"工程安全、资金安全、干部安全"要求，以落实责任制为龙头，以加强思想教育为基础，以完善制度建设为抓手，以廉政文化进工地活动为载体，全面落实党风廉政建设各项措施。2011年年初，江苏省南水北调办与各截污导流工程项目法人签订党风廉政建设责任状，各单位主要负责人与中层干部和领导班子成员签订党风廉政建设承诺书，年终组织进行考核、兑现奖惩。坚持把思想教育作为重点，组织党员干部学习中纪委、江苏省纪委和江苏省水利厅党组纪检工作会议精神，组织开展警示教育和廉政文化进工地活动，要求干部职工树立正确的世界观、人生观和价值观，警醒大家要算清人生几笔账，坚决不做违法违纪的事。充分发挥纪检监察工作派驻制度的优势，全力配合和支持派驻纪检组工作，确保派驻纪检组对南水北调工程实施全过程的严密监督。

（杨金海　袁连冲）

水 利 科 技

课题研究

【重大课题研究】 完成了江苏省骨干河道布局及等级划分研究、复杂地层大口径平行顶管施工技术研究、大型潜水贯流泵装置及泵站结构型式研究、江苏沿海挡潮闸冲淤减淤运行管理研究、基于云计算的防汛防旱信息集成平台的研究等；开展了江苏沿海开发中的水利关键技术研究、河湖安全生态建设关键技术研究、江苏省水位改正方案关键技术研究、江苏省用水总量与效率控制研究、江阴水利现代化建设研究与应用、南水北调东线工程水质改善与湖泊水生态环境修复关键技术研究等课题。

【成果引进推广】 先后推广了农田水利装配式建筑物、重点工业行业节水减排技术、高效农业节水技术、乡村生活污水生态净化处理技术等等。在全省11个水利科技工作基础较好的县(区)启动水利科技示范点建设，组织地方应用单位与科研院校合作，开展了小型泵站改造、中水回用和水源地保护等先进实用技术示范，辐射带动周边地区。

科技管理

【全省水利科技暨信息化工作会议】 会议于2011年12月在无锡市召开。会上，厅长吕振霖、水利部国科司副司长吴宏伟讲话，副厅长陶长生作工作报告。会议总结了近3年来全省水利科技与信息化工作所取得的成绩，进一步明确了今后一个时期的主要任务。会议对第二届江苏省水利优秀科技人才、科技工作先进集体和个人进行了表彰。李涛章等10人获第二届江苏省水利优秀科技人才称号。

【"十二五"科技与信息化规划】 在认真总结评估"十一五"水利科技和信息化取得的成绩基础上，广泛征求各单位(业务部门)的意见，编制全省"十二五"水利科技发展规划和信息化发展规划。根据2011年中央一号文件和中央水利工作会议精神，起草了《关于加强水利科技创新引领水利现代化建设的实施意见》(征求意见稿)。该意见已通过厅长办公会审查，下发各地征求意见。

【省水利厅科技委换届】 结合江苏省水利现代化建设面临的新形势新任务，对水利厅科学技术委员会专家进行了充实调整，吸收了省内大专院校、科研院所等一批水利系统外相关水资源、污水处理、物联网等新兴专业、具有较高理论素质和实践工作经验的专家学者，以适应水利改革发展需要。

【年度科技计划】 联合省财政厅，编制印发2011年度水利科技项目申报指南，对各市、各有关单位申报项目组织专家进行审查，共立项下达86项，计经费2500万元。

【项目督查管理】 根据《江苏省水利科技项目管理办法》、《江苏省水利科技项目资金管理暂行办法》等要求，进一步加强省水利科技项目管理，规范项目申报、立项，加强在研项目中期指导，强调绩效评价，严把结题关。全年共组织省科技成果鉴定29项、项目验收11项，配合水利部、省科技厅完成了3个省部级项目验收。对2006年至2010年下达的省水利科技在研项目认真梳理，共梳理在研项目163项。

【地方标准编写】 组织编制的《大中型灌区工程设计概(估)算编制规定》、《水利工程铸铁闸门设计制造安装验收规范》、《水利工程观测规程》颁布实施。

科技成果

2011年，共评出省水利科技优秀成果奖33项，其中，“大型潜水贯流泵装置及泵站结构型式研究”等7项成果获省水利科技优秀成果一等奖，“七里沟岩溶水源地四氯化碳污染修复技术应用”等13项成果获二等奖，“大套三站泵站系统效率研究”等13项成果获三等奖。

3项优秀科技成果分获水利部大禹科技奖一、二、三等奖，其中由南水北调东线江苏水源有限责任公司等单位完成的“大型灯泡贯流泵关键技术研究与应用”获水利部大禹科技奖一等奖，由江苏省常州钟楼防洪控制工程建设处等单位完成的“超大有轨弧形平面双开钢闸门研制与应用”获水利部大禹科技奖二等奖。由南水北调东线江苏水源有限责任公司等单位完成的“大型水利工程(南水北调东线江苏段)建筑与环境规划设计研究与应用”等2项优秀成果获省科学技术奖三等奖。

对外合作

【出国考察、培训的组织工作】 先后组织了包括双跨团组在内的出国考察、培训13批次，共派出因公出国(境)人员60余人次，分别考察了巴西、澳大利亚、新西兰、日本等国家的水利工程建设、节水灌溉与灌区管理、水旱灾害应急管理、水利工程管理等方面的先进技术和成功经验。

【国际来访接待工作】 接待瑞士驻沪总领事史伦博一行，共商水资源管理和大型泵站技术方面的合作交流，并为厅业务部门和考察团搭建交流平台，寻找双方潜在的合作方向，充分发挥了桥梁和纽带作用。

(朱　敏)

省级水利科研

2011年，江苏省水利科学研究院紧紧围绕江苏水利中心工作，加强科研、推广与技术服务，圆满完成了全年的工作目标。

【科研与推广】 全年完成科研项目8项。其中通过鉴定和验收的科技项目2项，分别为水利部“948”项目“密实土壤水稻节水技术的环境影响及适宜面积研究与推广”、省科技厅国际科技合作项目“胶凝材料颗粒分布对提高水工混凝土性能的研究”。完成技术总结并提交验收申请的项目6项，包括水利部科研项目“建设项目扰动土侵蚀模数测试及侵蚀规律研究”、“动量式流量计的研制”；省科技厅公共服务平台项目：“江苏省水利工程数值模拟应用技术服务中心建设”；省水利科技项目“盱眙县丘陵山区综合治理技术研究及推广应用”、“江苏省重点海岸段稳定性观测和水工建筑物耐久性研究”、“探地雷达技术在长江河道采砂吹填砂量勘测中的研究与应用”。

发表或提交会议交流论文18篇，申请专利9项，批准专利7项，获得各类科技奖励5项，其中“现浇暗渠施工机具的研究与应用”项目获得大禹奖三等奖；“水工建筑物水下探测系统的推广及应用”、“义泽河闸底板大体积砼防裂措施的研究与应用”2个项目获得省水利科技优秀成果二等奖；“分光辐射光谱仪在太湖蓝藻遥感监测中的研究与应用”、“水利工程铸铁闸门设计制造安装验收规范”、“建设项目扰动土侵蚀规律研究”3个项目获得省水利科技优秀成果三等奖。

新申报各类科技项目18项，批复项目8

项，其中江苏省自然科学基金项目1项："迁移型阻锈剂在钢筋混凝土结构中自组装单分子膜的电化学特性及其电促机制研究"；水利部"948"项目1项："Sonic2024型宽带超高分辨率多波束测深系统"；省水利科技项目6项："基于电迁移型阻锈剂的沿海水工混凝土耐久性提升技术"、"基于生物稀释作用研究动力学对蓝藻水华的抑制作用"、"新一代多卫星遥感技术在江苏省淮北地区综合干旱监测中的应用研究"、"Sonic2024型超高分辨率多波束测深系统在防洪抢险中的应用与研究"、"灌区信息管理与调度系统研究应用"、"《江苏省水工建筑物混凝土耐久性规程》编制"。

在研科研项目9项，主要包括：水利部公益研究项目"江苏沿海开发中海堤工程关键技术研究"、"沿海垦区土壤快速改良技术研究"；水利部"948"项目"Sonic2024型宽带超高分辨率多波束测深系统"；省科技厅公共服务平台项目"江苏多功能水利综合技术业务体系建设"；省水利科技项目"钢筋混凝土中迁移型阻锈剂自组装单分子膜的电化学特性及电促机制研究"、"轻质泡沫混凝土在水利工程中的研究与应用"、"河道涉水建筑物防洪影响研究与应用"、"改善秦淮河水环境的优化调度方案研究"、"太湖生态清淤检测标准研究"。

【水下检测与测量】 承担了"常熟市福山水道南岸边滩综合整治工程"等14个吹填采砂项目的检测工作，完成了"长江镇扬河段世业洲左汊2009年度应急护岸工程"的水下质量检测工作。利用双频识别声呐对镇江市谏壁节制闸闸室段进行水下检测，利用三维激光扫描仪对刘老涧泵站的流道施工进行激光扫描。承担了太湖生态清淤2009年度工程中的宜兴市二期、常州市武进区二期、无锡梅梁湖和东太湖生态清淤工程的第三方检测工作，共完成清淤区检测面积39平方公里，排泥场测量面积326万平方米。承担了太湖西沿岸水下地形及底泥厚度分布勘测项目，完成了234平方公里、1/5000水下地形和水下底泥密度分层以及泥深厚度勘查。

【水利遥感】 承担了太湖蓝藻遥感监测、省管湖泊保护范围内利用变化年度遥感监测、长江管理范围内利用变化遥感监测工作。开发了洪泽湖巡查管理系统、里下河湖区巡查管理系统一期、里下河湖区水政执法管理子系统与基础地理信息子系统、黄墩湖滞洪区撤退预案管理信息系统、洪泽湖管理与保护信息系统、全省省管河道涉水项目数据库查询系统等。

【水利自动化与信息化】 承担了连云港磨山闸、富安闸、龙沟河闸自动化系统的集成安装工作。承接了江苏省小水库防汛通信预警系统设计、常州市防汛通信预警系统设计、江苏省水利行政移动执法系统、江苏省水资源监测系统质量检测、江苏省水利科技项目管理系统等多个项目的科研、设计及检测工作。承担了乌塔沟防洪枢纽自动化等9个信息化项目的监理工作。

【水土保持】 承担了丰县、沛县尾水资源化利用及导流工程水土保持等15个水土保持方案编制、验收技术评估等工作，其中中能硅业一期、三期工程水土保持专项设施验收评估报告编制等11个项目通过了专家验收并取得了行政批复。

【质量检测与工程监理】 质量检测方面：承担了南水北调、走马塘、东调南下、新沭河整治、苏州东太湖治理、海堤达标、大中型泵站更新改造、城市防洪、中小河流整治和大中型水库加固等各类工程的质量检测工作，全年共承担检测工程169项。在试验项目方面：新开展了土液塑限、土渗透系数、橡胶止水带、建筑物变形缝嵌缝板、道路现场弯沉、桥梁橡胶支座等项目的检测业务。工程监理方面：承担了走马塘张家港段拓浚延伸工程跨河桥梁等11项工程的监理工作。

【其他科技服务】 完成了扬中市水利局

委托的扬中12座水闸的安全检测及稳定复核计算，通过了扬中市水利局组织的验收。完成了江苏省水利执法基地等多个项目的防洪影响评价、建设项目水资源论证、采砂可行性论证、水平衡测试、水库移民后期扶持工作监测评估等工作。与中科院湖泊所合作，在长荡湖开展了湖泊生态监测工作。

（刘小慢　陈文猛）

水利经济

财务管理

2011年,全省水利财务审计部门认真学习贯彻一号文件精神,积极落实各项水利投入政策,加强资金使用管理,推动绩效评价,加大审计监督力度,加快推进水价改革,财务审计工作被省财政厅评为2010年省级部门决算先进单位、2011年省级部门预算先进单位,内审工作在全国水利审计座谈会上作了典型发言。

【筹措水利建设资金】 认真落实"一号文件"精神,积极筹措资金,保障能力进一步提高。一是落实预算安排和执行,促进各项重点水利工程顺利实施。2011年,省水利厅累计下达水利建设项目投资计划133.3亿元,省级以上资金合计84.21亿元,其中,安排给市县74.04亿元。财务审计处协调省财政通过财政系统及时下达给相关市县,省直接实施的项目资金8.91亿元,财政全部安排到位。按期偿还商业银行贷款、通榆河日本协力基金贷款等1.26亿元。二是协调有关部门出台水利建设投入政策和管理措施。为贯彻落实中央和省两个"一号文件"精神,全省水利系统积极与财政等部门沟通协调,出台水利建设投入政策。省水利厅会同财政厅出台了《江苏省水利建设基金征收和使用管理有关问题的通知》、《关于从土地出让收益中计提农田水利建设资金有关事项的通知》,印发了《关于切实加强水利工程建设配套资金筹集工作的通知》、《关于做好水利投入政策和项目配套资金落实情况报表统计工作的通知》;为加大政策落实力度,会同省审计厅印发了《关于组织开展水利投入政策和项目配套资金落实情况检查工作的通知》,建立了筹资、统计、通报、督查制度。各市、县相继出台水利投入政策。截至2011年12月底,全省13个省辖市和49个县(市)均已出台了加快水利改革发展的综合性文件;南京、徐州、苏州、南通、盐城、扬州、宿迁7市,常熟、昆山、涟水、东台、宿豫、宿城6县区出台了水利建设基金政策;苏州、常州转发了从土地出让收益中提取农田水利建设资金的政策,盐城市出台了实施细则,常熟、昆山、张家港、吴江、溧阳、如东、泗洪7县(市、区)出台了实施办法。三是加强与金融部门的联系,吸引银行资金支持水利建设。各市、县积极建立融资平台,引导金融等社会资金参与水利建设。省水利厅与省国开行和省农行拟定了合作协议,全省13个市都成立了水利融资平台,筹资效果明显。经统计,2011年全省水利投入达275亿元,比2010年的208亿元增长了32%。四是会同省财政厅开展"十二五"水利投入机制研究。配合省财政厅就如何建立健全与江苏省"十二五"经济社会发展相适应的水利建设投融资机制认真开展了调研,完成了"十二五"江苏水利投融资机制课题研究,研究成果对"十一五"水利投融资的成就与不足进行了深入分析,提出了"十二五"时期全省水利投融资的基本原则、思路、政策建议和保障措施,为未来一段时期建立健全水利投入稳定增长机制提供了有效的理论引导。

【强化预算管理】 一是细化预算编制,努力争取财政增加水利投入。组织编制了水利厅2012年部门预算,在确保人员支出和商品服务等基本支出的基础上,积极争取事业专项支出,已落实的2012年基本支出和事业专项支出比2011年增加近2000万元,彻底解决了水建公司改制遗留的离休人员规范性津贴及医药费的问题。基建、农水等专项资金安排大幅度增加。部门预算的编制工作被省财政厅评为先进。大部分市水利财政投入也都有明显增加。二是稳步推进绩效评价试点。各级水利财审部门积极推进绩效评价工作,在预算管理中建立绩效考评制度,将绩效性原则纳入到预算管理中。在项目完工后建立绩效分析制度，对项目完成情况、绩效考评结果进行分析，并将考评结果作为以后年度预算安排的参考依据，逐步实现绩效管理目标，充分发挥财政资金的最大效益。2011 年省水利厅组织了小水库除险加固、防汛抗旱经费、通榆河北延、水资源费专项资金项目的自评工作。基本完成 2012 年部门预算的绩效评价编制试点工作，会同有关处室商定了各专项经费的评价指标。三是主动开展 2012 年“三公”经费公开的准备工作。省水利厅对参照公务员管理的所属单位“三公”经费开支情况进行了摸底并指导，布置厅直单位做好“三公”经费的核算工作，对厅机关“三公”经费的核算提出建议，基本理顺厅机关车辆的核算工作。同时完成省财政厅对 2010 年“三公”经费支出统计和 2011 年“三公”经费预算的统计工作。四是配合做好江苏省水利现代化规划编制工作。完成了水利政策执行情况的测评指标体系设定和现状水平评价、水利投入保障能力规划目标和主要实施任务及未来十年水利投入保障能力分析。五是加强财务人员业务素质教育，提高预算编制水平。全年组织水利系统审计人员 22 人参加了水利部在甘肃举办的培训班，组织 40 多名市、县水利财务人员参加水利部在新疆等地举办的基本建设财务管理培训班，组织在宁事业单位 80 多人参加后续教育培训班。常州、淮安、镇江等市开设培训班，组织所属区县财务审计人员参加培训。总渠、江都管理处组织单位主要领导、分管领导、各科室负责人、所属闸(站)管理所负责人及所有会计人员一起参加财务审计培训。

【加强内部监管】 一是完善财务内控制度。制订了会议费、课题费、固定资产管理、预算执行进度、公务借款 5 项财务制度。二是抓好“小金库”治理工作。拟定了 2011 年“小金库”专项治理工作实施方案，组织开展了全面复查、督导抽查等工作，建立了健全制度、严格管理、加强监督“三位一体”的长效防治机制。三是加强了预算资金执行进度的督查工作。为充分发挥财政资金使用效益，各级财审部门加强对所属单位水利预算资金支出进度的统计工作，适时通报支出进度。建立约谈制度，对明显滞后于序时进度的单位，与单位主要负责人约谈，督促各单位加快资金支出进度，按时支付款项。除水利基本建设外，省级其他资金支出进度比上年提高 20%以上。四是加强监督检查。各级水利财审部门重视加强对各类资金使用管理情况的监督检查，结合“小金库”专项治理复查和督导抽查阶段的工作，组织对所属单位资金管理和使用情况进行检查。2011 年省水利厅会同省级其他部门对各市县小水库除险加固、农村饮水安全、中小河流治理等专项资金管理使用情况进行检查，确保水利资金安全。五是配合省审计厅完成对水利厅主要领导的任期经济责任审计和部门预算执行审计。2011 年，省审计厅对厅长吕振霖任期经济责任和水利厅 2010 年部门预算执行进行了全面审计，历时 10 个月。在审计过程中，积极组织自查自纠，及时提供资料，做好解释说明，边审边改，认真回复整改意见。审计配合及时到位，保障了审计的顺利实施。审计期间，针对财务管理上的薄弱环节，积极完善各项财务管理制度，先后出台了水利厅预算执行进度、课题经费、会议经费、公务借款、国有资产管理办法等 5 项内控制度，对今后规范资金管理，有效防范风险将起到积极作用。六是做好中央检查组的检查配合工作。2011 年中央治理工程建设领域突出问题检查组、中央加快转变经济发展方式监督检查组、中央落实一号文件检查组先后来江苏省检查。各级财审部门积极配合相关部门做好资料准备工作，对检查组提出的有关资金、财务管理方面的问题及时做好解释说明，同时督促有关单位认真整改，及时回复整改情况。从检查组下达的检查意见看，全省水利资金管理工作比较规范，落实一号文件的情况良好。七是配合省审计厅落实 2012 年水利审计任务。积极配合省审计厅开展水利建设项目审计调研。针对当前地方水利配套资金到位不足，投资政策难以落实的情况，建议省审计厅来年开展落实中央和省水利投资政策审计，同时对重点县农水资金使用情况开展专项审计，得到省审计厅的理解和认可。此外，2011 年省水利厅还先后配合省财政厅对部分抗旱设备采购专项经费使用情况进行了检查、配合省审计厅对重点工程进行了跟踪审计、配合国家审计署南京特派办开展了地方政府性债务审计统计工作、配合水利部稽查组对江苏省 2010 年度安排中央投资的海堤加固工程建设管理情况进行了检查、配合财政部驻江苏财政监察专员办事处对全省 2010 年度小水库加固工程专项资金使用管理情况进行了检查指导等。八是联合省审计厅开展专项检查。组织 3 家社会中介机构对全省省级经济开发区用水企业水资源费征缴情况进行专项稽查；联合组织两家社会中介机构对三峡移民资金使用管理情况开展专项检查。

【政府采购工作】 各级财审部门能严格遵守政府采购法和省政府采购目录、限额标准规定及《江苏省水利厅政府采购管理暂行办法》等，从严确定政府采购方式，继续实行政府集中采购、部门集中采购和单位分散采购相结合的采购形式，灵活运用公开招标、竞争性谈判、询价等采购方式，既满足采购时间的要求，又节约预算资金。强化采购管理，实行部门集中采购与分散采购相结合，全年报送政府采购近 20 批次，采购金额 736.57 万元，节约资金 62.61 万元，节约 8.5%；实施部门集中采购 30 批次，采购金额 599 万元，节约资金 60.28 万元，节约 10%以上。完成有关 GPA 研究工作，按照“江苏省级加入 GPA 谈判工作领导小组”的工作安排，水利厅牵头，会同省发展改革委、省财政厅、省交通厅、省住建厅、省环保厅等部门，完成了江苏省加入 GPA 谈判第二阶段研究有关工程组的相关研究工作，研究成果由省财政厅统一汇总经省政府批准后报财政部，得到了省政府和财政部的充分肯定。

（高锁平）

水利审计

2011 年，水利厅内审部门以科学发展观为统领，积极贯彻“依法审计、服务大局、围绕中心、突出重点、求真务实”的审计工作方针，进一步突出审计重点，注重提升审计质量和水平，主动有效地发挥“免疫系统”功能，形成了一套“评价总体、揭露问题、规范管理、提高绩效、维护安全”的工作思路，积极探索以服务水利发展与改革，保障水利资金安全，促进提高经济效益为主要目标的水利审计工作新路子。同时，重视加强自身建设，审计队伍的素质不断提高，内部审计制度进一步完善，为水利审计工作的发展提供了重要保证。

【内部审计】 一是转变职能。从片面强调内审的“独立监督”向全面提高内审的“内向服务”转变。以依法保护水利行业合法权益为目标，以当好领导参谋和管理顾问为己任，明确内部审计的“内部人”属性。在内部审计中，一直树立为建设管理服务、为领导决策服务的理念，把审计的重点从检查和监督向综合分析和服务转变，从查错纠弊向内部控制评价和风险评估转变。二是帮促结合。坚持“审、帮、促”相结合，寓服务于监督之中，揭示和反映制度性缺陷和管理漏洞，促进建立和完善有利于建设管理的规章制度，强化内部控制。对审计中发现的重大问题及时向厅领导做专项汇报，使一些疑难问题及时得到协调解决。对工程建设单位管理中遇到的问题，协助做好相关工作，跳出审计看审计，透过现象看本质，透过表面看到体制、机制等深层次问题，从大局出发，换位思考，为建设单位提出具有建设性的、可操作性的审计意见，充分发挥内审工作在宏观层面上的建设性和服务性作用。三是信息反馈。审计获取的信息量大，内容丰富，对综合分析要求高，加快推动信息资源的传导和共享，注重把审计发现的建设管理中的问题用精练、简洁的方式反馈到各相关部门，注重对审计成果的综合提炼，尽快转化为管理成果，提高审计成果和信息的利用效率和效果，实现审计成果效能的最大化，努力提高成果使用者的满意度，从而提升内部审计的价值。

【基本建设项目审计】 2011 年，共组织实施了 446 个水利建设项目的竣工决算审计工作，其中：完成了 207 个水利基建和农水项目的竣工决算审计，下达审计决定 88 份，出具审核报告 6 份，审计基建资金 28.52 亿元，审计核减基建支出 6588.05 万元，审定实际完成投资 26.69 亿元，基建结余资金 1.83 亿元，提出促进工程建设及财务管理的审计意见和建议 427 条。在审项目 239 个，审计工程建设资金 26.45 亿元。一是重点水利建设项目竣工决算审计。先后组织实施了大、中、小型水库除险加固工程、通榆河北延送水工程灌河地涵、大套三站、灌河北泵站、善后河南泵站、省苏北地区水资源配置监控调度系统一期工程、武定门节制闸加固改造工程、太湖竺山湖及西沿岸区北段生态清淤试验工程、泵站改造工程、中小河流治理工程、高良涧越闸拆建工程等 112 个水利基本建设工程的竣工决算审计，审计基建资金 17.05 亿元，审定实际完成投资 15.78 亿元，基建结余资金 1.27 亿元，提出促进工程建设及财务管理的审计意见和建议 211 条。认真贯彻执行《水利基本建设项目竣工决算审计暂行办法》，对由水利厅组织验收的水利基本建设项目做到了竣工必审，竣工审计已成为工程验收的必备条件。通过开展竣工决算审计，揭露工程建设过程中存在的违纪违规和管理不规范的问题，并督促参建各方及时整改，从而为工程顺利竣工验收创造了条件。同时通过审计，督促地方配套资金尽早落实到位和竣工资产的及时移交。凡是经过审计的项目，地方配套资金到位率都有明显提高。二是农水项目竣工决算审计。组织实施了淮安、宿迁和南通灌区续建配套与节水改造工程以及扬州、宿迁、淮安、盐城农村饮水安全工程等 95 个农水项目的竣工决算审计。审计资金 11.47 亿元，审定实际完成投资 10.91 亿元，结余资金 5640.11 万元，提出促进工程建设及财务管理的审计意见和建议 211 条。三是工程跟踪审计。跟踪审计是基建项目过程与结果相结合的审计，可以将风险前移，将事后监督转化为事前监督和事中监督，将静态审计转化成全过程动态审计，在决策开工前、工程建设期、竣工结算等环节发挥着重要作用。通过跟踪审计，审计人员参与工程项目的招投标、项目资金的核定、工程论证、设计变更等，能检查隐蔽工程，了解工程进度，同时对材料和设备的型号及规格监督，并对工程款的拨付进行控制。四是专项审计。针对水利基本建设管理的主要环节，以建设资金流向为主线，逐步开展基本建设项目前期工作、合同管理、招标投标、政府采购、工程价款结算等专项审计，力争审计“不留死角”，提高了建设管理水平，降低了建设资金的使用风险。五是专项治理工作。参加了对中运河骆马湖堤防工程、沂河沭河邳苍分洪道治理工程建设领域的专项治理，针对发现的问题提出了审计意见和建议。六是充分利用审计成果，不断提高审计执行力。审计过程中，对很多项目中发现的类似问题认真研究，分析原因，及时向有关部门和单位提出意见和建议。对经济较困难的市，省以上补助 70%～80%；针对投劳折资核算管理中存在的高估冒算问题，要求重新测算，切实挤掉水分，确保配套资金到位数真实准确；对预备费动用未及时办理报批手续、批复部门要等到初审结果出来才进行批复，造成建设程序颠倒，竣工财务决算基准日无法确定等问题，要求严格基本建设程序，在建设过程中及时办理相关批准手续。未经批准不得纳入竣工财务决算。

【厅直单位财务收支和内控制度审计】 2011年，对3个厅直属水管单位和2个厅直事业单位实施了全面审计。审计23.94亿元，查处违纪违规金额891.55万元，提出改进工作意见和建议30条。审计内容由单纯的财务收支扩大到部门预算、国库集中支付、政府采购、经营管理等多方面。为提高审计质量，制订了审计工作流程，规范审计报告格式，要求审计人员严格遵守，确保不遗漏、不走过场。加强后续审计，对未整改的问题在当年的审计报告中继续给予披露。注重内控制度审计，把查找问题与促进改革、完善制度结合起来，针对被审计单位在制度建设上存在的问题，督促单位对现有内控制度进行修订完善。重视对会计基础工作的审计，有力地促进了厅直单位会计基础工作的规范化、科学化。

【任期经济责任审计】 对5名厅直单位的法人代表实施了任期经济责任审计，审计资金共11.13亿元，提出意见建议25条。主要采取联合审计的办法，审计、纪检监察、人事部门共同组成审计组，认真开好进点会、座谈会和审计结果沟通会，充分听取被审单位干部职工的意见。通过不懈努力，水利厅干部任期经济责任审计范围不断扩大，审计方法不断完善，审计程序逐步规范，审计质量不断提高。

【效益审计】 对5个改制单位和1个国有企业的财务收支、工效挂钩、离退休人员提留经费等内容进行效益审计。审计资金6.25亿元，查处违纪违规金额274.9万元，提出改进工作意见和建议31条。在对企业进行效益审计时，认真检查单位内部控制制度的建立和执行情况，投入与产出情况，分析成本的合理性和资源使用的合理性，有无资源损失、浪费等情况的发生，年初确定的目标是否实现等。针对发现的问题分析原因，提出对策，及时向管理层提出改进经营管理、节约资源使用、改善经营水平、提高经营活动的效果的建议。并及时向企业管理部门反馈，促进了企业经济效益的提高。

【参与经济案件查处】 对厅属一自收自支事业单位的下属单位财务状况进行实地检查，提供客观准确的审计依据供领导决策使用；配合厅纪检监察部门对人民来信反映的问题进行了深入细致、实事求是的审计调查工作。

【审计配合】 配合省审计厅对全省三峡移民安置资金的投资审计工作，组织3家会计师事务所对全省省级经济开发区用水企业水资源费征缴情况进行专项稽查。按照厅小金库专项治理督查工作的统一部署，对10个所属单位实施全面检查。积极配合省审计厅对吕厅长的经济责任审计工作，及时提供审计组所需的审计报告。

【制度建设】 对水利部审计室组织起草的《水利工程维修养护资金审计规程》和《水利工程维修养护经费绩效审计指南》提出15条修订意见。

【内部审计管理工作】 组织厅系统11名内审人员参加水利部审计室举办的水利审计质量控制培训班，提高内审人员实际工作能力。完成了水利部、省审计厅布置的2011年内审年报统计上报工作。

（陆倩慧）

水利规费工作

【行政事业性收费的征收】 涉水的行政事业性收费主要包括防洪保安资金、水利建设基金、南水北调基金、水资源费、堤防占用补偿费、河道采砂管理费、占用农业灌溉水源及灌排工程设施补偿费、水土流失防治费、水土保持设施补偿费、长江河道砂石资源费等。2011年，根据中央和省一号文件精神，制定出台《江苏省水利建设基金征收和使用管理有关问题的通知》、《关于从土地出让收益中计提农田水利建设资金有关事项的通知》，印发了《关于切实加强水利工程建设配套资金筹集工作的通知》等文件。以《收费许可证》年审为契机，加强收费管理。对各单位的收费票据、会计决算报表、相关账册等进行检查。并利用财务检查、闸站评审，来信来访调查的机会，对船闸收费的规范化进行检查，促进依法收费、文明收费，树立水利行业良好形象。2011 年全省水利行政事业性收费及基金超过 35 亿元。

【水利工程水价改革】 深化水价改革，建立科学合理的水价形成机制，充分发挥水价调节水资源需求和促进节约用水的价格杠杆作用，经商省物价局、省财政厅同意，厅财务审计处统一部署，开展了水利工程供水成本测算的调研工作，完成了基本参数的确定、流域和工程类型的划分，制订了《江苏省水利工程供水成本测算工作方案》，明确了成本测算的内容、要求和目标，按照《水利工程供水成本测算规范》的要求完成了测算表格的设计，对表格的填报要求作出了说明，开发了供水成本测算软件，对开展全省供水成本测算工作进行了培训和任务部署，确定了测算政策和口径，完善了水价测算体系，2011 年底前完成全省各项数据采集、汇总，测算出全省分类分片供水成本。

（高锁平）

水利经营

2011 年，江苏省水利经营工作以科学发展观为指导，积极贯彻可持续发展治水新思路，围绕“四大任务”（即安全水利、资源水利、环境水利和民生水利），把握“一个中心”（即以经济效益和社会效益为中心），坚持“两个原则”（即运用市场机制与发挥资源优势相结合的原则，发展水利经营与促进水利建设和水利管理的原则），面向“三个服务”（即服务社会、服务民生、服务行业发展），实现“四个统一”（即水利的安全效益、资源效益、环境效益和经济效益的统一），促进水利行业的可持续发展。2011 年全省水利经营实现总收入 152.72 亿元，利润 10.84 亿元。

【水土资源开发】 水利系统拥有大量的堤防、岸线、滩地等，充分利用水土资源优势，因地制宜地发展水利经营是江苏省水利经营发展的一条成功经验。2011 年，各地紧紧依托水土资源优势，发展特色经济。一是逐步加大开发力度。重点加大海堤、圩堤、河堤以及水面等资源优势发展种植业、养殖业，采取市场化运作方法，发展高效农业、现代农业。二是不断优化经济结构。按照市场化、产业化要求搞好种植业、养殖业结构调整，实现水土资源由单一、粗放型利用向综合保护立体开发转移，初步形成资源、水利和效益相结合的经营格局。扬州宝应县京杭运河管理处发挥自身特点，以林生财，以林兴水，2011 年累计砍伐树木 2167 立方米，实现销售 150 万元。连云港市共有大、中、小型水库 170 余座，其中可进行水产养殖的水面约 10 余万亩。针对往年常规鱼类养殖效益低的情况，2011 年该市加大水产品养殖结构调整力度，在巩固常规养殖品种的基础上，加大经济效益高的特种水产养殖份额，取得了良好的经济效益。

【水利供水】 2011 年，各地继续探索水务改革实践，城市供水、农村区域供水、污水处理产业发展迅速。常州武进区江河港武水务（常州）有限公司积极开拓和经营武进水务市场，在污水治理上，大力推进污水处理工程建设，新建 5 座污水处理厂，450 公里污水收集主管网及污水提升泵站等工程。盐城盐都区 2011 年投入供水工程总投资 1300 万元，建设供水管道60公里,受益人口3万人。苏州相城区大力推动污水处理设施建设,全年投入2.04亿元,完成70公里污水管网建设,完成17个农村生活污水治理设施建设。

【水利建筑业】 2011年,全省水利建筑业的收入达55.28亿元,占全省水利经营总收入的36.19%。各水利施工单位一是紧紧抓住当前水利加大投入的良好机遇,充分利用行业资源、设备、人才优势不断巩固扩大水利水电、土石方工程、桥梁等市场。二是着力在施工规模、品牌质量上求突破。充分利用骨干企业资质优势,利用联合、挂靠等多种途径,提高水利施工行业综合实力。三是大力开发外埠市场。高邮市水利建筑安装工程总公司,抓住水利工程建设、改造和河道保洁等各种契机,努力扩大经营领域,拓展新的发展空间。邗江水利工程总队2011年度中标扬州市乌塔沟公洪道二、三期工程、句容市尹何家坝水库除险加固工程、镇江市古运河中段河道整理一期工程,并利用水利部门的水土资源优势,争取到邗江区李典镇土地整理项目、扬州市维扬区甘泉土地整理项目,承接的工程项目由水利工程领域向其他领域延伸,由本埠向外埠拓展,全年完成建筑业产值5800万元。

【水利资产经营管理】 2011年各地加强了对水利国有集体资产的经营管理力度。镇江市水利局积极转变发展思路,实现多元发展,在投入渠道上由政府公共投入向市场多元投入转变,在建设项目上由基础设施建设向经营开发建设转变,在规划设计上由生态景观主导向人文经济功能主导转变,实现城市水利从单一投入向投入产出的根本转折,克服了国家宏观经济政策调整的不利影响。该市坚持将工程建设与区域的经营开发相结合,完成了征润州外江堤培厚工程、金山湖旅游商业配套设施、水上旅游配套设施工程等,既促进了当地的水利经济发展,又为金山湖的整体旅游开发创造了条件。在2011年宏观形势趋紧的情况下,大力拓展城市水利融资规模,全年新增贷款11.82亿元,成功出让北固湾地块,出让金额近30亿元。投资百亿元的金山创意产业园项目正式启动。

(魏红蓓)

水利物资工作

2011年,省水利物资总站全年实现销售额近8亿元,各项毛收入2900多万元,实现利润350万元。超额完成了年初职代会确定的各项任务目标。

【防汛物资储备管理调运】 一是在年初下发了"关于加强防汛物资管理工作的意见",对站库防汛物资管理工作作出指导与要求,确保物资储备到位、落实调运预案。二是召开总站防汛物资工作会议,开展站库系统防汛物资检查评比工作。采取"点对点"检查方式,对照规范化标准进行检查,不走过场,把检查工作落到实处,极大地提升了防汛物资的管理水平。三是对所储防汛物资进行了筛查、梳理,对已达报废年限、亟须更新的部分省级防汛物资向省防办申请报废。省防办已下达了报废核销通知,下一步将配合做好报废物资清理工作。四是做好汛前检查,确保安全度汛。5月份,联合省防指、厅监察室、财审处组织对全省防汛物资进行检查,对检查出来的问题及时进行了通报、整改。五是做好防汛值班准备工作。进入汛期后,即组织安排防汛值班,保证紧急情况下物资调运工作顺利开展。

【水利工程物资供应】 2011年总站所供应的水利工程主要有南水北调泗洪站、泗阳站等9个站点和徐州截污导流工程,新沭河三洋港枢纽和走马塘张家港枢纽等工程,由于项目点多,战线长,为做好材料供应工作,一是保质保量做好工程材料供应。在资源组织上始终严把质量关，严格按照标书规定组织货源供应。二是认真执行“驻工地人员管理办法”，加强驻工人员管理并明确工作职责，提高驻工人员协调处理事务的能力。三是了解信息，争取材料供应。在对承供工程做好供应的同时深入了解工程信息和材料价格信息，积极争取新开工水利工程的材料供应，努力在水利市场争取份额，增创效益。由于产品质量过硬，服务优良，得到了各工程业主、监理和施工单位的一致好评。

【市场经营】 2011 年是自 2008 年全球金融危机以来市场经营最为艰难的一年，年初国家银根收紧，给总站经营带来了巨大困难。为确保全年经营的稳定，一是更加细致的研判市场趋势，对市场和资金面进行了分析研究，确定了 2011 年的经营基调，告诫经营人员在经营中要更加谨慎，防止资金链断裂。二是继续优化资源配置，形成以一线钢厂为依托、二线钢厂为补充的多渠道、多层次的采购模式，既保证了工程和销售的需要，又有效地降低了采购成本。三是坚持依法经营，杜绝违规操作和违反总站经营纪律的行为发生。四是加大对市场客户筛选力度，多方面调研客户资信，宁缺毋滥，同时坚持和继续完善“营销例会制度”和“应收账款报告制度”，严控经营风险。五是继续采取贴近市场的定价机制，努力提高市场销售份额，增强竞争能力。总站系统全年共销售钢材约 17 万吨，市场经营实现销售毛利约 1180 万元，销售量与上年基本持平、销售毛利比去年同期下降约 20%。尽管经营业绩略低于去年，但在同行中仍然处于较好水平。外经公司紧紧围绕年度经营效益目标任务，发挥自身优势，积极开拓市场经营业务，特别是工程施工业务，先后与安徽外经华安公司、ACE 公司、中莫仓储公司，莫桑比克长城水泥制造有限公司等开展良好的业务合作，克服各种困难，迎难而上，取得了良好的经营业绩，实现了经营收入和经营效益的双增长。全年完成工程和贸易额近 420 万美元，实现纯利超 100 万美元。外经公司在莫桑比克经过多年的坚持与发展，逐步成为总站新的经济增长点，为总站增加了新的收入来源。

【站库管理】 （一）积极推进站库库房改造工作。总站防汛仓库大多建于上世纪 60～70 年代，库房结构老化，难以适应现代水利发展要求。2011 年 8 月，省发改委批准了总站苏州、邳州防汛仓库改造可研报告，12 月底批复同意初步设计方案，该项目总建筑面积 1.2 万多平方米，预算 4657 万元，是总站建站以来最大规模的基建投资项目。为加强工程的推进和实施，总站专门成立了工程建设处，抽调专门人员开展工作。该项目资金已经到位，正积极与当地规划、建设等相关部门办理相关手续，争取早日开工建设。（二）积极引导各站库谋求生存与发展。年初职代会上要求各站库巩固优势，广泛调动职工积极性，与总站加强沟通与交流，实现上下联动，构筑整体发展平台，实现资源共享等，同时加强监管，严厉告诫从事经营业务站库做到守法经营。2011 年各站库基本实现收支平衡并略有盈余，整体发展平稳。

（物资总站）

行业发展能力建设

党建及精神文明建设

2011年,水利厅系统党的工作坚持以邓小平理论和"三个代表"重要思想为指导,深入学习实践科学发展观,积极开展为民服务创先争优和庆祝建党90周年活动,不断增强党组织和党员队伍的生机与活力,努力为江苏水利现代化建设提供坚强有力的组织思想保证。

【党建工作】 一是不断提高党建工作科学化水平。3月底,组织召开了厅系统党建工作会议,部署2011年党建工作任务,提出了具体工作要求。紧密结合水利工作实际,按照中央和省委的有关规定,深入研究加强党建工作的措施和办法,起草制定了《省水利厅党组贯彻〈中国共产党党和国家机关基层组织工作条例〉实施意见》,为进一步增强厅系统党建工作制度化、规范化、科学化打好基础。二是继续深入开展创先争优活动。5月份,在全省水利系统部署了为民服务创先争优,争创群众满意窗口活动。9月7日,在水利部"为民服务创先争优"动员视频会上,水利厅作了经验交流发言。10月24日,召开全省水利系统窗口服务单位为民服务创先争优视频大会,厅长吕振霖动员广大水利党员、干部、职工深入开展创先争优活动,积极投身为民服务的新实践,让人民群众更多地享受水利发展成果。12月中旬,组织3个督导组对全省水利系统开展为民服务创先争优活动进行督导检查,有力促进了活动顺利开展。水利部对江苏省开展为民服务创先争优活动给予了充分肯定,《水利部创先争优活动简报》全版编发了水利厅《问民需办实事 着力提高民生水利发展水平》的交流材料。三是大力培养树立先进典型。2011年先后3次在《中国水文化》、《工作与学习》杂志编发专刊,积极宣传水利厅在党建工作、创先争优和精神文明建设中的工作成效。深入挖掘先进,广泛宣传典型,江都管理处党委被表彰为全国先进基层党组织,并第三次蝉联"全国文明单位"称号,起草印发了《关于在厅系统党组织中开展向省江都水利工程管理处党委学习的决定》,动员和号召各级党组织认真学习江都管理处党委的成功经验和有效做法,掀起了学先进、赶先进的热潮。四是扎实推进创建"党员示范岗"和"党员示范窗口"活动。8月份,对各单位申报的"水政执法岗位"等44个党员示范岗和"水利规划服务窗口"等26个党员示范窗口组织了检查考核,推动了创先争优活动扎实有效开展。五是认真开展推选党代表工作。按照省委和省级机关工委的部署和要求,在厅系统组织开展了省十二次党代表候选人人选和省级机关党代会代表人选的推荐酝酿工作。

【庆祝建党90周年】 一是认真策划活动内容。紧密结合实际,以宣传党的光荣历史、丰功伟绩和一线党员的突出贡献为重点,起草制定了《开展建党90周年庆祝活动方案》,使各项活动有计划、有组织、有步骤地开展。二是组织召开庆祝大会。在厅机关庆祝建党90周年大会上,厅长吕振霖亲自为全体党员讲党课,并表彰奖励了厅系统29个先进党支部、70名优秀共产党员和14名优秀党务工作者,同时省级机关工委也表彰了水利厅推荐的厅规划办和常熟枢纽管理所2个优秀党支部。三是精心组织庆祝活动。从5月中旬开始,先后成功举办了庆祝建党90周年配乐诗歌朗诵比赛、诗歌散文征集评选、书画摄影展、党员座谈会和红歌会等活动,组织干部职工代表参观了省"庆祝建党90周年大型摄影展",进一步激发广大水利党员干部职工爱党爱国热情。在省级机关工委组织的党史知识竞赛中水利厅获得优秀组织奖。四是积极选送节目参赛。在全国水利系统纪念建党90周年朗诵大赛中,水利厅选送的《永远的河道清洁工》荣获一等奖,《黄金时代》荣获三等奖,并获得了团体总分第7名和优秀组织奖。参加了水利部组织的水歌曲比赛,选送5个节目共获得6个奖项,其中秦淮河管理处的男声组合获得声乐类二等奖,扬州水利局创作的表演唱获得作品类二等奖。此外,泰州市水利局局长唐勇兵出席全国水利精神文明建设工作暨水文化研究会议,作了题为《江淮交汇润祥泰,盐运千年现凤凰》的交流发言。

【驻村调研活动】 2011年8月,厅机关组织开展了“百名机关干部进百村”专题调研活动。厅领导和102名处级干部先后深入到106个行政村,与农民群众同吃同住同劳动,实地查看农村灌溉泵站、村庄河塘、灌排沟渠、饮水工程设施等,进一步密切了与农民群众的联系,改进了机关作风,得到基层干部群众的充分肯定。调研活动结束后,专门召开调研成果交流会,研究落实解决的办法和措施,积极筹措开展驻村调研回访活动。

【精神文明建设】 一是精心部署文明创建工作任务。召开行业精神文明建设工作会议,对全年的精神文明创建工作进行安排部署。二是组织开展文明单位结对共建活动。11月份,省水利厅文明办在泰州召开了“全国水利文明单位”结对共建活动座谈会,对省水利系统开展结对共建活动作出部署,要求各单位认真总结文明创建的成功经验,探索新形势下精神文明建设的特点和规律,突出行业特色,不断拓展领域,创新载体,丰富内涵,打造更多更好的文明优质服务品牌。三是广泛组织开展扶贫帮困活动。向厅系统各有关单位积极筹措苏北扶贫资金30万元,用于支持宿豫、泗洪和楚州的扶贫工作。深入扶贫点慰问生活困难群众,看望扶贫工作队员,鼓励他们发挥自身优势,积极帮助苏北困难群众脱贫致富,展示水利系统党员干部倾心为民的良好社会形象。

【工青妇工作】 一是开展重点工程劳动竞赛活动。紧紧围绕水利建设中心任务,以劳动竞赛为平台,充分发挥基层职工的主力军作用,分别在南水北调东线工程和走马塘工程建设中开展了重点工程劳动竞赛,促进重点水利工程建设管理任务的圆满完成。水源公司被评为“全国工人先锋号”、“全国农林水利系统劳动关系和谐企业”。江都管理处被评为“省劳动竞赛先进集体”,厅工会被评为“省劳动竞赛先进组织单位”。二是不断提高工会服务能力。开展了厅属水利系统工会状况调研,深入探讨新形势下做好工会工作的方法和渠道,积极指导基层单位拟定换届选举工作方案,提出指导意见,使各单位换届选举工作顺利完成。三是大力加强职工文化建设。2011年先后成功举办了厅机关迎新春联欢会、全省水利系统“兴水杯”羽毛球比赛。厅机关组织开展了春季爬山、乒乓球、围棋比赛,第九套广播体操培训等活动,丰富了干部职工的业余文化生活。5月份,与厅水资源处联合组织机关、在宁事业单位部分职工,赴无锡考察太湖水环境治理工作情况,增进了机关干部对太湖治理工作的感性认识。四是广泛选树先进典型。通过创建工作树立典型,努力营造创先争优、学赶先进的良好氛围。2011年厅系统基层工会共获得省级以上各类荣誉称号20余项,其中太湖管理处被评为“省模范职工之家”、淮沭新河管理处、秦淮河管理处、省设计院公司被评为“全国水利系统和谐企事业单位”,另有5名同志获得“全国五一巾帼标兵”等荣誉。五是开展社会帮扶共建活动。按照省妇儿工委以及省相关部门要求,会同有关处室做好“十一五”省妇女儿童发展工作总结、“十二五”省妇女儿童发展规划修改工作;分别到宿豫区张油坊村和宿迁市两个乡镇开展农村妇女“双学双比”结对共建走访调研活动;在有关地方妇联支持下,与厅扶贫工作队的同志共同到泗洪县淮北中学开展了“省水利厅高中春蕾班”爱心助学活动,为社会扶贫救助奉献水利人的一份爱心。六是不断提高青年工作水平。先后组织团员青年开展了义务植树、无偿献血等活动，举办了庆祝建党90周年水利青年硬笔书法展。为厅机关团员青年购买发放了励志类书籍200余套，积极开展青年读书学习成才活动。与无锡滨湖区团委结对共建，开展团员青年“三走进三服务”活动。积极开展“青年文明号”创建工作，省江都管理处万福闸管理所被评为“全国青年文明号”。七是热心做好节日慰问工作。春节期间，厅系统各级党群组织积极开展慰问离退休老党员、老干部、老职工和劳动模范活动。在2011年抗击特大干旱期间，组织慰问了战斗在抗旱一线的水利干部职工。积极开展夏季送清凉活动，厅系统共筹集慰问资金201.72万元，走访工地47个，慰问一线职工1308人次，发放防暑降温用品180.82万元，提供健康体检469人次，让水利职工充分感受到工会组织大家庭的温暖。

（尚　锋）

纪检监察

2011年，全省水利系统党风廉政建设和反腐败工作坚持以科学发展观为指导，认真贯彻党的十七届四中全会、中纪委十七届七次全会、省纪委四次全会和全省水利系统党风廉政建设电视电话会议的精神，紧紧围绕水利中心工作和厅党组治水新思路，积极开展纪检监察各项工作，为全省水利中心工作提供服务和保障。

【党风廉政建设责任制】 一是抓责任分解，明确责任主体。制订下发《2011年省水利厅系统党风廉政建设工作有关处室、单位责任分解意见》，将党风廉政建设工作分解为71项具体事项，落实到各个职能部门。落实党风廉政建设责任制“全覆盖”。在全省水利系统党风廉政建设工作电视电话会议上，明确“一把手”对党风廉政建设负总责，分管厅长对分管范围内党风廉政建设负责，由厅党组与厅直单位党委签订党风廉政建设责任状29份、与厅系统处级以上干部签订廉政承诺书88份，协助省南办、水源公司和省各重点水利工程建管局与22个工程建设单位签订党风廉政建设责任状。二是抓年终考核，落实述职述廉制度。会同厅人事处抽调相关处室人员组成10个考核小组，由分管厅领导带队，分别对厅机关各处室、厅直各单位、各水利工程建设局、三院三公司等45个领导班子及185名处级干部落实党风廉政建设工作情况进行检查考核，通过召开座谈会、个别谈话和群众测评等方式，全面掌握厅系统各部门领导班子和成员勤政廉政情况。三是抓工作重点，严格执行领导干部廉洁自律各项规定。组织对交流和新提任的24名处级干部进行集中廉政谈话，并填写领导干部廉政档案表。重点查处领导干部在节日期间违反规定收送现金、有价证券和支付凭证、跑官要官、参加赌博等党风方面存在的问题。四是抓巡视检查，促进党员领导干部勤政廉政。完成对省洪泽湖水利工程管理处、江都水利工程管理处和省灌溉动力管理二处的巡视检查工作，并将巡视检查结果向三家单位进行反馈，对取得的成绩给予了肯定，对领导班子建设、综合经营、内部管理等方面存在的问题，提出整改的意见和建议。

【党风廉政教育工作】 一是明确宣传教育工作目标。印发《2011年江苏省水利厅纪检监察宣传教育工作要点》，明确当年宣传教育工作的目标和重点。二是认真开展廉政教育活动。紧抓两个节日的廉洁从政教育，共给全厅领导和处级干部发送节日廉政短信200余条；组织厅系统206人参观惩治和预防渎职侵权职务犯罪江苏巡展，并召集厅机关有关处室、建设局、总队、水源公司等14个部门负责人座谈会，深入探讨预防渎职侵权职务犯罪的措施和手段；组织 35 个重点水利工程建设处（工程部）单位负责人、施工单位项目经理、总监等人员参加 25 场专题廉政座谈会，约 1100 余人接受廉政教育；继续开展全省水利工程建设廉政文化工地“示范点”创建活动，完成对 8 个水利工程建设项目廉政文化示范点的考核验收工作。据统计，全年征订党风廉政建设教育片和正反典型教育资料光盘 32 套，宣传教育书籍 201 套。三是深入学习贯彻《廉政准则》。协助厅党组理论中心组先后召开 3 次专题学习会，组织党员干部认真学习领会《廉政准则》，专门为厅直单位订购了《廉政准则》辅导讲座 DVD 光盘 12 套，配置勤政廉政先进典型、反面典型警示教育资料光盘 24 套，共 260 余盘（片），为厅系统党员领导干部统一订购下发了《廉政准则》学习读本、宣传教育书籍 957 套，并指导厅直单位组织知识竞赛（测试）9 次，1650 余人参加。通过省纪委对省水利厅贯彻落实《廉政准则》和党政机关厉行节约执行情况进行的督查，得到督查组的充分肯定。

【惩治和预防腐败体系建设】 一是推进党风廉政建设责任制制度建设。制定出台《关于贯彻落实〈关于实行党风廉政建设责任制的规定〉的实施意见》，明确党风廉政建设责任主体、考核制度、责任追究办法；协助厅党组建立省水利厅领导落实党风廉政建设责任制联系点制度，制定《关于省水利厅领导建立党风廉政建设责任制联系点制度的工作方案》，建立厅领导与厅直管理单位对应联系，并深入调研各联系单位实际情况，帮助解决实际困难。二是构建具有水利特色的惩防体系。先后制定构建省水利厅系统反腐倡廉教育机制、纠风工作长效机制、权力运行监控机制、预防腐败工作机制和惩治腐败工作机制等 5 项实施意见，为厅系统惩防体系建设奠定制度保障。省纪委专门编发一期简报，介绍我厅惩防体系建设。三是进一步推进廉政风险防控制度建设。围绕单位（部门）职权目录和权力运行流程，先后多次组织厅机关各科室、厅直各单位召开座谈会和调查问卷，全面排查廉政风险点及风险环节，构建厅机关、厅直单位和重点水利工程“三级”廉政防控体系，累计排查出 192 项风险点，提出 262 条防控措施。目前已完成厅机关和事业单位廉政风险防控手册初稿和水利工程项目廉政风险防控手册。水利工程项目廉政风险防控手册已在全省重点水利工程建设中试点推广，得到了驻部纪检组和监察局的充分肯定。四是进一步完善行政权力网上公开运行系统建设。配合职能部门进一步完善政务公开和行政审批电子监察系统建设，起草《江苏省水利厅行政权力网上绩效评估暂行办法》，进一步提高行政权力网上审批效率。同时，累计对电子监察系统提出 15 条完善意见，累计对网上运行的行政权力事项发出督办、催办 104 件。

【执法监察工作】 一是做好对贯彻落实中央、省两个一号文件的监督检查。配合省纪委和职能处室制定了贯彻落实中央和省两个一号文件贯彻落实情况监督检查通知，认真指导水利系统的自查自纠工作，并协助陪同中央检查组以及有关部门对全省水利建设工程开展的集中检查，累计检查单项工程 27 个，完成检查报告 5 篇，发出整改函 20 余份，提出整改意见 100 余条。二是加强对强农惠农工程的监督检查。配合省监察厅和省财政厅赴江宁区、泗洪县调研农村河道疏浚工程情况，协助职能部门制订下发了《关于开展 2011 年度农村河道疏浚整治监督检查的实施意见》。下半年配合组织对溧水、高邮等 7 个市、县农村河道疏浚整治工程开展监督检查，并下发了整改通知。三是围绕水利各项业务工作全面开展执法监察。配合职能部门做好治淮工程专项治理、防汛物资执法监察、“小金库”治理、清理和规范庆典研讨会论坛、干部考察、厅直事业单位公开招聘、公务用车使用军警号牌、机关公务用车清理等工作。继续做好厅系统内部政府采购和工程招投标监察工作，累计完成对41个标段1.114亿元项目的招投标跟踪监督，节约资金约890万元。四是继续深化纪检监察派驻制。做好水利建设项目的招投标监察工作，累计完成对南水北调、通榆河北延、泰东河、走马塘等工程共147批次238个标段30.05亿元项目的招投标跟踪监督，节约资金约3.46亿元，未发生一起重大违法违纪案件。大力推进纪检监察派驻制向市、县延伸工作。下半年，专门召开座谈会，交流派驻制经验，调动地方水利部门主动性，并出面协调解决在派驻制运行中的实际困难，推动纪检监察派驻制向市、县水利工程建设的延伸。2011年在水利部监察局召开的全国水利工程建设项目执法监察工作座谈会上，驻厅纪检组将水利厅开展纪检监察派驻制工作作了典型交流，得到了驻部监察局领导充分肯定。

【查办案件和信访工作】 一是认真做好人民来信来访工作。全年，共收到来信、来访、电话、网络投诉等64件，其中转有关市水利局和厅直单位办理56件，要求报结果的27件，已办结26件，正在办理1件；自查8件，已全部办结。另外，两个派驻组共收到信访举报材料13件，已查结9件，其中涉及农民工工资拖欠4件。派驻组先后组织协调处理了江苏聚峰公司和泗阳站拖欠农民工工资问题，在多方协调下，及时发放了工资，维护了农民工利益，消除了工程建设中不稳定因素。二是认真做好有关案件的查办工作。积极配合地方纪委做好厅系统直属单位2件3人违纪案件的查处。参加了省纪委组织的案件质量检查和案件质量评审工作，我厅报送的案件卷宗经评委审查，得到了评委一致肯定(评审结果尚未公布)。在今年召开的全省纪检监察案件检查工作座谈会上，驻厅纪检组作为省级机关代表作了经验交流。三是认真剖析案例，研讨解决措施。针对近年来厅系统船闸管理中发生的违法违纪案件，在认真剖析案例的基础上，有针对性地制定下发了《关于加强厅系统船闸管理工作的通知》，明确管理工作的对策措施。下半年，驻厅纪检组还组织对近两年来全省水利系统发生的违法违纪案件进行了全面梳理和分析，查找全省水利系统案件发生发展的深层次原因，并提出了有针对性的防范措施，着力从源头上遏制腐败案件发生。

【纪检监察自身能力建设】 一是制定学习培训计划。根据纪检监察干部五年培训计划安排，主动与中纪委培训中心联系，推荐2名同志参加中纪委业务培训班学习；组织召开了厅系统48名专职和兼职纪检监察干部的业务培训，并赴河南省水利厅学习考察；组织了全省13个市水利局纪检组长和监察室主任对农村水利专项资金监管工作的专题调研活动，并撰写调研报告，得到了厅领导的肯定。二是积极开展反腐倡廉理论研究和经验交流。为庆祝中国共产党成立90周年，全面回顾总结水利系统党风廉政建设和反腐败工作取得的重要成果和成功经验，组织了全省水利系统纪念中国共产党成立90周年反腐倡廉建设理论征文活动，累计收到征文31篇，并从中筛选出优秀论文22篇组织汇编，供大家学习交流。同时，积极参与驻部纪检组党风廉政建设理论征文活动，上报论文3篇。三是加强对纪检监察工作的总结和宣传。全年编写各类信息共150余条，上报上级部门信息20余条，其中被水利部监察局采用2条，省纪工委采用5条，省纪委采用4条，专题报道1篇，《党的生活》杂志采用1篇，并荣获省纪委信息报送工作三等奖。

(驻厅纪检组)

组织人事

【人事管理】 一是领导班子建设进一步

加强。加强领导班子学习的制度化，不断提高领导干部的政策理论水平。坚持领导干部学习会制度，充实完善“三位一体”的学习机制，推进领导干部集中学习、选派学习、在线学习，引导广大党员干部围绕实践治水新思路的要求，把理论学习与贯彻党的十七届六中全会和省第十二次党代会精神结合起来，与落实省委对水利工作的新要求结合起来，与推动“率先实现水利现代化”的生动实践结合起来，把思想和行动统一到厅党组的决策部署上来，努力提高自身的理论素质、党性修养和工作水平。认真贯彻干部选拔任用制度，坚持德才兼备、注重实绩、群众公认的原则，及时调配干部、配好班子，干部队伍和领导班子结构得到优化、综合能力得到加强，重点加强处级领导班子建设。按照《省水利厅党组关于进一步加强领导班子建设的意见》，大力加强系统领导班子的思想政治建设、作风建设和能力建设，努力从思想、组织、作风、制度和反腐倡廉等多个方面加强各级领导班子建设，坚持和树立正确的用人导向，努力提高选人用人公信度。突出公开、公平、公正、公信，注重崇尚实干的用人导向，坚持在岗位上培养、实践中锻炼、过程中识别、发展中使用干部，选拔那些善于领导水利发展、工作实绩突出、职工群众公认的干部，长期在条件艰苦、困难地方努力工作的干部，善于攻坚破难、在急难险重中能够打开局面的干部。把以完成重大任务、应对重大事件、推进重点工作为主要内容的“三重”工作作为选拔干部的主渠道，一批人品正、干事实、敢破难的优秀干部被提拔使用。结合年度考核及干部队伍实际对部分单位的领导班子进行了调整充实。先后对厅科技与对外合作处、厅机关党委、省移民办、省防办，省水利产业经济管理中心、省洪泽湖水利工程管理处、省骆运水利工程管理处、沪办水利处，省水文水资源勘测局南通、淮安、徐州、无锡、常州分局等单位领导班子进行调整充实，共调整处级干部57人，占系统处级干部总数的21.2%。其中，提拔7人、交流13人、免职3人；对16名试用期满处级干部进行了任职考核并予以正式任职。加强对厅属单位干部选拔任用工作的指导。督促各单位按照制度规定选拔干部，并加大厅属事业单位科级干部竞争上岗的力度。全年，厅系统共调整科级干部121人次，其中提拔62人，通过竞争上岗方式产生干部32名。配合省委组织部做好省水利工程建设局局长、厅副巡视员、厅党组成员的推荐、考察工作。二是认真落实四项制度，努力强化干部监督。以严肃换届纪律为契机，进一步营造风清气正的工作环境。坚持严明纪律、警示在前，全程监督、综合治理，惩防并举、严格问责的工作方针，严格贯彻执行中央和省委关于严肃换届工作纪律规定，认真抓好《党政领导干部选拔任用工作条例》和换届人事工作纪律执行情况的监督检查，利用民主推荐、民主测评大会等各种方式，将“5个严禁、17个不准和5个一律”纪律要求传达至每位党员干部，以最坚决的态度、最有力的措施、最严格的纪律保证干部选拔任用工作风清气正。继续认真贯彻落实干部选拔任用工作四项监督制度。采取领导干部专题民主生活会学习自查、专题辅导、组织知识测试等多种方式，有效推动了四项监督制度的落实。积极开展领导干部任期经济责任审计。按照《江苏省党政领导干部任期经济责任审计暂行规定》，会同财审处先后对省洪泽湖管理处、省骆运管理处、沪办水利处和有关水文分局开展了任期经济责任审计。组织开展廉政知识测试。对新提任的领导干部，均按照有关要求，主动书面征求纪检监察部门的意见建议，并同步组织开展廉政知识测试，将廉政测试结果作为干部选任的重要前置环节；新提任的领导干部在任职前，由厅主要负责人组织开展廉政谈话。认真履行处级干部重大事项报告制度，对新提任的干部在规定时间内需如实报告个人有关重大事项。三是大力加强厅各干部队伍建设。加大处级后备干部的培养使用力度，在拓宽渠道、加强培训、全面提高年轻干部的综合素质的同时，拓宽思路、多措并举，努力搭建年轻干部实践平台。通过完善和落实年轻干部基层锻炼工作制度，有计划选派10余名年轻干部到省重点水利工程建设工地、基层单位、乡镇等挂职锻炼，让年轻干部在基层和一线的实践中经受考验，磨炼意志，丰富阅历，增长才干，提高驾驭复杂局面、解决复杂问题的能力。兴化、新沂等市县水利局也选派了5名优秀年轻干部到厅机关及有关单位挂职。同时，选调了20余名年轻技术骨干到水利普查、小流域综合治理和泰东河等重要工作和重点水利工程建设一线工作。四是逐步完善科学的干部考核评价机制。坚持把服务科学发展、服务水利工作作为根本导向，以年度工作目标和岗位职责为依据，切实加强考核干部的道德品行。注重考核干部的社会公德、职业道德、个人品德、家庭美德。把考核干部在关键时刻、重要事件中的表现作为考核干部德的主要途径，着重从干部在贯彻落实重大决策部署、完成重大任务、面临重大考验、应对突发事件、抵御自然灾害、解决复杂问题、对待名利地位和进退留转等方面的表现，了解分析干部的德。坚持把领导干部学法用法、执法守法情况纳入考核范围，加强了对领导干部依法履职情况的考核。在考核方法上，推行领导干部分层次互评，增强考核工作的科学性；强化考核结果的运用，把考核结果作为班子调整及干部选拔任用的重要依据。五是积极做好省第十二次党代会代表、到市县任职和援藏援疆、科技镇长团干部的管理服务工作。以认真负责的态度完成省第十二次党代会代表候选人的酝酿推荐和协商提名工作。选派了2名优秀年轻干部到市县任职，分别担任高邮市市长和盐城经济技术开发区副主任，并同步完成了2名副县长到厅任职的有关工作。认真做好援藏援疆、科技镇长团成员和扶贫干部的选派推荐和管理服务工作，坚持做到保持联系，跟踪服务，经常主动了解援建干部的学习、工作、生活情况，了解他们的援建动态，帮助解决后顾之忧，激发工作热情。六是科学编制“十二五”水利人才发展规划。根据厅“十二五”水利规划工作部署，认真开展了全省水利行业人力资源现状调查，通过召开座谈会、印发征求意见表、邀请专家学者咨询等多种方式，广泛听取机关处室、各市水利(务)局和厅属单位的意见建议。在总结分析全省水利人才队伍建设的客观状况、历史任务、机遇挑战和时代要求的基础上，完成了《江苏省“十二五”水利人才队伍建设规划》。《规划》详实地分析了全省水利人才队伍现状和存在的问题，提出了“十二五”水利人才建设的目标任务、工作重点以及保障措施，要求以推进可持续发展水利为目标，以人才资源能力建设为核心，以人才结构调整为主线，以改革创新为动力，紧紧抓住人才培养、引进和使用三大环节，着力实施好高层次人才工程、高技能人才工程、青年人才工程、新领域人才工程、水文化人才工程、基层水利人才培养工程等六大人才工程，为“十二五”时期全省水利系统人才队伍发展提出战略性、前瞻性和系统性指导。七是积极做好专家管理及职称评聘工作。加强专业技术干部管理的基础性工作。针对专业技术人才队伍管理现状，下发了《关于报送2011年度水利工程专业中高级职称评审材料的通知》以及《2011年水利工程职称材料报送注意事项》，为提高评审工作质量奠定了基础；进一步规范专业技术职称评审标准。结合水利发展新形势新要求，对专业技术人员工作实绩、论文论著、获奖情况等进行综合梳理，突出业务能力和工作实绩认定标准，明确对基层一线工作者的政策倾斜尺度，加大提高整体性人才开发工作力度；完成了年度中高级专业技术职称的评审工作。全年共受理研究员级高级工程师申报材料20份，有11人通过任职资格评审，通过率为

55%；受理高级工程师申报材料 331 份，有 208 人通过任职资格评审，通过率为 63%；接收工程师申报材料 112 份，有 92 人通过任职资格评审，通过率为 82%。另外，还为 25 人申报会计、经济、政工高级技术职务办理了委托手续；不断加快高层次专业技术人才队伍建设，继续推进水利部“5151”人才培养工程，厅推荐的 2 名人选，经水利部评审，均入选水利部“5151”人才培养工程部级人选；按照省人才工作有关规定，对厅系统“省 333 高层次人才培养工程”培养对象进行换届，厅系统新选出“省 333 高层次人才培养工程”第二层次 3 人、第三层次 16 人。八是不断改善厅系统人员队伍结构。公开招考了 4 名公务员、从基层选调了 2 名公务员。公开招聘了 71 名事业单位工作人员，严格按照事业单位公开招聘的有关规定，经笔试、面试、体检、考核，引进人员 71 名，均为本科以上学历，其中博士研究生 2 名，硕士研究生 15 名，硕士研究生以上学历人员占录用人员的 23.9%，学历层次较以往相比有较大提升，大批优秀人才通过公开招聘进入厅属事业单位，优化了事业单位人才队伍结构。九是积极推动“111”人才工程。作为“六大人才工程”的基础工作，围绕江苏水利现代化发展的重点推进领域，在全省水利系统开展“百名优秀科技人才”、“百名青年骨干人才”、“百名高技能人才”（“111 人才工程”）选拔工作，在全省水利系统培养一定数量的具有较高水平的学术技术带头人：100 名在各自专业领域中做出较大成绩的学术技术带头人；100 名在各自学科和技术领域有一定成绩的青年技术骨干；100 名在生产建设一线发挥骨干带头作用的中青年技师。截至到 2011 年 12 月底，全省水利系统共有 283 名从事水利科研与技术推广、规划设计、水资源管理、河湖管理、污水处理及回用、水利信息化等方面工作的专业技术（技能）人员进行了申报。十是部署开展公务员职业道德主题教育实践活动。开展了公务员职业道德主题教育实践活动。通过开展读一本好书、举办一次演讲、听一场报告等主题教育实践活动，进一步明确水利公务员职业道德规范，不断提高厅机关公务员的职业道德水平，切实做到坚持为民不动摇、求真务实不放松、清正廉洁不含糊、高效服务不懈怠，努力造就一支政治信念坚定、精神追求高尚、职业操守良好、人民群众满意的水利公务员队伍。十一是认真做好事业单位津贴补贴清理核查工作。根据《关于开展省直其他事业单位津贴补贴清理核查工作的通知》要求，按照国家和省关于改革事业单位工资制度和规范收入分配秩序的统一部署，及时对厅属事业单位 2009～2011 年上半年发放的津贴补贴清理核查工作进行了部署，重点核查事业单位收入来源、支出去向、账户情况以及在职人员工资水平、津贴补贴发放水平、改革性补贴发放项目、标准和退休人员收入等情况，同时对津贴补贴清理核查情况及时上报。十二是认真做好工资改革及劳动工资日常管理工作。完成了部分公务员及参照人员工资滚动晋升和厅领导工资调整工作；调整了厅机关及参照单位工作人员的级别工资 5 年升级 31 人次、津补贴跨年变动 31 人次；审批事业单位薪级工资正常升级 3000 多人次；办理机关事业单位人员退休手续 29 人；审批了工人岗位变动工资审批和事业单位绩效工资调整；审核并按时发放了五六十年代退职下放人员生活补助费和职工遗属补助；部署并做好厅机关、在宁单位公积金及住房补贴调整审批工作。十三是严格因公出国（境）审查审批。根据省纪委《关于开展制止党政干部公款出国（境）旅游专项工作的通知》精神，按照严格计划管理、严格审批条件、严格审批程序、严格经费约束、严格责任追究的工作要求，认真把好出国组团关和人员政审关。全年共审批因公出国（境）15 批次（自组团 7 批次、参加双跨团组 8 批次）、26 人次，办理因私出国（境）2 批次、2 人次。审批县处级以上领导干部因公出国(境)14人次,其中赴台1人次。出具审查批件19人次,备案7人次。全系统未发现出走、滞留不归和违反外事纪律情况。十四是开展了机构编制服务工作。组织开展了厅属事业单位机构编制清理规范工作。根据省编办《关于开展事业单位清理规范工作的通知》精神,对厅属事业单位机构编制基本情况和职能履行情况进行了总结,梳理了在清理规范过程中发现的相关问题,并就有关工作提出了建议;及时研究批复厅属事业单位内设机构调整工作,坚持有利于促进单位长远发展、适应现代水利发展需要、强化水利职能落实的原则,调整省水资源服务中心和省灌溉总渠管理处有关内设机构;按照《事业单位登记管理条例》和《事业单位登记管理暂行实施细则》,在组织各单位进行认真自查、充分准备的基础上,顺利完成了全厅2010年度的事业单位法人年检工作。十五是继续做好社会团体的年检及其他工作。根据省民政厅《关于做好2010年度社会团体年度检查工作的通知》精神,对厅主管的社会团体——水资源协会、水利文艺体育协会、水利职工思想政治工作研究会提交的年度工作总结、财务审计报表和年纪报告书进行了认真的初审并报省民政厅审核,推进水利企业协会进行换届改选工作。积极做好厅管社会团体参加省深入学习科学发展观和创先争优活动的有关组织工作。

【机构名录和处以上干部名单】

(截至2011年12月31日)

省水利厅:

党组书记、厅长:吕振霖

副 厅 长:张小马、陶长生、陆桂华、陆永泉(正厅级)、李亚平(正厅级)

纪检组长:李陆玖

党组成员:张小马、陶长生、陆永泉、李陆玖、李亚平、张劲松、朱海生、叶 健、韩全林

副巡视员:王逸珠

厅办公室:

主 任:朱海生

厅副总工程师:陈锡林

调研员:张嘉涛

副主任:陈 锋

副调研员:诸建中、王红霞

厅政策法规处:

处 长:洪国增

副处长:曹东平

副调研员:钱惠康

厅规划计划处:

处 长:毛桂囡

调研员:施红怡

副处长:徐卫东、陈长奇

厅水资源处(省节约用水办公室):

处 长、主任:季红飞

副处长:张建华、冯志祥

厅工程管理处:

处 长:郑在洲

副处长:黄章羽、郭 宁

厅基本建设处(水利工程建设项目稽查办公室):

处长、主任:金嘉麟

调研员、副主任:胡为平

副处长:赵曰平

厅农村水利处(省水土保持办公室):

处 长:蔡 勇

调研员、主任:刘有勇

副处长:汤建熙、吉玉高

副调研员:倪明娟

厅科技与对外合作处:

处 长:周 萍

副处长:陈 辉

厅财务审计处:

处 长:朱克成

副处长:张古军、徐元亮

厅人事处:

处　长：韩全林

副处长：韦普和、尹宏伟

副调研员：卢　文

厅机关党委：

副书记：罗明秀（正处级）

厅工会主席：张晓迅

调研员：谭国惠

副书记：陈　飞（副处级）

副调研员：周继春

厅离退休干部处：

处　长：吴瑞清

调研员：戴伟如

副处长：何　峰

省水利工程移民办公室

主　任：朱德伦

副主任：王　俊

副调研员：李桂林

驻厅纪检组、监察室：

副组长、监察室主任：任晓明

监察室副主任：俞雪生

副处级纪检监察员：曹建霞、胡　佩、刘　飞

厅属事业单位：

省防汛防旱指挥部办公室：

主　任：陶长生（兼）

副主任：陆一忠（常务，正处级）、李春华（正处级）、郑在洲（兼）、宋　玉（副处级）

省水利工程建设局：

分党组书记：李亚平（兼）

局长、分党组副书记：朱海生

副局长、分党组成员：陆泽群、刘胜松、唐世国

办公室主任：宋品超

办公室副主任：孙荣友

政治处处长：黄良勇

政治处副处长：陈　石

政治处副调研员：徐基龙

项目处处长：朱中平

项目处副处长：辛华荣

项目处副调研员：陈　健

工务处（安全监督处）调研员：刘建伟、马志华

工务处（安全监督处）副处长：何　勇、张政田

工务处（安全监督处）副调研员：张业林

财物处处长：潘良君

财物处副处长：朱冠余

省水政监察总队（省长江河道采砂管理局）

总队长：张小马（兼）

副总队长：徐殿洋（正处级）、洪国增（兼）、李玉松、武慧明

调研员：胡昌泰

局　长：徐殿洋

副局长：李玉松、武慧明

省南水北调工程建设领导小组办公室：

主　任：吕振霖（兼）

副主任：张劲松、吴立生

综合处处长：袁连冲

计划建设处处长：刘丽君

拆迁安置办主任：徐忠阳

处　长：沈　健

副处长：张树麟

副调研员：刘再国

省水文水资源勘测局（省水利网络数据中心）：

党委书记、局长：张春松

正处级干部：朱昌福、贾锁宝

副书记兼纪委书记：张　凯

副局长：唐运忆、马倩、孙永远

副主任：柏　屏

总　工：黄利亚

副处级干部：陆文林

南京分局局长：王文辉

无锡分局局长：洪国喜

无锡分局书记：张泉荣

徐州分局局长：陈卫东

常州分局局长：尤迎华

苏州分局局长：张晓波
南通分局局长：陈建标
连云港分局局长：陈必奎
淮安分局局长：李明武
盐城分局局长：李　沛
扬州分局局长：许仁康
镇江分局局长：傅太生
泰州分局局长：肖俊东
宿迁分局局长：单延功

省苏北供水局：
局　长：朱月新
副局长：王冬生

省河道管理局
局　长：陈学富
副局长：杨　淮、于　涛

省水利工程规划办公室：
主　任：叶　健
副主任：陈振强、喻君杰
总工程师：苏长城

厅机关后勤服务中心：
副主任：蒋寿景（主持工作）、李　政、李　民

省水利信息中心：
主　任：潘　杰
副主任：盛家宝、曹海明

省水利产业经济管理中心：
副主任：王致道、王　苏、刘　伟

省水利科教中心
主　任：

省水资源服务中心：
主　任：常本春
副主任：耿建萍、王　菊

省农村水利科技发展中心：
副主任：葛书龙（正处级）、樊峻江、刘敏昊

省水利工程质量监督中心站：
站　长：黄海田
副站长：蒋建云
总工程师：顾文菊

省水利物资总站：
党委书记、站长：蒋建新
副站长：焦爱华、韦建斌
副书记兼纪委书记：刘　飞

省水利科学研究院：
党总支书记、院长：黄俊友
副院长：王珍兰、高士佩

省骆运水利工程管理处：
党委书记、副主任（主持工作）：丁淮波
副书记、副主任：李太民
副主任：张合朋、周和平
纪委书记：张玉林

省淮沭新河管理处：
主任、党委副书记：刘明智
正处级干部：陈万荣
副主任：钱邦永、王业英
副书记兼纪委书记：许永平

省蔷薇河送清水工程管理处：
主　任：刘明智（兼）
副主任：钱邦永（兼）

省灌溉总渠管理处：
主任、副书记：孙洪滨
副主任：韩成银、戴启璠
纪委书记：孟　俊

省淮河入海水道管理处：
主　任：孙洪滨（兼）
副主任：何光叶

省洪泽湖水利工程管理处：
党委书记、主任：问泽杭
副主任：唐荣桂、周元斌、马晓忠
纪委书记：刘俭和

省江都水利工程管理处：
党委书记、主任：汤　超
副主任、副书记：汤正军（正处级）
副主任：王葆青、魏强林
纪委书记：徐　明

省秦淮河水利工程管理处：
党委书记、主任：陈振清
副主任：钱　钧、孙　勇

纪委书记:倪崇庆

省太湖地区水利工程管理处:

党总支书记、主任:颜廷举

副主任、副书记:李淮东(正处级)

副主任:郝春明、李家振

省泰州引江河管理处:

主任、副书记:张加雪

副主任:陈卫冲、钱福军

纪委书记:史建华

总　工:徐铁涛

省灌溉动力管理一处:

主　任:张加雪(兼)

省灌溉动力管理二处:

党委书记、主任:董阿忠

省人民政府驻上海办事处水利处:

处　长:李淮东

【机构改革】 稳步推进事业单位岗位设置管理工作。在对厅属事业单位人员情况进行调查摸底的基础上,根据全省水利事业单位岗位设置管理意见,指导厅属单位有序开展岗位设置管理工作,确定岗位结构比例和岗位名称,明确岗位责任和岗位等级。按照保证重点、兼顾一般,先易后难、稳步推进的原则,向基层一线倾斜,规范岗位设置工作。截止2011年12月,省人社厅已经批复水利厅26个事业单位的岗位设置方案。

【职工教育培训】 认真落实省委组织部关于大规模培训干部的要求,多层次、多渠道开展教育培训工作。全年共举办各类干部、业务培训班63期,培训人数达7800余人次,组织处以上干部、公务员参加省有关部门开展的培训460余人次。一是加强党政干部理论学习与培训。完成了7名省管干部参加省委举办的专题培训班服务工作;5名厅级后备干部参加省委组织部的主体班次学习;选派6名处以上干部参加省委党校主体班培训;举办了一期新任处级干部培训班,共有55名处级干部参加了学习培训。二是强化了专业技术人员业务培训和继续教育。全年,会同有关处室(部门)开展了水利工程管理、防汛抗旱、水资源管理、水政执法、规划编制等业务培训,水利系统4100多名业务骨干参加了培训。加强厅属单位专业技术人员继续教育管理,实行专业技术人员继续教育登记制度,2213人完成了证书年度登记;对厅系统招聘的70余名新进人员进行了岗前培训。三是加强地方水利干部培训。分别组织了17名市、县水利局长、35名地方水利干部参加水利部举办的市、县水利局长示范培训班和安全生产管理培训班;与河海大学联合开展了一期面向水利、农林等艰苦行业的学历教育班,112名同志经过考试顺利入学。四是加强技术工人教育培训,提高技能人才队伍素质。开展了“首席技师”的选拔和培训工作,在技能人才队伍中起到了较好的典型示范作用;选派12名具有一定学习能力的技术骨干参加水利部举办的泵站运行工技师专修班培训。开展了闸门操作、泵站运行、水文勘测等工种技术工人岗位升级及技师的培训考核工作,823名同志参加培训考核。组织实施了水利专业高级技师培训考核,全省16名同志参加了历时8个月的学习培训。完成了技术工人聘期内继续教育,638名技术工人进行了证书登记。五是举办了职业技能大赛。与省人力资源和社会保障厅联合举办了全省水利系统闸门操作工职业技能竞赛,厅直管理单位和13个市水利局共派出58名选手参加了大赛,有2名竞赛优胜者直接被授予技师资格,促进了一线技术工人脱颖而出,产生了积极的行业影响。

【表彰奖励】 省灌溉总渠管理处省淮河入海水道工程管理处主任孙洪滨、省水利工程质量监督中心站副站长蒋建云、省水利工程建设局公务处主任科员吴忠被水利部评为全国水利建设与管理先进个人。省走马塘建设管理局、省水利厅基本建设处、省水利厅工程管理处被水利部评为全国水利建设与管理先进集体。省水利厅离退休干部处被省委组织部、省委老干部局、省人社厅评为全省老干部工作先进集体。

（厅人事处）

老干部工作

2011年，老干部工作紧紧围绕水利工作大局，深入贯彻落实科学发展观，以纪念建党90周年为主题，以开展创先争优活动为重点，全面落实老干部政治、生活待遇，着力加强老干部党支部和老干部思想政治建设，丰富和活跃老干部文化娱乐生活，强化管理服务和部门自身建设，较好地完成了各项工作任务。离退休干部处被表彰为全省老干部工作先进集体，老干部工作两篇调研文章分别被水利部和省委老干部局评为一等奖。老干部工作网站建设、信息宣传工作被评为全省先进单位，老干部活动室被表彰为全省示范性先进活动室，老年人体育工作被评为省级机关先进集体，处党支部被评为2009～2011年度省水利厅系统先进党支部。

【落实两项待遇】 做到“三个坚持”，即：坚持每月组织老干部开展集中政治理论学习。主要是传达学习党和国家的大政方针政策，通报省委、省政府和水利厅党组重要会议精神和对重大事项的决策部署，为老干部提供政治理论书籍和订阅20多种有关报刊杂志，改善活动室设施，方便了老同志日常学习。坚持组织党员老同志外出参观活动。组织党员老同志到嘉兴中共一大会址和上海世博园—中国国家馆参观，到南京溧水周园和大金山风景区踏青，到徐州淮海战役纪念馆和水利工程参观。坚持为老干部举行专题学习辅导报告。全年2次邀请省委党校专家教授作专题学习辅导。退休干部第一党支部被表彰为2009～2011年度厅系统先进党支部，厅机关离退休干部党总支书记王忻同志在全省离退休干部党员中被表彰为优秀党员。经常和老同志交流工作情况，及时把处阶段性工作安排向老同志通报，寻求老同志配合和支持。厅领导也定期召开老同志座谈会，听取意见，通报水利工作情况。在厅老干部工作领导小组会上，厅党组书记、厅长吕振霖要求各单位各部门统筹协调老干部工作，在经费保障上优先安排，在管理服务上细化完善，进一步把老干部工作做好、做细、做实。全体干部职工要像对待亲人一样对待老同志，要坚持以让老同志幸福快乐为标准，扎实做好老干部工作。深入开展创先争优活动。按照省委老干部局的部署要求，根据老同志的实际，与离退休干部党总支共同制定创先争优活动方案，向全体离退休干部党员发出“争创”倡议书，组织离退休干部党员参加全省开展的争做“四好”离退休干部党员网上自愿签名活动。厅机关、在宁事业单位以及厅直属单位共有375名离退休干部党员自愿参加了这项活动。组织离退休干部党员赴泗洪县峰山乡与大学生村官魏征开展结对牵手活动，组织离退休干部党支部书记观看杨善洲事迹报告会录像片，组织200多位老同志观看《杨善洲》电影，组织老同志学习《中国共产党历史》、《七个怎么看》等理论读本，开展建党90周年知识答卷，有效地推进了创先争优活动的深入开展。今年退休干部党支部创先创优的经验在全省离退休干部党组织和党员创先争优活动推进会上，作典型经验交流。围绕老干部最关心、最迫切需要解决的问题，抓好老干部各项生活待遇的落实。确保老干部离退休费、专项经费等按时足额发放。“七一”前夕为离休干部发放一个月生活补贴，做好离休干部增加护理费工作。为厅系统20位生活有特殊困难的老干部，申请补助金8万元。做好改制企业离休干部的管理服务工作。多次深入改制企业省水建公司，与离休干部交流座谈，听取意见和要求，切实帮助他们解决实际问题。就离休干部们普遍反映和担心的医疗费用保障、看病就医难问题，协同厅财审处，多次与扬州市医保部门沟通协商，在征得同意接受的基础上，将所有离休干部全部纳入了扬州市医疗统筹代管，享受当地同等离休人员的医疗待遇，解除了老同志的后顾之忧。为厅属单位易地安置在省外无工作、无收入的 4 位遗孀申请医疗补助费 4 万元，重阳节为 106 位寿星进行了祝寿。做好春节前厅局级离退休干部和遗孀以及有特殊困难离退休老同志的走访慰问工作。为老同志发放物资 230 多份，做好日常的走访慰问工作，全年共计走访慰问老同志 150 人次。做好离退休干部医疗、健康休养工作，为 70 多位离退休干部办理活动证。全年安全保障用车 10 万公里。2011 年料理老干部后事 5 人次。

【丰富文化生活】 围绕中国共产党成立 90 周年，充分利用活动室这块阵地，采取灵活多样的形式，大力开展丰富多彩、健康向上、适合老同志特点的文体娱乐活动，满足老干部精神文化需求，使老同志抒发对党的无限深情，展示风采，提高晚年生活质量。日常活动不间断。活动室每天为老同志开放，阅览、打扑克、搓麻将、下象棋、上网浏览常规化。全年举行诗词知识讲座 2 场，出《诗词园地》作品展板 4 期，出版诗词专集 1 本；组织摄影爱好者赴镇江参观名胜风景和水利工程项目开展采风 1 次，出《摄影园地》作品展板 6 期；组织书画兴趣小组每月开展作品集中互赏交流讲评活动；组织收藏者参加有关鉴赏交流活动 2 次，赴雨花台石藏地进行淘宝活动 1 次；分别组织举行扑克、麻将、象棋等小型比赛各 2 次，组织与省老干部活动中心、省委党校老干部进行棋牌切磋联谊 2 次；组织老同志外出垂钓活动 2 次；每周坚持定期组织老同志开展歌咏、戏曲、舞蹈、球类等活动；组织老同志代表省级机关老年人代表队参加江苏省老年人体育节“常州体彩杯”柔力球比赛，获团体优胜奖，组织乒乓球队参加了省级机关《琼华杯》老年人乒乓球比赛，获得前 5 名好成绩，组织老同志分别参加省老年人体育节省级机关分会场开幕式、闭幕式文体节目展示表演。重大活动推陈出新。根据中组部和省委老干部局的要求，在全省水利系统开展了“与党同呼吸共命运　心连心”征文活动，并从收到的 30 多篇征文来稿中，精选 10 篇上报，其中 1 篇获一等奖、2 篇获二等奖、2 篇获三等奖共 5 篇，受到中组部老干部局和省委老干部局的表彰。成功举办了庆祝建党 90 周年全省水利系统老同志书画摄影展，展出作品 130 幅，展出结束后，经参观者投票统计、专家评定，对 47 幅书画摄影作品进行了通报表彰。其中精选 4 幅作品参加全省老同志书画摄影展，获得奖项。组织老同志文娱演出队参加了水利厅举行的纪念中国共产党成立 90 周年“七一”红歌会演出、参加华侨路街道“幸福鼓楼”2011 社区文化艺术节演出、参加南京军区联勤部机关直属队“颂歌献给伟大的党”歌咏比赛获第三名、参加五台山社区庆祝中国共产党建党 90 周年“向着太阳唱”红歌赛获得金奖。

【部门建设】 坚持把加强队伍建设和创先争优活动结合起来，及时传达厅有关会议精神和部署要求，制定党支部创先争优活动方案，每名党员都按岗位职责分工，向党支部作出承诺，通过召开全省水利系统老干部工作会议，对全省水利系统老干部工作“双先”进行表彰，加强业务学习，促进工作。定期召开厅直单位老干部工作片联席会和厅老干部工作网络员座谈会，开展经常性的交流，相互借鉴学习，共同提高，促进老干部工作的平衡发展。全年编印《老年园地》4 期，建好并利用老干部工作网站宣传报道老干部工作的稿件近 70 篇、图片 90 多幅，更新网站信息 80 多条，添加了创先争优栏目；向有关涉老报刊、网站发送各类稿件（图片）60 多篇、图片 100 多幅；水利部离退休干部局编印的《水利老年天地》每期都刊有江苏省水利厅发送的信息报道1～2条，省委老干部局编印的《老干部工作情况交流》也经常登载水利厅的信息报道，扩大了水利厅老干部工作在外界的影响。按照厅党组的统一部署要求，扎实开展百名机关干部进百村专题调研活动，并形成调研报告1篇。

（吴以柱）

政务工作

【重要水事活动】　2011年，顺利完成了淮河入江水道整治工程开工等仪式和全国水利风景区建设与管理会议、全省市县水利局长会议、全省推进水利现代化建设工作会议、全省水利工作会议和第四届长江论坛等重要会议活动的组织安排工作。认真组织厅长办公会议17次、厅党组会议8次、厅办公会6次，整理印发厅长办公会议纪要17期，厅党组会议纪要8期。圆满完成了水利部陈雷部长、董力组长、矫勇、胡四一、刘宁等部领导，国务院南水北调办于幼军、张野副主任，省委罗志军书记、李学勇省长、省政协张连珍主席、黄莉新副省长、徐鸣副省长和省人大代表、政协委员视察太湖治理、防汛防旱、重点工程建设等重要活动的组织安排，以及贵州、青海、新疆、广东等省（市、自治区）等水利代表团考察江苏水利工作等，都妥善周密安排，有条不紊开展，确保了各项重大活动圆满完成。

【贯彻落实一号文件工作】　一是牵头组织起草省委、省政府关于加快水利改革发展、推进水利现代化建设的意见代拟稿，为省委一号文件在全国率先出台作出了应有的努力。二是协助做好三次中央贯彻一号文件检查组的接待工作。三是编发《贯彻一号文件动态专刊》13期。四是加强督查通报工作，重点督查各地综合性文件出台情况。五是会同信息中心，积极争取省委宣传部的支持，联合省8个部门出台了《关于加强全省水利公益性宣传的意见》。

【政务公开工作】　政府信息公开步入日常化轨道，全面公开工作动态、政策文件、办理事项等。电子政务建设进展顺利。依托全省电子政务内网，建成覆盖省、市、县三级水利部门的政务内网，为推进全省水利信息化提供了安全的网络保障。全省水利公文交换系统上线运行，实现了省内各级水利部门之间公文无纸化传输。省级水行政权力网上公开透明运行系统运转正常，全年有11项行政许可权力上网办理。办好江苏水利网站，扩大信息公开内容，增设了水利厅官方微博。组织办理在线咨询600件，办理政风热线162件，办理回复率100%。提高行政许可服务水平，加强督促提醒，全年发出行政许可事项办理提醒通知48次、催办通知24次，督查通报9期。共办理行政许可事项262件，无一起投诉。

【信息督查工作】　就农村饮水安全工程、太湖水环境综合治理、防汛防旱、重点水利工程建设、突发性事件等及时组织编报水利信息。全年共编发水利政务信息250条。其中，“太湖水情藻情总体平稳”、“江苏太湖水质总体保持稳定”、“江苏积极开展冬春农村水利基本建设有关工作”、“江苏积极部署第9号台风防御工作”等6条信息分别被中办、国办采用。全年还编发了水利信息简报近270期，特别是从4月～10月底，厅办公室每天安排专人值班，及时汇编太湖调水引流、卫星监测、蓝藻打捞、生态清淤、湖泛巡查及水质情况日报。全年组织办理省委书记、省长信箱49件、“厅长信箱”636件，办理回复率100%。对75件省领导批示进行了督查，办理回复率100%。每月督查主要部门工作进展情况，逐季度开展省政府主要目标任务、三农工作中水利任务的督查。

【档案管理工作】　重点加强对国家及省

重点工程档案的管理、指导和验收工作，制定了《江苏省水利科学技术档案管理办法》，对一批大中型灌排泵站更新改造、海堤达标项目、水库除险加固以及中运河骆马湖堤防加固工程、通榆河北延工程等国家、省水利重点工程等工程科技档案进行指导、验收，整理工程科技档案 1176 卷、文书档案 2895 件。组织编写了《省水利厅全宗指南》、《全省基建基础数字汇编》、《江苏省水利科技进步奖汇编》、《江苏省流域性水利工程管理汇编》等 12 种资料。配合大中型泵站改造、中小河流治理以及全省水利普查工作，开展了 6 期档案工作培训。2011 年还开展了厅直属管理单位三星级及二星级档案工作复审，组织开展了厅机关及事业单位档案工作互查。

【信访保卫工作】 全年共受理群众来信 236 件(其中电子邮件 41 件)，受理群众来访 120 批 265 人次，主要是反映非法采砂和移民扶持问题。对排查出的跨省、跨地区大中型水库移民、骆马湖、洪泽湖移民问题，与省信访局联合发文向省政府汇报，省政府对跨省、跨地区大中型水库移民和骆马湖、洪泽湖大型水利工程移民困难补助问题的调研和风险评估已结束。注重化解信访积案。对大型水利工程伤残民工家庭生活困难、伤残后续治疗问题，经多方调研协调，力争省财政在原有 110 万基础上增加到 300 万伤残民工补助专项资金，并积极争取地方政府将无儿无女的伤残民工纳入“低保”“农村医保”范围。注重抓好初信初访，对有效初信初访加大跟踪办理力度，防止初信初访转化为重信重访。去年全年信访形势平稳。

【日常机关运转】 一是综合协调。与相关部门配合组织了第四届长江论坛、首届中国湖泊论坛、淮河入江水道整治工程开工仪式等大型会议活动的会务工作，做好部、省领导多次视察水利的协调安排，组织厅党组会、厅长办公会、厅务会等会议安排。总体上各项活动有条不紊地开展。二是公文机要工作。全年共办理收文 2300 件，审核发文近 3000 件；处理机要文电 1000 余件。一年来，密码电报和业务文件保管齐全，没有发生一起泄密事件。开展了以密码电报管理为重点的专项保密检查，重点对密码电报的传阅、保管、归档、销毁和清退等环节进行排查。组织厅机关和在宁事业单位百余人参观了全国窃密泄密案例警示展，邀请省保密局专家来厅作政务公开和政务内网保密培训讲座。加强保密制度建设，制定了《江苏省水利厅直单位保密管理考核细则》、《江苏省水利厅测绘保密成果管理规定》，加强对涉密计算机及网络保密技术监管。三是文字材料。起草全省市县水利局长会议、全省水利工作会议等领导讲话材料、全国水利厅局长会议等会议发言材料，代拟了省领导在中央农村工作会议、中央水利工作会议上的交流发言材料，以及各类总结、通报、交流等大量文字材料。四是建议提案办理。共承办建议提案 79 件，代表委员的满意或基本满意率达 100%。特别是民革江苏省委提出的“关于切实做好苏北区域供水的建议”、致公党江苏省委提出的“关于高标准高水平解决农村饮水安全问题的建议”被省政协张连珍主席列为重点督办件，省人大代表龙萍等提出的“关于构建政府主导的统筹发展模式，加快我省农村水利建设步伐的建议”被省人大丁解民副主任列为重点督办件。组织了张连珍主席、丁解民副主任现场督办前的调研、现场准备、督办活动安排等各个环节工作，顺利完成了重点督办提案建议活动任务，在省政协召开的全省提案工作会议上，厅长吕振霖作为省级机关唯一代表作了交流发言。五是史志年鉴。编辑出版了《江苏水利年鉴・2011》，完成《中国水利年鉴》、《长江年鉴》、《治淮汇刊》江苏部分组编工作。制定了《江苏省志・水利志》、《江河湖泊志》编纂工作方案。此外，还承担了公车清理和庆典论坛清理两个专项治理领导小组办公室工作。值班、大楼改造、安全消防、固定资产管理等工作也都有序开展。

（任伟刚）

水利宣传

2011年水利宣传工作以两个一号文件为抓手，两个会议为动力，圆满完成各项任务。

【重点宣传】 大力宣传中央和省委两个一号文件。与《新华日报》合作，连续在《新华日报》上发表了系列解读5篇，如《率先吹响进军"水利现代化"号角》、《为河湖健康筑起蓝色防线》、《工程建设剑指中小河流软肋》、《让每一滴水发挥最大社会效益》、《确保水利投入成为"硬约束"》等。同时在《中国水利报》头版、《江苏经济报》、《群众》杂志等重要版面刊登落实中央一号文件的文章，如《江苏率先水利现代化》、《江苏水利从"红线"向"蓝线"跨越》。与省8个部门联合下发了《加强水利公益性宣传的意见》的文件。

【专题宣传】 一是专题片制作。《江苏水利重大科技工程专题片》在江苏第十届科教电视节目、音像制品科普类专题片评审的角逐中脱颖而出，被评为科普类一等奖的第一名，实现了江苏水利在社会层面零的突破，三部专题片：《绘就彩虹江淮间》、《东方脉魂》、《冰心凝太湖》，厅长吕振霖给予高度评价，标志着水利行业在社会的科普宣传中占有一席之地。二是现代化水利的宣传。撰写了镇江的三篇深度报道：《水利改革发展之镇江样本一——历史古城打通现代水利建设路径》、《水利改革发展之镇江样本二——投融资平台走活水利建设整盘棋》、《水利改革发展之镇江样本三——让人民群众尽享现代水文化之美》，得到了水利部部长陈雷的充分肯定，厅长吕振霖亲自在水利报上作出批示：《中国水利报》对镇江市水利改革发展的系列报道值得一读。镇江市水利改革发展的经验对全省各地有学习借鉴意义。10月份在《中国水利报》推出头版头条：2011水利现代化试点看江苏系列报道。《打造水利现代化的"江苏模板"》、《四手联弹奏响丰水区里节水乐章》、《创新管理营造现代化水利工程建设之魂》、《"水乡江苏"重塑现代健康河湖》以及厅长吕振霖关于江苏水利现代化专访的五篇文章，在全行业全社会营造出良好的舆论氛围。三是仪征河塘疏浚经验的宣传。和《新华日报》赴一线采写新闻，在《中国水利报》头版刊登，2011年12月27日在《新华日报》大篇幅刊登。另外，《农民日报》头版、新华社均发此新闻。四是抗旱及后续宣传。结合宣传现代化，深入基层采访，在网站发布抗旱系列报道十余篇、照片200余幅，宣传基层先进事迹。与《新华日报》联合撰写文章20余篇，如《江水听命，南上北下缓解江苏旱情》，在后续报道中配合《新华日报》撰写《探寻工业大省的农业奇迹》的系列报道，如《反哺三农，高标准农田保八连增》作为重头文章在报纸发表。在《中国水利报》刊登抗旱宣传报道《让明珠更闪亮》、《江苏：大旱缘何无旱象》。《江苏：大旱缘何无旱象》被水利部评为新闻优秀成果奖。在人民日报先后以《江苏大旱无大灾》、《江苏优势水利促夏粮八连增》在5版和头版刊登。在抗旱期间先后接待记者35人次左右。

【综合宣传】 2011年组织各大主流媒体发表水利新闻、通讯等200余篇，图片150余幅，其中很多文章受到广泛好评。通讯《江苏：大旱缘何无灾象》被评为2011年度防汛抗旱优秀新闻作品，水利部陈雷部长亲自到会并颁奖。通讯《里下河边生命绝唱——记江苏省劳动模范、江苏姜堰兴泰镇水利站站长张广学》、《党建创新凝聚发展精气神——记2011年全国先进基层党组织、江苏省江都水利工程管理处党委》分别获得"创先争优　红旗如画——'纪念建党90周年　创先争优党旗红'大型有奖征文"一等奖和优秀奖。此外，江苏记者站连续12年蝉联水利报社“优秀记者站”称号，潘杰被评为“优秀记者”，中心王慧梅、缪宜江同志被评为“先进记者”。

【网站宣传】 2011年，围绕服务发展、服务基层、服务群众的要求，着力打造网站“信息公开、在线办事、公众参与、指导工作”的四大功能定位，较好地发挥了网站作为政务公开的平台作用，在水利部评比中名列前茅，在江苏省政府评比中位于前列。一是拓展范围促公开。在首页设置了江苏防汛防旱、江苏工程管理和江苏水文3个版块。江苏防汛防旱下设卫星云图、台风信息、指挥机构、工作动态四类内容；江苏工程管理下设水库、泵站、河道、湖泊四类内容；江苏水文下设今日水情、今日雨情、水环境监测、水资源监测四类内容，方便公众了解所需的最新资料；为进一步拓展公开内容，对部门年度预算、专项资金管理、重大建设项目及进展情况等同步上网公开；配合实施建设领域黑名单制度，设立了“诚信公示”栏目，对全省水利建设市场中违法违规企业予以通报。二是围绕中心搞宣传。围绕防汛防旱、重点水利工程建设、太湖蓝藻治理、农村河道疏浚以及农村饮水安全等水利中心工作，发布了1700余条动态类新闻，平均每天6条左右。在网站上开展了3次政策解读和水利政务专题，开展了水利部与省政府合作备忘录签字仪式、第四届长江论坛、全省推进水利现代化建设工作会议、全省水利工作会议、全省防汛防旱工作会议、淮河入江水道整治等重点工程开工仪式等活动现场直播18次。三是倾听民意推发展。针对本行业受社会关注的热点问题、焦点问题开展“网上调查”，作为倾听民意、科学决策的又一举措；认真做好“厅长信箱”、“投诉建议”、“公众留言”等栏目工作，全年共接受和回复各类建议意见1250条，办理回复率100%，其中不少好的意见建议对于我们改进工作，推动水利事业发展都有很好的借鉴意义，联合省政府门户网站开展在线访谈，全年在中国江苏网和江苏水利网开展了5次在线访谈，就“十二五”水利发展规划编制、防汛防旱、沿海开发、节水型社会建设等解答社会群众80多条询问。四是接受监督强服务。开设了“网上办理大厅”和“行政权力专栏”，提供我厅行使行政权力项目的“在线申报”和“办理状态查询”功能，加强督促提醒，改进工作方式，提高服务能力。

【水文化工作】 协助《江苏水利现代化规划》编制工作，添入水文化一章节。在《中国水利报》开辟生态文明杂谈专栏，发表特约文章20余篇，《群众》杂志发表3篇，宣传江苏水利文化的建设成果和文化思想的领悟。潘杰同志撰写的《中国水文化学研究》一书获得省政府哲学与社会科学三等奖。加强先进典型的宣传。在《中国水利报》上发表了长篇报告文学《党建创新凝聚发展精气神》、《里下河边的生命绝唱》，反映江苏水利人的创新意识，实在精神。厅长吕振霖高度重视，并在报纸上作出批示：“张广学同志长期工作在基层水利服务岗位上，服务基层发展，服务农民群众，无怨无悔，奉献一生，事迹很感人，赢得了基层干部群众充分信任和爱戴，树立了一个基层水利干部的良好形象。要积极宣传张广学同志的优秀事迹，认真学习张广学同志热爱水利事业、忠于岗位职守、奉献人民群众的事业精神和优秀品质。”

【杂志发行工作】 《江苏水利》杂志发行12期并完成一期增刊。刊登文章300余篇，发表照片200余幅，杂志发行工作以较高的品质、质量赢得各级领导和读者的赞誉，获得了较高的社会效益和一定的经济效益。《江苏水利》杂志以生态、美学、环境形成江苏水利特点，杂志已连续两届评为优秀期刊。一直保持一级期刊标准。2011年，《江苏水利》刊登的文章被2833个用户采用，分布6个国家和地区。个人读者分布7个国家和地区。其中高端被清华大学、北京大学、浙江大学采用。

（[illegible]）

水利社团工作

【水利学会工作】 2011年学会连续3次被省科协评为先进学会。在学术交流方面：1. 成功举办中国湖泊论坛分论坛暨第三届江苏水论坛。12月10～11日在南京召开第三届江苏水论坛，主题为“湖泊保护与资源利用”。省科协、中国水利学会、省水利厅、河海大学、南京大学、南京水科院、中科院南京地理与湖泊研究所的领导和专家，以及省水利厅机关各处室、厅属单位负责同志和代表等200多人参加了会议。省水利厅厅长吕振霖、水利部太湖流域管理局副局长朱威、中科院地理与湖泊研究所研究员秦伯强分别作“太湖治理实践与思考”、“太湖流域水资源问题及其对策措施”、“太湖富营养化治理的方法和途径”专题报告，来自中国气象局、中国发展研究中心及江苏省地方水利局的专家在会上进行了学术交流。论坛选取28篇论文，以《江苏水利》增刊形式发表，并对其中10篇优秀进行了表彰。前期学会协助省科协，陪同中国科协组织的有关专家对江苏进行为期3天的调研，调研组主要围绕湖泊的治理、保护、资源利用、安全等进行实地考察与座谈，形成调研报告。2. 举办“关于气候变化的认识与思考”讲座。2011年1月14日，为配合江苏省首届自然科学学术活动月，江苏省水利学会邀请中国工程院院士、南京水科院院长张建云在南京举办了“关于气候变化的认识与思考”讲座。省科协副主席张铁恒、省水利厅厅长吕振霖到会致辞，省水利学会理事长张长宽教授主持讲座，来自厅机关和会员单位共200余人参加了讲座。3. 开展与台湾地区学术交流。2011年10月10日～18日，应台湾中国土木水利工程学会的邀请，学会组织13位学会理事和会员赴台进行水利考察、交流。在台期间，与台湾同仁就水利整治、工程建设，如何降低洪灾损失方面双方感兴趣的问题进行了交流与研讨，并对台湾城市排水与淤水处理、流域综合治水、涵养水土保护地下水、提升水利用效率进行了实地考察。4. 协办华东七省市水利协作会第二十四次研讨会。华东七省市水利学会第二十四次学术研讨会于2011年10月在杭州举办，会议主题是“水资源管理的理论与实践”。学会有20篇录用至会议论文集，2位论文作者在会上作了交流发言。在科普及培训方面：1. 举办乡(镇)水利站技术人员培训班。2月在扬州举办了乡镇水利站技术人员培训班，为期两个半月，共计有150余人参加了培训。培训期间学会邀请省水土保持办公室主任刘有勇、省水利厅原巡视员徐俊仁、省水利厅政策法规处处长曹东平分别到培训班作了题为“现代农村水利建设与管理”、“江苏水资源情势”、“江苏水利法律法规知识”讲座，并组织学员参观考察了水利工程设施和新农村建设示范点。2. 开展科普宣传活动。2011年5月27日～6月2日，在省水利厅一楼大厅，布置展出了以湖泊为主题的宣传展板，展板对湖泊的形成、湖泊的类型、湖泊的分布、湖泊的演变、湖泊水环境现状、污染物防治等方面做了详细介绍。3. 举办水利科技夏令营。7月27日～29日学会举办了“2011青少年水利科技夏令营”，来自省水利厅、省水文局、南京市水利局、秦淮河水利工程管理处等16个在宁会员单位的21名同学参加了此次夏令营。在课题研究方面：1. 由学会牵头，与省水文局共同完成的《江苏省引江水量计算方法研究》，通过专家验收。2. 与南京地理与湖泊研究所、江苏省水文局共同成立了《太湖局部水域清淤工程生态效益研究》课题组，获江苏省水利科技项目立项。在能力建设方面：1. 召开理事会和常务理事会各1次。5月3日召开了七届常务理事会第五次会议。12月11日召开七届四次全体理事会。研究学会工作、讨论决定有关事项。2. 召开市级水利学会秘书长座谈会。7月15日，市级水利学会秘书长座谈会在南京召开。座谈会上，通报了省水利学一年来的工作，对第三届江苏水论坛进行了征文动员，各市学会交流了工作经验。会议进一步加强了市级学会之间的相互交流，促进了市级水利学会工作的开展。3. 发展个人会员和单位会员。2011年度发展个人会员139名，单位会员1个。4. 拓宽资金渠道，保证学会正常运转。积极争取省科协的资金支持，以重大学术活动、学术报告、科普、兴农富民等项目经费补助，获补助经费3万元。5. 做好学会网站的日常维护工作。在学会网站上及时刊登学会的通知、公告，通报学会的近期动态，发布各会员单位及分支机构的活动内容，交流优秀论文，宣传科普知识，2011年共发布各种信息100余条，起到了很好的桥梁作用。

（陆小明）

【水资源协会工作】　2011年，江苏省水资源协会遵照“服务、研究、交流、提高”的基本方针，加强协会自身建设，围绕最严格水资源管理制度，在水资源开发利用、节约保护和管理等方面加强经验交流，组织开展研讨、考察等活动，在政府与企事业单位之间较好地发挥了桥梁纽带作用。在自身建设方面，3月份，协会召开二届四次常务理事（扩大）会，讨论确定年度重点工作。节水、地下水、供排水、水资源保护4个分会，对协会工作形成了有力的支撑，增强了协会的活力和凝聚力。其中节水分会在保护取水单位利益、促进节水和水资源循环利用等方面做了大量工作：积极参与南通市国家级节水型城市创建的宣传教育和科技咨询活动，做好创建企业零排放的技术审定工作，同时开展企业水平衡测试服务，有效促进企业将水资源节约使用作为自觉行动，取得良好的社会效益。在交流研讨方面，6月25日，协会在张家港召开水资源保护分会工作会议，交流研讨水生态修复、水污染防治工作经验。会议特邀美国沙漠研究所 Dr. Kumud Acharya（孔慕德博士）教授介绍了“美国城市雨洪生态友好型管理技术研究”，提出“影响最小化设计方案”，即通过设置雨水花园、绿色屋顶、树箱、透水路面、人工湿地、雨水桶及集水池等措施，以分散暴雨径流，保护自然的水文过程、树木和植被，保护河道和湿地缓冲区，同时兼顾城市建设对生态景观的需求；南京师范大学地理科学学院环境科学与工程系王国祥教授介绍了水生态修复理论与实践，从我国水环境污染现状特点、现行水环境污染治理措施分析、水生生态系统结构与水环境质量以及污染水体的生态修复四个方面进行了详细阐述；张家港市水资源管理处卫臻处长从河网生态修复技术途径、张家港市河网水系布局、河网水系循环调控研究等方面向大家介绍了张家港市河网生态修复实践，并就封闭受损水体集成修复技术介绍了五个详细案例。会议还组织参观了张家港大新朝东圩港村生活污水处理工程、沙钢集团节水及污水处理回用、永联现代农业高效节水灌溉工程等现场。12月19日，协会在南京召开二届四次理事（扩大）会暨水功能区管理研讨会。以最严格水资源管理制度三条红线之——纳污红线为主题，邀请中科院南京地理与湖泊研究所胡维平研究员、河海大学环境科学与工程学院李一平博士就太湖东部水源地主要水环境问题与保护对策、水功能区管理技术等方面作主旨报告，协会副秘书长、厅水资源处副处长张建华介绍了江苏省首次开展的河湖健康评估工作，协会理事单位、省水文局马倩副局长介绍了江苏省水功能区管理的现状及纳污总量控制实施方案，协会常务理事、淮安水利局副局长张谊介绍了白马湖治理与保护工作进展情况及取得的成效。此次会议在全省上下实施最严格水资源管理制度的形势下召开，对推进江苏省水资源管理与保护工作有着积极意义。在组织考察方面，一是国内水资源管理考察与交流。为学习贯彻中共和省委一号文件精神中关于水资源管理工作的新要求，5月底，协会组织一期全省水资源管理培训，协会常务副理事长吴泽毅、省水资源中心主任、协会副理事长常本春作关于最严格水资源管理制度的专题讲座，共有120余名会员单位代表参加培训，培训结束后组织部分会员赴张家界实地考察；7月份，组织赴广西考察北部湾沿海开发中的水资源问题；8月份，组织赴山东考察南水北调东线东平湖、济平干渠及微山湖；10月份，组织赴安徽、河南考察淮河源头桐柏山、南湾水库、临淮岗工程、梅山水库等。二是水资源国际交流与合作。为进一步促进江苏省水资源管理水平的提高，推进水资源管理国际交流与合作，协会委托省贸促会组织水资源代表团赴以色列、土耳其访问和考察，代表团成员均来自协会会员单位中水资源管理企事业单位。以色列以沙漠农业的成功开发举世闻名，一直把供水的最大化作为国家重点，在水利用和水处理等领域处于世界领先地位；土耳其在水资源利用和管理方面也有许多值得学习和借鉴的地方。代表团与以色列、土耳其两国水利部门(水资源管理部门)及相关机构进行交流，重点了解两国水利基础设施建设、水资源管理等方面的情况。在课题研究方面，一是受国务院南水北调办公室委托，开展《南水北调东线洪泽湖、骆马湖蓝藻环境调查和水华防控措施研究》，收集整理南水北调东线洪泽湖、骆马湖藻类生长相关环境资料，开展湖泊现场取样调查，结合江苏省蓝藻防治经验提出洪泽湖、骆马湖预防水华的对策建议；二是组织开展《规划水资源论证试点方案编制》课题研究；三是由供排水分会牵头，开展《改善秦淮河水环境的优化调度方案研究》，以改善秦淮河水生态环境为目标，建立秦淮河控制工程优化调度模型，结合南京市未来发展对秦淮景观生态、河污导流更高的要求，提出秦淮河新一轮整治方案，达到既改善生态环境，又降低运行成本的目的；四是节水分会组织开展了《南通市沿海地区地下水水质变化趋势研究》，从南通沿海地区的地下水开发利用实际出发，研究地下水水质咸化的成因分析，提出遏制或缓解地下水水质继续咸化的措施，对指导合理开采深层地下水起到一定的指导作用。

(王　菊)

【省水利企业管理协会】 2011年，省水利企业管理协会以促进水利经济发展为主题，以全心全意为会员单位服务为宗旨，认真学习，努力工作，在调查研究、业务培训、学习考察、评优选优、信息交流等方面，积极发挥桥梁纽带和参谋助手作用，各项工作上了一个新的台阶。在业务培训方面，在中国水利企业协会的帮助和指导下，适时举办了相关的培训辅导班。分别是：5月份在南京举办了水利施工企业关键岗位考核培训班，12月份在南京举办了水利工程造价工程师培训班，12月份在南京举办了施工企业安全生产培训班。在融资服务方面，根据中央一号文件的精神，针对江苏省水利施工企业的情况，7月份协会和中国水利企业协会在南京联合举办了融资交流会，全省共有6家一级水利水电总承包企业参加了会议，为企业融资提供了良好的平台，收到了很好的效果。在信息交流方面，协会利用各种方式，向广大会员单位和有关企业提供各类信息，产生了很大的影响。年初，为各会员单位订阅了由中国市场研究会主编的《特供信息》。另外，协会还充分利用江苏水利信息网等现代媒体发布有关的政策法规及行业内的相关信息。使广大会员单位及时了解了协会的工作和行业内的动态，加强了与有关部门和单位的联系。

(劳　建)

地方水利

南 京 市

【综述】 2011年全市水利系统在市委、市政府的正确领导下，深入贯彻中央和省委两个“一号文件”以及市委19号文件精神，围绕率先实现水利现代化的发展目标，不断深化水安全、水资源、水环境“三水统筹”的治水思路，扎实推进水利建设、防汛抗旱、水利管理与执法等各项工作，全年完成水利投入14.5亿元，较上年增加75%，再创新高。修订完善水利发展规划。按照市委、市政府对率先实现水利现代化的要求，调整完善南京“十二五”水利发展规划，开展水利现代化建设规划编制工作，制订最严格的水资源管理“三条红线”管控实施方案，启动全市水利信息化规划工作。强化江河防洪保安骨干工程建设、现代农业农田水利配套建设，突出水资源调配工程，实施水利现代化、信息化管理。全面突出河道治理建设。完成投资2.2亿元的长江干堤2010年度应急加固工程，加固江堤23公里；完成汤水河等5条中小河流治理工程，石头河等5条河道水利血防综合治理工程正加快建设，防洪保安能力得到明显提升。狠抓除险加固工程，完成了高淳县杨家湾闸拆建工程，完成了18座小(1)型病险水库除险加固和139处防汛险工段消险工程，保障了全市安全度汛。农田水利建设。围绕全市农业“1115工程”布局，按照水利配套建设目标任务、总体布局和近期建设方案，整合农田水利项目和资金，整合水库除险加固、灌区改造、小流域治理等项目建设，实施连片治理，整体推进。初步完成江宁区赵村水库一横溪河片区、溧水县环山河片区建设，既服务了农业“1115工程”，又改善了乡村水环境；强化水土保持和农村水环境建设，建成了溧水县湫湖大型泵站，并在全国同一批泵站改造工程中第一个通过验收。完成2010年度江宁区、高淳县中央财政小型农田水利重点县工程以及浦口区、六合区专项工程，共新增或改善灌排面积近40万亩；完成了溧水县西塘、江宁区朱门小流域治理，有效控制水土流失面积20平方公里。全面完成了农村河道河塘清淤年度任务，疏浚县乡河道259条，村庄河塘2059座，317个村的河塘水环境得到改善。加强水资源节约保护，突出“节水减污、节水减排”，大力推进国家级节水型社会试点市建设，完成企业(单位)、高校、灌区、小区四大节水载体20个、节水技改项目14项、节水示范点3家，全市水资源利用效率和效益明显提高，万元GDP用水下降到93立方米，年节水3亿立方米，减少污水排放约2亿立方米。严格落实水资源论证和取水审批制度，加强对全市水库、湖泊、河道等23个重要水源地的保护，开展全市112个水功能区等水体的日常监测，调引江水入秦淮河，改善外秦淮河等片区的城市水环境。实施了方便水库、固城湖省级集中式饮用水源地达标建设工作，开展了金牛山水库、石臼湖江南和江北两处备用水源地设置研究。成功抗御了较严重干旱、有效防范了超长梅雨。2011年1～5月份，高淳、溧水等地水产养殖及农业灌溉水源紧张，发生了近60年以来降雨最少的严重干旱。全市水利系统迅速行动，全力抗旱保民生、保稳定。一方面积极组织翻水、补水，组织临时架机、启动各类泵站翻引江水；另一方面实施跨流域调水，市水利局及时启动了秦淮河一石臼湖跨流域调水工程，使江水秦淮河、天生桥河水进入石臼湖，线路总长70余公里，共调水1870万方，保证了固城湖、石臼湖周边高淳、溧水两县27万亩螃蟹养殖和12万亩水稻栽插用水。大旱后很快入梅，梅雨期长达40天，为近10年来最长，出现多次强降雨过程，固城湖、秦淮河等河湖水位超警戒、局部地区受淹，旱涝急转，市水利局启动防汛预案，24小时监视水雨情，调度

100余座水库水闸泄洪，派出7个工作组分赴各地参加防汛排涝，防汛抢险队紧急出动支援各区排除内涝积水，保证了度汛安全。推进水利依法行政，3大类12项水行政权力进驻市政府行政服务中心并规范顺畅运行；全年办理的15件行政许可办件全部在承诺的7个工作日内办结；清理了3部涉水政府规章、2件规范性文件，出台了河道管理范围内建设工程许可与审批规定，完善了省水利厅网上招投标以及市“E路阳光”系统运行方案；加强巡查和联合执法，加大水事违法行为查处力度，处置违法违章行为310起，集中组织打击非法采砂的清江行动14次，出动船只839航次，查处偷采船只94条次，保持了禁采水事可控。开展水利公共服务，专门成立了水利服务城市建设重点板块工作领导小组和协调小组，根据各板块建设对水利的需求，提早介入，主动对接服务。积极配合建邺区到长江委等部门汇报协调，并提供技术指导，有力推动了江心洲安全区建设防洪影响评价报告的顺利通过，为该功能区的下一步规划、设计和建设创造了条件；针对麒麟生态科技园建设在运粮河中构筑围堰影响汛期行洪的情况，多次上门进行协调，及时消除防汛隐患，帮助完善了涉水桥梁建设程序，支持板块建设的同时保障了河道行洪畅通；积极服务南京南站供热管道等临河、穿河项目建设，参与排水方案制订，安排防汛抢险队驻守现场50余日排除涝水，确保南京南站顺利启用；多次上门为岱山保障房片区水系变更优化出谋划策，对浦口新城滨江大道江砂吹填工程实施了有效监管和服务。加强机关作风建设，扎实推进处室作风建设和基层文明单位创建工作，按照市委“三争一创”部署，立足“办民生水利实事”要求，深入开展“发展争先、服务创优”实践活动，在局系统掀起学习先进、赶超先进、争当先进的热潮。聘请了20名水利行风监督员，组织市政风行风监督员走访局系统各基层单位，共查找和整改了20个问题，促进了机关作风转变和效能提升。以政风行风评议为契机，深入开展自查自纠和“践诺守信”活动，受理回复“12345”政府呼叫热线办件100条、各类信箱来信80余件，全部面向社会的6项公开承诺，取得了投诉咨询人和广大群众的理解和认可。在12月2日《向人民汇报》电视直播评议活动中，水利局获得了90%的综合满意度(列15个参评单位并列第三名)。

【加快水利改革发展意见颁布】 2011年南京市委、市政府颁布了《关于南京市水利改革发展的意见》(以下简称《意见》)，强调水是生命之源、生产之要、生态之基，加快水利改革发展任务艰巨、责任重大。要求全市各级党委、政府要站在全市经济发展的战略高度，站在城乡统筹发展、保障农业安全的高度，全面把握中央和省“一号文件”要求，根据市委、市政府的贯彻意见，把水利建设摆上更加突出的位置，切实负起责任，下大力气真抓实干，持之以恒加快推进，使全市水利现代化建设迈上新台阶。这是南京市贯彻中央和省一号文件精神，落实加快水利改革发展、推进水利现代化建设的重要举措，文件紧扣南京实际，顺应市城乡经济发展的要求，对加快市水利改革发展、推动市水利现代化建设，提出了有针对性的意见，指导性、政策性、可操作性强，极富含金量，必将对全市的水利建设产生深远影响。

《意见》明确：要深入贯彻落实科学发展观，紧紧围绕“两个率先”大局，把水利作为全市基础设施的优先领域，把农田水利作为农村基础设施建设的重点任务，把水资源节约保护作为生态文明建设的重要举措，把依法管水作为水利改革发展的有力保证，进一步突出防洪保安等水利重点薄弱环节建设，不断深化水利改革，强化水利管理，推进水利可持续发展，切实提高水利服务保障经济社会发展和民生的能力。要突出“五个坚持”，即坚持以人为本、坚持人水和谐、坚持统筹兼顾、坚持政府主导和坚持改革创新的原则。加快水利改革发展的总体目标是通过5年到10年努力，从根本上扭转水利建设明显滞后于城市建设和经济社会发展的局面，基本建成较为完善的防洪安全保障体系，基本建成服务农业“1115”工程的农田水利保障体系，基本建成水资源保护和河湖健康保障体系，基本建成保障水利科学发展的制度体系。

《意见》明确：推进今后一段时期全市水利新跨越，必须坚持不懈、持之以恒抓紧、抓好五大类工程建设和两大项管理工作任务。全面加快五大类重点水利工程建设：一是加强大江大河治理。加快实施长江干堤防洪能力提升建设，完成江堤加固以及通江河流口门控制工程。实施长江新济洲、八卦洲等重要河段整治，对建国以来已整治的河段进行全面加固与维护，保证长江南京段河势稳定。全面开展滁河防洪治理，实施干流堤防加固、马汊河等分洪道拓浚等工程。加强水阳江防洪治理工程建设，重点实施干流堤防加固、相国圩等堤防退建工程。二是加快城市防洪除涝工程建设。建成稳固的城市防洪保护圈，新建、改建、扩建雨水排涝泵站，提高城市河道排水标准，增强城市水利防灾减灾能力。进一步强化城市开发区、工业园区和重点集镇防洪安全工程建设，全面达到规定的防洪排涝标准。三是实施水系沟通及水资源配置控制工程。开工建设秦淮东河，扩挖现有河道、切岭沟通秦淮河与九乡河、七乡河流域。实施石臼湖湖口建闸控制工程，调控石臼湖水量。推进城乡供水一体化，实现区域供水全覆盖。四是大兴农田水利建设。一方面，强化农业“1115”农田水利整合配套建设，突出连片治理，实施丘陵区灌区节水配套改造，骨干抗旱翻水线改造，加快万亩以上圩区水利配套建设，加固圩堤，沟通水系，改建排涝泵站；另一方面，加大农村河道疏浚整治力度，建立农村河道轮浚机制，全面恢复和提高农村河网水系引排调蓄能力，改善村庄水环境质量；同步加快水土保持生态治理与管理，通过保水保土工程、生态修复、农田整治等措施，改善全市水土生态环境，并进一步强化对水土保持的监督管理。五是推进中小河流治理和病险工程除险加固建设。加快完成江宁河等9条中小河流治理，实施黄木桥河等一批市级重点河道整治。全面完成第二批90座病险小型水库除险加固任务，实施10万立方米以上大塘坝加固建设。加快完成新禹河闸等7座中型水闸改建加固，完成相国圩等大中型泵站更新改造。

突出抓好两大水利管理工作：一方面是水利防灾减灾应急保障管理。全面落实以行政首长负责制为核心的各项防汛责任制，推行防汛“河长制”。建立长江、滁河、水阳江、秦淮河，以及固城湖、石臼湖等重要江河湖水系的洪水预警预报系统，编制市域洪水风险图，增强社会公众的防灾减灾意识和自我避险能力。修订和完善各类防汛抗旱预案，建立专业化和社会化相结合的应急抢险队伍，科学合理布设防汛物资存储，配置必要的抢险基础装备，提高防汛抗旱应急保障能力。另一方面是实行最严格的水资源管理制度。突出水资源节约保护管理，实现水资源的可持续利用，保障经济社会的可持续发展，必须强化“三条红线”管理，实行最严格的水资源管理制度。

《意见》要求：探索创新水利发展体制和机制，推动传统水利向现代水利、可持续发展水利转变。一是要大胆探索创新水管理体制。强化城乡水资源统一管理，对城乡防洪供水排涝、水资源综合利用和水环境治理等实行统筹规划，建立事权清晰、分工明确、行为规范、运转协调的水资源工作机制，加强涉水事务的统一管理，有条件地推进区县水务一体化改革，促进水资源优化配置。二是要进一步强化水利工程管理。根据国家和省相关定额，按照逐步提高管理养护标准的原则测算，全市水利工程管理每年需安排经费约3亿元。要改变过去“重建设、轻管理”面貌，真正重视管理，加大管理投入，提升管理水平，最大程度地发挥好水利工程的综合效益。三是要加强基层水体系建设。按照全市镇街机构改革指导意见的要求，加快基层水利站体制改革步伐，由县、区有关行政主管部门负责其人、财、物的管理，经费支出由财政统一安排，不计入镇街事业单位机构个数，真正夯实基层水利服务管理体系，保证具体水利工作任务能有效落实到位。

《意见》要求：切实落实中央和省两个“一号文件”关于水利资金保障的要求，用足用好各级关于水利的投入政策，建立以公共财政投入为主导的稳定增长的水利投入机制，确保今后10年，全市市、区县两级水利年平均投入将比2010年高出一倍。各级政府要将水利作为公共财政投入的重点领域，保证各级政府可用财力的2%～4%用于水利建设，并逐步达到4%，在此基础上，要从土地出让金收益中提取10%用于农田水利建设，从城市建设维护税中安排不少于15%用于城市防洪排涝建设，继续征收防洪保安资金，建立水利建设基金，并切实加强水利投资项目和资金监督管理。同时，要通过组建水利投融资平台，积极主动做好项目前期工作向上级争取，以及调动社会各方力量增加水利投资投劳等方式，多渠道筹集水利资金，保证水利建设发展需要。

至5月，全市各区（县）委、政府也相继颁布了本地区关于加快水利改革发展的意见。8月9日，市委、市政府召开了全市推进水利现代化建设工作会议，明确提出，通过5年左右努力，从根本上扭转水利建设明显滞后于城市建设和经济社会发展的局面，加快建立起与城市地位和发展水平相适应的水利基础保障体系，力争在全省率先实现水利现代化。并出台《南京市水利现代化建设行动计划》，分解任务，为落实中央1号文件，实现水利现代化打下了基础。

【成功抗御了近60年来较严重干旱】 2011年1～5月份，全市降雨异常偏少，江河水位严重偏低，水库蓄水不足。自4月下旬以来，高淳、溧水等地水产养殖及农业灌溉水源紧张，发生了近60年以来降雨最少的严重干旱。市委、市政府领导高度重视，具体部署，全市水利系统迅速行动，全力抗旱保民生、保稳定。一方面，强化协调，积极组织翻水、补水。抗旱高峰时，组织抗旱队伍在水阳江水碧桥等地共临时架机160余台套向固城湖补水；及时启动滁河红山窑泵站翻引江水，报请省防指调度秦淮新河水利枢纽满负荷运行，共提水3.8亿立方米，抬高了秦淮河等内河水位；组织全市沿江地区在通江河口筑坝架机翻水，保证插秧用水；针对水阳江水位下降过快的情况，专程到上游安徽省宣城市商请当地水利部门增加湖库下泄流量。另一方面，精心组织，实施秦淮河至石臼湖跨流域调水。5月上旬，面对石臼湖干涸，周边养殖等无水源可用状况，市水利局和溧水县及时启动了秦淮河－石臼湖跨流域调水工作。通过秦淮新河泵站抽引长江水，经秦淮新河、秦淮河、溧水河、一干河、天生桥河进入石臼湖，线路总长70余公里。5月26日晚8时正式通水，至6月10日，共调水1870万立方米入石臼湖。同时市水利局还专门成立了14个排放口控排小组，对调水沿线的49个排放口进行24小时巡查，每日进行水质检测，确保调水水质安全，保证了固城湖、石臼湖周边高淳、溧水两县27万亩螃蟹养殖和12万亩水稻栽插用水。

【农业“1115工程”水利配套建设】 围绕全市农业“1115工程”布局，市水利局与相关部门对接，完成了重点片区水利建设规划，明确了今后5～10年的水利配套建设目标任务、总体布局和近期建设方案，通过整合农田水利项目和资金，实施连片治理，整体推进。在江宁区赵村水库－横溪河片区、溧水县环山河片区建设中，通过整合水库除险加固、灌区改造、小流域治理等项目建设，既服务了农业“1115工程”，又为美丽乡村提供了良好的水环境，完成了2010年度江宁区、高淳县中央财政小型农田水利重点县工程以及浦口区、六合区专项工程，共新增或改善灌排面积近40万亩；完成了溧水县西塘、江宁区朱门小流域治理，有效控制水土流失面积20平方公里。

【节水型社会建设】 2011年，南京市作为国家级试点城市，节水型社会建设进入了验收准备阶段，围绕国家验收要求，南京市开展节水载体建设，创建了节水型企业、灌区、高校、小区、军营等五大类载体20个，推行节水设施与主体工程同时设计、同时施工、同时运行的“节水三同时”制度，开展了14项节水技术改造示范项目。取得了显著成效，水资源的利用效率和效益得到提高，单位地区生产总值取水量下降到每万元76立方米，单位工业增加值取水量下降到每万元20立方米，全市水环境得到改善，水功能区达标率达到60%，城市污水处理率提高到95%，初步实现了人水和谐与水资源可持续利用。

（南京市水利局）

无　锡　市

【概况】 2011年，中央、省委1号文件相继出台、中央水利工作会议召开，明确了水利在经济社会发展中的战略地位和支撑作用，也给全市水利改革发展和水利现代化建设注入了新的活力。全市上下在省水利厅以及市委、市政府的正确领导下，大力推进水利现代化建设，无锡被列入首批全国水利现代化试点城市，为全市水利改革发展创设了更高的平台。2011年，无锡水利正确把握水利战略地位，转变理念，创新思路，以“做强安全水利、做优环境水利、做活资源水利、做实民生水利”为目标，全市水利发展实现了新跨越，各项工作迈上了新台阶。

【水利建设】 围绕太湖水环境综合治理，2011年，全市实施了一批重点水利工程建设：一是实施生态清淤。全市太湖生态清淤全年累计完成清淤方量260万立方米，完成淤泥固化30万立方米，有效减少了湖体内源污染。二是开展调水引流。结合防汛形势与水质状况，有针对性地开启城区调水泵站，配合“引江济太”，梅梁湖泵站及无锡城市防洪工程年调水达到15亿立方米，通过加速水体流动，增加了水环境容量和水体自净能力，有效改善了太湖及周边河道水环境。三是推进引排工程。走马塘拓浚延伸工程我市境内39公里河道开挖任务基本完成，实现率先通水目标。新沟河延伸拓浚工程正在抓紧推进前期工作。

【水利现代化试点】 2011年，无锡列入首批国家级水利现代化试点城市。市委市政府出台了《关于建设国家水利现代化示范市的意见》，成立了由市政府主要领导任组长的推进国家水利现代化建设工作领导小组，并委托水利部水规总院编制了《无锡水利现代化规划》，规划中明确无锡水利现代化的总体目标是：以率先基本实现水利现代化为主线，以构建城乡一体化的水利规划保障、防汛防旱保障、水资源水环境保障、水利基础设施保障以及水利公共服务保障为抓手，力争通过3年努力，基本形成与经济社会发展相适应的五大水利体系，即高标准的防洪除涝减灾体系、水资源合理配置和有效供给体系、农村水利现代化工程体系、良性循环的水生态环境保护体系、以信息化为核心的水利管理服务体系，率先走出一条具有江苏特色、无锡特点的水利现代化之路，在全国作出示范。

【防汛防旱】 一是夯实工程防御基础。全面开展水利工程汛前大检查，共查出各类堤防险工险段69处，长约19公里，病涵8座，病闸8座，病泵站41座。市防指派出工作组对重点险工患段进行抽查，逐项落实措施，明确整改期限，确保主汛期前落实到位。二是落实防汛责任。针对各地行政领导和水利部门领导班子调整较多的情况，各市（县）、区均对防汛防旱指挥部成员进行了调整充实。5月5日，市政府召开全市防汛防旱工作会议，向各市（县）、区政府下发了防汛防旱工作责任状，进一步明确各地防汛防旱目标任务与责任。在《无锡日报》上公布了长江、太湖、望虞河大堤、水库及重要圩区的防汛行政与技术责任人，接受社会公开监督。三是提升应急保障能力。针对各地近年来水情、工情发生的新变化，结合汛前检查发现的问题，各级防指对防汛、防旱、防台预案进行了修订完善，并足额储备防汛物资，落实抢险队伍。市防指认真做好防汛指挥决策支持系统、水文遥测系统、工程运行监测及视频监视系统等的维护工作，确保系统运行正常。四是加强涉水项目管理。进一步加大对河湖违章设障、非法圈圩、填河造地等行为的查处力度，加强采砂管理，确保河势稳定和防洪、通航安全。入梅以后，针对可能出现的强降雨，及时拆除九里河、古运河上的阻水坝埂，打通九里河和古运河行洪通道。2011年，我市先旱后涝，1～5月份降雨比历年同期少近六成，为60年来的最少值。面对旱情，各级各部门在省、市防指的统一调度下，把保障生产生活用水和正常农田灌溉用水摆在突出重要的位置，强化工程调度，加强用水管理，多措并举，全力以赴抗旱保水，有效减轻了旱情给人民生产生活带来的影响。入梅后，全市降雨明显偏多，接近2010年同期降雨的2倍，比历年同期多五成，大运河仙蠡桥水位与历史最高水位4.88米持平，江阴、宜兴多个站点短时降雨强度接近历史最高。面对汛情，各级防汛部门及时启动应急响应机制，全面强化长江、太湖、望虞河沿线及老城区低洼地区等重点部位的巡查防御，江阴市灵活调度沿江沿河闸站，城市防洪运东大包围全面发挥作用，抵御了多次强降雨袭击，有力保障了全市经济社会的稳定发展。

【水政执法】 一是加强水行政立法。修订完成《无锡市水利工程管理办法（修订送审稿）》，拟定《无锡市蓝藻打捞与处理管理办法（送审稿）》，联合市建设局、物价局正式出台《无锡市地源热泵系统管理办法》，进一步规范了地源热泵系统取水许可和水资源费征收管理工作。二是加强水法宣传。组织开展第十九届“世界水日”、第二十四届“中国水周”系列宣传活动，通过编印宣传画册、营造宣传氛围、开展水法规知识竞赛、开展“保护母亲河、爱护水资源”的青年接力长跑宣传活动、评选节水社区和节水家庭、走进社区接受群众咨询等形式，圆满完成了水周期间的各项宣传活动，社会反响热烈。三是加大水行政执法力度。以“百湖执法大检查”、“水资源专项执法检查活动”、“水政联合执法月”、“涉砂船舶专项整治年”等专项活动为契机，进一步加大执法巡查力度，严查非法取水，非法采砂，非法圈围（圩）、挤占水域和河道等涉河违法行为，有效维护了全市江河湖泊的正常水事秩序。全年共组织执法巡查2050次，依法严肃查处水事违法行为235起，无诉讼和复议案件，无违法行政行为发生。

【水资源管理】 按照中央1号文件严格水资源管理的要求，市着力加强了水资源管理力度。一是编制水资源规划。启动编制《无锡市水资源“三条红线”管理控制规划》和《无锡市地下水应急备用水源地规划》。二是加强节水型社会建设。2011年3月通过了省级考核，并启动了《无锡市“十二五”节水型社会建设规划》编制工作。三是开展水资源保护和水生态修复。水功能区实施了全覆盖监测，加强饮用水源地安全保障工作，江阴市立足发展大局，积极开展第二水源地建设，锡山区全力组织宛山荡等全国水生态保护修复试点工作。四是推进水资源管理信息化系统建设。启动建设并稳步推进“感知水利”水资源智能管理物联网信息系统。

【农村水利】 无锡在全省率先实施农村河道定期轮浚机制，科学制定了农村河道定期轮浚规划和分年实施计划，确保年轮浚农村河道土方500万立方米左右，提高了农村河道疏浚整治效率，降低了农村河道疏浚整治成本，有效改善了农村水环境。全市农村完成水利建设总土方1277.8万立方米，其中农村河道疏浚土方897.2万立方米；加高加固圩堤69.5公里，新建、改造圩口闸34座、机电泵站276座，修建防渗渠道412.1公里，新建、改造塘坝22座；恢复治理水土流失面积16.6平方公里；完成创建农村河道综合整治示范村42个、万亩圩区达标建设3个、农村水利现代化示范园区7个。

【工程管理】 一是加强河湖管理。2011年，全市河长制管理工作重点围绕河长办职能履行、河长职能履行、重点工作推进和断面水质达标四大方面开展。各地以"河长制"为制度依托，结合区域水环境特点，着力打造示范亮点工程，以点带面，改善了区域水环境。二是规范涉河建设项目审批。严把涉河建设项目和有关活动的水行政审查关。在河道管理范围内严格控制商业开发行为，依法规范基础设施建设项目，对确需占用河道管理范围的，严格按照水法律法规和规划要求进行审批。全年共完成涉河建设项目技术审查8件。三是加强水库安全管理。稳步规范开展小型水库除险加固工作，全市列入国家、省除险加固计划的小型水库有7座，其中，黄墅水库除险加固任务基本完成，其余6座水库的除险加固正在实施中。四是坚持开展白蚁防治。完成水库大坝和河道堤防白蚁危害情况的普查工作，对全市受到白蚁危害的17座水库，23.98公里江港堤，8.3公里太湖大堤进行了全面普查，摸清了堤防白蚁危害情况。完成对江阴市江港堤白蚁防治达标验收。

【水利科技】 按照"系统科学、功能配套、技术先进、上下联动、资源整合、信息共享"的要求，编制无锡水利信息化发展规划，着力推进"感知太湖·智慧水利"物联网技术应用示范项目，实现了太湖水文、蓝藻和湖泛监测预警与管理的智能感知、智能调度和智能管理。全年水利局共组织申报了12个水利科研项目，其中有6个项目共获得160万元的专项资助并签订了项目合同书。同时对2012～2014年水利科技重点项目做好预申报工作。《新型气动式深水清淤机》项目成功申报水利部"大禹水利科学技术奖"，《淤泥固化治太湖》项目获无锡市人民政府颁发的最高综合奖——腾飞奖。

【水利普查】 2011年，无锡圆满完成了水利普查第二阶段的清查工作，全市共获得六大类(水利工程、经济社会用水、河湖治理开发保护、水利行业能力建设、灌区、地下水)清查对象总数量17738个。一是广泛宣传动员。在无锡电视台播放水利普查公益广告，委托无锡联通公司群发水利普查宣传手机短信，开展水利普查宣传进社区活动，并通过《中国水利报》、《无锡日报》以及无锡水利网站进行广泛宣传。二是多方筹措经费。2010年市本级追加了54万元普查经费，在2011年预算中又安排了162万元的专项经费。各市(县)区也积极争取本级财政的支持，全市2010年、2011年两年共落实经费800万元。三是重视人员培训。自水利普查工作开展以来，全市所有专职、兼职的普查机构工作人员全部参加了国家、省两级的培训，其中15批次45人参加了国家级水利普查培训班，19批次480人参加了省级水利普查培训班。市、县两级培训工作也相继跟进，共开班72个班次，培训人员746人，部分乡镇、街道、社区也进行了小规模的技术培训。市还专门制订了《水利普查员和普查指导员选聘细则》，分两批完成了全市1060名水利普查指导员和普查员的选聘工作，对聘用后的普查员和普查指导员进行了编组、造册登记，形成了普查员、普查指导员资料库，印制颁发了普查指导员和普查员证件，一律持证上岗。四是抓好普查节点。按省普查办的要求，年初完成对象清查前的各项准备工作；5月24日完成乡镇级河流审查，图表及纸质图报送；6月11日完成市级汇总、审核工作，上报清查数据成果；9月下旬完成水土保持野外调查单元的野外调查工作，并上报了29块调查单元的图形勾绘和数据处理成果；12月底全面开展普查数据获取工作，完成了普查数据的录入和审核。

【机关建设】 一是落实党风廉政建设责任制。落实“一岗双责”，坚持每年党组集中讨论2～3次党风廉政建设工作；每年年初召开全市水利系统党风廉政建设工作会议；定期召开民主生活会，真正做到党风廉政建设常抓不懈、警钟长鸣。二是开展机关作风与行风建设。以ISO9001国际质量管理体系为抓手，在水利系统内树立起“以服务对象为中心”的理念，在提供规范化服务、建立满意度测评制度、处理服务对象投诉等方面采取了一系列有力措施。驻行政服务中心的水利窗口按照公开、公正、文明、规范的要求受理业务审批事项，大大简化了办理流程，树立起水利机关服务百姓、服务民生的良好形象。三是加强干部队伍建设。严格执行《干部选拔任用条例》等有关规定，严密组织民主推荐、民主测评、考察预告、个别谈话和任前公示等干部选拔任用程序。创新干部人事工作，加强年轻干部储备和培训。坚持公平公正、公开透明，认真组织水利工程技术职称评审工作，全年全系统35人获得工程师资格，3人获得助理工程师资格，6人通过高级职称评审。四是做好政务公开、信访保密及老干部工作。依托水利网站，主动公开政务信息，自觉接受社会监督；认真受理群众来信来访，设置信访接待室，落实专职工作人员；按照上级要求抓好保密工作，无泄密事件发生；高温季节和重大节日前组织看望离休老干部，慰问关怀住院老干部，落实老干部政治、生活待遇。

（无锡市水利局）

锡 山 区

【自然经济社会概况】 锡山区位于长江三角洲腹地，江苏省东南部，无锡市东北部。南临太湖，北通长江，东邻苏州、常熟，东至上海128公里，西至南京177公里，为苏锡常中心地区，水陆空交通十分便捷。沪宁、锡张、锡澄(京沪)高速公路在区内交汇，312国道穿境而过，京杭大运河贴界而过，距无锡机场15公里。锡山区辖5个街道、4个镇，76个行政村、40个社区居委会和1个国家级开发区、1个商务区。锡山是近代民族工业和现代乡镇工业的发祥地，曾创造了蜚声中外的“苏南模式”，原锡山市多年被评为全国百强县之首，获得了“华夏第一县”的美誉。建区以来，锡山经历了一个夯实基础、加速提升和谋求跨越的发展历程，经济发展取得了令人瞩目的成绩，基本形成了“优一强二快三”的产业发展格局，率先全面建成小康社会。

【年度工作】 2011年，全区完成水利建设总投资3.6亿元。完成总土石方450万立方米，占无锡市下达计划的300%；完成农村河道疏浚75条、165万立方米；新翻建低庄管道55公里，防渗灌排渠道45公里，新建泵站7座，改造泵站21座；完成小沟级以上建筑物156座，改造中低产田200公顷，新增节水灌溉面积767公顷，加高加固8公里、新翻建石驳岸8公里，全面完成无锡市下达的计划任务。重点水利工程建设，完成双泾河拓浚工程，完成河道拓浚3公里、桥梁7座，完成投资0.5亿元；实施锡东水环境工程一期综合整治工程7条河道和配套建筑物，河道分别是春风河、羊腰浜、新华浜、中心河、北宁浜、杨家浜、翠屏山生态园下穿高铁河道，配套建筑物工程有九里河东枢纽、九里河西控制闸、吼山浜闸站3个口门控制物。除新华浜已完工外，其他工程在建。已完成土方50万立方米，完成投资1.4亿元；完成锡山区2010年中央财政小型农田水利专项工程，总投资2420万元；完成锡北运河等7条区级河道清淤工程，清淤土方88万立方米，投资1500万元；实施运东大包围锡山区外围配套河道工程，对杨家桥浜等3条河道进行综合整治，完成土方23万立方米，投资5040万元。农村河道疏浚，全面开展农村河道综合整治工程，完成区、镇、村河道（河塘）清淤75条（个）、165余万立方米，投资2500万元，全面完成省市下达任务。创建无锡市农村河道综合整治示范村9个，超额完成市政府下达的年度目标任务。河长制管理工作，按照市、区"河长制"管理目标任务，继续强势推进"河长制"管理，完成接管沿河企业排污口56个、生活排污口916个；完成整治养殖场4家，废品收购站1家；清理违章搭建7处，杂物垃圾近7000吨、渔网渔簖419处、住家船13条、弃沉船25条；打捞水面漂浮物、水草1.4万余吨；河道清淤62条近90万立方米，护岸整治近20公里，河道绿化16.67公顷。超额完成区委、区政府下达的河道综合整治目标任务。2011年，九里河被无锡市委、市政府命名为全市第一批生态文明示范基地。汛期气象资料显示，汛期从5月1日开始至9月30日结束，153天。总降雨量1040.3毫米，占全年降雨量的87.2%。从时间分布来看，6月～8月雨量相对偏多，月雨量最大为6月320.4毫米，约为多年同期平均水平的两倍。6月10日入梅，7月20日出梅，梅雨期41天，较常年多13天，平均梅雨量511.6毫米，约为多年平均梅雨量的2.2倍。汛期水位比往年偏高，最高水位4.73米（6月18日），超警戒水位（3.59米）1.14米。防汛工作，在汛前调整、充实区、镇（街道）两级防汛防旱指挥部组织机构，落实行政首长负责制，强化各级部门防汛岗位责任。区政府在5月18日召开2011年度防汛防旱工作会议，向各镇（街道）及有关成员单位下发防汛防旱责任状。全区在汛前修订完善2011年度防汛防旱预案，组建抢险队伍90支、2200人，储备防汛抢险物资编织袋20万只、桩木（钢管）2000余根、土工布5000平方米、排涝水泵23台套，有效应对了全区堤防长时间受高水位的浸泡，确保了鹅湖地区两个万亩圩在7月31日遭受110毫米降雨时的安全，为全区经济社会健康发展提供了防洪安全保障。水资源管理，加强计划用水工作，2011年开采地下水26.49万立方米，比上年减少20.64%，严格控制在省政府下达的95万立方米计划之内。自取地表水1310万立方米，比上年减少19%。进一步加强已封深井的长效管理，无违法启用已封深井情况。进一步加强地下水的动态监测工作，全区地下水平均埋深与上年相比变化基本稳定，其中：第一承压水位平均埋深8.12米，比上年上升0.59米；第二承压水位平均埋深26.07米（截至第三季度数据），比上年下降0.53米。继续开展水功能区水质监测，在监测的19个水功能区中，水质明显好转。创建节水型社会，修订完善《锡山区节水型社会建设实施方案》，并通过市水利局的评审。组织实施各项创建工作，年内完成省级节水企业2家、省级八大行业2家、市级节水示范项目2个、市级节水学校1所、省级节水型社区1家、省级节水型灌区1个，并通过省市专家的考核验收。加大依法行政力度，采取正常巡查与突击检查相结合、一般巡查与重点检查相结合、河道清障专项行动与百湖执法大检查相结合、主动出击与举报查处相结合的方式，开展水行政执法监察工作。全年累计巡查907人次，出动执法船66次，拆除违法坝埂1处，拆除违章设置渔网渔簖27处，全年发现和制止水事违法行为40起，其中立案1起，结案1起，罚款0.5万元，结案率100%，维护了水利工程设施的正常运行和良好水事秩序。

（锡山区水利农机局）

徐州市

【概述】 2011年是实施“十二五”发展规划的开局之年，也是贯彻落实中央和省委两个“一号文件”、全面推进市水利现代化建设的关键一年。全市水利系统紧紧围绕加快“两个率先”、建设美好徐州宏伟目标，按照省水利厅确定的水利工作目标任务，突出一号文件贯彻落实、“三重一大”项目建设，国计民生持续改善，团结拼搏加快工程建设，开拓创新推进科学发展，扎实深入开展创先争优，不断提高水利现代化建设水平，全市水利水务工作呈现出保障有力、发展加快、管理加强的良好态势，全年完成各类建设投资21亿元，水利现代化建设水平不断提高，综合服务能力明显增强，为加快“两个率先”、建设美好徐州提供了有力支撑和保障。

【水利建设】 一是重点水利工程全面推进。东调南下沂沭邳、中运河骆马湖工程全部完成，并通过竣工验收；湖西大堤加固续建工程完成；黄墩湖滞洪区安全建设徐洪河四座跨河桥梁及避洪楼工程全部完成；大型泵站更新改造项目中郑集河泵站已经完成，湖西泵站基本完成；世行贷款故黄河洼地治理工程完成投资3200万元，完成年度任务；中小河流治理项目中获批的12条中已有8条全部完成，其中竣工验收4条；其余4条也已基本完成，完成投资1.77亿元，超额完成1.6亿元建设任务。区域水利治理工程顺利推进，共完成投资5699万元，工程全部开工建设。二是南水北调工程全面提速。南水北调工程累计完成投资18亿元，骆马湖水资源控制闸已建成并交付使用，南四湖水资源控制工程姚楼河闸已建成，杨官屯河闸、大沙河闸全部完工；邳州站、睢宁二站、徐洪河影响处理、沿运闸洞漏水处理等工程均全部完成年度任务，其中邳州站工程完成投资1.36亿元，超额5%，徐洪河影响处理工程完成投资7344万元，超额25%；截污导流工程完成全部建设任务，累计完成投资7.25亿元，工程全线通水，运行养护工作已经展开；丰、沛、睢、新4县（市）尾水导流工程前期工作有序推进，新沂市尾水导流工程目前已经正式开工建设。三是城市水利工程加快实施。云龙湖水质提升工程完成供水管线铺设11.3公里，具备补水条件。三八河水环境治理工程河道清淤全部完成，黄山大沟泵站工程完成基坑开挖，完成年度建设任务。九里湖水系贯通拾屯河治理拾西村排水工程已完工并投入使用，发挥了工程效益，九里湖补水及拾屯河治理工程也已完成。结转小沿河水源地保护2010年度工程全部完成，2011年度工程也已经完成曝气装置安装、生态水草种植等年度计划任务。四是治淮工程建设实现突破。全面完成投资2.34亿元的年度建设任务，通过BOT、TOT方式在城区建成7座污水处理厂，完成58公里污水管网铺设，总投资8.23亿元，市区日处理污水量从原来的29.5万吨提升到49.5万吨，污水集中处理率达到85%以上。

【防汛防旱】 （1）概况。2011年全市降雨总体偏少。据统计，1～12月，全市平均降雨量720.6毫米，较多年平均值838.6毫米偏少14%。其中，汛期（5～9月）平均降水量545.7毫米，较多年平均值636.1毫米偏少14%，属偏枯年型，与上年汛期降水量基本持平；前期降水偏少，土壤干旱，后期降水略偏多。汛期最大点降雨为铜山区蔺家坝闸636.1毫米，最小点为新沂市阿湖水库436.6毫米。除8月份全市平均降雨量比多年同期降雨偏多外，其他月份均偏少，尤其是6月份偏少达一半。全市暴雨过程较少,全市最大日降雨量为123.2毫米(7月18日),出现在睢宁县大王集镇。汛后10～12月,全市平均降水量121.8毫米,较多年同期平均82.4毫米偏多48%。受上半年降雨偏少影响,全市7个县(市)、区均不同程度遭受干旱,在田作物最大受旱面积共564.9万亩,其中248.9万亩受旱严重,干枯面积19万亩。(2)水利工程安全大检查。坚持早部署、抓落实、重预防,2月下旬开始,按照省防指部署,市对汛前检查工作做到早部署、细安排。按照"更严、更细、更实"的要求,周密组织,对各类水利工程进行全面检查。在各地自查基础上,市防指分别对市直和各县、(市)区重点险工隐患进行了检查。所有检查项目都明确了行政负责人和技术负责人,基本达到了"查清、查全、查实"的要求。(3)防汛防旱准备。对各类险工患段、病险涵闸站及重要防洪排涝设施,层层分解防汛抢险责任,逐一落实防汛抢险行政责任人和技术责任人。防汛责任人名单分别在《新华日报》、《徐州日报》进行了公布,接受社会监督。积极储备防汛抢险物资,市级储备到位编织袋75.7万只,土工布5.27万平方米等一批防汛抢险物资。市防指会同预备役高炮五团组织60人进行为期一周的培训、演练。徐州军分区也对以民兵为主的抢险兵力作了周密安排,并组织了培训演练,确保汛期拉得出、打得响。(4)抗旱。面对2010年汛末以来60年不遇四季连旱,水利系统落实责任、科学调度、坚持督导,保证全市城乡居民生活、工农业生产和交通航运用水。积极协调省防指和流域机构,省管皂河、沙集等站共向市翻水9.3亿立方米,流域机构向下级湖补水5000万立方米。加强市管工程调度,强化用水管理,制定沿运地区抗旱水源应急调度方案,保证了特大干旱时期京杭运河徐州段的通航,保证了徐州粮食生产连续八年丰收。据统计,从2010年秋季抗旱以来,市、县累计翻水27.2亿方,投入抗旱资金2.65亿元,其中争取国家和省补助资金4410万元。

【水政执法】 大力开展立法调研和普法宣传,做好重大事项社会稳定风险评估和省际边界水事矛盾纠纷排查协调工作。立法项目《徐州市市区排水管理办法》已上报市政府;修订并重新公布水务局18项依法行政有关制度;积极做好重大事项社会稳定风险评估和省际边界水事矛盾纠纷排查协调工作。加大水行政执法力度,整合执法力量,坚持协同作战,组织河湖采砂专项整治行动40次,打击各类涉砂船只200条,击毁采砂机具580台套,全市水事秩序明显好转。

【水资源管理】 全面落实最严格的水资源管理制度,严格实施取水许可制度,组织了江苏中能等15个取水项目的审批或审核,选择徐州华润电力有限公司,尝试开展建设项目水资源论证后评估工作。认真开展全市水资源管理信息系统建设与案例编制,并积极组织各县市、贾汪区监测点和部分县监测中心的建设,完成了徐州全市近200个站点的安装与调试,完成《徐州市水资源总量控制监测站点的查勘与施工方案》的编制工作。深入推进节水型社会建设,顺利通过建设部节水型城市复核,全市完成节水型企业(单位)9家,节水型社区3家,节水型灌区2家,节水减排示范项目10个,节水型学校1家;铜山区顺利通过省厅全省水资源管理示范区验收。(1)水资源费、南水北调基金征收。积极采取有效措施,保障两费征收。通过用水户走访和召开座谈会等多种形式,主动做好水资源费征收政策的宣传,加大执法力度,严格执法程序,加强检查督查力度,加强对各县(市)、区水资源费征收情况的督查,解决实际困难,督促足额征收,健全完善收费考核激励机制,确保水资源费等应收尽收。据统计,全年全市共征收水资源费5854万元,超额完成任务;南水北调基金2455.8万元,除邳州市外,全部完成任务。同时切实加强农业水费的收缴工作，严格执行水价政策。及时做好发票的换版工作，规范发票使用管理，保证新旧水费发票顺利过渡，全市水费收取率进一步提高。(2) 水源地保护。全面推进小沿河水源地保护工程建设，实施水源地一、二级保护区范围内河道清淤、产业结构调整和排水沟建设、两岸灌排水系调整等工程建设，安装全封闭防护围栏和宣传警示牌，在河道内种植生态水草、安装曝气装置等生态防护措施，提高了小沿河水源地的水体自净能力，有效改善了水体水质。制定水源地突发性水污染事件应急预案和应急保障措施，安排专人每天定时对市区供水的主要水功能区进行巡查，一旦发现水体污染现象，及时登记上报。同时成立了一支由 80 人组成的专业应急抢险队伍。(3) 节水宣传活动。“世界水日”、“中国水周”节日期间，水务局联合团市委和在徐高校，在徐州的云龙湖、古彭广场等地开展宣传活动，在团市委网站开展节水创意大赛、观看专题电影，同时充分利用广播、电视、报刊、网络等媒体，广泛开展水资源的开发、利用、节约、保护等主题宣传教育活动。“节水宣传周”期间，市政府组织召开了节水型社会建设暨节水工作表彰会议，市四套班子领导及发改委、财政等节水型社会建设领导小组十多个成员单位领导、全市各地及各行业 200 多名代表参加了会议。市政府副市长漆冠山出席会议并作重要讲话。局长冯正刚全面总结了 2010 年全市节水型社会建设的成绩，对全市的节水型社会建设作了进一步的总结部署。会上，市政府对全市各行各业的 70 个节水先进集体及 210 名节水先进个人进行了表彰。

【工程管理】 在全省率先出台《徐州市水利系统文明建设工地评审管理办法》，水利工程建设管理水平进一步提升，中运河骆马湖堤防加固、沂沭邳治理工程先后获得“淮委文明工地”和“江苏省文明工地”称号。进一步推进农民用水协会建设，全市组建农民用水协会 4 个。加强地表水(环境)功能区管理，对全市 21 条河道的 45 个重点水功能区监测断面每月进行水质检测，并编制水功能区月报。加强河湖健康评价，设置河道“河长”，建立长效管理机制。贯彻落实新的《水土保持法》，成立水土保持办公室，出台《徐州市生产建设项目水土保持监督管理办法》。完成水库移民安置工程建设，水库移民工作制度健全、职责明确，全年没有发生进省集访或到京上访事件。高度重视安全生产，加强组织建设和制度建设，开展安全生产大检查，多次举办安全生产知识培训，组织消防和水上救生演练，水利系统安全生产形势良好，我局连续 10 年被评为市安全生产优秀单位。

【供排水管理】 (1) 供用水安全保障工程。实施城市安全供水工程，兴建加压泵站，疏通管网瓶颈，提标改造地表水厂，顺利完成市区区域供水管道改铺设、主城区老小区供水管网改造、刘湾水城净水工艺改造等建设任务，完成投资 1.1 亿元，城区日供水能力比原来提高了 10 万吨，有效保障了城市居民生活。加强饮用水源地保护，小沿河饮用水源地累计投入治理资金 3 亿元，水质达标率连续 7 年 100%。加强水质监测，改善局部地区水压，保证供好供足水，城市高层住户用水问题得到有效解决，群众投诉率下降 47%。(2) 城市供水情况。2011 年徐州首创水务有限公司实现售水 7600 万吨，同比增加 400 万吨；实现利润 1705 万元，同比增加 505 万元；水费回收率 98%。新扩建检测项目 11 项，方法变更扩项 6 项，生活饮用水检测能力由原来的 92 项增加到 103 项，全年监测源水 102 点次，出厂水及管网水 42 项，全分析 212 点次，管网水简分析 1208 点次、小区加压 85 点次，全年水质综合合格率 99%，全年无重大人员伤亡、重大水质事故，首创水务公司荣获“江苏省放心消费示范单位”称号。全年完成龙泉花园等 18 个老小区的改造，惠及居民 11801 户，社会满意率较上年提高47%。(3)城市排水能力建设。全面开展汛前检查,增建市区11处水雨情遥测站点,在媒体公布市区15处易积水地段,明确局机关干部责任范围和目标任务。针对市委党校、四院附近易积水受淹情况,应急打通原酒厂排水沟,增做部分收水井,确保排涝畅通。加强市区排水管理,疏通下水道400公里,清挖窨井2万多座、污泥1.2万方,维修保养泵站14座、截污闸门90孔,保证沟管畅通和排水设备随时启动。针对市区河道防洪排涝标准相对较高而排水管网不足一年一遇的窘状,在暴雨天气预报发布后立即进入临战状态,统筹调度闸站、管网、河道,预降水位、强化监控,汛期几次强降雨均未给群众正常生产生活带来明显影响。(4)供排水监测和污水处理厂运行情况。2011年共计完成供水水质监测244样次,完成年度计划的102%。对市区160家二次供水责任单位272个水池(箱)的清洗、消毒情况进行检查,共计清洗、消毒水池(箱)3.6万立方米。2011年共完成排水水质监测1578样次,数据准确率为100%。进一步规范对市区7个污水处理厂水质水量和生产运营的监督和考核,继续对各污水处理企业派驻监管代表,强化监管工作。2011年市区7座污水处理厂共计处理污水14852万吨,COD消减量28415万吨,NH3-N消减量3320万吨。其中荆马河污水处理厂一期处理污水3545万吨,二期处理污水944万吨;奎河污水处理厂共计处理污水5909万吨;三八河污水处理厂一期处理污水1092万吨,二期处理污水752万吨;新城区污水处理厂处理污水323万吨,龙亭污水处理厂处理污水1058万吨,西区污水处理厂处理污水215万吨,开发区污水处理厂处理污水1013万吨。2011年共监管污泥处置焚烧26万吨。

【农村水利建设】 全年完成农村水利投资8.5亿元,完成土方8081万立方米,开挖疏浚农村河道土方4965.8万立方米,新建改造泵站510处13325千瓦,新建防渗渠道341.2公里,配套小沟级以上建筑物5037座,均超额完成省厅下达任务。农村河道疏浚整治完成土方4966万立方米,占计划任务的110.7%,其中:疏浚县乡河道304条、完成土方3167万立方米,整治村庄河塘2442条(个),涉及514个行政村。农村饮水安全工程计划解决51.21万人,总投资2.19亿元,现已基本完成。灌区节水改造与节水示范项目完成投资1500万元,水土保持项目完成投资1059万元,小型农田水利工程项目完成投资1.98亿元,旱改水项目完成投资4500万元,均完成年度建设任务。实施并完成2010年度小型农田水利建设重点县及专项工程,总投资1.99亿元。

【水利改革】 水务一体化管理取得新进展。在2010年8月成立市水务局基础上,2011年,铜山区、丰县、睢宁县、贾汪区、新沂市5县区水务局相继挂牌,加上原已改为水务局的沛县、邳州市,全市范围内彻底实现水务一体化。坚持抓多元化投入机制建设,在加大市财政投入的基础上,搭建市场化投融资平台,组建了徐州市新水国有资产经营有限公司,通过优化组合稳定性较好的水利存量资产,累计融资5亿元,有力推动了水务工程建设。以前投入水务行业的资金1年不超过1亿元,2011年达到了6亿元。全市水务一体化管理工作得到各级领导充分肯定,并在全省推广经验,《人民日报》用半个版面、《中国水利报》头版均进行了介绍。

【水利科技】 积极推进科技创新,大力开展学术交流和技术咨询服务,实施省级科技项目4项、资金130万元,申报重大水利科研需求项目60项、资金7000余万元,《七里沟岩溶水源地四氯化碳污染修复技术应用》获省优秀科技成果二等奖,水务局被省水利厅评为水利科技先进单位。完成水利普查所有对象的名录清点、登记造册、空间底图数据标载和GPS数据采集、复核等,完成水土保持野外52个调查单元的勾绘工作，水利普查各阶段工作均按时间节点、规定内容和要求整体推进。

【行业发展】 开展“科学发展争一流”、“支部联动、党群连心”、“办民生水利实事，创群众满意窗口”等系列活动，在全局掀起跨越发展、创先争优热潮。下水道四班被中共中央授予“全国先进基层党组织”荣誉称号，被全国总工会等部门授予“全国社会主义劳动竞赛优秀班组”荣誉称号。中宣部部长刘云山到四班亲切看望，并勉励四班牢记胡总书记殷切希望，让四班这面旗帜越来越鲜艳，成为全国思想道德领域的模范。大力加强人才队伍建设，积极开展业务培训，组织参加各类培训班 15 期，培训 1800 余人次。举办第二期全市水利站长培训班，培训干部 130 人，进一步夯实基层工作基础；抓好技能型人才培养，加强岗位练兵活动，在全省闸门操作与维修工技能比赛中荣获团体第二名。注重人才培养引进，通过公开招聘引进了 1 名博士、10 余名硕士研究生等，为水利水务跨越发展提供了人才保障。积极开展庆祝建党 90 周年纪念活动，组织清明祭扫、红色旅游、诗歌朗诵、征文、第二届龙舟赛、文艺汇演等，以活动凝聚人心、振奋精神、推进工作。落实老干部待遇，组织老干部参观水利水务工程，参加书画展、摄影展、专题讲座、乒乓球赛、歌咏比赛等，进一步丰富老干部业余生活。深入开展廉洁水利和廉政文化示范点创建活动，加大对重点水利工程执法监察和审计力度，认真落实工程建设双合同制，扎实开展商业贿赂和小金库专项治理工作。

（顾宏威）

沛　　县

【自然经济社会概况】 沛县地处东经 116°40′40″～117°08′45″，北纬 34°27′24″～34°58′45″，位于江苏省西北部，苏、鲁、豫、皖四省交界处，南依徐州，北临昭阳湖，东濒微山湖。全境南北长约 60 公里，东西宽约 30 公里，总面积 1576 平方公里。辖 15 个镇，325 个行政村，50 个居委会。全县总人口 120.48 万，耕地面积 114.66 万亩。沛县境内冲积平原，海拔由西南部的 41 米到东北部降至 31.5 米左右。沛县属暖温带半湿润气候区，冬季寒冷干燥，夏季高温多雨，秋季天高气爽，春季天干多变，四季分明，水源充沛，光照充足。年平均日照 2307.9 小时，年平均气温 13.8 度，一般年平均降水量 766 毫米。沛县资源富集，是华东地区最大的煤炭工业基地的重要组成部分，已探明煤储量 24 亿吨，境内有部、省、市属 8 对矿井，年产原煤 1200 万吨，占全省煤炭总产量的 40%。以沛县为半径 50 公里内，分布着充足的盐卤、石灰石、白云岩、高岭土、石膏、钾长石、石英砂等矿藏，岩盐储量 2.5 亿吨，高品位铁矿石储量 1900 万吨。农林资源特色鲜明，牛蒡、山药、浅水藕等特色菜种植面积达到 40 万亩，林地面积 40 万亩，活立木蓄积量 160 万立方米，44 种农副产品被省有关部门论证为无公害农副产品，23 个农产品被国家认定为绿色食品。沛县区位独特，交通便捷。沛县地处淮海经济区中心位置，为徐州、枣庄、济宁、商丘、淮北五市经济辐射交汇点，是中国东部地区的南北过渡带，又是东部沿海和西部内陆腹地的重要结合部，拥有淮海经济区唯一的家用飞机场，可起降中小型飞机。距徐州观音机场 90 公里，距徐州市区 60 公里，距京福（北京—福州）高速公路徐州出口 30 公里、连霍（连云港—霍尔果斯）高速公路 65 公里。京杭大运河穿境而过，北通京津、南达沪杭，距连云港港口 290 公里。徐沛铁路纵贯南北，与陇海和京沪铁路接轨。刚刚奠基开工的徐济高速公路将使沛县交通更为便捷。沛县文化遗产丰富，名胜古迹众多。现有省级文物保护单位 12 处，文物藏品 2000 余件，其中，大风歌碑、汉画像石、汉代陶器都是国家级稀有文物。泗水亭、歌风台、琉璃井、高祖原庙、射戟台等18个历史景点驰名中外，县博物馆珍藏文物两千多件。被列入省、市、县文物保护单位的有汉代大风歌碑、汉代范氏井、秦代琉璃井、汉代吕母冢等。沛县是全国重要的商品粮生产基地，微山湖大米为优质无公害大米。多种经营生产形成了中部日光温室、西南部特菜、西北部瓜菜立体种植、大沙河沿岸双膜覆盖花生、东部沿湖地区优质浅水藕和稻田养殖六大生产基地，优质无公害蔬菜面积达60万亩，牛蒡、山药、芦笋、浅水藕等特菜面积达到15万亩。粮经比例5∶5，多种经营产值已占农业总产值的70%以上。支柱产业不断发展壮大。其中，规划面积10平方公里的煤化工产业园被国家发改委纳入全国煤化工产业中长期发展规划，成为江苏唯一、全国七大煤化工基地之一；芭田复合肥、海涛光电液晶显示器等6个亿元以上重大工业项目竣工投产；禄恒能源年产150万吨液相甲醇项目已经批准，首期投资35亿元年产76万吨液相甲醇及配套IGCC发电项目奠基；盐化工业，投资30亿元的天成氯碱一期年产10万吨烧碱、10万吨聚氯乙烯项目投产达效；铝及铝深加工业，一期年产12万吨电解铝项目投产，二期20万吨项目正在筹建，投资10亿元年产12万吨精制铝板带项目筹备工作基本完成。纺织、塑编、机电、农副产品加工四大产业呈集群发展。开发区集聚效应明显。县经济开发区升格为省级开发区，入选“长三角最具投资价值最具投资潜力开发区”，汇聚了海内外的100余家企业，完成固定资产投资41亿元。全年入园1000万元以上工业项目62个，占全县的42%。

【水利概况】 沛县属黄泛冲积平原，境内河网稠密，纵横交织，其中骨干河流20条，桥、涵、闸、站工程布局基本合理。沛县地理位置特殊，东临昭阳、微山两湖，为二级坝以上31700平方公里洪水走廊；西靠大沙河，承苏、鲁、豫、皖1658平方公里的客水侵袭。同时，由于西高东低的特殊地势，形成高程37.0米以下滨湖洼地452平方公里，造成西部高亢地区干旱缺水、东部滨湖洼地涝渍严重的巨大反差，历史上外洪内涝，水害频发，为省、市防汛抗旱重点县。沛县属淮河流域泗水水系中的南四湖水系，具有长江流域和黄河流域过渡性特点，南北冷暖气候过渡带，降水时空分布不均，年雨量时大时小，易旱易涝，多年平均降水量766.0毫米，67.5%以上的降水量集中在6～9月份，汛期多年平均降水量492.8毫米，年最大降水量1281.0毫米(2005年)，最小降水量427.3毫米(1988年)，最大日降雨量为381.3毫米(1971年8月)。各条河流主要补给水源是大气降水，河流的水位和流量季节变化、年际变化很大。全县多年平均径流深136毫米，径流总量1.85亿立方米，丰水年3～6亿立方米，枯水年0.5亿立方米左右。地下水来源主要是大气降水入渗，地下水的垂直埋深20～40米，总储量约在22.19亿立方米，允许开采量1.5亿立方米。现有梯级河网容积小，调蓄能力低，蓄水量不足3000万立方米。近年来，沛县根据经济社会发展需求，结合水利工作实际，坚持以防汛为主，结合除涝，疏浚河流，修固堤坝，大搞水利工程建设。形成了以鹿口河、沿河、杨屯河、大沙河、姚楼河等五条入湖支河堤防和湖西大堤组成的湖西骨干防洪体系，堤防总长度210公里。先后开挖疏浚鹿口河、沿河、杨屯河、大沙河、姚楼河等12条骨干灌排河道，“川”字形纵向入湖，京杭运河、顺堤河、苏北堤河、徐沛河、沛敬大沟、龙口河等6条调度河道，横贯南北。全县已形成“二级控制，三级水面”的梯级调蓄河网，实现了东西贯通，南北互济的排灌体系。全县有骨干河道20条，大沟55条，中沟700余条，小沟4800余条，配套小沟级以上各类建筑物1.9万座，其中机电站900余座，近5万千瓦。

【年度水利工作】 2011年，水利局以“围绕一个中心、遵循两个规律、统筹三个方面、提升四个能力”为可持续发展治水思路，统筹水安全、水资源、水环境综合治理，大力实施水利重点项目推进战略，以农村安全饮水、湖西洼地治理、大型泵站改造、中小河流治理、农村河道疏浚等为重点，全面加快农村水利、城市水利及水利基础设施建设，加大重点工程建设力度，加强水资源管理，加大防汛防旱工作力度，加快节水型社会建设，认真抓好水利普查工作，进一步提升防洪减灾能力、水资源保障能力、水环境保护能力和水生态修复能力。水利事业呈现出发展加速、民生改善、管理加强、服务提升的良好态势。在防汛抗旱工作方面，2011年，全县发生了较大旱情，县水利局全力抗旱。一是科学调度水源，利用现有泵站开机翻水；二是协调淮委下级湖管理局开闸引水；三是架设临时机组灌溉保苗。共安排翻水泵50余台，在严重干旱地区组织安装临时机组向受灾田块灌水，保障了大旱之年夏熟作物不减产。同时，在夏收夏种期间，县管16座泵站开机翻水1.2万台时，翻调水近1亿立方米，保障了夏种用水需求。在水资源管理方面，一是稳步推进节水型社会建设。制定完善了《沛县节水型社会建设规划》，加强建设项目水资源论证，严格按规定程序进行取水审批，积极提高用水效率。完成市级节水技改项目5项，年节水逾165万吨，3家节水型企业、2家节水型小区已通过省级验收。在电台、电视台开展“珍惜水资源保护水环境、争创节水型家庭”宣传活动，进一步激发公民爱水、节水、惜水的意识。二是加强用水计划管理，严格“四个一”制度。科学预测2011年生产生活用水需求量，编写年度用水计划报告，对全县70多家自备井用水单位核定下达了用水计划，每月进行检查考核。对每一眼水井落实了“一牌、一表(水表)、一证(取水许可证)、一账(管理台账)”四个一的管理模式，确保办证率、装表率、铅封率、水表完好率等均保持100%。在依法治水方面，围绕水利中心工作，从“内强素质，外树形象”入手，创新执法理念，强化执法力度，规范执法行为，严肃执法纪律，队伍素质不断提高，水政执法更加高效，水事管理规范有序。一是队伍建设。全县共有水政监察员67名，200余人次参加了各类培训学习，年度人员轮训率100%，岗前培训率100%。修订了《沛县水行政执法巡查制度》、《沛县水利局行政执法责任制》等涉及水政监察队伍管理的17项制度。二是宣传教育。在抓好日常宣传的同时，充分利用“世界水日”、“中国水周”等重要节日，通过报纸、广播、电视、街头宣传等形式广泛宣传《水法》等涉水法律法规。全年共组织宣传车60余辆次，悬挂宣传标语120余幅，印发宣传材料2万余份，受教育群众90万人次。局负责人还走进沛县电台“行风热线”和沛县政府网“局长在线”节目现场，就水利建设、水利管理和有关政策法规、热点问题与听众和网友进行交流。三是行政许可。抽调精干业务人员充实到县行政审批中心水务分中心，做到县项目建设需水行政许可的，迅速及时办理；市以上办理水行政许可的，积极沟通，早日批复。全年共受理行政许可申请6件，全部按时办结。四是执法巡查。对全县重要河道建设项目进行了全面登记，县水行政执法大队全年巡查36次，出动人员80多人次，巡查里程达1600公里，执法巡查覆盖率达95%以上。五是案件查处。全年累计处理水事案件92起，立案查处违法行为3起，查结率98%以上。执行拖欠河道工程占用费案13起，涉案金额20余万元。组织打击非法采砂等专项行动3次，出动人员200余人，调用船只20余艘，捣毁非法采砂船只30余艘，维护了正常的水事秩序。在重点工程建设方面，一是农村安全饮水工程建设。完成工程投资655万元，工程涉及6个行政村，受益人口1.34万人，建成地下水厂1座，铺设输配水管网166公里，打深水井4眼。二是农村河道疏浚整治工作。工程涉及全县15个镇,其中县级河道3条,镇级河道16条,总长88公里,疏浚土方336万立方米;在全县76个行政村开展村庄河塘疏浚整治,疏浚土方238万立方米。三是湖西大堤加固续建工程主体建筑物工程。工程总投资3555万元,于2010年11月正式开工,主体建筑物工程已通过水下验收,其中五段闸拆除重建工程、湖屯涵洞洞身接长工程、鹿口河高庄涵洞拆除重建工程、安庄涵更换启闭机及陈楼一涵洞下游护底护坡已经完成、新建鹿口河防汛交通桥工程江苏省境内的桥台、桥墩工程已完成,山东省境内正在协调清障工作。2011年完成工程土方7.89万立方米,砌石1735立方米,混凝土和钢筋混凝土3289立方米,累计完成投资1160万元,完成总进度的46%。四是中央财政小型农田水利重点县工程建设。工程位于沛城、胡寨、张寨和张庄4个镇境内,工程总投资为3635万元(含项目管理费6万元),其中中央财政投资800万元,省级投资1400万元,县级配套1435万元。建设内容主要包括:更新改造小型灌溉(排涝)泵站44座,机电设备54台套,总装机容量1462千瓦;其中更新改造小型灌排泵站1座,机电设备1台套,总装机容量15千瓦,流量0.15立方米/秒。更新改造中沟闸6座,盖板涵115座。整治中小型灌区渠道衬砌76公里和改造渠系建筑物425座。实施两个共1400亩高效节水示范微灌工程,新铺供水管路50.34公里。计划完成中小沟河道疏浚21条,总长50.667公里。建设任务已完成全部,并通过县级审计。五是地表水厂工程复工准备工作。沛城地表水厂工程设计规模为20万立方米/日,一期建设规模为10万立方米/日,由上海荣信集团有限公司、沛县国资公司、大屯煤电公司按股份形式成立沛县荣信水务有限公司。于2006年12月份开工建设,2008年12月停工。原计划工程总投资15654万元,其中工程费用12299万元,现已完成实体工程费用4920.15万元、其他费用2179.85万元。厂区建筑物主体工程基本建设完成(包括混凝池、清水池、加药车间、办公楼、输水泵房、淤泥处理车间等),浑水管线共6.4公里,完成2.1公里;清水管线6.73公里,没有铺设,滤池工程主体未完成,取水泵房沉井工程已经完成。根据县委、县政府要求,完成资产清算与移交,土地使用证、取水许可、特许经营权等相关复工手续正在办理中,正在积极申请相关手续费用与启动资金,其他各项复工准备工作已基本完成。六是沛县区域供水规划编制工作。按照《苏北地区区域供水规划》于2006年启动区域供水工程。2006年至2011年上半年共完成沛城、朱寨、大屯、胡寨、鹿楼、敬安6个镇的区域供水任务,共铺设供水管道92.63公里,受益人口26万人,完成投资15039万元。七是下级湖抬高蓄水位影响处理工程。根据南水北调东线工程总体规划,南四湖下级湖作为东线工程调蓄水库,调蓄水位32.8米,即在现状正常蓄水位32.3米的基础上抬高0.5米,相应增加调节库容3.6亿立方米。配合中水淮河规划设计研究有限公司完成了南水北调南四湖下级湖抬高蓄水位影响处理补偿工程初步设计报告的编制,7月15日国调办组织专家对初设进行了复审,待批复后即可实施。八是尾水导流工程前期准备工作。此工程是国家南水北调工作配套工程,可研报告于8月14日通过了省南水北调办组织的可研初步审查,规模论证、水土保持方案编制工作基本结束,近期组织专家审查。正在编报初设及办理相关手续,争取早日开工。

(沛县水利局)

常 州 市

【概述】 2011年,中央、省委以一号文件的形式,对新时期水利工作的战略地位进行了重新定位;常州市委也以29号文件聚焦水利,作出了"力争用5年左右的时间,全面建成五大水利体系,基本实现水利现代化"的战略部署,为常州水利发展提供了前所未有的大好机遇。全市上下坚持水安全、水资源、水环境统筹推进,突出建设主线,强化目标管理,强化前期工作推进,全力做好城市防洪节点与市区河道长效管理、农村水利工作,奠定了全年的工作基础;重安全、抓管理、保运行,扎实开展工程管理与防汛工作,夺取了2011年抗旱防汛、安全生产、工程效益三丰收;建规章、抓落实、定责任,加强制度建设与组织建设,初步形成行为规范、运转协调、责权明确的工作局面。

【水利建设】 根据中央和省两个"一号文件"精神,制定《关于加快水利改革发展推进水利现代化建设的实施意见》,委托省太湖院编制常州水利现代化建设规划。编制《千亩以上圩堤达标建设规划》、《县域农村水利建设规划》等专项规划。推进一批对区域经济发展关联度大项目的前期工作,加快水库消险、城市防洪节点工程等重点工程建设。茅东、沙河、大溪、前宋4座列入中央和省扩大内需新增投资计划的大中型水库除险加固项目和74座列入省除险计划的小型水库,最后一批项目于5月底通过竣工验收,历时5年,完成投资5.68亿元,整体进度位列全省第三。城市防洪节点工程加快推进。串新河、南运河枢纽6月通过水下部分阶段验收;大运河东枢纽工程12月19日完成水下部分施工;调整、优化采菱港、澡港河南枢纽项目规划选址、闸站布设等方案,年末施工单位已正式进场。长江堤防消险建设扎实开展。汛前完成临江段应急护岸工程和长江大堤剩银河北段灌浆应急处理。突出河道疏浚、河塘整治、圩堤加固、塘坝达标、小型农田水利重点县、专项等重点,整体推进农村水利。累计完成投资3.15亿元。疏浚县乡河道109条312.4公里;整治183个村庄的872个河塘,新建、改造塘坝187座,增加库容181.3万立方米,在抗御2011年特大干旱中初显成效。金坛市、新北区2个县(市、区)成功入选第三批全国小型农田水利重点县,加上正在实施该项目的武进区、溧阳市,全市4个县(市、区)全部进入国家重点县建设行列。

【水政执法】 及时印发《水利系统法制宣传教育第六个五年规划》,制定年度计划,加强水行政执法培训,加大涉水法规贯彻力度。按照划片分区,责任包干到人的原则,全面落实基层一线执法巡查制,预防水事违法案件发生。全年出动执法人员10176人次,车辆、船泊2077台(次),开展大小督查活动90次,查处违法行为193起,支队受理举报61件,立案33件,直接查处5件,是近年案件查处力度最大的一年。全市累计拆(清)除河湖库违法建筑及堆放占用9156平方米,清除违法圈围、养殖、种植96处2122亩。除每周坚持两次长江执法巡查外,持续开展"久安"等专项打击长江非法采砂行动,11月22日,在沿江澡港水利枢纽举行2001年冬季打击长江非法采砂暨"常水1号"执法艇首航仪式,"常水1号"艇是迄今为止江苏投入执法序列装备最先进、安全性能高、功能较齐全的执法艇,长36.8米,最高航速25公里,投用后将有效缓解违法船只"羁押难、运送难"的问题,进一步增强了常州水政监察队伍执法装备水平。

【防汛防旱】 2011年旱情、汛情异于常年,干旱、洪涝阶段性特征明显。1~5月面平均雨量较常年同期偏少6成以上,部分地区出现了严重的气象干旱。汛期降水量较常年偏多,河湖水位多数较常年同期偏高。台风影响较小。汛前突出险工隐患处理，完成各类应急岁修项目建设。首次采用军地联合、远程指挥的形式，组织开展“2011 年常州市防汛抢险军地联合演练”，圆满完成所有演练课目；举办全市第二期街道防汛指挥长培训班，对 120 多名镇级指挥长进行培训。围绕城市防洪等重点工程，完善汛期施工项目度汛方案，编制《常州城市强降雨应急排涝预案（初稿）》报省防指审查。督促各地增储补储防汛物资。中央下达常州市 600 万元抗旱经费用于基层抗旱设备的购置。2011 年 1～6 月上旬，本市出现了严重气象干旱，旱情分布在金坛、溧阳丘陵山区以及武进、新北高亢地区。28 个镇 305 个村出现不同程度的旱情。旱情发生后，市委、市政府分管领导深入一线察看旱情，财政紧急拨付 400 万用于各地抗旱。省、市两级防指第一时间启应急预案，调度沿江谏壁闸、九曲河闸、小河闸、魏村闸、澡港闸工程开机翻水，1～6 月份高峰用水时段引水 6 亿立方米，澡港、魏村泵站开机引水突破 1.51 亿立方米，城区泵站底开机换水约 8845 万立方米。大旱之年全市未出现农作物绝收、人畜无水可用情况，取得抗旱斗争的胜利。入梅后经历 9 次强降雨袭击，累计降雨量 958 毫米，为历年汛期均雨量的 1.4 倍，频次之多、持续时间之长为近年来少有，呈现旱涝急转态势。面对严峻汛情，气象、水文、水利等部门密切协作，认真分析会商雨情、水情，第一时间发布降雨、台风预警信息，市防指先后派出 3 批（次）20 个工作组、督查组，赴辖市区指导，及时调度市区闸站、魏村、澡港两大枢纽，强化预排预降，报经省防指同意开启武进港闸、雅浦港闸向太湖排洪。汛期，沿江沿湖工程泄洪 5 亿立方米，有效缓解了强降雨给群众生产生活带来影响。

【水资源管理】 有序推进节水型社会建设。武进区“省级节水型社会建设试点”创建工作通过省级验收。市政府正式批转《常州市节水型社会建设规划》。全年创建省级节水型企业 9 家、省级节水型学校 2 家、社区 9 家，完成省太湖治理节水减排项目 13 项，立项实施市级节水技改项目 24 家，形成年节水能力 7657.57 万立方米，实现 COD 减排 1501 吨。水资源管理基础工作不断加强。组织修订常州市工业和城市生活用水定额，经市政府批准后会同质监局发布实施。对上年列入计划 169 家企业用水量组织年度结算，对超计划用水单位下发通知书，分析超计划原因并提出节水的建议，促进企业节水。加强取水许可监管理，落实取排水许可、水资源论证制度，完成林洪特钢等 6 家单位的取水申请审批。增发、补助取水许可证 11 套。针对严重的气象干旱，强化沿江枢纽翻水和闸站联动调度力度，工程开机运行频次、运行时间为上年两倍。第十九届“水日”和第二十四届“中国水周”、“城市节水宣传周”期间，紧紧围绕“城市用水：应对都市化挑战”和“严格管理水资源，推进水利新跨越”等宣传主题，在市属中小学和高校举办第四届“生命之水”主题教育，在系统及省级节水型单位开展“建设节水型社会、促进人水和谐”为主题的摄影大奖赛，增强基层依法取水、护水节水意识。受省节水办、常州大学委托，代为起草《江苏省节约用水条例》（建议稿）和论证报告。

【工程管理】 按照《江苏省省管湖泊管理与保护工作考核办法（试行）》，开展太湖、滆湖、长荡湖巡查，加强对长荡湖湿地保护与恢复工程、长荡湖餐饮船综合整治项目、滆湖渔民避风港和武进水产养殖场改建等一批涉湖违法占用项目的跟踪督查。加强后续监管。对涉河建设项目监管情况进行检查，督促完成京沪高速铁路常州沿线 8 条河道、36 条支浜及 40 处沟渠清障并组织现场验收，确保沿线工程安全和度汛安全。完善市河数字化管护机制，创新督查考核办法，在生态市、全国文明城市迎检期间增加换水频率，加密保洁频次，为本市最终创建成功作出了积极贡献。制订

《常州市水利工程管理考核办法》,印发《"十二五"期间水利工程管理达标创建工作考核实施办法》,推进工程管理目标考核和水管单位管理达标建设。北塘河水利风景区顺利通过省考察评审,成为市区首家省级水利风景区。武进区太湖堤闸管理处通过省一级水管单位达标验收。有5座小水库通过省首批小型水库规范化管理单位的考核验收。全市共有1686条、3510公里河段纳入管护范围,管护覆盖率达75%。组织开展工程管理考核、闸门运行工班、乡镇水利站业务、涉河(湖)建设项目管理等专题培训12次,有效提升了职工业务素质。规范水利建设管理,加强水利工程建设领域专项治理,做好招投标活动监督管理。对长江德胜河口坍江整治、关河金色新城驳岸坍塌等关联汛期安全工程,采取竞争谈判方式确定施工单位,确保工程的及时开展。

【水利改革】 根据中央和省委一号文件精神及市委、市政府印发的《关于加快水利改革发展推进水利现代化建设的实施意见》(常发〔2011〕29号)。突出强化水利投入这一主线,积极创新。2011年市级资金安排较2010年同期增34%。各级可用财力的2%～4%、土地出让收益的10%、建设维护税的15%等均按照规定上限进行落实。切实强化市场化融资筹资,市水投公司计划新增融资规模25亿元。金坛、溧阳、武进也依托平台或重大项目,强化市场化筹资,其中溧阳水投公司首期完成融资2亿元,武进区通过农发公司运作,新增贷款1.8亿元。切实创新投入管理。对大运河东枢纽、南运河枢纽、串新河枢纽等城市防洪节点采用BT模式,保障项目建设开展。抓住各级重视水利的难得机遇,超前谋划,资源整合,向上对接,争取太湖治水、航道整治、土地整理、中小河流治理、小型农田水利重点县等国家和省补助项目,4个涉农县区实现中央财政小型农田重点县全覆盖,加快扭转农村水利发展相对滞后的局面。

【水利科技】 委托河海大学编制《常州市水利信息化"十二五"发展规划纲要》,按照纲要要求,组织编制《常州市水利信息化一期工程可行性研究报告》报市发改委立项,相关项目将结合市防汛调度中心建设同步推进。扎实推进以水资源管理信息系统建设。组织编制完成江苏省水资源管理信息系统一期工程常州市分工程、武进区分工程、溧阳市分工程的实施方案,并通过江苏省水资源管理信息系统工程建设处组织的专家评审,于2011年全面组织实施。2011年申报2项科技项目,落实经费100万元,按期完成省水利厅课题任务,开展了"滆湖入湖口生态湿地研究与推广"课题并通过市科技局验收。立项课题到期项目结题率达到省厅要求。

【行业发展】 按照科学发展观和构建和谐社会的要求,以求真务实的精神,积极推进系统自身建设。修订完善机关管理制度,修订管理制度40项并汇编成册,印发到全体职工手中。召开专题会议对制度执行工作进行全面部署,切实形成用制度管人,按制度办事的工作格局。进一步强化宗旨意识,服务意识,下发系统党建工作意见,完成局机关党支部换届工作;选派9名同志参加市入党积极分子培训班,围绕纪念建党90周年,结合创先争优,组织开展丰富多彩纪念活动,推进以"办民生水利实事,创群众满意窗口"为主题的为民服务创先争优活动,对系统先进党支部、优秀共产党员进行表彰。2011年在水利部举办的"全国水利系统纪念建党90周年朗诵大赛"中,由水利局选送的《永远的河道清洁工》获得一等奖。落实党风廉政建设责任制,以工程建设签订的"廉政合同"为抓手,对建设资金拨付、设计变更、物资采购等易出现职务犯罪的环节,强化预防管理,确保施工廉洁、建设高效、质量可靠。制订中层干部竞岗方案,对农水处、防汛办、工管处正职实施竞争上岗。选拔推荐3名同志进入省水利厅百名优秀科技人才和高技能人才库。组织一线职工参加全省水利系统岗位技能大赛,荣获组织奖。

【武进区节水型社会建设试点通过省级考核验收】 9月23日,武进区节水型社会建设试点通过由省水利厅、省发改委、河海大学、常州市发改委、常州市水利局组成的“省级节水型社会建设试点”创建工作验收组组织的省级考核验收。2007年,武进被确定为常州市唯一的省级节水型社会建设试点后,全区上下围绕节水型社会建设的总目标、主要指标和主要内容,全力推进。2010年武进区单位地区生产总值用水量由93立方米下降至43立方米,计划用水率由85%提高到98%,渠系水利用系数由0.65提升到0.73,单位工业增加值用水量由41立方米下降至18立方米,城区供水管网漏损率由13%下降至8.9%,城区和中心镇污水处理率由70%和40%提升到95%和82%,实现了节水型社会试点建设主要目标。2007～2010年,武进创建省级节水型企业7家,节水型社区3个,节水型高校6家,近年来重点企业节水技改项目总投资超亿元,年节水能力5000万吨以上。

【组织开展为期五个月水资源专项执法检查活动】 根据水利部和省水利厅的统一部署,2011年7月下旬至11月在全市范围内组织开展水资源专项执法检查活动,专项执法检查活动的范围主要包括:各类工业、商业、服务业企业、独立办公的行政、事业单位、居民小区取水用于经营的情况以及破坏水资源行为。整治内容主要涉及取水许可管理、水资源保护、节约用水管理、水资源费征缴四大类14种违法行为。检查时间跨度5个月,分为自查自纠、全面排查和集中查处、检查抽查、总结等4个阶段。共出动执法检查人员6560人次、执法检查车辆2180台次,向群众和用水企业发放各种宣传资料3.8万余份,排查用水企业600余家,其中用水大户100多家,立案查处水事违法案件20余起,追缴水资源费和水利工程水费545万元。通过水资源专项执法大检查活动的开展,基本摸清了全市水资源使用和管理现状,有效打击了水资源违法行为,做到取水经过许可、用水严格计量、依法缴纳费用、违法依法处罚,初步建立了长效、规范管理机制,取得了较好的效果,受到了省水利厅的高度评价。

【出台节水型社会建设规划】 8月,市政府办公室印发了《常州“十二五”节水型社会建设规划》,明确了“十二五”期间常州建设节水型社会的目标和任务。《规划》提出,到2015年,水资源利用效率和效益显著提高,单位GDP用水量比2008年降低25%以上,到2020年,建立起产业结构合理,水资源管理政策、法律、法规完善,管理制度健全的水资源管理体系,实现经济、社会和环境的健康协调发展,各行各业用水全面实施总量控制和定额管理,用水工艺先进,水环境得到根本改变,基本实施人与自然和谐相处,水资源利用效率和效益全面提高,各项节水指标基本达到目前国内外先进水平,向“体系完整、制度完善、设施完备、用水高效、节水自律、持续发展”的节水型社会建设的长远目标迈进。

【市区首家水利风景区诞生】 5月,北塘河水利风景区通过省水利厅、省水利工程规划办、省河道管理局组成的专家组现场考评验收,成为常州市区首家省级水利风景区。北塘河水利风景区位于常州东北部横塘河、北塘河及藻港河东支交汇处,南望紫荆公园,北邻环球恐龙城,是常州“三河三园”水上旅游线必经亲水驻足节点。景区占地约500亩,其中水域面积200余亩。风景区以横塘河北枢纽和北塘河枢纽及船闸为核心,规划为沿河风光带,工程观光区、休闲服务区、亲水活动区、博览展示区。建成治水先贤屠寄像、北塘河枢纽、东支河船闸、水文化墙、青龙潭(三河汇流处)、横塘河北枢纽等大小景点25处。通过三年多治理,景区内北塘河、横塘河、藻港河东支3条河已完成由“清水”向“亲水”的提升，景区绿化率达95%以上，水土流失治理达97%以上。

（张　勇）

金　坛　市

【自然经济社会概况】 金坛市地处江苏省南部、沪宁杭三角中心。东邻武进区，南连溧阳、宜兴二市，西依句容市，北接镇江市、丹徒区、丹阳市。东西相距约50公里，南北相距约40公里，总面积976.7平方公里，其中陆地面积782.48平方公里，水域面积194.22平方公里，建城区面积21.72平方公里，城市绿化率40.82%。截至2011年末，金坛市行政区域面积976.7平方公里，人口55万人，辖7个镇1个开发区，157个村委会，37个社区居委会。全市耕地面积4.625万公顷，水域面积1.942万公顷。生物资源丰富，植物有茶、林、果、竹，是江苏省茶叶主要产区；还有药用植物782种，其中茅山苍术为本地特产；珍贵动物有金丝雀、银鱼、穿山甲、刺猬、野山羊等。矿产资源主要有岩盐、石灰岩、油页岩、玄武岩、粘土、煤、泥炭、矿泉水、建筑石料等10余种，部分已开采利用。被誉为“苏南第一矿”的金坛市岩盐矿位于境内西北部直溪、茅麓、薛埠3个镇范围内的丘陵山区。2011年全市地区生产总值365.11亿元，比上年增长12.1%，人均生产总值66000元；财政总收入67.2亿元，增长30.3%，其中地方财政一般预算收入23.08亿元，增长28%；全社会固定资产投资206.6亿元，其中工业投入158.1亿元，分别增长25.2%和22%。

【水利概况】 金坛市地处长江三角洲太湖流域湖西腹部地区，地势西高东低，西部为丘陵山区、中部为低洼圩区，东部为平原区。特殊的地理位置和气候、地形特点决定了全市洪涝旱灾害发生机率高，水安全、水资源、水环境等在全市国民经济和社会发展中的地位日趋重要。全市境内拥有在册水库25座（中型1座，小型24座），塘坝工程1146座（10万方以上12座），水闸工程319座，泵站工程1255座，有万亩以上圩11个，千亩以上圩31个，圩堤总长417.028公里，圩区总面积41万亩。拥有河道383条，共计873公里（其中：县级23条，总长度为207公里；镇级87条，长度为343公里；村级273条，长度为323公里），承接上游来水的有丹金溧漕河和通济河；山区引排河道有薛埠河、罗村河、河口河、西阳河和石马河；东排入滆湖的河道有尧塘河、湟里河和北干河。主要湖泊为长荡湖和钱资湖，村庄河塘3583个，河湖沟塘水面37万亩，占全市总面积的21%。“十一五”以来，全市的水利建设事业取得重大成就。建成了城南防洪工程下丘河水利枢纽、河东洼地治理工程石桥水利枢纽和中桥闸工程，实施了具有引排功能的下塘河拓浚工程、金花河和电胜河整治工程，通济河、薛埠河、香草河3条主要通航河道护岸工程和25座小水库除险加固工程。水利工程设防标准逐年提高，初步建立起能挡、能泄、能蓄、能调的防洪工程体系，水利工程抗灾能力明显增强。实施县乡河道清淤和村庄河塘整治，完成市级河道20条125.5公里、乡级河道346条516.6公里，清淤总土方1057万立方米；整治村庄河塘3181个，清淤总土方达715万立方米；实施了尧塘河生态景观绿化工程，河道新增绿化面积45.73平方公里。钱资荡、长荡湖、尧塘河、市区下塘河、高亢平原河网化、尧塘镇湟里河等部分水域水质有所好转，城乡水环境得到改善。节水型社会建设取得成效，8家企业创成省级节水型企业，2个社区创成省级节水型社区；积极推进饮用水源地整治和备用水源工程建设，实施了茅东、向阳、高庄水库水源工程，实施钱资荡、长荡湖水环境综合治理，金花河与尧塘河、电胜河与下丘河贯通工程和下塘河拓浚;兴建了集排水、换水、补水功能于一体的石桥枢纽和中桥节制闸工程,在防御水污染事件中发挥着重要作用。

【年度水利工作】 2011年,重点水利工程建设方面,全面完成了镇村河道、河塘疏浚整治工程。完成了薛埠河、新建河、白石港3条河道整体清淤,清淤长度19.88公里,土方29.81万立方米;疏浚乡级河道清淤22条,长36.54公里,土方70.08万立方米,工程总投资724万元。实施了74个行政村、458个村庄河塘整治,完成土方151.45万立方米,投资约598万元;落实长效管护河道140条。通过了常州市级验收。小型农田水利建设方面,完成水利土石方449万立方米,完成小沟级以上建筑物350座。加固圩堤8公里,新建改造灌排泵站38座1443千瓦,改造塘坝27座,新建、改造防渗渠道50公里。全面完成中央专项工程直溪镇马山门圩、朱林镇长兴圩和薛埠镇小型农田水利建设。全市25座在册中小型水库除险加固工程任务全面完成。重点实施直溪镇巨村和开发区九村高标准农田建设3200亩(巨村2000亩、九村1200亩)。全面推进小农水重点县建设,计划用3年时间在全市8个镇(区)全面推进中央财政小型农田水利重点县建设,第一批3个镇已开工实施,确保5月份完工。防汛防旱工作方面,认真组织开展汛前大检查;严格落实各项防汛责任制;组织编制修订完善各类应急预案;加强防汛防旱设备检查维修保养和防汛物资管理、抢险队伍建设;精心组织抗灾救灾工作,协调解决抗旱资金,采取工程措施,将水灾损失降到最低限度,在累计降雨量达1066.2毫米的雨情面前,全市未出现大面积受淹现象。水政水资源工作方面,严格执行取水许可审批制度,完成4家企业太湖节水减排项目省级验收及省级水资源费项目的申报工作;抓好节水型企业创建工作,组织指导帮助企业、社区、学校积极开展创建省级节水型企业、社区、学校,到目前,全市已有8家企业、2个社区创建成为省级节水型企业和节水型社区;加大水利规费征收力度,除南水北调基金外,基本完成各项水利规费收缴任务;加强水行政执法,组织各类巡查176次,认真接待群众来信来访29起。及时处理丹金漕河改造工程中的擅自破圩案等水事违章行为8起。水利普查工作方面,强化组织领导,成立普查机构、组建普查队伍、选聘普查人员,健全普查网络;强化资金落实,确保水利普查经费到位;强化行政推动,及时研究解决水利普查工作中存在的问题和困难,为普查工作提供强有力的支持;强化沟通协调,各镇区、各有关部门、行业、企业、社区等相互配合,全民参与,给予了大力支持和协作;强化组织实施,严格按时间节点,精心组织各项培训、入户调查、数据获取、台账建设、事中抽查、质量控制、经费使用管理等工作,确保了水利普查有序推进。

(金坛市水利局)

新 北 区

【地方概况】 新北区地处常州市北部,北濒长江,与泰州市隔江相望,东与江阴市相邻,西与扬中市、丹阳市接壤,南接常州老城区。为常州在国家高新技术产业开发区基础上,于2002年4月设成立的新县区,地域面积439.16平方公里,下辖春江、孟河、新桥、薛家、罗溪、西夏墅六镇和河海、三井、龙虎塘三街道,共有122个行政村和32个社区居委会。常住人口近70万人,现有耕地面积17667公顷,沿江圩滩面积680公顷。区位条件优越,交通便捷,与苏州、无锡、镇江联袂成片,距上海、南京不到2小时车程。沪宁铁路、沪宁高速公路、338省道、常澄路以及京沪高速铁路、镇南铁路、常泰高速公路等穿区而过;拥有常州市全部长江岸线，具有建立深水良港的天然条件，已建成国家一类开放口岸——常州港，并已开通国际远洋运输航线；位于区内的常州机场已开通至国内20多个城市的航班；藻江河、德胜河、新孟河3条等级河道纵贯全区，连通京杭大运河和长江，构成四通八达、快速便捷的水、陆、空立体对外交通网。2011年全省开发区综合排名列第三位。

【水利概况】 新北区地貌西高东低，圩区高程4.5米左右，一般为5.5～7.5米，自龙虎塘藻港河东侧向南较低，其中软件园区域为4.5米。多年平均降雨量1077毫米，梅雨量约占全年雨量的22.5%左右（2011年梅雨期过程降雨量已达450毫米，内河最高水位5.08米，超警戒水位0.78米），7～9月受副热带高压控制，经常出现热带气旋雨和台风，易造成洪涝灾害。内河多年平均水位3.29米，警戒水位4.3米，危险水位4.8米，1991年最高水位5.52米。全区紧邻长江，共有江、港、洲堤75.83公里；S338省道以北沿江自东向西分9个圩区，面积10.4万亩。全区有河道168条，472公里。其中乡村河道161条，通江骨干河道7条（分别是桃花港河、藻港河、肖龙港河、德胜河、剩银河、新孟河、浦河），建成通江涵闸91座；大型闸4座，分别为澡港河、德胜河、新孟河、浦河。全区共有固定排涝站61座，总动力7540千瓦，总排涝流量123立方米每秒，其中高新城区3座，流量24立方米每秒，其余大部分坐落于沿江。农区共建成干支渠道1296公里，发展设施农业和高标准粮田5.3万亩（含万顷良田），硬化渠道424公里，境内初步形成了沟河成立、堤闸配套、排灌有序的水利基础设施格局。

【年度工作】 2011年，新北区水利工作认真贯彻落实中央、省两个“一号文件”精神，按照“保障防洪安全、保证水资源供给、保护水环境”的总体要求，围绕提高农业综合生产能力，改善农村水环境，促进农民增收的目标，统筹防洪除涝和水环境保护问题，坚持工程措施与非工程措施并进，着力推进万顷良田水系配套、河道疏浚、防洪驳岸、小型农田水利专项工程、高标准农田水利设施等各项建设，全区累计完成土石方160.6万立方米，完成投入资金1.56亿元。改扩建泵站10座，疏浚县乡河道11条，修建防渗渠道27.2公里，小沟级及以上建筑物62座，加固圩堤3.5公里，改造中低产田0.58万亩。

扎实推进抗旱防汛工作。2011年，全区经受了长期干旱、连续强暴雨及台风等多种自然灾害的侵袭，区防指采取有力措施进行科学调度，确保了全区未出现大的险情，取得了抗旱防汛全面胜利。全力组织抗旱调水。2010年10月至2011年6月上旬，全区出现秋冬春连旱，1～4月份降雨量101.9毫米，为历年同期值的37%，水资源供需矛盾和抗旱用水形势十分严峻，区、镇二级不等不靠，突击完成安宁河、十里横河等交汇河段淤积段突击清淤，同时，全面开启石桥翻水站、安宁河闸、大沟稍站、严家沟站、老澡港河泵站等水利设施，实施引水换水，确保小秧落谷、水稻大面积栽插用水，居民生活用水和水环境不恶化。汛期，全区先后遭受“6·18”、“7·12”、“8·25”三次强降雨和“8·05”台风袭击，采取了多项措施，防汛指挥部各成员单位通力合作，全面取得了抵御暴雨、台风的胜利。

稳步推进全区水利普查。国务院决定从2010年到2012年开展全国第一次水利普查，根据省、市水利普查办的要求，区、镇分别成立由多个部门组成的领导小组，组建业务班子，调整充实水利普查工作人员，落实办公地点，添置办公设施。对水利工程、河湖基本情况、河湖开发治理保护、经济社会用水、灌区、地下水取水井及水利行业能力等七大行业明确专人，分工指导。编制新北区第一次全国水利普查实施方案，落实专项经费400万元，其中区级100万元，镇级300万元；组建一支素质高，业务精的区、镇普查员队伍，由 61 名指导员，219 名普查员组成；区、镇二级均举办培训班，共培训水利普查员 280 人次。根据《实施方案》，组织镇级普查员对所有涉及对象进行全面清查。累计清查 1 个流量以上水闸 45 座，泵站 439 座，堤防工程 13 条，农村供水工程 1 处，规模化畜禽养殖场 22 个，公共供水企业 4 个，河湖取水口 433 个，地表水水源地 2 个，入河湖排污口 36 处，水利单位 24 个，灌区 324 处，地下水取水井 43466 眼；并要求抽查城乡居民生活用水 100 户，工业企业 137 个，建筑业与第三产业 97 个。坚持签订责任状与企业承诺书制度；坚持工作例会制度，每月 5 日、15 日、25 日定期召开业务例会，推广好的经验和做法，协商解决存在问题；坚持考核制度，下发考核通报，表扬先进、鞭策落后；坚持信息报送制度，沟通信息，借鉴工作经验；全区水利普查工作在常州领先，并获得国水普办、省水普办的充分肯定。

继续加快水利基础设施。扎实推进农村河道疏浚。全区疏浚农村河道 18 条，总长 23.59 公里，土方 51.48 万立方米。稳步开展万顷良田基础设施建设。1.1 期基础设施全部竣工，准备验收，共建交通路、生产路、田间路 23 公里；各类节水“U”型渠道 13.1 公里，暗渠 2.1 公里，排水斗渠 9.1 公里；疏浚整治河道 5 条 9 公里；道路、水系、渠系框架已经建成。1.2 期也于 6 月 24 日开标，落实施工单位 8 个，7 月上旬正式开工，计划建田间生产路 28.5 公里、地下管道 15.7 公里、斗沟 39.2 公里、U60 渠道 40.4 公里、支沟 5.1 公里。全力推进小型农田水利专项工程和高标准农田水利工程建设。完成 2010 年中央小型农田水利专项和市下达的高标准农田，新建节水渠道 5.3 公里，新建节制闸、机耕桥等渠系配套建筑物 36 座。全面推进中央财政补助小型农田水利设施重点县建设项目。经过努力，正式跻身国家第三批小型农田水利重点县行列。从 2011 年开始，计划用 3 年时间，国家、省、区三级共同投入资金 12831 万元，全面完成区内农田水利建设巩固提升。2011 年建设内容涉及春江、薛家、罗溪、西夏墅四个镇，项目区面积 7.03 万亩，建设内容有改建泵站 21 座，U 型渠 111 公里，梯形衬砌渠 10 公里，低压管道铺设 13 公里，排水沟衬砌 8.5 公里，排水沟加固及清理 39 公里，田间配套建筑物 831 座。

不断巩固水环境综合整治成果。根据城市数字化长效管理的要求和当前水环境管理面临的新形势、新任务，出台《新北区河道沟塘长效管理考核办法》。对全区河道 168 条，472 公里，沟塘 1000 座实施全覆盖管理，共落实管护人员 177 人，统一制作管护员上岗证，接受群众监督。坚持执行区水利局每季度督查一次、区河道长效管理办公室每月督查一次、镇巡查员每星期督查两次的制度，巩固水环境效果，做到河面清洁“三无”：无影响水生态的植物、无漂浮物、无生产生活污水直排。河坡整洁“三无”：无生产生活垃圾、无乱建乱堆、无乱种乱垦。河道畅通“三无”：无障碍物、无阻水高秆作物、无乱取乱填。有力巩固了水环境效果，长效管理成绩在全市名列前茅。

（姜建青）

苏　州　市

【综述】 2011 年，是苏州水利发展史上具有里程碑意义的一年。全市水利系统影响不断扩大，治水热潮全面掀起。2011 年初，在中央、省委 1 号文件相继出台以后，苏州市委、市政府迅速召开全市水利工作大会，对加快水利改革发展作出全面部署。全市各级认真贯彻市委、市政府决策部署，抢抓机遇，开拓进取，“十二五”水利改革发展取得良好开局，为全市率先基本实现水利现代化打下了坚实基础。其中，水利现代化建设目标任务全面明确，全市各地纷纷出台关于加快推进水利现代化建设的相关文件，明确公共财政水利投入的新要求，确立水利现代化建设的总体思路，指明未来一段时期水利现代化建设的目标任务；防汛抗旱减灾成效显著，成功抵御历史罕见极端天气和台风袭击；农村水利事业亮点纷呈，年度目标任务超额完成；水利基础设施建设全面加快，年度完成投资超过百亿；水资源管理水平逐步提高，“三条红线”制度落实稳扎稳打；全市水务事业迅猛发展，各项指标再创新高；水利体制机制创新不断深化，基层体制改革基本完成；依法治水管水能力显著提升，水事案件查处力度进一步加大；党建和作风效能建设扎实推进，苏州市局再获优胜单位。

【水利现代化目标和要求】 根据市委、市政府的要求，在2014年全面率先基本实现水利现代化，有条件的地区提前实现水利现代化。一是明确水利现代化建设的目标体系。要加快防洪除涝工程达标建设，全面提升抗灾减灾能力。太湖流域全面达到50年一遇防洪标准。加快区域工程建设，实现防洪达到50年一遇、排涝达到20年一遇的标准。全面推进城市排涝达标工程建设，基本消除易淹易涝片区；要优化配置和高效利用水资源，全面提升水资源保障能力。到2015年，全市年用水量控制在100亿立方米以内，万元地区生产总值用水量控制在60立方米以下，农田灌溉水有效利用系数达到0.7，旱涝保收农田面积达到100%；要加强河湖综合治理，全面提升水环境承载能力。到2015年，集中式饮用水水源地水质达标率达到100%，水功能区水质达标率达到70%；生活污水集中处理率城镇达到95%，农村达到60%以上；要强化水利景观综合功能，全面提升水文化支撑能力。恢复一批苏州古城、水乡古镇、古村落的特色水景观，开发一批沿江风光带、太湖观光带、运河文化带、湖泊景观群等旅游专线，建设一批国家级水利风景区，打造一批水利服务品牌；要大力发展水利信息数字化工程，全面提升科技创新能力。加快推进现代化通信技术、物联网技术、遥测遥感技术等在水利建设、水利管理运行、水资源保护、水文监测、防洪决策等方面的深度应用。到2015年，全市水利科技信息化水平达到90%；要创新水管单位体制机制，全面提升公共服务能力。进一步完成乡镇水利站改革，完善水利政策法规体系，到2015年，防汛防旱管理与应急能力达到95%，水利投入政策到位率达到100%，重要水管理事项有效实施率达95%，水利队伍的人才结构达标率达90%。二是建立健全多元化水利投入机制。“十二五”水利计划投入达到470亿元，比“十一五”增加320亿元。明确公共财政投入政策，健全水利投入稳定增长机制。市、县、镇财政要确保当年可用财力的2%～4%用于水利工程建设。从土地出让收益中提取10%用于农村水利。从土地出让金中提取的农业土地开发资金，按规定比例用于农村水利。新增建设用地土地有偿使用费，重点用于农田水利基础设施建设。城市维护建设税划出不少于15%的资金用于城市防洪排涝工程的建设与管理。出台区域性重大基础设施建设专项资金统筹管理办法，加大专项资金统筹力度。成立了苏州市区域性重大基础设施建设统筹专项资金管理委员会，由政府主要领导担任主任，由财政局长担任办公室主任。专项资金重点用于区域骨干水利工程，按照工程投资的15%～20%给予经费补助，其他部分按“谁受益、谁负担”的原则由工程所在市、区分担。出台水利建设基金政策，明确水利建设基金主要来源。市县收取的城市基础设施配套费提取3%；市县收取的防洪保安资金；市县分成的农业重点开发建设资金用于水利部分；从城市维护建设税中划出不少于15%的资金用于城市防洪和水源工程建设；市县政府确定的政府性基金和其他收费项目提取部分。加强对水利建设的金融支持,多元投入机制创新发展。通过直接、间接融资方式拓宽水利投融资渠道,吸引社会各类资金参与水利建设,同时引导和鼓励金融机构增加水利建设信贷资金。

【防汛抗旱工作】 2011年,全市先后发生严重干旱、旱涝急转、遭受强降雨袭击,再受台风"梅花"外围影响,防汛抗旱形势严峻。针对上半年出现的严重干旱气候,市防指通过工程调度,沿江水闸抢抓时机乘潮引水30.65亿立方米,加强农田灌溉设施维修,提前购置移动抗旱设备,开展大规模河湖清障等措施,在农业用水高峰和抗旱过程中发挥了巨大作用。针对旱涝急转和台风袭击,全市准备充分,物资储备超额完成,吴江、昆山、吴中等地建成大型防汛物资储备仓库。各地增强应急预案的针对性和操作性,汛期沿江水闸累计泄洪21.2亿立方米,加强防汛抢险队伍建设,建立群众性防汛抢险队1707个、38151人,启动防御台风Ⅱ级应急响应,在抵御局部短时强降雨和台风防御中起到了积极作用,防汛抗旱工作取得全面胜利。其中,建成的苏州中心城区200年一遇防洪大包围在城市防洪、排涝过程中发挥了重要保障作用。

【农村水利建设】 全市农村水利投入资金15.6亿元,比上年度增加近一倍。其中,完成农村水利建设总土方2280万立方米,是计划任务的120%;完成圩堤达标418公里,新建改造排涝站159座、圩区三闸152座,挡墙护坡129公里,堤防达标率平均达到95.3%。常熟提前一年完成建设任务,张家港南丰镇、昆山周市镇、太仓双凤镇、高新区浒关镇建成圩区信息化管理中心,9个圩区堤防试点镇全部通过验收;疏浚河道1385公里,绿化河道302公里,拆坝449处、建桥(涵)413座;五市、吴中、相城区全部争取到中央财政小型农田水利重点县项目,中央、省级补助4.4亿元。节水灌溉建设和自动化管理快速发展,太仓满分通过年度审计。完成防渗渠道322公里、灌溉站126座,建设喷滴灌等高效节水灌溉面积7750亩。吴中水土保持示范园通过水利部、教育部组织的社会实践基地评定;全市河道长效管理管理经费超1.1亿元。

【重点水利工程建设】 全市加快推进重点水利工程建设,累计完成投资101亿元,是年度投资完成最多的一年。其中,东太湖综合整治累计完成投资31.6亿元;走马塘拓浚延伸(苏州段)工程全面展开;七浦塘综合整治工程攻坚克难,于12月30日举办了隆重的启动仪式;福山水道南岸边滩整治工程主体基本完成;通州沙西水道综合整治一期工程全面开工。列入省级重点工程的吴江市三船路治理、昆山市昆北塘综合整治和淀山湖工程、常熟海洋泾整治工程、张家港市朝东圩港和环城河整治工程均基本完成;各县级市备用水源地建设加紧实施。市区"打造最佳水环境三年行动"第二年目标任务全面完成。其中,投资7400多万元,打通6条断头浜、恢复中张家巷河,以及干将河整治等工程也全部结束。

【水资源管理】 强化水功能区保护。全市190个水功能区水质达标率连续四年稳步提升。其中,2008年35%,2009年45%,2010年50.5%,2011年达到55%;省、市水功能区实现了全覆盖监测;对排污量超出水功能区限制纳污总量的地区,实行限制审批;制定了《苏州市水源地村生态补偿考核办法》,2200万元补偿金全部到位;启动了太湖水源蓝藻预警工作。落实最严格的水资源管理制度。明确了我市用水总量、用水效率和水功能区限制纳污"三条红线"控制指标;开展了地下水监测井水质普查;"两费一金"征收连创新高,近两年均突破3亿元,水资源费和南水北调基金是全省唯一完成征收任务的市;张家港、常熟市通过了省水利厅水资源管理示范县验收,张家港市成功列入国家首批试点市。落实最严格水资源管理制度专项整治活动。印发了《苏州市农村黑臭河道治理实施意见》,排查城乡黑臭河道 423 条，黑臭河道整治行动全面展开，常熟市已完成 17 条黑臭河道治理。

【城乡水务】 大力推进区域供水工程，建成供水运营单位 26 家、550 万立方米/日，区域供水集中普及率达 96%。对城区供水水源安全问题进行了深入研究，形成了立足太湖，建设阳澄湖第二水源，规划长江取水三步走的战略意见；全市城镇污水厂增加到 103 座，处理能力增加到 304 万吨/日。城镇污水处理率达到 92%，太湖、阳澄湖保护区农村生活污水处理率分别达到 78%和 72%，比上年提升 3 个、12 个百分点，苏州中心城区污水处理率达到 96%；苏州市区被授予“国家节水型城市”称号，率先在全国建成国家节水型城市群。全市建成省级节水型企业 300 多家、节水型社区近百个、节水型高校 10 余所；地下水恢复快速，全市水位埋深基本在 30 米以内。

【依法行政工作】 市局制定了《苏州市水利局 2011 年依法行政工作要点》，完成了“苏州水网”改版和《水利窗口行政指导手册》修订，许可、处罚、强制、征收、奖励等行政权力事项全部上网公开，实现所有办件项目网上审批，张家港水利局被评为全省水利政策法规工作先进单位。加强水行政执法工作，累计出动执法巡查人员 17042 人次，巡查 7163 次，现场处理水事违法违章行为 792 起，立案 66 起，罚款 465 万元。查办了望虞河太湖喇叭口堆土案、漕湖堆岛案、吴江不夜城假日酒店违章搭建等重大水事案件，严肃查处东太湖工程建设串投标案。全市水管单位加快规范化、法制化、现代化建设，胥口水利枢纽管理处高分通过国家水管单位考核验收，水利工管单位管养分离有序推进。年度水利普查清查成果完善、普查数据获取、台账资料整理、普查表预填报、数据录入等工作全面完成，为依法治水管水提供了数据支撑。

【基层体制改革】 根据中央、省委一号文件和市委二十号文件的要求，苏州市加快基层水利服务体制改革。在总结常熟市改革试点的经验基础上，逐步形成了“城乡统筹、协调发展、公共财政、市场运作、以人为本、和谐社会、实事求是、与时俱进”的理念，通过“明确乡站职能、理顺管理体制，严格按照职责、实行定岗定编，落实有关政策、保证财政供给”。全市 76 家基层单位人员经费全部纳入财政预算。常熟、昆山、太仓、吴中、相城、园区、新区已经改革到位，吴江、张家港改革方案通过市委、市政府领导讨论。

【水利科技】 全市水利系统进一步贯彻落实科学发展观，坚持不懈地推进科教兴水战略，强化科技管理，加紧科研攻关，积极推广新技术、新材料，加大先进技术在防汛指挥、水资源调度、水利建设和运行管理等方面的推广应用，取得了较为显著的成绩。2011 年苏州市水利科技重点项目补助经费增至 30 万元，张家港市水利局荣获 2011 年度省水利科技工作先进集体，昆山市水利局何岩、吴江市水利局金红珍荣获 2011 年度省水利科技工作先进个人，由张家港市水资源管理处完成的《张家港市水稻节水灌溉管理制度和激励机制》获年度江苏省水利科技优秀成果二等奖。

【作风效能建设】 市水利局成立了惩防体系建设工作领导小组，积极开展工程领域突出问题专项治理；东太湖、七浦塘工程纪检派驻组全面发挥监察作用。张家港、常熟、太仓把“5·10”、“5·20”作为“我要廉”和“我爱廉”的倡廉日，昆山市建立企业准入、市场运行、项目合同、权利制约、全程监督、保证金六项制度，吴江市加大关键业绩指标考核监察，吴中、相城、新区、园区充分发挥纪监作用。评选表彰了“十一五”期间十佳水利基层单位和先进个人。窗口受理各类行政许可事项承诺期办结率和提前办结率达 100%，市局处理的各类来信来访、公众监督及 9599 件“12345”便民服务工单全部办结。加强与清塘社区“双结对”活动，与太仓市浏河镇积极开展服务企业“双千”活动、非公党建“双帮双比”活动。成功举办建党90周年系列活动，举办了第二届“水惠民生”杯体育运动会，积极参加扶贫帮困活动，募集捐款百万元。科技学会工作再放异彩，张家港市荣获省水利科技工作先进集体，学会工作再获先进。机关作风效能建设成效明显，苏州市水利局连续两年获市级机关优胜单位，张家港市连续四年获“十佳优秀”机关，常熟市连续三年获市级机关“公仆杯”第一，太仓市水利局农水科获市级机关科室“作风效能建设示范点”称号，昆山市获市级“服务业发展目标考核优秀奖”，常熟、太仓、吴江市荣获2011年度全省先进单位荣誉。

（苏州市水利局）

昆 山 市

【自然经济社会概况】 昆山位于东经120°48′～121°09′，北纬31°06′～31°32′，地处江苏省东南部，上海与苏州之间。北至东北与常熟、太仓两市相连，南至东南与上海嘉定、青浦两区接壤，西与吴江、苏州交界。市域南北长48公里，东西宽约33公里，总面积931平方公里，其中陆地面积641.1平方公里，水域面积208.68平方公里。昆山属长江三角洲太湖平原，境内河网密布，地势平坦，地势自西南向东北略呈倾斜，自然坡度较小，地面高程多在2.8～3.7米之间(基准面：吴淞零点)，平均为3.4米。昆山是江苏的“东大门”，1989年撤县设市，有1个国家级经济技术开发区，1个国家级综合保税区、1个国家级高新区、2个省级开发区和10个镇。2011全年地区生产总值2432.251亿元，工业总产值8001.567亿元，服务业增加值900.0165亿元，地方一般收入200.2188亿元，进出口总额855.2961亿美元，社会消费品零售额421.3369亿元，全社会固定资产投资646.1539亿元，城镇居民人均可支配收入35190元，农村居民人均纯收入20212元。昆山在台湾电电公会大陆地区投资环境评估中连续3年排名“综合实力极力推荐城市”第一；在福布斯中国大陆最佳县级城市排行榜上，连续3年位居第一；连续7年位列中国中小城市科学发展百强榜首，先后荣获中国经济转型特别贡献奖、中国全面小康特别贡献奖城市、2011中国县级市最具创新竞争力城市、中国宜居宜业典范城市、中国最具幸福感城市等称号。2011年新认定国家火炬计划重点高新技术企业3家、省级以上高新技术企业93家、技术先进型服务企业6家、省民营科技型企业75家，国家重点新产品4个。全市实现高新技术产业产值超2900亿元，占规模以上工业产值比重达40%。实现新兴产业产值超2100亿元，高于全市工业增速7.7个百分点，占规模以上工业产值比重达29%，其中新型平板显示、高端装备制造两大产业分别完成产值970亿元、450亿元，均列苏州各市区第一。2011年，昆山市加快海峡两岸(昆山)农业合作试验区和国家现代化农业示范区建设，新增高效农业面积1.5万亩，农业亩均效益2510元，小麦、水稻亩产分别达339公斤和614公斤，油菜籽亩产152公斤，粮食总产118041吨，油菜籽总产1567吨。农业机械化作业水平达91%，农业科技贡献率65%以上。服务业增加值占地区生产总值比重达37%，比上年提高2个百分点。新增服务外包接包合同额3.3亿美元、离岸外包执行额1.23亿美元。新增总部经济30家、现代物流企业31家、服务外包企业100家。企业完成内销金额1900亿元，增长23.9%，占比提高3.4个百分点。花桥国际商务城获评全国首个服务外包认证国家示范园区，跃居中国服务外包园区第三。市内的亭林公园融自然景物与名胜古迹于一体，玉峰山、古镇周庄、赵陵山良渚文化遗址、顾炎武墓、秦峰塔、文昌阁等历史名胜广受注目。2011年，上海轨道交通11号线延伸段工程启动建设，沪宁高铁昆山南站北广场和花桥站广场配套设施建设基本完工，杨林塘(金鸡河)航道整治实质性启动。沪宁高速陆家互通扩建、周同公路二期、前进中路改造、合兴路改造、大洋桥重建等工程竣工通车。长江引水工程提前竣工。新增和优化公交线路39条，区域出租车实现全覆盖，3000辆公共自行车投放使用。2011年，新建成幼儿园8所、小学2所，10所学校校舍翻建改造。城乡医疗资源优化配置，全面实施基本药物制度和10大类41项基本公共卫生服务及6项特色公共卫生服务。全市18家医疗机构实现病历数据共享，建立居民电子健康档案系统。设立食品安全监测点54个。全面推进流动人口计划生育基本公共服务均等化，全市人口计生信息化建设率和应用率均实现100%。成功入选全国双拥模范城。新建文化艺术中心、市民文化广场。举办各类群众性文体活动3000多场。成功举办国际文化旅游节、国际啤酒节、昆曲入遗十周年、亚洲田径大奖赛等大型活动。

【水利基本概况】 全市河道总计2536条，总长度2949公里，列入省保护名录湖泊19个，水资源较为充裕。全市10个镇水利站，1个开发区水利站，以及昆山城市河道管理所、昆山市河道管理处、昆山市湖泊管理所(傀儡湖饮用水源保护站)、昆山市娄江河道管理站、昆山市水利技术推广站、淀山湖防洪工程管理处等，全系统职工人数498人，其中高级职称4人，中级职称57人。全市拥有固定机电排灌站693座(其中：灌溉站176座，排涝站438座，排灌结合站79座)，总动力为73734.7千瓦，灌溉流量222.7秒立方米，排涝流量1599.8秒立米。三闸1027座(其中：套闸99座、防洪闸875座、内闸5座、单闸48座)。防洪圩堤1154.9公里(其中达标945.8公里、圩堤已建护坡525.4公里)。全市联圩106只，总面积112.7万亩(其中耕地22.2万亩，水面9.55万亩)，其他面积80.99万亩。河道全市总条数2536条，2949公里(其中已建护坡702.8公里，市级7条，135.4公里，县级22条，145.9公里，镇村级2507条，2667.8公里)，圩内河道2094条，2164.9公里，圩外河道442条，784.2公里。

【年度水利工作】 (1)防台防汛工作。2011年全市汛期总雨量超过常年，汛期局地性暴雨如8月27日2小时强降雨达102.3毫米(中华园测站)，历史罕见。汛前对全市396座泵站和523座水闸进行了维修保养，确保设备运行良好。新编制了《昆山市城市强降雨应急预案》，提高了对短历时强降雨等灾害性天气的应急能力。进入梅雨季节后，全市旱涝急转，防汛形势较为严峻，水利局精心组织、科学调度，共启动联圩105个，启动各类排涝设备1200余台(套)，出动1100余人次，全力以赴投入抗灾抢险，夺取了防汛工作的全面胜利。(2)水利工程建设。重点工程方面，2011年重点水利工程总投资1.76亿元，共有4项工程，其中，张家港挡墙、昆北塘二期、道褐浦综合整治3项工程全部完成；泗安泾河道整治工程按计划推进，预计2012年3月底前可全部完成。农水工程方面，全年累计投入资金3.2亿元，共完成河道疏浚整治211.9公里，占计划数的110%以上，完成堤防达标工程97.3公里、灌区改造工程25项、机电排灌工程44项、三闸工程26项。此外，2010年度小农水重点县工程也已于2011年6月底前全部完工，共投入劳动力工日7.3万个，资金4919.77万元，完成土石方69.2万立方米，走在了全省的前列。水利工程管理进一步增强。全面实施“政府监督、业主负责、施工保证、监理控制”的工程分级管理模式，进一步完善农水工程招投标制度和工程质监制度，确保了工程质量。全年累计完成工程招标总量159份，节约资金5300余万元，共发放质监工作联系单14份、质监整改通知单32份、通报批评4

家。相关规划编制工作如期开展。制定完成了《昆山市关于加快推进水利现代化建设的意见》,为全市水利现代化工作指明了方向,修编完成《昆山市农村水利建设规划》并通过评审。(3) 水资源管理。水资源保护力度不断加大。全面实行水资源论证制度,严格取水许可和入河排污口设置审批管理;出台了《关于进一步规范两费征收管理的有关规定》,进一步规范了"两费"征收程序;在全省水利行业率先试行水资源全面监测工作。水政执法力度进一步增强。以开展水资源管理专项执法行动为契机,不断加大对非法取排水、超计划用水等行为的执法力度,全年共出动执法人员 2137 人次,开展巡查 836 次,查处各类水事违法违章行为 35 起。地下水应急供水项目初步完成。共建成应急供水井 18 眼,初步形成了较为完善的地下水应急保障体系,在水源突发事件情况下可满足全市 200 万人的应急用水需求。(4) 河道长效管理。一是保洁力度不断加大。全面落实河道保洁"二级巡查、三级考核"机制,做到巡查、督办、整改"三到位",不断加大保洁力度,提高保洁效率,确保了河道清洁。二是专项打捞成果进一步凸显。在水葫芦、绿萍等水生植物爆发期间,采取"堵、赶、拦、捞"相结合的方式,累计出动人员 5000 余次、船只 4000 余船次,打捞水生植物、河道垃圾 2.3 万吨,有效控制了水生植物的蔓延。三是黑臭河道整治工作全面铺开。制定了《昆山市黑臭河道专项整治实施意见(草案)》,组织人员对黑臭河道开展了全面排查。(5) 圩区管理。一是圩区信息化有序推进。新建了 5 个圩区信息化建设项目,2011 年汛期投入使用。二是圩区标准化管理水平进一步提升。修订完善昆山市联圩水利工程管理细则,完成了圩区标准化管理达标复检工作。合理调整联圩管理服务区,组织开展了优秀服务区创建工作,全面提高圩区管理水平。三是率先开展堤防达标管理建设工作。以淀山湖镇为试点,在全苏州市率先开展了堤防达标管理建设试点工作,取得了预期效果,苏州市局对此予以高度肯定和赞扬,并专题召开推介会,在全苏州市推介昆山经验做法。(6) 水利普查。紧紧围绕"争创水普工作新亮点"的总目标,精心组织、扎实推进,在全省率先完成了普查的清查登记、清查审核、数据汇总、录入上报和空间数据采集标载等工作,并顺利通过审核验收,取得了阶段性的成果。在全省水普工作大会上,连续 2 次作为县级市代表做交流发言,成为全省水普工作先进典型。(7) 队伍建设。一是创先争优活动深入推进。规范做好公开承诺、党员点评工作,科学落实整改提高措施,努力做到以创先争优促发展、以创先争优争一流。二是责任意识明显增强。将弘扬责任文化作为全年重点工作来抓,健全规章制度、明确岗位责任。三是人才队伍建设更加强化。全年共引进各类人才 11 人,其中研究生以上学历 3 人,为水利队伍发展壮大注入了新动力。四是精神文明建设深入开展。以建党 90 周年为契机,组织开展了党史知识讲座、纪念建党 90 周年征文比赛、演讲比赛、红歌赛等主题鲜明、形式多样的纪念活动。五是财务内审工作进一步加强。出台相关文件,完善财务制度,加大内审力度,全年实施干部离任审计和资金审计项目共 20 个,确保了财务和资金安全。

(丁小龙)

南 通 市

【综述】 2011 年是"十二五"开局之年,也是水利建设大事最多、社会关注度最高、环境营造最为浓厚的一年。市水利局紧紧围绕"加快现代化、再创新辉煌"战略目标,以学习贯彻中央、省、市三个 1 号文件和市第十一次党代会精神为抓手,积极践行可持续发展治水思路，积极争创最佳办事单位，开拓创新，主动作为，全市全年共投入23.3亿元，各项工作成效显著，亮点纷呈，实现了“十二五”规划目标的高点起步和良好开局。长江河道采砂管理全国领先，水费征收、水资源管理、节水型社会建设、防汛防旱、水旱灾害统计、水利新闻宣传6项工作全省先进，农村河道疏浚、农村饮水安全、重点水利建设、水利普查等多项工作成绩显著，水利局被市政府表彰为应急管理工作综合考评先进单位，南通市荣获全省防汛防旱先进集体。在推进市级重大项目和江海联动开发重点工作中成绩突出，荣获南通市江海联动开发目标管理考核先进单位、南通市大交通建设工作先进单位等多项荣誉。连续两年被省水利厅授予江苏水利“优胜杯”。水利基础保障能力进一步提升，水利防灾减灾效益进一步显现，水利维护水资源环境方面的作用进一步发挥，民生水利发展成效进一步凸显，水利部门社会管理公共服务能力进一步加强，多项工作受到部、省、市等领导的表扬和充分肯定。

【防汛防旱抗台】 2011年春夏之交，旱情严重，降雨量是60年来最小值，全市各地认真落实各项抗旱措施，加大引江调水力度，做到能引则引、有水必引，全力补充内河水量，保证全市中稻正常移栽和工农业生产。市委副书记、代市长张国华，市委常委、副市长秦厚德分别对全市抗旱工作作出重要批示，充分肯定了全市抗旱工作。6月中下旬后旱涝急转，市紧急启动市防汛防旱应急预案，科学调度紧急排涝，全市沿江沿海涵闸共排涝水8.19亿立方米。在防御9号台风“梅花”时，全市迅速启动防台风Ⅱ级应急响应，全市各地各部门超前部署，全力防范，牢牢把握防台风工作主动权。省长李学勇和市领导连夜亲赴启东，实地检查指导防台抗台工作，高度肯定了全市防台抗台工作。

【重点水利工程建设】 围绕沿海沿江开发战略实施，抢抓沿海开发和中小河流治理项目机遇，扎实做好重点项目前期工作，推进重点水利项目实施，确保省级重点水利工程建设任务完成。2011年，全市重点水利工程建设任务计划为2.53亿元，实际累计完成投资2.8亿元，超历史规模。组织编制了《南通水利发展“十二五”规划》、《南通市沿海区域发展水利专项规划》、《南通市2013～2015年中小河流治理规划》等规划。狠抓重点水利工程开工建设，先后完成了如皋长青沙西南侧长江抛石护岸、通吕运河海门段治理、九圩港通州段治理、新江海河治理等4项重点水利工程建设任务；九圩港闸除险加固工程开工标志着全省沿海开发战略水利项目的实施，焦港闸和通吕运河市区段整治工程等一大批重点工程项目也相继开工。九圩港提水泵站、东凌平原水库和长江北支整治等项目前期研究工作进展顺利。重点项目储备有质有量，全市各地上报储备项目44项，估算投资38亿元。海堤达标工程省级验收工作走在全省前列。如东掘苴闸、东安闸通过省级验收。

【农村水利建设】 农村河道疏浚提前一年全面完成本轮规划任务，共疏浚县乡级河道76条段、完成土方472万立方米，重点推进856个行政村的村庄河道疏浚整治，完成土方2019万立方米。43万农村饮水安全工程任务全部完成，共铺设管道1718.37公里，完成投资16707万元。大中型灌区建设任务全面完成。全面完成小型农田水利重点县及专项工程建设任务，完成投资1.51亿元。如东、启东成功跻身全国小农水重点县行列，全市6县(市)区全部进入重点县。

【农村和市郊“四位一体”环境长效管理】 围绕农村环境“上台阶、创达标、抓延伸”的总体要求，组织开展农村环境长效管理工作，初步实现了农村环境长效管理工作“机构人员、责任落实、经费保障、督查考核”四个到位。农村环境长效管理良性运行机制基本建立。农村环境长效管理基础设施进一步完善。全市已建成压缩式垃圾中转站77座，垃圾焚烧发电厂3座。农村环境长效管护队伍进一步充实。共配备农村环境保洁员12658名，基本达到农村人口每600～800人配备1名保洁员的标准。农村生活垃圾无害化处置效率进一步提高。全市全年无害化处理率达84.56%。初步建立市郊"四位一体"环境长效管护机制。各区均成立了专门管理机构。落实了管护资金，组建了保洁队伍，加强了督查考核。

【水资源节约保护和节水型社会建设】 节水型社会建设和水资源管理工作全省先进。加强地下水管理，制定并经市政府常务会议通过出台了《南通市地下水管理办法》，将于2012年2月1日起正式施行，为规范地下水管理提供了政策支持。严格按照规定的权限和程序进行审批，共办理办结取水许可申请10项，办理排污口设置3项。加强视频监控系统及水位监测系统建设，进一步提高水源地安全保障水平，组织实施了182个水功能区和6个集中式饮用水源地水质全覆盖监测和评价工作，并按月发布水质通报。加快推进水资源管理示范县建设工作，如皋市顺利通过全省水资源管理示范市的考核验收。大力推进水平衡测试工作，完成了赛奥生化、江天化学、铁人运动、南通宝钢等18家企业单位测试工作，进入创建整改工作，超额完成市政府下达任务。强化水资源费及南水北调工程基金征收，在全省率先完成征收任务，全市共征收水资源费3795万元，南水北调工程基金2522万元(其中，市区征收水资源费及基金分别为1646万元和911万元)。节水型社会建设圆满完成省下达的年度建设任务，创建节水型企业23家、节水示范项目43项，并顺利通过了国家级节水型社会试点市中期评估，顺利通过国家级节水型社会试点市中期评估，列北京、上海之后全国第三。

【城市水利建设】 2011年是实施《南通市城市水系规划》的第二年，市委、市政府高度重视市区河道整治工作，将这项工作列入市政府为民办实事项目。市区河道整治工程建设任务重、时间紧、压力大，水利局抓前期，抓进度，抓保障，总体进展比较顺利。共完成市区40条段投资超4亿元的市区河道整治任务，是2010年的两倍。另一方面，组建河道管理机构，在局直属事业单位南通市工程管理站增挂"南通市城市河道建设管理中心"牌子，出台了《南通市城市河道管理办法》和《市郊环境"四位一体"长效管理实施意见》，进一步理顺了河道管理体制，建立健全了河道巡查员岗位职责、市区河道保洁考核日常检查制度、河道巡查人员安全生产制度、河道巡查登记建档制度、河道巡查重大事项日报制度等5项规章制度，明确了管理职责，落实了管理经费，开展了河道长效管护工作，提升了城市河道治理水平，海港引河保洁管护成为样板示范工程。

【引江调水工作】 根据《南通市引江调水规划》，继续组织实施引江调水工作。全市共有20个大中型涵闸、35个小型涵闸、4个泵站参与引江调水工作，全市沿江涵闸引水30.86亿立方米，沿江沿海涵闸排水41.81亿立方米，据全市主要河道上的36个水质监测断面监测数据表明，86.2%的监测断面水质有所改善或明显改善，为卫生城市、文明城市的复查考核，全面提升市水环境作出了应有的贡献。

【依法治水管水】 一方面，积极开展依法行政工作。全市以"世界水日"、"中国水周"和"12·4"全国法制宣传日宣传为契机，积极开展普法进社区、进企业、进学校活动，市局被评为2006～2010年全市法制宣传教育工作先进集体。制定并出台了《全市水利系统法制宣传教育的第六个五年规划(2011～2015)》。全面提升行政权力网上公开透明系统运行的质量和水平，市局被市政府评为行政权力网上公开透明工作先进集体。另一方面，加大水政执法力度。组织开展了全市水行政处罚行为执法检查，积极参加各项业务培训和竞赛，整体成绩在全省处于前列。深化“百湖执法大检查”专项活动，结合市实际情况，对全市一级河道，辖区内二、三级河道开展清障检查。开展了长江河道采砂管理“久安”行动、长江采砂管理集中治理行动、区域专项整治等行动，在全市范围内开展“长江河道涉砂船舶治理年”活动，工程性采砂管理进一步规范，新通海沙开发区上段整治工程监管通过省厅验收，被誉为全省砂管典范。通过一系列专项活动，全市采砂管理进一步规范化，切实维护全市长江河势稳定，保障防洪和通航安全。

【水利普查工作】 2011 年是开展水利普查工作的关键之年，全市水利普查行政推动有力、统筹协调高效、时间进度超前、质量控制严格、督导检查到位，按照国家及省水普办规定的程序和时间节点全面、圆满完成了清查登记阶段各项工作，顺利通过了省级、国家级阶段验收，整体工作处于全省先进行列。

【重大项目服务】 服务市政府重点工作任务、江海联动开发和大交通建设工作取得新成效。认真做好沿江开发江海联动重点工作、重点建设项目跟踪服务工作，严格落实规章制度，做到既坚持原则，又机动灵活，先后完成了 50 多项重大工程的涉水项目的审批、转报、技术审查工作，优质的服务得到了企业的广泛肯定。加强全市水利建设市场行业管理，加强对项目参建单位的考核、管理、诚信建设力度。根据国家开展工程建设领域突出问题专项治理的工作部署，制订专项治理工作方案，认真组织自查排查，及时完成各阶段工作任务。

【水利工程管理工作】 全力推进全市水管单位目标管理千分考核工作，定期对管理单位开展技术指导，组织对管理单位的设备等级评定，小型水闸的安全鉴定等。南通节制闸管理所和海安贲家集管理所分别通过省一级管理单位的复核和验收，海安贲家集管理所成为全省首个获此殊荣。组织对县(市)、区、市属 11 家水管单位进行考核，采取异地交叉的考核方法，按照《江苏省水利工程考核办法》和《考核标准》的要求，逐项评议赋分，同时对各被考核单位存在的问题提出书面整改意见，对全面提升水管单位管理水平起到了积极推动作用。

【水利工程水费征收和管理】 全市水利工程水费收缴、使用和管理取得可喜成绩，全市收取水费 4982 万元，其中市区工业水费征收 1070 万元，首次突破千万元大关，创历史最好成绩，超额完成了市委、市政府下达的任务。同时，票据改版管理工作稳步推进，水费收费票据由专用票据改为统一税务票据，全市 200 多万份票据原有开票系统不再继续使用，针对这一情况，及时组织各县(市)有关人员研讨票据改版对目前工作产生的影响，研究解决的办法，并在较短的时间内推进该项工作的顺利开展，没有影响农业水费的征收。在 2010 年苏南片水费工作研讨会上，市票据改版工作得到省水利厅领导的好评。

【市区河道整治】 通吕运河市区段清淤整治工程，主要内容为全线清淤，恢复至原设计断面，清淤长度 13.4 公里，清淤土方 230 万立方米。总投资 8938.53 万元。工程于 2011 年 12 月开工，计划于 2012 年 7 月竣工。东港河整治工程，范围西起东港闸，东至沿江路，总长度约 1000 米。主要内容对该河段实施护岸、绿化工程，对河道全线进行清淤。总投资 761.5 万元。工程于 2011 年 9 月开工，计划于 2012 年 3 月竣工。郭里头河整治工程，范围北起郭里头闸，南至正在建设中的郭里头大桥，对该段未设施护岸的河道实施护岸，护岸长度约 300 米。总投资 197.1 万元。工程于 2011 年 9 月开工，于 2012 年 1 月竣工。任港河抢险整治工程，主要内容是鸿运城市花苑段河南岸进行综合整治，新建护岸长 128 米(灌注桩结合悬臂挡墙结构)，河岸实施景观绿化。总投资 201 万元。工程于 2011 年 7 月开工，于 2011 年 10 月竣工。丰福河绿化工程，范围从宁启铁路至外环北路。主要内容为沿河绿化,景观场地铺装,景观桥,水电设施安装等。总投资 2723.2 万元。工程于 2011 年 1 月开工,计划于 2012 年 3 月竣工。兴石河整治工程,主要内容是新建兴石河闸站,闸孔总宽 12 米,共计一孔,泵室总净宽 10 米,共设 4 孔,泵站设计流量 6 立方米每秒;兴石河全线疏浚。总投资 2768 万元。工程于 2011 年 1 月开工,计划于 2012 年 3 月竣工。九圩港除险加固工程,主要内容为拆除重建闸墩(正常水位以上部分)、排架、胸墙、工作桥、公路桥、启闭机房及两头桥头堡,增设下游工作便桥,更新工作闸门及门槽,新增两套检修闸门,监控系统升级改造等。总投资 5550 万元。工程于 2011 年 11 月开工,于 2014 年 10 月竣工。江心沙农场三分场涵闸工程,主要内容是对原有涵洞进行拆建,新建单孔涵闸,设计引水流量 33.0 立方米每秒,排水流量 27.0 立方米每秒。总投资 635.3 万元。工程于 2011 年 11 月开工,于 2012 年 5 月竣工。

(苏 心)

启 东 市

【自然经济社会概况】 启东市位于北纬 31°41′06″至 32°16′19″,东经 121°25′40″至 121°54′30″。南涉万里长江入海口北支,其中东段以江心为界,西段永隆沙与上海市崇明县接壤,东、北濒临黄海,西与海门市毗邻,三面环水,形似半岛。全市陆地面积 1208 平方公里,耕地面积 687.3 平方公里,总人口 112.06 万,下辖 11 个镇、1 个乡以及 2 个省级经济开发区、2 个街道办事处。2011 年。全市 GDP 增长 12.3%,总量达 520.17 亿,预算内财政总收入 103.56 亿。

【水利概况】 启东市全市均为平原地带,地形坦荡,河道稠密,属沿海低平地区。除倒岸河以北地区形成在千年以上外,其余均为近二三百年内坍而复涨的沙洲联并、泓道封淤形成的冲积平原。地形略有起伏,西北向东南微倾,倒岸河为南北地貌的自然分野,河南高程 3.6～4.6 米,河北高程在 5.1～6.1 米(均为吴淞基面)。全水系划分以倒岸河为界,分为南北两片水系。倒岸河以南低地水系,常水位控制在 2.8～3.0 米之间;倒岸河以北高地水系,常水位控制在 3.6～3.8 米之间。全市水资源总量为 6.5 亿立方米,其中地表水 3.62 亿立方米,地下水 2.88 亿立方米。现有一级河道 2 条长约 45 公里,二级河道 17 条总长约 376.2 公里,乡级河道 25 平方公里,河道调蓄水能力约 1 亿立方米。全市堤防总长 164.72 公里,其中:海堤 83.3 公里、江堤 47.27 公里、港支堤 11.75 公里、洲堤 22.4 公里。全市有 17 座水闸,其中:沿海有大洋港闸等 3 座大中型和 4 座小型水闸,沿江有 8 座小型水闸;内河上有 2 座水闸。

【年度工作】 农村水利建设成效明显。全面完成了 2010～2011 年农村河道疏浚整治任务,全市共疏浚土方 185 万立方米,其中乡级河道 30 万立方米,疏浚整治村庄河道 155 万立方米,超额完成年度目标任务;市县级河道疏浚工程通吕运河治理工程,完成档案专项验收和审计工作;所有行政村均通过"整村推进"验收,完成了年度目标任务;组织实施中央财政小型农田水利工作,我市被列入国家小型农田水利设施建设重点县,获得上级补助专项资金 1800 万元;开展了一二级河道保洁工作,到 8 月份完成了一二级河道第一阶段整治保洁工作,9 月份完成县级河道长效管护新一轮招投标,并开始实施;抓好一二级河道危桥改造工作,完成改造 4 座一二级河道危桥。农村饮水安全工作快速推进。完成了第一阶段部分村共计 19.37 万农村饮水不安全人口的通水入户工作,全力推进第二阶段 23.68 万人农村饮水安全工程，第三阶段共计约34万人农村饮水安全工程全面开工建设，主体管道完成80%；列入国家项目的农村学校饮水安全工程、天汾志良4.37万人饮水安全项目完成工程量的50%；列入国家“十二五”规划的东海镇项目已获省水利厅批复并全面开工建设；水利工程建设进展顺利。全力参与市围垦指挥部重点工程的建设，参与了吕四大洋港枢纽、园陀角岸线整治及协兴港一级渔港的建设；参与市重点项目的推进工作，2011年以来水务局围绕市沿海开发重点，主动参与吕四挖入式港池、新村沙综合整治、江海产业园、吕四新材料工业园、军事基地建设、临海高等级公路防洪评价等重大项目的前期论证、项目报批及管理工作；抓好水利工程岁修养护及堤顶道路建设，完成了三条港至三和港堤顶道路、船舶工业带堤顶道路、圆陀角堤顶道路及桥梁工程，保障了江堤堤顶道路的畅通；完成了五效闸下游护坡维修及三条闸管理房维修改造工程；完成三和港外口江堤、头兴港下游护坡、东元自围堤等抢险工程，对寅兴垦区隐患大堤进行了除险加固，及时消除水利工程隐患，保障了沿江沿海人民生命财产安全。海堤达标完成扫尾并通过省水利厅竣工验收。抓好涵闸改迁工作，协兴闸、连兴闸、新港闸完成初步设计、施工图的编制与审查，其中协协兴闸、新港闸完成了招标工作并全线开工建设，来年主汛期前完成主体工程。防汛抗台工作取得全面胜利。健全机构，全面落实防汛责任制。严格落实以行政首长负责制为核心的各项防汛责任制，明确各部门防汛职责，分解任务，落实责任。认真开展汛前大检查，汛前对所有水利工程进行一次拉网式汛前安全大检查，及早排查并整治水利工程安全隐患，确保水利工程安全度汛。完善防汛预案，修订完善了《启东市防汛抗旱应急预案》，规范防汛防台工作程序，提高工作效率。进一步完善了沿江沿海危险区居民转移方案和跨汛期施工工程的度汛方案。落实防汛物资。各镇乡、各工程单位按标准补充储备防汛物料，确保防汛抢险的需要。扎实做好了抗旱、防台及水情调度工作。上半年由于降雨持续偏少，为切实做好抗旱工作，市水务局切实加强抗旱水源的调度和管理，保证了全市生活生产用水。进入6月份后，旱涝急转，全市出现两次强降雨，全市内河水位全面超过警戒水位，部分农田出现了严重的渍涝。8月6日全市又受到第九号台风影响，针对汛情台情，及时启动防汛应急措施，落实24小时防汛值班，密切监视水雨情，认真巡查江海堤防，随时处理突发事件。由于防范到位，台风、强降雨都没有对我市造成大的影响。认真组织开展了引江调水工作。全年共计开闸299潮次，排水24704万立方米，引水254782万立方米，全市内河水质得到置换和改善。水政水资源工作管理严格规范。2011年以来，启东市水务局积极利用“世界水日”、“中国水周”认真搞好水法规和节水宣传，形成了良好的氛围。本着“规范、高效、尽职、廉洁”的原则，坚持依法行政和“有法必依、执法必严”的原则，严格水利工程管理范围内占用审批和凿井审批工作，认真落实市政府行政执法七项制度，严格执行水务系统“阳光行政、文明执法”六条禁令，抓好水事违法案件的查处，制止或查处水事违法案件15多起，有效地维护了水法规的威严。在加强水资源管理基础工作的同时，抓好水资源费、水费的收缴工作，全年共收缴水资源费426万元、水利工程水费643万元，河道占用费40万元，有力地支援了水利工程建设。水利普查有序推进。2011年以来，市水务局把水利普查工作作为盘清水利家底、分析水利平衡、推动水利可持续发展战略的重要政治任务来抓，坚持标准、严格步骤和环节，紧密结合实际，做到了六个落实，即是机构落实、场所落实、队伍落实、方案落实、资料落实、经费落实，已高标准完成了水利工程专业普查表草表填报工作、经济社会用水专业普查表中静态数据收集工作、行业能力建设专业所有普查对象的静态数据收集工作、各类普查对象的空间数据的外业采集工作、拓展内容的普查等工作。

（陆雪雷）

连云港市

【概况】 2011年，连云港市水利系统认真落实科学发展观，突出重点、狠抓落实，全面完成了各项目标任务，实现了“十二五”良好开局。全年完成水利工程投资14.8亿元。其中，重点工程完成投资7.2亿元，农村水利建设完成投资6.5亿元，移民后扶完成投资约1.1亿元。连续4年获连云港市经济建设和社会发展目标考核一等奖，玉带河整治工程获市重大事项完成奖，徐圩新区送水工程获市重大事项推进一等奖。2011年中央1号文件知识竞赛、全国水利系统“五五普法”两项工作获水利部表彰，分别获得优秀组织奖和先进集体荣誉称号。

【水利建设】 围绕全市沿海开发大局，全面加快农村水利建设。完成土石方5520万立方米，加固加高圩堤80公里，疏浚县乡河道258条，土方2482立方米，整治村庄河塘2802条(个)，土方1400万立方米，完成小沟以上建筑物7984座，新建、改建排涝站、灌溉站231座11245千瓦，新建防渗渠道511.7公里，植树144.2万株，解决37.13万人饮水不安全问题，新增有效灌溉面积6266.7公顷，恢复改善灌溉面积1.57万公顷，新增、改善除涝面积3.26万公顷，年节水量3367万立方米，改造中低产田8466公顷。

加快重点水利工程建设。赣榆县东温庄水库工程于2011年10月26日开工建设，主要实施移民拆迁和库区土方开挖工程；新沭河50年一遇治理工程三洋港挡潮闸主体工程基本完成，大浦第二抽水站试运行完成，临洪东站自排闸、磨山河桥闸、大浦第二抽水站引水涵洞通过投入使用验收，富安调度闸开工建设；徐圩新区送水工程于9月份开工建设，送水工程张圩港涵洞、善后河涵洞及叮当河南闸水下工程已经完成，叮当河北闸、叮当河涵洞正在进行闸(洞)身混凝土浇筑。蓄水工程张圩港河、中心河河道正在开挖；蒋庄漫水闸拆建工程全部完成，工程档案验收已完成，完成工程竣工审计，具备竣工验收条件，等待省水利厅验收；海堤达标工程主要实施赣榆县官庄河新闸，海滨新区新城闸、开泰闸及西墅闸。4座挡潮闸主体工程均已完成，其中新城闸、开泰闸通过水下工程阶段验收；灌云县五灌河治理工程于9月20日开工建设，完成土方120万立方米，占总工程量60%左右；临洪东泵站改造工程全部完成，工程正在做竣工验收准备工作；通榆河北延送水工程所有工程均已通过完工验收，并按省通榆河建管局统一要求做好竣工验收准备工作；中小水库除险加固工程，东海县昌梨、横沟、房山等3座中型水库除险加固工程已于11月份通过省水利厅组织的竣工验收，贺庄、大石埠水库除险加固工程正在等待省水利厅验收；完成列入《全省555座小型水库除险加固工程总体实施方案》的94座水库剩余的40座除险加固建设任务，以及列入国家《新编规划》的3座小(1)型水库除险加固建设任务；完成列入《江苏省小(2)型病险加固除险加固规划》的27座水库前期工作；蔷薇河下游出口段治理工程一期、二期工程开工建设，主要实施排泥场围堰、征地拆迁、河道土方工程，三期工程已开工建设；累计批复并实施移民后扶项目1970个。

【防汛防旱】 2010年冬季至2011年春季，全市发生了近60年以来最为严重的干旱，受旱面积达22.7万公顷，占耕地总面积的62.6%。面对旱情，全市上下积极行动，全力抗旱减灾，先后两次启动抗旱三级应急响应，累计投入抗旱资金1.14亿元、抗旱劳力68.47万人，投用抗旱设施机电井3500眼、泵站2315处、机动抗旱设备1.32万台套、抗旱用电3265万度、抗旱用油864.3吨。累计放水9.65亿立方米，灌溉面积21.5万公顷，解除作物受旱面积17.4万顷。在大旱之年保障了全市三夏工作有序推进，为全市生活生产生态用水提供了有力支撑。

在加强抗旱工作的同时，严防旱涝急转。扎实做好险工处理、预案修订、物资储备等各项防汛工作，准确掌握和分析水情、雨情及工情，加强防汛演练，有效应对强降雨和第九号台风“梅花”影响，保证了全市重点河库、堤防、涵闸、泵站等各类水利工程的平稳运行，取得了防汛防台和抗旱工作的全面胜利。

【水政执法】 在全省各市中首家以一号文件的形式制定出台了《关于加快水利改革发展推进水利现代化建设的实施意见》，相关县区也结合实际出台了相应的政策文件。形成了《关于加强新沭河临洪河口湿地保护管理的意见》、《蔷薇河饮用水源地“河长制”管理方案》等两项规范性文件。出台了《关于推进全市水利依法行政工作的意见》、《关于推进全市水利依法行政的意见》、《连云港市水利系统依法行政工作要点》、《涉水建设项目许可操作规程》、《取水许可操作规程》等文件。组织全市水行政许可和水行政处罚案卷评查，优选案卷上报省水利厅评查；印发了《涉水建设项目许可操作规程》；全部行政权力网上运行，并进行测试，共申请挂起行政权力事项、补充申请执法人员信息、增加法律数据库信息共136项。紧紧围绕“城市用水：应对都市化挑战”和“严格水资源管理，推进水利新跨越”宣传主题，开展“世界水日”“中国水周”宣传活动，共投入资金约40万元，出动宣传车艇300台次，悬挂横幅、氢气球、大型汽拱门50处，制作宣传展牌80余块，张贴宣传画3000张，散发宣传材料40000余份。成立全市水利“六五”普法领导小组，编制《全市水利系统“六五”普法规划》，并制定年度普法计划组织实施。先后组织全市执法人员100余人参加水利部、省水利厅举办的各类执法业务技能培训班，自行举办各类执法业务培训班共20余次，执法人员轮训率达100%。深入推进石梁河水库库区综合整治、新沭河临洪河口管控，加强省际边界河道排查和防控，及时预防化解边界水事纠纷，保证省际边界水事秩序的稳定，全年无一例省际边界水事矛盾纠纷发生。深入开展“百湖执法大检查”活动，汛期先后依法清理新沭河太平庄闸至入海口段非法围垦、新沂河沂北段违章种植，共清理非法围垦河滩面积666.7公顷，土方3万余立方米，清除违章种植12.7公顷。同时加强市区排淡河、烧香河、东盐河、西盐河、大浦河、玉带河、海堤等执法管理，清除渔网箹190余处、违章建筑21间、违章种植33.3公顷、树木1500余棵、各类垃圾80多吨、清除疏通沿海闸下淤泥70000立方米。切实加强河湖采砂管理，出动执法人员280余人次，对连云港市境内具有砂石资源的石梁河水库、小塔山水库、龙王河、北六塘河、青口河、鲁兰河等河道、水库的采砂情况进行全面排查，张贴整治通告500余份，逐点逐户对采砂户进行面对面宣传、解释、教育，整治期间共联合执法行动45次，取缔非法采砂点12处，扣押非法装卸机2台，查扣非法采砂船25艘，吊离非法采砂船30艘，拆除非法采砂设备12台套，立案查处非法采砂4起。

【水资源管理】 委托水利部发展研究中心编制《连云港市落实最严格水资源管理制度对策研究——以“两河一库”为重点》，研究成果通过了专家评审。下达了年度地下水开采计划，要求各县区严格执行，切实将压采计划执行到位，符合开采进度计划。积极推进全市节水型社会建设，完成省级节水型社会建设节水载体小区4个、企业10余家及节水示范校改项目3个。开展水源地达标和备用水源地建设，制定了《水源地达标建设方案》，提出连云港市蔷薇河饮用水源地安全保障达标建设总体工作计划和2012年具体工作计划。开展蔷薇河集中整治调查督查。加大水资源费和南水北调基金征缴力度。完成水资源费征收2023.36万元，占目标任务的115.6%；南水北调基金征收715.19万元，占目标任务的41.3%。积极推进水资源管理信息系统一期工程建设。水资源管理信息系统全市总共有118个点，目前已完成110个点的安装建设，已可正常使用。

【工程管理】 继续加强河道管理工作，逐步推进河长制建立工作，强化跨县以上河道管理的行业指导和督查，加强涉水建设工程的项目审批和监督检查，严格做好后续监管工作，坚决遏制违章项目发生。推进水管单位考核工作，定期对各地千分制考核工作开展情况进行指导检查，烧香河北闸管理所顺利通过省一级水管单位验收，完成了小塔山水库管理处的初验工作，石梁河水库管理处通过省一级水管单位的复核工作。完成了市区水工程管理处大村水库管理所、东海县昌梨水库管理所（讲习水库）省级规范化管理单位创建工作。继续深化水管体制改革，推进管养分离，按要求定期报送工程管理月报，认真做好水利工程维修养护项目管理工作，加强资金监管，严格项目管理，确保工程质量，进一步深化改革，建立科学高效的管理体制和运行机制，提高水利工程管理水平。成立水利风景区建设与管理领导机构，明确分管领导，确定管理部门，配备工作人员，落实工作经费，认真开展全省水利风景资源普查，制定中长期发展规划，强化景区常态管理，积极申报省级、国家级水利风景区。积极推进石梁河水库、大村水库和西双湖水库水利风景区创建工作。

【水利改革】 根据行政体制改革总要求，结合水利事业发展制定了机关“三定”方案，目前已经市政府批复。切实关切职工利益。开展公务员绩效考核前期工作；全面开展事业单位岗位设置管理工作，完成事业单位工作人员全员聘任；推行事业单位实施绩效工资工作，绩效与收入挂钩的观念逐渐深入人心，提升了职工活力。各项改革工作稳步推进。

【水利科技】 与河海大学联合开展雨洪资源利用课题研究工作，完成了研究报告征求意见稿。9月25日，在南京专门召开专家咨询会，听取省水利厅、省水文局、南京水科院等相关单位专家和领导的意见，11月份形成送审稿，已上报省水利厅申请科技鉴定。市水利学会把“‘十二五’规划与民生水利”确定为学会2011年年会的主题。学会年会收到论文90余篇，论文涉及连云港市“十二五”规划、民生水利、水资源、水污染等诸多方面。评出二等奖论文3篇、三等奖论文10篇。出版论文集《“十二五”规划与民生水利》，共收录优秀论文86篇。

【行业发展】 采取中心组集中学习、个人撰写心得体会等多种形式，认真学习关于实行党风廉政建设责任制的各项规定以及中央、省委作出的领导干部廉洁自律各项规定，层层签订《党风廉政建设目标责任书》，不断完善经济工作与廉政建设双目标责任制。在局副科级以上干部中全面开展廉政承诺和勤政廉政公示活动等形式多样的宣传教育活动。针对市水利局基层党组织存在的问题，与河海大学合作开展对基层党组织思想政治工作的方法研究，提出适合水利基层党组织开展思想政治工作的方法；着力打造学习型、节约型、创新型、效能型四型机关，以党建工作推进各项工作；通过开展领导干部“三解三促”调研月活动、“争当新时期沿海人”、争创“群众满意的窗口服务单位”等多项活动，全面推进机关党建工作；科学设置考核指标，严格党建考评程序，注重运用考评结果，调动各方面积极性，促进工作落实和机关整体发展、全面建设。在全局开展“创先争优”活动，促进机关作风转变，打造水利基层党建工作品牌。制定出台并认真落实《局群众来信来访处理办法》、《首问负责制度》、《AB角工作制度》等一系列制度办法，在工作纪律、工作效能、优质服务、信访稳定等工作上作出明确规定，为软环境建设提供强有力的制度保障。开展实施《连云港市水利局人才发展规划（2008～2020）》中期评估工作，不断总结干部人事制度改革经验。加强干部监督工作，认真落实《干部任职回避信息年报表》和《领导干部个人有关事项年报表》填报制度，新选派20多名管理干部和专业技术干部到工程建设一线、基层单位和上级部门挂职锻炼，举办连云港市市县水利局长脱产培训班、综合文字能力培训班、自主选学培训班、国（境）外专业技术干部考察培训班等主题班次。全市新培养水利专业高级工程师18名、工程师53名，市水利局系统高级工程师占现有专业技术人员总数的20.86%；市水利局系统技师达到20人，占工勤人员的30%；职工大专以上学历比例达到86.30%，研究生学历人数占总人数的6.3%。

（席　志）

东　海　县

【自然经济社会概况】 东海县位于江苏省东北部，地处北纬34°11′～34°44′，东经118°23′～119°10′，东与连云港市新浦区、海州区接壤，西达马陵山与山东省郯城县分界，南与沭阳县为邻，北与山东临沭县交界，东北沿新沭河与赣榆县相望，西南与新沂市相连，是国务院批准的首批沿海对外开放县，也是新亚欧大陆桥东桥头堡西行第一县，位于国家“陆桥经济带”、“星火开发带”、“徐连经济带”范围之内，更是江苏省开发的三大产业带之一——沿东陇海线产业带上的重要节点，连云港和徐州两大城市的重要连接点。全县总面积2037平方公里，地属黄淮海平面东南边缘的平原岗岭地，地形东西长、南北短，东西最大距离70公里、南北最大距离54公里；地势西高东低，中西部平原丘陵起伏连绵，东部地势平坦，湖荡连海。地势西高东低，在海拔2.3～125米之间，属暖温带湿润季风气候，日照充足，雨热同季，四季分明，全年无霜期达225天，年平均日照2394小时，年平均降水913毫米。东海县水陆空交通兼备，铁路、公路、航运、航空都十分便利。东陇海铁路横贯全县，境内有5个火车站、4条铁路专用线。国道、省道及普通公路构成立体交通网络，全县公路总里程3006公里，连霍、310国道、236省道等干支线公路38条，境内县乡村道路全面畅通。连云港民航机场坐落东海境内白塔埠镇，已开通广州、北京、上海等10多条航线。内河拥有等级航道2条、等外级航道3条、码头5个，航道总长172多公里，可抵长江、京杭大运河。中国八大海港之一的连云港港口距县城仅70公里，特殊的区位优势和发达的交通网络，使东海已经具有较强的对外辐射能力。东海县辖13个镇、8个乡、2个国营场，346个村民委员会，2804个村民小组，15个居民委员会，全县总户数共有29.12万户，总人口115.1万人，有汉、回、苗、蒙古、朝鲜等34个民族，少数民族人口2320人。东海县是全国农业综合实力百强县、全国粮食生产标兵县、首批50个商品粮基地县之一，是江苏省花生生产基地、瘦肉型猪基地和果品基地。全年粮食播种总面积152.94千公顷，同比增长1.7%，粮食总产量104.15万吨，增长2.4%，粮食生产连续七年增产。东海县还是国家级生态示范区，全县有林地面积74.8万亩，森林覆盖率24.4%，先后被评为全国平原绿化先进县、全国首批绿化模范县。东海县矿产品资源量大质优，迄今已发现各种矿藏37种，其中水晶、石英、金红石、蛇纹石、白云石等29种非金属矿藏具有工业开采价值;全县水晶总储量约30万吨,石英储量约3亿吨,储量、质量均居全国之首。

【水利基本概况】 东海县被称为“百库之县”,共建有大、中、小型水库75座,总库容为8.9亿立方米,其中石梁河水库和安峰山水库分别为全省第一和第四大水库,境内主要拥有新沭河、淮沭新河、蔷薇河、鲁兰河、石安河、龙梁河等16条干支河流,各类泵站550余座,大中型灌区13座,以及各类水工建筑物6万余座。上世纪50年代开始,东海县大力实施防洪工程,沿50米、18米、5米等高线分别开挖了龙梁河、石安河、淮沭新河3条等高截流河道拉蓄调引区间洪水,实现了等高截流,有序分流下泄。东海县的洪水除磨山河以北地区由磨山河进新沭河入海外,均汇入蔷薇河及其支流入海。同时实施水源工程,建设了龙门翻水站、石梁河水库及蔷北地涵,从老沭河、新沭河(石梁河水库)、沭新河引水灌溉。70年代后,东海县大力兴建农田水利工程,西部以大口井、截潜坝、田间配套建筑物为主,大力兴建水源工程,中部以田间配套为主,东部以圩区治理,旱改水和灌区建设为主,进行产业结构调整,兴建灌排泵站,90年代开始实施两大灌区(沭南灌区、沭新渠灌区)改造工程。2000年至2010年底,东海县水利建设进入新的一个时期,水利建设遍布河道疏浚、农村饮水安全、水库除险加固、尾水排放,灌区节水改造等工程。2004年开始对东海县境内的大、中型水库以及小型水库进行了除险加固;2006年开始了饮水安全工程。这一时期的工程重点是对东海县的水利建设进行全面修复和巩固,到2010年底,东海县共投入水利建设资金5.28亿元(其中:国补约2.8亿元),形成固定资产约6亿元,投工1.4亿多工日,挖筑土石方3亿立方米,开挖拓浚16条大、中型河道,修筑700多公里堤防,兴建72座大、中、小型水库,兴建541座机电排灌站、总装机6.9万千瓦,打井5300眼,开挖大、中、小沟1.3万条,配套建筑物2.9万座。灌溉面积从无到有,有效灌溉面积已发展至124万亩,初步建成旱涝保收农田95万亩。东海县水利工作经历了“根治洪涝、发展灌溉、综合治理、加强管理、科学发展”的过程,完成了河网、水库、沟渠、桥涵、井站等水利设施配套,实现了洪、涝、渍、碱的综合治理,基本达到了遇洪能防、遇涝能排、遇渍能降、遇旱能灌、遇碱能治、遇潮能挡的水利工程建设标准。

【年度水利工作】 2011年,东海县水务局扎实落实中央、省、市、县一号文件,众志成城抗击旱灾,团结拼搏加快水利建设,先后获得全国水库移民后期扶持工作先进集体等30多项荣誉称号,有力促进了经济社会的发展。一是规划编制工作。成功申报省级中央财政小农水建设重点县,先后获批沭新渠续建配套与节水改造2011年度项目等工程;羽山水库除险加固工程等项目纳入全省“十二五”重点水利发展规划,资金总额过3亿元。编制完成《东海县水利发展“十二五”规划》,并完成首个省级县域农村水利发展规划——《东海县农村水利建设规划》,全省首个县级水土保持规划——《东海县水土保持规划》通过评审。二是防汛抗旱工作。有效应对了60年不遇的秋冬春连旱:房山、芝麻等5座翻水站已累计翻水10.6万台时,抽引沭水、淮水2.8亿立方米,灌溉受旱农田10万亩,为保障粮食生产提供了水源保证。投资570万元在12个乡镇场开挖衬砌大口井88眼,新增灌溉面积5280亩;新打应急抗旱深井30眼,解决了西部地区5000亩耕地的水源问题。新组建了东海县抗旱防涝抢险救灾大队,投入人员162人次,利用8台套大型移动喷灌机等设备投入抗旱,抗旱灌溉面积15万亩次;各乡镇组建352个村级抗旱服务队,抗旱灌溉面积达到41万亩。2011年5月,完成了与各乡镇(场)防汛目标责任状的签订,对险工隐患再次进行逐一排查，并进行了应急除险加固。各防指单位也按照防汛责任制的要求，加强管理，勤于巡查，落实各项工作。汛期，全县共储备三袋41.28万只，木材344方，树棍6.9万根，块石3.5亿吨，铁丝6880公斤，土工布8.6万平方，组建抢险队344个1.72万人。在建工程的度汛方案、人员、防汛物资全部落实到位，确保了安全度汛。三是重点项目建设。年内先后完成中央财政小型农田水利专项工程竣工验收，农村饮水安全工程2005、2006、2008、2009、2010年度项目竣工验收，房山、横沟等3座中型水库除险加固工程竣工验收，阳春、黄塘等10座在建小型水库除险工程完成主体建设，全部通过水下验收，16座小水库通过竣工验收，完成大型灌区改造2008年新增项目竣工验收；完成了四大类57项工程财务竣工审计。四是环境保护工作。投资1500万元完成横沟水源地保护工程，建成5万吨取水泵站；投资600余万元建成省级标准自来水水质化验实验室，提升了水质监测检验水平；投入800多万建设完成氯气泄漏紧急处理系统，确保了工作人员的安全；完成水源地达标建设规划，积极开展淮沭新渠、西双湖水源地的保护，城区及区域供水乡镇全年供水无事故。2011年，通过省水利厅组织的节水型社会试点县验收，完成14家节水载体、5项节水技改项目省级验收，开展矿坑水、雨水、尾水的回收再利用，年可节约用水320万吨，用水重复率总体达到70%以上。投资5100.62万元建设完成农田水利项目、道路交通等移民区基础设施项目152项，发放移民直补资金1490万元，进一步改善了移民村及移民安置区的基础设施。五是农村水利工作。2010年度小型农田水利专项工程已经完成，并投入农业生产；总投资1508.32万元的2010年度中央财政旱改水工程也已完成，改善了三个乡镇15000亩农田的灌溉条件。继续抓好农村地区的饮水安全建设，解决了12个乡镇35个行政村1.1万人的饮水不安全问题，同时将农村饮水安全工程的实施范围扩大到农村中小学校，彻底满足了217所中小学10.6万农村师生的安全用水需求。全面推进县乡河道疏浚和村庄河塘整治，完成对黄泥河、曹庄河等41条县乡河道的疏浚，整治108个行政村的368条村庄河塘，进一步畅通了水系，提高了引排能力；灌区配套建设继续推进，将对4个乡镇进行田间配套，使47.8万亩耕地受益，灌溉保证率提高到75%，年可节水2300万立方米。六是水资源管理工作。深入开展“百湖执法大检查”等活动，对涉水违法、违规现象始终坚持严厉打击，查处各类水事违法活动50余起，查处水事违法案件10件。与蔷薇河沿线乡镇开展蔷薇河环境综合整治，清理堤内外违章设施49处，取得阶段性成果。积极开展新《水土保持法》的宣传工作，落实水土保持监督执法工作，审核水土保持方案20余起，立案、查处破坏水土案件4起。积极实施最严格的水资源管理制度，建设完成江苏省水资源管理信息系统一期工程，13个水资源信息监测点投入使用，监测取水量将占全县总取水量的83%左右。全力做好新中国首次进行的水利专项普查，完成了对灌区、取水口、工业建筑业和第三产业的用取水量登记，完成489个水利设施的外业GPS采集，22个水土保持区域的调查登记，883个乡镇级水利设施工作底图的标载工作。

（东海县水务局）

赣 榆 县

【自然经济社会概况】 赣榆县位于江苏省东北端海州湾畔，东临黄海，西与山东省临沭县接壤，南隔新沭河与连云港市区和东海县为邻，北与山东省日照市和莒南县相连。全县南北最长约40公里，东西最宽约35公里，总面积1408.18平方公里。赣榆县自然资源丰富，其中农业、海洋、矿产资源优势尤其明显。气候属北温带半湿润海洋性季风气候区，四季分明，气候宜人，历年平均日照2631.4小时，平均气温13.2℃，平均地面温度14.9℃，年降雨量976.4毫米，无霜期213.9天，年平均风力2～4级，风向多为东北风。东部沿海拥有62.5公里海岸线，7000平方公里近海渔场，盛产黄鱼、梭子蟹、东方对虾及各种贝类等30多种海珍品。中部平原小麦、水稻、花生品质优良，蔬菜、中草药等特色种植势头兴旺。西部丘陵盛产板栗、樱桃、银杏、茶叶等。赣榆地下蕴藏着花岗岩、大理石、石英石、蛇纹石、优质黄砂等30多种矿藏。赣榆水电资源充足，拥有大型水库2座，中小水库87座，主干河流7条，总储水量2.55亿立方米。赣榆县地处沿海，交通便利，同三高速和204、310、327国道穿境而过，与县城、镇、行政村形成公路交通网络，境内通车总里程1860公里，皆为等级公路，全部砼化。其中高速公路53.60公里，国道145公里，省道33公里，县道193.60公里，镇道277.80公里，村道1157公里。内河航道总里程118公里，其中能通机动船108公里，内河航运由通榆运河与京杭运河及长江等航道相连。沿海有大小港口18个，其中国家级中心渔港1个，海运南接连云港、北连岚山港，与国内外各大港口相通。全县设18个镇，2个省级经济开发区。辖424个村民委员会，33个居民委员会，总人口108.96万人，其中非农业人口47.29万人，农业人口61.67万人，男性人口56.91万人，女性人口52.05万人。全年实现地区生产地区生产总值223.07亿元，按可比价格计算，较上年增长15.4%，其中，第一产业增加值36.64亿元，增长5.1%；第二产业增加值109.56亿元，增长21.5%；第三产业增加值76.87亿元，增长13.1%。三次产业比例由上年的18.0∶46.2∶35.8调整为16.4∶49.1∶34.5，非农产业增加值站地区生产总值比重较上年提高1.6个百分点，其中工业增加值占比为36.8%，提高2.8个百分点。

【水利概况】 2011年，赣榆县水利局紧紧围绕水利工作总体目标，始终坚持突出重点，以点带面，整体推进的工作思路，统筹兼顾、负重攻坚、开拓创新，全面完成了各项目标任务。全年共争取省以上资金2.93亿元，创历史最高纪录。集中实施了31座小水库除险加固工程建设。工程完成工后，累计使31座小水库下游及周边31.5万人口、30万亩耕地及重要基础设施的防洪安全有了可靠保障，同时可以充分利用水库资源，发挥工程的综合效益，为开发水库旅游资源、改善水库周边环境打下基础。同时将有力地促进水库周边地区社会经济的健康发展，具有显著的社会、经济和生态效益。水利局抓住机遇，针对工程实际情况，制定科学合理除险方案，全年共争取防汛急办项目3项、维修养护项目3项。共完成急办和维修专项投资275万元。始终把防汛抗旱作为水利工作的重点，把保障人民群众生命安全放在首位，坚持预防为主，防汛抗旱并举。及时开展汛前检查，健全和完善以行政首长负责制为核心的防汛抗旱责任制，层层签订目标责任状，落实防汛物资，组建抢险队伍，加强防汛值班，精心调度水源，修订完善各类防洪预案。据统计，今年全县共放、调、引水量1.8亿立方米。

【年度工作】 一是防汛防旱工作。始终把防汛抗旱作为水利工作的重点，把保障人民群众生命安全放在首位，坚持预防为主，防汛抗旱并举。及时开展汛前检查，健全和完善以行政首长负责制为核心的防汛抗旱责任制，层层签订目标责任状，落实防汛物资，组建抢险队伍，加强防汛值班，精心调度水源，修订完善各类防洪预案。认真开展维修养护，不断提高管理水平。全年共争取防汛急办项目3项、维修养护项目3项，共完成急办和维修专项投资275万元。据统计，全年全县共放、调、引水量

1.8亿立方米。二是农村水利工作。2011年共疏浚县乡河道62条，完成土方744万立方米。工程完成总投资3055.6万元。分别是目标任务数的516.67％、744％和553.33％。整治河塘213条(座)，疏浚土方225万立方米，工程完成总投资787.22万元，分别是目标任务数的193.64％、224.92％和177.51％。农村饮水安全项目包括2011年度一期工程、2011年度二期工程和农村学校饮水安全工程，解决饮水不安全人口共计13.733万人，工程总投资5375万元，分别是目标任务数的915.53％和2507.33％。三是重点水利工程建设。实施大树、楼山等29座小水库除险加固工程，主体工程于2011年6月完成，7月通过水下阶段验收；芦草沟、王集2座小(1)型水库于3月开工建设，主体工程于2011年7月完成，8月1日通过水下工程阶段验收，完成投资7163万元。东温庄水库工程是县2011年十大重点工程之一，初步设计报告省发改委以"苏发改农经发〔2011〕1480号"文批复，工程于10月26日开工建设，工程完工后将成为赣榆柘汪产业区的战略储备水库。四是水政水资源管理。进一步健全完善水政日常巡查制度，切实加大水行政执法和水法律法规宣传力度，多次开展联合执法，开展专项行动；加强饮用水源地巡查和管理，全面实行取水许可制度，规范审批程序，依法审批和审验取水许可证，积极开展水土保持监督工作。一年来，先后组织了15次联合清障执法行动，对青口河、绣针河、龙河、新沭河等主干行洪河道管理范围内非法圈围、种植、非法采砂、取土违法活动进行重点清理打击，有效地保护了水利工程的正常运行。五是招商引资工作。发挥行业优势，根据县委、县政府的总体部署，充分利用行业的资源优势，招商引资工作取得了明显成效。今年新引进投资项目1个：赣榆县鹏达船舶修造有限公司，农业项目1个：朱稽河景观树及苗木繁育项目。2011年水利局实际完成内联资金到位3100万元，超额完成了县委、县政府下达的招商引资任务。

(赣榆县水利局)

淮　安　市

【概述】 2011年，全市水利系统深入贯彻落实2011年中央、省、市1号文件和中央、省水利工作会议精神，重抓水工程，弘扬水文化，做足水文章，扎实开展安全、民生、资源、环境"四大水利"建设，全年完成水利投资30.7亿元，较2010年翻了一番，实现了"十二五"水利改革发展的良好开局，为建设新淮安提供了强有力的水利支撑和保障。3月16日和5月4日，省委常委、副省长黄莉新分别对淮安市水利重点项目集中开工和加大水利融资工作力度批示肯定；9月21日至22日，中央加快经济发展方式检查组对淮安市贯彻落实中央1号文件等工作给予较高评价。市水利局荣获"2011年市级机关科学发展目标考评先进单位"、"2011年软环境和效能建设十佳单位"称号；"实施退围(圩)还湖工程综合治理、打造生态白马湖"项目，荣获"2011年市级机关创新创优项目一等奖"，列全市经济建设类19个获奖项目第二位。

【水利建设】 2011年，全市建设完成投资30.7亿元，开工建设158项水利工程，占年度目标任务的227.4％。重点实施的治淮、南水北调、农村水利、城市水利，区域治理及水资源保护、中小型水库除险加固及度汛应急等6大工程共完成水利投资18.98亿元，另完成全社会新增水利投资11.72亿元。其中：治淮重点实施淮河入江水道、淮安枢纽改造、洪泽湖大堤、石港站等流域性工程，完成投资1.71亿元；续建南水北调金湖站、金宝航道等工程，开工洪泽站，完成投资7.86亿元；农村水利，完成县乡河道疏浚及村庄河塘整治，完成洪金、涟东等6个灌区节水改造、重点县及专项等工程，完成投资7.23亿元；城市水利，主城区共完成投资4.98亿元，8个县（区）自主投资城市水利工程1.50亿元；区域治理工程完成洪泽县橡胶坝工程、白马湖宝应湖洼地治理等，完成水利投资1.07亿元；饮用水源保护，已完成城区70口地下水井封填、洪泽白马湖城市尾水改造及盱眙古桑水厂等工程，共完成投资3.79亿元；水库加固及度汛应急工程完成7座水库竣工验收，10座水库水下验收工作，完成投资0.62亿元；实施新城盐化工、工业园区等园区水系调整、加大水景观、水文化建设力度，完成水利投资1.94亿元。截止年底，淮安境内南水北调工程有序推进，里下河水源调整工程全部完成，金湖站主站已完成，穿堤涵洞工程正在实施，洪泽站建设进展顺利，金宝航道取直段5.1公里河道疏浚及护坡工程、金宝航道桥梁工程基本完成；淮河入江水道整治工程全面开工建设，已完成投资1.34亿元；涟水县公兴河、盱眙县团结河、淮阴区渠西河等重点地区中小河流治理工程，续建洪泽、楚州、金湖3县（区）白马湖宝应湖洼地治理工程已建成并发挥效益；盱眙、金湖县小刀场、新河等18座小型水库除险加固工程基本完成；全市防汛岁修、急办工程（包括13个防汛工程、35个维修养护工程）年底已全部完成。上半年开展了“百日竞赛”、下半年开展“百日攻坚”活动，在各县（区）、各重点工程建设处、各类别项目之间，围绕进度、质量、效益开展工程建设“三比”活动，形成“比、学、赶、超”的良好氛围，确保超额完成年度水利建设任务。

【抗旱工作】 2011年，全市各级防指精心谋划，科学调度，认真组织汛前检查，全面落实防汛防旱责任制，修订完善各类防汛防旱预案，积极落实防汛物资和应急抢险队伍，依法开展河湖清障，切实维护水事秩序和水利工程运行安全，充分发挥全市各类水利工程抗旱减灾效益。5月6日，市政府组织召开全市防汛防旱工作会议，全面部署2011年防汛防旱工作任务，确保全市安全度汛。2010年汛后至2011年7月初，淮安市遭遇了历史罕见的秋冬春夏四季连旱。面对夏种时期全市用水紧张局面，市委书记刘永忠、副市长朱毅民等市领导高度重视，深入一线了解旱情，指导抗旱。省防指派出两个现场工作组驻淮，现场指导监督用水工作，市防指专门成立8个抗旱工作组到各县（区）检查指导抗旱工作。全市累计投入抗旱资金4424万元，人力35万人次，抗旱机组1994台套，移动设备3万台套，累计引水6.2亿立方米，确保全市430万亩水稻适时栽插和生长期用水，保障全市工农业生产、航运及居民用水正常，取得了全市抗旱工作的全面胜利。

【水政执法】 一是水法规宣传。在“世界水日”、“中国水周”以及“5·18”法制宣传日期间，开展了一系列形式多样的水法规宣传活动，主办了贯彻1号文件，加快淮安水利改革发展座谈会；制作了6000册宣传挂历在全市散发；走上街头开展水法规咨询；在《淮安日报》和《法治建设》刊登宣传专版；在饮用水源地二河城南水厂取水口新设置固定宣传标牌；更新了宁淮高速公路入海水道大桥东侧、入江水道东侧固定标牌宣传内容；3月23～25日举办了一期水法规知识竞赛，全市水利系统及相关用水单位共23支代表队参赛，省水政监察总队领导亲临赛场并担任评委。二是水政水资源业务培训。6月23～24日，举办全市水政监察业务培训班，共80多名专兼职水政监察员参加培训。10月21日，在全市水行政执法工作会议期间举办水行政执法业务培训班，行政执法人员130余人参加培训。8月、10月举办两期短训班，组织执法人员参加上级部门举办的执法业务培训5期。三是水事违法案件查处。全年共接待群众来访8人次，接到电话举报21件，收到上级交办、转办事项

35件，都指派专人或交由县区水政大队及时查处，办结率100%。全年市水政监察支队共及时制止，现场查处违法建设、违法取水、污染水源等水事违法行为7起；立案查处水事案件3件；依法强制拆除一处违法建设。案件查处率100%。四是执法巡查监督检查和饮用水源地巡查。组织在全市范围内实施水事违法行为四级巡防机制，使一些水事违法行为在萌芽状态被扼制；进一步加大对全市水行政执法巡查工作的监督检查力度，对基层执法巡查中发现的问题及时予以指导、整改；继续开展饮用水源地河道每日巡查工作，发现污染水源安全隐患及时处理。五是开展水行政执法专治月活动。5月在全市范围内开展水行政执法专治月活动，全市共查处各类水事违法行为96件。其中河道设障类违法行为38件；建设、占用类违法行为32件；采砂、取土、排污类违法行为18件；水资源类违法行为8件，达到了开展专治月活动的预期成效。六是水资源管理专项执法检查活动。7月～11月在全市范围内开展了水资源专项执法检查活动，共查处30起未经批准擅自开凿的深水井，在主城区共查处浅层地下水59户。七是建立淮安市水行政执法联动机制。由市水行政主管部门(委托市水政监察支队)、县区水行政主管部门(委托县区水政监察大队)组成的全市水行政执法联动体系，通过上下联动，相互配合，监管结合，在全市的水行政执法工作中发挥了重要作用。

【水资源管理】 一是加大水利法规和法制宣传力度。3月份“世界水日”和“中国水周”期间，组织开展多种形式的法制宣传教育活动，积极参与5月份全市第六个“法治淮安宣传月”和“行政执法服务月”活动，制作宣传板块6面进行巡回展示。“12·4”全国法制宣传日，在清晏园开展了法制宣传活动。二是在完善行政配套制度的基础上，对淮安市河道采砂管理工作进行后评估，《淮安市河道采砂管理暂行办法》通过了省法制办和省水利厅专家的审查，形成了后评估报告。三是完成规范性文件清理工作。下发了《关于组织开展市水利规划性文件清理工作的通知》，对规范性文件进行了两年一次的清理。四是组织行政许可、行政处罚案卷评查，行政权力全部实现网上运行。行政权力网上运行系统重新运行后，按要求完成了51项行政权力的清权确权工作。五是协助编制市、县(区)水利现代化规划和“六五”普法宣传教育规划。成立了市水利系统“六五”法制宣传教育领导小组，印发了《淮安市水利系统法制宣传教育第六个五年规划(2011～2015)》。六是完成水利政策研究及市行政审批服务中心水利窗口等工作。全年受理行政许可6件，全部按时办结。依法行政工作12月5日通过了市政府法制办组织的年度考核。七是开展“河长制”管理工作检查。牵头起草和制定了“河长制”有关文件和实施方案，认真做好“河长制”管理领导小组办公室的日常管理工作，对各地“河长制”开展情况进行检查。八是出台最严格水资源管理制度，强化水功能区管理。出台《淮安市最严格水资源管理制度实施细则》。按照省有关文件规定，选择19个重点水功能区按月进行监测评价。结合全市实际，制定了《淮安市水(环境)功能区达标率评价考核办法》，分行政区进行考核评比，定期公布考核结果。2011年全市平均指标达到80.3%，超过市下达的78%。九是完成全市地下水计划下达和主城区地下水井封填任务。以文件形式下达地下水开采计划，至年底完成全市地下水开采量5933万立方米，年度地下水开采量控制在省下达的6450万立方米以内。组织相关人员对主城区自来水管网到达地区的114眼地下水井用途逐一梳理过滤、论证研究，制定下发了保留主城区29眼地下水井、关闭主城区85眼地下水井的《淮安市主城区自来水管网到达地下水井关闭实施方案》，全面部署封闭地下水井工作。5月12

日市政府举行启动封填仪式，截止 10 月 14 日，除按 9 月 27 日市政府会议同意延期封填的 27 眼地下水井外，已封填地下水井 58 眼。十是完成重点水功能区水质监测通报以及饮用水源旬测等工作。编印了 12 期重点水功能区水质状况通报，完成饮用水源地旬测报告 36 份，完成地下水监测和年度水资源公报 4 份。十一是实施白马湖退圩(围)还湖工程及协助洪泽县实施城市尾水出路工程。白马湖保护与开发工程，截至年底已完成白马湖环湖大道工程道路长 39.1 公里，完成投资 1.3 亿元；环湖大道延伸段工程道路长 8.3 公里，桥梁 3 座，完成投资 1000 万元；退圩还湖工程完成投资 5200 万元。整个工程已完成投资近 1.92 亿元。配合洪泽县水利局通过建设人工湿地、稳定塘等，对洪泽城市尾水进行生物～生态处理，处理后的尾水一部分用于农业灌溉，生态补水，多余水穿越苏北灌溉总渠排入入海水道，该项工程投资 1.3 亿元。11 月底完工后，改变了以往每天 3 万吨的城区尾水排入白马湖的状况，消除了白马湖最大的污染源。十二是完成全市水资源费以及南水北调基金征收。全市水资源费征收完成省下达任务的 117%，南水北调基金征收完成省下达任务的 107%。

【农村水利】 全年完成投资 7.23 亿元，开挖土方石方 5390 万立方米，兴建小沟以上建筑物 6376 座，兴建防渗渠道 429 公里，重点实施了县乡河道疏浚、村庄河塘整治、灌区节水改造、农村饮水安全、小型农田水利重点县等项目，圆满完成了年度建设任务。一是农村河道疏浚整治工程。投入资金 1.42 亿元，完成疏浚县乡河道 381 条、长 1228 公里，土方 2207 万立方米。实施 344 个村 1658 个村庄河塘整治工程，土方 1413 万立方米。二是农村饮水安全工程。完成投资 1.43 亿元，解决了 1.86 万人的饮水不安全问题。其中农村居民 24.49 万人，涉及盱眙县 14.68 万人、洪泽县 1.43 万人、楚州区 3.67 万人、清浦区 1 万人、涟水县 3.71 万人，完成投资 1.21 亿元；农村学校师生 7.37 万人，投资 2217 万元。三是灌区节水改造工程。投入资金 2.7 亿元，实施淮涟、洪金、渠南、涟西、涟东、清水坝 6 个灌区改造工程，在灌溉期间工程全部投入使用，发挥了重要作用。四是小型农田水利工程。投入资金 1.49 亿元，实施完成 7 个县区 18 个乡镇的田间农田水利工程，治理面积 18.01 万亩，整治塘坝 9 座，沟渠道 1061 座，泵站 70 座并发挥效益。五是千亿斤粮食项目。实施了淮阴、楚州两区的千亿斤粮食项目 4 万元，完成沟渠疏浚 78.1 公里，新建防渗渠道 37.85 公里，新(拆)建泵站 8 座，兴建各类建筑物 578 座。六是农桥改造工程。农桥改造工程全面开工，全市投入 5375 万元，完成农桥改造 628 座。七是创新农村河道长效管护机制。按照“分级管理”的原则，建立河道、道路、村居垃圾、绿化“四位一体”的管护机制，落实保洁队伍 1500 多人，促进农村河道“河畅、水清、岸绿、景美”。

【城市水利】 全速推进以城区河道疏浚整治、泵站拆建改造和里运河防洪控制、大运河城区段道路、古黄河水利枢纽以及白马湖环湖大道等“三闸三路”工程为主要内容的主城区水环境综合提升工程，全年完成投入近 10 亿元。一是“三闸三路”工程。里运河防洪工程于 3 月开工建设，截至年底，已完成楚州控制工程节制闸底板、预制混凝土管桩基础、上下游护坦、部分翼墙，完成投资 1.15 亿元；古黄河水利枢纽工程于 3 月开工建设，截至年底，已完成基坑开挖、钢板桩施打、节制闸底板浇筑，完成投资 7200 万元；大运河城区段景观道路提升工程于 2010 年 8 月开工建设，至 2011 年 12 月底，已完成 26.8 公里道路铺设；白马湖环湖大道工程至年底已完成道路 38 公里，桥梁 8 座，基本实现了道路全线贯通，完成投资约 1.5 亿元。二是城区河道疏浚整治工程。清安河整治，市水利部门承建的主要是清浦段河道整治600米，总投资约500万元，截至年底，主体工程已基本完成；外城河整治，主要包括外城河清淤，部分栏杆维修及清晏园活水工程，至12月底，工程已全部完工；红旗河整治，主要是西安路至淮海南路长3000米，实施清淤，护坡及生态修复，工程已完成并通过验收。三是续建淮安新城水系调整工程。主要包括板闸泵站、茭陵站引河节制闸、穿翔宇大道涵、小盐河中段整治等内容，截止年底，涵洞、节制闸、小盐河中段整治等已完工，泵站已完成主体工程。四是城区防汛泵站新(拆)建工程。引河泵站扩建主要是新建3.0立方米每秒泵站，截止年底已顺利完工；新建内衣泵站、拆建窑汪泵站、维修西小闸泵站、新建清隆桥泵站管理房及里运河部分河道护岸工程，截至12月，内衣泵站站身主体，进水涵洞已完成；清隆桥泵站正在进行管理房建设。共计完成投资600万元。五是完成城市长效综合管理年度目标。全力做好里运河、古黄河、石塔湖等河湖保洁管理，继续完善清晏园、樱花园基础设施，提升两个园区景观环境。全年长效管理工作得分位于市直部门前列。

【水利科技文化】 2011年，水利科技文化建设扎实推进。7月市政府与河海大学签署全面合作协议，11～12月市水利局与河海大学继续教育学院、研究生院签订协议，合作建立继续教育及研究生培养基地。11月24日，市水利局与水利部科技推广中心签订水利科技全面合作框架协议，正式启动建设全国地级市第一家、东南沿海唯一的淮安市水利科技综合示范区，标志着淮安市科技兴水、提高贡献率进入到一个新的层次。重抓科研项目不放松。完成了基于云计算的防汛防旱信息集成平台研究、白马湖周边农村面源污染控制研究，水稻节水控污灌排技术集成研究应用推广、涵闸水位自动控制可移动装置研究及分析、截污导流工程生态护坡体系关键技术研究及应用4项课题的立项工作；完成了3G技术在防汛指挥系统可视化会商中的应用和推广、淮河入江水道金湖段过流防洪安全分析研究、大口径钢筋砼管节现场制作及粘土夹岩地质中顶进施工研究与应用3项课题的鉴定工作。11月水利科技工作受到省水利厅表彰，荣获“2009～2011年水利科技工作先进集体”称号。水文化建设进一步加强。委托河海大学编制《淮安“十二五”水文化发展规划》并顺利通过专家评审，统筹谋划今后五年淮安水文化建设；举办“淮安水文化周”大型系列活动，征集提炼淮安水利精神，组织《水利之春》文艺汇演、水法规大型广场宣传咨询、《水利淮安》——纪念新中国治淮60周年淮安专辑首发式、激情唱响《淮水安澜》——淮安水利之歌等活动；圆满举行淮安市水利系统第二届职工文化体育运动会，开展十九大类四十九小项竞赛项目，增强淮安水利的凝聚力、战斗力；顺利建成并开放程莘农、“三范”故居，开工实施大清口记事碑亭、石码头记事碑改造和洪泽湖大堤起始点标志建筑物3项水文化工程，传承水利文化，绽放城市水韵。

【行业发展】 各县(区)局水利事业长足发展，精神文明、行业作风、水利队伍建设取得新的突破。市水利资产经营有限公司通过土地出让金、财政借款以及新城公司清欠置换土地补偿收益等方式，融资4.08亿元，发债工作有了实质性进展。淮阴水利建设有限公司全年新签施工合同额13.7亿元，完成施工总产值8.1亿元，实现年度利润目标，运用BT模式承包项目实现历史性突破，全年新签BT项目合同额4.3亿元，独立承建的徐州刘集东船闸工程获交通部优质工程，参建的淮河入海水道工程获得自辛亥革命以来“百年百项”精品工程。市水利物资开发公司积极化解内部矛盾，努力克服各种困难，累积完成产值4000余万元，较上一年实现总量翻番。市水利勘测设计研究院有限公司回归中心，服务大局，先后完成了南水北调、治淮与地方基建、民生水利、城市水利等工程前期工作任务，有力地保障了年度水利建设项目的立项申报和顺利推进，并积极拓展规划设计和勘测市场，推进公司可持续发展。水政支队、入江水道等单位克服困难，强化服务，依法行政，圆满完成年度规费征收任务；中里运河管理处在完成规费征收同时，扎实做好城区防汛工作，并成功创建里运河文化长廊（清江风景区）国家3A级旅游风景区；规划办编制完成《淮安市“十二五”水利发展规划》，并受到市政府的通报表彰，配合完成《淮安市“十二五”水文化建设与发展规划》、《淮安市入海水道以北地区防洪排涝规划》；节水办节水型社会建设取得显著成效，创造节水型社会试点建设“淮安模式”；供排水管理处水费征管及农民用水户协会建设等工作开展顺利；高良涧水利工程管理处面对60年一遇的特大干旱，抢时间、抓水情，全年生产发电800多万度，并在经济收入减少的情况下，想方设法补发离退休人员生活补贴；洪金、淮涟灌区科学调配水资源，节约灌溉水源，灌区建设管理工作进一步加强，顺利通过市级水利管理单位考核验收；淮泗涵闸在做好工程管理维修养护、向灌南县区域供水的同时，研究制定《淮安市淮泗涵闸管理处涵闸工程技术管理实施细则》，进一步规范管理；樱花园加强管理，创新机制，于2011年3月创成苏北第一、全省第二、全国第三批国家水土保持科技示范园，10月创成继古运河水利风景区后淮安市第二个国家级水利风景区，12月15日中央电视台晚间新闻进行了报道，夏季水上乐园经营实现安全无事故，服务零投诉，水质全达标；清晏园进一步完善公园服务设施，做优做美园区环境；防汛物资管理中心启用运行宏恒胜路仓库，成功组织金宝航道水泵组群调运工作，防汛物资管理规范化制度化水平进一步提升；市防汛抗旱机动队通过多方努力，向上争取资金，利用技术优势积极拓展业务，并将闲置场地租赁出去，盘活资产，实现创收。

【队伍建设】 一是开展纪念建党90周年活动。围绕纪念建党90周年，开展党建工作评比表彰、学习中央一号文件论文征集、举办“学党史、讲党性、作表率”读书知识竞赛、开展“党旗下的水利人”主题宣传及“缅怀先烈、重温誓词”、组织参加全市红歌大赛等八大活动，不断增强党组织的凝聚力和战斗力。二是开展主题实践活动。在全市水利系统开展“我为党旗添光彩，科学发展争一流”主题实践活动，在5、6月份集中开展文件落实推进月、规划设计研讨月、项目建设冲刺月、工程移交突击月、行政执法专治月、城乡节水宣传月、党员电化教育月、反腐倡廉建设月“八大集中行动月”活动。认真实施好市级创新创优项目，“三农”创新项目和局系统46个水利创新创优项目，提升系统创新能力和水平。三是开展标杆学习活动。从水利工程建设与管理、水资源管理、行政执法、水利融资和队伍建设等各个方面，在全省确立学习标杆，组织局领导带队分别赴苏州、镇江、南通、徐州等市，实地交流学习，着力争创科学发展一流业绩。四是开展人才培训活动。开展水利工程建设、管理“双百人才”选拔，在全市水利系统推荐选拔102名水利工程建设人才和101名水利工程管理人才，加大培养力度；全年举办12个水利业务培训班，参培人员达到1050人次；加大干部选拔任用交流力度，对部分直属单位领导职位实行竞争上岗和轮岗交流；委托河海大学举办2期全市水利系统领导干部培训班，不断提高水利系统干部职工队伍素质。五是开展百名科级干部进百村调研活动。11月5日至11月25日，分8个组，由局领导带队，开展“百名科级干部进百村”专题调研活动，深入了解基层和群众对水利所急、所想、所思、所盼，进一步转变作风，为全市现代农业和新农村建设提供更好的水利服务。六是开展廉政建设活动。层层签订党风廉政建设责任状，廉洁自律承诺书，建立廉政档案，制订和完善廉洁自律承诺制，并围绕“重大水利事项、重点水利工程、重要水利岗位”，建立工作督查机制，全年共发布督查通报10期，保证工程、资金、生产、干部“四个安全”。七是开展创造101%服务特色品牌活动。在全市水利系统开展“节水从我做起，共建生态家园”101%服务主题教育活动，邀请25家用水单位参加101%服务主题教育座谈会，对服务对象提出的22条意见进行归类整理并制订整改方案。全年共受理各类信访件111件，均做到“件件有落实，事事有回音”。5月24日，市水利局作为全市101%服务主题教育活动宣传典型，市软建办联合市电视台等媒体到市水利局进行采访，并在相关媒体进行专题报道。12月24日，在全市效能建设创新工作评审会上，市水利局以84.8分获得全市行政指导试点工作第一名。八是开展新闻宣传活动。紧紧围绕一号文件贯彻落实、水利重点工程建设、主城区水环境提升、“3·22”世界水日和水文化周等重点，市局与县（区）局联动，在《淮安日报》、《淮海晚报》开辟“水利淮安”专栏，全年刊发专版15期；与淮安电视台联办“魅力乡村”栏目，及时报道水利政策，工作动态，经验成就等，录制水文化为专题的“走进现场”节目，积极参与“行风热线”直播；与淮安人民广播电台联办“水利园地”栏目；充分利用好网络媒体优势，做好淮安主要论坛“淮水安澜”民生通道中水利版块的更新维护工作，淮安水利网站经过认真改版与维护，被评为“全市十大优秀网站”，新闻宣传工作先后获得淮委及省水利厅表彰，淮安水利行业的知名度和美誉度不断提升。

（潘光杰　钱光华）

盐　城　市

【概况】　2011年，盐城市水利系统认真贯彻落实中央和省、市关于加快水利改革发展的决策部署，紧紧围绕“全面建成小康社会、实现新的跨越发展”工作大局，加强水利建设，强化水利管理，深化水利改革，推进依法行政，圆满完成和超额完成了年度各项目标任务。市委、市政府以1号文件形式出台了《中共盐城市委盐城市人民政府关于加快水利改革发展推进水利现代化建设的意见》，明确了水利的战略地位，水利改革发展指导思想、目标任务、基本原则、投入政策及工作重点。各县（市、区）也都以党委、政府名义出台了水利改革发展综合性文件。盐城市水利局被市委、市政府表彰为全市目标任务绩效考核综合先进单位，全年受到市级以上各类表彰达48项。

【水利建设】　全年完成水利基本建设投资10.89亿元。完成三仓河东延工程河道工程并通过通水验收。完成7个中小河流治理项目并通过通水验收，开工建设9个新批项目。完成省补重点项目射阳县运棉河地区安南、和合圩区和利民河地区盘湾圩区治理工程。世行贷款泰东河工程完成投资2.4亿元、川东港拓浚工程完成投资4176万元。建成盐龙湖主体工程，完成土方开挖680万方、弃土600万方，完成6公里生态堤防防渗工程，生态系统构建工程已基本完成。南水北调里下河水源调整项目完成阜宁泵站地基处理预压、引河开挖、防洪闸建设，以及小中河疏浚、小中闸首拆建、阜宁电站改造；开工建设北坍站；完成盐城境内工程的征地拆迁工作。市区城市防洪工程，南洋中心河泵站、东伏河闸站工程建成，汛期投入应急排涝；开工建设胜利河东、西闸站。特别是汛前建成大市区第Ⅳ防洪区，首次实行大联圩封闭排涝;市区设防面积已达243平方公里。

【防汛防旱】 面对60年来最严重的干旱,调、保、蓄、节并举,调引外水51.96亿立方米,保证了全市生产生活用水需求;面对梅雨期长和短时强降雨,驾驭了旱涝急转局面,特别是总渠堤防、淮河入海水道堤防、废黄河堤防、主海堤和其他圩堤均未决口,盐城市区、各县县城、重点城镇、重要交通干线、工厂企业以及各类水利工程安全度汛;面对强台风"梅花"的影响,科学应对,保证了经济社会和人民群众生命财产安全。根据工情、水情变化,市本级修订完善12个防汛抗旱预案,完成城市突发性强降雨应急排涝预案;全市出动执法人员1200人次,出动车艇292次,清理鱼罾35道,拆除鱼簖710处,鱼坞56处,清理网箱21000只,提前完成流域性河湖清障任务,市领导专门批示给予肯定;全年严格按照管理权限批复下达工程维护和防汛急办等项目7批,总经费4207.61万元,较去年增加74.23%;建湖、阜宁、滨海、响水等地投入800万元,及时完成抗旱服务组织设备购置工作;市、县、乡三级共储备三袋275万只,块石6.87万吨、木材867立方米、土工布8.7万平方米;市、县两级组建抢险队伍15.8万人,与盐城军分区在阜宁县联合开展了防汛抢险专业队伍演习;积极推进防汛信息化建设,完成重点水利工程视频监控年度建设任务。

【水政执法】 出台《盐城市市区河道管理实施办法》,并报市政府审批。规范权力运行工作制度,专门印发《盐城市水利局行政权力网上公开透明运行管理暂行办法》、《盐城市水利局行政权力静态信息更新调整办法》及《盐城市水利局电子监察内部管理规定》等文件,局行政权力全部实行网上运行,法制监督平台和行政监察平台实施监督检查123次。开展规范性文件清理工作,共清理《盐城市防洪实施办法》、《盐城市水利工程管理实施办法》等市级规范性文件11件,清理《盐城市水利局水行政许可实施办法》等局发文件5件。深化"沿海服务行"活动,全年开展专项活动16次,为中小企业上门服务36次,并设计品牌标识,在《盐阜大众报》上公示宣传;水利窗口全年办理行政许可项目103件,收到锦旗18面,第二、三季度被审批中心表彰为"红旗窗口",被团省委授予省"青年文明号"称号。以"世界水日"、"中国水周"、"11·18法制广场"和"12·4"法制宣传日为契机,通过专场文艺演出、有奖答题、图版展览、送戏下乡、科普画廊、短信等形式,营造良好的节水、惜水氛围;全年树立固定标牌10处、印发宣传材料5000多份、发送短信40000条、举办文艺演出12场观众达2万余人。举办两期全市水行政执法业务培训班,培训150多人次。全市共查处各类水事案件130多起,结案率95%以上。深化"百湖执法大检查"专项活动,在全市普遍开展清障工作争创"免检河道"活动。

【水资源管理】 开展实施最严格水资源管理制度试点工作,全面推行行政首长负责制,市政府与9个县(市、区)签订了年度水资源管理目标责任书。《盐城市水资源综合规划》获市政府批准实施,完善《盐城市"十二五"水资源管理与保护规划》,编制《盐城市实施最严格水资源管理制度建设方案》、《全国重要饮用水水源地新洋港盐城水源地安全保障达标建设总体工作计划》、《市级河道水功能区划》和城市节水专项规划及城市节水技术导则,出台城市集中式饮用水源保护区环境管理标准并开展达标活动。规范取水许可和入河排污口设置审批,进一步推动园区水资源规划论证工作,开展建设项目水资源论证后评估试点。全年共转报取水许可项目17项,项目有效论证率达100%。市发改委、经信委、水利局联合制定并印发了《盐城市建设项目节水设施"三同时"实施细则》。创建省级节水型载体(单位、灌区、社区、机关)26家,试点创建节水型宾馆5家，创建生产废污水“零”排放企业7家、八大行业节水行动18家。全市共开采地下水10200万立方米，压采230万立方米，封填(存)深井30眼。加强对96个水功能区监管，单月监测全覆盖，定期发布水质旬报、周报；每周监测市域、县域交界处的5个监测断面。各县(市)编制了水源地达标建设整治计划，开展了盐城市区和部分县新饮用水源地建设，定期维护市区18眼应急备用深水井。完成东台市县级水资源管理规范化建设，进一步推进辖区涉水事务统一管理，发挥水务体制优势。省水资源管理信息系统一期工程盐城分工程建设投入试运行，全市90%的非农业用水量实现了在线监测数据自动传输。启动浅层地下水高效利用关键技术研究。10月份，大丰市省节水型社会建设试点通过省终期验收。

【工程管理】 完善湖泊管理网络，健全湖泊专管机构，细化明确一线湖泊管理责任；加强河湖巡查与现场监管，两次核对沿湖地区违章建设情况，定期报送湖泊巡查月表和工程管理月报。加强对跨县以上河道管理的行业指导和督查，对全市10家通榆河管理单位进行考核；做好大纵湖“退圩还湖”和九龙口“退渔还荡”工程实施工作，九龙口一期6条河道、3个湖面疏浚和整治工程全部实施到位，二期河道疏浚工程正在实施之中；《大纵湖(盐城市域)退圩(围)还湖专项规划》已获省政府批准。做好通榆河管理和保护规划编制工作，普查登记全市通榆河河道占用项目，先后10余次严肃查处通榆河沿线损坏堤防、违章建桥、非法取土等问题；规范市区河道管理，编制河道巡查方案，巡查1000人次，督查12次，查处各类水事案件42起，督办河道管理范围内项目许可手续7起，并限期整改到位。对湖泊遥感监测5处变化情况进行调查、核实与查处；对新洋港、通榆河涉及河道堤防的工程指标实地探测，形成详细的统计数据和分析报告，为做好河湖健康评估工作提供了科学依据。对涉河项目审批事项采取一次性告知，全年受理的85件河道占用项目许可申请按时办结；对经省审批通过的河道项目跟踪督查，严格后续监管，杜绝新违章建设项目的发生。推进工管单位达标升级，创建1个省一级、2个省二级水管单位，射阳河闸管理所创建国家级管理单位通过淮委、省水利厅初验，在苏北市直水利工程管理单位中仅此一家。

【水利科技】 编制水利科技发展规划，出台了《盐城市水利科技进步配套奖励细则》。《盐城地区浅层地下水高效利用关键技术研究》、《新洋港闸下港道泥沙输运过程研究及在沿海四港闸下清淤保港中的应用》等4项水利课题获省厅批准立项。《江苏省沿海挡潮闸冲淤减淤运行管理研究》、《建设项目扰动土侵蚀规律研究》课题分获2011年度省水利科技优秀成果一等奖和三等奖。以市水利学会为载体，积极开展工程建设与管理新技术、新工艺技术研讨，举办了“水环境与水资源保护”、“节水型社会建设”、“混凝土工程防裂技术讲座与控制研讨会”等专题讲座，每年在省级以上刊物发表论文数十篇。积极推广水利工程施工新材料、新工艺。在闸站大体积混凝土裂缝预防与控制方面，采用高效减水剂降低混凝土水灰比、掺和料与改性材料同时使用、保温养护与预埋冷却水管降低混凝土温升等综合措施，有效地预防和控制了混凝土结构的有害裂缝的发生；在安装精度要求较高的门槽和泵站机电设备二期混凝土以及混凝土结构贴面加固工程施工中，推广使用自流平混凝土，不仅施工速度快、基本对埋件无扰动，且施工质量更有保证；在混凝土结构加固中，应用植筋胶增强植筋的锚固力和抗振动疲劳能力。广泛运用水利规划设计新技术、新成果。在滨海县六合庄岸段海堤和响水县连响闸段海堤防护工程施工图设计中，运用《废黄河三角洲侵蚀性海岸整体防护体系研究与应用》研究成果，利用现有地形构建人工岬角，形成整体防护体系。应用国际先进的软件进行水文水资源分析计算、结构分析计算和流场分析，都取得了较好的效果。

【作风效能建设】 盐城市水利局党委中心组学习受到市委巡听组好评，被评为全市县级红旗中心组。开展庆祝建党90周年系列活动、“清风读书”等活动，做好入党积极分子培训和推荐省、市党代会代表选举工作；深入开展系统窗口单位为民服务创先争优活动，选树了5个为民服务先进窗口单位、20名为民服务典型个人。严格执行党风廉政建设责任制，局主要领导与班子成员、班子成员与分管单位、处室负责人层层签订党风廉政建设责任书35份，严格实行“一岗双责”；开展“510”警示教育系列活动，组织机关中层以上干部、局直单位领导班子成员及系统关键岗位人员120多人到盐城监狱开展警示教育。广泛开展文明创建活动，系统内37个单位分别获得省厅、市和水利系统文明单位称号；完成阜宁县罗桥镇49户低收入农户和9户城市特困家庭结对帮扶任务，送慰问金、慰问品累计达6.27万元；成功举办局系统第十一届职工运动会、第二十六届老年职工运动会。研究加强盐城水利现代化人才队伍建设的指标意见，拟定局系统事业单位招聘专业技术人才和技术工人方案；新提拔13名科级干部、10名试用期满科级干部转正考察和招录1名大学生村官，均严格选拔招录程序。大力加强职工教育培训，系统举办安全生产、工程档案管理、公共耗能统计、水资源管理信息系统维护、技术工人继续教育和升级考核培训10多场近千人次。

【农村水利建设】 全市共完成农村水利总投资11亿元。完成农村30万不安全人口饮水安全工程建设任务，铺设管道1939公里，新凿深井7眼；东台、大丰农村饮水安全示范县工程顺利通过省发改委、水利厅等4个部门验收，被水利部授予全国农村饮水安全示范县称号。超额完成农村河道疏浚工程任务，共疏浚县级河道57条、1509万立方米，乡级河道440条、2533万立方米，疏浚整治村庄河塘1594条、1924万立方米，在大旱中发挥了显著的引排效益。全市中央财政小型农田水利重点县项目实现全覆盖，年度兴建各类建筑物2936座，疏浚土方182万立方米，新铺低压灌溉管道474公里。沿海5个县(市)中央财政新增农资补贴旱改水工程完成各类建筑物2041座，新修防渗渠92.6公里，新增旱改水田5.5万亩。东台、大丰的堤东灌区、滨海的陈涛灌区和射阳五岸灌区末级渠系配套建设任务全面完成。

【三峡移民管理】 4个县(市、区)多形式开展种植、养殖项目和汽车驾驶、电工、焊工、服装加工、计算机等技术技能培训，受训移民近2000人次。实施移民安置村基础设施建设项目100多个，移民危旧住房改造200多户，解决了一批长期困扰移民发展致富的瓶颈问题，移民生产生活条件得到改善。加大移民后扶项目实施力度，推进农村移民劳动力有效转移，切实帮助移民增收致富。东台市与江苏民星茧丝绸股份有限公司编制申报移民栽桑养蚕提质增效致富项目，125户移民新增方格簇8000多片，养蚕技术和效益明显提升；射阳县申报耦耕镇(办事处)无公害大棚蔬菜种植技术科研项目，得到国家三峡办支持并争取80万元前期项目资金。及时处理三峡移民信访，把矛盾解决在移民所在地，成功化解集访、群访事件10多起，没有发生到省集访或进京上访事件。市移民办、大丰移民办分别于12月份组织人员到重庆云阳县就“两金”使用情况进行专题调研，形成了专题报告，供省厅研究决策。各地三峡移民档案资料收集分类、整理、归档完整准确，移民人口动态核定工作落实，各类直补资金按照规定及时发放、无差错。4个县(市、区)完成《移民安置区基础设施建设和经济发展规划(2011～2015)》编制及申报审批工作；全市三峡移民后扶项目和结余资金项目完成率分别达到95%和90%以上；后扶资金和结余资金总兑付比例达到100%；规划项目实施管理规范有序，项目质量优良率均在95%以上。

【水利普查】 年内，全市水利普查清查登记阶段工作按规定时间节点、规定内容和规定要求任务全面完成。3月底前完成了对象清查前的各项准备工作，专职人员到位，普查经费落实；5月底完成了乡镇级河流审查，图表报送；6月上旬完成了普查对象清查数据市级汇总、审核和数据成果上报工作；8月底前完成了河湖取水口、地下水井、农村供水工程、入河湖排污口等四小类对象的外业数据采集和其他普查对象工作底图标载工作，完成了乡镇级纸质图标载的审核工作，并及时报送纸质图；9月底前完成了水土保持内、外业数据采集工作；11月底前完成了市、县、乡三级水利普查第二阶段培训工作；完成水土保持野外调查单元的野外调查工作，并回收全部普查表，基本完成了静态数据的获取和录入工作、开展了普查数据市、县两级审核和动态数据的获取工作，先后顺利通过省和水利部淮委水普办的事中质量抽查；12月底完成了普查数据录入、审核等预处理，完成了对象清查名录增补，普查数据获取工作全面完成。

（史长森）

响　水　县

【自然经济社会概况】 响水县位于江苏省沿海东北部，海洲湾南端，东濒黄海，北枕灌河，西连灌南、涟水，南抵中山河，与滨海、阜宁隔河相望。地处北纬33°56′51″～34°32′43″、东经119°29′51″～120°05′21″。县城东西长61公里，南北宽21公里，大陆标准岸线长42.1442公里。全县总面积1378平方公里，总人口60万人，辖12个镇区，1个经济开发区、1个沿海经济区、1个生态化工园区，县境东郊驻有省属黄海农场和灌东盐场。2011年，全县实现地区生产总值161.2亿元；地方一般经济预算收入17亿元，增幅全市第一、全省第二；固定资产投资118.7亿元；社会消费品零售总额37.3亿元；外贸出口总额3.3亿美元，总量全市第三；注册外资实际到账连续两年突破1亿美元；二、三产业占GDP比重突破80%；社保资金支出6.7亿元；完成规模以上工业增加值77.2亿元，工业投资突破100亿元，工业用电量达15亿度。

【水务基本概况】 响水县水务局内设办公室、财审科、水政科、水务科、监察室、水建科、规划基建科、设计室、质监站9个职能科室，行政编制21人。下辖防汛防旱办公室、工管处、水政监察大队、供排水管理所、水资源费征收所、水建处、物资站、县自来水公司、沿海自来水公司、打井队、城市污水处理厂等11个直属单位，通榆河堤防管理所、海堤所、运响河闸、黄响河闸、运河套闸、海安闸、南潮河闸、中山河闸和北闸等9个管理所和红旗翻水站，响水、小尖、张集、黄圩、运河、六套、七套、大有、老舍、双港、南河、陈家港、响水经济开发区等13个水务站。全系统干部职工680人，其中高级技术人员3人、中级技术人员65人。

【年度工作】 （一）防汛防旱取得全面胜利。针对淮河流域出现的秋冬春夏四季连旱，响水水务局按照“三保一防”抗旱要求，积极向上争取水源，科学调度水情，组织人力物力清障清淤，保证了抗旱工作有力、有序、有效进行，保证了全县人民生产生活用水和大秧栽插高峰用水需求。积极备齐备足防汛物资，储备防汛块石1.16万吨、木材(木桩)384.5立方米，编织袋42.9万只、土工布9060平方米，救生衣4000套；投入防汛应急、岁修经费360万元，完成了灌河堤陈家港老镇区段护坡、海堤套子口段应急防护、双港开城段灌河堤护坡、海堤连响闸段丁坝维修等应急修复任务，消除了汛期安全隐患，成功抵御了9号“梅花”台风的袭击，出色完成了防汛防旱工作任务，夺取了防汛防旱全面胜利。（二）项目资金争取创历史新高。该局始终树立“项目兴水”的理念，以项目为支撑，认真编制水利“十二五”规划，加大水利项目争取工作力度，做到协调关系引项目、围绕中心引项目、改善民生引项目、夯实基础引项目，共争取了省级以上投资的套子口海堤防护、海堤河引淤二期、小型农田水利重点县、中央财政新增农资综合补贴旱改水、水土保持、农村饮水安全、区域供水、污水管网、水污染防治等10多个水利重点工程，项目资金达1.65亿元。（三）水利工程建设规模空前。一是全面完成重点水利工程建设任务。投入1122万元的蒲港闸拆建工程、投入1919万元的三圩扬水站拆建工程以及投资1600万元蒲港至三圩段海堤1.75公里防护及保滩工程全面建成运行。通榆河北延送水工程响洪大沟排涝闸、南潮河节制闸、一分排地涵、二分排节制闸等工程建成并通过省市验收。中小河流域废黄河、海堤整治工程全面完成。总投资3079万元的县城地面水厂二期扩建工程主体工程已全面竣工，具备制水能力。第二水源工程全面竣工，完成了县城、港城两个水厂互为第二水源的调试，实现了两个水厂互通互补的目标。农村饮水安全工程已完成投资8201万元，铺设各类管道910公里，解决13个镇（区、场）、18.21万人的饮用水安全问题。二是全面完成农村水利建设任务。（一）疏浚县乡河道33条214.07公里、360万立方米，村庄河塘整治36个行政村105条129.74公里、120万立方米。（二）完成2011年中央财政新增农资综合补贴资金旱改水田间工程，新建泵站15座，生产桥6座，防渗渠28.3公里，涵洞649座，渡槽1座，开挖沟渠土方23.1万立方米，平整土地250亩。（三）提前完成投入3020万元的农水重点县一期工程，新建和改造小型泵站116座，新建防渗渠47公里，涵洞1881座，农机桥2座，新增有效灌溉面积3.16万亩，改善灌溉面积1万亩。三是农水重点县二期工程有序推进。总投入3020万元的农水重点县二期工程涉及运河、六套、大有三个镇区，22个行政村，耕地面积10.28万亩，9月6日完成招投标。目前已完成投资1000万元，按照施工进度有序实施，将于明年4月底竣工。四是全面完成第一次全国水利普查清查工作任务。填写168条镇区及以上河流的清查标注，2494个清查对象的填表、审核验收、数据录入上报。建立188个取用水台账，填写普查草表1522份，所有数据全部录入系统。（四）落实最严格的水资源管理制度。强化水资源管理。该局认真贯彻落实最严格的水资源管理制度，配合做好建立“三条红线”控制基本框架基础工作，按照省市下达的地下水开采总量、地下水开采压缩计划，及时对全县深井下达年度取水量指标，控制取水，提高用水效率，使最严格水资源管理的“三条红线”“红”起来，“硬”起来。进一步规范取水许可和水资源论证工作，按照规定做好分级审批工作，县级审批项目及相关验收资料及时报市备案。2011年，全县取水许可项目论证率审批率达90%，对新建、改建和扩建的取水可实行“三到位”，全程监督管理，达到取水论证、审批、验收手续齐全，资料准确。严肃查处非法凿井和擅自取水行为，依法封填封存5眼深井。强化地下水管理，配合做好地下水超采区范围复核、地下水水位监测等工作，每月2次对地下水位进行监测，经测，响水县地下水水位降幅控制在0.5米以内。强化水源管理。开展水源地整治和达标建设，在取水口头部建立了水质在线监测仪，对水体中的氨氮、pH值等6项指标进行适时监测。配合做好水功能区水质监测、市级河道水功能区划及通榆河健康评估等工作，对灌河、废黄河、南潮河、运响河4条主要水功能区每月巡查2次，并做好记录。对出厂水水质每2小时进行化验检测，将结果每周向省市建设部门上报。加强节水技术改造和非常规水源利用，在县实验小学启动节水型学校建设。强化水资源管理信息系统一期工程的管理和完善工作，启动二期工程建设前期准备工作。完成1个社区、1个企业、1个灌区的省级节水型社会创建和地下水压采、水资源费185万元(南水北调工程基金26万元)征收等年度目标任务。启动节水型社会建设规划编制工作，完成水资源综合规划编制任务。以“世界水日”、“中国水周”活动为契机，采取发放宣传单、电视屏幕、报纸专版、电子屏幕、悬挂横幅、“三下乡”活动等形式宣传《水法》、《江苏省水资源管理条例》等法律法规，全县先后悬挂水法规条幅36条，印发宣传资料1.2万份。还在全县各镇区设有固定宣传牌，内容及时更新，做到长效宣传有成果，宣传形式多样化。积极做好水政监察工作。每月执法巡查2次以上，县以上河道巡查覆盖率达100%，年度水事案件结案率达95%。正常开展执法巡查，大队每月2次以上，县管以上河道覆盖率达100%。(五)水务管理取得新成效。严格执行财经法规和财务制度，组织开展全系统财务收支审计工作，全系统18个单位内部审计全部结束。定期开展财务检查，确保水利资金专款专用，管理规范，手续齐全，年内县本级未发生重大经济案件。积极争取水利建设资金，地方配套资金落实。各项水利政策落实到位。县委、县政府出台了《关于加强水利改革发展的意见》，当年省、市级补助的专项经费全部拨付或落实到位。市督查组于9月份对响水县水利建设资金进行了督查。指导行业依法收取各项行政事业性规费，收足收好水利工程费、水资源费、河道占用补偿费等规费，并按规定指标及时足额上交有关部门。大力实施惠民工程，用好管好水费资金，投入160多万元资金在六套庙友村组建了向阳渠灌区农民用水协会，得到省供水局领导的充分肯定。

(响水县水务局)

滨 海 县

【县情概要】 滨海县位处中山河、苏北灌溉总渠尾闾间的沿海地带。东北濒黄海，东南连射阳县，西南接阜宁、涟水县，西北邻响水县。行政区划设五汛、蔡桥、正红、通榆、大套、天场、东坎、八巨、八滩、陈涛、振东、滨海港、滨淮、界牌14个乡镇和2个经济开发区。下辖261个村、35个社区居委会，其中：农村社区居委会18个、城镇社区居委会17个。境内居民以汉族为主，少数民族有31个。全县土地总面积为1949.6平方公里，陆地面积1667.4平方公里，水域面积106平方公里，滩涂面积106.6平方公里。耕地面积99473.3公顷。境内海岸线总长度为44.6公里，占全市海岸线总长度的9%。南至扁担港，北于中山河口，滩涂总面积15400公顷。其中潮上带面积10666.67公顷，包括高潮线以上4000公顷，高中潮线间2666.67公顷，中潮线以下4000公顷；潮间带面积4733.3公顷。2010年底，已开发利用潮上带10666.67公顷，其中利用潮上带种植粮棉等1866.67公顷，虾、鱼、蟹等养殖4666.67公顷，盐田4133.3公顷。利用潮间带开发，种植紫菜等133.3公顷，贝类护养666.67公顷，尚有3933.3公顷潮间带有待开发。滨海县处于北半球中纬度，为北亚热带向南暖温带过渡的气候带，为湿润的季风气候，其气候特点是：冬冷夏热，四季分明，光照充足，气候温和，无霜期较长，降水较充沛，雨热同季。旱涝、霜冻、雷雨、大风等灾害时有发生。常年年平均气温14.1度，降水量949.5毫米，日照2236.3小时。

【水资源状况】 滨海县水资源比较丰富，

但可利用水量有跟，已利用的系数较低。县域雨量较为丰富，除蒸发、作物吸收及下渗入土以外，约有26%成为地表径流，排人河沟。至约盼年可利用水资源，多年平均值为52313万立方米，丰水年为70765万立方米，平水年为44377万立方米，枯水年为19716万立方米，特枯水年为12082万立方米。县域地处淮河下游，洪泽湖及里下河部分客水由县境人海，但时间和地表水量分布不均匀，大多和县域汛期同步发生，穿越县境的淮河人海道与苏北灌溉总渠排泄洪泽湖水，射阳河排泄射阳湖及马家荡一带涝水，中山河排泄沿海高滩涝水。

【年度工作】 2011年，滨海县水利局紧紧围绕“以重抓项目促发展，以强化执法促规范，以政策到位促稳定”的基本思路，奋力拼搏，扎实推进，圆满地完成了各项工作任务，取得了较好的成绩。先后被市水利局表彰为“全市农村水利工作”先进单位、“水利绿化造林工作”先进单位。被县委、县政府表彰为“改善民生工作先进单位”、“纪检监察工作先进单位”、“农村基础设施建设工作先进单位”和“协税护税工作先进单位”。水利建设方面，一是农村改水二期工程按期完成，投资3797万元，重点解决陈涛、界牌及滨海港3个镇7.72万人的饮水不安全问题。铺设管道520公里，新凿深井10眼，完成管道铺设400余公里，凿井10眼。二是通榆河北延影响工程全面完成。投入1993.15万元，实施通榆河北延影响三、四期工程完成两个枢纽共12座建筑物。三是三层灌区三期工程成效显著。在五汛、蔡桥、正红、通榆等4镇新建、改造建筑物166座，疏浚干、支渠21.77公里，项目总投资1200万元。四是小型农田水利专项工程扎实开展。在东坎、八巨、界牌、滨海港等5个乡镇实施泵站、涵闸、桥梁等63座，疏浚河道10条，土方28.5万立方米。五是海堤达标扫尾工程基本完成，投入200万元的800米桩周抛石及丁坝工程7月底已全部完成，使海堤防潮抗台能力得到进一步提升。六是陈涛灌区节水改造工程二期项目顺利开工。工程总投资932万元，计划新建、拆建泵站43座，新建、拆建涵闸29座，防渗渠2.9公里，疏浚河道7.4公里。已完成新建、拆建泵站11座，新建、拆建涵闸9座，防渗渠1.1公里，疏浚河道1.6公里。七是县乡河道疏浚及村庄河塘整治工程通过省级验收。2003年以来，全县累计投入资金9952.84万元，疏浚县乡河道600条，1708.6公里，完成土方2908.2万立方米，占下达计划任务的114%。实施村庄河塘整治932条(个)，土方1102万立方米，占下达计划任务的122.2%。极大地提高了区域抗灾减灾能力，为全县的经济和社会发展提供了强有力的水利支撑。防洪保安方面，一是汛前检查一着不让。对县内堤防、涵闸、泵站等水利工程进行拉网式检查，并将水毁工程、在建工程、历史险工隐患等防汛重点和薄弱环节作为重中之重，按照“谁检查，谁负责”的原则，落实检查工作责任制。对检查中发现的问题，要求相关单位全面落实整改措施。二是责任落实全面到位。县委、县政府及时成立了县防汛防旱指挥部，同时对海堤、中山河、总渠及人海道、射阳河与通榆河、县城等五个分指挥部以及县防汛办公室组成人员进行了明确，形成了上下贯通、整体联动的防汛指挥体系。县防指对各成员单位的职责作了进一步细化，做到责任明确。三是县城防洪逐步加强。多渠道筹措资金100余万元对事关县城防洪安全的妇女河泵站、坎南电排站及时进行了维修养护，为县城的度汛安全提供了有力保证。四是河道清障组织有力。县政府组织水利、公安、渔业等部门，在有关乡镇的配合下，对射阳河的阻水障碍依法进行了强制清除，共拆除鱼簖、鱼罾309处，同时对网箱养殖进行了整改，河道行水条件得到明显改善。五是各类预案及时修订。3月份，县防指针对近年来水情、工情发生的新变化，结合汛前检查发现的问题，组织有关单位技术人员认真修订完善各类工作预案，为保证全县的防洪保安工作提供了有力的技术支持。六是注重物资储备和队伍建设。汛前，县本级储备编织袋15万只，土工布2.87万平方米，铅丝1355公斤，木材18立方米，块石8000吨。县、乡两级成立专群结合的抢险队伍近万人。水利经济方面，一是船闸收费稳中有升。三大船闸在受到上游阜宁船闸停航的情况下，克服种种不利因素全年实现闸费收入546万元，保持稳定增长。其中，丁字港船闸在承担刘庄闸和原阜坎北闸离退休职工养老、医疗保险等费用43万元的基础上，又圆满完成了上交局管理费80万元的任务。坎响南船闸上交局管理费30万元。2011年，是船闸管理工作取得突破性业绩的一年。二是水利建筑业再现生机。水建总公司全年完成施工总产值1.25亿元，利税600万元。钻井公司完成总产值2180万元，收入24万元。物服公司全年完成销售额达416万元。设计室完成勘测设计工程概算约1.5亿元。水利建筑业长期以来一直是支撑全县水利发展的主业，也曾一度面临着举步维艰的发展困境，但目前已经逐步从低谷中走出。三是资源利用再度强化。2011年，县水利局进一步规范了水土资源发包程序，强化了合同管理。通榆河全年综合经营收入达190万元，比2010年增加15万元。海堤综合经营收入也比上年多增收13万余元。人海道管理所会同执法大队，运用法律手段对前几年发包的资源进行重新丈量，并将核算出来的多余面积以公开竞标的方式，重新对外发包，仅此一项就多收入10万元。其他单位也都能充分挖掘资源优势，努力为单位创收作贡献。据统计，2010年，总渠、人海道、通榆河、海堤、中山河等五大堤防和沿海涵闸等管理单位共完成资源开发经营收入388万元，水土资源开发利用效益得到显著提升。队伍建设方面，一是信访稳定工作不断强化。针对系统内部分单位无资源、无资质或经济基础极为薄弱的实际情况，为确保水利系统大局稳定，切实解决干部职工老有所养的问题，局党委在深入调研的基础上，经过认真测算，反复讨论，确定12个单位由局实行经费补贴，一次性核定标准，按季度拨付。全年投入近700万元，切实解决了离退休老同志和在职职工的养老、医疗保险费用以及遗属补助、抚恤金等问题。二是内部管理制度不断完善。4月份，利用一个月时间，对系统内20个直属单位、15个水利站的财务工作进行审计，召开专题会议通报了审计结果和存在的问题，发出整改通知34份，要求相关单位逐一整改到位。并对机关和各单位的管理制度从办事程序、工程建设以及财务、车辆、办文等方面进行了重新修订和完善，充分做到有章可循，按章办事。此外，局党委根据会计业务考试的情况，及时对系统内部分单位的会计队伍进行了调整优化。共调整、变动总账、现金会计11人，使系统内会计力量得到进一步加强，会计队伍的整体素质得到进一步提高。三是党风廉政建设不断深入。6月初，在全系统深入开展了以学习廉政准则、规范财务管理为主要内容的“学准则、葆清廉”主题教育活动，系统内全体党员于部参加了学习。通过深入排查，共排出四大类、十二个方面的问题近百条。针对排查出的问题，局党委专门召开全系统主要负责人和总账会计会议，对各单位的集体自查报告逐一过堂，提出了具体的整改意见。根据县委部署，还在全系统扎实开展了创先争优活动，这两项活动的开展，有力地促进了水利系统党风廉政建设和精神文明建设的深入开展。水政水资源方面，一是规费征收全面完成。全年征收水资源费及南水北调资金291万元。收取农业水费528.38万元，超额完成了市水利局下达的水费征收任务。服务大局方面，一是优化环境，树立良好窗口形象。2011年，县水利局全面加大了对船闸、收费等窗口单位的管理。由局纪委牵头，先后组织3次明察暗访活动，对窗口单位的收费制度的执行情况、收费标准的公示情况，以及服务质量、票据管理等方面进行了严格检查，并对检查中发现的问题及时落实了整改措施，树立了良好的水利行业形象。二是重抓重压，强势推进招商引资。通过加大预缴保证金数额、提高招商引资指标任务等举措，2011年全系统招引项目17个，新上项目6个。其中亿元以上项目1个，5000万元以上项目2个。当年实现投入1.2亿元，同时完成外资引进160万美元，超额完成了年度招商引资任务。

（滨海县水利局）

扬 州 市

【综述】 2011年，全市水利系统认真贯彻落实中央、省市三个水利工作会议和中央、省两个"一号文件"及市委37号文件精神，以科学发展观为指导，牢牢把握国家加快水利改革发展的机遇，切实打造安全水利、环境水利、资源水利、文化水利、法治水利和智慧水利，突出民生水利建设主线，强化目标管理，扎实有效推进"十二五"开局之年的各项工作，截止年底，全市水利建设完成投资16.9亿元，水利发展与改革取得新成效，为建设"创新扬州、精致扬州、幸福扬州"提供了有力的水利基础保障。

【重点工程建设】 全市水利系统抢抓政策机遇，克服人手少、时间紧、任务重、拆迁难等诸多困难，周密组织，倒排工期，挂牌作战，加快推进工程建设步伐。一是投资21.7亿元的淮河入江水道整治工程开工建设，征迁工作全面启动，高邮湖新民滩、邵伯湖切滩工程已全面展开。二是南水北调工程进展顺利，高水河整治工程和里下河水源调整工程（包括江都卤汀河工程、宝应大三王河工程、宝应灌区工程和高邮灌区工程）克服因干旱停工等不利因素影响，扎实有序推进，完成了年度目标任务。三是中小河流治理工程加快实施，全市共有9个项目列入部省第一批规划，其中宝应宝射河、芦范河、高邮北澄子河、向阳河、江都老通扬运河、红旗河等6个项目已全面完成，仪征泗源沟、扬州仪扬河、白塔河工程正加快建设。四是乌塔沟分洪道工程建设正在全力冲刺，2012年汛前将建成并发挥效益。五是剩余的仪征市21座、邗江区3座小水库除险加固工程已完成。六是长江治理取得积极进展，长江扬中河段嘶马弯道杨湾段应急护岸工程已获批复。

【农村水利建设】 一是农村河道疏浚整治工程超额完成。全市疏浚县乡河道385条1208.9公里，完成土方1943.9万立方米，占下达计划的123.2%；整治村庄河塘完成土方1800.9万立方米，占下达计划的113.2%。根据《扬州市农村环境综合整治和"四位一体"长效管护工作意见》，落实"四位一体"管理人员7390人，安排长效管护资金1.1亿元，有力推进了长效管护工作。二是农村饮水安全及区域供水工程全面实施。解决了19.55万农村居民饮水不安全问题，高邮、江都区域供水全覆盖，宝应完成80%，为全市人民喝上安全水、放心水奠定了坚实基础。三是大中型灌区末级渠系改造加快实施。宝应、高邮、江都大中型灌区末级渠系改造工程正抓紧实施。四是中央财政小型农田水利工程稳步推进。宝应、高邮、江都水利建设重点县和仪征、邗江项目县已按期保质完成工程施工任务。五是水土保持监督管理工作得到加强。完成了江都宜陵骨干河区域综合治理工程和仪征月塘小流域综合治理工程，综合治理面积23.23平方公里。加大开发建设项目水土保持方案审批力度，对瘦西湖隧道等工程水土保持方案进行了审批。

【防汛防旱工作】 全市积极应对近60年以来未遇的干旱天气，多措并举，全力做好沿运及丘陵山区抗旱工作，不仅确保全市水稻栽插用水，同时通过强化管理，保障京杭运河向北送水，实现了大旱小灾的良好局面，也为全省抗旱大局作出了贡献。针对第9号超强台风“梅花”的严峻形势，严阵以待，密切监视台风动向，强化工作部署，防台工作有惊无险。针对市区多次暴雨，市防办及早与省防办进行联合调度，预降骨干河道水位，最大限度减轻雨涝灾害损失。争取防汛岁修和中央水利建设基金等项目17个、资金930万元，另外还争取了中央特大抗旱经费600万元，专门用于县级抗旱服务队抗旱设备购置。同时充分利用淮河过境客水资源，为古运河、仪扬河和市区骨干河道换水，改善了城区河道水质，保证了市重大活动的顺利进行。市防汛物资仓库建设顺利完成。

【水资源管理】 一是取水许可监督管理。省水利厅下达市年度地下水开采计划4750万立方米，水利局结合各地实际，及时分解下达，同时对地表水用户实行了计划管理与定额管理相结合的方法强化监督管理。二是地下水和水功能区管理。对全市75眼深层地下水井进行水位观测，15眼深层地下水井进行水质监测，为地下水资源保护和开发利用提供可靠依据。编制《江苏省扬州市水功能区水质通报》，共监测68个水功能区，水质监测断面78个。加大入河排污口的监督管理，严格入河排污口审批和管理，建立入河排污口登记备案制度。三是饮用水源地保护。在完成集中式饮用水源地一级保护区集中整治任务的基础上，扩大到二级保护区和准保护区。高邮湖备用水源地建设已于2011年4月份完成，潼河、月塘水库备用水源地正在建设之中。四是水资源管理信息系统工程建设。市水资源管理信息系统一期工程建设进入扫尾阶段，全市共计安装测点226个，完成合同量的95%。五是开展节水型社会建设。2011年全市共完成省级载体创建任务22家，省级节水技改项目5项，市级节水技改项目9项。全市载体创建、节水技改共投入资金1.5亿元，形成年节水能力500多万立方米，取得了很好的经济效益和生态效益。高邮市作为全市第一家省级节水型社会建设试点市，通过了省级节水型社会建设试点终期验收。

【水政执法】 一是普法宣传。在“世界水日”和“中国水周”期间，全市水利系统围绕宣传主题，运用多种形式广泛开展了一系列丰富多彩的宣传活动。3月22日，会同江都市人民政府和江苏省江都水利工程管理处在江都市龙川广场联合举办了“水之春”——纪念第十九届“世界水日”、第二十四届“中国水周”大型文艺晚会。组织召开了贯彻实施新《水土保持法》座谈会。二是行政权力网上公开透明运行工作。扎实开展行政权力网上公开透明运行工作，实行所有行政权力全覆盖、网上行政监督全覆盖。三是规范性文件的制定工作。进一步修改完善了《扬州市水文管理办法》(送审稿)。认真完成市法制办转发的各类规范性文件(征求意见稿)的修改工作。四是法制学习与培训。5月和8月分别举行了《中华人民共和国水土保持法》和《江苏省水库管理条例》辅导讲座。安排24名执法人员参加了市法制办和省水利厅组织的法律法规培训班。五是行政许可工作。全年共办理行政审批件25件。所有审批事项都依据部门职责，责任到人，进行后续监管。六是执法巡查，查处水事案件。水政支队不断完善巡查制度，落实巡查人员，全年支队共出动执法人员600多人次，纠正各类水事违法行为30多起，立案查处各类水事案件8件。对省总队转交市查处的9件水事案件，件件有落实，件件有回复。全年以水利部“涉砂船舶专项整治与执法行动”和省水利厅“久安”行动要求，共出动水政执法艇41航次，出动执法车50多辆次，出动执法人员545人次，查处非法采砂船7条，叫停违法工程性采砂吹填4起，使全市长江水域采砂活动处于可控状态。

【工程管理】 一是小型水库除险加固建设管理。完成24座小型水库除险加固工程建设任务，同时强化水库的日常管理。二是河湖管理与保护工作。全力配合省厅圆满完成湖泊资料整编、湖泊联系会议制度建立等工作。三是水利工程管理考核、省级水管单位达标创建和省级小型水库的规范化管理单位创建工作。江都市通江管理所成功创建省三级水管单位。四是河道管理范围内建设项目管理。严格项目审批，加强技术研究，加强事前引导，注重涉河建设项目前期工作技术服务，强化防洪评价报告预审工作，坚持市县共同审批，严把行政审批的关口，进一步规范涉河建设项目的后续监管。五是维修养护项目实施管理。组织完成了《扬州市堤坝白蚁防治"十二五"规划》的编制工作，同时做好堤坝白蚁危害普查、治理及达控复查验收工作。六是水库移民后期扶持。指导仪征完成了月塘水库移民(2011～2015)后扶规划的编制工作。

【水利科技】 加强组织领导和统筹协调，明确相关补助和奖励办法，筹集30多万元资金专门用于市级水利科技研究和推广，以及科技人员培训和奖励。完成了有关水利科技项目的申报和验收等工作。近年来，全市大力推广节水技术，始终把节水灌溉作为一项革命性措施来抓，以技术为支撑，加大新技术、新工艺、新材料的应用深度，进一步保证工程质量、降低工程造价。2011年新增千亿斤粮食产能规划田间工程(大中型灌区末级渠系建设)，总投资3000万元，积极应用节水灌溉技术，取得了较好的成效。工程实施后，灌区的渠系水利用系数由过去的0.55提高到0.58，同时节约了土地，节省了用工，节约了成本，提高了灌溉保证率。生态护坡、砼模块墙等技术在市辖内水利工程建设中得到了广泛的应用，取得了明显的经济效益、社会效益和生态效益。"等厚[多轴]掘搅水泥土防渗墙施工工法"是以水利局为主要承担单位的国家"948"水利科技项目，项目自立项引进以来，已获国家专利两项，并被确定为国家级施工工法，该施工工法广泛应用于堤防加固、地基处理、基坑支护等相关施工领域，在全市水利工程上得到了应用，取得了良好的经济和环保效果。

【行业发展】 一是文明创建工作。全市水利系统积极投入创建全国文明城市工作，深化"创先争优"成果，扎实开展精神文明创建。落实有关制度规定，加强机关管理，切实做好建议提案办理、信访、保密、电子政务、政务公开、信息宣传、公车治理等各项工作。市局机关被评为省水利系统文明标兵单位、省、市文明单位，连续多年被评为市表扬单位，宝应、江都、邗江等局机关被表彰为全省水利系统文明标兵单位或文明单位，有力推进了水利事业发展。二是党风廉政建设。市局主要领导与党组成员，局分管领导与分管处室及单位每年初签订党风廉政建设责任书，局系统科以上党员干部签订以"八个严禁"为主要内容的廉政承诺书。组织机关党员干部赴市反腐倡廉成果展接受警示教育。局主要负责人走进"行风热线"、"人大网坛"直播间，听取群众意见，着力解决人民群众迫切关心的水利问题。三是水文化建设。与荷兰水利专家开展互访，并签订友好合作协议，同时成功访问英国莫特麦克唐纳公司，促进双方水利事业发展。正式出版了《江河大治润千秋》扬州水利诗词集，为水利发展营造了良好的舆论氛围。隆重举行情注水利——纪念建党九十周年红歌大赛。推进《扬州水利史话》编写工作，连续5年制作"水利号"花船，开展了水利博物馆实物和史料征集工作。

【水利改革】 结合全市实际，提请市委、市政府召开了全市推进水利现代化建设工作会议，出台了相应的政策文件。一是市委、市政府出台了《关于加快水利改革发展推进水利现代化建设的实施意见》，明确了目标任务和政策措施。宝应、高邮、仪征、江都、邗江也分别出台了加快水利改革发展的综合性文件。二是市政府发布了《扬州市河道管理办法》，已于2011年12月10日起施行。办法明确，水行政主管部门是河道的主管机关，河道管理机构受同级水行政主管部门委托负责河道的日常管理。三是市政府印发了《扬州市级水利建设基金筹集和使用管理办法》，明确了水利建设基金的来源、使用范围和管理等内容。按照有关政策，市政府已将土地出让金收益的10%、约1亿元计提，用于农田水利建设。2011年共落实市级水利配套资金项目17大项，配套资金5751万元，比上年增长98%，保障了工程建设的顺利实施。

【规划和前期工作】 编制完成《扬州市“十二五”水利发展规划》，“十二五”期间计划完成投资106亿元，是“十一五”的2.7倍。完成了《扬州市水资源综合规划》、城市防洪规划修编、城区水系规划，对全市水利现代化规划和区域河道治理规划编制工作进行了部署。古运河、瓜洲运河等中小河流治理项目，扇子圩河口、新砂滩水利血防工程，广陵区横沟河、邗江黄泥沟、广陵新城、开发区等城市防洪工程，以及长江镇扬河段三期整治工程等前期工作也取得明显进展。通过积极推进水利规划和前期工作，把政策措施转化为水利项目，为水利现代化建设提供了规划基础和项目支撑。

（扬州市水利局）

镇 江 市

【综述】 2011年以来，镇江水利系统广大干部职工坚持城市水利与农村水利统筹兼顾的发展思路，城乡水利建设齐头并进，取得“十二五”水利建设开门红，为全市2013年实现水利基本现代化奠定了坚实基础。《镇江市“十二五”水利发展规划》顺利完成编制工作，并于2011年6月初由市政府以镇政办发〔2011〕140号正式印发实施，被市政府评为“镇江市‘十二五’规划编制优秀奖”。镇江市被省政府列为全省水利现代化试点市，扬中市被省政府列为全省水利现代化试点县。2011年市委、市政府12号文件明确提出了我市水利现代化建设目标，围绕2013年实现水利基本现代化、2015年实现水利全面现代化的目标，镇江市市区水利现代化初稿于2011年12月中旬形成，并在水利系统内部征求意见。丹阳、扬中、句容、丹徒4个辖市区水利现代化规划编制工作全面启动，编制单位和方式全部明确。做好重点水利项目前期工作。列入全国重点地区中小河流整治规划的句容市南河、中河、句容河上段及丹徒区胜利河等4条河道整治工程初步设计全部完成并获得省水利厅批复。年度区域治理句容市赤山湖防洪滞洪工程可行性研究报告已由省水利厅批复，初步设计完成；扬中河段夹江马家港至思议港段整治工程及镇扬河段和畅洲左汊口门控制加固工程可行性研究报告由省水利厅批复，初步设计完成并上报省水利厅。镇江市镇扬河段左汊大窝塘护岸工程和丹徒区江心总站除险加固工程通过省水利厅2011年度区域治理竞争立项，计划2012年组织实施。运粮河水利血防综合整治工程可行性研究报告完成并上报省水利厅。认真开展今后几年水利重点工程的项目储备工作，其中谏壁节制闸拆除重建工程初步设计报告完成设计招标，水文水利计算及规模论证阶段成果完成；丹阳市香草河整治初步设计和句容市便民支河水利血防项目可行性研究报告编制工作基本完成。2011年全市水利重点项目共完成投资6.35亿元（不含农村水利及市县自办项目），其中列入省水利重点工程建设目标考核的项目为中小河流治理、区域治理、水土保持、小型水库除险加固等，省水利厅以苏水建[2011]120号下达我市的调整目标任务为完成投资1.8793亿元，实际完成投资1.2978亿元,超额完成年度目标任务。

(陆智国)

【重点工程建设】 句容市秦淮河流域二干河三期整治工程,二干河句容段综合整治工程设计投资总额2824万元,主要建设内容包括:堤防达标5.1公里,堤身灌浆3.4公里,修建防汛道路6.5公里,拆建、新建涵洞3座,拆建泵站3座等。2011年底,该工程基本完成批复内容建设任务。句容市赤山湖内湖防洪滞洪工程土方项目,该工程分期建设,一期实施内湖退渔还湖、二期实施内湖防洪滞洪、三期实施外堤加固及环河清淤、四期实施白水荡滞洪区建设。一期工程已于2011年6月份完成,2011年11月份正式启动实施二期工程——赤山湖退渔还湖内湖防洪滞洪工程,主要工程内容包括:加固内湖堤防4.405公里;新建东、西分洪闸,闸孔净宽8.0米;西分洪闸结合新建设计流量5.0立方米/秒,补水泵站1座。丹阳市大吴塘水库除险加固工程,截至2011年12月底,大坝除险加固单位工程完成60%;管理房完成50%;溢洪闸完成主体及上下游连接段建筑物砼浇筑。工程将预示2012年3月初进行阶段工程验收,并在汛期前进行竣工验收。丹徒区西湾水库除险加固工程,概算总投资328万元,其中省级补助197万元,市、区配套131万元。本工程于2011年2月23日正式开工,2011年11月20日完工。丹徒区马迹水库除险加固工程,工程于2011年2月15日正式开工,2011年12月30日完工。丹徒区民治沟小流域治理,该工程治理主要采用农业、工程和植物三大措施相结合的办法进行治理,工程主要内容:民治沟整治4.8公里,防渗渠500米,U型渠5.9公里,砂石路两侧绿化2000株。配套小型水利水保工程:更新改造滚水坝8座,机耕桥1座,电灌站3座,涵洞38座,小沟级建筑物450座,机耕路5公里。丹徒区民治沟小流域综合治理工程核定工程总投资502万元,其中中央补助167万元,省级补助111万元,其余224万元由区、镇两级财政配套。工程于2011年4月25日开工,2011年底基本完工。

【城市水利】 2011年城市水利城建任务共计21项,年度计划投资20亿元。围绕年度工程建设目标,迅速分解责任目标,落实任务,敲定节点,排定序时,倒逼推进,力争在建工程出形象、出进度,重点工程出精品、出亮点,全年实际完成投资量28.44亿元,超额完成42.2%。古运河中段综合整治进入全面建设阶段,较好地完成了年度节点目标。镇江迎宾馆正抓紧建设,滨江外环全线贯通,滨江花城小高层全面交付,内江景观工程全面推进,金山湖片区路网金山湖片区路网工程进入全面建设和快速推进阶段,滨江花城截至12月底,6幢主体封顶,超额完成90%以上,金泉花园三期安置房截至12月底,完成打桩1000余根(总数为3080余根);滨江花城菜市场截至12月底,主体建筑全面竣工,并完成菜市场室内装修以及室外场坪和停车场。公交站点建设,截至2011年底,金泉、金山湖、大东三个公交始末站基本完工,京江公交枢纽基础建设结束。在征地拆迁安置及回迁安置方面,全年实际完成拆迁994户共计16.5万平方米,超额完成65%。先后完成800余户,1360余套房屋,约12.5万平方米的回迁安置任务,超额完成56.25%。在融资方面,全年新增贷款13.82亿元,其中以金山文化园旧城改造及基础设施项目向农行申请贷款8亿元,创造了北部滨水区建设有史以来单笔贷款的最高纪录。同时,加快还款进度,全年共还款19.65亿元,本年融资余额净减少5.83亿元。为确保资金链不断,水投公司采取积极措施,包括利用子公司等其他平台贷款1.35亿元,向合作单位借入合作资金3.9亿元,积极申报发行二期企业债等。大东片区地块招商工作取得了突破性进展,2011年5月成功上市,交易金额近30亿元。在金山创意产业园项目方面,完成了项目产业规划、论证、政策梳理、立项、选址、方案设计等大量前期工作，12 月 28 日正式开工建设。在古运河道路工程中，截至 12 月底，全长 2863 米的道路工程（京岘山路至经十二路）共完成工程量 6000 万元，除涉及京友窗帘厂拆迁的 160 米路段外，已全线贯通。其中二标段 1200 米全面建成通车，一标段 1720 米基本完成建设任务。在古运河中段风光带工程中，截至 2011 年 12 月底，共完成工程量 1.22 亿元，千秋桥等景观桥梁、许浑纪念馆等配套建筑，一半以上完成主体结构；运河广场所有基础和牌楼主体结构完成。绿化工程中，累计完成土方外运 30 万立方米，绿化场地平整 20 万平方米，种植各类乔灌木、竹子 3 万余株，铺植草坪近 5 万平方米。“景观运河、生态运河、人文运河”的形象初步展现。运河广场建设基本建成。

【农村水利】 2011 年度，全市农村水利工作积极参与到新农村、新五件实事、“三新”建设以及生态市创建等活动中来，全市水利建设工作强势推进，年度建设项目数量、工程规模创历史新高。全市年度共完成各类土方 1509 万立方米（占年度计划任务的 107%），完成各类建筑物 1325 座（占年度计划任务的 110%），新建改造塘坝 365 座（占年度计划任务的 122%），修建防渗渠道 235 公里（占年度计划任务的 113%），完成圩堤加固 30 公里 84 万立方米，治理水土流失面积 15.8 平方公里。一是农村河道疏浚及管护工作，全市完成疏浚县乡河道 48 条，疏浚土方 293 万立方米（占计划任务的 113%），完成疏浚整治村庄河塘 618 个，疏浚土方 398 万立方米（占年度计划任务的 110%），年度河道疏浚计划任务全部完成。二是小型农田水利建设，2011 年度，全市共实施中央财政小型农田水利建设重点县项目 2 个（丹阳市和扬中市）、专项工程 3 个（句容市、丹徒区和润州区），5 个项目总投资达到 1.02 亿元。项目建设全部实行项目法人制、招投标制、建设监理制、施工合同制、项目公示制、绩效考评制度以及农民义务监督员制。其中，丹阳市在省 7 月份组织的检查考核成绩在全省 43 个重点县（第一、二批）中名列前 10 位；扬中市的农民义务监督员制度被全省列为典型。今年 9 月份，句容、丹徒也顺利进入全国农田水利建设重点县行列，实现了全市所有涉农辖市（区）全国农田水利建设重点县的全覆盖。三是农村小型泵站更新改造工作，全市在编制《农村小型泵站更新改造规划》的基础上，2011 年 4 月份制定《镇江市 2011～2015 年农村小型泵站更新改造工程实施意见》（此“意见”的出台在全省尚属于首家），“意见”对泵站更新改造的建设管理标准、补助奖励政策、工作措施要求等也提出了专门要求，明确从 2011～2015 年，市财政每年将安排专门经费 150 万元左右，对农村小型泵站更新改造工程考核结果在合格以上的辖市（区）进行奖励，确保 2015 年前将全市建设年代在 1980 年以前、老化失修较为严重的小型泵站更新改造一遍。四是水土保持监督执法工作，一方面，认真组织开展水土保持小流域治理工作，年度建设重点项目丹徒区民治沟小流域综合治理工程建设任务已完成，该项目综合治理小流域面积 9 平方公里。全市完成水土保持小流域治理面积 15.8 平方公里。另一方面，2011 年以来，各级水行政主管部门积极以新水保法施行为契机，进一步加大水土保持监督执法力度，句容市省级水土保持监督能力建设重点县通过验收，对神华集团国华镇江港高资港区煤炭储备基地工程、镇江丰源置业长山九渚园房地产工程等项目的水土保持方案进行审批，逐步规范审批开发建设项目水土保持方案，监督开发建设项目落实水土保持“三同时”制度，努力控制新增人为水土流失。

【防汛防旱工作】 认真开展水利工程汛前汛后检查，对各地检查出的险工隐患进行汇总，分级处理，并抓好防汛应急工程建设，提高防汛抗旱能力。全市各地针对暴露出来的河塘库淤塞问题,进行了大面积、拉网式的河道库塘清障工作。切实加大长江河道采砂管理力度,从“突击性整治”转向“常态化管理”,全市非法采砂活动得到有效遏制,维持了长江河势稳定。全面落实防汛防旱工作责任制,建立健全各级防汛防旱指挥部领导班子,全市317公里长江江港洲堤防、64条骨干河道、在册101座中小型水库、大中型水闸泵站和重点塘坝等水利工程的防汛行政责任人和技术责任人汛前全部落实到位,市防办印制行政和技术责任人册子,并在市政府门户网站向全社会公布;依法开展河湖清障和打击非法采砂。修订完善预案,落实各类非工程措施,强化防汛物资储存和抢险队伍建设。加强值班,严格各项规章制度。各级防办及相关水管单位从5月1日起正常24小时值班。强降雨和防御9号强台风期间,市防办严格执行防汛会商制度,安排由各级领导带班的加强班。抗旱方面,2011年1～5月,因干旱少雨,全市一度出现气象中旱、局部地区重旱旱情,主要位于丹阳市、句容市、丹徒区和镇江新区。面对旱情,各地各部门齐心协力,科学调度水利工程,将干旱损失降到了最低。市防指加强组织领导,启动Ⅲ级抗旱预案。市气象部门及时配合,先后2次择机实施火箭人工增雨作业。闸站科学调度,为确保抗旱用水需求,谏壁抽水站共提水3.05亿立方米、谏壁闸引水0.38亿立方米。丹阳市九曲河枢纽引水0.4亿立方米。句容市长江提水站三级提水补给北山水库800万立方米,确保了句容市城区的自来水供给;赤山闸翻水站翻水800万立方米。镇江新区通过姚桥闸、丰乐桥闸、沙腰河闸每潮必引,累计引水2500万立方米。另外,各地全力抗旱,全市共有477座泵站开机,902台套机动设备投入抗旱,总动力达3.19万千瓦,抗旱用电565万度,用油111吨,抗旱浇灌面积182万亩次,临时解决人畜饮水困难4.313万人、0.52万头。防汛方面,2011年汛期6月17日、6月24日、7月11日,全市经历了3次强降雨过程,水库蓄水量迅速上涨,最多时有32座水库溢洪。市防办及时会同气象、水文部门进行防汛会商,市防指印发了《关于做好当前防汛排涝工作的通知》。为进一步做好小水库安全度汛工作,市防办组织3个工作组,对全市所有小水库进行逐一现场检查,根据小水库蓄水情况和水库工况,现场指导度汛工作,要求各地对存在安全隐患的水库降低水位运行,能够处理的隐患进行应急处理,确保水库运行安全。防台方面,2011年第9号强台风“梅花”来势汹汹,为做好此次超强台风的防御工作,市防指强化组织领导,组织召开全市防御第9号台风动员大会,布置防台各项准备工作,启动镇江市防台Ⅲ级应急响应预案。市防指派出3个工作组,对各辖市的防台工作情况进行了现场检查指导。通过各种新闻媒介途径,向社会公布防台信息,加强公众防范,及时对广告牌等进行加固或拆除,组织扬中挂耳圩和一些老房屋中居住人员进行撤离。全市超汛控水位的水库全部降至汛控水位以下运行,北山、句容、大吴塘等水库进行了水位预降。本次9号超强台风虽未对我市遭成灾害影响,但全市广大干群经历了一次防台实战演练,提升了各级防台能力。

【水政水资源管理】 市水利局制定下发了《关于镇江市水利局法治政府建设考核目标任务分解的实施意见》,制定并完善了法治政府建设各项配套规章制度。市水利局推行说理式行政许可文书作为法治政府建设创新项目申报,2011年底推出了说理式行政许可文书示范文本。创新“世界水日”“中国水周”的宣传形式。制作印刷了2011年《镇江水利》特刊,制作了专题宣传片。局主要参加了镇江“党建在线”网站活动,与网民就镇江水利的建设发展交流互动。召开了“镇江市纪念‘世界水日’用水户座谈会”并为8家市级节水型载体建设单位举行了授牌仪式。组织开展全省长江河道采砂管理“久安”行动，严厉打击长江非法采砂。2011年镇江市水政监察支队获得由省水利厅和江苏海事局颁发的“长江河道采砂管理工作先进集体”称号，市水利局依法行政工作受到省水利厅的通报表彰。部署开展了全市水利规费征管稽查专项工作和省厅河道管理范围内建设项目监管检查。组织开展全市水利系统行政执法案卷评查。全年共举办了三期水法律法规培训，行政执法人员法律知识培训时间达到不少于15天的要求。按时完成了“六五”普法规划的制定工作，同时制定了依法行政年度计划和年度普法、法治宣传计划，“六五”普法顺利启动。水行政服务方面，继续大力协助市重点工程建设，水利局领导多次赴水利部，争取中石油落户扬中的涉水许可工作，已经长江委组织的“专家咨询会”审查通过；局领导多次去武汉长江水利委员会和省水利厅沟通，争取对句容电厂补正许可事项、共青团农场新宇国际项目、扬中华润集团、龙源港机、二重集团、中盐集团内港池码头等等建设项目的支持，以上项目都得到了长江委和省水利厅的充分理解与大力支持。截至年底，共办理了17项市级行政许可事项，均在承诺的期限内完成，办理过程中没有发生任何违规行为。在市法制办举办的行政许可卷宗评查中，市水利局选送的行政许可卷宗获得“二等奖”。在水源地保护方面，认真贯彻省人大常委会《关于加强饮用水源地保护的决定》，根据省水利厅的统一安排，对现有水源地按照“一地一策”的要求，制定了达标建设方案，增加了饮用水源地的水质监测频次。加强集中式饮用水源地的管理工作，禁止在集中式饮用水源地内围网养殖、乱建乱停、违法设置排污口等行为。全力开展城市备用水源地建设，省水利厅于2010年核准金山湖作为镇江市城市应急备用水源地，2011年镇江市加快建设和保护力度，其中湖面扩大工程、江南桥闸站工程已经完成，引换水工程也已基本完成，形成了0.9平方公里湖面，蓄水量329万立方米，可供水量216万立方米，可基本满足城区8天生活用水量。在水库资源保护方面，按照市政府出台的《镇江市加强水库水资源与周边环境保护的暂行规定》和镇江市发改委、水利、规划、建设、国土资源、农林、环保等部门印发的《镇江市水库水资源与周边环境保护规划的编制工作意见》，全年根据《镇江市水库水资源与周边环境保护规划编制大纲》，开展了规划的编制工作，对今后进一步加强全市水库水功能区的保护和管理提供了依据。市从2011年7月起在全市范围内开展水资源专项执法检查活动，水利局严格排污口的监督管理，抓好饮用水源地入河排污口的监督管理工作，禁止在集中式饮用水源地内围网养殖、乱建乱停、违法设置排污口等行为。在节水载体建设方面，2011年认真落实和开展“八大”行业节水行动，组织开展节水专项调研，并狠抓落实，确保八大行业节水行动取得实效，积极推进节水载体建设的步伐。根据省发改委、省水利厅下达市2011年节水型社会建设目标任务要求，与市发改委、住建局联合将目标任务分解到各辖市、区，要求各地将各类载体创建作为节水工作的重点，全面制定节水行动方案，认真开展水平衡测试。为做好载体建设工作，市水利局组织人员对辖区(市)进行节水工作指导。5家企业完成了水平衡测试工作，句容市创建节水型社会工作基本实现规划目标，通过了省级专家组验收。

【水库后期扶持】 按照国务院《关于完善大中型水库移民后期扶持政策的意见》和省政府《关于大中型水库移民后期扶持政策的实施意见》等有关文件的精神和要求，市中型水库移民后期扶持政策实施工作得以全面顺利推进。镇江市及句容、丹徒成立了后扶办，配备了人员专职或兼职管理，岗位职责明确到人。按月及时准确上报了后扶工作月报和工作情况等信息。积极、妥善处理了移民信访事宜，全市2011年累计接待来访人员250余次450余人，处理来电来信1000余次。水库移民档案资料收集完整、准确，整理归档完整，输入微机信息系统。移民人口每年按半年度进行一次动态核定，按时、准确发放了直补资金。按规范要求编制上报了后扶项目、库区项目规划。及时批复实施了年度实施计划，调整率未超过3%，后扶项目完成率98%，库区项目完成率75%，资金总兑付比例率77%。项目实施按规定审查、批准、实施，经常开展监督、检查，项目质量优良率90%，未出现验收不合格和返工现象。

（陆智国）

丹 阳 市

【地方概况】 丹阳市位于长江下游南岸、江苏省东南部，总面积1047平方公里，辖13镇1区，户籍总人口81万人。境内地势西北高，东南低，平均高程7.0米左右（吴淞高程，下同）。东部和南部为长江冲击平原，属太湖湖西平原区；西部和北部为茅山山脉和宁镇山脉东段余脉，属低山丘陵区；东北部为沿江圩区。丹阳市地理位置十分优越，东距上海200公里，西距南京68公里，京沪铁路、沪宁高速铁路、沪宁高速公路、312国道、京杭大运河和已经开通运营的京沪高速铁路横贯市区；常州机场坐落市境，西距南京机场80公里，东距上海虹桥机场、浦东机场2小时车程，班机直航世界各地；对外开放的长江第三大港——大港港口离市区18公里，全市已形成了铁路、公路、水路、航空综合交通运输体系。丹阳市历史悠久，城市个性独特，有2400多年建城史，是现今江苏地域内在公元前221年秦朝设置的15个县份之一，人文荟萃，文化底蕴深厚，既有江南水乡的宁静情趣，又有现代城市的繁荣景象。丹阳市是一座现代化工贸城市，眼镜、五金工具、汽车零部件、木业、医疗器械等产业规模较大，是“中国眼镜生产基地”，亚洲最大的铝箔、钻头、人造板制造基地。建有国家级眼镜质量检验检测中心，眼镜城、灯具城、汽配城等专业市场全国知名，在全国享有“眼镜之都”、“灯具世界”、“皮鞋之乡”、“钻头王国”、“木业航母”的美称。2011年，丹阳市实现地区生产总值724.90亿元，同比增长12.7%；财政总收入102.61亿元，同比增长28.2%；一般预算收入41.13亿元，同比增长37.1%；全社会固定资产投资325.91亿元，同比增长24.9%；社会消费品零售总额173.77亿元，同比增长17.6%；城镇居民人均可支配收入26631元，同比增长15.7%；农民人均纯收入13426元，同比增长17.3%。

【水利概况】 丹阳市大部分属太湖湖西水系，以宁镇丘陵为分水岭，形成两大水系区域：东北部为长江沿江水系，区域面积占全市总面积的10.7%；南部属太湖湖西水系，区域面积占全市总面积的89.3%。全市有流域区域骨干河道17条，总长180公里；县级河道14条，总长165公里；乡镇级河道84条，总长326公里。全市以京杭运河、鹤溪河、九曲河、丹金溧漕河、香草河为主脉，沟通水系，形成水系网络。有在册小水库8座，库容1370万立方米；大小塘泊近万个，蓄水1500万立方米。沿江有主要引排涵闸10余座，引排流量500立方米/秒，每年可引水5亿立方米左右。地下水一般在200米～300米深处，部分地下浅层在30米～100米处。地下水储藏量约4亿立方米，可供开采量约1.2亿立方米/年。因地表水丰富，地下水极少利用。本市工农业及生活用水水源主要由长江过境水资源供给，通过谏壁水利枢纽与九曲河水利枢纽引提长江水，进入江南运河后入内河河网。汛期泄洪也分别通过上述两水利枢纽排水入江，或东经江南运河进入常州境内，南经丹金溧漕河进入湖西洮湖、滆湖水网地区。市水利局下辖1个水利管理服务总站、13个镇水利管理服务站和6个直属事业单位，2011年底在职在编人员355人。“十一五”期间，完成水利总投入3.1亿元、水利建设土方3000万立方米，疏浚县、乡级河道167条，完成村庄河塘整治3250个（条），两次被评为全省农村河道疏浚整治先进（县）市。2010年，九曲河枢纽管理处被评为国家级水管单位。

【年度工作】 2011年，丹阳市全面贯彻中央和省委1号文件，研究制定《丹阳市关于加快水利改革发展，推进水利现代化建设的实施意见》，对“十二五”全市水利改革发展，水利现代化建设作出全面部署，提出到2013年基本实现水利现代化，到2015年全面实现水利现代化的总体目标。完成《丹阳市“十二五”水利发展规划》、《丹阳市农村水利建设规划》、《丹阳市水系规划》、《蛟塘湖保护规划》等一系列规划和专项可研。基本完成《丹阳市水利现代化发展规划》初稿的编制。水利设施建设全面加快。全年完成水利建设总投入1亿元，土方482万立方米。完成总投入4013万元的小型农田水利重点县2010年度项目建设，实施乡镇年恢复和新增灌溉面积800公顷，改善灌溉面积6800公顷；有效灌溉面积增加566.67公顷，旱涝保收面积增加1066.67公顷；完成九曲河城区段护岸整治工程，新建墙坡结合式护岸3.65公里；实施石城二级沟整治和泰山溢洪河清淤两项水生态修复工程；完成大湾水库除险加固工程和西南片区除险加固增补工程；面上完成疏浚镇级以上河道15条，疏浚整治村庄河塘60个（条），土方共计106万立方米，新建防渗渠道165公里，塘坝35座，治理水土流失面积10.1平方公里，新建改造农桥41座，新建改造泵站38座。防汛指挥支持系统进一步完善，建立与市防指联网的九曲河枢纽视频监视系统，以及市区雨量遥测点，制定印发《丹阳市城市突发性强降雨应急排涝抢险预案》。上半年遭遇冬春夏连旱，全市粮食受旱面积达2.5万公顷，部分苗木基地因缺水损失严重，鱼塘大部分水量不足。为了缓解旱情，丹阳市防汛防旱指挥部采取了九曲河枢纽开闸引水，做到有潮必引，共计引水2800万立方米；协调谏壁抽水站开闸开机引水；适时实施人工增雨，以及组织各类泵站开机翻水等措施，共浇灌农作物面积1.8万公顷。最大限度的缓解旱情，降低了损失。汛期主要特点为入梅早，出梅迟，出梅后出现倒黄梅天气，短时强降雨和连续强降雨交替，旱涝情势急转，丹阳市防汛防旱指挥部在前期充分准备的基础上，科学指挥，强化督查协调，灵活调度、充分运用和发挥各类水利工程的作用，顺利完成了防汛任务。水利管理逐步深入。九曲河枢纽管理处被评为国家AA级风景区；市政府出台《丹阳市农村河道管护办法》和《丹阳市农村河道管护考核细则》，河道管护进入实施有组织、管理有制度、考核有标准、资金有保障的新阶段，全市列入管护的河道共有125条，总长达563公里，全年投入管护资金280万元，是2010年河道管护投入资金的两倍；小型水库和长江堤防管理做到了经常自检、定期巡检和重点检查相结合；舟山水库和大湾水库通过省级规范化管理单位验收。资源水利全面加强。围绕“三条红线”，进一步严格水资源总量控制与定额管理制度、取水许可制度，以及排污口设置和审批制度；加大对无序开凿水井的管理力度；推进节水型社会建设和八大高耗水行业节水减排专项行动，在丹化集团、中腾化工、中超化工等重点用水大户取水口安装实时监测系统，进一步推进太湖流域节水减排工作和废水处理回用工程建设；全年开展水政巡查56次，查处各类水事违法案件38起，其中立案查处13起，组织打击长江非法采砂行动两次。

（张俊辉）

润 州 区

【经济社会概况】 润州区位于长江下游南岸古运河以西，地处镇江市区西南部。东以古运河为界，与镇江市京口区毗邻；东南部分地段与镇江新区连接；北濒长江，与扬州市邗江区隔江相望；西南与镇江市丹徒区接壤。2011年末全区土地总面积132.68平方公里，其中耕地面积1489公顷，茶园面积222公顷，果园面积200公顷。另有淡水养殖面积766.7公顷。区政府所在地位于北纬32°11′42″、东经119°24′20″。润州区境内有金山、南山国家森林公园、伯先公园、西津渡、彭公山石晶洞等旅游名胜。境内长江、运河交汇构成水路运输网；沪宁铁路、312国道、243省道、222省道、沪宁高速公路和润扬长江公路大桥等重要交通要道纵横交织，陆运非常发达。官塘桥路、南徐大道、润州路、朱方路、中山西路、黄山路、电力路、大西路、长江路、金桥大道、跑马山路、檀山路、团山路等贯通境内城区，农村实现村村通公路。润州区位于长江运河交汇处，属宁、镇、扬丘陵地区和长江冲积平原区，地势西高东低，南高北低。境内丘陵平地此起彼伏，有金山、宝盖山、跑马山、五州山、嶂山、南山、长山等，征润州、牌湾、鲇鱼套、小码头一带滨江沙洲由长江淤泥沉积而成，地形平坦宽阔。土壤类型分为水稻土、潮土、黄壤土和石灰岩土。土壤分布低山以黄棕壤为主，岗地以黄土为主，平原以潜育型水稻土为主。2011年，全区辖官塘桥街道、七里甸街道、宝塔路街道、和平路街道、金山街道、蒋乔街道、韦岗街道等7个街道，镇江市黄山园艺良种场、镇江市水产养殖试验场、润州茶场等3个场圃，江苏镇江润州工业园区1个开发园区。2010年末，全区总户数为10.09万户，户籍总人口为24.51万人。

【年度工作】 2011年，全区水利系统认真贯彻落实省、市关于加快水利改革发展，推进水利现代化建设的部署与要求，以防洪保安工程为重点，大力开展农田水利基本建设，切实解决城乡防洪除涝、水资源供给和水环境保护等问题，全面推进水利现代化建设。水利工程建设取得显著成效。全区共投入水利建设资金1635.75万元，累计完成土石方49万立方米。疏浚整治区、乡级河道3条，总长12.45公里，清淤整治村庄河塘17条(座)，更新改造排灌泵站2座，塘坝6座，完成重点水利建设项目4个，还开展了长江、运粮河堤防和6座水库的白蚁防治工作。防汛防旱工作成效明显。重点做好防汛物资储备和抢险队伍的落实。全区共储备防汛草包1万只，编织袋7000条，铅丝2吨，救生衣30件。2011年汛期，全区汛情基本稳定。水利法制宣传得到加强。利用第十九届“世界水日”和第二十四届“中国水周”的契机，采用设立水法宣传站，举办水法咨询，在润州电台开办“水法之声”栏目，印发水法宣传单等形式，深入开展水法宣传教育工作，接受群众咨询300多人次，发放宣传材料1000余份，区内水事违法案件呈现下降趋势。优质高效地完成了云台山、西津渡等地块的拆迁扫尾工作任务。2011年，区水利局获得市水利宣传文化工作、北部滨水区工程建设先进集体，区2010～2011年度先进基层党组织等荣誉。

关于运粮河清淤工程。运粮河位于润州区西北部山圩交界处，西起八摆渡，东至市区新河桥北入长江，全长9.95公里，是一条具有引水、排洪和通航等功能的骨干河道。近几年来，河床淤积日益严重，河道引排能力下降。2011年7月～9月，实施了全河道的清淤整治工程，采用两栖式挖泥船机械化施工作业，共完成土方10多万立方米，工程总投入约400万元。关于润州工业园区堤防建设工程。

2011 年 3 月，在鲇鱼套村境内开始实施润州工业园区堤防建设工程。该项工程投入经费 538 万元，新建堤防 1131 米，防浪墙 1131 米，浆砌块石护坡 7125 米，草皮护坡 1.9 万平方米，完成土方 13 万立方米。关于四摆渡、五摆渡排涝站改造。四、五摆渡排涝站位于原蒋乔乡金山大圩(现为润州工业园区)，分别始建于 1951 年、1974 年。这两个排涝站改造工程是中央财政小型农田水利专项工程项目，投入建设资金 305 万元，共安装设备 5 台套，总装机容量达 510 千瓦，总排涝流量为 7.6 立方米每秒，比原来提高 4.2 立方米每秒。同时疏浚引排河道 1 条长 700 米，新建涵洞 3 座。工程于 2011 年 3 月动工，7 月竣工。关于水利普查。润州区认真贯彻落实国务院和省、市水普办的统一部署与要求，按照“全区统一领导，部门分工协作，乡村分级负责，各方共同参与”的工作原则，专门成立润州区水利普查领导小组，配备 5 名普查工作指导员，培训 300 名普查员，并制订切实可行的普查工作计划方案，严格控制普查工作关键环节和时间节点，确保普查工作顺利推进。2011 年 7 月，全区水利普查对象清查工作已完成，为下一阶段普查工作打好基础。

(润州区水利局)

泰州市

【综述】 2011 年，泰州市水利系统坚持以科学发展观为指导，紧紧围绕年度目标任务，抢抓国家扩大内需加大水利投入的机遇，切实履行部门职能，完成水利投入约 18 亿元，在防汛防旱、农村河道疏浚整治、城市水利建设、水利管理与改革、机关内部建设等工作上都取得了新的成绩。

【水利建设】 一是重点水利工程建设。全力推进卤汀河、泰东河两大重点工程的征地拆迁和移民安置工作，精心组织工程施工，卤汀河拓浚工程全面完成工程沿线的搬迁安置任务，累计完成永久征地 2079 亩、临时占地 6940 亩，搬迁居民房屋 537 户、企事业单位 64 家，49 公里河道、7 座桥梁也已全部开工建设，完成土方 780 万立方米。泰东河整治工程拆迁工作全部完成，共拆迁居民房屋 447 户，企业 27 家，已有 6 段河道、1 座桥梁标开工建设。中小河流治理工程也在抓紧推进之中，夏仕港和周山河姜堰段治理工程已全面完成。二是城区水利建设。按照“水城一体”的思路，治理水环境、恢复水生态、彰显水文化。加强河道疏浚整治。完成了周山河二期、城南河等城区骨干河道的整治任务，进一步改善了城区水生态环境。加强城区调水能力建设。建成了城区引江河调水泵站和中干河调水泵站，新增城区调水能力 35 立方米每秒，引江河调水泵站自去年 4 月投入运行以来，改善了主城区的水质，保持主城区水位常年维持在 2.6～2.8 米的景观水位。基本建成水生态环境保水控制工程。在城区周山河沿线建成了 6 座控制闸站，有力提高了城区防洪排涝、水源调节和生态改善能力，基本达到了“水体流畅、水面可亲、水质达标”的目标。三是农村水利建设。全市 2011 年农村饮水安全建设任务共解决 42 万人农村饮水不安全问题。疏浚县级河道 13 条 93.05 公里，土方 358.76 万立方米；乡级河道 167 条 455.36 公里，土方 770.92 万立方米；疏浚整治村庄河道(塘)2116 个 1409.4 公里，土方 1062.5 万立方米，完成投资 1.46 亿元。城黄灌区泰兴片、姜堰片全面完成建设任务，完成工程总投资 5400 万元，共实施了总干渠防护 2.0 公里，渠道衬砌 97 公里，新(拆)建电灌站 139 座、排涝站 1 座。加强全市中央财政小型农田水利建设工程建设，共新(拆)建排涝站 100 座，新(拆)建灌溉站 377 座，新、改建涵闸 85 座，新建衬砌渠道

205.25公里，新建配套建筑物1036座，完成工程投资1.15亿元。

【防汛防旱】 一是汛前准备。2月15日，市防指正式下发汛前安全检查的通知。3月上旬，市防指对重点水利工程进行了安全检查，对检查中发现的隐患逐一明确除险加固行政责任人和技术责任人。3月底，市防指向省防指专题汇报并正式发文通报各市（区）汛前检查情况，要求各地切实除险消险。5月8日，市邀请省、市相关专家对汛前长江水下地形测量结果进行会商，并将会商意见通报至沿江各市，要求密切关注重点易坍段河势变化情况，明确沿江相关企业的防汛抗洪职责并督促落实到位。二是物资储备。按照省政府责任状的要求，全市共储备编织袋105万只、木桩3.2万根、土工布4万平方米、块石5万吨。市防指对全市的防汛物资储备情况进行了专门督查，并将结果向各市（区）人民政府通报。市防指2011年安排9万元经费配置应急抢排泵，落实800万元抗旱经费购置抗旱设备，组织开展多种形式的防汛抢险知识培训，切实增加防汛抗旱的应对能力。三是防汛抗旱。成功防御了7月份的特大暴雨和8月份的台风袭击，及时排除了城乡涝水，保障了人民群众的财产安全，保证了社会的稳定。成功抗御了流域性的秋、冬、春、夏四季连旱，加强水利工程调度，首次启用抗旱机船向城区补水，首次开启引江河枢纽向里下河动力补水，累计调水40余亿立方米，在全省大面积干旱的情况下，全市生产生活用水有效保障，水稻栽插基本没有受到影响，水城水乡国际旅游节正常举办，城区水源充足，水质良好，景观水位正常维持。引江河城区调水泵站从4月起共开机165天，运行时长7369.54小时，调水9948.87万立方米，极大地改善了主城区的水质，保持主城区水位在2.3～2.6米的景观水位。

【水政执法】 一是普法宣传。突出抓好世界水日、中国水周、城市节水宣传周、普法宣传月等宣传节点，充分利用广播、电视、报刊、网络等大众传媒开展法制宣传教育，深入走进广场、走进机关、走进农村、走进家庭、走进学校、走进单位企业，广泛开展形式多样的宣传活动。重点宣传涉水法律法规和国家级节水型社会建设创建常识等内容，发放《国务院长江采砂管理条例》等宣传材料1000余份，接受群众咨询500余人次，在泰州电视台、市区20块科普电子画廊及市局一楼大厅电子屏播放水法规宣传滚动字幕，有力提高了市民的水法律意识。持续开展水利普法活动，起草出台《泰州市水利局“六五”普法2011年度工作计划》。二是行政执法。加强执法巡查。全年共组织长江执法巡查60余次，联合公安、海事巡查20余次。巡查中共处理、纠正各类水事违法行为110余起。开展河道清障。组织在全市范围内开展汛前执法大检查活动，重点依法查处中瑞路桥非法损毁堤防、万达公司涉水违章建设、引江河范围违章建设码头等案件。对主城区影响行洪的网簖、渔罾以及水生植物、扒翻种植及时进行清理，确保河道行洪畅通。严厉打击非法采砂。联合市水警支队和泰州海事局，组织开展长江采砂“久安”集中整治联合执法行动和长江河道涉砂船舶专项治理年活动，共走访登记全市境内采砂船舶104条，拆除采砂机具7套，清查遣返原籍采砂船舶80余条，查处长江非法采砂案4起。三是行政许可。2011年，共受理水行政许可事项52件，办结50件，按时和提前办结率达100%。对一些投资规模较大，对当地经济、生活发展有一定影响的项目做到提前介入，主动上门，跟踪审批，热情服务，方便申请人，减少管理行政成本，为项目推进赢得了时间。进一步推进行政权力网上公开透明运行工作，对水利局现有的行政权力制作了动静态流程图，完善了权力的相关内容及格式文书，做到权力公开、岗位明确、责任到人。加强规范性文件的定期清理，出台了《泰州市水利局规范性文件定期清理和评估制度》、《泰州市水利局规范性文件制定与备案管理办法》。局行政许可处被市级机关作风建设领导小组评为市级机关优质服务处室。

【水资源管理】 节水型社会建设方面，制定《泰州市节水型载体建设标准》，重点开展节水骨干工程和典型示范项目建设。创建节水型农业。大力开展灌区续建配套和节水改造工程建设，新增节水工程控制面积21万亩。创建节水型工业。加大企业节水技改力度，开展了火电、化工、纺织、冶金、建材、机械等八大行业节水行动，完成了泰州梅兰化工集团等29个节水型企业和单位创建工作。创建节水型单位(社区)。完成泰州市职业技术学院、泰州师范专科学校等7个节水型高校的创建和7个节水型社区的创建，以点带面，全面推进全社会各行各业厉行节约用水。泰州市顺利通过国家节水型社会建设中期评估，姜堰市通过了省级节水型社会建设试点验收。水资源管理方面，推进水资源信息化工程建设。开发建设了全市水资源管理信息系统，对全市283家取水大户统一安装计量设施及RTU监控设施。提升水功能区监管能力。对重点水功能区确界立牌，核定水功能区纳污能力，向市政府和环保部门提出水功能区污染物限制排污意见。严格入河排污口设置论证和申请、审批程序，完善入河排污口普查登记，强化入河排污口管理。规范取水许可管理，建立了取水单位一证、一表、一牌、一卡“四个一”管理制度。从严控制各取用水单位用水计划，年度地下水开采量控制在4000万立方米以内。全面落实水资源费的征收政策，全年共征收水资源费1950万元，征收南水北调基金2090万元。

【工程管理】 一是水利工程管理。市政府出台了《泰州市水利工程管理办法》，重新明确闸站、河道工程考核标准，从组织管理、水行政执法管理、运行管理和经营管理等方面，对市区的水利工程管理提出了具体要求，并明确了考核工作的组织程序。全市目前已有6家水利工程管理单位申报省级管理单位。二是城乡河道管理。科学管护城区23处水利景区、绿化景点，充分发挥景区景观、环境、人文、经济效益。城区56条骨干河道每周巡查2次，全年累计查处河道水事违法违章行为52起，接处数字城管信息200多起，有力维护了城市河道管理秩序。科学调度运行城区35座闸涵泵站，为创建国家卫生城和环保模范城市提供了优良的河道水环境，保证了创建验收达标。对疏浚整治过的农村河道，加强河道保洁与长效管理工作，做到河面清洁、水体干净、河坡整洁，绿化保持完好。三是涉水项目管理。规范长江河道管理范围内建设项目的初审工作，加强对水利工程管理范围的巡查，确保各类涉水项目的建设内容在许可范围内进行。组织对沿江涉河建设项目进行了全面检查，对18个项目进行了重点监管，责成项目所在地人民政府依法严肃查处。四是湖荡管理。每月组织进行长江岸线、市管河道及里下河湖泊湖荡的巡查，对里下河湖区遥感监测异常情况，及时调查与核实，对发现的涉河违章建设项目及时查处并通报至各地人民政府和水利部门。兴化、姜堰2市水利部门按照《江苏省里下河腹部地区湖泊湖荡保护规划》的要求成立湖泊管理专门机构，进行湖泊管理相关巡查、监管，规范资料整编，促进湖区规范有序开发建设。

【水利改革】 一是水利改革发展。借助各类宣传媒体，充分利用多种宣传手段，加强一号文件的学习宣传，真正让各级领导和社会各界熟悉文件、关心水利、支持水利，营造加快水利发展的良好氛围。3月，市委、市政府联合出台了《关于加快水利改革发展的实施意见》(泰发〔2011〕5号)。文件明确提出，全市通过5～10年的努力，基本实现水利现代化；突出强调把水利改革发展纳入对市区党委政府双文明百分考核的内容；进一步明确水利投入的比例和渠道，确保今后10年的平均水利投入是2010年的2倍。各县市(区)党委、政府,也制定了相应的配套文件,落实了加快水利改革发展的政策。二是水费征收改革。加大水费征收工作的宣传力度,会同物价部门印制发放了《泰州市水利工程水费收费公示卡》、《涉农收费公示卡》,增强水利工程水费和农业水费计收工作的透明度。积极调整水费工作思路,按照“市直为主、面上为辅”的工作方针,加强用水户的沟通联络,巩固好供用水双方的关系,非农水费实现历史性的突破,全市共计收水利工程水费2700万元,计收市直水利工程水费470.37万元、市属供水成本费用145万元。三是内部管理改革。采取了以年度目标任务引导全市水利工作的做法,对市局和市(区)水利部门的年度工作实施目标管理。建立了以目标管理优胜单位、作风建设先进单位、优秀处长、先进工作者等“四项评比”,处室月度点评、中层正职季度述职测评、全局年终总评“三项评议”,半年和年终“两项考核”的绩效考核机制,通过“四评比、三评议、两考核”,传递工作压力,激发工作热情,有力推动了系统工作。

【水利科技】 一是水利普查工作。各市区分别成立了由分管副市(区)长为组长的领导小组,并下设办公室。及时落实普查经费746.1万元。选出1890名普查员和普查指导员参加全市六大专项的普查工作。先后组织各类培训2083人次,其中市级培训7次。6月10日前全市完成了清查阶段20类表格、46625个清查对象的填写、审核、录入、汇总和所辖四市三区7个县级普查区的抽查和市级验收。6月20日前完成了17张工作底图计1311条拓展河湖的标载。9月20日前完成306张工作底图计2697个标截对象的标载和2534个对象空间数据采集。9月底前建立了灌区、经济社会用水、河湖取水口动态台账计6875个。11月底前全面完成了普查草表预填报工作。全市各项水利普查工作在全省领先。二是学会工作。进一步发展水文化研究会和水利学会会员,累计吸纳会员达100多人,基本形成了专业互补、老中青结合、人才梯次衔接紧密、结构相对合理的学会队伍。积极开展学会传动,先后组织会员赴外地考察水利建设成果和水文化工作情况,撰写了系列考察文章;在2011年中央一号文件出台后不久,市水文化研究会联合市社科院举办“加快现代水利建设与城市水生态环境”研讨会;在2011年9月,市水文化研究会、市水利学会联合举办了“泰州市城市水环境与水文化”论文交流活动,先后形成研讨成果近50篇。出刊《泰州水利》杂志2期。三是科技项目。加强与高校、科研院所的合作,做好项目的立项、推进、评审、报奖等相关工作。共上报科研课题3项,其中与扬州大学水利学院合作的城市排水技术研究课题数学模型已基本建立,预计明年可提交成果,与河海大学合作的水利现代化规划研究课题已全面启动。有序推进以GIS(地理信息系统)为平台,虚拟现实为表现手段,信息采集系统为基础,通信及计算机网络为纽带,数据库系统为核心的泰州市城市水资源实时监控与管理系统建设。

【行业发展】 积极引导市区以行业政策为依托,以经济效益为中心,以改革发展为动力,以加强管理为抓手,立足行业优势,整合行业资源,挖掘工程潜力,调整经济结构,逐步形成以水务、水土资源开发利用、水利建筑施工为主,以种养业、咨询服务业为辅的水利经营发展格局,完成水利综合经营总收入6.7亿元,实现利税0.38亿元。

(祁海松　朱鸿宇)

宿 迁 市

【概述】 2011年,宿迁市水务系统坚持将水资源保障、水环境保护、水安全保证作为工作重点，抓住水利建设这条主线，突出科学管理，强化依法行政，统筹推进水利各项工作开展，较好地完成了年度计划任务。2011 年，水务局被市委、市政府评为目标管理先进集体、信访工作先进集体、“十一五”环境保护工作先进单位、“十一五”淮河流域水污染防治工作先进单位，积极参与第七届省园博会筹办工作，获市委、市政府嘉奖。加快推进重点水务工程建设，工程建设全面达到年度目标任务要求。全力推进农村饮水安全、灌区续建配套、农村河道疏浚、中央小型农田水利工程建设，取得显著成效。以节水型城市创建为突破，全面推进节约用水工作，实施最严格水资源管理制度，全面加强水资源规范化管理。成功应对全市 60 年来最严重的气象干旱，保障了京杭运河航运以及 320 万亩水稻栽插。坚持纠建并举，突出重点，把机关作风、行风建设与水务工作创先争优、精神文明建设紧密结合起来，深入推进。率先完成小水库除险加固任务，全市一期 28 座水库除险加固工程在全省地级市第二家通过整体验收。市大涧河闸管理所成为省二级管理单位，实现零的突破。继续开展“百湖执法大检查”专项活动，加强河湖采砂管理工作，推进水行政综合执法。在水利科技方面，积极开展课题研究、科技成果推广，结题率达 83%。

【水利建设】 完成《宿迁市“十二五”水务发展规划纲要》，全力推进县(市)域水利现代化规划编制。积极做好分淮入沂整治工程项目前期工作；完成黄墩湖蓄滞洪区调整工程初步设计方案。积极开展中小河流治理工程、安东河闸除险加固工程等前期工作。推进小水库除险加固工程，其中 30 座已经完成工程建设，余下 9 座初步设计已获省水利厅批复。全年完成水务建设总投资 20 多亿元。全力做好农村水利建设，2011 年，全市完成农水建设投资 6.67 亿元，完成土方 5583.7 万立方米，新建小沟级以上农田配套工程 9010 座，新增有效灌溉面积 5.3 万亩，恢复和改善灌溉面积 43.25 万亩，增加和改善除涝面积 65.8 万亩，治理水土流失 8 平方公里。全面完成农村饮水安全工程年度工程任务，农村河道疏浚任务全面完成，中央财政小型农田水利工程进展顺利，各县区主体工程于 2011 年 5 月底全面投入运行使用。完成市区排水及防洪、宿迁市第二水厂建设、西民便河治理等工程。七堡引湖枢纽、骆南中运河影响处理等工程按计划推进。

【防汛防旱】 2011 年战胜了宿迁 60 年来最严重的气象干旱，保障了京杭运河航运以及 320 万亩水稻栽插。汛期，在短时强降雨情况下，城区没有企业进水，居民工作生活没有受影响，境内 39 座小水库未出现险情。一是认真开展防汛检查，落实各项防汛防旱工作责任制。5 月 18 日，把大湖大河、主要蓄滞洪区、重点防洪城市、小水库等防汛责任人在《宿迁日报》上公示，接受全市人民的监督。落实经费 1000 多万元，对排查出的重点险工险段及时进行处理。二是及时修订预案。根据雨情、工情、水情变化，组织技术骨干修订完善各类防汛防旱工作预案，4 月底，完成了《宿迁市防洪预案》、《宿迁市城市防洪预案》、《宿迁市抗旱预案》、《水库防洪预案》、《水库汛期调度预案》、《水库大坝安全管理应急预案》以及黄墩湖、洪泽湖周边两大滞洪区安全撤退预案等修订工作。11 月，编制完成了《宿迁市市区突发性强降雨应急排涝抢险预案》，并通过专家审查。三是全力开展清障工作。印发了《关于切实做好河道清淤清障确保全市防汛防旱安全的通知》(宿防发〔2011〕3 号)等文件，分解落实清障任务；印发了 4 期督查通报，督促各地加大清障力度。主汛期前，完成了淮沭河泗阳段违章养殖、徐洪河施工围堰清除、溧河洼违章围网等 150 项清障任务，完成了流域性河湖清障任务，巩固了洪泽湖、骆马湖 95 年的清障成果。四是防汛物资储备充足。全年全市共储备块石5.05万吨，木材351.0立方米，土工布15.38万平方米，三袋146.7万只。成立宿迁市市级防汛防旱抢险队。6月18日至25日，组织抢险队开展了防汛抢险演练。11月18日，市级防汛防旱抢险队参加了“强化—2011”宿迁市综合应急演练。五是及时上报防汛防旱数据。做好水情信息传输、预测、预报工作，加强水资源调度，保证了工农业生产、生活、生态用水。干旱及防汛期间，认真做好防汛抗旱信息统计上报工作，无漏报、少报、多报、瞒报、错报现象，突发性事件等重要信息均在第一时间上报省防指，信息上报工作成绩显著，在13个市水利局中排名第三。六是做好重点水利工程视频监控和小水库预警系统工程建设工作。实施宿迁市防汛指挥系统升级改造工程，升级改造视频会商系统，并为后期系统应用提供硬件平台，提高应急管理水平。

【水利法制】 (一) 出台规范性文件。先后制订下发了《宿迁市委、宿迁市人民政府关于加快水务发展的意见》(宿政发〔2011〕1号)、《宿迁市人民政府关于封填地下水源井的通告》(宿政规〔2011〕1号)、《农村水利合作社建设和运行管理工作指导意见》(宿水农〔2011〕110号)、《市政府关于水利建设基金征收和使用管理办法》(宿政发〔2011〕98号)、《市政府关于印发宿迁市水利规划及前期工作专项资金使用管理办法的通知》(宿政发〔2011〕137号)。同时建立和完善依法行政配套制度，先后印发《宿迁市水务局重大行政决策集体决定制度》、《宿迁市水务局行政权力网上公开透明运行工作制度》、《2011年度全市水务系统依法行政工作要点》；建立政府信息公开管理、依申请公开等4项制度；建立水行政执法巡查、水行政执法过错责任追究等27项行政执法制度，促进全市水法规制度体系不断完善。(二) 开展重大决策事项评估。对水务“五五”普法实施情况开展评估，制订出台了全市水务“六五”普法规划。开展了涉水规范性文件中涉及行政强制规定和行政强制主体的文件清理工作，清理了从建市起至2011年的30多份规范性文件，填写了清理表并汇总上报市政府。(三) 行政执法检查。全年多次对县(区)开展依法行政和行政执法工作检查。4月份、8月份两次对沭阳县打击非法采砂工作进行检查；9月份，对洪泽湖泗阳县高渡镇大沟头非法采砂现场进行检查；10月份对全市三县两区开展水资源专项执法检查活动情况进行检查；7月份，开展了行政执法案卷评查活动；9月份，先期组织了案卷评查，选送优秀卷宗参加省水利厅评查。涉水的行政许可21项权力、行政处罚70项权力全部实行网上运行。(四) 水务宣传。开展“世界水日”、“中国水周”宣传，联合沂沭泗骆马湖管理局、省骆运管理处、宿迁市水文局等共8家单位在市马陵公园东门开展了大型广场宣传活动。设置拱门10个，悬挂横幅48条，发放材料及宣传手提袋3000多份，出动车辆20多辆，制作滚动宣传标语在市电视台播放7天、在《宿迁日报》刊发专版及在市广播电台播放水利普查知识、《江苏省水文条例》、《江苏省水资源管理条例》等法规条文。制定印发《宿迁市水务系统法制宣传教育的第六个五年规划(2011～2015)》和《2011年全市水务普法依法治理工作要点》并组织实施。(五) 水务政策研究。1月，研究出台市“一号文件”和2011年度宿迁市水利建设实施意见。会同财政等部门调研，起草水利建设基金管理办法。8月，以市政府名义率先在全省13个地级市中第一家印发了《市政府关于水利建设基金征收和使用管理有关问题的通知》(宿政发〔2011〕98号)。会同市财政部门制定《水利规划及前期工作专项资金管理使用办法》(宿政发〔2011〕137号)，由市政府印发。12月21日，召开年度水务建设研究会议，研究出台《宿迁市2012年度水务建设意见》(宿政发〔2011〕211号)。(六)“百湖执法大检查”专项活动。积极对辖区内重点河道、水域、水工程开展执法巡查，全市共查处各类水事案件 52 起，查处非法采砂船 293 条。多次开展执法检查活动，4 月份，组织开展了汛期水行政执法检查；4 月份起对城区内所有用水户进行了普查登记，6 月份，启动城区地下水源井封填工程；7～11 月份开展了全市河湖采砂专项整治行动和水资源专项执法检查活动。做好防汛清障工作，徐洪河泗洪段施工埂坝已清除到位，对溧河洼违章圈圩和围网养殖实施清除，淮沭河泗阳段违章搭建已拆除到位，拆除了市鹏程工贸有限公司违规侵占老民便河排涝沟围墙，对怀洪新河泗洪段的围网养殖和鱼簖等阻水障碍进行了全面清理，清除 1430 个网箱，32 处鱼簖。（七）河湖采砂管理。协助流域机构做好骆马湖、新沂河的采砂管理。共出动执法人员 489 人、执法车辆 117 辆、执法船艇 19 艘，打击非法采砂船只 293 条、摧毁采砂机具 260 多台套、关闭砂场 9 座、集中停泊采砂船只 493 条。（八）水行政综合执法。7 月份以来，水务局整合水资源处、行政服务处、水政支队力量，开展了市区水资源专项执法检查活动；7～11 月份，组织水务、公安、交通等部门联合沂沭泗骆马湖管理局和徐州市水务、公安、交通等部门开展了河湖采砂专项整治行动；11 月份，联合沂沭泗骆马湖管理局、省骆运管理处、徐州市水务部门开展了骆马湖片执法巡查活动。

【水资源管理】 （一）水资源规范化管理。先后编制完成了《宿迁市集中式饮用水源地安全保障规划》、《宿迁市排污口整合规划》和《宿迁市城市节水规划》，泗洪县完成了《泗洪县集中式饮用水源地安全保障规划》及《泗洪县节水规划》；严格取水许可和排污口审批，严格执行建设项目水资源论证制度，进一步规范取水许可审批。2011 年全市共受理取水申请 5 项，组织水资源论证审查 4 项，组织泗洪城北污水处理厂和翔盛粘胶纤维 2 个单位的排污口设置论证，发放取水许可证 0 份。（二）节约用水工作。泗洪县省级节水型社会试点建设于 2011 年 11 月 22 日通过省里验收，获得“江苏省节水型社会建设试点县”称号，全面完成试点建设任务；继续全面推进节水型城市创建工作，完成《宿迁市城市节水规划》编制工作，完成《宿迁市城乡供水管理办法》等规范性文件起草工作。深入企业开展节水情况调研，指导企业开展技术改造，先后完成 10 个省级节水技改项目，年节约水量 140 万立方米，大力推进企业水平衡测试工作，争取省级资金用于 3 家重点企业的水平衡测试工作；推进污水处理厂中水回用项目，完成河滨污水处理站提标改造，实现出水达到景观用水标准，完成宿豫污水处理厂尾水供秀强玻璃有限公司回用工作，年回用量 75 万立方米。完成洋河污水处理厂尾水供蓝色玻璃有限公司回用，年回用量 25 万立方米。积极推进节水型载体创建，2011 年 4 月，批复市 2010 年载体创建共 17 个。2011 年共完成 59 个载体创建。（三）水功能区管理。在全市范围内开展水源地达标建设，对建设情况进行多次现场督查并提出整改意见，督促各地严格落实整改意见，确保饮用水源地的水质安全。全市 7 个地表水源地（含备用）基本完成达标建设；开展入河排污口复核工作。5 月，联合水文部门开展排污口复核，基本摸清主要河湖排污口的位置、来源及责任单位，为下一步做好排污口整合、关闭打下基础；高度重视水质监测工作，完善骆马湖取水口水质监测系统，科学设置监测站网，对全市保护区、保留区、缓冲区和饮用水源区等各类水功能区实行全覆盖不间断的监测，定期通报监测结果，编发重点水功能区水质通报 6 期。（四）水资源管理能力建设。大力开展县级水资源管理规范化建设，沭阳县、泗洪县启动县级水资源综合规划编制工作，泗洪县完成了《泗洪县饮用水源地安全保障规划》编制工作并通过审查。泗阳、宿豫等地严格对照省水利厅《关于开展全省水资源管理示范县(市)建设的通知》、《关于进一步加强水资源管理能力建设的通知》精神,强化水资源管理队伍建设,切实提高水资源“四个一”管理水平;发挥水务一体化优势,加强城市供排水设施建设管理,完成宿迁中心城市第二水厂、泗洪县地表水厂建设,启动沭阳县第二水厂建设。加强城镇污水处理设施运行监管,建成新源生活污水处理厂,在全省污水处理厂运行管理考核中,泗阳县华海水处理厂被评定为优秀污水处理厂,其余7个污水处理厂运行管理均满足考核要求,被评为合格。(五)地下水开采管理。强力推进地下井封填工作,以市政府名义发布了《关于封填地下水源井的通告》,市政府举行了中心城区地下水源井封填仪式,截至2011年底共封填地下水源井51眼,其中深水井20多眼,年度目标任务圆满完成。

【工程管理】 (一)河湖管理。不断强化河湖巡查和现场监管工作,及时上报工程管理月报和湖泊巡查月表。配合省骆运、洪泽湖管理处核实湖泊管理范围内遥感监测的49处变化情况,严厉查处涉湖违法行为;不断强化河道管理的行业指导和督查,不定期开展河道检查;举办全市水利工程管理培训班,加强对基层单位管理和技术骨干业务培训;为进一步加强能力建设,督促有关县区成立湖泊专管机构,继泗阳县率先成立洪泽湖管理所后,1月,宿城区运南灌区管理所经宿城区编委批准更名为“宿迁市宿城区运南水务管理处”,下设洪泽湖管理所和运南灌区管理所,明确了洪泽湖管理职能。(二)涉水建设项目管理。严格涉水建设项目审批,加强涉水建设项目后续监督管理。全面开展河道管理范围内涉水项目专项检查,登记在册,并要求填写《河道管理范围内建设项目后续监管表》,并对存在的违章建设项目进行分类处理。(三)小水库除险加固。5月,市一期28座水库除险加固工程通过省水利厅整体验收,成为全省第二家完成任务的地级市。12月,江墩、塘怀(1)小水库除险加固通过竣工验收,成为全省首家完成《新编规划》中小水库除险加固任务的地级市。(四)水管体制改革。3月25日,召开全市水利工程管理工作会议,明确了水管体制改革要求,督促各县(区)加大力度,重点落实两费,推进水管体制改革深入开展,在实行内部管养分离的基础上推动养护工作市场化运作。(五)水管单位达标创建。在考核检查基础上,及时印发《关于对水利工程管理单位达标创建工作开展情况的通报》。11月28日,市大涧河闸管理所通过省二级管理单位验收,实现全市省二级管理单位零的突破;宿豫区骆马湖堤防管理所、泗阳县淮沭河管理所相继通过省三级管理单位验收,泗洪县红旗水库通过省级小水库规范化管理验收。(六)维修养护项目管理。2011年度省级下达维修养护项目经费831万元,涉及工程项目34项。经费下达后,积极督促各有关单位迅速开展项目实施报告编制、招投标、工程施工准备等工作,尽快完成工程建设,及时发挥工程效益。(七)水利风景区建设。成立了水利风景区建设与管理领导小组,督促指导省级水利风景区管理单位强化景区常态管理,并落实专项工作经费。认真开展全省水利风景区资源普查工作,并及时上报。制定了水利风景区长期发展规划,积极做好国家级和省级水利风景区的申报工作,组织船行灌区、古黄河水景公园、骆马湖水景公园等申报省级水利风景区。8月,宿城区船行灌区被评为省级水利风景区。

【水利改革】 积极搭建水务融资新平台,市政府研究决定把原先隶属水务部门的水务投资公司划归市政府管理,升格为市属国有独资公司,在收购江苏东升水务建设工程有限公司和江苏水韵建材有限公司基础上,组建宿迁市水务建设投资有限责任公司。公司注册资本人民币5亿元,拥有资产20.6亿元。2011年市与以色列英飞尼迪资本管理有限公司正式签约,合作设立投资基金,举行以色列英飞尼迪投资基金与市合作兴建总投资1.03亿元的洋河新城供水项目签约仪式。深入开展水利合作社创建工作，全年完成注册登记158个，其中沭阳县36个、宿豫区35个、宿城区35个、泗洪县21个、泗阳县31个。

【水利科技】 (一) 水利信息化建设。一是与河海大学合作完成了《宿迁市水利信息化规划》、《宿迁市防汛防旱指挥系统实施方案》，规划了宿迁水利信息化的发展路线。二是投入500万元完成了防汛防旱指挥系统改造项目一期工程建设。二期工程前期工作正着手准备，力争2012年汛前完成。(二) 课题研究。积极与扬州大学、河海大学开展课题研究，并形成科研成果，2项通过省水利厅组织的鉴定验收，1项通过市科委组织的鉴定。及时开展年内立项的3个省水利科技项目前期工作。(三) 科技项目推广。结合科研课题以及灌区改造、小型农田水利工程等工程实施，积极推广生态防渗技术在船行灌区改造工程中应用，取得了明显成效。(四) 项目研究。自2006年以来，在6个省水利科技项目中，5个项目已经结题，结题率达到83%，1个项目正在进行研究，计划2012年5月份结题。其中，市与省水科院联合承担的《基于物联网在新沂河沭阳水利枢纽工程中的研究和应用》项目获2011年度宿迁市科技进步一等奖、《大涧河水闸结构的震灾基理及安全评析》获市政府科技进步二等奖、《强震区截污导流工程抗震安全性研究及应用》获省水利科技优秀成果奖三等奖。

【行业发展】 (一) 党风廉政建设。印发了"2011年市水务局党风廉政建设、政行风建设、纠风、软环境和效能建设实施意见"等文件；根据处室职能进行责任分解，局党组与相关处室及各重点工程处签订目标责任状；大力开展廉政文化活动，开展廉政文化进机关、进家庭、进工地活动。春节期间，向全局干部职工发出《家庭廉洁倡议书》、赠送廉政春联；2次组织全系统干部职工观看警示教育片。11月召开全市水务系统工程建设警示教育会议；建立科级干部廉政档案，实施中层干部述职述廉和勤廉公示；开展排查廉政风险点及应对预防措施活动，分析并查找可能引发不廉洁行为甚至违纪违法问题的廉政风险点，制定防范控制风险点的措施，填写《个人廉政风险点自查、分析、防范承诺表》，各处室、单位对每个岗位排查出来的各类廉政风险源(点)，逐一登记，归类汇总，并就易发生问题的原因、风险级别和防范措施等进行分析，形成《单位(岗位)主要廉政风险源(点)及防范措施排查表》。(二) 机关作风和行风建设。4月，召开局机关作风建设大会，深入学习贯彻全省水利系统机关作风和行风建设和市级机关作风建设"六条禁令"会议精神，大力推进节约型机关建设；在水务局网站和《宿迁日报》等媒体上，公开机关作风建设服务承诺。积极受理社会各界和广大人民群众关于涉水事务的投诉和举报，及时解决，认真整改；充分发挥纪检监察为主体的作风行风督查工作机制的作用，不定期组织明察暗访。(三) 创先争优活动。开展以"创群众满意窗口、树水务部门形象"为主题的窗口单位创先争优活动，3月，在水政监察支队、行政服务处等窗口服务单位，开展"创建满意窗口、创建示范岗位、创建服务品牌"为主题的"三创"活动；开展"群众满意基层水务站"创建活动，6月，召开全市水务系统党风廉政和政风行风建设暨群众满意水务站创建会议，印发《关于开展"创建群众满意窗口、树水务部门形象"活动实施方案》(宿水党〔2011〕2号)将乡镇水务站作为全系统重点窗口单位，认真组织开展"群众满意基层水务站"创建活动；11月初，专门召开全市水务系统窗口单位为民服务创先争优推进会，开展以"办民生水务实事、创群众满意窗口"为主题的为民服务创先争优活动。(四) 纪念建党90周年系列活动。组织优秀共产党员和先进基层党组织评选活动，召开水务系统建党90周年纪念大会，对10名优秀共产党员、4名优秀党务工作者和3个先进基层党组织进行表彰。举办全市水务系统开展以“情系祖国、爱满江河”为主题的建党90周年广场文艺汇演。参加全省水利系统纪念建党90周年配乐诗歌朗诵比赛，分获二等奖和三等奖。参加全省水利系统“兴水杯”羽毛球比赛，市代表队分获男子双打第二、女子单打第二及男子单打第三名。在省洪泽湖管理处举办的洪泽湖管理与保护知识竞赛中，市代表队分获一等奖和三等奖。在市第三届运动会中，局代表队获得了6个项目的冠军，并获得团体第六名。(五) 人才队伍建设。新成立了市区水务工程管理处，为财政拨款事业单位，核定人员编制18名；招考2名公务员、招聘11名事业编制专业技术人才，面向全国选拔总工程师，人才引进数量和学历层次取得历史性突破。通过公开选拔，6名同志走上中层干部岗位；先后举办了全市乡镇水务站工程员培训班、全市水行政执法业务培训班、城市安全供水赴港培训班(省劳动保障厅领导给予资金扶持)。(六) 政务公开工作。连通了全省水利电子政务内网，实现与省水利厅公文网上传输；内网运行状态良好。认真贯彻落实《政府信息公开条例》，完善行政权力网上运行系统，确保了该系统的顺利运行。(七) 信息宣传和上报工作。加强政务信息报送。全年上报信息250条，被中国水利网、淮委及江苏水利网、市委、市政府等采用124条；加强新闻宣传，撰写的新闻稿件分别被市以上各类报刊采用66余篇。8月，被省水利厅评为政务信息工作先进集体和江苏水利网信息保障工作先进单位。(八) 信访和保密工作。全年收到网络问政留言133条、政(行)风热线7条、来信9件。办结率为100%，结案率达100%。(九) 老干部服务工作。认真落实老干部政策，确保老干部各项待遇落到实处。春节、中秋节、重阳节等节日期间，局领导上门慰问老干部，送上慰问金、慰问品。积极组织老干部参加“全省水利系统离退休老同志书画摄影展”及“与党同呼吸、共命运、心连心”征文等活动，一幅摄影作品获三等奖，一篇征文获三等奖。

(谢　苏)

宿　豫　区

【经济社会概况】 宿豫区位于江苏省北部，东接沭阳，南靠泗阳、泗洪，西邻睢宁，北隔沂河与新沂、邳州接壤。辖18个乡镇(场)和2个省级开发区、1个市级开发区，总面积1256平方公里，总人口70万。宿豫历史上是钟吾诸侯国属地，秦时设下相县，东晋安帝义熙元年(公元405年)设宿豫郡，唐代宗宝应元年(公元762年)为了避讳皇帝李豫改称宿迁县，一直沿袭至1987年撤县建市(县级)。1996年7月经国务院批准，设立地级宿迁市，原县级宿迁市更名为宿豫县。2004年3月，宿豫撤县设区。宿豫，曾哺育出西楚霸王项羽、民族英雄杨泗洪、中国人民解放军炮兵创始人朱瑞将军等许多英雄豪杰。乾隆皇帝六下江南，五次驻跸于此。他赞誉这里是“第一江山春好处”。宿豫环抱地级宿迁市，是地级宿迁市“一体两翼”的东翼，被称为宿迁的“浦东”。宿豫区位优势明显，处于沿海经济带、沿江经济带和陇海经济带的交叉辐射区，位于苏鲁豫皖淮海经济区的中心。京沪高速、宁宿徐高速、徐宿淮盐高速所组成的高速公路主干网把宿豫区带入全国高速路网，综合京杭运河和铁路、航空的优势，拉近了宿豫与渤海经济区和长江三角洲的距离。宿豫是江苏著名的“杨树之乡”、“水产之乡”、“蚕桑之乡”。2011年，宿豫区实现地区生产总值194.79亿元，按可比价格计算，比上年增长13.0%，比全市平均增幅高 0.2 个百分点。实现财政总收入、一般预算收入分别达到 23.85 亿元、13.31 亿元，首次登上 20 亿元、10 亿元台阶，实现历史性突破。税收占比 86.6%，在全市三县两区最高；进出口总额达到 4.38 亿美元，总量位居全市第一；城镇居民人均可支配收入、农民人均纯收入同比分别增长 17.2%、19%，连续三年保持全市增长最快。

【水务概况】 宿豫区地处淮、沂、沭水系下游。历来有“洪水走廊”之称，辖区主要有“三河一湖”，其中京杭大运河从西北皂河向东南纵贯 5 个乡镇，由仰化镇出境流入泗阳县，境内全长 69.5 公里。陆塘河起源于骆马湖，在宿豫区境内约 36.5 公里，沿东南流入泗阳县。马河主要作为排涝、纳污河流，自顺河镇经陆集、丁嘴、仰化流入陆塘河，全长约 20 公里。骆马湖原为季节性湖泊，1958 年改建成为调节上游沂、沭、泗的洪水和蓄水兴利的大型水库，成为江苏省第四大淡水湖，位于宿豫区、新沂市境内，常年水面面积 39 万亩(水位 23.0 米)，库容 9.80 亿立方米，宿豫区境内约占 2/3。宿豫区共有水面 4.47 万公顷，其中河流 0.32 万公顷、湖泊 1.73 公顷、水库 218.33 公顷、坑塘 0.31 万公顷、其他 2.11 万公顷。骆马湖、大运河、六塘河是宿豫区主要的地表水资源。全区地下水资源较丰富，一般深藏深度 1.5～2.5 米左右，浅层地下水储量约 3.5 亿立方，连深层承压水在内，地下水储量约 10 亿立方，晓店镇地下水中含硬沙层矿泉水，各项指标均达到饮用水矿泉水标准，为优质含银偏硅酸矿泉水。宿豫区年平均降雨量 892.30 毫米，雨季为 6～8 月，汛期为 5 月 1 日至 9 月 30 日。境内每年 10 月至次年 5 月降水量低，12 月份最少，容易造成干旱。

【年度水利工作】 2011 年，宿豫区水务局面对新形势，抢抓机遇，扎实工作，加速推进民生水利建设，着力解决人民群众最关心、最直接、最现实的水利问题，有力地促进了全区经济社会的发展。被市水务局评为防汛防旱工作先进单位和水资源管理先进单位，被区委区政府表彰为岗位目标管理先进单位、策应扶持先进单位和城乡建设优质服务奖。8 家下属单位、6 家乡镇水务站被评为文明单位，一批先进个人受到省市水利部门或地方党委、政府的表彰。在水利工程建设方面，全年共投入资金近 5 亿元。小型农田水利建设，投资 2250 万元，完成了 2010 年度小型农田水利重点县项目建设，新建防渗渠 46.2 公里，新建、改建灌排泵站 27 座，新建、改建桥涵闸等其他配套建筑物 708 座，井头、侍岭、曹集等小塘湖地区农田水利基础设施全面改善，骨干工程完好率稳步提升。民生水利建设，投资 1000 万元，完成千亿斤粮食皂河灌区末级渠系工程，疏浚排涝沟 10 公里，建成防渗渠 44.3 公里，配套建筑物 382 座。投资 500 万元，完成中央新增农资补贴皂河灌区 5000 亩农田旱改水工程，完成防渗渠 25.5 公里，拆建泵站 1 座，其他配套建筑物 155 座，有效改善了皂河镇 5000 亩农田灌溉条件，促进了当地农业增效、农民增收。投资 1455 万元，完成农村中小学饮水安全工程，新建水源井 10 座，新建泵房 10 座，铺设 PE 管道 53.78 公里，解决了 4.85 万师生的饮水安全问题。完成投资 2385.25 万元，实施了宿豫区 2011 年度农村饮水安全工程，新建地下水厂 4 座，管理房 4 处，共 704 平方米，管道铺设 709.875 公里，其中输水管道 124.72 公里，配水及入户管道 585.155 公里。解决了宿豫区来龙、侍岭、保安、仰化、顺河、黄墩、皂河、蔡集等 9 个乡镇 52 个行政村 39919 人饮水不安全问题。灾后重建工作，一是配合省水利勘测设计院完成了《宿豫区灾后重建实施规划》，规划新建、改建、扩建穿东外环路 5 座涵洞、疏浚治理 5 条城市排水河道及疏浚治理六塘河、马河配套建设穿堤涵洞、桥梁等建筑物。二是完成投资 2951 万元，完成六塘河治理一期工程，疏浚河道 [illegible] 公里、[illegible]

堤加固堤防37公里，配套桥梁9座、涵洞34座，有效改善了沿线及城区排涝条件。农村河道疏浚整治全面完成。2011年，全区共完成投资1476.9万元，其中省级投资485.3万元，市级补助27.6万元，区级财政配套278.5万元，群众自筹685.5万元。全区共出动机械3600余台套，疏浚整治农村河道32条，总长80.26公里，完成疏浚土方197.5万立方米；疏浚整治29个行政村的村庄河塘198个(面)，完成清淤土方111万立方米，有效地改善了农村河道灌排能力和乡村水环境。在水政水资源管理方面，强化水资源管理和保护工作。规范取水许可证发放，2011年共新批取水许可3家，许可水量4.8立方米；加强用水户"四个一"(一证、一表、一井牌、一本台账)管理，完成水资源管理信息系统一期工程建设；全年安装远程监控智能水表18块，预付费式智能水表11块，提高了水资源信息化管理水平；同时加强地下水的监测，防止水源污染，保障全区人民饮用水安全。积极开展节水型社会创建活动。在城市显著位置设立宣传灯箱50处、节水横幅20条，发放节水小常识的宣传手册、宣传单10000余份，制作节水宣传片和公益广告；格林手套和长江润发的节水技改项目通过省水利厅验收并各获得奖励资金5万元；完成7家单位、8家学校、9个社区、9个学校的节水载体建设，并上报省水利厅待验收。加大水行政执法力度。2011年共查处各类水事案件28起，其中下达《责令停止水事违法行为通知书》22份，《限期改正通知书》6份，立案查处违法案件1起，清除黄墩小湖拦河网6处，代执行清除了325省道陆塘河大桥和二干渠曹集大桥施工围堰土方。开展了"封填非法地下水源井"专项活动，发放《封井通知》9份，封填非法地下水源井9眼，追缴地下水资源费2.5万元。加大打击河湖非法采砂力度。配合沂沭泗宿迁市水利枢纽管理局加大对骆马湖、新沂河非法采砂的打击力度。共出动执法人员80余人次、执法车辆30辆次。配合流域机构关闭砂场12座、集中停泊采砂船只93条。对滞留在骆马湖内5条非法采砂船只、新沂河25条涉砂船只进行执法处理，击毁机具40台套，沉船7艘。加大水利规费收缴力度。全年共征收水利工程水费470万元、污水处理费350万元、水资源费305万元(其中南水北调工程基金61万元)，各种规费的征收均完成了预期的目标。积极开展水法律、法规宣传活动。利用"世界水日"、"中国水周"等，围绕"严格管理水资源，推进水利新跨越"宣传主题，扎实开展水法宣传活动。悬挂宣传横幅80条，出动宣传车次10余台次，发送宣传单6000多张，取水政策汇编宣传册200份、宣传画50份。在水利普查方面，成立了专门的工作领导小组，编制全区水利普查工作的方案，从全区抽调、培训了234名专、兼职普查工作人员，对河湖、水利工程、经济社会用水、江河湖泊开发治理保、水土保持、水利行业能力建设等7个专项内容开展清查，确定全区台账建设名录对象199个，清查普查对象名录2070个(处)，完成了清查数据录入、审核等工作，上报了《宿豫区第一次全国水利普查对象清查工作报告》、《宿豫区第一次全国水利普查对象清查数据审核报告》等，全面完成了普查工作的前期准备、清查登记阶段任务。

(李晓亚)

泗 阳 县

【经济社会概况】 泗阳县地处苏北腹地，介于东经118°20′～118°45′，北纬33°23′～33°58′之间，东界淮安市淮阴区，南濒洪泽湖，北邻沭阳县，西与宿城、宿豫区毗邻。县域总面积1418平方公里。其中，陆地面积998平方公里，占总面积的70.38%；水域面积420平方公里，占总面积的29.62%。陆地面积中有可耕地70603公顷。境内无山丘，属黄泛冲积平原。总地势西高东低，地面相对高度大多介于12米～17米之间。京杭大运河横穿东西50公里，成为天然“分水岭”。运河以南，北高南低，河流皆流入洪泽湖，统属淮河水系；运河以北，南高北低，河流皆属沂、沭水系。全县境内大小河道有30多条，总长近700公里。境内气候温和，属北亚热带季风过渡性气候，光照充足，雨量充沛，无霜期长，四季分明。境内土壤分三个类型：潮土、砂礓土、黄棕壤土。潮土面积最大，分布最广，占总面积80%左右。土壤质量较差，中、低产田面积较大。1996年，泗阳划归新设的宿迁市。2004年3月，经国务院批准，江苏省委、省政府决定对宿迁市部分行政区划进行调整后，泗阳县设12个镇、6个乡、2个场、258个村(居)委会。2005年8月，江苏省委、省政府决定调整泗阳县城区行政区划，撤销城厢镇、来安乡，与临河大兴一同划归众兴镇，全县设11个镇、5个乡、2个场、260个村(居)委会。

【年度水利工作】 2011年，泗阳县水利系统紧紧围绕县委、县政府中心工作和100项重点工程目标，抢抓机遇，务实苦干，成效明显，截止12月底，共完成水利投资25825万元，其中农村水利投资21000万元，城市水务4825万元。水务局被市委、市政府表彰为全市水利建设二等奖；被市水务局授予目标管理工作完成奖、全市水利普查先进单位；被县委、县政府表彰为目标管理工作全面先进单位和策应扶持工作先进单位，尤传化、张曼琳、刘厚爱、熊彦生、林云会、刘立品、郭宏高7名同志被市水务局和县政府评为先进工作者。在农村水利方面，共疏浚县级河道3条，乡级河道56条和77个行政村河塘整治任务，累计完成土方720万立方米，完成投资近6000万元；运南灌区改造、小型农田水利专项、农村80座公益性桥梁建设、末级渠系改造、旱改水、濒湖区农民减负、洪泽湖抬高蓄水位、中运河影响工程以及农村学校安全饮水等一大批惠民利民的水利工程均如期完工并发挥效益。在城区供水改造方面，原自来水公司改制工作顺利完成，二水厂提升改造6月底前完成；大力实施城区供水管网对接工程，先后完成众兴路、淮海路、北京路、解放路、文成路供水管网对接任务；投资800万元的开发区供水管网铺设及196只消防栓安装已于10月底如期完工；洋河产业园3.2公里供水专线铺设完成；海天、玫苑等6个居民小区供水改造和城区装饰城小区、京杭公寓小区等提升改造、朝霞路低压区供水改造均全面完成。在污水处理方面，八集污水处理厂已完成土建任务；木业园区污水处理厂立项、可研、环评等前期工作已经开始，全县乡镇污水处理厂规划编制均已完成；共铺设城区污水管网10.3公里；城北污水处理厂年内处理生活污水1740万吨，处理脱水污泥9020吨，被省建设厅评为全省优秀污水处理厂，并被市委、市政府表彰为“十一五”节能减排先进单位。在城市排水方面，经济开发区、西康片区、绢纺片区排涝水系畅通工程和城北强排站建设工程全面竣工；万诚御景园、星宇小区等排水设施改造工程全面完成；先后完成润泽园、泗塘河、总包河等多处清淤工程，清淤土方近6000立方米；清理疏通人民路、众兴路、淮海路、爱园路、解放路等城区雨水主干管35公里；安装护栏855根，维修责任区范围内干道损坏排水设施200余处，更换大小窨井盖815块。在重点涉水事项方面，2011年度全县百项重点工程和县领导交办事项涉水项目共10大类40项具体项目，县水务局将所有涉水重点事项分解到13个责任部门，实行倒排工期，挂图作战，严格按照各项工程的时间节点要求，采取周督查、旬会办、月通报形式，狠抓工作落实。先后召开现场观摩推进会3次、专项会办会16次，下发督查通报6期，现场会办、落实整改各类问题[illegible]个，促进工作纵深开展。机电排灌站搬迁、翻水站宿舍搬迁、木业园区核心区供水、四号桥接线土方工程，均按时完成；闸桥改造、330省道覆土等工作均按进度适时推进；水泥制品有限公司整体搬迁前期工作进展顺利，新厂区正在新建；新建葛东河节制闸已于10月份全面竣工并投入运行。在策应扶持方面，超额完成策应扶持目标任务，共向上争取各类水利工程项目资金2.0748亿元，特别是投资2500万元的小型农田水利重点县项目提前获批。在水利普查方面，5月份，市局组织两县两区来泗阳学习，6月2日，省召开水普工作经验交流会，县水务局在会上作典型发言，并被市水务局评为年度先进。在防汛防旱方面，2011年，遭遇60年来最为严重的旱情，先后投入抗旱机械3395台套，抗旱经费2904.9万元，抗旱浇灌面积96.6万亩，保证了大秧栽插不误农时。在水资源管理和水政执法方面，大力开展纪念“世界水日”、“中国水周”、“三个一号”文件和水利政策法规宣传活动，依法查处各类违规水事案件20起。联合县公安、海事等部门严厉打击非法采砂活动。严格水资源管理，全年征收水资源费193万元，南水北调基金120万元，县经济开发区费用征收工作也已启动。在水利工程管理方面，定期对堤防、灌区防洪排涝工程运行情况进行检查，积极编报和争取维修养护经费；堤防绿化率达98%以上，全年拍卖树木5534棵，同比增加收入达54%。全年实现水利经济收入6370万元。其中局属单位完成5956.3万元，水务站完成413万元，创利税371.3万元，其中局属单位322.55万元，水务站48.75万元。淮沭河管理所顺利通过省三级河道管理单位验收。在规费收缴方面，全年完成规费征收1135万元，其中农业水费396.2万元，排涝水费10万元，工业水费7万元，水资源费193万元，堤防占用费26.3万元，洪泽湖养殖水费35万元，高速路占用费12.5万元，污水处理费419万元；罚没收入完成102万元；树木更新收入259.7万元，其中中运河142.8万元、淮沭河80.5万元、六塘河36.9万元；设计费收入35万元。在机关作风建设方面，认真做好政行风热线上线工作和12345服务平台群众投诉回复工作，现场解答质疑37人次，高质量回复电话和短信咨询54人次，通过12345热线网络民意直通车解决群众关心、关注的热点、难点问题168件，受到社会各界一致好评。扎实开展机关作风整顿和争当“五满意”先锋、“七个怎么办”以及“三解三促”、“千名干部进万户”等活动。梳理群众诉求问题20多个，为民办实事8大类24项。严格执行“六条禁令”，创新开展“五提倡”“五不让”活动，《宿迁日报》、宿迁水务网、泗阳电视台等多家媒体先后12次报道了我局的好经验、好做法。加强党风廉政建设，严格执行“四制”方针，加强工程的全程监管，确保工程安全；首次组织开展部分事业单位中层干部竞争上岗活动，8名德才兼备的优秀人才走上领导岗位。在精神文明建设方面，2011年县水务局再次蝉联全省水利系统精神文明先进单位，在市、县组织的建党90周年“红歌唱响”活动、老干部征文比赛和文体活动中均取得较好名次，其中《一曲赞歌颂党恩》、《欢乐腰鼓》、《老有所乐》分别被中组部老干局评为三等奖、省水利厅三等奖和优秀奖；全年有173条信息被各类媒体采用；信访稳定、妇联、扶贫、“平安、法治泗阳”建设均取得较好成绩。在重点工程建设方面，运南灌区续建配套与节水改造工程，位于泗阳县众兴镇城厢社区境内，工程总投资1500万元，其中中央财政500万元，省级财政700万元，县财政300万元。工程于2011年1月开工新建，5月底竣工。建设内容：拆建五堆退水闸；条堆东西干渠疏浚护砌3公里，配套分水口门40个；配套条堆干渠及斗渠生产桥9座（联合四队、联合众裴、龙门许庄、城厢南元干渠、联合斗渠六队、七队、扬庄、李庄、南元斗渠桥）；拆建建华电灌站、改造联合排灌站;拆建渡槽2座、排水涵洞40座。农村安全饮水工程,2011年起在运南片9个乡镇(场)实施农村饮水安全工程项目,新建日产3万吨的泗阳县第三水厂,敷设管网622.3公里,解决运南片9个乡镇场饮水不安全人口13.344万人。农村饮水安全工程共计3项,总投资7280万元。其中,泗阳县李口等9个镇(场)项目区农村饮水安全工程,工程总投资5754万元。项目通过新建泗阳县第三水厂,并进行管网延伸,解决项目区李口等9个乡镇(场)饮水不安全人口9.424万人,建设内容:新建3万吨地表水厂1座,敷设管网469.54公里。日处理3万吨的地表水厂由深水公司筹建,其余工程已于2011年12月开工建设,计划于2012年6月完工。泗阳县2011年农村饮水安全项目,工程总投资805.07万元,主要解决卢集、城厢、原种场等3个乡镇6个行政村(含居委会)农村饮水不安全人口1.58万人。建设内容:铺设PE管133.6公里,建设增压站1座;改造原种场自来水厂,增设水泵等机电设备3套,新建管理办公用房共计113.80平方米,工程已开工建设,计划2012年6月完工。泗阳县农村学校饮水安全项目,工程总投资721万元,主要解决裴圩、高渡、新袁、李口、卢集、城厢、临河、原种场、农场9个乡镇(场)25所农村学校2.34万名师生的饮水不安全问题,建设内容:新建水井5眼,敷设管网19.133公里,已完成总工程量的80%。全部工程将于2012年4月底完成。南水北调洪泽湖抬高蓄水位影响处理工程,是对泗阳境内受洪泽湖抬高蓄水位(从真高13.0米抬高到真高13.5米)影响的洼地圩排涝工程进行治理。主要建设内容为拆建高松闸(设计流量145立方米每秒)、黄码闸(设计流量117立方米每秒)、拆建黄圩东一站、黄码东二站、黄码西二站、高松东一站、高松东二站、朱成洼东站、新建护坡7.5公里。泗阳境内工程承建单位为宿迁禹王水利建设工程有限公司,监理单位为江苏省苏水工程建设监理有限公司。中标价格为3106.59万元,工程于2011年9月开工建设,合同期为18月。南水北调东线一期骆马湖以南中运河影响工程,是南水北调主要输水干线,为确保沿线工程安全运行,需对现状险工隐患地段和相关工程进行处理。工程建设内容为:拆建西门闸、运南北渠首、南武涵洞、于店涵洞、新渡涵洞、滚坝涵洞、程道渠首、顾圩涵洞、建华涵洞、桥东站、杨宫站、渠首站、加固改造塘东一、二站、滚坝站、云渡站新建砼预制护砌4.9公里、膜袋砼护砌0.3公里。工程投资3000万元。工程于2010年10月10日开工建设,2011年5月18日通过了水下工程阶段验收,同年12月11日顺利通过了省水源公司组织的单位工程验收,质量评定为优良等级。

(肖继保)

厅直工管单位

厅直工管单位　299～319页

省骆运水利工程管理处

【概况】 2011年，该处以党的十七大精神为指导，贯彻落实科学发展观，全处5座泵站抗旱翻水30.9亿立方米，10座涵闸共泄洪42.6亿立方米，完成了防汛抗旱任务，为所属流域提供了强有力的水利保障；在小水电生产受到很大影响的情况下，综合经营利润比上年净增加200余万元，取得较好成绩，超额完成了省水利厅下达的结余指标，职工收入进一步增长；按照省防指要求，在邳州民便河和骆马湖南堤架设机组，向骆马湖补水，胜利完成淮北地区抗旱任务；深入开展"百湖执法大检查"活动，积极牵头组织联合执法，促进了湖泊管理深入开展；开展了建党"90周年"系列庆祝活动，组织建设、党风廉政建设得到加强；深入开展精神文明建设活动，职工的整体素质有了新的提高。

【工程管理】 按照工程管理"五化"要求，狠抓汛前、汛后检查，为工程管理工作夯实基础，完成了全年的防汛抗旱任务。加快推进工程达标建设，洋河滩闸管理所顺利通过了省一级水管单位验收。加强专项工程管理，2011年省水利厅共下达该处维修养护、防汛岁修项目共计30项，总经费1978.9万元，按照项目实施计划，现已完成1953.2万元，占总经费的98%。加强安全生产工作，全处共开展两次"找隐患，反违章，防事故"的安全生产大检查，对查出的问题，立即整改到位，确保了全处全年安全生产无事故。加快水文现代化建设，完善了该处水文站点的遥测系统。积极开展水利科技项目研究，在该处局域网开辟了水利科技论坛，召开了水利科技工作会议。

【防汛防旱】 2010年秋季到2011年春季，江苏省淮北地区遭受严重气象干旱，骆马湖水位长期位于正常蓄水位以下，由于南水北调东线皂河站工程施工，无法开机向骆马湖补水。面对日趋严重的旱情，该处党委动员全处干部职工全力投入到这场抗大旱、抗久旱的战斗中。2010年12月6日，在邳州民便河抽水站内架设52台套临时机组，向骆马湖补水抗旱。2011年2月15日，省防指发出紧急通知，在骆马湖南堤架设临时机组80台套抽水抗旱。为不折不扣地完成省防指命令，该处将架机工作任务分解到处机关及基层各个单位，并对架设抗旱工作进行了详细的安排和部署。当晚，各单位按照分工，连夜开展架机抗旱工作，处领导班子成员深入到第一线，现场指挥机组安装，在安装机组过程中，广大干部职工发扬"特别能战斗，特别能吃苦，特别能奉献"精神，全力以赴，奋力拼搏，原计划4天完成的装机任务，仅用3天就全部完成。据统计，2座临时泵站累计运行175天，抽水2.2亿立方米，圆满完成抗旱任务，为宿迁、徐州地区战胜干旱做出了贡献。在骆马湖南堤架机抗旱期间，省委常委、副省长黄莉新，省水利厅厅长吕振霖莅临现场慰问、指导。此外，该处还积极落实省防指加快皂河一站工程建设的要求，加强组织协调，加大人力、设备投入，推进工程进度，使皂河一站加固改造工程比原计划提前1个月完成，并于4月8日顺利开机向骆马湖补水。

【综合经营】 一是依托水利实业公司的平台，积极对外开拓市场。2011年，该处对水利综合开发实业公司进行了充实和调整，设立了市场部、工程部、财务部等部门。公司积极参与市场竞争，中标水利水电工程、电力工程施工29项，合同总价2900万元。承接了"宿迁市民便河整治工程"、"南水北调沿运闸洞漏水处理工程"，合同总价1440万元，取得较好的经济效益。二是抓住有利时机搞好小水电生产。受制于2011年淮北地区干旱少雨的水情，1～8月小水电未运行，8月之后，该处牢牢抓住沂沭泗上游来水的有利时机，在省防办等部门的大力支持下，积极协调，科学调度，制定合理水位组合，充分利用每一方水，为水电生产创造条件，全年共发电 760 万度，收入 258 万元。三是抓好泵站委托管理，增加新的经济增长点。在做好解台站、蔺家坝两座泵站委托管理工作的同时，又承接了刘老涧二站的委托管理工作，在泵站管理中，积极推行规范化管理，取得很好成绩，在江苏水源公司组织的年度考核评比中获得较好名次。

【水政水资源】 骆运水政监察支队按照省水政总队的要求，强化巡查、狠抓清障，深入开展“百湖执法大检查”，确保不增新违章，着力解决历史遗留问题，全年共出动巡查人员 580 人次，行程 6200 多公里，出动巡查船舶 10 航次，执法车辆 110 车次，发现水事违法行为 10 余起，除 1 件立案查处外，其余均当场处理。切实加强湖泊管理工作，依托骆马湖管理与保护联席会议平台，探索以厅属单位牵头，相关市、县水利部门参与、“流域”与“区域”相结合的联合执法巡查新机制，全年共组织开展联合执法活动 5 次，关停黄砂码头 2 处，整改 5 处，查处非法采砂船只 4 艘，湖泊管理和保护工作取得新进展，有力维护了水事管理秩序。编发了《骆马湖管理与保护联席会议简报》12 期。

【基础建设】 在南水北调东线泗阳站、刘老涧二站、皂河站、皂河二站、睢宁二站等 5 座泵站工程建设中，该处积极协调与地方的关系，做好工程的服务工作。工程拆迁安置工作是一项十分复杂的工作，关系到和谐稳定的大局，该处成立专门的拆迁安置工作小组，编制《拆迁安置实施方案》，在拆迁过程中，做到信息公开透明，阳光操作。目前，泗阳站、刘老涧二站、皂河站等 3 座泵站拆迁工作均已完成，睢宁二站拆迁安置工作扫尾，由于工作做得充分、到位，在整个拆迁过程中，没有发生上访事件，该处也被国务院南水北调办评为“南水北调移民拆迁安置工作先进单位”。该处抽调业务过硬的工程技术人员和管理人员，参与南水北调泗阳站工程、皂河一站工程工程建设，确保工程按期保质完成。

【管理与改革】 认真贯彻落实部门预算，建立健全各项管理制度，从严管理单位资金。加强对物资采购和管理的监督，完善物资集中采购制度，加强单位内部管理，严格控制车辆使用费和招待费的开支，该处组织了 2 次内部财务审计，未发现处属单位有设置“小金库”现象。加强专项资金的使用和管理，坚持专款专用原则，建立了资金使用事前有预算、拨款有依据、事后有检查的资金管理体系，切实做到“三个安全”，即资金安全、工程安全、干部安全。通过省财政厅、审计厅、水利厅的 3 次审计，审计结果得到了有关部门的肯定。在省水利厅的大力支持下，该处办公大楼维修改造工程顺利完成，12 月份，该处正式启用新的办公大楼，机关的办公环境得到了较大改善，该处召开作风建设动员大会，就进一步加强作风建设提出了新的要求，确定 2011 年 12 月为作风建设活动月，2012 年为作风建设推进年，在全处掀起了转变作风，加快发展的新热潮。

【党建及精神文明建设】 切实加强基层组织建设，认真执行“三会一课”制度，深入开展“创先争优”活动，在骆运信息网开辟“创先争优”活动专栏，对党员示范岗（窗口）先进事迹进行了重点宣传报道，组织老干部支部开展“创先争优”活动，做到“创先争优”全覆盖。组织开展了纪念建党 90 周年系列活动，召开了纪念大会、积极分子座谈会，举办了红歌演唱比赛、青年硬笔书法展，组织了结对扶贫慰问等活动。在组织发展方面，发展预备党员 3 名，11 名预备党员转为正式党员。在全处范围内广泛开展“文明单位”、“文明班组”、“文明个人”的创建活动，职工的综合素质有了明显提高。该处皂河抽水站检修班被评为宿迁市“安康杯”竞赛优秀班组，周业龙同志被授予

"江苏省企事业优秀班组长"荣誉称号。

（房向阳 李 军）

省淮沭新河管理处

【概述】 2011年在厅党组的正确领导下，该处上下认真落实两个"1号文件"精神，按照管理处"十二五"规划方案，解放思想、团结拼搏、敢于创新、稳中求进，管理水平逐步提升，工程加固进展顺利，工程效益充分发挥；经营思路进一步拓展，经营效益稳中有升；文明创建蓬勃开展，先进典型不断涌现，精神文明建设成果喜人。2011年，淮沭河沿线累计供排水130多亿立方米；向连云港送清水近10亿立方米，排污地涵排污水3.70亿立方米，较好地完成了防汛防旱、排污、送清工作任务；完成经营收入1400余万元，顺利完成了年初省水利厅下达的经营任务；三个文明建设再结硕果，该处获得全国农林水系统"和谐企事业单位"称号；处机关和盐河北闸管理所被表彰为江苏省精神文明建设工作先进单位、7个下属单位保持市级文明单位、2个下属单位保持县级文明单位；处工会被评为淮安市工会工作先进集体及淮阴区工会工作一等奖，并连续6年荣获水利厅先进职工之家；盐河北闸管理所荣获水利厅"工人先锋号"称号，沭阳闸管理所荣获淮阴区"五一"巾帼标兵岗称号；二河闸管理所、沭阳闸管理所、盐河北闸管理所均保持全省水利系统文明单位称号。2011年11月底在江都管理处举办的"全省第四届闸门操作与维修工技能竞赛"中，该处选派的汤雷、植志和两位选手取得了较好的成绩，分别位列厅直单位组第四、五名，均荣获三等奖，并被省人社厅、水利厅联合授予"江苏省水利系统技术能手"荣誉称号。

【防汛抗旱】 强化汛前检查，消除安全隐患。按照"查全、查清、查细、查实"的具体要求，各管理所认真落实汛前检查责任制，均成立由所领导、工程技术人员、机电工组成的汛前检查小组，并签订责任状，明确责任，对所属工程的状况进行了全面检查。处领导及相关职能部门多次赴工程现场检查、指导汛前检查工作落实情况，有力地促进了全处汛前工作的进度和质量。在管理所自查的基础上，3月29日至4月2日，组织工管科、水文站、水政科、办公室等职能科室相关人员及相关管理所分管工程的所长，采用分片互查的方式，对全处水利工程开展了汛前大检查，针对检查出的问题，现场提出整改意见，明确整改方案，限期整改。同时，对全处变压器、避雷器、仪器仪表、安全用具等进行了预防性试验和校验；组织对盐河北闸工程进行了安全鉴定，对沭新北船闸开展了水下检查、安全检测及安全复核，为做好防汛防旱工作奠定了工程基础。

夺取淮北抗旱工作胜利。2011年上半年，江苏省淮北地区降雨严重偏少，只有常年同期的50%左右，淮北地区主要江河湖库水位普遍比常年同期偏低，各地发生较为明显的干旱。为缓解旱情，该处合理调度运行二河闸、淮阴闸、沭新闸等有关控制工程，全年为调节水情、优化水资源配置而调度相关工程527次，二河闸、淮阴闸等淮沭河沿线工程，累计供排水130多亿立方米，向连云港送清水10.00亿立方米，排泄污水3.70立方米。其中二河闸6月16日至7月10日将闸门提出水面，"亮板"供水5.81亿立方米，沭新闸累计抗旱供水5.40亿立方米，有力地促进了工程受益地区尤其是连云港地区的社会经济发展。

参加抗洪排涝。11月下旬，淮河下游及沂沭泗地区又普降小到中雨，洪泽湖、骆马湖水位先后超过汛限水位，为了保证两湖防洪安全，同时尽量照顾新沂河滩地小麦不受淹，该处淮阴闸、杨庄闸、盐河闸、柴米闸等相关工程全力排泄洪水，至12月底累计排水15.90亿立方米。2011 年，嶂山闸分别于 8 月、9 月、11 月三次中小流量行洪，经过海口闸排水 15.76 亿立方米。

【水利基本建设】 2011 年蔷薇河地涵工程主要完成启闭机房、控制楼、防汛仓库主体工程及装修、电气设备安装及自动化安装调试、10KV 华冲水电专线改造工程。下半年编制了《蔷薇河地涵拆建工程设计变更及完善项目》，上报省水利厅、省发改委批复同意后，蔷薇河地涵拆建工程完善项目水环境治理与管理设施完善工程、水土保持工程两个项目于 9 月 20 日发布招标公告，10 月 20 日开标，水环境治理与管理设施完善项目于 11 月 5 日开工，目前项目进展顺利。淮阴闸浮箱闸孔电站续建工程建设基本完工，11 月 18 日，组织对水轮发电机组进行了启动试运行；12 月 12 日成功发电并网，目前正着手准备竣工验收工作。

【综合经营】 2011 年，该处通过多种措施，加大创收力度，提高了经营收入，完成经营收入 1400 余万元，顺利完成年度目标任务。一是对船闸收费系统进行升级，并对收费系统管理人员进行培训，提高收费效率。二是对部分船闸监控系统进行改造更新，并定期组织人员查看收费录像，强化监管。三是经常开展突击检查，杜绝收费漏洞。该处组织人员多次开展明察暗访，确保不发生违规行为。四是探索创新经营方式。沭新北船闸过闸费经营对内部职工进行竞价承包；盐河北闸等管理所内部管理继续实行收费、售票、验票、监票、收票和过闸费登记统计的“一费四票一表”监督管理机制；龙埝套闸管理所开展人员内部交流；沭阳闸管理所严格核定船只吨位；淮阴闸等管理所加大了夜间收费硬件与软件投入，实行按班组承包的做法。五是继续抓好“窗口”建设，强化服务理念，完善服务机制，改善服务方式，规范服务行为，创新服务载体，力求使每一位船民来时舒心、走时高兴，吸引船源。六是加强小水电运行管理，加强维护保养，提高机组出力，争取多发电，努力多创收。管理处利用自筹资金 300 万元，对淮阴闸闸孔电站进行续建并投入试运行。

【水政水资源】 一是紧扣中心，宣传形式多样化。在“世界水日”、“中国水周”水法规宣传活动中，该处共制作环保水法宣传袋 1000 只，法律法规摘编宣传单 2000 份，悬挂宣传标语 50 条，张贴宣传画 70 张。二是关口前移，执法巡查成效显著。2011 年，处属各单位每周巡查不少于 1 次，重点部位、重点工程，增加巡查次数，认真填写并及时上报执法巡查报表，建立完整规范的执法巡查台账。全年，发现和制止水事违法行为 4 起，同时大力宣传了水法律法规。三是加大执法力度，切实维护合法权益。积极探索区域内联合执法，整合执法力量，提高执法效能。9 月，查处一起沭阳闸上游左岸背水坡新建违章建筑。10 月，在管理范围制止一起违章建房。汛期与淮安市水政监察支队在二河段对新设置的鱼簖进行了一次集中清理联合行动。四是开拓创新，依法管理科学化。从 2010 年开始，管理处组织力量对管理处所管工程管理范围的界桩进行了 GPS 定位测量，并绘制成电子图。2011 年，还配合连云港水文分局完成省水利普查连云港现场工作组的各项任务。

【工程达标创建】 12 月 2 日，二河闸管理所顺利通过省水利厅组织的省一级管理单位复核验收。

【安全生产】 一是重点突出，强化管理，防控结合，切实做好水利工程防寒防冻工作。二是加强与地方交通、安监等部门的联系，印发了统一格式的桥梁安全检查记录本，加强定期检查和专项检查，在二河闸、淮阴闸、杨庄闸、海口闸等交通桥上制作管制公告、限高限宽等安全设施，积极协调处理全处交通桥车辆超载、超速问题，及时监测交通桥运行状况，切实加强全处交通桥的维护和管理工作。三是组织十大安全禁令、十大危险习惯、十大共性安全隐患评选活动,发动全处职工共同参与安全管理。四是开展安全生产大检查,深入排查整改安全隐患。2011年,该处多次组织安全生产大检查活动,处安办对每次检查情况均及时进行总结,及时进行通报。五是制作安装了400余块新颖美观、醒目警戒的安全生产警示标志牌,增设了停泊区、限宽限高等部分助航标志和急救箱、应急探照灯等安全器材,提醒全处职工时时绷紧安全这根弦,并为进一步做好安全生产标准化管理打好基础。

【党建及精神文明建设】 一是加强党建工作,进一步规范组织生活。制订了《2011年处党建和精神文明工作要点》和《党委中心组学习计划》,与11个基层党支部签订了《2011年党建和精神文明工作责任状》,对2011年党建和精神文明工作进行了部署,加强对各支部"三会一课"开展情况进行督查,召开了领导班子"坚持以人为本执政为民理念发扬密切联系群众优良作风"主题民主生活会,进一步规范组织生活。加强与各党支部的联系,协同做好组织发展工作,全年发展党员3人,预备党员转正5人,吸纳新入党积极分子5人。二是积极开展文明创建,促进其他各项工作顺利开展。3月,该处开展了"饮水思源,我为八十二烈士植棵树"捐款活动,共募捐款资7040元;4月起,处机关成立文明交通志愿服务队,每月20日,在市区十字路口开展劝导协勤活动;11月,组织义务献血活动,34名职工累计献血9000毫升。2011年全处11个单位全部获得县级以上文明单位称号,其中省级文明单位创建先进单位2个,市级文明单位7个,县级文明单位2个,二河闸、沭阳闸、盐河北闸均保持省水利系统文明单位。三是落实待遇,切实做好老干部各项工作。认真落实老干部政治待遇。四是强化培训,认真制定和落实职工教育计划。年初,从实际工作出发,该处组织全处职工岗位练兵、在岗学习活动。五是适应形势需要,认真做好干部管理与干部人事制度改革工作。2010年年末至2011年初,在干部选拔任用中进一步扩大民主,在省厅人事处的指导下,制定《处部分副科级职位竞争上岗实施方案》,按程序择优竞聘了4个副科级干部,同时,全面落实科级干部轮岗交流制度,培养锻炼领导干部工作能力,2011年初,该处集中调整交流了8名科级干部,3名年轻副科级干部走上主要领导岗位,近几年,该处科级干部调整交流率达80%以上。

【创先争优工作】 同时,根据省水利厅机关党委《关于在创先争优活动中开展创建"党员示范岗"和"党员示范窗口"的通知》精神,2011年,管理处2个水利厅创建"党员示范岗"、2个水利厅创建"党员示范窗口"以及18个管理处创建"党员示范岗"、8个管理处创建"党员示范窗口"都能严格按照"五带头"、"五个好"标准,深入扎实开展"双示范"创建工作,并取得积极效果。在2011年8月省水利厅机关党委组织的专项检查中,管理处"双示范"创建工作受到好评。

(王正春)

省灌溉总渠管理处
省淮河入海水道工程管理处

【概述】 2011年,该处紧紧围绕全省水利工作整体部署和全年目标任务,以中央和省委两个一号文件精神为指导,以"构建文明和谐新总渠"为目标,困难中求突破,逆境中求发展,稳健中求创新,各项工作全面、协调、稳定发展。一年来,处管工程效益充分发挥,工程安全运行,全处各泵站开机累计抽水56.88亿立方米,成功抗击了淮北地区60年来最重旱情;在全处水电收入锐减200万元的情况下,通过积极对外经营、大力开发水土资源、参与工程委托管理和委托建设管理等，预计全年综合经营净收入920万元，基本实现了年度财务预算平衡；工程建设取得新进展，淮安站变电所加固改造、淮安二站改造、金宝航道大汕子枢纽工程建设管理等齐头并进，淮河安澜展示馆基本建成并开馆接待来宾，总渠迎宾馆竣工营业并良性运行；进一步加强干部职工教育与管理，职工素质不断提高，单位环境面貌不断改善，求发展、思奋进的良好氛围得到巩固。

【工程管理】 一是加强工程的运行管理。健全工程运行制度，严格执行调度指令；强化对各项规章制度的执行；强化工程设备的日常保养责任制，重点加强汛前检查、汛期巡查、汛后检修，保证设备运行正常。二是加强工程管理制度的修订。及时对工程管理办法、规章制度进行修订汇编并严格执行，为工程的规范管理提供可靠的技术支持。三是加强工程维修养护项目的实施，保证进度与质量。项目实施过程中，严格按照省级水利工程维修养护管理办法及处维修养护项目考核管理办法的要求，严格项目和资金管理，确保项目实施的质量、进度、安全和效果。四是加快工程达标创建步伐。成立了创建国家级水利工程管理单位领导小组，明确目标、任务、计划、分工和责任。多次召开淮河入海水道工程达标工作会议，组织相关人员外出学习和培训，入海水道工程各相关单位分别组织创建工作小组，狠抓落实。滨海枢纽通过省一级水利工程管理单位的复核检查。五是不断加强行业管理工作。开展入海水道和白马湖、宝应湖的保护管理工作，不断提高行业管理水平。定期组织开展入海水道工程的执法巡查，全年共发布巡查通报4期。定期开展白马湖、宝应湖湖泊管理巡查，深入湖泊腹地查看，详细了解湖泊现状，为进一步开展湖泊管理工作积累资料。

【防汛防旱】 一是抓好工程控制调度运用。自2010年10月份以来，淮北地区连续干旱少雨，发生了近60年一遇的罕见旱情，[illegible]淮安站、淮阴站等6个泵站于2010年11月相继投入抗旱运行，连续抽水8个月，累计抽水超过65.2亿立方米，其中淮安站抽水38.6亿立方米、淮阴站抽水26.6亿立方米。工程投入抗旱以来，全处各泵站安全运行，工程效益得到发挥，为有效缓解淮北地区旱情做出了应有的贡献。二是抓好水文测报服务到位。顺利完成了省水利厅下达的水文站网计划任务40个点的66个测验项目及37个站点的报汛任务，全年共拍发水情电报11000多条，发送水情服务短信9000多条。

【综合经营】 2011年，因干旱水电停产8个月，减收近260万元，但对外综合经营、水土资源开发利用及工程委托管理收益等均取得了较大的进步，全处综合经营总收益达920万元，年度部门预算基本得到平衡。一是推进经营管理的制度化。修订目标管理责任状，修订综合经营相关制度。二是追求水电船闸效益的最大化。抓住有限的发电时间，在保证设备完好的前提下，通过加强水情值班，科学调度水情，实现全年发电约620万度、收入200万元。船闸运营管理全年收入285万元，达到历史最高水平。三是发挥苏淮公司的市场主体作用。狠抓经营资质升级，顺利获得了"承试类四级电力设施许可证"。狠抓对外市场开拓。全处对外经营项目49项，合同总额达783万元。狠抓项目成本控制。严格项目成本核算，增强成本意识，努力节支降耗。狠抓苏淮公司对工程维修养护项目的实施比例，业务结构更趋完善。四是挖掘水土资源开发利用潜力，实现水土资源净收入约190万元。五是打造总渠委托管理品牌。坚持把多年积累起来的大型泵站管理的经验和技术，用到淮安四站、淮阴三站的委托管理中去，努力做到规范管理、达标管理，2011年淮三、淮四管理预计实现纯收入约70万元。

【水政水资源】 积极开展法制宣传，认真做好"六五"普法开篇工作，利用"世界水日"

"中国水周"、"12·4全国法制宣传日"等有利时机,开展丰富多彩、形式多样的法制宣传教育活动,加深全处干部职工依法管水的责任意识和维权意识,提高工程周边群众守法意识,扩大水法规的社会影响力。积极开展水行政执法工作,加大处属管理范围内执法检查力度,增大执法巡查的频率,对违规水事易发地段进行重点巡查和突击检查,严密控制苗头性违规现象,将水事矛盾化解在萌芽阶段。对突发事件,做到查处及时,处置得当。一年来,全处累计巡查123次,出动巡查人员1470人次、车辆141台次,拆除违章棚屋2处,铲除违章种植3处,协调处理水事矛盾3起,有效地维护了处管工程的安全完整。

【基础建设】 一是突出做好工程建设前期工作。紧紧把握中央和省委两个"一号文件"的脉搏,积极配合、主动介入南水北调东线一期工程、淮河入江水道工程、洪泽湖大堤除险加固工程、淮河入海水道二期工程、国家大型综合性治水工程的前期工作。二是突出抓好在建工程的建设管理。严格按照基本建设程序,实行项目法人制、招标投标制、建设监理制和合同管理制。做好淮安二站改造工程、金宝航道大汕子枢纽工程、淮安站变电所加固改造工程、宝应湖退水闸加固工程等项目的建设管理工作。至年底,淮安二站工程累计完成投资4304万元,占概算投资5323万元的80.8%。大汕子枢纽工程已累计完成工程投资8100万元,占概算投资10703万元的75.7%。淮安站变电所加固改造工程已基本完成。

【管理与改革】 继续推进事业单位内部改革,加强干部职工队伍建设,规范内部管理。以人事制度改革为重点,加强干部队伍建设。在全处范围内公开竞聘了工管科等4个副科级职位,差额选拔了水文站站长等3名科级干部,对13名科级干部岗位进行了调整。开展科级干部量化考核工作试点,进一步促进干部爱岗敬业、干事奉献。以人才素质提高为重点,做好教育培训工作。制订了处《科技工作管理办法》,鼓励技术干部钻研技术、注意业务总结、不断成长。与河海大学合作,完成了"淮安站水力机械抗汽蚀、耐腐蚀超音速涂层制备及应用研究"科研项目。编制上报了"基于动态随机最优控制的水电站联合调度研究"、"淮安小水电站水轮机开发研究"、"大型泵站机组改造前、后测试与诊断"、"淮安大型水利枢纽机电设备三维检修系统开发"等材料,参加2011年度省水利科技项目评审。

【党建及精神文明建设】 切实加强党的建设。围绕创先争优,开展建党90周年系列活动。加强支部建设,注重加强支部活动室硬件建设和支部工作制度化、规范化建设。加强党员队伍管理,发展5名同志为预备党员。开展好政治理论学习,提高党员干部的理论水平。加大反腐倡廉力度。坚持"教育固本、制度管事、监督管人"的指导方针,认真学习厅党组关于构建惩治和预防腐败体系"5+1"实施方案,贯彻落实党风廉政建设责任制,大力开展廉政文化建设,切实履行纪检监察职能,为三个文明建设的又好又快发展提供有力保障。切实履行工会职能。贯彻落实职代会制度,充分组织调动、发挥广大职工代表积极参与、监督单位各项工作。始终关心职工生活,落实帮扶机制,想方设法为职工办好事、办实事、解难事,使职工感受到"职工之家"的温暖。强化医保管理,关心职工健康,定期安排职工进行体检。实施送温暖活动,深入了解职工家庭的工作生活状况,全年看望生病职工20多人次,慰问病故职工家属10余人次。积极拓宽处务公开的内容和形式,保障职工对单位管理的知情权、参与权和监督权。

(省灌溉总渠管理处)

洪泽湖水利工程管理处

【概述】 2011年，省洪泽湖水利工程管理处坚持以科学发展观为指导，积极践行中央和省委两个一号文件精神，全体干部职工围绕“安全、稳定、和谐、发展”的总体目标，知难而上，锐意进取，顺利完成了省水利厅下达的年度目标管理任务。全处水利工程安全度汛，湖泊管理与保护工作有序推进，水利经济稳步增长，“创先争优”活动深入开展，党建和精神文明建设卓有成效。管理处获得2010年度全省水利先进单位，处属管理所均保持全省水利系统文明单位称号。

【工程管理】 一是注重维修养护项目规范化管理。首次签订岁修项目管理责任状，实行预算管理，注重项目实施过程监管，提高项目实施质量。二是加强水利科技研究。与河海大学合作完成“三河闸泄流流态及进流纠偏措施研究”科技项目，形成研究工作报告并申请成果鉴定。与水利部大坝管理中心合作，成功申报并组织实施“洪泽湖大堤风险管理模式研究”科技项目。三是强化安全生产工作。落实安全管理责任制，加强安全宣传教育，开展安全大检查，全年安全生产无事故。开展安全生产月、知识竞赛、征文等活动，取得“全国水利系统安全生产网络知识竞赛”江苏省参赛企业(单位)第三名的好成绩。

【防汛防旱】 一是周密部署扎实做好防汛工作。签订防汛责任状，明确防汛目标和工作要求；强化工程防汛防旱应急预案和防台风应急预案的修订与演练，开展三河闸自动监控系统、备用电源操作和石港站机组试运行演练，提高职工日常操作技能和应急能力；强化汛前检查，坚持自己动手，做好工程检查、设备保养、工程观测、电气试验、防汛物资检查、通信系统维护、档案整理等各项工作，制定工程检查质量标准，保证汛前检查工作质量。二是严格执行汛期值班制度。召开防汛工作专题会议，坚持领导带班和24小时防汛值班制，保证调度指令和防汛信息准确传递。三是严格执行调度指令。制订详细的调度指令记录、传达、执行流程，操作人员严格遵守各项安全操作规程。2011年三河闸工程累计启闭闸门18次，泄水31亿立方米，石港抽水站开机3次，抽水0.459亿立方米，工程安全运行无事故。四是严格开展工程巡查。切实落实巡查责任制，密切关注汛期工情、水情和险情，采取定期、不定期和加密巡查相结合的方式，对三河闸、石港抽水站、洪泽湖堤防等工程进行巡视检查，做好巡查记录，保证工程安全运行。五是加强水情测报管理。采用GPRS方式传输水文信息，提高了系统的性能。全年共收集水情报文10.2万份，制作公布水情报表352期，发送水情信息5980余条。按照省水利厅指令，对洪泽湖大堤沿线用水单位进行供水检测。

【综合经营】 一是依托技术优势不断拓展经营业务。依托国家级、省一级水管单位优势，在做好南京三汊河口闸和苏州望亭水利枢纽、太浦闸委托养护管理的基础上，联系并承接了胥口水利枢纽、六合大泉水库等9个工程管理技术咨询项目；承接“江苏省级水情报汛站自动测报系统改扩建工程”81个水文站点安装任务；输出人才参与南水北调洪泽站、金湖站、淮河入江水道整治等大型水利工程建设管理。二是稳步推进内部资源开发利用。筹集资金疏浚航道，拓宽砂石场地，开发洪泽湖大堤两段青坎地，更新洪泽湖大堤防浪林，改善经营条件。2011年取得水土保持方案编制乙级资质。三是传统项目保持较好势头。三河船闸管理所通过提供文明规范服务，巩固与老客户联系，加强和相关单位合作，过闸费征收取得较好收益。防腐公司完成台儿庄节制闸、京口闸、新沂塔山闸、新沂高塘水库等8个项目,防腐面积约2万余平方米。

【湖泊管理及水政工作】 湖泊管理与保护工作有序开展。强化湖泊巡查,全年开展巡查39次,督促和协助沿湖县区立案查处非法圈圩21起、查处非法采砂船只170余船次,有效遏制了涉湖违法行为的发生;提高湖泊管理工作的科技应用水平,洪泽湖管理地理信息系统建设框架初步建立,GPS巡查系统正式投入使用,通过卫星遥感影像对比分析洪泽湖管理范围变化情况,提高了湖泊管理与保护的现代化水平;完善洪泽湖管理基本资料,组织并参与编制《洪泽湖采砂规划》,编发3期洪泽湖管理信息;多方合作,实现联合管湖,发挥洪泽湖管理与保护联席会议作用,召开联系人座谈会,组织4次联合巡查执法行动,征求并上报各成员单位对于泗洪风电场一期工程项目可行性研究报告的审查意见。开展水法规宣传和水政执法管理。在"世界水日"和"中国水周"期间,出动车船10余次、行程400余公里,散发传单2000张,粉刷墙面标语800平方米,树立宣传牌40块,悬挂横幅15条;联合淮安市水利局与洪泽县委宣传部、洪泽县水利局等8个单位和部门,开展了以"关注美好家园,呵护名湖秀水"为主题的系列水法规宣传教育活动,活动邀请《中国水利报》、《淮安日报》、江苏水利网等多家媒体报道,取得了很好的宣传效应。参加全省第四届水行政执法竞赛,获得组织奖。

【基础建设】 2011年全处多项除险加固工程前期及建设工作稳步推进,三河闸启闭系统更新及土建附属工程初步设计和石港泵站更新改造工程,经国家发改委批准,投资合计1.16亿元。洪泽湖大堤除险加固工程可研报告通过国家发改委批复;选派人员参与南水北调金湖站、洪泽站以及省淮河入江水道整治工程建设管理工作;组织开展三河闸安全鉴定工作;组织完成金宝航线船闸运量专题研究报告;组织开展新建小水电站可行性研究。

【管理与改革】 坚持政务公开,通过网站和公示栏及各类会议等形式,将上级工作部署、单位重大决策和大事要事公之于众,接受社会和职工的监督。推行网上办公系统,规范工作程序,提高工作效率。严格落实保密措施,连通全省水利电子政务内网,通过单位内网与省水利厅传输文件资料,重点做好涉密计算机和涉密文件的管理,每半年组织一次涉密计算机检查。档案资料归档扎实有序,全年共接收档案645件,接受32人次查阅利用档案。加强内部财务管理,严格执行部门预算,年初将收入和主要费用指标分解到各基层单位,并通过签订目标管理责任状的形式加以明确,保证全年收支和预算基本持平。加强财务审计监督,坚持每季度内审制度。开展财务、纪检联合审计,准确了解全处财务内部收支情况。严格执行财务制度,规范全处财务管理和会计核算行为。通过采购管理领导小组、综合经营评价小组方式,对各项采购业务和对外经营项目集体研究、加强监管,确保程序规范公正透明,取得了良好效果。

【党建及精神文明建设】 深入开展"创先争优"活动,按照《深入开展创先争优活动实施方案》及实施计划,开展以"弘扬石港站精神、争创三河闸品牌"、"走进站所、服务群众、促进发展"两个主题实践活动,以及"为民服务创先争优"和"三亮三比三创"活动,增强全处党员干部为民服务的意识和推动水利行业服务民生的能力。以建党90周年为契机,开展丰富多彩的红色经典活动,积极参加省水利厅举办的征文比赛、诗歌朗诵比赛。"七一"期间,组织"唱响红色经典,共创美好未来"演唱比赛,开展党员义务劳动、爱国主义教育等,使全处党员进一步牢记党的宗旨,立足本职岗位,推进管理处科学持续发展。落实党风廉政建设责任,规范管理权力运行机制。按照"一岗双责"要求,对党风廉政建设工作计划进行责任分解，在党委班子成员分工上，首次实施AB岗工作制，形成一级抓一级，一级向一级负责的体系。落实防腐倡廉教育制度，组织专题学习30余次。完成全处廉政风险防控流程图，推进权力公开透明运行，纪检部门开展36次涉及人财物等重大事项的监督检查。加强职工队伍建设，提高员工整体素质。引进5名专业技术人才，聘任高、中级技术职称8人；安排8名管理人员外出学习大泵站运行管理和检修技术。加强精神文明创建工作。四个管理所均保持全省水利系统文明单位称号，管理处工会荣获省水利厅先进职工之家、洪泽县工会工作先进集体称号，三河船闸管理所荣获淮安市"巾帼文明岗"，机关党支部被评为"洪泽县先进基层党组织"称号。关心职工生活，促进和谐单位建设。认真办理职工提案、建议。处困难职工帮扶管理办法首度运行，职工参与率达95%，6名困难职工得到及时帮扶。

（李　帆）

省江都水利工程管理处

【概述】 2011年是建党90周年，是"十二五"开局之年，也是中央和省委"一号文件"聚焦水利、水利事业迎来新的发展机遇之年。一年来，该处深入学习贯彻"一号文件"及中央水利工作会议精神，以科学发展观为指引，积极践行新时期水利发展新思路，团结拼搏，奋勇争先，各项工作取得了明显的进步和可喜的成绩。具体体现在：工程管理不断加强，抗旱排涝再显威力；综合经营负重奋进，经济效益再创新高；创先争优深入开展，创建工作再结硕果；内部管理日臻完善，和谐发展再创辉煌。江都水利枢纽工程被评为中国"百年百项杰出土木工程"；管理处被授予"江苏省'十一五'劳动竞赛先进集体"，并连续第三次获得"全国文明单位"荣誉称号；处党委被表彰为"全国先进基层党组织"。

【防汛防旱】 2010年10月至2011年7月，全省发生了建国60年以来最为严重的气象干旱，接着又旱涝急转。面对如此复杂的防汛抗旱形势，该处上下团结一心，以工程安全运行为己任、以效益充分发挥为目标，发扬不怕吃苦、连续作战的精神，保证机组及时足量投入运行。一年来，抽水站连续抗旱运行196天，抽引江水52.91亿立方米，排涝运行34天，抽排涝水11.68亿立方米，江都东闸自流引江22.14亿立方米，万福闸排泄淮河洪水43.08亿立方米，为苏北地区经济社会健康快速发展和全省粮食产量连续"八连增"作出了积极贡献，受到上级领导和社会各界人士的肯定。

【水政管理】 在"世界水日"、"中国水周"和"12·4"法制宣传日期间，深入开展普法宣传教育，增强人们的水法意识。创新宣传形式，与江都区水利局共同举办"水之春"大型主题晚会，寓教于乐，受到群众好评。为保证工程安全运行、机组效益充分发挥，加大巡查和清障力度，维护了良好的水事秩序。积极组织参加全省第四届水行政执法技能竞赛，加强执法人员培训，提高业务素质。管理处荣获"2006～2010年省级机关法制宣传教育先进单位"。

【科技创新】 该处紧紧抓住工程加固改造的机遇，结合管理实际，认真编制水利信息化和科技发展规划，为工程管理现代化建设指明方向。为保证万福闸加固改造顺利实施，积极与省水利机械制造有限公司联合研制新型启闭机，邀请专家进行论证，取得了初步成果。与高等院校合作，参与实施水利部科技推广项目——"水工建筑混凝土墙面修复技术的推广运用"。开展太平闸反拱底板成因分析及加固措施研究。积极参与河湖健康评估工作，开展高邮湖、邵伯湖健康生态课题研究。

【水利普查】 该处作为全省水利行业能

力建设情况普查的技术支撑单位，积极履行工作职责，加强对基层水利普查数据采集工作的检查与指导，确保水利行业能力建设普查工作按总体进度开展。由该处负责的水利行业能力专业普查对象清查数据成果顺利通过了专家验收审核。

【湖泊管理】 该处自承担高邮湖、邵伯湖技术管理职能以来，进一步贯彻落实《江苏省湖泊保护条例》和《省管湖泊保护规划》，完善巡查月报联系人制度和水事违法案件备案制度，与涉湖各市、县（区）开展联合巡查，加大对涉湖水事违法案件的查处打击力度，2011 年，全年共发现违法水事案件 6 起，现场制止 4 起，立案查处 2 起。8 月份，省政府在该处隆重举行高邮湖邵伯湖、白马湖宝应湖管理与保护联席会议成立会议，为省水利厅与各成员单位加强沟通协商提供了平台，促进湖泊健康与可持续发展。12 月份，对涉湖两市五县（区）湖泊管理进行了考核。率先完成高邮湖核心功能区设标试点工作，走在了全省湖泊管理前列。

【基建管理】 2011 年 10 月 28 日，该处举行了管理用房落成启用仪式，标志着管理用房顺利竣工，该工程于 2010 年 6 月 12 日开工建设，总投资 656 万元。宜陵闸除险加固工程于 2011 年 5 月开工，坚持抓好质量、安全、进度管理，确保工程建设有序推进，截至 2011 年底，已完成 80% 的工作量。南水北调江都站改造工程完成了水土保持、档案等专项验收和完工造价审计。万福闸加固、太平闸底板裂缝加固及沿运闸洞漏水处理等工程开工前的各项准备工作正有序推进。同时，加紧做好宜陵北闸等工程加固的初步设计工作，并对三里窑、五里窑、宜陵地涵等工程开展安全检测，做好工程加固的前期工作。

【综合经营】 一年来，该处在保证工程安全运行的前提下，加强市场分析，合理修订相关经营性政策，调动大家开展经营工作的积极性。同时，通过整合资源，发挥优势，注重挖潜，保证了年度经营发展目标的顺利实现。机电安装稳步发展、委托管理持续推进、科研设计再创新高、宾馆接待声誉良好、电力试验再创佳绩、技术服务凸显亮点、同行发电稳中有升，全处经济效益和职工福利待遇同步提升。

【精神文明建设】 2011 年，该处创建工作继续坚持高起点规划，高标准要求，不断拓宽创建思路，重视创建规划，丰富创建载体，深入开展群众性争创活动，取得了丰硕成果。同时狠抓内部管理，加强环境建设，改善工作作风，强化服务意识，单位发展氛围日益浓厚。深入开展创先争优和“荣誉面前我们怎么办”大讨论活动。大力加强队伍建设，班子成员团结协作、克己奉公，党员干部身先士卒、以身作则，基层职工注重学习、苦练技能，在全省第四届闸门运行与操作维修工技能竞赛中，该处 3 名选手囊括前 3 名，女职工丁建兰勇夺第一名。管理处荣获“‘十一五’职工教育先进集体”荣誉称号。继续开展走访慰问和为职工办实事工作。完善处区规划，与江都区合作建设江都水利枢纽植物园，提升了环境品味。

【新闻宣传】 2011 年，针对该处工程运行时间长、创建活动多的特点，积极开展新闻宣传工作，大力宣扬好人好事和先进典型，在江苏水利网上稿件的质量和数量在厅属管理单位中名列前茅。该处的先进事迹先后被中央电视台、中国新闻网等重大媒体报导，进一步扩大单位影响力，提升知名度。此外，还完成了处“引江信息网”改版工作，进一步提高美观性和实用性，受到兄弟单位和同行的充分肯定。年内被中国水利报社评为“先进通联组织”。

（沈广彪）

省秦淮河水利工程管理处

【概述】 2011年，秦淮河管理处坚持以邓小平理论和“三个代表”重要思想为指导，牢固树立科学发展观，全面贯彻落实党的十七届五中、六中全会和中央、省委两个“一号文件”精神，深入开展以“办民生水利实事，创群众满意窗口”为主题的为民服务创先争优活动，团结拼搏求突破，务实奋进创佳绩，圆满完成全年目标管理任务，先后获得“全省‘五五’普法先进单位”和“全国水利系统和谐企事业单位”荣誉称号，连续13年被评为“省级文明单位”。

【工程管理】 认真落实汛前检查工作责任制，切实加强制度化、规范化建设，认真修订完善工程管理制度和闸站反事故预案，强化安全生产教育和应急处置演练，全年安全运行无事故。强化责任，落实措施，保质保量完成全年工程维修项目31项，经费598.6万元。积极引进推广新设备、新材料、新技术，秦淮新河抽水站5台机组巴氏合金稀油润滑瓦改为水润滑弹性金属瓦，运用效果良好。积极开展水利工程管理技术的研究，先后进行“秦淮河取水许可及水环境改善效益评估”和“涵闸现地监控装置研制”等课题研究。强化工程建设与管理，完成武定门节制闸加固改造工程竣工验收；完成新河堤防应急治理工程；完成武定门抽水站加固改造可研编制上报工作；完成了秦淮河水情分中心和数据库的建设。

【防汛抗旱】 全面落实防汛责任制，修订防汛防旱预案，完善防汛抗旱组织网络，保证防汛物资储备到位。认真做好水文测报工作，准确及时传达各类水情信息，准确率达100%。严格执行防汛值班制度，服从省防指统一调度。全处工程充分发挥了防洪、排涝、抗旱等功能。2011年，秦淮河流域降雨呈现两个极端现象。1～6月降雨量仅101.7毫米（武定门站），为同期降雨量的2～3成，流域出现严重干旱，溧水、高淳两县发生了60年未遇的大旱，境内的石臼湖历史上首次干涸见底，湖区及周边地区人畜饮水困难。该处全力以赴保抗旱，秦淮新河抽水站连续运行94天，翻水2.7亿立方米，保证了流域工农业生产用水。同时，积极配合南京市水利局首次实施跨流域调水，将5000多万立方米的清洁长江水由秦淮新河抽水站经秦淮河调入石臼湖，有效地缓解了石臼湖及周边地区旱情，为溧水、高淳两县取得抗旱工作的胜利作出了突出贡献，被南京市防指授予“引江济湖保民生，团结一心建奇功”荣誉称号。2011年7月24日至25日，秦淮河流域及南京城区遭受了大暴雨袭击，秦淮河东山站水位涨至8.82米，南京城区出现一定程度的积涝。该处及时开启两闸，抢排洪水3.03亿立方米，流域内防汛压力得到缓解。武定门抽水站及时投运，紧急抽排涝水400多万立方米，及时控制内秦淮河水位，避免了城南地区内涝。积极配合省防指做好流域联防工作，得到了省防办和流域内防汛部门的好评。

【湖泊管理】 切实加强湖泊日常巡查监督，利用卫星遥感技术等手段，坚持每月一次对两湖实施巡查督查，并以月报的形式上报省水利厅。切实加强湖泊管理制度建设，召开石臼湖固城湖管理与保护联席会议成立大会，形成多部门管理与保护的工作机制。切实加强业务培训，组织两县湖泊管理人员赴洪泽湖交流学习，举办“固城湖石臼湖湖泊管理培训班”，全年培训人员达28人次。切实加强考核力度，促进湖泊管理工作。切实做好湖泊管理基地的前期工作，初步定址高淳县军山，现已完成初步设计。

【引江调水】 制定《外秦淮河引江调水预案》、《外秦淮河引江调水巡视检查制度》等规章制度，严格执行调度指令，加强调水沿线水质巡查和监测，科学调度水利工程，合理配置水资源，切实做好外秦淮河引江调水运行管理工作。全年共开机 135 天，抽江水 3.98 亿立方米，创历史新高。全年打捞清运杂物和漂浮物 560 吨，有效改善秦淮河水质。

【水政水资源】 认真制定“六五”普法规划和年度普法工作要点，举办 2 次职工普法培训班，组织党委中心组集中学法 4 次，圆满完成全年普法任务。结合“世界水日”、“中国水周”等主题活动，组织开展群众喜闻乐见的宣传活动。在水法宣传周和“12·4”法制宣传日期间，共悬挂标语 7 条，张贴宣传画 25 张，向周边群众发放宣传单 1000 余张，营造了“个个知法懂法，人人学法用法”的良好氛围。加强队伍规范化建设，组织开展水政执法知识专题讲座，积极参加省水利厅组织的各类水行政执法培训班和全省水行政执法办案能手竞赛活动，全年人员轮训率、岗前培训率达 100%。规范执法行为，加强执法监督检查，全年在所辖范围内组织水行政执法巡查 50 次，拆除渔簖 3 处，铲除违章种植 500 平方米，有效地维护了管辖范围的完整和水利工程设施的安全。深入开展“百湖执法大检查”专项活动，查处石臼湖骆山段非法圈圩打坝事件，及时遏制了水事违法行为的滋生蔓延，有效维护了水事秩序。

【综合经营】 始终把发展作为第一要务，紧紧围绕全年经营目标，立足市场，创新思路，统筹谋划，抢抓机遇，增创优势。加大秦淮河饭店环境整治，打造区域科技产业园，打造了新的经济发展增长极。全年全处经营利润同比增长 15%，保持了良好的发展态势，为促进单位又好又快发展打下了坚实的基础。

【环境建设】 2011 年，该处把环境整治作为重点工作来抓，高起点、高标准统筹规划全处范围内的环境建设，筹集资金近 300 万元，先后完成秦淮河饭店和红花村 165 号住宅区内 5500 多平米的停车场建设以及院内杆线下地、防盗监控系统、门禁系统、照明系统等工程；完成 6 栋职工住宅楼、机关办公楼共 6000 平方米墙面出新；完成全处范围内绿化，栽植各种树木 970 棵和草坪 500 平方米。通过整治，职工住宅区、办公区环境面貌焕然一新，彰显了和谐单位风采。

【管理与改革】 积极贯彻落实省水利厅下发的有关文件政策和两次人事工作会议精神，加大干部人事制度改革力度，加快推进聘用制度和岗位管理制度。深化水管单位内部管理，推行管养分离，实行合同管理，维修养护项目委托处苏水工贸公司实施，既保障了质量，又锻炼了队伍。强化职工教育，加大对中层干部和技术干部的培养力度，先后组织专业技术人员参加继续教育培训，参学率达 100%。2011 年有 4 名技术干部通过高级工程师资格评审；4 名技术干部报考南大、河海的研究生；1 名技术干部入选省第四期“333”高层次人才培养对象；选拔 6 名职工参加省水利厅“111”人才的评选，推荐 2 名职工参加省厅水文化研究人才评选。加强技术工人技能培训，组织 7 名工人参加升级培训，推选 2 名青年技工参加“江苏省水利事业单位闸门操作与维修工职业技能竞赛”，促进高层次人才队伍建设。

【党建工作】 按照省水利厅统一部署，在落实党建工作中创先争优，加强先进典型的宣传，引导全处党员立足本职岗位、树立良好形象、争创一流业绩。先后推荐 2 名同志创建“党员示范岗”，1 个党支部创建“党员示范窗口”；有 2 名优秀党员、1 名优秀党务工作者、1 个优秀党支部获省水利厅“七一”表彰。扎实推进学习型党组织建设，进一步完善党委中心组学习制度，丰富学习形式，落实学习要求，撰写 4 篇调研报告和 2 篇读书笔记。严格按程序发展了 4 名中共预备党员。积极开展庆祝建党 90 周年系列活动，组织党员干部赴井冈山参观学习，举办“秦淮水利创辉煌，红歌高唱献给党”红歌演唱比赛，选送歌舞“映山红”等文艺作品参加省水利厅举办的庆祝建党90周年文艺汇演和诗歌朗诵比赛，该处参赛作品《秦淮水》获得一等奖，并代表江苏水利参加了水利部举办的诗歌朗诵比赛。组织离退休党支部参观渡江战役纪念馆和茅山新四军纪念馆，选送离退休老同志7件书画摄影作品参加全省水利系统老同志书画摄影展。组织编写《廉政风险防控》手册。按照“一岗双责”要求，认真落实百分制考核办法，与处属各部门签订党风廉政建设责任状，确保基层党组织各项工作顺利开展。

【文明创建】 高度重视文明创建工作，充实调整精神文明建设领导小组成员，制定工作要点，与各党支部、各单位签订《文明创建责任状》，并加强责任考核和监督检查。加大文明单位辐射力度，与省武定门水文实验站签订文明结对共建协议书。深入开展“文明单位”、“青年文明号”等创建活动，组建职工志愿者服务队，全年参加活动的职工有140人次。认真开展双拥共建活动，加强军地双方交流。切实开展职工思想政治研究、水文化研究和职工体育活动，组织羽毛球、登山比赛等凝聚人心的文体活动，举办艺术培训班，聘请声乐、舞蹈教师定期为职工进行艺术指导，提高职工的艺术修养。鼓励干部职工积极参加科技论文、优秀作品的创作，该处职工先后在《中国水利》、《江苏水利》等报刊杂志上发表反映秦淮河发展、工程效益、造福民生等内容的作品26篇。

（陈振清　鞠建明　刘竞湄）

省太湖地区水利工程管理处

【工作概述】 2011年，紧紧围绕全处“十二五”发展“主题、主线”，加快推进并完成全处“发展能力、管理水平、行业地位、文明程度”全面提升四大任务，努力实现“和谐富民强处”目标要求，取得了工程效益、经济效益和三个文明建设新佳绩，超额完成全处各项目标任务。

【工程管理】 全处始终坚持工程的规范化、制度化管理，狠抓汛前、汛后检查和全年工程安全运用，全面检查水工设施、机电设备，修订完善工程管理规章制度、应急预案、度汛措施、反事故预案等。对边加固改造边投入运用的常熟枢纽，注重科学调度，确保长时间、高强度、满负荷安全运行；对工程标准低、运行任务重的“三类闸”蠡河、月城河工程，注重加强预案制定，强化运行管理；对常州新闸、钟楼防洪工程，认真组织实施运用演练；对省一级达标工程丹金闸枢纽，注重加强管理、规范运用。

【防汛防旱】 2011年1～5月，太湖流域降雨量仅178.7毫米，较常年同期偏少近6成，5月18日太湖水位2.74米，太湖流域遭遇近60年来最严重的气象干旱，太湖水位降至近10年的最低值。面对严重的旱情，常熟枢纽自2010年12月底就实施闸站全力抽引江水入湖，日引水量在1000万立方米以上，全处克服了常熟枢纽边加固边运行的困难，精心谋划，科学调度，广泛动员，全力投入到长时间、大流量、超常规的调水引流工作中，全年常熟枢纽泵站运行235天，累计引排水41.2亿立方米，其中抽引水31.7亿立方米，机组抽水24.2亿立方米，入湖16.0亿立方米，排水9.5亿立方米。无论是引排水总量、引水量、机组抽水量还是入湖水量都超历史最高水平，为实现大旱之年无大灾，为太湖流域水环境综合治理“两个确保”目标实现和太湖水安全做出了贡献。面对台风“梅花”带来的太湖旱涝急转的汛情，严格执行上级调度指令。常熟枢纽实施闸站联合运用，采取全力排水和科学泄流相结合的办法，保证了太湖地区防洪安全。

【河湖管理】 2011年，滆湖、长荡湖湖泊管理与保护联席会议顺利召开，管理机制进一步明确；完成入湖基地工程建设费用200多万元，漏湖基地选址和土地划拨协议已与地方政府形成共识。全处认真抓好太湖联防办、望虞河河道行业管理和湖泊巡查监督工作，联合地方水行政部门，查处违法违规水事案件12起，同时利用湖泊遥感图片和巡查实际情况，进一步收集整理太湖地区省管湖泊的有关资料。为保证更多更优的长江水送入太湖发挥重要作用，加强了对望虞河重要运行口门的监督巡查，2011年累计行程近25000多公里，上报报表150余份，调水引流入湖率保持在50%以上。

【综合经营】 2011年，继续坚持“重主业、促各业、抓效益”的经济发展思路，积极探索“加大项目投入、注重项目储备和严抓项目管理”的工作要求，全年经营收入较上年增长13.7%，无论是经济总量和效益全面超过上年，经济效益再创历史新高。望亭、丹金闸管理所继续坚持“抓安全、保畅通、树形象、出效益”和巩固发扬联合执法成果，取得了工程安全运用、经营收入增效的好成绩。常熟枢纽全力推动“小岛”经营生产用房建设，实现了工程年中开工、年底完工、春节后发挥效益的目标。全处认真调研并提出江边枢纽船闸参与管理的要求，经与张家港水利局签订江边枢纽船闸共管双赢协议，达到了预期效果，并为新沟河、新孟河工程的管理提供借鉴。认真推动蠡河、月城河扩容加固改造前期准备工作，超前谋划并有力推动引江济太输水通道疏浚项目的立项，为单位经济效益的提升提供项目储备；继续通过制度管理抓创收节支，严格内部财务管理和审计制度，规范资金使用，提高资金使用效率，坚决杜绝“小金库”和不规范资金流动，通过强抓管理提高效益。

【党建与精神文明建设】 2011年，将“创先争优”与全处中心工作结合起来，与庆祝建党90周年结合起来，与加强党的自身建设结合起来，与廉政建设结合起来，真正体现“创先争优”对工作的推动作用。认真组织“隆重纪念建党90周年”系列活动，开展了重学党史、重温誓词、重表决心、重走红色之旅、结对共建等活动；积极开展“党员示范岗”活动，发掘先进、塑造典型、表扬先进、树立榜样，在领导班子中树立团结、民主、服务和奉献意识，增进领导班子的凝聚力和创造力；在干部职工中弘扬“献身、负责、求实”精神，激励广大职工自觉投身到全处各项工作之中，充分挖掘单位发展活力；认真落实“五好”创建目标，抓好党风廉政责任制的落实，认真履行各项职责，实现了工程安全、资金安全、人员安全的目标要求。2011年，全处结合各单位的业务技术和管理特点，围绕工程管理、党务、财务、档案、水政和行业管理等内容，切实开展职工培训工作；选派技术干部参与走马塘工程建设，培养锻炼业务技术水平；从单位发展的实际需要出发，积极开展干部的培养和选拔任用工作，2011年又选拔3名副科级干部，进一步优化全处干部队伍结构。2011年，全处积极依靠工会、共青团组织，广泛开展内容丰富、形式多样的文化体育活动，积极举办富有教育意义、内涵比较丰富的比赛，加强职工之间、单位之间的交流，增强职工之间的凝聚力，提升单位和谐氛围。

【民生建设】 2011年，继续在三个文明建设上加大投入，切实改善职工生产生活条件。一是有计划分别对基层单位生产、生活和工作条件进行提升，重点对望亭所宿舍、食堂和文体活动场所进行新建和改建；二是根据单位经济发展实际，参照地区相关政策，认真思考并分别推行惠民措施，组织职工外出参观考察，全处职工平均收入较上年又有增长。注重把对职工生活的关心落实到一个个小细节上，对职工生日、生育、生病、家庭困难等都很关注；重视老干部工作，关心借聘用和退休人员的政治生活待遇，让全处全员共享单位改革发展成果。

（颜廷举　黄晓东）

省泰州引江河管理处

【概述】 2011年，省泰州引江河管理处坚持以科学发展观为指导，认真贯彻落实中央和省委两个一号文件精神，以“抓机遇、强管理、促发展”为主题，一手抓生产运行，一手抓党风廉政建设，各项工作取得长足进步，实现管理处“十二五”发展良好开局。2011年，管理处以水闸956分、泵站962分顺利通过国家级水管单位考核验收，被水利部批准为国家级水利工程管理单位。

【工程管理】 严格对照水利部《水闸工程管理考核标准》和《江苏省泵站工程管理考核标准》，完善长效管理机制，整理内业资料，完善规章制度、规程规范并汇编成册，不断提升工程规范化管理水平；完善工程设施，加大科技创新力度，开发泵站管理信息系统和船闸船舶身份识别管理系统，组织实施堤防、护坡、防汛道路等维修项目，加大执法巡查力度，维护良好的水事秩序，使高港枢纽工程面貌得到改善，管理队伍得到锻炼，现代化管理水平得到提升。同时，扎实抓好工程运行安全、通航安全、生产安全，确保了全处各项工作安全运转。全面开展水利工程汛前、汛后检查工作，修订完善各类预案，对工程机电设备进行逐一检查、保养和试运行，及时报修变电所110千伏主变压器，确保工程设备安全完好，促进了工程效益的充分发挥。

【防汛防旱】 2011年，高港枢纽节制闸累计自流引江17亿立方米，泵站开机调水4.32亿立方米，抽排涝水2.58亿立方米，为应对里下河地区多年不遇的严重旱情以及区域普降暴雨引起的涝情作出了积极贡献。此外，管理处进一步修订省防汛机动抢险三队出机预案，优化人员组合，强化培训演练，增强实战能力。2011年3月份出动船机12条投入泰州城区抗旱，连续开机19天，累计调水329万立方米。

【河湖管理】 组织召开里下河腹部地区湖泊湖荡管理与保护联席会议第二次会议，积极协调沿湖各地区和涉湖各部门，加强湖泊依法管理，督促各市、县开展里下河湖区及滞涝圩巡查，管理处每月组织执法巡查，累计巡查120人天，发现问题督促地方整改，定期编制湖区管理简报分送各地进行交流。组织涉湖地区水利部门负责人赴太湖实地考察退垦还湖工程，开拓管理思路。认真开展年度考核总结工作。里下河湖区管理与保护工作成效明显，退渔还湖势头较好。《大纵湖(盐城市域)退圩(围)还湖专项规划》通过省政府批复。在引江河河道管理方面，加大河道巡查、考核和水行政执法力度，严肃处理江都高汉桥西南侧违章取土问题，督促查处引江河左岸高港大桥北侧违章修建码头。同时，积极参与督查泰州四市三区第一次全国水利普查工作进展情况，组织召开泰州水利普查推进会，配合完成质量检查和审核，并定期向省普查办汇报。

【综合经营】 随着省沿海地区社会经济快速发展，泰州引江河航道运输日益繁忙。高峰期间，长江侧待闸单机船达1500多艘、船队70多个，待闸单机船平均待闸时间超过15天、船队超过25天。面对日益严峻的通航形势，管理处始终围绕“抓安全、保畅通、树形象、增效益”的思路，多措并举开展高港船闸运行管理工作，努力让船民安全过闸、快速过闸、满意过闸。一方面，对内抓好文明管理、科学调度。统一职工思想，加强文明管理，努力为船民排忧解难；狠抓工程设备设施维修养护，成立抢修突击队，坚持日巡查、周巡查、旬巡查制度，使设备设施始终保持良好状态；充实运管力量，合理优化运行流程，精心编制调度预案，对船闸运行管理信息系统、视频监控系统、设备监控系统进行升级改造，组织研发了“船舶

RFID身份识别管理系统”，最大程度挖掘通航潜力。另一方面，对外抓好沟通协调，及时通报通航信息。泰州市政府高度重视，建立协调机制，成立协调小组，各司其职，密切配合，共同维护通航和安全秩序。泰州市政府办公室专门下发《关于印发引江河高港船闸通航突发事故应急预案的通知》，市公安局、交通运输局、海事局及引江河管理处联合下发《关于高港船闸安全秩序实施管理的联合通告》。期间，省水利厅领导及泰州市领导先后多次检查船舶待闸情况，召开船闸运行管理协调会，研究应对举措。经过艰苦的努力，高港船闸成功经受住通航以来运行高峰以及汛期台风的严峻考验，效益稳步增长，超额完成闸费征收计划。在沃特龙酒店经营管理方面，改造硬件设施，先后对客房、餐厅、大厅等陈旧设备设施进行改造，提升市场竞争力。严格内部管理，开展节能降耗，加强员工技能培训，选派骨干赴知名酒店进行技能学习，进一步提升服务水平。加快创新步伐，推出“新潮江鲜美食节”“龙虾美食节”“螃蟹美食节”等系列活动，增强市场吸引力。加大市场营销力度，拓宽销售渠道，全年，酒店承接会议130个，接待宾客7万多人次，经营实现良性循环。地处偏僻的如皋拉马河闸通过广泛宣传、提高服务质量等举措，经济效益也有所增长。

【基础建设】 认真做好里下河湖区管理用房及南区交通桥工程竣工验收准备工作，于2011年12月16日顺利通过了省水利厅组织的竣工验收。同时，本着“先急后缓、分步实施”的原则，认真编制基建项目实施计划，加强公共设备设施的维护管理，对影响安全生产、正常办公的屋面连廊等进行修缮，改造部分防汛仓库，维修砼路面，油漆外墙，保持管理处优美整洁的环境面貌。建立绿化管理长效机制，规范苗木种植养护，全年累计修剪草坪近30万平方米、改种草坪近12500平方米。结合受二期工程建设影响的树木清移，共突击移植了香樟、广玉兰等大规格乔木475株、各类灌木120塘，分别种植在生活区青坎、送水河两侧等处，让引江河再添新绿。精心抓好枢纽大院景观园林改造，运用现代造园手法，移种大规格名贵树木20株、新增各类花灌木5000塘、新铺设广场砖500平方米，打造引江河新的亮点。

【引江河二期工程】 超前探索二期工程建设与管理思路，进一步加强与规划、设计部门的沟通联系，对《初步设计报告》有关供电方式、人行便桥、房屋设计等提出建议。及早清移受二期工程影响的树木，提前谋划需要移建的船闸临时设施方案，并超前谋划二线船闸管理设施建造方案，委托专业规划设计单位开展复线船闸闸首外观、船闸办公场所、远方调度室等设计。

【队伍建设】 着力加强技术工人素质培训，积极为职工参加各类培训创造条件，举办水闸、泵站、船闸运行管理等业务知识以及特种作业培训班，经常开展“岗位练兵、技能比武”活动，有效提升技术工人队伍整体素质。高港泵站管理所陈擎环同志在全省第四届闸门运行工技能竞赛中取得厅直单位组第三名的好成绩，荣获二等奖，并被授予“江苏省机关事业单位技术能手”光荣称号。结合动力一处职能调整，加大岗位交流使用力度，注重培养复合型人才。加大人才选拔力度，新提拔正科级干部3名，调整中层干部15人次，努力营造人尽其才、才尽其用的局面。引进大学本科生4人、硕士研究生1人；召开青年干部座谈会，对青年职工的成长提出要求；选拔“优秀科技人才”“青年骨干人才”“高技能人才”“水文化研究人才”进行重点培养。举办新闻宣传与公文写作培训班以及水行政法律法规培训班。带领中层干部外出参观学习，组织工程管理一线人员赴先进的水管单位学习借鉴管理经验，拓宽知识视野。

【党建和精神文明建设】 认真落实党建

工作责任制，抓好理论学习，重点组织学习贯彻中央及省委两个一号文件、胡锦涛总书记在建党 90 周年大会上的讲话以及省委第十二次党代会精神，全年共举办中心组学习会 12 次。改选党支部，严格党员教育管理，组织党史学习教育活动，发展新党员 5 名，培养入党积极分子 5 名。深入开展"双示范"创建工作，推广涌现出来的"党员示范窗口"泵站党支部和"党员示范岗"仲双扣同志，营造学先进赶先进的良好氛围。加强离退休党支部建设，通过组织离退休党员参观红色旅游景点、召开座谈会、征文、举办健康知识讲座等多种形式，以及推行养老保险社会化发放工作，使广大老同志充分感受到党组织的温暖。组织开展"文明单位""文明班组""文明职工"评选活动以及群众喜闻乐见的创建活动。组织开展"为民服务创先争优活动"，深入开展文明单位结对共建活动。一方面，与高港区水利局口岸闸管理所结成文明共建单位，签订共建协议，组织工程管理技术骨干帮助口岸闸提供必要的技术支援，在推动口岸闸管理制度化、规范化、现代化等方面做了大量工作。另一方面，继续推进与高港区刁铺街道环溪社区联创共建活动，走访慰问社区困难老党员和困难家庭，在帮助社区解决困难方面取得成效。

【廉政建设】 深入贯彻落实《省委惩防体系"5＋1"文件实施意见汇编》，坚持一岗双责，全面落实党风廉政建设责任制，处党委与处属各单位各部门签订《党风廉政建设责任状》，船闸管理所、拉马河闸管理所与每个职工签订《行风建设责任状》，实行一票否决。组织开展干部人事、船闸管理等廉政风险点排查。突出规范化管理，修订《采购管理暂行办法》、《经济合同管理暂行办法》等制度，继续加强重点部门、重要岗位和关键环节的监管，特别是把工程建设、物资采购作为监管重点，从招标方式、邀标单位、议标过程和竣工验收等方面加大督查管理力度。着力加强高港船闸行风建设，以宣传教育为抓手，着力构建拒腐防变教育长效机制；以制度建设为保证，着力构建权力运行监控机制；以关口前移为目标，着力构建全方位监督制约机制。此外，还整顿了船舶标志标识，强化对超吃水船舶的二次复核丈量。通过系列举措，高港船闸职工行风意识得到增强，船舶登记"空号""串号"现象逐渐减少，船民对船闸文明服务满意度逐步上升。

（王昕炜）

省灌溉动力管理二处

【概述】 2011 年，江苏省灌溉动力管理二处（以下简称"二处"）全面贯彻中央及省委两个"一号文件"精神，落实科学发展观，以十七届五中、六中全会精神为指导，围绕单位中心工作，发扬"特别能吃苦、特别能战斗、特别能奉献"的二处精神，立足"准备早、措施实、应急快"，以防汛防台抗旱为主线，扎实做好各项防汛抗旱工作，团结拼搏，创新奋进，努力完成省水利厅下达的各项任务，为江苏水利又好又快发展保驾护航。2011 年，二处被授予 2010 年度"全省水利系统目标管理先进单位"和"全省水利系统工程管理先进集体"的称号。

【抗旱抢险】 2011 年以来，前期干旱少雨，造成淮北地区、南京市高淳、溧水等地旱情严重。从 4 月 24 日到 6 月 4 日，二处共接到 8 次省防指电话（传真指令），出动机泵 111 台套、人员 300 多人次、50 多辆运输车赴高淳、溧水、溧阳及江浦抗旱。截止 6 月 24 日抗旱工作结束，111 台套机泵累计运行近 90000 小时，总抗旱补水 7000 万立方米，有效缓解了当地旱情，发挥了机动抗排队伍的作用。南京市水利局给二处赠送锦旗，天目湖管委会来处慰问。一是赴骆马湖大堤临时架机抗旱。年初，淮北地区干旱情况严重，省防指决定增加向骆马湖补水流量，再架设80台套(25个流量)临时机组，2月15日傍晚，省防指要求二处派出技术骨干协助骆运管理处开展抗旱工作。2月16日上午10时，由管理处领导带队，近30名工作人员赶到骆马湖堤，立即投入到架设柴油机泵的工作中，为骆运管理处快速完成80台套柴油机泵架设任务发挥了突击队的作用。二是顶烈日冒酷暑赴高淳抗旱。4月22日，省防指要求二处出机30台套电泵赴高淳砖墙镇抗旱。接到通知后，二处立即启动应急预案，于当晚8时左右完成30台套电动泵、水管、控制柜及配件的装车工作，35名出机人员也全部到位，随时准备出发。4月24日上午10时，所有人员机泵全部抵达旱情严重的砖墙镇，立即开展架机装管工作。5月1日、7日、15日，二处又相继接到省防指命令，增派41台套机泵赴高淳水碧桥抗旱。机泵完成架设顺利出水后，由抗排队副队长带领"工人先锋号"班组10多人留守值班，时刻巡查挡水大坝渗漏情况、检查配电柜使用、更换电器损毁元件、打捞入水口飘浮物，保证水碧桥71台套机泵全力向高淳固城湖翻水，及时有效地缓解了当地居民生活、农业生产与水产养殖用水困难。省水利厅领导相继到现场慰问，江苏电视台、南京电视台、《中国水利报》《南京日报》等多家媒体对高淳抗旱情况进行了采访和报道，二处职工全力抗旱、服务民生的精神得到了高淳县政府、当地群众的一致称赞。三是出动机泵赴江浦、溧水、溧阳抗旱。5月11日上午，按照省防指通知要求，二处出动8台套机泵赴江浦桥林支援当地抗旱。5月11日上午11时，27名队员及8台套机泵全部抵达江浦桥林，当晚7时，8台套机泵全部架设完成。5月19日中午12时，按省防办指令满载10台套电动泵的卡车从单位出发，紧急支援溧水抗旱，工作人员通宵工作，保障了机泵第一时间出水。6月2日下午5时20分，省防办要求二处出动24台套12寸机泵赴溧阳支援当地抗旱，二处立即启动应急预案，出动人员和车辆，紧急从总渠管理处调用30台套电泵。次日凌晨，满载24台套机泵水管卡车从单位出发，紧急支援溧阳抗旱，采取24小时不间断作业的方式，将全部设备按地方要求分5个点安装到位，确保了农灌时期提水灌溉。

【队伍建设】 不断加强抗旱排涝机动队、防汛抢险机动队建设是二处工作的重中之重。2011年，二处以强化防汛抗旱职能为重点，加强专业技术培训，抓好抗排设备、抢险设备维护，进一步推进队伍专业化、规范化、现代化建设。一是开展业务培训和实战演练。为适应新形势的工作需要，年初制订了学习计划，通过实战演练、业务学习等形式，加强职工业务技能培训。4月初，该处组织70名抢险队员开展发电机组及照明器材的操作及保养、防汛抢险知识理论培训、柴油机泵架设及电动泵操作、金木工作业车使用等20多个子项目的防汛抢险技能培训，并挑选10名年轻精干人员参加全省纪念建党90周年军事科目汇报演习。通过一系列的培训和演练，切实提高二处职工防汛、排涝、抢险的实战能力。从5月1日入汛以来，坚持每日24小时值班制度，督促防汛值班责任人到岗到位，全处职工保持通讯畅通，确保汛情来临时，信息及时传递，人员及时到位。二是加强人才队伍建设。二处继续推进科级干部年满58周岁退出领导职务制度，完成2名年轻科级干部的试用期满的考察任职，新提拔2名部门副职充实中层干部队伍，2名基层技术骨干取得了工人技师的资格。加大人才引进力度，在省厅人事处的具体指导下，择优录取了3名应届毕业生(其中2名为研究生学历)，优化人才配置，进一步改善职工队伍结构。

【水政支队建设】 二处水政支队自成立以来，在省水政总队关心支持下，不断充实队伍力量，按照新《水法》和《长江河道采砂管理条例》的要求，组织开展队员水政执法业务培训，组织6名队员参加南京海事局船员培训，不断提高队伍综合素质，同时先后参与总队调研洪泽湖采砂、长江沿江部分市县采砂等专题活动，参加了省砂管局开展的“长江采砂管理暴力抗法应对措施及法律适用问题研究”课题研究。为提高队员综合素质，10名队员上半年参与处内防汛抢险演练，并在2011年抗旱工作中发挥了青年突击队的作用。

【精神文明建设】 二处始终坚持“两手抓、两手都要硬”的方针，坚持以科学发展观为指导，加强精神文明建设，提高全处党员、职工的思想政治素质。处党委积极为职工办实事，努力解决职工关心的热点问题，精神文明建设再上新台阶。一是加强精神文明建设。二处积极开展“六五”普法教育，成立“六五”法制教育领导小组。利用“五一”、国庆等节日积极开展文体活动，密切干群关系。关心困难职工，开展送温暖活动，年初慰问困难职工16人、困难党员4人，注重慰问野外施工职工。加强对职工思想教育，通过召开职工大会、收看电教片等，宣传学习国家路线方针政策，强调水利行业精神和抗旱排涝、防汛抢险纪律，提高职工思想政治素质。二是加强安全生产工作。定期召开安全会议，将安全工作情况纳入每月的经济效益指标考核中。加大安全生产宣传力度，加大对安全设施的投入，及时配备更新消防器材。在6月份安全生产月活动期间，组织机关及各部门安全员进行消防灭火实战演练，参加安全知识网上答题竞赛等，增强全处职工的安全意识，确保全年安全生产无事故。三是召开五届三次职工代表大会。2月25日，召开五届三次职工代表大会，会议审议通过了行政工作报告、工会工作报告、财务情况报告以及工会财务审计报告。代表们一致认为，行政工作报告全面回顾了过去一年单位在思想、学习、业务各方面的工作，既客观总结了2010年二处所取得的成绩，也实事求是地指出存在的问题，明确了2011年的工作目标和思路。会议进一步统一了思想，对二处新一年的发展起到了积极的推动作用。四是深入开展创先争优活动。二处坚持深入开展创先争优活动，营造“三评三比三亮”的良好氛围。为加强对“三评三比三亮”的感性认识，相继开展了向江都管理处党委学习、向李林森同志学习等活动，通过收看先进事迹视频报告会、组织相关知识测试、交流心得等，创新学习形式，推进党组织“五个好”、党员“五带头”建设。为庆祝建党90周年，组织30多名在岗党员赴山东枣庄进行革命历史教育，提高党员党性修养，增强为民服务创先争优的意识。继续推进“争创文明单位、争当文明职工”活动，并通过“创争标兵、学习模范”及“双示范”等创建工作的开展，弘扬新风正气，树立示范典型，对创先争优活动的开展起到了积极的促进作用。

（车田超）

大 事 记

2011年江苏水利大事记

1月

8日　淮河入海水道二期工程总体方案论证报告汇报会在宁召开。省委常委、副省长黄莉新出席汇报会并讲话，水利部淮委主任钱敏到会致辞，省政府副秘书长杨根平、厅长吕振霖，副厅长陶长生、李亚平，厅党组成员、办公室主任朱海生，厅党组成员、规划办主任叶健及会议特邀专家徐俊仁、沈之毅、陈茂满、房玲娣、戴元峰、金福海等参加会议。厅长吕振霖主持汇报会。

9日　全省水利普查数据处理与空间数据采集培训班在南京圆满结束。至此，从2010年12月15日开始的省水利普查第一阶段综合、经济社会用水、河湖开发治理保护、地下水取水口、河湖基本情况、水利工程、灌区、行业能力建设、数据处理与空间数据采集9个培训班圆满完成。

11日　《江苏省防洪规划》通过审查。厅长吕振霖、省发改委副主任林一峰出席会议并讲话。省水利厅党组成员、规划办主任叶健作会议总结。

12日　江苏省委常委、无锡市委书记杨卫泽主持召开座谈会，就"十二五"治太保源工作进行调研座谈。

13日　《江苏省水土保持公报》首次全面系统地向社会公布。副厅长张小马出席发布会。

17日　省水利厅年度工作汇报会在南京召开。会议传达全省经济工作会议及全省农村工作会议精神，听取厅机关各处室及厅直各单位的年度工作汇报及2011年度工作安排计划。厅长吕振霖总结了2010年全省水利工作取得的各项成绩，并对做好2011年全省水利工作作出具体部署。全体在宁厅领导参加会议。

18日　省政府在无锡召开座谈会，部署春节前后枯水期太湖饮用水安全保障工作。副省长徐鸣出席会议并讲话。

20日　京杭运河常州市区改线段钟楼防洪控制工程获得中国水利工程协会颁发的2010年度中国水利工程优质(大禹)奖。

20～21日　国务院南水北调办公室副主任张野来江苏慰问南水北调工程一线职工。省委常委、副省长黄莉新会见张野一行。

23日　全省市县水利局长会议在徐州召开。省委常委、副省长黄莉新参加会议并讲话，厅长吕振霖作题为《突出主题 紧扣主线 加快推进江苏水利现代化建设》的报告。

24日　省水利厅召开专题座谈会，听取厅援藏、援疆、援川、扶贫、科技镇长团等干部年度工作汇报。厅长吕振霖，省对口支援新疆克州前方指挥部总指挥(正厅级)、副厅长陆永泉，厅党组成员、办公室主任朱海生参加了座谈会。省纪委驻厅纪检组长李陆玖主持会议。

25日　"江苏省水利厅科学技术委员会春节团拜会暨南京市秦淮河东线工程研讨会"在南京召开。厅长吕振霖出席会议并讲话，副厅长陶长生主持会议，副厅长陆桂华参加会议。

26日　南水北调东线一期洪泽站工程开工建设，为实现2013年东线工程建成通水目标奠定坚实基础。厅长、南水北调办公室主任吕振霖在开工仪式上讲话并宣布工程开工，淮安市政府副市长朱毅民等出席开工仪式并讲话。厅党组成员、南水北调办公室副主任张劲松主持开工仪式。

30日 省防汛防旱指挥部召开淮北部分地区抗旱工作视频会议，进一步研究淮北部分地区旱情形势，部署抗旱工作。省委常委、副省长黄莉新出席会议并讲话。省防指副指挥、省政府副秘书长杨根平，省防指副指挥、厅长吕振霖、副厅长陶长生参加会议。

2月

1日 省委常委、副省长黄莉新在厅长吕振霖等陪同下，走访慰问了中国工程院院士周君亮、原厅党组书记方福均、原厅巡视员沈之毅等老同志，给他们带去亲切的慰问和新春的祝福。

△ 省委常委、副省长黄莉新一行来到还在运行的江都水利枢纽，代表省委、省政府向坚守在节日岗位上的全体水利干部职工表示感谢和亲切的慰问，勉励大家继续努力，夺取抗旱斗争全面胜利。省委副秘书长胥爱贵、省政府副秘书长杨根平、厅长吕振霖、副厅长陶长生参加慰问。

12日 省委常委、副省长黄莉新再次召集省财政厅、省水利厅、省农委、省气象局等部门负责同志，研究分析当前省淮北部分地区旱情发展情势，就贯彻落实国务院粮食生产电视电话会议精神，加强当前抗旱工作进行紧急部署。

13日 省委常委、副省长黄莉新赴徐州市，检查指导淮北地区抗旱工作。厅长吕振霖、副厅长陶长生陪同检查。

15日 省水利厅召开会议，贯彻落实省粮食生产电视电话会议精神并进一步部署淮北地区抗旱工作。会上，厅长吕振霖传达省长李学勇、副省长黄莉新的讲话精神，强调抗旱工作是省水利厅当务之急，全厅上下要高度重视，严密组织，科学调度，全力以赴打好淮北抗旱的攻坚战。会议还对下一步工作作出部署，提出明确措施。

16日 江苏省首家县域水利现代化建设方案《江阴市水利现代化建设方案》通过评审。厅长吕振霖、副厅长张小马出席评审会并讲话。

18日 新疆克州副州长李志新一行来省考察水利工作，厅长吕振霖，副厅长李亚平（正厅级），厅党组成员、办公室主任朱海生热情接待了他们。

18～19日 省委常委、副省长黄莉新在省政府副秘书长杨根平、厅长吕振霖等陪同下，赴连云港市和宿迁市了解旱情，检查指导抗旱促春灌工作。

19日 省委常委、副省长黄莉新在厅长吕振霖、副厅长陶长生陪同下，到骆马湖南堤及刚刚投入运行的淮阴三站，查看工程运行管理情况，亲切慰问坚守岗位的抗旱机组工作人员。

23日 国家防总召开全国抗旱工作异地视频会议，省委常委、副省长黄莉新在分会场参加会议，并代表江苏作了有关情况汇报。在全国抗旱工作视频会议之后，省防指接着召开淮北部分地区抗旱工作视频会议，省委常委、副省长黄莉新要求各地各有关部门认真贯彻全国抗旱工作视频会议精神，并对下一步工作提出要求。

24～25日 水利部、交通运输部联合检查江苏省长江河道采砂管理工作。

28日 全省水利普查工作电视电话会议在南京召开。省政府副秘书长、省水利普查领导小组副组长杨根平，厅长、省水利普查领导小组副组长吕振霖参加会议并讲话。省水利厅党组成员叶健主持会议

3月

1～2日 省人大农委主任宋家新、副主任沈建辉一行赴南京、常州、无锡市开展水库管理立法调研，副巡视员吴泽毅陪同调研。

3日 全国人大代表、省水利厅厅长吕振霖乘机抵达北京，参加第十一届全国人民代表大会第四次会议。

5日 《江苏省水文事业发展规划》通过专家评审。水利部水文局、南京水利科学研究院、长江水利委员会水文局、淮河水利委员会水文局、江苏省发展和改革委员会、江苏省财政厅等单位及省水利厅相关处室的20余名专家和代表出席了会议。省水利厅副厅长陆桂华主持会议。

3～6日 国家防办副主任张旭率领工作组来江苏检查指导抗旱工作。省政府副秘书长、省防指副指挥杨根平作专题汇报，省防指副指挥、副厅长陶长生陪同检查。

8日 省世行贷款泰东河工程征地补偿和移民安置协议签字仪式分别在泰州、东台市举行。副厅长李亚平出席会议并讲话。

15日 南水北调东线一期睢宁二站和徐洪河影响处理工程开工建设，至此江苏省境内南水北调东线一期18座泵站工程已全部开工建设。厅长、南水北调办公室主任吕振霖在开工仪式上讲话并宣布工程开工。水利厅党组成员、南水北调办公室副主任张劲松主持开工仪式。

△ 南水北调徐州市截污导流主体工程建成通水。厅长、南水北调办主任吕振霖，厅党组成员、南水北调办副主任张劲松，徐州市委书记曹新平、市长张敬华共同启动通水按钮。

17日 省水利厅召开专题会议，传达贯彻全国“两会”精神。全国人大代表、厅长吕振霖对学习贯彻“两会”精神提出五点要求。副厅长张小马主持会议并提出具体贯彻意见。

18日 新疆克州党委书记、人大主任闫汾新，克州党委副书记、政协主席买买提·努尔带领克州党政代表团一行来省水利厅交流工作。厅长吕振霖，省委副秘书长李敏，省政府副秘书长周游，克州党委副书记、江苏省对口支援新疆克州前方指挥部总指挥陆永泉，水利厅党组成员、办公室主任朱海生热情接待新疆党政代表团一行。

△ 省水利普查领导小组召开省水利普查清查登记工作启动视频会议，启动水利普查清查登记工作。

22日 省水利厅联合南京市水利局在雨花广场开展第十九届“世界水日”、第二十四届“中国水周”宣传咨询活动。副厅长张小马参加活动。

27日 太湖流域水环境综合治理水利工作协调小组第三次会议在无锡召开。水利部副部长矫勇主持会议并讲话。江苏省委常委、副省长黄莉新出席会议并讲话。

31日 全省水利规划暨项目前期工作会议在苏州召开。厅长吕振霖出席会议并讲话。副厅长陆桂华，省纪委驻厅纪检组组长李陆玖，副厅长李亚平（正厅级），厅党组成员、厅规划办主任叶健参加会议。李亚平主持会议，叶健作会议总结。

4月

6日 《江苏省防洪规划》获省政府批复。

11日 省水利厅专题召开全省水利重点工程建设推进会，副厅长李亚平（正厅级）出席会议并讲话。厅党组成员、办公室主任、省走马塘工程建管局局长朱海生主持会议。

11～16日 国务院南水北调办公室副主

任于幼军一行来江苏省检查指导南水北调工程治污环保工作。15日下午，在南京召开江苏省南水北调工程治污环保工作座谈会。省委常委、副省长黄莉新出席会议并讲话。省委副秘书长胥爱贵，省政府副秘书长杨根平，厅长、南水北调办主任吕振霖，省水利厅党组成员、南水北调办副主任张劲松等参加座谈、陪同调研。

12日　省长李学勇专程到无锡考察太湖治理工作。副省长徐鸣，省有关部门和无锡市负责同志随同考察。

△　省委常委、副省长黄莉新在省防汛防旱指挥部江苏分会场出席水利部、财政部召开的全国小(2)型病险水库除险加固规划实施启动视频会议。

13～19日　长江防汛抗旱总指挥部常务副总指挥、长江水利委员会主任蔡其华率长江防总汛前检查组到江苏省长江流域检查防汛准备工作。省委常委、副省长黄莉新，省政府副秘书长杨根平，厅长吕振霖，副厅长陶长生等同志陪同检查。

18日　省太湖水污染防治委员会在南京召开第五次全体(扩大)会议暨太湖安全度夏应急防控工作会议，贯彻落实胡锦涛总书记关于太湖治理的重要指示和国家太湖流域水环境综合治理省部际联席会议第四次会议精神，回顾总结近几年太湖治理工作，研究“十二五”治太目标，部署2011年工作任务。省委书记罗志军对太湖治理专门作出重要批示，省长李学勇出席会议并讲话。副省长徐鸣主持会议，并部署太湖安全度夏应急防控工作。

18～19日　由水利部、环保部、国家林业局、水利部长江水利委员会、世界自然基金会、长江流域有关省、区、市人民政府等共同发起的第四届长江论坛在南京成功举办并通过了“长江与区域发展”南京宣言。水利部副部长胡四一、环保部总工程师万本太、水利部长江水利委员会主任蔡其华、长江流域省区市政府分管负责同志、欧盟驻华大使艾德勒、西班牙环境事务部副部长罗卡莫拉、瑞士环境署副署长高兹等参加论坛。省委常委、副省长黄莉新出席致辞并作主旨发言。

△　新疆自治区主席助理、水利厅厅长王世江率考察组来江苏省考察水利工作。副厅长陶长生参加接待，副厅长陆桂华参加座谈会。

22日　省水利厅召开党组扩大会议，传达贯彻省委十一届十次全会、省政府廉政工作会议、全国和全省纠风工作会议精神。

26日　江苏省淮河入海水道工程、江都水利枢纽工程入选“百年百项杰出土木工程”。

28日　省委常委、副省长黄莉新专程到水利厅听取2011年全省水利重点工程建设任务汇报并要求全省水利系统要认真落实中央和省委一号文件精神，全力推进水利工程建设。省政府副秘书长杨根平，厅长吕振霖，副厅长陶长生、李亚平，厅党组成员、办公室主任朱海生，厅党组成员、规划办主任叶健参加座谈。

29日　省政府召开全省防汛防旱工作电视电话会议，省政府与有关市政府签订了2011年防汛防旱工作责任状。省委常委、副省长黄莉新出席会议并讲话，省军区副司令员周国建参加会议。省防指副指挥、省政府副秘书长杨根平主持会议并就贯彻会议精神作明确要求，省防指副指挥、厅长吕振霖通报了汛前检查情况。

△　全省水利系统党风廉政建设工作电视电话会议在南京召开。省纪委副书记、省监察厅厅长解畅亲临会议指导并讲话，厅长吕振霖作了题为《着力构建反腐倡廉惩防体系 为水利现代化建设提供保证》的讲话。驻厅纪检组组长李陆玖作工作报告，副厅长陶长生主持会议。

5月

4日　太湖流域防汛抗旱总指挥部指挥长会议在上海召开。太湖流域防汛抗旱总指挥部指挥长、江苏省省长李学勇出席会议并讲话。

△　省防指召开水库安全度汛异地视频会议，传达贯彻国家防总召开的水库安全度汛异地视频会议精神。省防指副指挥、厅长吕振霖就贯彻会议精神提出明确要求。

6日　全省省际边界水事纠纷预防调处工作会议在南京召开。副厅长张小马到会并讲话。

7日　江苏省水利厅党组向全社会作出“建民生水利，让百姓受益”的郑重承诺。

9日　全省农村水利暨水土保持工作会议在常熟召开。厅长吕振霖到会并讲话，副厅长张小马作工作报告，省纪委驻厅纪检组组长李陆玖主持会议，厅党组成员、办公室主任朱海生参加会议。

11日　徐州市举行铜山区、丰县、睢宁县、贾汪区四县区水务局集体揭牌仪式，标志着徐州市水务发展进入了新格局。厅长吕振霖、副厅长陆桂华，徐州市副市长漆冠山等共同为四县区水务局揭牌。

17日　省委常委、副省长黄莉新到宜兴、溧水、高淳检查指导抗旱工作，省政府副秘书长杨根平，厅长吕振霖，副厅长陶长生、陆桂华陪同检查。

19～20日　全国水利现代化试点城市无锡、苏州市水利现代化规划大纲通过水利部审查。水利部总规划师周学文主持会议，厅长吕振霖到会并讲话。

19～21日　国务院三峡办党组成员张宝欣在江苏省调研三峡外迁移民政策落实、稳定安置和移民帮扶等工作，并与江苏省政府及有关部门进行了座谈。江苏省政府副秘书长杨根平主持座谈会，厅长吕振霖介绍了江苏省三峡移民管理工作的总体情况，副厅长陶长生就三峡移民安置管理等相关工作做了介绍。

22日　水利部副部长刘宁在南京听取江苏省抗旱情况汇报，对下阶段江苏防汛防旱工作提出明确要求。省防指副指挥、厅长吕振霖汇报了当前全省水情、工程调度情况、下阶段工作打算。

△　2011年长江防汛抗旱总指挥部指挥长会议在重庆召开，省委常委、副省长黄莉新出席会议并就江苏省长江流域防汛防旱工作情况作了发言。

24日　省防指在南京召开全省抗旱工作视频会议，省防指副指挥、厅长吕振霖主持会议并对当前抗旱工作提出明确要求，省防指副指挥、副厅长陶长生作情况通报。

26日　水利部与江苏省人民政府在南京签署共同加快推进江苏水利现代化建设合作备忘录。省委书记、省人大常委会主任罗志军会见水利部部长陈雷一行并出席签字仪式。省委副书记、省长李学勇和水利部部长陈雷在签字仪式上讲话，并分别代表双方在合作备忘录上签字。省委常委、副省长黄莉新主持签字仪式。随后国家防总副总指挥、水利部陈雷部长率领国家防总检查组到江苏省丹阳、常州、无锡等地检查太湖地区防汛抗旱工作。省委常委、副省长、省防指指挥黄莉新陪同检查。

27日　省长李学勇到宜兴考察太湖治理情况。省政府秘书长樊金龙随同考察。

27～28日　水利部副部长胡四一率领国家防总检查组检查江苏省淮河流域防汛抗旱工作。省委常委、副省长黄莉新出席汇报会。江苏省委副秘书长胥爱贵，厅长吕振霖、副厅长陶长生陪同检查。

31日　《江苏省主要河湖健康状况报告(2010年)》在南京通过专家咨询。中国工程院院士张建云、张全兴，中国科学院院士薛禹群等参加了咨询会，厅厅长吕振霖出席会议并讲话，副厅长陆桂华主持会议。厅党组成员、规划办主任叶健等参加会议。

6月

7～8日　省长李学勇到江都、高邮、洪泽等地检查指导防汛防旱工作。省委常委、副省长黄莉新，省政府秘书长樊金龙等随同考察。

10日　省长李学勇主持召开省政府常务会议，听取当前抗旱防汛工作情况汇报。省防指副指挥、厅长吕振霖参加会议并汇报了当前抗旱防汛工作情况。省防指副指挥、副厅长陶长生参加会议。

△　江苏省京杭运河常州市区改线段钟楼防洪控制工程获得2010年度中国水利工程优质(大禹)奖。

13日　《江苏省水资源综合规划》获得江苏省政府批复。

16日　淮河入江水道整治工程初步设计获水利部批复，标志着省新一轮淮河治理在“十二五”开局之年全面启动。

20～26日　由铁道部党组成员、副部长卢春房率领的中央检查组来江苏就水利系统治理工程建设领域突出问题工作进行集中检查。省委常委、副省长黄莉新出席了20日下午在南京举行的汇报会。

24～25日　由新华社、《经济日报》、中央人民广播电台、央视七套、《中国日报》、中国国际广播电台、《科技日报》、《农民日报》、《法制日报》、《中国财经报》、《中国水利报》等中央媒体记者参加的中央媒体记者团，就“践行中央一号文件”来江苏省进行专题采访。厅长吕振霖接受专访，省水利工程建设局局长朱海生主持了采访座谈会。

26～27日　省委常委、副省长黄莉新在厅长吕振霖等陪同下赴徐州、淮安检查指导当前水利工作。

7月

1日　省水利厅召开庆祝建党90周年大会，举办各种活动庆祝建党90周年。

△　江都水利工程管理处荣获“全国先进基层党组织”称号。

4日　省防指召开淮北地区抗旱视频会议，进一步分析淮北地区抗旱趋势，研究部署下一阶段抗旱工作。省委常委、副省长、省防指指挥黄莉新参加会议并讲话。同时启动淮北地区抗旱Ⅲ级应急响应，13日，省淮北地区抗旱Ⅲ级应急响应结束。

10日　省水利厅召开专题会议，传达学习中央水利工作会议精神。

12日　省水利厅在南京召开全省水利工程建设管理工作会议。厅长吕振霖作书面讲话，省水利厅副厅长李亚平(正厅级)参加会议并讲话，省水利工程建设局局长朱海生主持会议。省纪委驻厅纪检组组长李陆玖，厅党组成员、规划办主任叶健参加会议。

14～19日　江苏省水利普查对象清查数据通过了国家级质量抽查。

16日　省委、省政府召开全省推进水利现代化建设工作会议。省委书记、省人大常委会主任罗志军，省委副书记、省长李学勇分别在会上讲话。省委、省人大、省政府、省政协、省军区、省武警总队领导李云峰、杨卫泽、杨新力、孙心良、林祥国、张卫国、史和平、包国新、于铁民出席会议。省委常委、副省长黄莉新主持会议并作总结讲话。

△　《江苏省水库管理条例》经江苏省第十一届人民代表大会常务委员会第二十三次会

议审议通过，将于 2011 年 10 月 1 日起施行。

18 日　厅长吕振霖主持召开厅长办公会，学习贯彻"全省推进水利现代化建设工作会议"精神。

23～26 日　省水利厅党组书记、厅长吕振霖率团赴西藏考察拉萨水利，看望水利厅援藏干部，并于 24 日参加了水利部在拉萨召开的水利援藏工作会议。

27 日　省人大常委会常务副主任、党组副书记林祥国一行到淮安水利枢纽视察指导工作。省委常委、副省长黄莉新一同参加视察。

8 月

3 日　省泰州引江河管理处顺利通过国家级水利工程管理单位考核验收。

3～4 日　省人大常委会副主任丁解民率部分省人大常委会委员、省人大代表到连云港市赣榆县和灌南县，就龙萍等省人大代表提出的"关于构建政府主导的统筹发展模式，加快我省农村水利建设步伐的建议"办理情况进行督办。省政府副秘书长杨根平、厅长吕振霖等陪同检查。

4 日　省防指召开视频会议，贯彻落实国家防总会议精神，对 2011 年第 9 号强台风"梅花"的防御工作进行进一步部署。省委常委、副省长、省防指指挥黄莉新出席会议并讲话。

5 日　省委罗志军书记就做好 2011 年第 9 号强台风"梅花"防御工作作出重要批示：要求各地坚决贯彻落实胡锦涛总书记重要指示精神和回良玉副总理的要求，切实做好我省应对 9 号强台风各项工作，通知沿海沿江各市党委、政府主要负责同志，高度关注台风动向，落实各项应对预案，从最坏处着想，该撤离的人员坚决撤离，该采取的措施坚决到位，不存侥幸心理，确保人员生命安全，最大限度减少财产损失。各市防指要落实责任，加强指挥和调度，加强排险、抢险和避险，做好各项防御工作，坚决打好抗御 9 号强台风这场硬仗。5 日下午，李学勇省长亲临省防指部署防御台风工作。

7 月 17～8 月 5 日　江苏省开展淮河流域河道采砂专项整治行动。全省共出动执法人员 4589 人次、执法船艇 421 航次，摧毁非法采砂船只 175 条、击毁采砂机具 511 台套、清理"三无"船只 265 条，529 条采砂船只在指定位置停泊，重点检查了 235 座砂场、关闭违法设置的砂场或砂码头 64 座。

5～7 日　水利部总工程师汪洪一行就江苏省徐明等代表提出的《关于加大中央财政支持力度，开展全国农村河道综合整治》的建议，到南通如皋市以及苏州张家港市、太仓市、吴江市进行农村河道综合治理调研。

6 日　上午，省委常委、副省长、省防指指挥黄莉新在省防办召集防御第 9 号强台风会商会。下午，省长李学勇到省防汛防旱指挥部，就切实做好江苏省应对 9 号台风各项工作进行部署，随后驱车赶赴地处防台抗台前沿的南通启东市，实地检查指导防台抗台工作，亲切慰问奋战在防台一线的驻苏部队官兵。晚上，刚刚结束在新疆、青海考察回到南京的省委书记罗志军，来到省防汛防旱指挥部，听取 2011 年第 9 号台风"梅花"防御工作情况汇报，进一步部署落实防台抗台工作措施。省委常委、常务副省长、省委秘书长李云峰，省委常委、副省长黄莉新，省委常委、省军区政委李笃信，副省长史和平，省武警总队总队长于铁民，省政府秘书长樊金龙，省各有关部门负责同志参加研究部署。

8 日　省水利厅荣获"2011 年度省级部门预算编制工作先进单位"。

9 日　江苏省委农工办、省农委、省水利厅与南京市人民政府合作协议签字仪式在南京举行。江苏省委常委、南京市委书记杨卫泽在仪式上致辞，省委常委、副省长黄莉新出席并讲话、省委农工办主任曲福田、省农委主任吴沛良、省水利厅厅长吕振霖分别发言。市长季建业代表南京市政府分别与省委农工办、省农委、省水利厅签署了合作协议。南京市委常委、副书记陈绍泽主持仪式，江苏省委副秘书长胥爱贵，省政府副秘书长杨根平，副市长陈维健出席签字仪式。

22日 《江苏省"十二五"水利发展规划》获省政府批复。《江苏省"十二五"水利发展规划》是江苏省"十二五"重点专项规划，也是指导省"十二五"期间水利发展的纲领性文件。

23日 省长李学勇在省防指上报的《关于我省防御今年第9号台风工作的报告》作出重要批示："防汛抗灾工作，关系人民群众生命财产安全和社会和谐稳定。今年第9号强台风'梅花'直接影响我省，全省各有关地区和部门特别是沿海三市坚决贯彻落实胡锦涛总书记重要指示精神，按照省委、省政府的部署要求，紧急动员、周密部署、精心组织、全力防御，全面落实各项防范和应对措施，夺取了防台抗台的全面胜利，全省未出现明显灾情，没有发生人员伤亡，有效避免了灾害损失。要认真总结今年防台工作经验，进一步加强防汛抗灾体系建设，全面提高防灾减灾能力，为确保人民群众生命财产安全、维护社会和谐稳定、促进经济社会又好又快发展提供有力保障。"

△ 江苏省水利厅获得"2006～2010年全省法制宣传教育先进单位"。

8月5日、10日、23日，江苏省先后建立高邮湖邵伯湖和白马湖宝应湖管理与保护联席会议制度、滆湖长荡湖管理与保护联席会议制度、石臼湖固城湖管理与保护联席会议制度三项制度。

9月

4日 江苏省水利地理信息系统一期工程顺利通过完工验收。厅长吕振霖、副厅长陶长生出席验收会。

5～8日 省水利厅在南京举办全省水务管理培训班。副厅长陆桂华参加开班仪式并讲话。

7日 国务院总理温家宝签署第604号国务院令，公布《太湖流域管理条例》，自2011年11月1日起施行。

7～8日 省政协主席张连珍率部分委员和提案承办单位的负责同志，就民革江苏省委提出的"关于切实做好苏北区域供水的建议"，致公党江苏省委提出的"关于高标准、高水平解决农村饮水安全问题的建议"两件重点提案，赴徐州市进行现场督办，厅长吕振霖陪同检查，副厅长张小马代表省水利厅汇报了全省农村饮水安全工作。省政协副主席、致公党江苏省委主委黄因慧，省政协副主席、民革江苏省委主委程崇庆，省政协秘书长刘国中等参加提案督办。

16日 全国水利普查工作会议暨师资培训综合班在江苏省太仓市举办。水利部党组副书记、副部长、国务院水利普查办公室主任矫勇出席会议并讲话。江苏省人大常委会副主任柏苏宁出席会议并致辞。水利部总规划师兼规划计划司司长、国务院水利普查办公室副主任周学文主持会议。

△ 水利部副部长矫勇一行考察苏州吴江市、吴中区、太仓市等地水利工作。水利部总规划师周学文，水利部太湖局局长叶建春，厅长吕振霖，省水利厅党组成员、规划办主任叶健等陪同考察。

19～27日 中纪委驻水利部纪检组组长

董力率领中央加快转变经济发展方式检查组来江苏，对全省贯彻落实中央加快转变经济发展方式决策部署以及加快水利改革发展决定、保障性安居工程建设政策措施情况进行检查。省委书记罗志军、省长李学勇会见董力一行，省委常委、省纪委书记弘强参加会见。省委常委、副省长黄莉新向检查组汇报了江苏省相关情况，并听取了检查组检查情况通报。

24～25日　省水利厅组织了长江苏通交界水域(南通二号锚地周边)非法采砂开展专项整治行动。副厅长张小马担任专项行动指挥部指挥。南通、苏州两市水利、公安、海事部门共出动执法艇8艘，执法人员60多人，现场抓获非法采砂船和运砂船各2条。

26日　学习贯彻《江苏省水库管理条例》座谈会在南京举行，省委常委、副省长黄莉新，省人大常委会副主任丁解民出席座谈会并分别讲话。厅长吕振霖对学习、贯彻、宣传《条例》和落实省领导讲话精神进行部署。《江苏省水库管理条例》将于2011年10月1日起正式施行。

10月

10日　省委常委、副省长黄莉新来到省水利厅听取全省水利建设管理情况汇报，并就当前全省水利工作进行部署。省委副秘书长胥爱贵，省政府副秘书长杨根平，厅领导吕振霖、陶长生、陆桂华、李亚平、张劲松、朱海生、叶健等参加汇报会。

14日　江苏省淮安市樱花园、如皋市龙游2家水利风景区成为第十一批国家水利风景区，江苏省国家级水利风景区增至25家。

15日　省委常委、副省长黄莉新在徐州主持召开苏北五市水利改革发展座谈会，听取徐州、连云港、淮安、盐城、宿迁五市水利(务)局负责同志关于水利改革发展情况的汇报。省委副秘书长胥爱贵、厅长吕振霖参加座谈会。

17日　省委常委、副省长黄莉新视察南水北调里下河水源调整卤汀河工程。省委副秘书长胥爱贵，厅长、南水北调办主任吕振霖，厅党组成员、南水北调办副主任张劲松等陪同视察。

17～18日　省水利厅在南京市六合区召开全省中小河流治理工程建设现场会，副厅长李亚平(正厅级)出席会议，厅党组成员、省水利工程建设局局长朱海生主持会议。

24日　省水利厅召开党组扩大会暨理论学习中心组第十次集中学习会，认真学习党的十七届六中全会《决定》和省委十一届十二次全会《关于实施文化建设工程的意见》。

11月

2日　省政府召开全省农村水利建设电视电话会议，贯彻落实全国农村水利建设电视电话会议精神，部署江苏省农村水利建设工作。省委常委、副省长黄莉新出席会议并讲话，厅长吕振霖主持会议。

3日　全省水利宣传文化工作会议在南京召开，副厅长李亚平(正厅级)到会讲话。

4日　省十二届党代会代表、厅长吕振霖在省水利厅亲切接待了来南京参加省十二届党代会的基层水利系统党代表：盐城市水利局局长罗利民、苏州市河道管理处处长周钰林、无锡市太湖闸站管理处蠡湖管理所所长边晓阳、淮安市淮阴区水利局副局长冯丙朝、徐州市水务局市区排水管网管理处下水道四班班长陈秋燕。省水利厅当选省十二届党代会代表陆永泉、李亚平、叶健参加了接待。

10日　省水利厅召开全省水务管理工作

座谈会，回顾总结近年来水务工作取得的成绩，交流经验，分析存在的问题，研究水务管理政策、思路。副厅长陆桂华出席会议并讲话。

11 日 省水利厅召开厅系统学习贯彻省第十二次党代会精神视频会议。厅长吕振霖介绍了会议情况和新当选的新一届省委常委、省纪委班子，传达学习了省委书记罗志军在省第十二次党代会上的工作报告精神。

16 日 省水利厅、省海堤达标建设办公室组织召开了全省海堤达标建设座谈会。副厅长李亚平（正厅级）出席会议并讲话。厅党组成员、省水利工程建设局局长朱海生主持会议。

22～23 日 连云港市东海县横沟、房山、昌梨 3 座水库除险加固工程通过了省水利厅组织的竣工验收，标志着江苏省大中型水库除险加固计划任务全面完成，并按基本建设程序完成工程竣工验收。副厅长李亚平（正厅级）出席会议。

12 月

2 日 全省水利现代化规划工作座谈会在宁召开。厅长吕振霖到会并讲话，厅党组成员、规划编制工作领导小组办公室主任叶健对下阶段工作作出部署。

4～5 日 全省水利科技暨信息化工作会议在无锡召开。厅长吕振霖到会并讲话，副厅长陶长生作工作报告。

9 日 新一轮治淮首项骨干工程淮河入江水道整治工程开工。水利部部长陈雷、江苏省省长李学勇出席在高邮举行的开工仪式并讲话。省委常委、副省长黄莉新主持仪式，省委常委、扬州市委书记王燕文出席仪式，厅长吕振霖介绍工程情况。

10 日 首届中国湖泊论坛暨第九次江苏科技论坛在宁举行。中国科协常务副主席、书记处第一书记、党组书记陈希，江苏省委书记、省人大常委会主任罗志军出席开幕式并致辞。水利部部长陈雷，国家自然科学基金委员会主任、中科院院士陈宜瑜分别作主旨报告。开幕式由江苏省委副书记、省长李学勇主持。省政协主席张连珍，省委常委、副省长黄莉新，副省长何权等出席开幕式。在“湖泊保护与资源利用”专题分论坛上，厅长吕振霖作了题为《太湖治理实践与思考》的报告。

15 日 全国水利风景区建设与管理会议在溧阳召开，会议公布了全国第十批、第十一批水利风景区名单，我省 4 家水利风景区榜上有名。水利部副部长胡四一、省人大常委会副主任丁解民出席会议并讲话，水利部总工程师汪洪主持会议。厅长吕振霖出席会议，副厅长陶长生作大会交流发言。

20 日 省水利厅、省住房城乡建设厅、省环保厅在苏州联合召开全省集中式饮用水源地达标建设推进会。厅长吕振霖、省住建厅副厅长王翔、省环保厅副厅长柏仇勇作动员部署，副厅长陆桂华主持会议。

23 日 全省水利工作会议在苏州召开。会议要求进一步创新水利发展思路，创新水利发展机制，创新水利发展模式，加快推进水利现代化建设，为又好又快推进“两个率先”提供坚强支撑和保障。省委常委、副省长黄莉新出席会议并讲话，苏州市市长阎立到会致辞，厅长吕振霖通报了全省水利建设 2011 年计划完成情况和 2012 年安排意见说明，省发展改革委副主任林一峰、省财政厅副厅长黄晓平在会上发言，省政府副秘书长杨根平主持会议。

（任伟刚）

水利统计资料

2011年江苏省水资源公报

2011年，全省年降水量1012.1 mm，折合降水总量1031.7亿m^3，属于平水年。

全省年水资源总量492.4亿m^3，其中年地表水资源量399.0亿m^3，年地下水资源量115.1亿m^3，重复计算量21.7亿m^3。

全省总用水量556.2亿m^3，总耗水量280.4亿m^3，占总用水量的50.4%（即耗水率）。

全省监测836条河流，1702个水质断面，控制河长18780公里，综合评价结果表明，优于Ⅲ类水（含Ⅲ类水，下同）的断面569个、占33.4%，控制河长6554公里、占34.9%。监测水库及部分湖泊水域296个水质断面，综合评价结果表明，优于Ⅲ类水的断面227个、占76.7%。

全省监测450个重点水功能区中，249个水质达标、达标率55.3%。

全省万元地区生产总值用水量（当年价，下同）114m^3，万元工业增加值用水量（不含火电，下同）22m^3。

一、水资源量

(一) 降水量

全省计算面积10.20万平方公里，其中，淮河流域面积6.35万平方公里，长江流域面积1.91万平方公里，太湖流域面积1.94万平方公里。

全省年降水量1012.1 mm，折合降水总量1031.7亿m^3，属于平水年。其中，淮河流域年平均降水量953.6 mm，长江流域年平均降水量1108.4 mm，太湖流域年平均降水量1108.4mm。

13个省辖市中，年降水量高于多年平均的有8个市，其中扬州、无锡、淮安、泰州超过10%；低于多年平均的有5个市，其中连云港少于20%。全省降水时程分布严重不均，冬春初夏连旱后旱涝急转，在6、7、8月降水较为集中，总量达733.0 mm，占全年72.4%。2011年各省辖市年降水量见表1。

表1 2011年省辖市年降水量表

省辖市	年降水量(mm)	与上年比较(%)	与多年平均比较(%)
南京	1064.0	−14.79	−0.46
无锡	1263.5	16.26	14.41
徐州	765.1	7.01	−8.61
常州	1165.6	11.93	4.67
苏州	1024.8	−0.90	−5.78
南通	1107.6	−5.44	4.87
连云港	711.6	−18.68	−21.93
淮安	1099.2	21.90	13.17
盐城	1015.2	5.87	1.29

续上表

省辖市	年降水量(mm)	与上年比较(%)	与多年平均比较(%)
扬州	1167.9	10.35	15.97
镇江	1078.1	−7.34	0.96
泰州	1126.9	14.07	11.39
宿迁	893.2	−6.84	−2.18
全省	1012.1	2.28	1.62

(二) 地表水资源量

全省年地表水资源量 399.0 亿 m^3,相当于年径流深 391.4 mm。

13 个省辖市中,年地表水资源量较多年平均少的有连云港、徐州两市,其他各市均高于多年平均。

入省境水量(不含长江干流)239.5 亿 m^3,其中,长江下游支流来水 10.60 亿 m^3,淮河上中游来水 124.6 亿 m^3,淮河下游来水 10.50 亿 m^3,沂沭泗流域上游来水 46.31 亿 m^3,太湖流域浙江省来水 47.47 亿 m^3。

出省境水量 151.3 亿 m^3,其中,进入长江流域支流 5.67 亿 m^3,进入上海市 109.3 亿 m^3,进入杭嘉湖地区 36.35 亿 m^3;入海水量 244.1 亿 m^3,其中,淮河下游支流 180.1 亿 m^3,长江流域支流 12.63 亿 m^3,沂沭泗流域 51.34 亿 m^3。

长江干流年径流量(大通站)6671 亿 m^3。全省汇入长江干流水量 170.1 亿 m^3,其中,淮河流域 57.37 亿 m^3,长江支流 67.32 亿 m^3,太湖流域 45.41 亿 m^3;引长江水量 188.5 亿 m^3,其中,淮河流域 89.57 亿 m^3,长江两岸自用 43.78 亿 m^3,进入太湖流域 55.18 亿 m^3。

(三) 地下水资源量

全省年地下水资源量(矿化度≤ 2 g/L)115.1 亿 m^3,其中,平原区年地下水资源量 109.6 亿 m^3,山丘区年地下水资源量 10.29 亿 m^3,重复计算量 4.77 亿 m^3。

(四) 水资源总量

全省年水资源总量 492.4 亿 m^3,其中年地表水资源量 399.0 亿 m^3,年地下水资源量 115.1 亿 m^3,重复计算量 21.7 亿 m^3。平均产水系数为 0.48,平均产水模数为 48.3 万 m^3/km^2,各分区水资源总量见表 2。

表 2　省辖市和各流域水资源总量表

水量单位:亿 m^3

分区	年降水量	地表水资源量	地下水资源量	重复计算量	水资源总量
南京	70.19	30.96	6.42	1.36	36.02
无锡	58.26	34.18	4.51	1.10	37.59
徐州	86.14	15.86	17.31	0.95	32.23
常州	51.00	26.35	3.69	0.66	29.38

续上表

分区	年降水量	地表水资源量	地下水资源量	重复计算量	水资源总量
苏州	88.66	27.76	8.16	3.86	32.06
南通	101.0	42.41	8.92	0.69	50.64
连云港	52.97	10.95	6.64	1.21	16.39
淮安	110.7	46.78	16.10	4.00	58.88
盐城	152.1	60.34	17.28	3.97	73.65
扬州	77.52	34.03	5.53	0.29	39.26
镇江	41.44	19.59	3.97	2.07	21.49
泰州	65.24	27.80	5.48	0.15	33.13
宿迁	76.41	21.95	11.10	1.38	31.67
全省	1032	399.0	115.1	21.69	492.4
淮河流域	605.1	211.8	76.38	12.84	275.3
长江流域	211.6	89.33	19.74	1.90	107.2
太湖流域	215.0	97.85	19.02	6.94	109.9

二、蓄水动态

(一) 省管湖泊

全省 13 个省管湖泊中，除南四湖、石臼湖和里下河湖荡外，其余 10 个湖泊年末蓄水总量 113.5 亿 m^3，比年初蓄水总量增加 5.50 亿 m^3。省管湖泊蓄水动态见表 3。

表 3　省管湖泊蓄水动态表

水量单位：亿 m^3

名称	太湖	洪泽湖	骆马湖	固城湖	长荡湖	滆湖	白马湖	宝应湖	高邮湖	邵伯湖	总计
年初蓄水量	52.83	29.95	6.10	1.10	2.31	4.56	0.64	0.08	9.26	1.20	108.0
年末蓄水量	49.92	34.72	9.76	1.42	2.34	4.57	0.70	0.08	9.06	0.90	113.5
蓄水变量	−2.91	4.77	3.66	0.32	0.03	0.01	0.06	0.00	−0.20	−0.30	5.50

(二) 大型水库

全省 6 座大型水库年末蓄水总量 5.52 亿 m^3，比年初蓄水总量增加 0.61 亿 m^3。大型水库蓄水动态见表 4。

表 4　大型水库蓄水动态表

水量单位:亿 m^3

名称	石梁河	小塔山	安峰山	沙河	大溪	横山	总计
年初蓄水量	2.39	1.18	0.66	0.30	0.17	0.21	4.91
年末蓄水量	2.82	0.93	0.68	0.46	0.34	0.29	5.52
蓄水变量	0.43	−0.25	0.02	0.16	0.17	0.08	0.61

(三) 浅层地下水

全省平原区面积7.12 万平方公里,年末浅层地下水储存量比年初多16.02 亿 m^3。其中,水位上升区面积占 16.4%,储存量多7.69 亿 m^3;水位下降区面积占 0.6%,储存量少0.28 亿 m^3;水位相对稳定区占 83.0%,储存量多8.61 亿 m^3。各流域地下水储存量均有不同程度的增加,其中,淮河流域增加14.76 亿 m^3,长江流域增加0.68 亿 m^3,太湖流域增加0.58 亿 m^3。

三、水资源利用

(一) 供水量

全省总供水量556.2 亿 m^3。其中,地表水源供水量546.1 亿 m^3,占总供水量的 98.2% ;地下水源供水量[①]10.07 亿 m^3,占总供水量的1.8%。与 2010 年相比,全省总供水量增加4.0 亿 m^3,其中,地表水源供水量增加2.6 亿 m^3,地下水源供水量增加1.4 亿 m^3。

淮河流域供水量256.0 亿 m^3,占总供水量的 46.0% ;长江流域供水量116.0 亿 m^3,占总供水量的 20.9%;太湖流域供水量184.2 亿 m^3,占总供水量的 33.1%。

(二) 用水量

全省总用水量[②] 556.2 亿 m^3。其中,生产用水518.5 亿 m^3,占总用水量的 93.2% ;居民生活用水 34.4 亿 m^3,占总用水量的 6.2% ;城镇环境用水 3.3 亿 m^3,占总用水量的 0.6%。与 2010 年比较,全省总用水量略有增加,其中,生产用水增加 0.7%,居民生活用水增加1.0%,城镇环境用水增加 1.9%。

生产用水按照产业结构划分,第一产业用水310.3 亿 m^3,占生产用水的 59.8% ,其中农田灌溉用水273.8 亿 m^3,占第一产业用水的88.2%;第二产业用水194.9 亿 m^3,占 37.6%,其中,电力工业用水142.7 亿 m^3,一般工业用水50.2 亿 m^3;第三产业用水 13.3 亿 m^3,占2.5% 。与 2010 年比较,第一产业用水增加0.7% ;第二产业用水增加 0.6% ,工业用水增加 5.2%;第三产业用水增加 2.5%。

分流域看,淮河流域用水量256.0 亿 m^3,占总用水量的 46.0%;长江流域用水量116.0 亿 m^3,占总用水量的 20.9%;太湖流域用水量184.2 亿 m^3,占总用水量的 33.1% 。与2010 年比较,淮河流域和太湖流域用水量分别增加 1.5% 、0.9% ,长江流域用水量减少1.2% 。各流域供、用水量见表 5。

---

① 地下水供水量含农业灌溉供水量3.6 亿 m^3。

② 2011 年新增直流冷却火电用水量按耗水量计入用水总量

表 5 各流域供水量及用水量表

水量单位:亿 m^3

流域分区	供水量			用水量			
	地表水	地下水	合计	生活	生产	城市环境	合计
淮河流域	247.0	8.98	256.0	14.15	240.8	0.96	256.0
长江流域	115.0	1.00	116.0	8.72	106.1	1.19	116.0
太湖流域	184.1	0.08	184.2	11.48	171.6	1.12	184.2
全省	546.1	10.07	556.2	34.34	518.5	3.26	556.2

分地域看，苏南用水量234.1 亿 m^3，占总用水量的 42.1%；苏中用水量 129.8 亿 m^3，占总用水量的 23.3%；苏北用水量192.4 亿 m^3,占总用水量的 34.6% 。与 2010 年比较,苏南地区增加3. 9 亿 m^3,苏中地区减少 1.0亿 m^3，苏北地区增加 1.1 亿 m^3。13 个省辖市中,农业用水占总用水量 50% 以上的有徐州、南通、连云港、淮安、盐城、扬州、泰州、宿迁市,工业用水占总用水量 40% 以上的有无锡、常州、苏州、镇江市。

(三) 用水消耗量

全省用水消耗总量280.4 亿 m^3,综合耗水率 50.4% 。其中，农田灌溉耗水 206.4 亿 m^3,耗水率 75.4%，占用水消耗总量的 73.6%；工业耗水 16.3 亿 m^3,耗水率 8.4%，占用水消耗总量的 5.8%;居民生活耗水13.8 亿 m^3,耗水率 40.1% ,占用水消耗总量的 4.9% ;城镇环境耗水3.1 亿 m^3,耗水率 95.0%,占用水消耗总量的 1.1%。

(四) 废污水排放量

全省废污水排放总量63.0 亿 t。

(五) 用水指标

全省万元地区生产总值用水量114 m^3,农田灌溉亩均用水量461 m^3,万元工业增加值用水量22 m^3。

苏南、苏中、苏北地区万元地区生产总值用水量差别较大，分别为 79 m^3、142 m^3、179 m^3;农田实灌面积亩均用水量分别为 498 m^3、471 m^3、442 m^3;万元工业增加值用水量分别为22 m^3、19 m^3、27 m^3。

因受人口密度、经济结构、作物组成、节水水平、气候因素和水资源条件等多种因素的影响,13 个省辖市的用水指标值差别较大。省辖市主要用水指标见表 6。

表 6 省辖市主要用水指标

水量单位:m^3

省辖市	万元地区生产总值用水量	农田灌溉亩均用水量	万元工业增加值用水量
南京	73	564	34
无锡	57	411	20
徐州	121	372	22
常州	81	477	23
苏州	82	527	18

续上表

省辖市	万元地区生产总值用水量	农田灌溉亩均用水量	万元工业增加值用水量
南通	109	355	23
连云港	225	546	38
淮安	203	461	29
盐城	191	407	26
扬州	164	525	17
镇江	142	467	26
泰州	174	570	16
宿迁	233	524	38
全省	114	461	22

四、水资源质量

(一) 河湖水质

1. 河流水质

全省监测 836 条河流，1702 个水质断面，控制河长18780 公里。综合评价结果表明，优于Ⅲ类水的断面 569 个、占 33.4%，控制河长6554 公里、占 34.9%。主要超标项目为化学需氧量、氨氮、高锰酸盐指数。

汛期监测断面 1689 个，控制河长为18755 公里 。其中优于Ⅲ类水的断面 496 个、占 29.4%，控制河长5401 公里、占 28.8%。非汛期监测断面 1702 个，控制河长为18770 公里。其中，优于Ⅲ类水的断面 584 个、占 34.3%，控制河长6663 公里、占 35.5%①。

2. 水库及湖泊水质

对全省水库及部分湖泊水域 296 个水质断面进行监测，综合评价结果表明：优于Ⅲ类水的断面 227 个、占 76.7% ，主要超标项目为高锰酸盐指数。富营养化评价结果表明：中度营养断面占 11.2%，轻度富营养断面占55.7%，中度富营养断面占 33.1%。

(二) 地下水水质

全省 206 个地下水水质监测站点，其中浅层地下水 60 个，深层地下水 146 个，按照《地下水质量标准》(GB/T14848—93)，综合评价水质达到良好以上标准的浅层地下水监测点占 16.7%，深层地下水占 58.2%。

(三) 水功能区水质

全省监测重点水功能区 450 个，249 个达标、达标率 55.3% 。其中，淮河流域监测 219 个重点水功能区，127 个达标、达标率 58.0%；长江流域监测 110 个重点水功能区，63 个达标、达标率 57.3% ；太湖流域监测 121 个重点水功能区，59 个达标、达标率 48.8% 。

(四) 集中式饮用水源地水质

全省监测饮用水水源地 104 个，合格 102 个、合格率 98.1% 。其中，淮河流域监测 50

① 评价标准采用《地表水环境质量标准》(GB3838—2002)，参评项目为 pH、溶解氧、高锰酸盐指数、化学需氧量、五日生化需氧量、氨氮、铜、锌、氟化物、硒、砷、汞、镉、六价铬、铅、氰化物、挥发酚共 17 项。富营养化评价标准采用《水资源公报编制规程》(GB/T23598—2009)，参评项目为总磷、总氮、高锰酸盐指数、叶绿素 a、透明度 5 项。

个，48 个合格、合格率 96.0%；长江流域监测 39 个，39 个合格、合格率 100%；太湖流域监测 15 个，15 个合格、合格率 100%①。

（五）重点水域水质

1. 重点河流

长江近岸水域：除南京石埠桥段、镇江京口段水域为劣Ⅴ类，苏州常熟段为Ⅳ类外，其余江段水质较好，为Ⅱ－Ⅲ类。

苏北大运河：除邗江段为劣Ⅴ类外，其余河段水质为Ⅱ－Ⅲ类，主要超标项目为氨氮、化学需氧量。

泰州引江河：水质较好，为Ⅱ类。

新通扬运河：江都段为Ⅲ类，泰州段为Ⅲ－Ⅳ类，姜堰至海安段为Ⅳ－劣Ⅴ类，主要超标项目为氨氮、化学需氧量。

泰东河：水质较好，为Ⅱ－Ⅲ类。

通榆河：水质基本为Ⅱ－Ⅲ类，建湖、阜宁段水质为Ⅳ类，主要超标项目为化学需氧量。

淮沭河：水质较好，为Ⅱ－Ⅲ类。

沭新河：水质较好，为Ⅲ类。

蔷薇河：水质为Ⅲ－Ⅳ类，主要超标项目为氟化物。

太浦河：水质较好，为Ⅱ－Ⅲ类。

苏南运河：水质劣于Ⅲ类，主要超标项目为氨氮、化学需氧量。

2. 省管湖泊

全省共监测 12 个省管湖泊，总磷、总氮不参加水质评价，湖体水质以Ⅱ－Ⅲ类为主，其中，滆湖、长荡湖为Ⅳ类，主要超标项目为化学需氧量和高锰酸盐指数；总磷、总氮参加水质评价，湖体水质为Ⅳ－劣Ⅴ类，其中，骆马湖、滆湖、长荡湖、石臼湖为劣Ⅴ类，主要超标项目为总氮、总磷。湖泊营养状态为轻度和中度富营养，其中轻度富营养湖泊有 8 个，中度富营养湖泊有 4 个。省管湖泊水质及富营养状态见表 7。

表 7 省管湖泊水质及富营养状态

湖泊	综合水质		富营养状态
	总磷、总氮不参评	总磷、总氮参评	
太湖	Ⅲ类	Ⅴ类	轻度
洪泽湖	Ⅲ类	Ⅴ类	中度
骆马湖	Ⅲ类	劣Ⅴ类	轻度
白马湖	Ⅲ类	Ⅴ类	轻度
宝应湖	Ⅲ类	Ⅳ类	轻度
高邮湖	Ⅲ类	Ⅳ类	轻度
邵伯湖	Ⅱ类	Ⅴ类	轻度
滆湖	Ⅳ类	劣Ⅴ类	中度
长荡湖	Ⅳ类	劣Ⅴ类	中度

① 评价标准采用《地表水环境质量标准》(GB3838—2002)，参评项目：溶解氧、pH、高锰酸盐指数、氨氮、氯化物、氟化物。评价方法采用单因子评价法确定现状综合水质类别，水质达到或优于Ⅲ类水标准的，且在集中式生活饮用水地表水水源地补充项目(氯化物)标准限值以下的为达标。

续上表

湖泊	综合水质		富营养状态
	总磷、总氮不参评	总磷、总氮参评	
固城湖	Ⅲ类	Ⅳ类	轻度
石臼湖	Ⅲ类	劣Ⅴ类	轻度
大纵湖	Ⅲ类	Ⅴ类	中度

五、水资源保护

(一) 主要湖泊入湖水量和污染物总量

我省入太湖水量为88.5亿m^3，氨氮、总磷、总氮入湖量分别为1.52万t、0.20万t、3.97万t。骆马湖入湖水量39.92亿m^3，氨氮、总磷、总氮入湖量分别为0.098万t、0.037万t、1.30万t。洪泽湖入湖水量265.8亿m^3，氨氮、总磷、总氮入湖量分别为0.58万t、0.21万t、5.03万t。

(二) 调水改善水环境

1. 调水引流，保障太湖水源地供水安全

太湖地区出现罕见的冬春连旱，水利部门加强引江调水，优化调水方案，做到提前调水、扩大调水和调优质水的有机结合，充分发挥了调水的资源环境效益。严格控制望虞河沿线、环太湖口门运行，促进梅梁湖、贡湖及东太湖水体流动，保障无锡、苏州市太湖水源地及宜兴市等太湖周边地区乡镇的供水安全。常熟枢纽年调引长江水31.9亿m^3，从望亭立交入太湖水量16.1亿m^3，相当于抬高太湖水位60～70 cm；梅梁湖泵站(含大渲河泵站)年抽水7.0亿m^3；太浦闸放水18.4亿m^3。大量优质长江水进入太湖后，改善了水体结构，促进了水体流动，抑制了蓝藻暴发，改善了水质。虽然太湖水位一度偏低，但上半年太湖水质仍较2010年同期持续改善，其中，总氮浓度连续4个月较去年同期下降，最大降幅33.2%，平均22.9%；总磷最大降幅40.2%，平均7.0%。

2. 调水改善秦淮河水质

通过实施引江换水，加快换水频次，保证秦淮河水体达到景观要求。秦淮新河站全年运行137天，抽引江水3.98亿m^3；武定门闸放水365天，放水11.7亿m^3。

3. 引江冲淤改善里下河水环境

调度高港枢纽、江都枢纽自流和抽引长江水补给里下河地区，并为沿海射阳港、斗龙港、黄沙港、新洋港冲淤保港及改善水环境提供水源。江都枢纽、高港枢纽全年累计抽引长江水39.5亿m^3。

(三) 太湖水环境综合治理

1. 蓝藻打捞

全年累计打捞蓝藻97万t，相当于直接从太湖水体中清除了总氮4850 t，磷970 t；依托172个打捞点、60个打捞平台及3条移动打捞处理船相结合的网络体系，初步建立蓝藻监测预警体系、打捞处置智能管理系统，提高了蓝藻预警和治理水平。

2. 生态清淤

全部采用环保绞吸式挖泥船进行清淤，并用絮凝剂对疏浚余水进行净化防污处理，余水达标排放；对淤泥进行固化和资源化利用，确保不产生二次污染。超额完成年度692万m^3的清淤任务，同时开展清淤工程的第三方检测、关键技术和效果评估等工作。

3. 水文监测

根据《国务院关于太湖流域水功能区划的批复》的要求，从1月份开始，在太湖流域开展水功能区水质全覆盖监测，逐月发布《江苏省太湖流域国家重点水功能区水质通报》。

4. 湖泛防控

根据《江苏省太湖湖泛应急预案》，对太湖湖泛易发区以及所有饮用水源地进行逐日巡查，累计巡查 194 天，巡湖面积 10.2 万平方公里，编发《太湖水质简报》、《太湖水源地巡查简报》等 1188 期，编制完成太湖水源地、入湖河道及湖体巡查等专题分析报告 14 份。

5. 节水减排

建立节水减排专项资金，通过以奖代补的形式，鼓励重点企业实行节水减排技术改造，完成太湖治理三期 44 个节水减排项目。

（四）地下水超采区治理

全省地下水位降落漏斗得到有效控制，深层地下水降落漏斗面积为9731 平方公里（扣除重复计算面积），主要分布于盐城、南通、徐州等地区。其中，苏锡常禁采区漏斗面积为 1539 平方公里，比 2010 年减少82 平方公里，漏斗中心位于无锡洛社，中心埋深由69.44 m上升至65.03 m。

六、水资源管理

（一）落实最严格水资源管理制度

编制完成《江苏省落实最严格水资源管理制度工作方案》和“三条红线”实施方案。制定各省辖市用水总量控制指标，会同省发改委征求各省辖市政府意见；制定行政区域和重点用水单位及火电、化工等八大高耗水行业的用水效率红线；编制水功能区限制纳污总量，最严格水资源管理制度的“三条红线”框架初步建立。

（二）节水型社会建设

南通、泰州市 2 个国家级试点顺利通过水利部中期评估，南通市被评为全国中期评估第一名；会同省发改委完成无锡、淮安等 11 个省级节水型社会建设试点验收；创建节水型企业（单位）、社区、灌区等载体 209 个；会同省教育厅、财政厅下发《关于全面开展学校节水工作的通知》，首批创建节水型学校 27 个；组织开展全省及各市节水型社会建设“十二五”规划；定期对全省集中式饮用水源地水质进行监测，按期发布《江苏省集中式饮用水源地水文情报》。

（三）饮用水源地保护

根据省政府办公厅《关于开展集中式饮用水源地达标建设的通知》的要求，省水利厅联合省住建厅和环保厅召开水源地达标建设推进会，全面开展全省饮用水源地达标建设；完成国家重要水功能区的复核，建立太湖流域水功能区考核机制，组织编制太湖流域水功能区水质通报，向所辖各级政府通报；开展重点河湖健康监测评估工作，率先在国内发布河湖健康状况评估报告。

（四）取排水审批

严格取水许可管理，省水利厅共审批取水许可申请 92 个，入河排污口申请 10 个。

（五）水资源费和南水北调基金征收

加大水资源费、南水北调工程基金征收力度。会同省财政、物价部门组织两次专项督查并在全省通报督查结果；对工业园区取用水大户“两费”征缴情况开展专项审计。全省共征收水资源费 5.75 亿元，南水北调基金 3.45 亿元，首次全面完成年度计划。

（六）地下水管理

继续组织实施超采区、南水北调受水区及沿海地区地下水压采工作，全年压缩开采量 600 多万 m^3；编发地下水监测季报和年报，启动地下水位红线划定和地下水超采区复核前期工作，探索建立地下水取水总量和地下水位双控制制度；组织开展地热水、矿泉水开发利用情况调查和地下水管理互查；开展地源热泵取水许可及水资源费征收试点。

（七）管理能力建设

继续推进水务一体化管理。徐州市铜山、贾汪、丰县、睢宁、新沂等县（区）挂牌成立水务局，全省超过 70％的地区实现水务一体化管理；开展水资源管理规范化建设，张家港、江阴、铜山、常熟、江宁、如皋6个县(市、区)通过省水利厅、财政厅组织验收，水资源管理能力显著提升；有序推进江苏省水资源管理信息系统一期工程建设，建成3300多个用水大户的采集系统，基本完成应用系统研发。

七、大事记

1月1日　实施太湖流域水功能区水质全覆盖监测，并逐月发布《江苏省太湖流域国家重点水功能区水质通报》。

1月17日　省水利厅召开省辖市节水办主任座谈会，总结交流“十一五”期间节水工作成绩，提出年度节水工作思路。

3月13～17日　省水利厅联合省发改委、财政厅对全省2010年度水资源管理和节水型社会建设工作进行考核。

3月27日　太湖流域水环境综合治理水利工作协调小组第三次会议召开。水利部副部长矫勇主持会议并讲话。

4月9日　省水利厅召开2011年太湖湖泛巡查工作启动会，正式启动太湖湖泛巡查工作。

4月12日　省长李学勇到无锡考察太湖治理工作。

4月18日　省太湖水污染防治委员会召开第五次全体(扩大)会议暨太湖安全度夏应急防控工作会议，省委书记罗志军对太湖治理专门作出重要批示，省长李学勇出席会议并讲话，副省长徐鸣主持会议，并部署太湖安全度夏应急防控工作。

5月11日　徐州市铜山区、丰县、睢宁县、贾汪区四县(区)水务局揭牌，徐州市水务发展取得新进展。

5月31日　《江苏省主要河湖健康状况报告(2010年)》通过专家咨询，中国工程院院士张建云、张全兴，中国科学院院士薛禹群等专家参加咨询。

6月13日　《江苏省水资源综合规划》获江苏省人民政府批复。

6月25日　中央媒体记者团专题采访我省“践行中央一号文件”落实情况。

6月30日　省水利厅召开全省水资源管理示范县座谈会，总结、交流水资源管理示范县建设的主要做法和成功经验，部署水资源管理示范县验收工作。

7月12日　《太湖湖泛成因及蓝藻处置关键技术研究与应用》成果通过省水利厅组织的专家鉴定，总体达到国际领先水平。

8月26日　水利部、全国节水办召开全国节水型社会建设中期评估座谈会。我省南通市在全国第三批节水型社会建设试点中期评估中被评为“优秀”等级，在40个试点中名列第一。

9月23日　江宁区、武进区省级节水型社会建设试点通过了省水利厅、省发改委组织的考核验收，标志着我省省级节水型社会建设试点工作进入验收阶段。

9月29日　省水利厅召开水资源管理工作座谈会。

10月18日　省水利厅召开太湖清淤工作座谈会，总结太湖湖体生态清淤工程完成情况，安排部署下阶段工作任务。

10月28日　省政府办公厅转发省水利厅等部门关于开展全省集中式饮用水源地达标建设意见。

11月10日　省水利厅召开水务管理工作座谈会。

11月18日　省水利厅召开太湖蓝藻打捞处置工作总结会议，部署下阶段工作。

12月20日　省水利厅联合省住建厅、环保厅召开全省集中式饮用水源地达标建设推进会，全面开展水源地达标建设工作。

12月22日　省水利厅联合省教育厅召开全省节水型高校创建总结暨节水型学校创建启动会议。总结交流和推广节水型高校创建工作经验，部署节水型学校创建工作

附注：

1. 地表水资源量：指河流、湖泊、冰川等地表水体逐年更新的动态水量，即当地天然河川径流量。

2. 地下水资源量：指地下饱和含水层逐年更新的动态水量，即降水和地表水入渗对地下水的补给量。山丘区采用泄排量法计算，包括河川基流量、山前侧渗流出量、潜水蒸发量和地下水开采净消耗量，以总排泄量作为地下水资源量。平原区采用补给量法计算，包括降水入渗补给量、地表水体入渗补给量、山前侧渗补给量和井灌回归补给量，将总补给量扣除井灌回归补给量作为地下水资源量。在确定水资源分区或省辖市的地下水资源量时，扣除了山丘区与平原区之间的重复计算量。

3. 水资源总量：指当地降水形成的地表和地下产水总量，即地表产流量与降水入渗补给地下水量之和。

4. 多年平均：指 1956～2010 年系列。

5. 供水量：指各种水源为用水户提供的包括输水损失在内的毛水量，按受水区分地表水源、地下水源和其他水源统计。地表水源供水量指地表水工程的取水量，按蓄水工程、引水工程、提水工程、调水工程 4 种形式统计；地下水源供水量指水井工程的开采量，按浅层淡水、深层承压水和微咸水分别统计；其他水源供水量包括污水处理再利用、集雨工程、海水淡化等水源工程的供水量。海水直接利用量另行统计，不计入总供水量中。

6. 用水量：指各类用水户取用的包括输水损失在内的毛水量，按生活、生产与城镇环境 3 大类用户统计，不包括海水等非传统水源利用量。生活用水包括城镇生活用水和农村生活用水。工业用水指工矿企业生产过程中用于制造、加工、冷却、空调、净化、洗涤等方面的用水，按新水取用量计，不包括企业内部的充分利用水量，包括火电直流冷却水排放量和矿坑排水量。城镇环境用水仅包括人为措施供给的城镇环境用水，不包括河湖、湿地补水及降水、径流自然满足的水量。

7. 第一产业用水：包括农田灌溉用水、林牧渔用水和牲畜用水。

8. 第二产业用水：包括工业用水和建筑业用水。

9. 第三产业用水：包括商品贸易、餐饮住宿、交通运输、机关团体等各种服务行业用水。

10. 用水消耗量：指在输水、用水过程中，通过蒸腾蒸发、土壤吸收、产品吸附、居民和牲畜饮用等多种途径消耗掉，而不能回归到地表水体和地下含水层的水量。灌溉用水消耗量为毛用水量与地表、地下回归水量之差，工业和生活用水消耗量为取水量与废污水排放量及输水回归量之差。

11. 耗水率：消耗量占用水量的百分比。

12. 废污水排放量：指第二产业、第三产业和城镇居民生活等用水户排放的水量，但不包括火电直流冷却水排放量和矿坑排水量。

江苏省 2011 年水利建设主要指标统计表

指标名称 / 省市	旱涝保收面积（万亩）	有效灌溉面积（万亩）	节水灌溉面积（万亩）	易涝耕地面积（万亩）	累计除涝面积（万亩）				水土流失面积（万亩）		机电排灌面积（万亩）	机电排灌动力达到数（千千瓦）	堤防总长度（千米）	达标堤防		
					小计	3～5年	5～10年	10年以上	流失面积	其中：已治理				总长度（千米）	其中：一级堤防（千米）	其中：二级堤防（千米）
江　苏	3048.27	3817.92	1733.33	2970.473	2778.25	872.06	1152.62	753.57	1110.23	269.60	3390.48	7017.75	51852.69	29802.38	900.32	4143.13
淮河流域	1996.00	2563.84	1113.21	2125.03	1995.53	682.87	914.71	397.95	731.31	160.92	2243.93	3929.95	36838.46	17481.04	623.24	2294.27
徐州市	368.81	470.44	255.72	383.7	369.51	193.25	115.31	60.95	191.10	40.53	443.53	1808.47	4586.58	2336.85	57.50	455.00
南通市	83.14	114.39	84.24	139.83	137.52	105.98	16.67	14.87	38.04		83.73	66.01	830.89	80.29	5.18	70.00
连云港市	230.26	303.68	135.66	262.9	238.80	24.95	161.26	52.59	134.47	1.01	217.01	246.24	2813.62	992.28	160.00	256.70
淮安市	257.74	323.62	125.63	302.68	284.78	75.11	130.87	78.80	216.36	81.00	261.58	191.36	4075.00	1110.90	164.79	281.80
盐城市	482.45	621.17	277.41	512.07	484.70	117.68	275.50	91.52	47.74	25.50	599.15	704.56	11579.25	7680.32	175.70	556.82
扬州市	179.15	236.82	62.38	141.43	115.15	30.60	38.91	45.64	25.83	5.27	195.38	302.73	2562.71	1421.86	53.57	332.70
泰州市	107.68	141.65	10.22	153.97	150.05	72.17	74.77	3.11			141.57	205.20	4243.80	1340.00		
宿迁市	286.77	352.07	161.95	228.45	215.02	63.13	101.42	50.47	77.77	7.61	301.98	239.89	6146.61	2518.54	6.50	341.25
省　属												165.50				
长江流域	1052.28	1254.09	620.13	845.443	782.72	189.19	237.91	355.62	378.92	108.68	1146.56	3087.80	15014.23	12321.34	277.08	1848.86
南京市	140.26	180.20	71.80	97.59	95.24	12.98	52.12	30.14	107.20	21.34	161.10	717.42	2211.65	1500.81	87.79	311.50
无锡市	128.09	128.90	107.15	100.03	69.93	1.75	9.61	58.57	63.97	34.65	123.78	1271.09	2606.94	2316.34	53.44	294.61
常州市	121.09	143.50	67.19	48.48	48.48	6.73	21.67	20.08	61.32	39.10	132.06	149.90	2210.81	1340.99	18.81	
苏州市	179.27	180.13	89.33	132.53	131.72	12.73	33.07	85.92			186.50	345.55	5504.49	5291.73	20.00	412.67
南通市	228.22	294.47	128.80	308.303	290.90	116.50	50.90	123.50	38.82	2.40	214.54	96.84	457.51	403.37	59.30	315.35
扬州市	38.27	51.83	22.30	28.07	20.26	10.88	5.86	3.52	31.63	0.21	56.82	69.97	328.10	199.90		115.18
镇江市	101.99	132.90	47.09	54.12	53.19	11.11	22.36	19.72	69.55	10.98	144.39	269.21	1280.72	1058.50		308.56
泰州市	115.08	142.16	86.47	76.32	73.00	16.51	42.32	14.17	6.43		127.37	136.93	414.01	209.70	37.74	90.99
省　属												30.90				

（庞海萍）

2011年江苏省水利基建项目一览表(一)

	所属流域	建设性质	隶属关系	建设阶段	开工时间	本年部分建成投产时间	全部建成投产时间
合计							
江苏							
南京市							
南京市小型水库除险加固工程	长江流域	改建	县属	本年正式施工	2008—01—01		2011—12—31
南京市秦淮河上游二干河综合整治三期工程(溧水县)	长江流域	改建	县属	本年正式施工	2009—12—30		2011—06—30
南京市溧水县新桥河治理工程	长江流域	改建	县属	本年正式施工	2009—12—30		2010—06—30
南京市高淳县胥河治理工程	长江流域	改建	县属	本年正式施工	2010—11—01		2011—06—30
南京市六合区八百河治理工程	长江流域	改建	县属	本年正式施工	2010—12—30		2011—06—30
南京市六合区节水灌溉	长江流域	改建	县属	本年正式施工	2011—01—01		2011—05—30
南京市江宁区朱门小流域治理	长江流域	改建	县属	本年正式施工	2011—01—01		2011—05—30
南京市溧水县西塘小流域治理	长江流域	改建	县属	本年正式施工	2011—01—01		2011—05—30
南京市浦口区石头河水利血防	长江流域	改建	县属	本年正式施工	2011—03—01		2011—12—01
南京市江宁区天然河、和尚港水利血防	长江流域	改建	县属	本年正式施工	2011—09—01		2011—12—30
南京市六合区新禹河水利血防	长江流域	改建	县属	本年正式施工	2011—09—01		2011—12—30
南京市溧水县天生桥河应急整治工程	长江流域	改建	县属	本年正式施工	2011—03—01		2011—10—01
南京市雨花台区板桥河应急整治工程	长江流域	改建	县属	本年正式施工	2011—03—01		2011—10—01
南京市溧水县天生桥河整治	长江流域	改建	县属	本年正式施工	2010—12—30		2011—06—30
南京市江宁区小型农田水利建设重点县(2010)	长江流域	改建	县属	本年正式施工	2011—01—01		2011—05—30
南京市高淳县小型农田水利建设重点县(2010)	长江流域	改建	县属	本年正式施工	2011—01—01		2011—05—30
南京市六合区小型农田水利建设专项工程(2010)	长江流域	改建	县属	本年正式施工	2011—01—01		2011—05—30
南京市浦口区小型农田水利建设专项工程(2010)	长江流域	改建	县属	本年正式施工	2011—01—01		2011—05—30
南京市长江干堤2010年应急加固工程	长江流域	改建	地市属	本年正式施工	2010—12—30		2011—09—30
南京市长江干堤2011年应急加固工程	长江流域	改建	地市属	本年正式施工	2011—11—01		
南京市六合区红光河水利血防工程	长江流域	改建	县属	筹建			
南京市六合区新禹河治理工程	长江流域	改建	县属	本年正式施工	2011—10—01		
南京市江宁区江宁河治理工程	长江流域	改建	县属	本年正式施工	2011—10—01		
南京市溧水县一干河治理工程	长江流域	改建	县属	本年正式施工	2011—11—01		
南京市栖霞区九乡河治理工程	长江流域	改建	县属	本年正式施工	2011—11—01		
南京市高淳县漆桥河治理工程	长江流域	改建	县属	本年正式施工	2011—12—01		
南京市浦口区朱家山河沿滁圩区段整治工程	长江流域	扩建	县属	筹建			
南京市高淳县相国泵站更新改造工程	长江流域	改建	县属	筹建			

续上表

	所属流域	建设性质	隶属关系	建设阶段	开工时间	本年部分建成投产时间	全部建成投产时间
南京市高淳县蛇山泵站更新改造工程	长江流域	改建	县属	筹建			
南京市江宁区朱门小流域治理二期工程	长江流域	改建	县属	筹建			
南京市江宁区节水灌溉工程(2011)	长江流域	改建	县属	筹建			
南京市高淳县杨家湾节制闸枢纽工程	长江流域	改建	县属	本年正式施工	2010—06—01	2011—06—30	
南京市水阳江下游防洪治理近期2011年度工程	长江流域	改建	县属	本年正式施工	2011—12—01		
南京市滁河防洪治理近期工程2011年度工程	长江流域	改建	地市属	本年正式施工	2011—12—01		
南京市六合区金牛灌区更新改造工程	长江流域	改建	县属	筹建			
南京市城市防洪2011年度工程	长江流域	改建	县属	本年正式施工	2011—03—01		2011—12—30
南京市江宁区牧龙河水环境综合治理工程	长江流域	改建	县属	本年正式施工	2010—09—01		2011—12—30
南京市江宁区赵库水库溢洪河整治工程	长江流域	改建	县属	筹建			
南京市高淳县2011年小型农田水利重点县工程	长江流域	扩建	县属	筹建			
南京市江宁区2011年小型农田水利重点县工程	长江流域	扩建	县属	筹建			
南京市浦口区2011年小型农田水利重点县工程	长江流域	扩建	县属	筹建			
南京市六合区2011年小型农田水利重点县工程	长江流域	扩建	县属	筹建			
南京市江宁区2011年度小型农田水利建设重点县高效节水灌溉专项工程	长江流域	扩建	县属	筹建			
南京市江宁区2011年度重点县奖励项目	长江流域	扩建	县属	筹建			
南京市溧水县2011年中央财政重点县高效节水灌溉试点县	长江流域	扩建	县属	筹建			
无锡市							
江阴市2010年中央财政小型农田水利专项工程	长江流域	新建	县属	本年正式施工	2010—11		2011—06
宜兴市黄墅水库除险加固工程	长江流域	扩建	县属	本年正式施工	2010—05		2011—06
宜兴市2010年中央财政小型农田水利专项工程	长江流域	新建	县属	本年正式施工	2011—01		2011—05
宜兴市油车水库工程	长江流域	改建	县属	本年正式施工	2009—12		2012—03
锡山区2010年中央财政小型农田水利专项工程	长江流域	新建	县属	本年正式施工	2010—11		2011—03
太湖梅梁湖(含月亮湾)生态清淤2009年度工程	长江流域	改建	地市属	本年正式施工	2010—03		
山北南圩、盛岸联圩达标建设工程	长江流域	扩建	地市属	本年正式施工	2008—03		2011—05
走马塘拓浚延伸工程无锡市境内工程	长江流域	扩建	地市属	本年正式施工	2009—10		
江阴市镇村河道综合整治工程	长江流域	扩建	县属	本年正式施工	2011—06		2011—10

续上表

	所属流域	建设性质	隶属关系	建设阶段	开工时间	本年部分建成投产时间	全部建成投产时间
太湖梅梁湖生态清淤2010年度工程	长江流域	改建	地市属	本年正式施工	2011—02		
“清河行动”黑臭河道清淤工程	长江流域	改建	地市属	本年正式施工	2011—03		
环太湖大堤(滨湖区段)口门建筑物改造工程	长江流域	改建	地市属	本年正式施工	2011—03		2011—10
滨湖区移动式藻水分离站及存藻池配套工程	长江流域	新建	地市属	本年正式施工	2011—03		2011—09
运东大包围外围堤防加高加固(惠山段)2009年度工程	长江流域	扩建	地市属	本年正式施工	2011—03		2011—07
惠山区西漳南闸泵站改造工程	长江流域	扩建	地市属	本年正式施工	2011—03		2011—07
惠山区2011年度区内水利工程汇总	长江流域	扩建	地市属	本年正式施工	2011—01		2011—12
锡山区区级河道清淤工程	长江流域	扩建	地市属	本年正式施工	2010—11		2011—08
双泾河拓浚工程	长江流域	扩建	地市属	本年正式施工	2010—06		2011—12
锡东水环境工程一期	长江流域	扩建	地市属	本年正式施工	2011—05		
运东锡山区域外围河道配套工程	长江流域	扩建	地市属	本年正式施工	2011—04		
无锡市新区2011年度水利建设工程	长江流域	改建	地市属	本年正式施工	2011—01		2011—12
宜兴市2011年中央财政小型农田水利专项工程	长江流域	改建	县属	本年正式施工	2011—11		
宜兴市埝径河(诚庄桥—钟张运河)整治工程	长江流域	改建	县属	本年正式施工	2011—04		2011—11
江阴市小型农田水利重点县2011年度项目	长江流域	新建	县属	筹建			
锡山区2011年小型农田水利重点县项目	长江流域	新建	县属	筹建			
锡山太湖翠竹节水灌溉示范项目	长江流域	新建	地市属	筹建			
宜兴市军民水库除险加固工程	长江流域	扩建	县属	筹建			
宜兴市金家水库除险加固工程	长江流域	扩建	县属	筹建			
宜兴响山红水库除险加固工程	长江流域	扩建	县属	筹建			
宜兴蒋家庄水库	长江流域	扩建	县属	筹建			
宜兴省庄水库	长江流域	扩建	县属	筹建			
惠山区节水灌溉增效示范项目	长江流域	扩建	地市属	筹建			
惠山区钱桥镇李家湾小流域治理	长江流域	扩建	地市属	筹建			
惠山区2011年中央财政小型农田水利专项工程	长江流域	扩建	地市属	筹建			
江阴白屈港泵站	长江流域	扩建	省属	筹建			
徐州市							
徐州市小型水库除险加固工程	淮河流域	改建	地市属	本年正式施工	2006—10—15	2009—12—30	2011—12—30
徐州市城市防洪工程	淮河流域	改建	地市属	本年正式施工	2002—03—01	2010—12—31	2011—12—30

续上表

	所属流域	建设性质	隶属关系	建设阶段	开工时间	本年部分建成投产时间	全部建成投产时间
徐州市郑集河泵站更新改造工程	淮河流域	改建	地市属	本年正式施工	2009—10—22		2011—12—30
沛县湖西泵站更新改造工程	淮河流域	改建	县属	本年正式施工	2009—10—20		2011—12—30
白马涧水库除险加固工程	淮河流域	改建	县属	本年正式施工	2010—10	2010—12	2011—04
白石水库除险加固工程	淮河流域	改建	县属	本年正式施工	2010—10	2010—12	2011—04
蔡庄水库除险加固工程	淮河流域	改建	县属	本年正式施工	2010—10	2010—12	2011—04
古木水库除险加固工程	淮河流域	改建	县属	本年正式施工	2010—10	2010—12	2011—04
石涧水库除险加固工程	淮河流域	改建	县属	本年正式施工	2010—10	2010—12	2011—04
小何水库除险加固工程	淮河流域	改建	县属	本年正式施工	2010—10	2010—12	2011—04
丰县中小河流治理太行堤河治理工程	淮河流域	新建	省属	本年正式施工	2010—05		2011—08
丰县沙支河治理工程	淮河流域	新建	县属	本年正式施工	2011—01—12		2011—12—30
丰县 2011 年小型农田水利重点县工程	淮河流域	改建	县属	本年正式施工	2011—02		2011—12
铜山区农村饮水安全	淮河流域	新建	县区属	本年正式施工	2010—09		2011—12—30
铜山区小型农田水利	淮河流域	新建	县区属	本年正式施工	2010—11		2011—12—30
废黄河铜山段治理工程	淮河流域	扩建	县区属	本年正式施工	2010—02—26		2011—11—26
徐州市荆马河治理工程	淮河流域	改建	地市属	本年正式施工	2009—12		2011—12—30
徐州市房亭河治理工程	淮河流域	改建	地市属	本年正式施工	2009—12		2011—12
邳州市农村饮水安全	淮河流域	改建	县区属	本年正式施工	2011—06		2011—12
邳州市小型农田水利	淮河流域	改建	省属	本年正式施工	2011—01—23		2011—11—26
徐州市奎河上段整治工程	淮河流域	扩建	地市属	本年正式施工	2011—01—12		2011—12—30
徐洪河关帝庙桥、浦棠桥改建工程	淮河流域	改建	地市属	本年正式施工	2011—01—12		2011—12—30
贾汪区老不牢河整治	淮河流域	扩建	地市属	本年正式施工	2011—01—16		2011—12—30
徐州市屯头河应急整治工程	淮河流域	扩建	地市属	本年正式施工	2011—05—20		
民便河整治睢宁县境内工程	淮河流域	新建	省属	本年正式施工	2011—01—23		2011—12—30
民便河整治邳州市境内工程	淮河流域	扩建	地市属	本年正式施工	2011—03—26		2011—12—30
黄墩湖避洪楼建设邳州市境内工程	淮河流域	改建	地市属	本年正式施工	2010—06	2010—12	2011—11
黄墩湖避洪楼建设睢宁县境内工程	淮河流域	扩建	省属	本年正式施工	2011—01—13		2011—12—30
沛县郑集北支河整治	淮河流域	改建	省属	本年正式施工	2011—03—26		2011—12—30
沛县鹿口河整治	淮河流域	改建	省属	本年正式施工	2011—03—13		2011—12—30
徐州市废黄河治理工程	淮河流域	扩建	地市属	本年正式施工	2011—01—13		2011—12—30
睢宁县老龙河下段治理工程	淮河流域	扩建	地市属	本年正式施工	2011—01—12		2011—12—30
新沂黄墩河上段治理工程	淮河流域	改建	省属	本年正式施工	2011—09—23		2011—12—30
废黄河铜山段二期治理工程	淮河流域	改建	省属	本年正式施工	2011—10—26		2011—12—30

续上表

	所属流域	建设性质	隶属关系	建设阶段	开工时间	本年部分建成投产时间	全部建成投产时间
新沂黄墩河下段治理工程	淮河流域	改建	省属	本年正式施工	2011—11—03		
邳州彭河治理工程	淮河流域	改建	地市属	本年正式施工	2011—11—02		2011—12—30
铜山区光山水库	淮河流域	改建	县区属	本年正式施工	2011—04—07		2011—12—30
铜山区白桥水库	淮河流域	改建	县区属	本年正式施工	2011—04—12		2011—12—16
丰县丰城闸拆除重建工程	淮河流域	改建	省属	本年正式施工	2011—11—12		
铜山区马庄闸拆除重建工程	淮河流域	改建	地市属	本年正式施工	2011—05—23		2011—12—30
新沂市 2011 年度沂北灌区大型灌区高效节水和水源基础设施建设工程	淮河流域	新建	省属	本年正式施工	2010—02	2010—12	2011—06
新沂市 2011 年农村河道疏浚整治工程	淮河流域	恢复	省属	本年正式施工	2010—11	2010—12	2011—06—15
新沂市 2011 年农村学校饮水安全工程	淮河流域	新建	省属	本年正式施工	2010—09	2010—12	2011—06
新沂市 2011 年度农村饮水安全工程	淮河流域	新建	县属	本年正式施工	2010—09	2010—12	2011—12
新沂市 2011 年小型农田水利重点县工程	淮河流域	改建	县属	本年正式施工	2010—011		2011—12—30
废黄河睢宁段	淮河流域	改建	省属	本年正式施工	2011—10—23		2011—12—30
睢宁县二堡水库	淮河流域	改建	地市属	本年正式施工	2011—03—02		2011—10—26
新沂黄草关水库	淮河流域	改建	地市属	本年正式施工	2011—02—13		2011—12—30
贾汪学校饮水安全	淮河流域	新建	县属	本年正式施工	2010—10		2011—12
睢宁县 2011 年度农村饮水安全工程	淮河流域	扩建	地市属	本年正式施工	2011—09—10		2011—12—30
睢宁县 2011 年中央财政小型农田水利重点县	淮河流域	改建	地市属	本年正式施工	2011—09—13		2011—12—30
沛县农村饮水安全工程	淮河流域	新建	地市属	本年正式施工	2011—11		2011—12
沛县小型农田重点县工程	淮河流域	改建	地市属	本年正式施工	2011—11		2011—12
铜山区学校饮水安全	淮河流域	新建	县区属	本年正式施工	2010—09		2011—12—30
贾汪区小型农田重点县工程	淮河流域	新建	县属	本年正式施工	2010—9—23		2011—6—30
徐州市丰县农村饮水安全	淮河流域	新建	省属	本年正式施工	2011—07—16		2011—12—30
常州市							
雅浦港综合整治工程	长江流域	新建	省属	本年正式施工	2011—03		2011—12
常州市城市防洪工程	长江流域	新建	地市属	本年正式施工	2011—01		
溧阳 2011 年小水库除险加固工程	长江流域	改建	省属	本年正式施工	2011—11		2012—05
武进区 2010 年节水灌溉示范项目	长江流域	新建	省属	本年正式施工	2011—10		2011—12
武进区 2011 年度中央财政小型农田水利重点县项目	长江流域	新建	县属	筹建			
溧阳市 2011 年度中央财政小型农田水利重点县项目	长江流域	新建	县属	本年正式施工	2011—11		
金坛市 2011 年度中央财政小型农田水利重点县项目	长江流域	新建	县属	筹建			

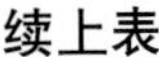

续上表

	所属流域	建设性质	隶属关系	建设阶段	开工时间	本年部分建成投产时间	全部建成投产时间
新北区2011年度中央财政小型农田水利重点县项目	长江流域	新建	县属	筹建			
溧阳市上兴镇曹山小流域治理	长江流域	新建	省属	筹建			
苏州市							
苏州市东太湖综合整治工程	长江流域	新建	地市属	本年正式施工	2010—07—31		2013—06—30
苏州市七浦塘拓浚整治工程	长江流域	新建	地市属	前期工作			
常熟市节水灌溉增效示范项目	长江流域	新建	省属	筹建			
高新区(虎丘区)农村水利建设	长江流域	新建	县属	本年正式施工	2011—03—01		2011—06—30
吴中区胥口上沿山河整治工程	长江流域	新建	县属	本年正式施工	2010—09—10		2011—05—18
吴中区农村水利建设工程	长江流域	新建	县属	本年正式施工	2010—10—31		2011—09—30
吴中区中央财政小型农田水利重点县建设	长江流域	新建	县属	本年正式施工	2011—11—01		2011—12—31
吴中区张桥小流域综合治理工程	长江流域	改建	县属	本年正式施工	2011—10—01	2011—12—31	2012—10—31
相城区农村水利建设	长江流域	新建	县属	本年正式施工	2010—10—08		2011—06—30
相城区小型农田水利重点县建设	长江流域	新建	县属	本年正式施工	2011—12—2	2011—12—30	2012—3—31
相城区城区防洪工程	长江流域	新建	县属	本年正式施工	2011—7		
常熟市福山水道南岸边滩综合整治工程	长江流域	新建	县属	本年正式施工	2010—12—30		2012—4—30
常熟市高标准农田重点县	长江流域	改建	县属	本年正式施工	2011—01—01		2011—12—31
张家港朝东圩港一环城河河道工程	长江流域	扩建	县属	本年正式施工	2008—08—01		
张家港农村水利建设	长江流域	新建	县属	本年正式施工	2010—10—01		2011—12—31
张家港市三干河南延工程	长江流域	新建	县属	前期工作			
张家港市中央财政小型农田水利重点县	长江流域	新建	县属	本年正式施工	2010—12—30		
张家港开发区南区水系调整工程	长江流域	扩建	县属	本年正式施工	2010—12—01		2015—12—31
张家港七干河河道工程	长江流域	扩建	县属	前期工作			
张家港百年一遇江堤加固改造工程	长江流域	改建	县属	前期工作			
张家港长江澄通河段通州沙西水道河道整治工程	长江流域	新建	县属	本年正式施工	2011—12—20		
张家港市走马塘工程	长江流域	新建	县属	本年正式施工	2010—10—01		
昆山市小型农田水利重点县工程	长江流域	新建	县属	本年正式施工	2011—03—01		2011—08—30
昆山市2011年度张家港挡墙工程	长江流域	新建	县属	本年正式施工	2011—06—25		2011—12—30
昆山市昆北塘综合整治项目二期工程	长江流域	新建	县属	本年正式施工	2011—05—10		2011—12—30
昆山市道褐浦综合整治工程	长江流域	新建	县属	本年正式施工	2011—07—25		2011—12—30
昆山市泗安泾河道综合整治项目	长江流域	新建	县属	本年正式施工	2011—08—10		2011—12—30
昆山市千灯浦综合治理	长江流域	新建	县属	本年正式施工	2011—05—15		2011—07—20

续上表

	所属流域	建设性质	隶属关系	建设阶段	开工时间	本年部分建成投产时间	全部建成投产时间
昆山市农村水利建设工程	长江流域	新建	县属	本年正式施工	2011—03—01		2011—08—30
昆山市水利信息化建设	长江流域	新建	县属	本年正式施工	2010—09—15		2011—12—30
吴江市中央财政小型农田水利重点县工程	长江流域	新建	县属	本年正式施工	2010—11	2011—12	2012—12
吴江市圩区建设及河道整治工程	长江流域	新建	县属	本年正式施工	2011—01		2011—12
吴江备用水源地建设	长江流域	新建	县属	本年正式施工	2010—12	2011—12	2012—12
太仓市应急水源地工程	长江流域	新建	县属	本年正式施工	2010—12—15	2011—05—31	2012—10—31
太仓市十八港整治工程	长江流域	扩建	县属	本年正式施工	2011—09—24		2012—04—30
太仓市杨林枢纽导流工程——新塘河导流工程	长江流域	新建	县属	本年正式施工	2011—06—28		2011—12—31
太仓市 2011 年城区水环境综合整治工程	长江流域	改建	县属	本年正式施工	2011—09—08		2011—12—31
太仓市 2010 年中央财政小型农田水利重点县建设项目	长江流域	新建	县属	本年正式施工	2011—01—01		2011—06—30
太仓市 2011 年中央财政小型农田水利重点县建设项目	长江流域	新建	县属	本年正式施工	2011—10—01	2012—01—15	2012—05—31
太仓市 2011 年双凤、璜泾镇高效节水灌溉项目	长江流域	扩建	县属	前期工作			
常熟市走马塘拓浚延伸常熟段工程	长江流域	扩建	县属	本年正式施工	2010—09—15		2012—12—31
南通市							
南通市 2010 年度城市防洪工程	长江流域	新建	省属	本年正式施工	2010—01—01		2011—12—31
通州市九圩港整治	长江流域	扩建	省属	筹建			
通州市新江海河整治	长江流域	扩建	省属	筹建			
九圩港遥望港拓浚	长江流域	扩建	省属	筹建			
海门通吕运河治理工程	长江流域	扩建	省属	筹建			
市辖区	长江流域	新建	地市属	本年正式施工	2011—08		2012—03
海安县如海灌区	淮河流域	新建	省属	本年正式施工	2010—12—08		
通州区刘桥镇农村饮水安全工程	长江流域	新建	省属	本年正式施工	2011—02—12		2011—05—30
海安县西场等乡镇农村饮水安全工程	长江流域	新建	省属	本年正式施工	2010—12—08		2011—09—10
通州区节水灌溉增效示范项目	长江流域	新建	省属	筹建			
崇川区 2011 年河道整治工程	长江流域	新建	地市属	本年正式施工	2011—08		2012—03
港闸区	长江流域	新建	县属	本年正式施工	2011—08—01		2012—03—31
海安县城市防洪治理工程	长江流域	新建	县属	本年正式施工	2011—12—19		2013—5—5
焦港北闸改造工程	长江流域	改建	县属	本年正式施工	2011—12—10		
海安县 2010 年中央财政小型农田水利重点县项目	淮河流域	扩建	县属	本年正式施工	2010—12—08		2011—09—10

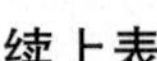

续上表

	所属流域	建设性质	隶属关系	建设阶段	开工时间	本年部分建成投产时间	全部建成投产时间
如东县2010年中央财政小型农田水利专项工程	淮河流域	改建	县属	本年收尾	2010—12—12	2011—05—10	2011—12—20
如东九洋中型灌区节水配套改造工程	长江流域	改建	县属	本年正式施工	2010—12—01		
如东县掘港、栟茶、大豫镇三镇农村饮水安全工程	长江流域	新建	县属	本年正式施工	2011—10—01		2011—11—30
如东县农村学校饮水安全工程	长江流域	新建	县属	本年正式施工	2011—07—28		2011—10—30
江苏省如东县2011年旱涝保收高标准农田建设示范重点县项目	长江流域	新建	县属	本年正式施工	20111—11		
启东市船舶工业带防汛二道堤工程	长江流域	新建	县属	本年正式施工	2011—1—20		2011—12—20
农村饮水安全工程2	长江流域	新建	县属	本年正式施工	2011—01—16		2011—12—20
协兴闸外迁工程	长江流域	迁建	县属	本年正式施工	2011—12—25		
新港闸外迁工程	长江流域	迁建	县属	本年正式施工	2011—12—25		
启东市2011年中央财政小型农田水利重点县工程	长江流域	新建	县属	前期工作			
农村饮水安全工程1	长江流域	新建	县属	本年正式施工	2011—05—15		2011—12—20
如皋市农村河道整治工程	长江流域	恢复	其他	本年正式施工	2010—10—01		2011—04—05
焦港灌区节水配套改造工程	长江流域	改建	县属	本年正式施工	2009—11—01		2011—04—25
如皋四镇饮水安全	长江流域	新建	县属	本年正式施工	2011—10—20		2011—12—31
如海灌区2011年度续建配套与节水改造工程	长江流域	新建	县属	本年正式施工	2011—10—01		2012—04—01
如皋市农村学校饮水安全工程	长江流域	新建	县属	本年正式施工	2011—08—10		2011—10—30
如皋市2011年中央小型农田水利重点县	长江流域	新建	其他	本年正式施工	2011—07—10		2011—11—10
新江海河	长江流域	新建	省属	本年正式施工	2011—04—08		2011—12—30
九圩港	长江流域	新建	省属	本年正式施工	2011—04—08		2011—12—30
通州2011年中央财政小型农田重点县工程	长江流域	新建	县属	本年正式施工	2011—02—02		2011—06—30
南通市通吕运河海门段治理工程	长江流域	恢复	省属	本年正式施工	2011—07	2011—12	2012—04
海门市2011年中央财政小型农田水利重点县	长江流域	新建	省属	本年正式施工	2011—11—00	2011—12—00	2012—04—30
连云港市							
临洪东站改造工程	淮河流域	扩建	地市属	本年正式施工	2010—01—02		2011—12—22
西墅闸	淮河流域	新建	省属	本年正式施工	2010—03—02		2011—11—12
蒋庄漫水闸拆建工程	淮河流域	改建	地市属	筹建			
公兴河	淮河流域	扩建	省属	本年正式施工	2011—10—21		2011—12—30
蔷薇河出口段整治	淮河流域	扩建	地市属	本年正式施工	2011—10—01		
五灌河整治	淮河流域	扩建	省属	本年正式施工	2011—10—24		

续上表

	所属流域	建设性质	隶属关系	建设阶段	开工时间	本年部分建成投产时间	全部建成投产时间
赣榆县节水灌溉增效示范项目	淮河流域	新建	地市属	前期工作			
海州区蔷薇河二期	淮河流域	扩建	省属	本年正式施工	2011—02—02		
2011年大型灌区高效节水和水源基础设施建设(赣榆石梁河)	淮河流域	改建	省属	本年正式施工	2011—10—28		
2011年大型灌区高效节水和水源基础设施建设(东海沭新渠)	淮河流域	改建	省属	本年正式施工	2011—11—02		2011—12—30
2011年赣榆小塔山灌区改造	淮河流域	改建	省属	本年正式施工	2011—10—28		
灌云县中央政财重点小型农田水利工程	淮河流域	新建	省属	本年正式施工	2011—10—10		2011—12—30
灌南县中央财政重点县小型农田水利工程	淮河流域	新建	省属	本年正式施工	2011—10—09		2011—12—30
赣榆县中央财政重点县小型农田水利工程	淮河流域	新建	省属	本年正式施工	2011—10—01		2011—12—30
东海县中央财政一般重点县小农水工程	淮河流域	新建	省属	本年正式施工	2011—10—01		2011—12—30
海州区中央财政小农水专项工程	淮河流域	新建	省属	本年正式施工	2011—10—01		2011—12—30
新浦区中央财政小农水专项工程	淮河流域	新建	省属	本年正式施工	2011—10—01		2011—12—30
赣榆县饮水安全工程	淮河流域	新建	省属	本年正式施工	2010—10—28		2011—05—10
海州区饮水安全工程	淮河流域	新建	省属	本年正式施工	2010—11—20		2011—01—30
灌云县饮水安全工程	淮河流域	新建	省属	本年正式施工	2011—01—26		2011—04—30
灌南县饮水安全工程	淮河流域	新建	省属	本年正式施工	2011—09—17		2011—12—01
东海县饮水安全工程	淮河流域	新建	省属	本年正式施工	2011—03—18		2011—10—14
东海县沭新渠灌区	淮河流域	改建	省属	本年正式施工	2011—11—01		
赣榆县石梁河灌区	淮河流域	改建	省属	本年正式施工	2011—10—28		
新浦区蔷薇河三期	淮河流域	改建	省属	本年正式施工	2011—10—11		
2011年重点小2型水库(赣榆二龙山)	淮河流域	扩建	省属	本年正式施工	2011—11—11		
2011年重点小2型水库(赣榆马山)	淮河流域	改建	省属	本年正式施工	2011—11—15		
2011年重点小2型水库(赣榆祝其山)	淮河流域	改建	省属	本年正式施工	2011—11—16		
2011年重点小2型水库(赣榆徐山)	淮河流域	扩建	省属	本年正式施工	2011—11—17		
2011年重点小2型水库(赣榆马旦头)	淮河流域	改建	省属	本年正式施工	2011—11—19		
2011年重点小2型水库(赣榆石门沟)	淮河流域	扩建	省属	本年正式施工	2011—11—20		
淮安市							
淮河入江水道整治工程	淮河流域	扩建	省属	本年正式施工	2011—10—08		
金湖县老三河治理工程	淮河流域	扩建	省属	本年正式施工	2011—11—10		
洪泽县砚临河橡胶坝工程	淮河流域	扩建	地市属	本年正式施工	2011—03—20		2011—06—01
盱眙县2010年河道疏浚及村庄河塘	淮河流域	扩建	县属	本年正式施工	2010—9—20		2011—09—30
金湖县2010年河道疏浚及村庄河塘	淮河流域	扩建	县属	本年正式施工	2010—09—20		2011—06—30
洪泽县2010年度河道疏浚及村庄河塘	淮河流域	扩建	县属	本年正式施工	2010—90—20		2011—12—30

续上表

	所属流域	建设性质	隶属关系	建设阶段	开工时间	本年部分建成投产时间	全部建成投产时间
淮阴区2010年度河道疏浚及村庄河塘工程	淮河流域	扩建	县属	本年正式施工	2010—09—20		2011—12—30
清浦区2010年度河道疏浚及村庄河塘工程	淮河流域	扩建	县属	本年正式施工	2010—09—20		2011—12—30
楚州区2010年度河道疏浚及村庄河塘工程	淮河流域	扩建	县属	本年正式施工	2010—09—20		2011—12—30
涟水县2010年度河道疏浚及村庄河塘工程	淮河流域	扩建	县属	本年正式施工	2010—09—20		2011—12—30
公兴河(涟水县)治理工程	淮河流域	扩建	省属	本年正式施工	2010—11—01		2011—12—01
白马湖退圩还湖工程	淮河流域	改建	地市属	本年正式施工	2011—08—20		
市县自主项目	淮河流域	改建	县属	本年正式施工	2011—02—20		
清浦区2010年中央财政小型农田水利专项工程	淮河流域	扩建	地市属	本年正式施工	2011—01—20		2011—06—20
淮安市渠西河治理工程	淮河流域	扩建	省属	本年正式施工	2010—12—01		2011—11—15
楚州区2010年中央财政小型农田水利专项工程	淮河流域	扩建	地市属	本年正式施工	2011—01—20		2011—06—30
盱眙县水库除险加固(2010年批10座)	淮河流域	扩建	省属	本年正式施工	2010—09—20		2011—12—30
洪金灌区续建配套节水改造五期	淮河流域	改建	省属	本年正式施工	2010—11—20		2011—06—30
渠南灌区续建配套节水改造七期	淮河流域	改建	省属	本年正式施工	2010—12—20		2011—06—30
涟西灌区节水改造六期	淮河流域	改建	省属	本年正式施工	2010—12—20		2011—06—30
涟东灌区节水改造二期	淮河流域	改建	省属	本年正式施工	2010—12—20		2011—06—19
清水坝灌区二期	淮河流域	改建	省属	本年正式施工	2010—12—20		2011—06—30
淮涟灌区七期	淮河流域	改建	省属	本年正式施工	2010—12—20		2011—06—30
淮安市团结河治理工程	淮河流域	扩建	省属	本年正式施工	2011—01—10		2011—12—30
淮安市城市防洪工程	淮河流域	扩建	地市属	本年正式施工	2010—11—20		
涟水县2011年农村饮水安全工程	淮河流域	改建	地市属	本年正式施工	2011—10—15		2011—12—30
盱眙县2011年农村饮水安全工程	淮河流域	改建	地市属	本年正式施工	2011—10—15		2011—12—30
楚州区2011年农村饮水安全工程	淮河流域	改建	地市属	本年正式施工	2011—10—15		2011—12—30
洪泽县2011年农村饮水安全工程	淮河流域	改建	地市属	本年正式施工	2011—10—15		2011—12—30
涟水县2010年中央财政小型农田水利专项工程	淮河流域	扩建	地市属	本年正式施工	2011—01—20		2011—12—30
金湖县2010年中央财政小型农田水利工程重点县项目	淮河流域	扩建	地市属	本年正式施工	2011—01—20		2011—12—30
盱眙县2010年中央财政小型农田水利工程重点县项目	淮河流域	扩建	地市属	本年正式施工	2011—01—20		2011—12—30
洪泽县2010年中央财政小型农田水利工程重点县项目	淮河流域	扩建	地市属	本年正式施工	2011—01—20		2011—12—30
淮阴区2010年中央财政小型农田水利工程重点县项目	淮河流域	扩建	地市属	本年正式施工	2011—01—20		2011—12—30
盱眙县雨山水库除险加固	淮河流域	扩建	省属	本年正式施工	2011—03—20		2011—12—30
盱眙县黑头港水库除险加固	淮河流域	扩建	省属	本年正式施工	2011—03—20		2011—12—30

续上表

	所属流域	建设性质	隶属关系	建设阶段	开工时间	本年部分建成投产时间	全部建成投产时间
盱眙县张桥水库除险加固	淮河流域	扩建	省属	本年正式施工	2011－3－20		2011－12－30
盱眙县人民水库除险加固	淮河流域	扩建	省属	本年正式施工	2011－03－20		2011－12－30
盱眙县小刀场水库除险加固	淮河流域	扩建	省属	本年正式施工	2011－03－20		2011－12－30
盱眙县和平水库除险加固	淮河流域	扩建	省属	本年正式施工	2011－03－20		2011－12－30
盱眙县何岗水库除险加固	淮河流域	扩建	省属	本年正式施工	2011－03－20		2011－12－30
金湖县新河水库除险加固	淮河流域	扩建	省属	本年正式施工	2011－03－20		2011－12－30
淮安市里运河渠北洼地治理工程	淮河流域	改建	省属	本年正式施工	2011－11－10		
涟东灌区节水改造三期	淮河流域	改建	省属	本年正式施工	2011－12－20		
清水坝灌区三期	淮河流域	改建	省属	本年正式施工	2011－12－01		
渠南灌区续建配套与节水改造八期	淮河流域	改建	省属	本年正式施工	2011－12－01		
涟东灌区高效节水和水源基础设施建设	淮河流域	改建	省属	本年正式施工	2011－12－01		
清水坝灌区节水和水源基础设施建设	淮河流域	改建	省属	本年正式施工	2011－12－01		
洪泽县周桥灌区续建配套与节水改造六期工程	淮河流域	改建	省属	本年正式施工	2011－12－01		
2011 年 4 批小型水库除险加固	淮河流域	改建	省属	前期工作			
2011 年 5 批小型水库除险加固	淮河流域	改建	省属	前期工作			
金湖县 2011 年中央财政小型农田水利工程重点县项目	淮河流域	扩建	地市属	筹建			
淮阴区 2011 年中央财政小型农田水利工程重点县项目	淮河流域	扩建	地市属	筹建			
洪泽县 2011 年中央财政小型农田水利工程重点县项目	淮河流域	扩建	地市属	筹建			
盱眙县 2011 年中央财政小型农田水利工程重点县项目	淮河流域	扩建	地市属	筹建			
清浦区 2011 年中央财政小型农田水利专项工程	淮河流域	扩建	地市属	前期工作			
楚州区旱涝保收高标准农田建设示范重点县工程(2011 年度)	淮河流域	扩建	地市属	筹建			
涟水县 2011 年中央财政小型农田水利专项工程	淮河流域	扩建	地市属	筹建			
清浦区节水灌溉增效示范项目	淮河流域	改建	地市属	前期工作			
盐城市							
大丰川东港闸下移(08)	淮河流域	迁建	省属	本年正式施工	2010－01－30		2011－12－30
阜宁杨集河治理工程	淮河流域	扩建	地市属	本年正式施工	2010－11		2011－05
阜宁县海陵河治理工程	淮河流域	扩建	地市属	本年正式施工	2010－11		2011－05
盐都区东涡河治理工程	淮河流域	扩建	地市属	本年正式施工	2011－01		2011－10
大丰市王港河上段河道治理工程	淮河流域	扩建	地市属	本年正式施工	2011－01		2011－12
东台市三仓河治理工程	淮河流域	扩建	地市属	本年正式施工	2011－01		2011－09

续上表

	所属流域	建设性质	隶属关系	建设阶段	开工时间	本年部分建成投产时间	全部建成投产时间
建湖县蔷薇河治理工程	淮河流域	扩建	地市属	本年正式施工	2011—03		2011—12
射阳县运棉河地区安南、和合圩区和利民河地区盘湾圩区治理	淮河流域	扩建	地市属	本年正式施工	2011—01		2011—07
东台市三仓河东延供水工程	淮河流域	扩建	地市属	本年正式施工	2011—01		2011—04
2010 年度城市防洪	淮河流域	新建	地市属	本年正式施工	2010—03	2010—12	2011—12
川东港拓浚工程	淮河流域	扩建	地市属	筹建			
东台市堤东灌区(10 年)	淮河流域	改建	地市属	本年正式施工	2010—11		2011—04
大丰市川南灌区	淮河流域	改建	地市属	本年正式施工	2011—01		
滨海县陈涛灌区	淮河流域	改建	地市属	本年正式施工	2011—02		2011—12
滨海县翻身河整治工程	淮河流域	扩建	地市属	本年正式施工	2011—04		2011—12
建湖县女儿河下段整治工程	淮河流域	扩建	地市属	本年正式施工	2011—10		
建湖县林城河整治工程	淮河流域	扩建	地市属	本年正式施工	2011—11		
西潮河上段整治工程	淮河流域	扩建	地市属	本年正式施工	2011—12		
亭湖区新丰河整治工程	淮河流域	扩建	地市属	本年正式施工	2011—11		
射阳县利民河整治工程	淮河流域	扩建	地市属	本年正式施工	2011—11		
阜宁县潮河(太平桥—射阳河段)整治工程	淮河流域	扩建	地市属	本年正式施工	2011—12		
滨海县淤黄河上段整治工程	淮河流域	扩建	地市属	本年正式施工	2011—12		
滨海县淤黄河下段整治工程	淮河流域	扩建	地市属	本年正式施工	2011—12		
大丰市王港河下游段河道治理工程	淮河流域	扩建	地市属	本年正式施工	2011—12		
东台市堤东灌区改造(2011 年)	淮河流域	改建	地市属	本年正式施工	2011—10		
大丰市堤东灌区改造(2011 年)	淮河流域	改建	地市属	本年正式施工	2011—10		
2011 年度城市防洪	淮河流域	新建	地市属	本年正式施工	2011—03		
2011 年射阳农村饮用水安全工程	淮河流域	新建	地市属	本年正式施工	2011—10		2011—12—30
射阳县农村学校饮用水安全工程	淮河流域	新建	地市属	本年正式施工	2011—10		2011—12
盐龙湖水库工程	淮河流域	新建	地市属	本年正式施工	2009—04		
响水县 2011 年中央财政小型农田水利重点县工程	淮河流域	新建	地市属	本年正式施工	2011—10		
大丰王港闸下迁	淮河流域	新建	地市属	筹建			
大丰市 2011 年度农村学校饮水安全工程	淮河流域	新建	地市属	本年正式施工	2011—10		2011—12
盐都区 2011 年度农村饮水安全工程	淮河流域	新建	地市属	本年正式施工	2011—10		2011—12
东台市 2011 年农村饮水安全工程	淮河流域	新建	地市属	本年正式施工	2011—10		2011—12
亭湖区 2011 年度农村饮水安全工程	淮河流域	新建	地市属	本年正式施工	2011—10		2011—12
射阳县 2011 年度中央财政小型农田水利重点县工程	淮河流域	新建	地市属	筹建			

续上表

	所属流域	建设性质	隶属关系	建设阶段	开工时间	本年部分建成投产时间	全部建成投产时间
滨海县2011年度中央财政小型农田水利重点县工程	淮河流域	新建	地市属	本年正式施工	2011—02		
亭湖区2011年度中央财政小型农田水利重点县项目	淮河流域	新建	地市属	本年正式施工	2011—11		
建湖县2011年中央财政小型农田水利重点县工程	淮河流域	新建	地市属	本年正式施工	2011—11		
盐都区2011年中央财政小型农田水利重点县工程	淮河流域	新建	地市属	本年正式施工	2011—10		
东台市2011年中央财政小型农田水利重点县工程	淮河流域	新建	地市属	本年正式施工	2011—09		2011—12
响水县大有镇七套片区域治理	淮河流域	扩建	地市属	筹建			
亭湖区南洋东片治理工程	淮河流域	扩建	地市属	筹建			
响水县灌东盐场海堤巩固	淮河流域	扩建	地市属	筹建			
滨海海堤巩固	淮河流域	新建	地市属	筹建			
大丰市2011年度小型农田水利专项工程	淮河流域	新建	地市属	本年正式施工	2011—02		2011—05
大丰市2011旱改水田间工程改造	淮河流域	新建	地市属	本年正式施工	2011—11		2011—12
响水县新丰河闸拆建工程	淮河流域	扩建	地市属	本年正式施工	2009—01		2011—11—11
阜宁县2011年中央财政小型农田水利重点县工程	淮河流域	扩建	地市属	筹建			
大丰市2011年度高标准农田重点县工程	淮河流域	新建	地市属	筹建			
射阳县2010年度农村饮水安全工程	淮河流域	新建	地市属	本年正式施工	2009—10		2010—12
建湖县2010年度农村饮水安全工程	淮河流域	新建	地市属	本年正式施工	2010—09		2010—12
阜宁县渠北泵站	淮河流域	改建	省属	筹建			
射阳县特庸泵站	淮河流域	改建	省属	筹建			
射阳县串通河整治	淮河流域	扩建	地市属	本年正式施工	2011—11		2011—12—30
扬州市							
江都市老三阳河整治续建工程	长江流域	改建	地市属	本年正式施工	2010		2011
江都老通扬运河治理	长江流域	改建	地市属	本年正式施工	2010—03—12		2010—11
高邮北澄子河治理	长江流域	改建	地市属	本年正式施工	2010—02—10		2010—11
宝应县宝射河治理工程	长江流域	改建	县属	本年正式施工	2010—04—25		2010—11
扬州市仪扬河整治工程	长江流域	扩建	地市属	本年正式施工	2010—11		2011—06—30
高邮市向阳河整治	长江流域	扩建	地市属	本年正式施工	2010—11		2011—05—30
江都市红旗河整治工程	长江流域	扩建	地市属	本年正式施工	2011—03—15		2011—06—05
邗江小型农田水利重点县	长江流域	新建	县属	本年正式施工	2011		2011
宝应小型农田水利重点县	长江流域	新建	县属	本年正式施工	2011		2011
扬州2011年度小型水库除险加固	长江流域	恢复	县属	本年正式施工	2010—10		2011—05

续上表

	所属流域	建设性质	隶属关系	建设阶段	开工时间	本年部分建成投产时间	全部建成投产时间
扬州市东片区骨干河道整治1期工程	长江流域	扩建	县属	本年正式施工	2011－10－01		2012－06－01
仪征市泗源沟整治工程	长江流域	改建	县属	本年正式施工	2010－11		2011－06－30
扬州市广陵区横沟河综合整治工程	长江流域	扩建	县属	本年正式施工	2011－11		2012－04－30
江都市白塔河整治工程	长江流域	扩建	地市属	本年正式施工	2011－10－31		2012－04－30
宝应县芦范河整治工程	长江流域	改建	县属	本年正式施工	2010－12		2011－05－31
扬州市黄泥沟综合整治工程	长江流域	扩建	县属	本年正式施工	2011－11		2012－04
扬州经济开发区(2011—2012年)治涝应急工程	长江流域	扩建	地市属	本年正式施工	2011－04		2013－05－30
江都市扬中河段嘶马弯道杨湾段应急护岸工程	长江流域	新建	省属	本年正式施工	2011－09		2012－05
淮河入江水道整治工程	长江流域	新建	地市属	本年正式施工	2011－12		2015－05
邗江区瓜洲镇建华小流域治理	长江流域	新建	县属	本年正式施工	2011		2012
仪征红旗河综合整治工程	长江流域	新建	县属	本年正式施工	2010－10－01		2011－05－01
邗江区新砂滩水利血防工程	长江流域	前期工作	县属	筹建			
邗江区扇子圩口水利血防工程	长江流域	前期工作	县属	筹建			
邗江区沙头小夹江水利血防工程	长江流域	前期工作	县属	筹建			
仪征套闸	长江流域	新建	县属	筹建			
仪征小型农田水利重点县	长江流域	新建	县属	本年正式施工	2011		2011
仪征农村饮水安全	长江流域	新建	县属	本年正式施工	2010		2010
高邮小型农田水利重点县	长江流域	新建	县属	本年正式施工	2010		
高邮农村饮水安全	长江流域	新建	县属	本年正式施工	2011		2011
江都小型农田水利重点县	长江流域	新建	县属	本年正式施工	2011		
镇江市							
镇江市丹徒区小流域综合治理	长江流域	新建	省属	筹建			
镇江新区鸟巷水库除险加固工程	长江流域	改建	县属	本年正式施工	2011－04		
大港北山河河道整治工程	长江流域	改建	县属	本年正式施工	2011－09		
大港东方河道整治工程	长江流域	改建	县属	本年正式施工	2011－09		
镇江市古运河中段河道整治一期工程	长江流域	新建	地市属	本年正式施工	2009－12		2011－12
丁岗团结河、新区捆山河河道整治工程	长江流域	改建	县属	本年正式施工	2011－05		
镇江市黑臭河专项整治项目	长江流域	改建	地市属	本年正式施工	2011－4		2011－10
句容市句容河上段整治工程	长江流域	改建	县属	本年正式施工	2011－11		
句容市中河治理工程	长江流域	改建	省属	本年正式施工	2011－10		
句容市南河治理工程	长江流域	改建	省属	本年正式施工	2011－11		

续上表

	所属流域	建设性质	隶属关系	建设阶段	开工时间	本年部分建成投产时间	全部建成投产时间
句容市8座小水库除险加固工程	长江流域	改建	县属	本年正式施工	2011－12		
小型农田水利重点县工程	长江流域	新建	县属	本年正式施工	2011－8		
镇江市胜利河丹徒段治理工程	长江流域	改建	县属	本年正式施工	2011－11		
丹徒区巢凰水库	长江流域	改建	县属	本年正式施工	2011－04		
丹阳市九曲河城区段护岸整治工程	长江流域	新建	县属	本年正式施工	2010－02		2011－06
丹阳市石城二级沟整治工程	长江流域	新建	县属	本年正式施工	2011－04		2011－05
丹阳市泰山水库溢洪河清淤工程	长江流域	新建	县属	本年正式施工	2011－04		2011－06
丹阳市3座小水库除险加固工程(大吴塘、上湾、管山)	长江流域	改建	县属	本年正式施工	2011－06		
丹徒区石马水库	长江流域	恢复	省属	本年正式施工	2011－01		
丹徒7座小水库除险加固工程	长江流域	改建	省属	本年正式施工	2011－01		
农村河道疏浚整治工程	长江流域	改建	县属	本年正式施工	2010－11		2011－10
赤山湖退渔还湖内湖防洪滞洪工程	长江流域	新建	县属	本年正式施工	2011－11		
丹徒区北南窑水库	长江流域	改建	省属	本年正式施工	2011－12		
丹阳市2011年小型农田水利重点县工程	长江流域	改建	县属	本年正式施工	2011－12		
丹徒区2011年小型农田水利重点县工程	长江流域	改建	县属	前期工作			
扬中市2011年小型农田水利重点县工程	长江流域	改建	县属	本年正式施工	2011－12		
句容市秦淮河流域二干河综合整治三期工程	长江流域	新建	省属	本年正式施工	2010－08		2011－03
泰州市							
靖江市夏仕港治理工程	长江流域	扩建	县属	本年正式施工	2010－12－25	2011－5	
兴化市白涂河治理工程	淮河流域	扩建	县属	本年正式施工	2011－04	2011－12	
城黄灌区(姜堰片)续建配套与节水改造2010年度工程项目	淮河流域	改建	县属	本年正式施工	2010－11－30		2011－03－31
泰州市周山河姜堰段治理工程	长江流域	扩建	地市属	本年正式施工	2010－12－25		2011－12－30
靖江市下六圩港枢纽工程	长江流域	新建	县属	本年正式施工	2010－12－20		
靖江市横港治理工程	长江流域	扩建	县属	本年正式施工	2011－12		
泰州市泰兴市沙土区试点	长江流域	新建	省属	筹建			
靖江市长江农场下段应急护岸	长江流域	新建	地市属	筹建			
泰兴市两泰官河治理工程	长江流域	扩建	县属	本年正式施工	2011－12		
泰兴市古马干河治理工程	长江流域	扩建	县属	本年正式施工	2011－12		
老通扬运河(姜堰段)治理工程	长江流域	新建	省属	本年正式施工	2011－10	2011－12	2012－07
靖江市长江农场2010年度应急护岸工程	长江流域	新建	省属	本年正式施工	2011－10		2011－12

续上表

	所属流域	建设性质	隶属关系	建设阶段	开工时间	本年部分建成投产时间	全部建成投产时间
农村饮水安全工程	长江流域	新建	县属	本年正式施工	2010—09	2011—12	2012—02
泰兴市如泰运河(一期)治理工程	长江流域	扩建	省属	筹建			
兴化渭水河治理工程	长江流域	扩建	省属	筹建			
泰兴市如泰运河(二期)治理工程	长江流域	扩建	省属	筹建			
姜堰市茅山河治理工程	长江流域	扩建	省属	筹建			
海陵区老通扬运河治理工程	长江流域	扩建	省属	筹建			
海陵区稻河治理工程	长江流域	扩建	省属	筹建			
开发区生产河治理工程	长江流域	扩建	省属	筹建			
海陵区小型农田水利重点县 2011 年度项目	长江流域	新建	县属	筹建			
高港区小型农田水利重点县 2011 年度项目	长江流域	新建	县属	筹建			
泰兴市小型农田水利重点县 2011 年度项目	长江流域	新建	县属	筹建			
兴化市小型农田水利重点县 2011 年度项目	长江流域	新建	县属	筹建			
姜堰市小型农田水利重点县 2011 年度项目	长江流域	新建	县属	筹建			
靖江市小型农田水利重点县 2011 年度项目	长江流域	新建	县属	筹建			
泰州市洼地治理工程	长江流域	新建	省属	筹建			
宿迁市							
黄墩湖滞洪区安全建设 2007 年度工程	淮河流域	新建	地市属	前期工作			
避洪楼建设宿迁境内工程	淮河流域	单纯建造生活	省属	本年正式施工	2010—10—24		2011—12—30
泗洪县塘怀一小水库除险加固工程	淮河流域	改建	县属	本年正式施工	2011—03—15		2011—07—16
泗洪县城西翻水站枢纽	淮河流域	新建	省属	本年正式施工	2011—04—05	2011—08—30	2011—08—12
来龙灌区续建配套与节水改造项目 2011 年度工程	淮河流域	新建	县属	本年正式施工	2011—10—10		2012—03—10
皂河灌区续建与节水改造项目 2011 年度工程	淮河流域	新建	县属	本年正式施工	2011—10—10		2012—03—20
沭阳县 2011 年柴塘灌区续建配套与节水改造工程	淮河流域	新建	县属	本年正式施工	2011—10—10	2011—12—30	2012—03—20
宿城区运南灌区续建配套与节水改造项目 2011 年度工程	淮河流域	新建	县属	本年正式施工	2011—10—30		2012—03—30
宿城区小型农田水利重点县建设	淮河流域	新建	县属	筹建			
宿豫区小型农田水利重点县建设	淮河流域	新建	其他	筹建			
泗洪县小型农田水利重点县建设	淮河流域	新建	县属	筹建			

续上表

	所属流域	建设性质	隶属关系	建设阶段	开工时间	本年部分建成投产时间	全部建成投产时间
泗阳县小型农田水利重点县建设	淮河流域	新建	县属	筹建			
沭阳县小型农田水利重点县建设	淮河流域	新建	县属	筹建			
宿城区饮水安全	淮河流域	新建	县属	本年正式施工	2011—10—12		2011—12—30
宿豫区饮水安全	淮河流域	新建	县属	本年正式施工	2011—09—10		2011—12—30
泗洪县饮水安全	淮河流域	新建	县属	本年正式施工	2011—11—12		2011—12—30
泗阳县饮水安全	淮河流域	新建	县属	本年正式施工	2011—11—10		2011—12—30
沭阳县饮水安全	淮河流域	新建	县属	本年正式施工	2011—10—12		2011—12—30
沭阳县柴米河	淮河流域	新建	省属	本年正式施工	2011—03—27		
宿城区西沙河一期	淮河流域	新建	省属	本年正式施工	2011—04—28	2011—11—10	
宿城区西沙河二期	淮河流域	新建	省属	本年正式施工	2011—04—02	2011—12—30	
宿豫区总六塘河二期	淮河流域	新建	省属	本年正式施工	2011—10—10		
宿豫区总六塘河三期	淮河流域	新建	省属	本年正式施工	2011—10—25		
宿城区西民便河三期	淮河流域	新建	省属	前期工作			
宿城区西民便河四期	淮河流域	新建	省属	前期工作			
宿城区废黄河	淮河流域	新建	省属	本年正式施工	2011—10—20		
宿迁市西民便河应急整治	淮河流域	新建	省属	本年正式施工	2010—11—16		2011—12—30
泗洪县西民便河整治	淮河流域	改建	省属	本年正式施工	20110506		
宿迁市总六塘河疏浚治理	淮河流域	新建	省属	本年正式施工	2011—02—19		2011—12—30
省属							
“十一五”水资源监测能力建设	长江流域	扩建	省属	本年正式施工	2009—01—10		2011—12—30
常熟枢纽加固改造	长江流域	改建	省属	本年正式施工	2009—05—05		2011—12—30
西藏援建工程	长江流域	改建	省属	本年正式施工	2011—09—01		2011—10—01
中小河流省级质检和管理费	长江流域	改建	省属	本年正式施工	2011—05—05		2011—12—12
蔷薇河地涵拆建设	淮河流域	扩建	省属	本年正式施工	2009—08—09		2011—12—30
江苏省水资源管理信息系统一期工程	长江流域	扩建	省属	本年正式施工	2009—10—05		
江都宜陵闸加固工程	淮河流域	改建	省属	筹建			
水文遥测系统整合	长江流域	改建	省属	筹建			
徐州、连云港等三市抗旱打井等工程经费补助	淮河流域	新建	省属	本年正式施工	2011—10—09		2011—12—31
“十一五”水文水资源工程	长江流域	新建	省属	本年正式施工	2011—03—03		
泰东河工程	淮河流域	改建	省属	本年正式施工	2011—02—17		
省水利信息网络改扩建工程	长江流域	扩建	省属	本年正式施工	2011—04—01		2011—12—30
淮河入江水道整治	淮河流域	扩建	省属	本年正式施工	2011—10		
宿迁洪涝灾情巡测基地建设	淮河流域	新建	省属	筹建			

续上表

	所属流域	建设性质	隶属关系	建设阶段	开工时间	本年部分建成投产时间	全部建成投产时间
洪泽湖大堤除险加固	淮河流域	扩建	省属	筹建			
中小河流水文监测系统建设	淮河流域	新建	省属	筹建			
泰州引江河二期	淮河流域	扩建	省属	筹建			
水文综合实验楼及基地附属设施建设	长江流域	新建	省属	筹建			
省水利物资总站防汛物资仓储基地迁建改造工程	淮河流域	改建	省属	筹建			
小型水库防汛通信预警系统	长江流域	新建	省属	筹建			
淮河入海水道二期	淮河流域	扩建	省属	筹建			
走马塘工程(省属部分)	长江流域	扩建	省属	本年正式施工	2010－02－20		
项目类型							

2011年江苏省水利基建项目一览表(二)

	效益名称	建设规模	本年施工规模		累计新增效益	
			小计	其中:本年新开工	小计	其中:本年新增
合计		14929.63	5807.70	5271.27	7766.46	4643.78
江苏		14929.63	5807.70	5271.27	7766.46	4643.78
南京市		3638.98	256.36	206.36	167.29	167.29
南京市秦淮河上游二干河综合整治三期工程(溧水县)	新建及加固堤防长度(公里)	20.00	20.00	20.00	20.00	20.00
南京市溧水县新桥河治理工程	新建及加固堤防长度(公里)	11.22	11.22	11.22	11.22	11.22
	河道整治长度(公里)	5.00	5.00	5.00	5.00	5.00
南京市高淳县胥河治理工程	新建及加固堤防长度(公里)	9.09	9.09	9.09	9.09	9.09
	河道整治长度(公里)	0.97	0.97	0.97	0.97	0.97
南京市六合区八百河治理工程	新建及加固堤防长度(公里)	6.80	6.80	6.80	6.80	6.80
	河道整治长度(公里)	7.73	7.73	7.73	7.73	7.73
南京市六合区节水灌溉	节水灌溉面积(万亩)	0.30	0.30	0.30	0.30	0.30
南京市江宁区朱门小流域治理	水保治理面积(万亩)	1.60	1.60	1.60	1.60	1.60
南京市溧水县西塘小流域治理	水保治理面积(万亩)	1.51	1.51	1.51	1.51	1.51
南京市浦口区石头河水利血防	河道整治长度(公里)	5.15	5.15	5.15	5.15	5.15
南京市江宁区天然河、和尚港水利血防	河道整治长度(公里)	3.60	3.60	3.60	3.60	3.60
南京市六合区新禹河水利血防	河道整治长度(公里)	4.10	4.10	4.10	4.10	4.10
南京市溧水县天生桥河应急整治工程	新建及加固堤防长度(公里)	6.08	6.08	6.08	6.08	6.08
南京市雨花台区板桥河应急整治工程	新建及加固堤防长度(公里)	3.60	3.60	3.60	3.60	3.60
	河道整治长度(公里)	2.06	2.06	2.06	2.06	2.06
南京市溧水县天生桥河整治	新建及加固堤防长度(公里)	6.00	6.00	6.00	6.00	6.00
	河道整治长度(公里)	7.60	7.60	7.60	7.60	7.60
南京市江宁区小型农田水利建设重点县(2010)	改善灌溉面积(万亩)	4.35	4.35	4.35	4.35	4.35
	改善除涝面积(万亩)	7.68	7.68	7.68	7.68	7.68
	恢复灌溉面积(万亩)	1.90				
南京市高淳县小型农田水利建设重点县(2010)	改善灌溉面积(万亩)	5.40	5.40	5.40	5.40	5.40
	改善除涝面积(万亩)	0.40	0.40	0.40	0.40	0.40
	恢复灌溉面积(万亩)	0.40				
南京市六合区小型农田水利建设专项工程(2010)	改善灌溉面积(万亩)	1.10	1.10	1.10	1.10	1.10
南京市浦口区小型农田水利建设专项工程(2010)	改善灌溉面积(万亩)	0.90	0.90	0.90	0.90	0.90

续上表

	效益名称	建设规模	本年施工规模		累计新增效益	
			小计	其中:本年新开工	小计	其中:本年新增
南京市长江干堤2010年应急加固工程	新建及加固堤防长度(公里)	22.96	22.96	22.96	22.96	22.96
南京市长江干堤2011年应急加固工程	新建及加固堤防长度(公里)	50.00	50.00			
南京市六合区红光河水利血防工程	河道整治长度(公里)	2.23				
	新建及加固堤防长度(公里)	4.46				
南京市六合区新禹河治理工程	新建及加固堤防长度(公里)	20.80	20.80	20.80		
南京市江宁区江宁河治理工程	新建及加固堤防长度(公里)	9.00	9.00	9.00		
南京市溧水县一干河治理工程	新建及加固堤防长度(公里)	0.52	0.52	0.52		
	河道整治长度(公里)	8.75	8.75	8.75		
南京市栖霞区九乡河治理工程	新建及加固堤防长度(公里)	3.65				
	河道整治长度(公里)	3.65				
南京市高淳县漆桥河治理工程	新建及加固堤防长度(公里)	6.46				
	河道整治长度(公里)	6.67				
南京市高淳县相国泵站更新改造工程	排灌装机容量(千千瓦)	1940.00				
南京市高淳县蛇山泵站更新改造工程	排灌装机容量(千千瓦)	1270.00				
南京市水阳江下游防洪治理近期2011年度工程	河道整治长度(公里)	2.00				
	新建及加固堤防长度(公里)	5.10				
南京市滁河防洪治理近期工程2011年度工程	新建及加固堤防长度(公里)	36.00				
南京市六合区金牛灌区更新改造工程	改善灌溉面积(万亩)	63.00				
南京市城市防洪2011年度工程	排灌装机容量(千千瓦)	12.04	12.04	12.04	12.04	12.04
	改善除涝面积(万亩)	3.05	3.05	3.05	3.05	3.05
南京市江宁区牧龙河水环境综合治理工程	河道整治长度(公里)	7.00	7.00	7.00	7.00	7.00
南京市江宁区赵库水库溢洪河整治工程	河道整治长度(公里)	0.40				
南京市高淳县2011年小型农田水利重点县工程	改善灌溉面积(万亩)	5.02				
南京市江宁区2011年小型农田水利重点县工程	改善灌溉面积(万亩)	7.02				
	改善除涝面积(万亩)	3.97				

续上表

	效益名称	建设规模	本年施工规模		累计新增效益	
			小计	其中:本年新开工	小计	其中:本年新增
南京市浦口区2011年小型农田水利重点县工程	改善灌溉面积(万亩)	3.51				
	改善除涝面积(万亩)	4.10				
南京市六合区2011年小型农田水利重点县工程	改善灌溉面积(万亩)	6.02				
	改善除涝面积(万亩)	5.36				
南京市溧水县2011年中央财政重点县高效节水灌溉试点县	节水灌溉面积(万亩)	1.70				
无锡市		3478.94	732.61	712.21	3426.61	712.21
江阴市2010年中央财政小型农田水利专项工程	改善除涝面积(万亩)	1.59	1.59	1.59	1.59	1.59
	改善灌溉面积(万亩)	3.20	3.20	3.20	3.20	3.20
宜兴市黄墅水库除险加固工程	有效灌溉面积(万亩)	0.20	0.20	0.20	0.20	0.20
	恢复库容(亿立方米)	0.05	0.05	0.05	0.05	0.05
宜兴市2010年中央财政小型农田水利专项工程	供水能力(万吨每日)	0.07	0.07	0.07	0.07	0.07
	改善灌溉面积(万亩)	0.05	0.05	0.05	0.05	0.05
宜兴市油车水库工程	供水能力(万吨每日)	4.79				
	水库总库容(亿立方米)	0.33				
锡山区2010年中央财政小型农田水利专项工程	改善灌溉面积(万亩)	3.07	3.07	3.07	3.07	3.07
	渠道防渗长度(公里)	40.00	35.00	35.00	40.00	35.00
太湖梅梁湖(含月亮湾)生态清淤2009年度工程	水保治理面积(万亩)	0.59	0.59	0.59	0.59	0.59
山北南圩、盛岸联圩达标建设工程	新建及加固堤防长度(公里)	3200.00	511.00	511.00	3200.00	511.00
走马塘拓浚延伸工程无锡市境内工程	河道整治长度(公里)	39.00	36.50	16.10	36.50	16.10
江阴市镇村河道综合整治工程	新建及加固堤防长度(公里)	9.30	9.30	9.30	9.30	9.30
	有效灌溉面积(万亩)	8.20	8.20	8.20	8.20	8.20
	改善灌溉面积(万亩)	2.20	2.20	2.20	2.20	2.20
	改善除涝面积(万亩)	2.80	2.80	2.80	2.80	2.80
太湖梅梁湖生态清淤2010年度工程	河道整治长度(公里)					
“清河行动”黑臭河道清淤工程	河道整治长度(公里)	25.51	3.30	3.30	3.30	3.30
运东大包围外围堤防加高加固(惠山段)2009年度工程	排灌装机容量(千千瓦)	0.91	0.91	0.91	0.91	0.91
	改善除涝面积(万亩)	1.80	1.80	1.80	1.80	1.80

续上表

	效益名称	建设规模	本年施工规模		累计新增效益	
			小计	其中:本年新开工	小计	其中:本年新增
	新建及加固堤防长度(公里)	1.59	1.59	1.59	1.59	1.59
惠山区西漳南闸泵站改造工程	排灌装机容量(千千瓦)	0.72	0.72	0.72	0.72	0.72
	改善除涝面积(万亩)	1.80	1.80	1.80	1.80	1.80
惠山区2011年度区内水利工程汇总	改善灌溉面积(万亩)	0.12	0.12	0.12	0.12	0.12
	河道整治长度(公里)	31.80	31.80	31.80	31.80	31.80
	改善除涝面积(万亩)	9.80	9.80	9.80	9.80	9.80
	排灌装机容量(千千瓦)	1.85	1.85	1.85	1.85	1.85
	新建及加固堤防长度(公里)	15.90	15.90	15.90	15.90	15.90
双泾河拓浚工程	河道整治长度(公里)	8.20	8.20	8.20	8.20	8.20
锡东水环境工程一期	河道整治长度(公里)	15.80				
运东锡山区域外围河道配套工程	河道整治长度(公里)	6.70				
无锡市新区2011年度水利建设工程	河道整治长度(公里)	24.00	24.00	24.00	24.00	24.00
	新建及加固堤防长度(公里)	5.00	5.00	5.00	5.00	5.00
	渠道防渗长度(公里)	12.00	12.00	12.00	12.00	12.00
徐州市						
常州市						
苏州市		1558.97	1347.43	1156.63	1436.22	1344.92
苏州市东太湖综合整治工程	新建及加固堤防长度(公里)					
相城区农村水利建设	改善灌溉面积(万亩)	0.50	0.50	0.50	0.50	0.50
	改善除涝面积(万亩)	2.63	2.63	2.63	2.63	2.63
	节水灌溉面积(万亩)	0.30	0.30	0.30	0.30	0.30
相城区小型农田水利重点县建设	改善灌溉面积(万亩)	1.06	1.06		1.06	1.06
	节水灌溉面积(万亩)	1.06	1.06		1.06	1.06
张家港朝东圩港一环城河河道工程	河道整治长度(公里)	18.33	12.68		18.33	12.68
张家港农村水利建设	河道整治长度(公里)	176.00	176.00		176.00	176.00
张家港市三干河南延工程	有效灌溉面积(万亩)					
	除涝面积(万亩)					
	河道整治长度(公里)					
张家港市中央财政小型农田水利重点县	改善除涝面积(万亩)					
	渠道防渗长度(公里)					
	新建及加固堤防长度(公里)					

续上表

	效益名称	建设规模	本年施工规模		累计新增效益	
			小计	其中:本年新开工	小计	其中:本年新增
	改善灌溉面积(万亩)					
	节水灌溉面积(万亩)					
	排灌装机容量(千千瓦)					
	除涝面积(万亩)					
	有效灌溉面积(万亩)					
	供水能力(万吨每日)					
张家港开发区南区水系调整工程	除涝面积(万亩)	2.85	0.43	0.43	0.43	0.43
张家港七干河河道工程	河道整治长度(公里)	6.60				
张家港百年一遇江堤加固改造工程	新建及加固堤防长度(公里)	12.40				
张家港长江澄通河段通州沙西水道河道整治工程	新建及加固堤防长度(公里)	22.68				
昆山市小型农田水利重点县工程	渠道防渗长度(公里)	52.00	52.00	52.00	52.00	52.00
昆山市 2011 年度张家港挡墙工程	河道整治长度(公里)	6.58	6.58	6.58	6.58	6.58
昆山市昆北塘综合整治项目二期工程	河道整治长度(公里)	6.40	6.40	6.40	6.40	6.40
昆山市道褐浦综合整治工程	河道整治长度(公里)	10.50	10.50	10.50	10.50	10.50
昆山市泗安泾河道综合整治项目	河道整治长度(公里)	6.80	6.80	6.80	6.80	6.80
昆山市千灯浦综合治理	新建及加固堤防长度(公里)	0.30	0.30	0.30	0.30	0.30
	河道整治长度(公里)	1.80	1.80	1.80	1.80	1.80
昆山市农村水利建设工程	改善灌溉面积(万亩)	1.25	1.25	1.25	1.25	1.25
	新建及加固堤防长度(公里)	102.30	102.30	102.30	102.30	102.30
吴江市中央财政小型农田水利重点县工程	改善灌溉面积(万亩)	2.33	0.95	0.95	1.81	0.95
	除涝面积(万亩)	2.01	0.85	0.85	1.41	0.85
	改善除涝面积(万亩)	10.20	4.08	4.08	8.20	4.08
	节水灌溉面积(万亩)	2.04	0.86	0.86	1.69	0.86
	渠道防渗长度(公里)	150.60	41.00	41.00	118.63	41.00
	排灌装机容量(千千瓦)	4.03	1.77	1.77	3.43	1.77
吴江市圩区建设及河道整治工程	排灌装机容量(千千瓦)	7.48	7.48	7.48	7.48	7.48
	河道整治长度(公里)	195.96	195.96	195.96	195.96	195.96
	渠道防渗长度(公里)	149.70	149.70	149.70	149.70	149.70
	节水灌溉面积(万亩)	2.09	2.09	2.09	2.09	2.09
	新建及加固堤防长度(公里)	192.00	192.00	192.00	192.00	192.00
	改善灌溉面积(万亩)	1.88	1.88	1.88	1.88	1.88

续上表

	效益名称	建设规模	本年施工规模		累计新增效益	
			小计	其中:本年新开工	小计	其中:本年新增
	除涝面积(万亩)	3.79	3.79	3.79	3.79	3.79
	有效灌溉面积(万亩)	0.44	0.44	0.44	0.44	0.44
	改善除涝面积(万亩)	14.40	14.40	14.40	14.40	14.40
吴江备用水源地建设	供水能力(万吨每日)	30.00	20.00	20.00	20.00	20.00
	饮水安全达标人口(万人)	80.00	50.00	50.00	50.00	50.00
太仓市应急水源地工程	水库总库容(亿立方米)	0.17	0.17	0.17	0.17	0.17
	供水能力(万吨每日)	60.00	60.00	60.00	60.00	60.00
太仓市十八港整治工程	河道整治长度(公里)	2.51	2.51	2.51		
太仓市杨林枢纽导流工程——新塘河导流工程	改善除涝面积(万亩)	1.20	1.20	1.20	1.20	1.20
	河道整治长度(公里)	4.50	4.50	4.50	4.50	4.50
太仓市2011年城区水环境综合整治工程	河道整治长度(公里)	2.60	2.60	2.60	2.60	2.60
太仓市2010年中央财政小型农田水利重点县建设项目	节水灌溉面积(万亩)	2.75	2.75	2.75	2.75	2.75
	渠道防渗长度(公里)	42.30	42.30	42.30	42.30	42.30
	新建及加固堤防长度(公里)	12.20	12.20	12.20	12.20	12.20
	改善除涝面积(万亩)	3.00	3.00	3.00	3.00	3.00
	改善灌溉面积(万亩)	2.75	2.75	2.75	2.75	2.75
	河道整治长度(公里)	21.00	21.00	21.00	21.00	21.00
太仓市2011年中央财政小型农田水利重点县建设项目	改善灌溉面积(万亩)	1.85	1.85	1.85	1.85	1.85
	改善除涝面积(万亩)	0.50	0.50	0.50	0.50	0.50
	新建及加固堤防长度(公里)	7.80	7.80	7.80	7.80	7.80
	节水灌溉面积(万亩)	1.85	1.85	1.85	1.85	1.85
	渠道防渗长度(公里)	71.85	71.85	71.85	71.85	71.85
	河道整治长度(公里)	38.75	38.75	38.75	38.75	38.75
太仓市2011年双凤、璜泾镇高效节水灌溉项目	改善灌溉面积(万亩)	0.10				
南通市		208.83	47.73	47.73	208.56	47.73
通州区刘桥镇农村饮水安全工程	饮水安全达标人口(万人)	7.94	7.94	7.94	7.94	7.94
海安县西场等乡镇农村饮水安全工程	饮水安全达标人口(万人)	15.04	15.04	15.04	15.04	15.04
海安县城市防洪治理工程	改善除涝面积(万亩)					
	改善或恢复库容(万立方米)					
	河道整治长度(公里)					

续上表

	效益名称	建设规模	本年施工规模		累计新增效益	
			小计	其中:本年新开工	小计	其中:本年新增
	渠道防渗长度(公里)					
	节水灌溉面积(万亩)					
	饮水安全达标人口(万人)					
	新建及加固堤防长度(公里)					
	改善灌溉面积(万亩)					
	供水能力(万吨每日)					
	排灌装机容量(千千瓦)					
	发电装机容量(千千瓦)					
	除涝面积(万亩)					
	有效灌溉面积(万亩)					
	水库总库容(亿立方米)					
	水保治理面积(万亩)					
焦港北闸改造工程	排灌装机容量(千千瓦)					
	发电装机容量(千千瓦)					
	水库总库容(亿立方米)					
	有效灌溉面积(万亩)					
	河道整治长度(公里)					
	除涝面积(万亩)					
	改善或恢复库容(万立方米)					
	渠道防渗长度(公里)					
	节水灌溉面积(万亩)					
	饮水安全达标人口(万人)					
	水保治理面积(万亩)					
	新建及加固堤防长度(公里)					
	改善除涝面积(万亩)					
	改善灌溉面积(万亩)					
	供水能力(万吨每日)					
海安县2010年中央财政小型农田水利重点县项目	改善除涝面积(万亩)	7.82	7.82	7.82	7.82	7.82
	节水灌溉面积(万亩)	0.51	0.51	0.51	0.51	0.51
	改善灌溉面积(万亩)	1.24	1.24	1.24	1.24	1.24
如东九洋中型灌区节水配套改造工程	有效灌溉面积(万亩)	22.00			22.00	
	改善灌溉面积(万亩)	8.00			8.00	

续上表

	效益名称	建设规模	本年施工规模		累计新增效益	
			小计	其中:本年新开工	小计	其中:本年新增
	节水灌溉面积(万亩)	15.80			15.80	
	渠道防渗长度(公里)	115.03			115.03	
如东县掘港、栟茶、大豫镇三镇农村饮水安全工程	饮水安全达标人口(万人)	4.32	4.32	4.32	4.32	4.32
农村饮水安全工程2	饮水安全达标人口(万人)	10.75	10.75	10.75	10.75	10.75
海门市2011年中央财政小型农田水利重点县	节水灌溉面积(万亩)	0.38	0.11	0.11	0.11	0.11
连云港市		41.18	41.18	41.18	41.18	41.18
2011年大型灌区高效节水和水源基础设施建设(东海沭新渠)	改善灌溉面积(万亩)	1.10	1.10	1.10	1.10	1.10
赣榆县饮水安全工程	饮水安全达标人口(万人)	9.14	9.14	9.14	9.14	9.14
海州区饮水安全工程	饮水安全达标人口(万人)	2.31	2.31	2.31	2.31	2.31
灌云县饮水安全工程	饮水安全达标人口(万人)	1.22	1.22	1.22	1.22	1.22
灌南县饮水安全工程	饮水安全达标人口(万人)	7.46	7.46	7.46	7.46	7.46
东海县饮水安全工程	饮水安全达标人口(万人)	19.95	19.95	19.95	19.95	19.95
淮安市		233.49	184.43	83.15	184.43	184.43
金湖县老三河治理工程	河道整治长度(公里)	18.51				
	新建及加固堤防长度(公里)	30.55				
公兴河(涟水县)治理工程	河道整治长度(公里)	23.50	23.50		23.50	23.50
清浦区2010年中央财政小型农田水利专项工程	改善灌溉面积(万亩)	0.50	0.50	0.50	0.50	0.50
淮安市渠西河治理工程	河道整治长度(公里)	25.81	25.81	25.81	25.81	25.81
楚州区2010年中央财政小型农田水利专项工程	改善灌溉面积(万亩)	0.80	0.80	0.80	0.80	0.80
洪金灌区续建配套节水改造五期	改善灌溉面积(万亩)	19.31	19.31		19.31	19.31
渠南灌区续建配套与节水改造七期	改善灌溉面积(万亩)	10.24	10.24		10.24	10.24
涟西灌区节水改造六期	改善灌溉面积(万亩)	11.70	11.70		11.70	11.70
涟东灌区节水改造二期	改善灌溉面积(万亩)	12.30	12.30		12.30	12.30
清水坝灌区二期	改善灌溉面积(万亩)	12.31	12.31		12.31	12.31
淮涟灌区七期	改善灌溉面积(万亩)	11.03	11.03		11.03	11.03
淮安市团结河治理工程	新建及加固堤防长度(公里)					
	河道整治长度(公里)	18.50	18.50	18.50	18.50	18.50
	改善灌溉面积(万亩)					
涟水县2011年农村饮水安全工程	饮水安全达标人口(万人)	3.71	3.71	3.71	3.71	3.71

续上表

	效益名称	建设规模	本年施工规模		累计新增效益	
			小计	其中:本年新开工	小计	其中:本年新增
盱眙县2011年农村饮水安全工程	饮水安全达标人口(万人)	14.68	14.68	14.68	14.68	14.68
楚州区2011年农村饮水安全工程	饮水安全达标人口(万人)	3.67	3.67	3.67	3.67	3.67
洪泽县2011年农村饮水安全工程	饮水安全达标人口(万人)	1.43	1.43	1.43	1.43	1.43
涟水县2010年中央财政小型农田水利专项工程	改善灌溉面积(万亩)	0.40	0.40	0.40	0.40	0.40
金湖县2010年中央财政小型农田水利工程重点县项目	改善灌溉面积(万亩)	2.50	2.50	2.50	2.50	2.50
盱眙县2010年中央财政小型农田水利工程重点县项目	改善灌溉面积(万亩)	2.50	2.50	2.50	2.50	2.50
	节水灌溉面积(万亩)					
洪泽县2010年中央财政小型农田水利工程重点县项目	改善灌溉面积(万亩)	4.15	4.15	4.15	4.15	4.15
淮阴区2010年中央财政小型农田水利工程重点县项目	改善灌溉面积(万亩)	4.50	4.50	4.50	4.50	4.50
盐城市		3847.97	1636.41	1531.23	810.23	738.26
大丰川东港闸下移(08)	改善除涝面积(万亩)	97.20	97.20	97.20	97.20	97.20
	新建及加固堤防长度(公里)	2.80	2.80	2.80	2.80	2.80
	河道整治长度(公里)	1.10	1.10	1.10	1.10	1.10
	改善灌溉面积(万亩)	1.60	1.60	1.60	1.60	1.60
阜宁杨集河治理工程	河道整治长度(公里)	11.80	11.80	11.80	11.80	11.80
阜宁县海陵河治理工程	河道整治长度(公里)	15.70	15.70	15.70	15.70	15.70
盐都区东涡河治理工程	河道整治长度(公里)	24.60	24.60	24.60	24.60	24.60
大丰市王港河上段河道治理工程	改善灌溉面积(万亩)	110.25	110.25	110.25	110.25	110.25
	河道整治长度(公里)	22.54	22.54	22.54	22.54	22.54
东台市三仓河治理工程	河道整治长度(公里)	18.00	18.00	18.00	18.00	18.00
建湖县蔷薇河治理工程	新建及加固堤防长度(公里)	0.63	0.63	0.63	0.63	0.63
	河道整治长度(公里)	5.90	5.90	5.90	5.90	5.90
射阳县运棉河地区安南、和合圩区和利民河地区盘湾圩区治理	改善除涝面积(万亩)	99.00	99.00	99.00	99.00	99.00
东台市三仓河东延供水工程	河道整治长度(公里)	5.90	5.90	5.90	5.90	5.90
2010年度城市防洪	河道整治长度(公里)	78.94	25.91	25.91	78.94	25.91
东台市堤东灌区(10年)	排灌装机容量(千千瓦)	0.04	0.04		0.04	0.04
	改善灌溉面积(万亩)	32.60	32.60		32.60	32.60
	节水灌溉面积(万亩)	0.13	0.13		0.13	0.13

续上表

	效益名称	建设规模	本年施工规模		累计新增效益	
			小计	其中:本年新开工	小计	其中:本年新增
	渠道防渗长度(公里)	1.80	1.80		1.80	1.80
大丰市川南灌区	河道整治长度(公里)	56.60	21.15	21.15	21.15	21.15
	改善除涝面积(万亩)	8.30	4.10	4.10	4.10	4.10
	改善灌溉面积(万亩)	3.16	1.60	1.60	1.60	1.60
滨海县陈涛灌区	改善除涝面积(万亩)	5.00	5.00	5.00	5.00	5.00
	渠道防渗长度(公里)	8.60	8.60	8.60	8.60	8.60
	河道整治长度(公里)	15.70	15.70	15.70	15.70	15.70
	改善灌溉面积(万亩)	7.08	7.08	7.08	7.08	7.08
滨海县翻身河整治工程	河道整治长度(公里)	29.20	29.20	29.20	29.20	29.20
建湖县女儿河下段整治工程	新建及加固堤防长度(公里)	2.20				
	河道整治长度(公里)	3.90	1.00	1.00		
建湖县林城河整治工程	河道整治长度(公里)	13.07	5.00	5.00		
西潮河上段整治工程	河道整治长度(公里)	10.73				
亭湖区新丰河整治工程	排灌装机容量(千千瓦)	0.33				
	河道整治长度(公里)	19.30	3.86	3.86	3.86	3.86
射阳县利民河整治工程	河道整治长度(公里)	12.20				
阜宁县潮河(太平桥—射阳河段)整治工程	河道整治长度(公里)	11.64				
滨海县淤黄河上段整治工程	河道整治长度(公里)	27.40				
滨海县淤黄河下段整治工程	河道整治长度(公里)	16.35				
大丰市王港河下游段河道治理工程	河道整治长度(公里)	19.00	0.90	0.90	0.90	0.90
东台市堤东灌区改造(2011年)	改善灌溉面积(万亩)	22.60	22.60	22.60	18.00	18.00
大丰市堤东灌区改造(2011年)	改善灌溉面积(万亩)					
2011年度城市防洪	河道整治长度(公里)	42.74				
	新建及加固堤防长度(公里)	1.81				
2011年射阳农村饮用水安全工程	饮水安全达标人口(万人)	4.19	4.19		4.19	4.19
射阳县农村学校饮用水安全工程	供水能力(万吨每日)	2.85	2.85		2.85	2.85
	饮水安全达标人口(万人)	3.52	3.52		3.52	3.52
盐龙湖水库工程	水库总库容(亿立方米)	0.05	0.05			
	供水能力(万吨每日)	60.00	60.00			
响水县2011年中央财政小型农田水利重点县工程	河道整治长度(公里)	69.40	32.10	32.10	32.10	32.10
	除涝面积(万亩)	4.10	2.10	2.10	2.10	2.10

续上表

	效益名称	建设规模	本年施工规模		累计新增效益	
			小计	其中:本年新开工	小计	其中:本年新增
	改善除涝面积(万亩)	0.89	0.42	0.42	0.42	0.42
	新建及加固堤防长度(公里)	0.50	0.30	0.30	0.30	0.30
	渠道防渗长度(公里)	1.45	0.80	0.80	0.80	0.80
大丰市2011年度农村学校饮水安全工程	饮水安全达标人口(万人)	3.06	3.06	3.06	3.06	3.06
盐都区2011年度农村饮水安全工程	饮水安全达标人口(万人)	4.82	4.82	4.82	4.82	4.82
东台市2011年农村饮水安全工程	饮水安全达标人口(万人)	6.08	6.08	6.08	6.08	6.08
亭湖区2011年度农村饮水安全工程	供水能力(万吨每日)	0.59	0.59	0.59	0.59	0.59
	饮水安全达标人口(万人)	1.64	1.64	1.64	1.64	1.64
射阳县2011年度中央财政小型农田水利重点县工程	改善灌溉面积(万亩)	6.80				
	渠道防渗长度(公里)	1.60				
	河道整治长度(公里)	4.50				
滨海县2011年度中央财政小型农田水利重点县工程	改善灌溉面积(万亩)	5.00				
亭湖区2011年度中央财政小型农田水利重点县项目	渠道防渗长度(公里)	20.00	13.00	13.00		
	河道整治长度(公里)	44.52	30.00	30.00		
	排灌装机容量(千千瓦)	2575.00	765.00	765.00		
建湖县2011年中央财政小型农田水利重点县工程	改善灌溉面积(万亩)	8.50	8.50	8.50		
	改善除涝面积(万亩)	11.00	11.00	11.00		
盐都区2011年中央财政小型农田水利重点县工程	改善灌溉面积(万亩)	0.40				
	渠道防渗长度(公里)	17.00				
东台市2011年中央财政小型农田水利重点县工程	改善灌溉面积(万亩)	6.90	6.90	6.90	6.90	6.90
	渠道防渗长度(公里)	44.55	44.55	44.55	44.55	44.55
响水县大有镇七套片区域治理	水保治理面积(万亩)	2.25				
亭湖区南洋东片治理工程	河道整治长度(公里)	8.70				
大丰市2011年度小型农田水利专项工程	改善灌溉面积(万亩)	1.60	1.60	1.60	1.60	1.60
	改善除涝面积(万亩)	4.40	4.40	4.40	4.40	4.40
	排灌装机容量(千千瓦)	0.99	0.99	0.99	0.99	0.99
大丰市2011旱改水田间工程改造	改善灌溉面积(万亩)	0.35	0.35	0.35	0.35	0.35

续上表

	效益名称	建设规模	本年施工规模		累计新增效益	
			小计	其中:本年新开工	小计	其中:本年新增
	改善除涝面积(万亩)	0.46	0.46	0.46	0.46	0.46
	渠道防渗长度(公里)	10.65	10.65	10.65	10.65	10.65
	排灌装机容量(千千瓦)	0.70	0.70	0.70	0.70	0.70
响水县新丰河闸拆建工程	改善除涝面积(万亩)	0.50	0.50	0.50	0.50	0.50
阜宁县 2011 年中央财政小型农田水利重点县工程	改善灌溉面积(万亩)	3.98				
大丰市 2011 年度高标准农田重点县工程	改善灌溉面积(万亩)	6.10				
射阳县 2010 年度农村饮水安全工程	饮水安全达标人口(万人)	10.43			10.43	
建湖县 2010 年度农村饮水安全工程	饮水安全达标人口(万人)	8.51			8.51	
射阳县串通河整治	河道整治长度(公里)	12.00	12.00	12.00	12.00	12.00
扬州市		288.02	102.34	102.34	137.39	91.69
江都老通扬运河治理	新增堤防长度(公里)	2.90			2.90	
	河道整治长度(公里)	17.50			17.50	
高邮北澄子河治理	新建及加固堤防长度(公里)	7.06			7.06	
	河道整治长度(公里)	6.31			6.31	
宝应县宝射河治理工程	涵闸新、改建(座)	1.00			1.00	
扬州市仪扬河整治工程	新建及加固堤防长度(公里)	3.01	2.26	2.26	3.01	2.26
	河道整治长度(公里)	8.12	6.04	6.04	8.12	6.04
高邮市向阳河整治	新建及加固堤防长度(公里)	3.81	2.72	2.72	3.81	2.72
	河道整治长度(公里)	18.65	13.32	13.32	18.65	13.32
江都市红旗河整治工程	河道整治长度(公里)	3.16	3.16	3.16	3.16	3.16
	新建及加固堤防长度(公里)	6.32	6.32	6.32	6.32	6.32
扬州市东片区骨干河道整治 1 期工程	河道整治长度(公里)	8.74	2.91	2.91	2.91	2.91
仪征市泗源沟整治工程	河道整治长度(公里)	4.00	3.00	3.00	4.00	3.00
	新建及加固堤防长度(公里)	2.73	2.05	2.05	2.73	2.05
扬州市广陵区横沟河综合整治工程	河道整治长度(公里)	5.04	1.44	1.44	1.44	1.44
宝应县芦范河整治工程	新建及加固堤防长度(公里)	9.70	8.08	8.08	8.08	8.08
	河道整治长度(公里)	18.00	15.00	15.00	15.00	15.00
扬州市黄泥沟综合整治工程	新建及加固堤防长度(公里)	5.00	1.50	1.50	1.50	1.50
	河道整治长度(公里)	2.50	0.75	0.75	0.75	0.75
扬州经济开发区(2011～2012 年)治涝应急工程	河道整治长度(公里)	30.95	10.71	10.71	10.71	10.71

续上表

	效益名称	建设规模	本年施工规模		累计新增效益	
			小计	其中:本年新开工	小计	其中:本年新增
淮河入江水道整治工程	新建及加固堤防长度(公里)	89.00	10.35	10.35	5.00	5.00
	渠道防渗长度(公里)	21.00	10.30	10.30	5.00	5.00
邗江区瓜洲镇建华小流域治理	河道整治长度(公里)	5.60				
	水保治理面积(万亩)	2.25				
镇江市						
泰州市						
宿迁市		1633.26	1459.22	1390.45	1354.55	1316.08
避洪楼建设宿迁境内工程	改善除涝面积(万亩)	3.00	3.00	3.00	3.00	3.00
泗洪县塘怀(一)小水库除险加固工程	改善灌溉面积(万亩)	0.05	0.05	0.05	0.05	0.05
泗洪县城西翻水站枢纽	除涝面积(万亩)	7.50	7.50	7.50	7.50	7.50
	排灌装机容量(千千瓦)	0.75	0.75	0.75	0.75	0.75
	改善除涝面积(万亩)	7.50	7.50	7.50	7.50	7.50
来龙灌区续建配套与节水改造项目2011年度工程	改善灌溉面积(万亩)	9.60	9.60	9.60	9.60	9.60
	渠道防渗长度(公里)	5.30	5.30	5.30	5.30	5.30
	河道整治长度(公里)	6.20	6.20	6.20	6.20	6.20
皂河灌区续建与节水改选项目2011年度工程	改善灌溉面积(万亩)	9.60				
	渠道防渗长度(公里)	12.70				
	河道整治长度(公里)	4.61				
沭阳县2011年柴塘灌区续建配套与节水改造工程	改善灌溉面积(万亩)	12.45	12.45	12.45	12.45	12.45
	河道整治长度(公里)	21.90	21.90	21.90	21.90	21.90
	改善除涝面积(万亩)	7.20	7.20	7.20	7.20	7.20
	排灌装机容量(千千瓦)	431.00	431.00	431.00	431.00	431.00
	渠道防渗长度(公里)	42.12	42.12	42.12	42.12	42.12
宿城区运南灌区续建配套与节水改造项目2011年度工程	有效灌溉面积(万亩)	10.50	10.50			
	改善灌溉面积(万亩)	19.21	19.21			
	新建及加固堤防长度(公里)	10.00	10.00			
	渠道防渗长度(公里)	10.00	10.00			
	河道整治长度(公里)	19.06	19.06			
宿城区小型农田水利重点县建设	改善灌溉面积(万亩)	0.20				
	节水灌溉面积(万亩)	0.70				
宿豫区小型农田水利重点县建设	改善灌溉面积(万亩)	5.00				

续上表

	效益名称	建设规模	本年施工规模		累计新增效益	
			小计	其中:本年新开工	小计	其中:本年新增
	节水灌溉面积(万亩)	2.70				
泗洪县小型农田水利重点县建设	改善灌溉面积(万亩)	4.23				
	改善除涝面积(万亩)	4.70				
	节水灌溉面积(万亩)	4.70				
	渠道防渗长度(公里)	76.30				
	河道整治长度(公里)	37.90				
	有效灌溉面积(万亩)	4.70				
泗阳县小型农田水利重点县建设	有效灌溉面积(万亩)	4.00				
沭阳县小型农田水利重点县建设	改善灌溉面积(万亩)	2.00				
宿城区饮水安全	饮水安全达标人口(万人)	3.77	3.77	3.77	3.77	3.77
宿豫区饮水安全	饮水安全达标人口(万人)	3.99	3.99	3.99	3.99	3.99
泗洪县饮水安全	供水能力(万吨每日)	0.24	0.24	0.24	0.24	0.24
	饮水安全达标人口(万人)	2.57	2.57	2.57	2.57	2.57
泗阳县饮水安全	供水能力(万吨每日)	3.18	3.18	3.18	3.18	3.18
	饮水安全达标人口(万人)	13.34	13.34	13.34	13.34	13.34
沭阳县饮水安全	饮水安全达标人口(万人)	10.86	10.86	10.86	10.86	10.86
沭阳县柴米河	河道整治长度(公里)	13.19	13.19	13.19	13.19	13.19
	改善除涝面积(万亩)	637.00	637.00	637.00	637.00	637.00
	新建及加固堤防长度(公里)	1.24	1.24	1.24	1.24	1.24
宿城区西沙河一期	新建及加固堤防长度(公里)	30.00	30.00	30.00	30.00	30.00
宿城区西沙河二期	新建及加固堤防长度(公里)	11.60	11.60	11.60	11.60	11.60
宿豫区总六塘河二期	新建及加固堤防长度(公里)	7.20	7.20	7.20		
宿豫区总六塘河三期	新建及加固堤防长度(公里)	10.80	10.80	10.80		
宿城区废黄河	新建及加固堤防长度(公里)	17.90	17.90	17.90		
宿迁市西民便河应急整治	新建及加固堤防长度(公里)	12.30	12.30	12.30	12.30	12.03
宿迁市总六塘河疏浚治理	新建及加固堤防长度(公里)	18.50	18.50	18.50	18.50	18.50
泗洪县西民便河整治	除涝面积(万亩)	5.00	4.99	4.99	4.99	
	新建及加固堤防长度(公里)	1.00	1.00	1.00	1.00	
	水保治理面积(万亩)	0.21	0.21	0.21	0.21	
	饮水安全达标人口(万人)	32.00	32.00	32.00	32.00	
省属						
项目类型		14929.63	5807.70	5271.27	7766.46	4643.78

2011 年江苏省水利基建项目一览表(三)

(单位:万元)

	项目计划总投资	实际需要总投资	累计安排投资	累计到位投资	累计完成投资	累计新增固定资产	本年新增固定资产
合计	7203602.16	7274387.28	3458260.69	3037900.89	2750486.17	1800072.12	1396219.12
江苏	7195550.16	7266335.28	3450208.69	3029848.89	2745286.17	1794872.12	1391019.12
南京市	555235.93	555023.93	408817.93	372787.93	263662.93	129488.93	124488.93
南京市小型水库除险加固工程	32704.00	32704.00	32704.00	40044.00	35555.00	35555.00	35555.00
南京市秦淮河上游二干河综合整治三期工程(溧水县)	7425.00	7025.00	7025.00	7025.00	7025.00	7025.00	7025.00
南京市溧水县新桥河治理工程	2960.00	3148.00	2921.00	3148.00	3148.00	3148.00	3148.00
南京市高淳县胥河治理工程	2610.00	2610.00	2610.00	2088.00	2610.00	2610.00	2610.00
南京市六合区八百河治理工程	2574.00	2574.00	2547.00	2574.00	2574.00	2574.00	2574.00
南京市六合区节水灌溉	300.00	300.00	300.00	300.00	300.00	300.00	300.00
南京市江宁区朱门小流域治理	503.00	503.00	503.00	503.00	503.00	503.00	503.00
南京市溧水县西塘小流域治理	501.00	501.00	501.00	501.00	501.00	501.00	501.00
南京市浦口区石头河水利血防	1845.00	1845.00	1517.00	1777.00	1777.00	1777.00	1777.00
南京市江宁区天然河、和尚港水利血防	1310.00	1310.00	837.00	1044.00	1044.00	1044.00	1044.00
南京市六合区新禹河水利血防	2326.00	2326.00	1825.00	2232.00	2232.00	2232.00	2232.00
南京市溧水县天生桥河应急整治工程	4200.00	4200.00	4200.00	3908.00	3908.00	3908.00	3908.00
南京市雨花台区板桥河应急整治工程	2400.00	2400.00	2400.00	2853.00	2853.00	2853.00	2853.00
南京市溧水县天生桥河整治	2974.00	2974.00	2974.00	2974.00	2974.00	2974.00	2974.00
南京市江宁区小型农田水利建设重点县(2010)	3282.85	3282.85	3282.85	3282.85	3282.85	3282.85	3282.85
南京市高淳县小型农田水利建设重点县(2010)	3616.89	3616.89	3616.89	3616.89	3616.89	3616.89	3616.89
南京市六合区小型农田水利建设专项工程(2010)	1001.74	1001.74	1001.74	1001.74	1001.74	1001.74	1001.74
南京市浦口区小型农田水利建设专项工程(2010)	505.45	505.45	505.45	505.45	505.45	505.45	505.45
南京市长江干堤 2010 年应急加固工程	155000.00	155000.00	21711.00	21711.00	21711.00	21711.00	16711.00
南京市长江干堤 2011 年应急加固工程	170284.00	170284.00	170284.00	170284.00	109924.00		
南京市六合区红光河水利血防工程	2040.00	2040.00	2040.00	1530.00			
南京市六合区新禹河治理工程	2638.00	2638.00	2659.00	2638.00	2300.00		
南京市江宁区江宁河治理工程	2987.00	2987.00	2686.00	2987.00	2300.00		
南京市溧水县一干河治理工程	2842.00	2842.00	2599.00	2842.00	2300.00		
南京市栖霞区九乡河治理工程	2663.00	2663.00	2397.00	2663.00	2100.00		
南京市高淳县漆桥河治理工程	2404.00	2404.00	2200.00	1923.00	250.00		

续上表

	项目计划总投资	实际需要总投资	累计安排投资	累计到位投资	累计完成投资	累计新增固定资产	本年新增固定资产
南京市浦口区朱家山河沿滁圩区段整治工程	2890.00	2890.00	2890.00	2024.00			
南京市高淳县相国泵站更新改造工程	2654.00	2654.00	2000.00	1660.00			
南京市高淳县蛇山泵站更新改造工程	2835.00	2835.00	1700.00	1400.00			
南京市江宁区朱门小流域治理二期工程	500.00	500.00	500.00	500.00			
南京市江宁区节水灌溉工程(2011)	300.00	300.00	300.00	300.00			
南京市高淳县杨家湾节制闸枢纽工程	6020.00	6020.00	6020.00	6020.00	6020.00	6020.00	6020.00
南京市水阳江下游防洪治理近期2011年度工程	19122.00	19122.00	15000.00	7500.00	5000.00		
南京市滁河防洪治理近期工程2011年度工程	54629.00	54629.00	50000.00	20000.00	10000.00		
南京市六合区金牛灌区更新改造工程	2394.00	2394.00	2397.00	1938.00			
南京市城市防洪2011年度工程	11392.00	11392.00	11392.00	11392.00	11392.00	11392.00	11392.00
南京市江宁区牧龙河水环境综合治理工程	14955.00	14955.00	14955.00	14955.00	14955.00	14955.00	14955.00
南京市江宁区赵库水库溢洪河整治工程	1308.00	1308.00	1477.00	500.00			
南京市高淳县2011年小型农田水利重点县工程	3600.00	3600.00	3600.00	3600.00			
南京市江宁区2011年小型农田水利重点县工程	3437.00	3437.00	3437.00	3437.00			
南京市浦口区2011年小型农田水利重点县工程	3600.00	3600.00	3600.00	3600.00			
南京市六合区2011年小型农田水利重点县工程	3656.00	3656.00	3656.00	3656.00			
南京市江宁区2011年度小型农田水利建设重点县高效节水灌溉专项工程	600.00	600.00	600.00	450.00			
南京市江宁区2011年度重点县奖励项目	400.00	400.00	400.00	400.00			
南京市溧水县2011年中央财政重点县高效节水灌溉试点县	7047.00	7047.00	7047.00	3500.00			
无锡市	346090.73	372094.73	315520.77	313641.77	283648.66	283648.66	175748.97
江阴市2010年中央财政小型农田水利专项工程	4569.69	4569.69	4569.69	4569.69	4569.69	4569.69	4469.00
宜兴市黄墅水库除险加固工程	563.00	563.00	563.00	563.00	563.00	563.00	33.00
宜兴市2010年中央财政小型农田水利专项工程	3553.00	3553.00	3553.00	3553.00	3553.00	3553.00	2753.00
宜兴市油车水库工程	81025.00	81025.00	61000.00	61000.00	61000.00	61000.00	52000.00

续上表

	项目计划总投资	实际需要总投资	累计安排投资	累计到位投资	累计完成投资	累计新增固定资产	本年新增固定资产
锡山区2010年中央财政小型农田水利专项工程	2419.77	2419.77	2419.77	2419.77	2419.77	2419.77	2055.77
太湖梅梁湖(含月亮湾)生态清淤2009年度工程	18646.00	18646.00	10600.00	10600.00	10800.00	10800.00	4300.00
山北南圩、盛岸联圩达标建设工程	8124.00	8124.00	8124.00	8124.00	8124.00	8124.00	4632.00
走马塘拓浚延伸工程无锡市境内工程	99739.00	125743.00	130000.00	130000.00	111600.00	111600.00	41486.00
江阴市镇村河道综合整治工程	5000.00	5000.00	5000.00	5000.00	5000.00	5000.00	5000.00
太湖梅梁湖生态清淤2010年度工程	25727.00	25727.00	8600.00	8600.00	8600.00	8600.00	8600.00
“清河行动”黑臭河道清淤工程	1960.00	1960.00	461.00	461.00	461.00	461.00	461.00
环太湖大堤(滨湖区段)口门建筑物改造工程	1540.00	1540.00	1540.00	1540.00	1540.00	1540.00	1540.00
滨湖区移动式藻水分离站及存藻池配套工程	466.80	466.80	466.80	466.80	466.80	466.80	466.80
运东大包围外围堤防加高加固(惠山段)2009年度工程	2873.00	2873.00	2873.00	2873.00	2873.00	2873.00	2873.00
惠山区西漳南闸泵站改造工程	689.00	689.00	689.00	689.00	689.00	689.00	689.00
惠山区2011年度区内水利工程汇总	8514.00	8514.00	8514.00	8514.00	8514.00	8514.00	8514.00
锡山区区级河道清淤工程	2734.40	2734.40	2734.40	2734.40	2734.40	2734.40	2734.40
双泾河拓浚工程	23257.00	23257.00	23257.00	23257.00	23257.00	23257.00	6258.00
锡东水环境工程一期	23569.79	23569.79	14583.00	14583.00	14583.00	14583.00	14583.00
运东锡山区域外围河道配套工程	7438.00	7438.00	5041.00	5041.00	5041.00	5041.00	5041.00
无锡市新区2011年度水利建设工程	4700.00	4700.00	4700.00	4700.00	4700.00	4700.00	4700.00
宜兴市2011年中央财政小型农田水利专项工程	3510.17	3510.17	950.00	950.00	950.00	950.00	950.00
宜兴市埝径河(诚庄桥—钟张运河)整治工程	1610.00	1610.00	1610.00	1610.00	1610.00	1610.00	1610.00
江阴市小型农田水利重点县2011年度项目	4133.00	4133.00	4133.00	4133.00			
锡山区2011年小型农田水利重点县项目	4003.52	4003.52	4003.52	4003.52			
锡山太湖翠竹节水灌溉示范项目	304.80	304.80	304.80	304.80			
宜兴市军民水库除险加固工程	176.00	176.00	176.00				
宜兴市金家水库除险加固工程	283.00	283.00	283.00				
宜兴响山红水库除险加固工程	220.00	220.00	220.00				
宜兴蒋家庄水库	202.00	202.00	202.00	202.00			
宜兴省庄水库	516.00	516.00	516.00	516.00			
惠山区节水灌溉增效示范项目	1500.00	1500.00	1500.00	1500.00			

续上表

	项目计划总投资	实际需要总投资	累计安排投资	累计到位投资	累计完成投资	累计新增固定资产	本年新增固定资产
惠山区钱桥镇李家湾小流域治理	500.00	500.00	500.00	500.00			
惠山区 2011 年中央财政小型农田水利专项工程	633.79	633.79	633.79	633.79			
江阴白屈港泵站	1390.00	1390.00	1200.00				
徐州市	269635.02	269650.02	268240.02	267974.02	254230.02	251830.02	122931.02
徐州市小型水库除险加固工程	22707.00	22707.00	22707.00	22707.00	22707.00	22707.00	1247.00
徐州市城市防洪工程	99030.00	99030.00	99030.00	99030.00	99030.00	99030.00	15492.00
徐州市郑集河泵站更新改造工程	6045.00	6045.00	6045.00	6045.00	6045.00	6045.00	615.00
沛县湖西泵站更新改造工程	7042.00	7042.00	7042.00	7042.00	7042.00	7042.00	566.00
白马涧水库除险加固工程	255.00	255.00	255.00	255.00	255.00	255.00	60.00
白石水库除险加固工程	239.00	239.00	239.00	239.00	239.00	239.00	25.00
蔡庄水库除险加固工程	266.00	266.00	266.00		266.00	266.00	49.00
古木水库除险加固工程	459.00	459.00	459.00	459.00	459.00	459.00	105.00
石涧水库除险加固工程	289.00	289.00	289.00	289.00	289.00	289.00	34.00
小何水库除险加固工程	349.00	349.00	349.00	349.00	349.00	349.00	34.00
丰县中小河流治理太行堤河治理工程	2829.00	2829.00	2829.00	2829.00	2829.00	2829.00	198.00
丰县沙支河治理工程	902.00	902.00	902.00	902.00	902.00	902.00	852.00
丰县 2011 年小型农田水利重点县工程	2906.50	2906.50	2906.50	2906.50	2906.50	2906.50	2906.50
铜山区农村饮水安全	1293.00	1293.00	1293.00	1293.00	1293.00	1293.00	1293.00
铜山区小型农田水利	3680.00	3680.00	3680.00	3680.00	3680.00	3680.00	3680.00
废黄河铜山段治理工程	2564.00	2564.00	2564.00	2564.00	2564.00	2564.00	180.00
徐州市荆马河治理工程	2679.00	2679.00	2679.00	2679.00	2679.00	2679.00	188.00
徐州市房亭河治理工程	2027.00	2027.00	2027.00	2027.00	2027.00	2027.00	142.00
邳州市农村饮水安全	8241.00	8241.00	8241.00	8241.00	8241.00	8241.00	8241.00
邳州市小型农田水利	2860.00	2860.00	2860.00	2860.00	2860.00	2860.00	2860.00
徐州市奎河上段整治工程	3259.00	3259.00	3259.00	3259.00	3259.00	3259.00	3259.00
徐洪河关帝庙桥、浦棠桥改建工程	1489.00	1489.00	1489.00	1489.00	1489.00	1489.00	845.00
贾汪区老不牢河整治	2689.00	2689.00	2689.00	2689.00	2689.00	2689.00	2689.00
徐州市屯头河应急整治工程	2886.00	2886.00	2886.00	2886.00	2400.00		
民便河整治睢宁县境内工程	1891.00	1891.00	1891.00	1891.00	1891.00	1891.00	1891.00
民便河整治邳州市境内工程	957.00	957.00	957.00	957.00	957.00	957.00	957.00
黄墩湖避洪楼建设邳州市境内工程	2223.00	2223.00	2223.00	2223.00	2223.00	2223.00	1863.00
黄墩湖避洪楼建设睢宁县境内工程	471.00	471.00	471.00	471.00	471.00	471.00	471.00
沛县郑集北支河整治	2992.00	2992.00	2992.00	2992.00	2992.00	2992.00	2992.00

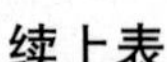

续上表

	项目计划总投资	实际需要总投资	累计安排投资	累计到位投资	累计完成投资	累计新增固定资产	本年新增固定资产
沛县鹿口河整治	2925.00	2925.00	2925.00	2925.00	2925.00	2925.00	2925.00
徐州市废黄河治理工程	21865.00	21880.00	21865.00	21865.00	18185.00	18185.00	18185.00
睢宁县老龙河下段治理工程	2799.00	2799.00	2799.00	2799.00	2799.00	2799.00	2799.00
新沂黄墩河上段治理工程	2409.00	2409.00	2168.00	2168.00	1200.00	1200.00	1200.00
废黄河铜山段二期治理工程	2803.00	2803.00	2498.00	2498.00	1000.00	1000.00	1000.00
新沂黄墩河下段治理工程	2894.00	2894.00	2604.00	2604.00	1200.00	1200.00	1200.00
邳州彭河治理工程	2989.00	2989.00	2689.00	2689.00	1500.00	1500.00	1500.00
铜山区光山水库	403.00	403.00	403.00	403.00	403.00	403.00	403.00
铜山区白桥水库	286.00	286.00	286.00	286.00	286.00	286.00	286.00
丰县丰城闸拆除重建工程	5360.00	5360.00	5360.00	5360.00	1600.00	1600.00	1600.00
铜山区马庄闸拆除重建工程	780.00	780.00	780.00	780.00	780.00	780.00	780.00
新沂市 2011 年度沂北灌区大型灌区高效节水和水源基础设施建设工程	2700.00	2700.00	2700.00	2700.00	2700.00	2700.00	2700.00
新沂市 2011 年农村河道疏浚整治工程	1483.46	1483.46	1483.46	1483.46	1483.46	1483.46	1483.46
新沂市 2011 年农村学校饮水安全工程	1799.00	1799.00	1799.00	1799.00	1799.00	1799.00	1799.00
新沂市 2011 年度农村饮水安全工程	3215.00	3215.00	3215.00	3215.00	3215.00	3215.00	3215.00
新沂市 2011 年小型农田水利重点县工程	3200.32	3200.32	3200.32	3200.32	3200.32	3200.32	3200.32
废黄河睢宁段	2584.00	2584.00	2325.00	2325.00	1300.00	1300.00	1300.00
睢宁县二堡水库	862.00	862.00	862.00	862.00	862.00	862.00	862.00
新沂市黄草关水库	252.00	252.00	252.00	252.00	252.00	252.00	252.00
贾汪区学校饮水安全	103.00	103.00	103.00	103.00	103.00	103.00	103.00
睢宁县 2011 年度农村饮水安全工程	5680.37	5680.37	5680.37	5680.37	5680.37	5680.37	5680.37
睢宁县 2011 年中央财政小型农田水利重点县	3159.00	3159.00	3159.00	3159.00	3159.00	3159.00	3159.00
沛县农村饮水安全工程	2505.00	2505.00	2505.00	2505.00	2505.00	2505.00	2505.00
沛县小型农田重点县工程	3446.00	3446.00	3446.00	3446.00	3446.00	3446.00	3446.00
铜山区学校饮水安全	1487.00	1487.00	1487.00	1487.00	1487.00	1487.00	1487.00
贾汪区小型农田重点县工程	2699.37	2699.37	2699.37	2699.37	2699.37	2699.37	2699.37
徐州市丰县农村饮水安全	3427.00	3427.00	3427.00	3427.00	3427.00	3427.00	3427.00
常州市	82661.28	82661.28	81980.28	63127	43979.69	43979.69	18479.69
雅浦港综合整治工程	2946.69	2946.69	2946.69	1000.00	2946.69	2946.69	2946.69
常州市城市防洪工程	57000.00	57000.00	57000.00	57000.00	38000.00	38000.00	12500.00

续上表

	项目计划总投资	实际需要总投资	累计安排投资	累计到位投资	累计完成投资	累计新增固定资产	本年新增固定资产
溧阳2011年小水库除险加固工程	1702.00	1702.00	1021.00	1021.00	1191.00	1191.00	1191.00
武进区2010年节水灌溉示范项目	306.00	306.00	306.00	306.00	306.00	306.00	306.00
武进区2011年度中央财政小型农田水利重点县项目	7385.40	7385.40	7385.40	800.00			
溧阳市2011年度中央财政小型农田水利重点县项目	4389.34	4389.34	4389.34	900.00	1536.00	1536.00	1536.00
金坛市2011年度中央财政小型农田水利重点县项目	4376.27	4376.27	4376.27	800.00			
新北区2011年度中央财政小型农田水利重点县项目	4055.58	4055.58	4055.58	800.00			
溧阳市上兴镇曹山小流域治理	500.00	500.00	500.00	500.00			
苏州市	2072821.3	2121888.62	1035854.2	874587.25	932099.35	378002.30	334184.99
苏州市东太湖综合整治工程	453000.00	453000.00	352000.00	315839.05	315839.05		
苏州市七浦塘拓浚整治工程	360000.00	360000.00	25000.00	25000.00	25000.00		
常熟市节水灌溉增效示范项目	1500.00	1500.00	1500.00				
高新区(虎丘区)农村水利建设	3200.00	3200.00	3200.00	3200.00	3200.00	3200.00	3200.00
吴中区胥口上沿山河整治工程	1250.00	1250.00	1250.00	1250.00	1250.00	1250.00	1250.00
吴中区农村水利建设工程	13000.00	130000.00	15732.00	15732.00	13462.00	13462.00	6695.00
吴中区中央财政小型农田水利重点县建设	3884.00	3884.00	3884.00	3884.00	3884.00	3884.00	3884.00
吴中区张桥小流域综合治理工程	500.00	500.00	500.00	500.00	100.00	100.00	100.00
相城区农村水利建设	8450.00	8450.00	8450.00	8450.00	8450.00	8450.00	8450.00
相城区小型农田水利重点县建设	3820.80	3820.80	3820.80	3820.80	380.00	380.00	380.00
相城区城区防洪工程	1500.00	1500.00	1500.00	1500.00	1000.00	1000.00	
常熟市福山水道南岸边滩综合整治工程	73000.00		55000.00	39455.00	60000.00		
常熟市高标准农田重点县	25000.00	25000.00	25000.00	25000.00	25000.00	25000.00	25000.00
张家港朝东圩港一环城河河道工程	177807.00	177807.00	127500.00	127500.00	127500.00	74000.00	74000.00
张家港农村水利建设	4080.00	4272.00	4272.00	4272.00	4272.00	4272.00	4272.00
张家港市三干河南延工程	92668.00	92668.00	20000.00	17000.00	19802.00		
张家港市中央财政小型农田水利重点县	16582.00	16582.00	11202.00	11202.00	8732.00	7858.00	7112.00
张家港开发区南区水系调整工程	53500.00	53500.00	15000.00	13400.00	13400.00	13400.00	13400.00
张家港七干河河道工程	12044.00	12044.00	4980.00	4980.00	120.00		
张家港百年一遇江堤加固改造工程	24000.00	24000.00	5650.00	250.00	250.00		
张家港长江澄通河段通州沙西水道河道整治工程	360042.00	360042.00	51880.00	5360.00	5360.00		
张家港市走马塘工程	86048.00	86048.00	67083.00	51760.00	66290.00	88.00	

续上表

	项目计划总投资	实际需要总投资	累计安排投资	累计到位投资	累计完成投资	累计新增固定资产	本年新增固定资产
昆山市小型农田水利重点县工程	4416.00	4416.00	4416.00	4416.00	4416.00	4416.00	4416.00
昆山市2011年度张家港挡墙工程	4245.00	4245.00	4245.00	4245.00	4245.00	4245.00	3250.00
昆山市昆北塘综合整治项目二期工程	4179.00	4179.00	4179.00	4179.00	4179.00	4179.00	3308.90
昆山市道褐浦综合整治工程	5785.90	5785.90	5785.90	5785.90	5785.90	5785.90	4094.40
昆山市泗安泾河道综合整治项目	2826.00	2826.00	2826.00	2826.00	2826.00	2826.00	1651.29
昆山市千灯浦综合治理	1459.40	1459.40	1459.40	1459.40	1459.40	1459.40	1459.40
昆山市农村水利建设工程	27757.00	27757.00	27757.00	27757.00	27757.00	27757.00	27757.00
昆山市水利信息化建设	468.00	468.00	468.00	409.00	409.00	409.00	320.00
吴江市中央财政小型农田水利重点县工程	10800.00	10800.00	7107.00	7107.00	7107.00	7107.00	3500.00
吴江市圩区建设及河道整治工程	28000.00	28000.00	28000.00	28000.00	28000.00	28000.00	28000.00
吴江备用水源地建设	13958.83	13958.83	7914.00	8914.00	9000.00	4000.00	4000.00
太仓市应急水源地工程	128329.00	128329.00	75000.00	50000.00	75000.00	75000.00	75000.00
太仓市十八港整治工程	3328.00	3328.00	2500.00	2000.00	2500.00	350.00	350.00
太仓市杨林枢纽导流工程——新塘河导流工程	2500.00	2500.00	2500.00	1300.00	2500.00	2500.00	1500.00
太仓市2011年城区水环境综合整治工程	1902.00	1902.00	1902.00	1902.00	1902.00	1902.00	1902.00
太仓市2010年中央财政小型农田水利重点县建设项目	5802.04	5775.00	5775.00	5775.00	5775.00	5775.00	5775.00
太仓市2011年中央财政小型农田水利重点县建设项目	5844.23	5746.59	6044.00	6044.00	5331.00	5331.00	5331.00
太仓市2011年双凤、璜泾镇高效节水灌溉项目	572.10	572.10	572.10	572.10			
常熟市走马塘拓浚延伸常熟段工程	45773.00	50773.00	43000.00	32541.00	40616.00	40616.00	14827.00
南通市	181929.97	176192.97	147959.41	141542.25	130553.74	114564.74	114564.74
南通市2010年度城市防洪工程	40521.00	40521.00	40521.00	40521.00	40521.00	40521.00	40521.00
市辖区	6000.00	6000.00	6000.00		4500.00	1500.00	1500.00
海安县如海灌区	3000.00	3000.00	3000.00	3000.00	2520.00	2520.00	2520.00
通州区刘桥镇农村饮水安全工程	4148.00	4148.00	4148.00	4148.00	4148.00	4148.00	4148.00
海安县西场等乡镇农村饮水安全工程	7360.00	7360.00	7360.00	7360.00	7360.00	7360.00	7360.00
通州区节水灌溉增效示范项目	300.00	300.00	300.00	300.00			
崇川区2011年河道整治工程	8419.82	6700.00	2760.00	2760.00	2760.00		
港闸区	9508.74	7095.00	7095.00	6852.00	6852.00		
海安县城市防洪治理工程	13700.00	12000.00	1200.00	1200.00	1200.00		
焦港北闸改造工程	2951.00	2951.00	1500.00	1500.00	860.00		

续上表

	项目计划总投资	实际需要总投资	累计安排投资	累计到位投资	累计完成投资	累计新增固定资产	本年新增固定资产
海安县2010年中央财政小型农田水利重点县项目	3453.00	3453.00	3453.00	3453.00	3453.00	3453.00	3453.00
如东九洋中型灌区节水配套改造工程	2400.00	2400.00	2400.00	2400.00	2160.00	2160.00	2160.00
如东县掘港、栟茶、大豫镇三镇农村饮水安全工程	1195.00	1195.00	1195.00	1195.00	1195.00	1195.00	1195.00
江苏省如东县2011旱涝保收高标准农田建设示范重点县项目	4682.00	4682.00	4682.00	4682.00	345.00		
启东市船舶工业带防汛二道堤工程	8000.00	8000.00	8000.00	8000.00	8000.00	8000.00	8000.00
农村饮水安全工程2	5379.00	5379.00	5379.00	5379.00	5379.00	5379.00	5379.00
协兴闸外迁工程	3300.00	3300.00	3300.00	3300.00	400.00		
新港闸外迁工程	2500.00	2500.00	2500.00	2500.00	400.00		
启东市2011年中央财政小型农田水利重点县工程	3048.00	3048.00	3048.00	3048.00	50.00		
农村饮水安全工程1	15822.01	15822.01	15822.01	15822.01	15822.01	15822.01	15822.01
如皋市农村河道整治工程	5555.17	5555.17	5555.17	5555.17	5555.17	5555.17	5555.17
焦港灌区节水配套改造工程	2105.82	2158.66	2105.82	2158.66	2158.66	2158.66	2158.66
如皋四镇饮水安全	690.83	690.83	690.83	463.83	463.83	463.83	463.83
如海灌区2011年度续建配套与节水改造工程	3000.00	3043.72	3000.00	3000.00	2760.00	2638.00	2638.00
如皋市2011年中央小型农田水利重点县	3198.07	3198.07	3198.07	3198.07	3198.07	3198.07	3198.07
新江海河	2414.00	2414.00	2414.00	2414.00	2414.00	2414.00	2414.00
九圩港	2353.00	2353.00	2353.00	2353.00	2353.00	2353.00	2353.00
通州2011年中央财政小型农田重点县工程	3426.00	3426.00	3426.00	3426.00	3426.00	3426.00	3426.00
海门市2011年中央财政小型农田水利重点县	1553.51	1553.51	1553.51	1553.51	300.00	300.00	300.00
通州市九圩港整治	2353.00	2353.00					
通州市新江海河整治	2414.00	2414.00					
九圩港遥望港拓浚	4226.00	4226.00					
海门通吕运河治理工程	2953.00	2953.00					
连云港市	78773	80407.00	77665	77665	71592.00	50488.00	36911.00
临洪东站改造工程	9519.00	9519.00	9519.00	9519.00	9519.00	9519.00	400.00
西墅闸	3274.00	4984.00	3274.00	3274.00	3274.00	3274.00	620.00
蒋庄漫水闸拆建工程	3000.00	3000.00	3000.00	3000.00	3000.00	3000.00	3000.00
公兴河	507.00	507.00	507.00	507.00	507.00	507.00	507.00
蔷薇河出口段整治	2449.00	2449.00	2204.00	2204.00	1900.00		
五灌河整治	2976.00	2900.00	2679.00	2679.00	2000.00		

续上表

	项目计划总投资	实际需要总投资	累计安排投资	累计到位投资	累计完成投资	累计新增固定资产	本年新增固定资产
赣榆县节水灌溉增效示范项目	300.00	300.00	300.00	300.00			
海州区蔷薇河二期	2681.00	2681.00	2413.00	2413.00	1700.00	1700.00	
2011年大型灌区高效节水和水源基础设施建设(赣榆石梁河)	2100.00	2100.00	2100.00	2100.00	1708.00		
2011年大型灌区高效节水和水源基础设施建设(东海沭新渠)	900.00	900.00	900.00	900.00	900.00	900.00	900.00
2011年赣榆小塔山灌区改造	3293.00	3293.00	3293.00	3293.00	2749.00		
灌云县中央政财重点县小型农田水利工程	2826.00	2826.00	2826.00	2826.00	2826.00	2826.00	2826.00
灌南县中央财政重点县小型农田水利工程	2857.00	2857.00	2857.00	2857.00	2857.00	2857.00	2857.00
赣榆县中央财政重点县小型农田水利工程	3262.00	3262.00	3262.00	3262.00	3262.00	3262.00	3262.00
东海县中央财政一般重点县小农水工程	2000.00	2000.00	2000.00	2000.00	2000.00	2000.00	2000.00
海州区中央财政小农水专项工程	285.00	285.00	285.00	285.00	285.00	285.00	285.00
新浦区中央财政小农水专项工程	297.00	297.00	297.00	297.00	297.00	297.00	297.00
赣榆县饮水安全工程	2948.00	2948.00	2948.00	2948.00	2948.00	2948.00	2948.00
海州区饮水安全工程	1154.00	1154.00	1154.00	1154.00	1154.00	1154.00	1154.00
灌云县饮水安全工程	4518.00	4518.00	4518.00	4518.00	4518.00	4518.00	4518.00
灌南县饮水安全工程	3586.00	3586.00	3586.00	3586.00	3586.00	3586.00	3586.00
东海县饮水安全工程	7751.00	7751.00	7751.00	7751.00	7751.00	7751.00	7751.00
东海县沭新渠灌区	6000.00	6000.00	6000.00	6000.00	4840.00		
赣榆县石梁河灌区	6000.00	6000.00	6000.00	6000.00	4650.00		
新浦区蔷薇河三期	2992.00	2992.00	2694.00	2694.00	2694.00		
2011年重点小2型水库(赣榆二龙山)	228.00	228.00	228.00	228.00	104.00	104.00	
2011年重点小2型水库(赣榆马山)	184.00	184.00	184.00	184.00	112.00		
2011年重点小2型水库(赣榆祝其山)	233.00	233.00	233.00	233.00	131.00		
2011年重点小2型水库(赣榆徐山)	255.00	255.00	255.00	255.00	142.00		
2011年重点小2型水库(赣榆马旦头)	173.00	173.00	173.00	173.00	75.00		
2011年重点小2型水库(赣榆石门沟)	225.00	225.00	225.00	225.00	103.00		
淮安市	377958	377969.00	291303	168121	220304.00	81234.00	81234.00
淮河入江水道整治工程	64782.00	64782.00	21500.00	12000.00	12500.00		
金湖县老三河治理工程	2226.00	2226.00	2006.00	1338.00	1500.00		

续上表

	项目计划总投资	实际需要总投资	累计安排投资	累计到位投资	累计完成投资	累计新增固定资产	本年新增固定资产
洪泽县砚临河橡胶坝工程	396.00	396.00	396.00	396.00	396.00	396.00	396.00
盱眙县 2010 年河道疏浚及村庄河塘整治工程	2099.00	2099.00	2099.00	2099.00	2099.00	2099.00	2099.00
金湖县 2010 年河道疏浚及村庄河塘整治工程	1838.00	1838.00	1838.00	1838.00	1838.00	1838.00	1838.00
洪泽县 2010 年度河道疏浚及村庄河塘整治工程	1364.00	1364.00	1364.00	1364.00	1364.00	1364.00	1364.00
淮阴区 2010 年度河道疏浚及村庄河塘整治工程	2428.00	2428.00	2428.00	2428.00	2428.00	2428.00	2428.00
清浦区 2010 年度河道疏浚及村庄河塘整治工程	2178.00	2178.00	2178.00	2178.00	2178.00	2178.00	2178.00
楚州区 2010 年度河道疏浚及村庄河塘整治工程	2458.00	2458.00	2458.00	2458.00	2458.00	2458.00	2458.00
涟水县 2010 年度河道疏浚及村庄河塘整治工程	1835.00	1835.00	1835.00	1835.00	1835.00	1835.00	1835.00
公兴河(涟水县)治理工程	2457.00	2457.00	2217.00	2217.00	2457.00	2457.00	2457.00
白马湖退圩还湖工程	41000.00	41000.00	41000.00		22864.00		
市县自主项目	42723.00	42723.00			42526.00		
清浦区 2010 年中央财政小型农田水利专项工程	285.00	285.00	285.00	285.00	285.00	285.00	285.00
淮安市渠西河治理工程	1974.00	1974.00	1784.00	1784.00	1974.00	1974.00	1974.00
楚州区 2010 年中央财政小型农田水利专项工程	1004.00	1004.00	1004.00	1004.00	1004.00	1004.00	1004.00
盱眙县水库除险加固(2010 年批 10 座)	2014.00	2014.00	2014.00	2014.00	2014.00	2014.00	2014.00
洪金灌区续建配套节水改造五期	3600.00	3600.00	3600.00	3600.00	3600.00	3600.00	3600.00
渠南灌区续建配套与节水改造七期	4500.00	4500.00	4500.00	4500.00	4500.00	4500.00	4500.00
涟西灌区节水改造六期	3600.00	3600.00	3600.00	3600.00	3600.00	3600.00	3600.00
涟东灌区节水改造二期	5400.00	5400.00	5400.00	5400.00	5400.00	5400.00	5400.00
清水坝灌区二期	5400.00	5400.00	5400.00	5400.00	5400.00	5400.00	5400.00
淮涟灌区七期	4500.00	4500.00	4500.00	4500.00	4500.00	4500.00	4500.00
淮安市团结河治理工程	1985.00	1985.00	1985.00	1985.00	1985.00	1985.00	1985.00
淮安市城市防洪工程	89820.00	89820.00	89820.00	39280.00	39280.00		
涟水县 2011 年农村饮水安全工程	1811.00	1811.00	1811.00	1811.00	1811.00	1811.00	1811.00
盱眙县 2011 年农村饮水安全工程	7341.00	7341.00	7341.00	7341.00	7341.00	7341.00	7341.00
楚州区 2011 年农村饮水安全工程	1878.00	1878.00	1878.00	1878.00	1878.00	1878.00	1878.00
洪泽县 2011 年农村饮水安全工程	1836.00	1836.00	1836.00	1836.00	1836.00	1836.00	1836.00
涟水县 2010 年中央财政小型农田水利专项工程	1026.00	1026.00	1026.00	1026.00	1026.00	1026.00	1026.00

续上表

	项目计划总投资	实际需要总投资	累计安排投资	累计到位投资	累计完成投资	累计新增固定资产	本年新增固定资产
金湖县 2010 年中央财政小型农田水利工程重点县项目	3289.00	3289.00	3289.00	3289.00	3289.00	3289.00	3289.00
盱眙县 2010 年中央财政小型农田水利工程重点县项目	3209.00	3209.00	3209.00	3209.00	3209.00	3209.00	3209.00
洪泽县 2010 年中央财政小型农田水利工程重点县项目	3008.00	3008.00	3008.00	3008.00	3008.00	3008.00	3008.00
淮阴区 2010 年中央财政小型农田水利工程重点县项目	3079.00	3079.00	3079.00	3079.00	3079.00	3079.00	3079.00
盱眙县雨山水库除险加固	295.00	295.00	295.00	295.00	295.00	295.00	295.00
盱眙县黑头港水库除险加固	273.00	273.00	273.00	273.00	273.00	273.00	273.00
盱眙县张桥水库除险加固	396.00	396.00	396.00	396.00	396.00	396.00	396.00
盱眙县人民水库除险加固	445.00	445.00	445.00	445.00	445.00	445.00	445.00
盱眙县小刀场水库除险加固	315.00	315.00	315.00	315.00	315.00	315.00	315.00
盱眙县和平水库除险加固	491.00	491.00	491.00	491.00	491.00	491.00	491.00
盱眙县何岗水库除险加固	424.00	424.00	424.00	424.00	424.00	424.00	424.00
金湖县新河水库除险加固	803.00	803.00	803.00	562.00	803.00	803.00	803.00
淮安市里运河渠北洼地治理工程	7149.00	7149.00	7149.00	1430.00	1000.00		
涟东灌区节水改造三期	6000.00	6000.00	6000.00	4800.00	4800.00		
清水坝灌区三期	6000.00	6000.00	6000.00	4800.00	4800.00		
渠南灌区续建配套与节水改造八期	6000.00	6000.00	6000.00	4800.00	4800.00		
涟东灌区高效节水和水源基础设施建设	900.00	900.00	900.00	720.00	720.00		
清水坝灌区节水和水源基础设施建设	900.00	900.00	900.00	720.00	720.00		
洪泽县周桥灌区续建配套与节水改造六期工程	4459.00	4459.00	4459.00	3560.00	3560.00		
2011 年 4 批小型水库除险加固	1522.00	1522.00	1522.00				
2011 年 5 批小型水库除险加固	2425.00	2425.00	2425.00				
金湖县 2011 年中央财政小型农田水利工程重点县项目	3032.00	3032.00	3032.00	2000.00			
淮阴区 2011 年中央财政小型农田水利工程重点县项目	3048.00	3048.00	3048.00	2200.00			
洪泽县 2011 年中央财政小型农田水利工程重点县项目	2961.00	2961.00	2961.00	1800.00			
盱眙县 2011 年中央财政小型农田水利工程重点县项目	3187.00	3198.00	3187.00	2200.00			
清浦区 2011 年中央财政小型农田水利专项工程	145.00	145.00	145.00	100.00			
楚州区旱涝保收高标准农田建设示范重点县工程(2011 年度)	4085.00	4085.00	4085.00	2800.00			

续上表

	项目计划总投资	实际需要总投资	累计安排投资	累计到位投资	累计完成投资	累计新增固定资产	本年新增固定资产
涟水县2011年中央财政小型农田水利专项工程	4060.00	4060.00	4060.00	2800.00			
清浦区节水灌溉增效示范项目	300.00	300.00	300.00	210.00			
盐城市	523064.9	523067.90	162111.05	161989.78	189042.78	170498.78	112161.78
大丰川东港闸下移(08)	15148.00	15148.00	15148.00	15148.00	15148.00	15148.00	5548.00
阜宁杨集河治理工程	2805.00	2805.00	2525.00	1854.00	2805.00	2805.00	2805.00
阜宁县海陵河治理工程	2793.00	2793.00	2513.00	1888.00	2793.00	2793.00	2793.00
盐都区东涡河治理工程	2934.00	2934.00	2644.00	2644.00	2934.00	2934.00	2934.00
大丰市王港河上段河道治理工程	2981.00	2981.00	2681.00	2587.00	2981.00	2981.00	2981.00
东台市三仓河治理工程	2978.00	2978.00	2619.00	2619.00	2880.00	2880.00	2880.00
建湖县蔷薇河治理工程	2779.00	2779.00	2779.00	2779.00	2779.00	2779.00	2779.00
射阳县运棉河地区安南、和合圩区和利民河地区盘湾圩区治理	1780.00	1783.00	1783.00	1783.00	1783.00	1763.00	1763.00
东台市三仓河东延供水工程	2763.00	2763.00	2988.00	2988.00	2988.00	2988.00	2988.00
2010年度城市防洪	16016.00	16016.00	3000.00	16016.00	16016.00	16016.00	8518.00
川东港拓浚工程	236000.00	236000.00	9804.00	4804.00			
东台市堤东灌区(10年)	1800.00	1800.00	1800.00	1800.00	1800.00	1800.00	642.00
大丰市川南灌区	2509.00	2509.00	2509.00	2254.00	1600.00	1200.00	1200.00
滨海县陈涛灌区	2400.00	2400.00	2400.00	2400.00	2400.00	2400.00	2400.00
滨海县翻身河整治工程	2459.00	2459.00	2213.00	2213.00	2459.00	2459.00	2459.00
建湖县女儿河下段整治工程	2959.00	2959.00	2663.00	2663.00	1648.00	1000.00	1000.00
建湖县林城河整治工程	2805.00	2805.00	2525.00	1631.00	1000.00		
西潮河上段整治工程	2919.00	2919.00	2627.00	1728.00	1950.00	1000.00	1000.00
亭湖区新丰河整治工程	2805.00	2805.00	2524.00	1682.00	1500.00	1000.00	1000.00
射阳县利民河整治工程	2969.00	2969.00	2672.00	1742.00	1950.00	1200.00	1200.00
阜宁县潮河(太平桥—射阳河段)整治工程	2780.00	2780.00	2502.00	1034.00	1500.00	1000.00	1000.00
滨海县淤黄河上段整治工程	2654.00	2654.00	2389.00	797.00	950.00	600.00	600.00
滨海县淤黄河下段整治工程	2738.00	2738.00	2464.00	822.00	1000.00	600.00	600.00
大丰市王港河下游段河道治理工程	2627.00	2627.00	2364.00	1576.00	1000.00	600.00	600.00
东台市堤东灌区改造(2011年)	2569.00	2569.00	2569.00	2569.00	2055.00	1800.00	1800.00
大丰市堤东灌区改造(2011年)	2500.00	2500.00	2500.00	2500.00	2000.00	1800.00	1800.00
2011年度城市防洪	20116.00	20116.00	400.00	7584.00	7584.00		
2011年射阳农村饮用水安全工程	2078.00	2078.00	2078.00	2078.00	2078.00	2078.00	2078.00
射阳县农村学校饮用水安全工程	1772.00	1772.00	1772.00	1772.00	1772.00	1772.00	1772.00
盐龙湖水库工程	79100.00	79100.00	5000.00	5000.00	69000.00	65000.00	35000.00

续上表

	项目计划总投资	实际需要总投资	累计安排投资	累计到位投资	累计完成投资	累计新增固定资产	本年新增固定资产
响水县2011年中央财政小型农田水利重点县工程	3020.00	3020.00	3020.00	3020.00	1000.00	1000.00	1000.00
大丰王港闸下迁	24000.00	24000.00	6160.00	6160.00			
大丰市2011年度农村学校饮水安全工程	929.00	929.00	929.00	929.00	929.00	929.00	929.00
盐都区2011年度农村饮水安全工程	2368.00	2368.00	1542.00	1542.00	2368.00	2368.00	2368.00
东台市2011年农村饮水安全工程	3052.00	3052.00	2065.00	2065.00	3052.00	3052.00	3052.00
亭湖区2011年度农村饮水安全工程	808.00	808.00	808.00	808.00	808.00	808.00	808.00
射阳县2011年度中央财政小型农田水利重点县工程	3492.00	3492.00	3400.00	3400.00			
滨海县2011年度中央财政小型农田水利重点县工程	4003.00	4003.00	4003.45	2800.00			
亭湖区2011年度中央财政小型农田水利重点县项目	3286.30	3286.30	2925.00	2925.00	487.00	300.00	300.00
建湖县2011年中央财政小型农田水利重点县工程	4000.00	4000.00	4000.00	4000.00	2400.00	2000.00	2000.00
盐都区2011年中央财政小型农田水利重点县工程	3600.00	3600.00	3600.00	3600.00	1000.00	1000.00	1000.00
东台市2011年中央财政小型农田水利重点县工程	3530.00	3530.00	3530.00	3530.00	3530.00	3530.00	3530.00
响水县大有镇七套片区域治理	500.00	500.00	500.00	350.00			
亭湖区南洋东片治理工程	1031.00	1031.00	100.00	100.00			
响水县灌东盐场海堤巩固	5000.00	5000.00	5000.00	4000.00			
滨海海堤巩固	700.00	700.00	700.00	490.00			
大丰市2011年度小型农田水利专项工程	1000.50	1000.50	1000.50	1000.50	1000.50	1000.50	1000.50
大丰市2011年旱改水田间工程改造	1062.28	1062.28	1062.28	1062.28	1062.28	1062.28	1062.28
响水县新丰河闸拆建工程	328.00	328.00	328.00	328.00	328.00	328.00	328.00
阜宁县2011年中央财政小型农田水利重点县工程	2857.40	2857.40	2857.40	2000.00			
大丰市2011年度高标准农田重点县工程	4000.42	4000.42	4000.42	2800.00			
射阳县2010年度农村饮水安全工程	5568.00	5568.00	5568.00	5568.00	5568.00	5568.00	
建湖县2010年度农村饮水安全工程	4213.00	4213.00	4213.00	4213.00	4213.00	4213.00	
阜宁县渠北泵站	3955.00	3955.00	1800.00	1800.00			
射阳县特庸泵站	2281.00	2281.00	1600.00	1600.00			
射阳县串通河整治	2944.00	2944.00	2944.00	2944.00	2944.00	2944.00	2644.00

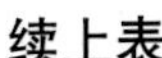

续上表

	项目计划总投资	实际需要总投资	累计安排投资	累计到位投资	累计完成投资	累计新增固定资产	本年新增固定资产
扬州市	316853.94	316853.94	118858.94	105685	102825.00	102825.00	94212.00
江都市老三阳河整治续建工程	2833.00	2833.00	2833.00	2833.00	2833.00	2833.00	2833.00
江都老通扬运河治理	2986.00	2986.00	2986.00	2986.00	2986.00	2986.00	209.00
高邮北澄子河治理	2656.00	2656.00	2656.00	2656.00	2656.00	2656.00	170.00
宝应县宝射河治理工程	2690.00	2690.00	2690.00	2690.00	2690.00	2690.00	940.00
扬州市仪扬河整治工程	2373.00	2373.00	2373.00	2373.00	2373.00	2373.00	2373.00
高邮市向阳河整治	2391.00	2391.00	2391.00	2151.00	2391.00	2391.00	2391.00
江都市红旗河整治工程	2328.00	2328.00	2095.00	2095.00	2328.00	2328.00	2328.00
邗江小型农田水利重点县	1173.00	1173.00	1173.00	1173.00	1173.00	1173.00	1173.00
宝应小型农田水利重点县	3171.00	3171.00	3171.00	3171.00	3171.00	3171.00	3171.00
扬州 2011 年度小型水库除险加固	3371.00	3371.00	3371.00	3371.00	3371.00	3371.00	3371.00
扬州市东片区骨干河道整治 1 期工程	9365.94	9365.94	9365.94	2500.00	2500.00	2500.00	2500.00
仪征市泗源沟整治工程	2331.00	2331.00	2331.00	2097.00	2331.00	2331.00	2331.00
扬州市广陵区横沟河综合整治工程	5003.00	5003.00	5003.00	4500.00	4500.00	4500.00	4500.00
江都市白塔河整治工程	2882.00	2882.00	2593.00	2593.00	1900.00	1900.00	1900.00
宝应县芦范河整治工程	2346.00	2346.00	2112.00	2112.00	2346.00	2346.00	2346.00
扬州市黄泥沟综合整治工程	2356.00	2356.00	2356.00	2300.00	2300.00	2300.00	2300.00
扬州经济开发区(2011—2012 年)治涝应急工程	11256.00	11256.00	2000.00	2000.00	2000.00	2000.00	2000.00
江都市扬中河段嘶马弯道杨湾段应急护岸工程	3000.00	3000.00	3000.00	1500.00	1500.00	1500.00	1500.00
淮河入江水道整治工程	220053.00	220053.00	43608.00	43608.00	43608.00	43608.00	43608.00
邗江区瓜洲镇建华小流域治理	501.00	501.00	501.00	501.00			
仪征红旗河综合整治工程	7728.00	7728.00	7728.00	5100.00	5100.00	5100.00	5100.00
邗江区新砂滩水利血防工程	2894.00	2894.00					
邗江区扇子圩口水利血防工程	2434.00	2434.00					
邗江区沙头小夹江水利血防工程	2610.00	2610.00					
仪征套闸	3600.00	3600.00					
仪征小型农田水利重点县	3029.00	3029.00	3029.00	3029.00	3029.00	3029.00	3029.00
仪征农村饮水安全	2056.00	2056.00	2056.00	909.00	2056.00	2056.00	2056.00
高邮小型农田水利重点县	3660.00	3660.00	3660.00	3660.00	3660.00	3660.00	2060.00
高邮农村饮水安全	23.00	23.00	23.00	23.00	23.00	23.00	23.00
江都小型农田水利重点县	3754.00	3754.00	3754.00	3754.00			
镇江市	165720	165720.00	162927	131742	84558.00	85555.00	83255.00
镇江新区乌巷水库除险加固工程	259.00	259.00	259.00	100.00	100.00		

续上表

	项目计划总投资	实际需要总投资	累计安排投资	累计到位投资	累计完成投资	累计新增固定资产	本年新增固定资产
大港北山河河道整治工程	1032.00	1032.00	1032.00	730.00		730.00	730.00
大港东方河道整治工程	1281.00	1281.00	1281.00	820.00		820.00	820.00
镇江市古运河中段河道整治一期工程	83015.00	83015.00	83015.00	83015.00	50515.00	50515.00	50515.00
丁岗团结河、新区捆山河河道整治工程	25900.00	25900.00	25900.00	1800.00	1800.00	1800.00	1800.00
镇江市黑臭河专项整治项目	9200.00	9200.00	9200.00	9200.00	9200.00	9200.00	9200.00
句容市句容河上段整治工程	2300.00	2300.00	2300.00	1790.00	1550.00	1550.00	1100.00
句容市中河治理工程	2900.00	2900.00	2610.00	2610.00	2450.00	2450.00	2450.00
句容市南河治理工程	2587.00	2587.00	2328.00	2328.00	1830.00	1830.00	1830.00
句容市8座小水库除险加固工程	1748.00	1748.00	1748.00	450.00	450.00	450.00	450.00
小型农田水利重点县工程	4002.00	4002.00	4002.00	4002.00			
镇江市胜利河丹徒段治理工程	2980.00	2980.00	2682.00	1530.00	1530.00	1530.00	1530.00
丹徒区巢凰水库	269.00	269.00	269.00	269.00			
丹阳市九曲河城区段护岸整治工程	2718.00	2718.00	2718.00	2718.00	2718.00	2718.00	2718.00
丹阳市石城二级沟整治工程	301.00	301.00	301.00	301.00	301.00	301.00	301.00
丹阳市泰山水库溢洪河清淤工程	245.00	245.00	245.00	245.00	245.00	245.00	245.00
丹阳市3座小水库除险加固工程(大吴塘、上湾、管山)	1054.00	1054.00	1054.00	870.00	870.00	870.00	870.00
丹徒区石马水库	189.00	189.00	189.00	189.00			
丹徒7座小水库除险加固工程	1779.00	1779.00	335.00	335.00		1005.00	1005.00
农村河道疏浚整治工程	4060.00	4060.00	4060.00	4060.00	4060.00	4060.00	4060.00
赤山湖退渔还湖内湖防洪滞洪工程	2902.00	2902.00	2902.00	2902.00	2657.00	2657.00	2657.00
丹徒区北南窑水库	237.00	237.00	237.00	237.00			
丹阳市2011年小型农田水利重点县工程	4117.00	4117.00	4117.00	3000.00	358.00		
丹徒区2011年小型农田水利重点县工程	3617.00	3617.00	3617.00	2617.00			
扬中市2011年小型农田水利重点县工程	3702.00	3702.00	3702.00	2800.00	1100.00		
句容市秦淮河流域二干河综合整治三期工程	2824.00	2824.00	2824.00	2824.00	2824.00	2824.00	974.00
镇江市丹徒区小流域综合治理	502.00	502.00					
泰州市	90478.89	90478.89	90859.89	67276.89	25902.00	25502.00	21912.00
靖江市夏仕港治理工程	2708.00	2708.00	2708.00	2708.00	2300.00	2300.00	2300.00
兴化市白涂河治理工程	1651.00	1651.00	1651.00	1651.00	700.00	700.00	700.00
城黄灌区(姜堰片)续建配套与节水改造2010年度工程项目	4500.00	4500.00	4500.00	4500.00	4500.00	4500.00	1030.00

续上表

	项目计划总投资	实际需要总投资	累计安排投资	累计到位投资	累计完成投资	累计新增固定资产	本年新增固定资产
泰州市周山河姜堰段治理工程	2689.00	2689.00	2689.00	2689.00	2689.00	2689.00	2689.00
靖江市下六圩港枢纽工程	4210.00	4210.00	7510.00	3280.00	3350.00	3350.00	3280.00
靖江市横港治理工程	2848.00	2848.00	2848.00	1424.00	400.00		
泰兴市两泰官河治理工程	2997.00	2997.00	2997.00	100.00	100.00	100.00	100.00
泰兴市古马干河治理工程	2871.00	2871.00	2871.00	267.00	50.00	50.00	
老通扬运河(姜堰段)治理工程	2626.00	2626.00	2626.00	2000.00	1313.00	1313.00	1313.00
靖江市长江农场 2010 年度应急护岸工程	1449.00	1449.00	1449.00	1449.00	1449.00	1449.00	1449.00
农村饮水安全工程	9352.00	9352.00	9352.00	9352.00	9051.00	9051.00	9051.00
泰兴市如泰运河(一期)治理工程	2994.00	2994.00	2994.00				
兴化渭水河治理工程	2816.00	2816.00	2816.00				
泰兴市如泰运河(二期)治理工程	2992.00	2992.00	2992.00				
姜堰市茅山河治理工程	2428.00	2428.00	2185.00	2185.00			
海陵区老通扬运河治理工程	2950.00	2950.00	2478.00	2478.00			
海陵区稻河治理工程	3000.00	3000.00	3000.00				
开发区生产河治理工程	2116.00	2116.00	1904.00	1904.00			
海陵区小型农田水利重点县 2011 年度项目	172.00	172.00	172.00	172.00			
高港区小型农田水利重点县 2011 年度项目	3267.83	3267.83	3267.83	3267.83			
泰兴市小型农田水利重点县 2011 年度项目	4220.00	4220.00	4220.00	4220.00			
兴化市小型农田水利重点县 2011 年度项目	4724.52	4724.52	4724.52	4724.52			
姜堰市小型农田水利重点县 2011 年度项目	3832.00	3832.00	3832.00	3832.00			
靖江市小型农田水利重点县 2011 年度项目	2958.54	2958.54	2958.54	2958.54			
泰州市洼地治理工程	12115.00	12115.00	12115.00	12115.00			
泰州市泰兴市沙土区试点	500.00	500.00					
靖江市长江农场下段应急护岸	1492.00	1492.00					
宿迁市	100741.2	100741.00	96371.2	91969	62013.00	59013.00	53193.00
黄墩湖滞洪区安全建设 2007 年度工程	1105.00	1105.00	1105.00	800.00			
避洪楼建设宿迁境内工程	1846.00	1846.00	1846.00	1846.00	1846.00	1846.00	1526.00
泗洪县塘怀(一)小水库除险加固工程	279.00	279.00	279.00	279.00	279.00	279.00	279.00
泗洪县城西翻水站枢纽	2572.00	2572.00	2300.00	2300.00	2572.00	2572.00	2572.00
来龙灌区续建配套与节水改造项目 2011 年度工程	3498.00	3498.00	3498.00	2938.00	2800.00	2800.00	2800.00

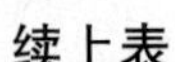

续上表

	项目计划总投资	实际需要总投资	累计安排投资	累计到位投资	累计完成投资	累计新增固定资产	本年新增固定资产
皂河灌区续建与节水改造项目2011年度工程	8700.00	8700.00	8700.00	8526.00	4800.00	4800.00	
沭阳县2011年柴塘灌区续建配套与节水改造工程	6000.00	6000.00	6900.00	6762.00	3900.00	3900.00	3900.00
宿城区运南灌区续建配套与节水改造项目2011年度工程	6000.00	6000.00	6900.00	6900.00	4900.00	4900.00	4900.00
宿城区小型农田水利重点县建设	2551.00	2551.00	2551.00	2500.00			
宿豫区小型农田水利重点县建设	2256.00	2256.00	2256.00	2256.00			
泗洪县小型农田水利重点县建设	3633.20	3633.00	3633.20	2800.00			
泗阳县小型农田水利重点县建设	2500.00	2500.00	2000.00	2000.00			
沭阳县小型农田水利重点县建设	2675.00	2675.00	2675.00	2400.00			
宿城区饮水安全	1922.00	1922.00	1922.00	1922.00	1922.00	1922.00	1922.00
宿豫区饮水安全	2369.00	2369.00	2369.00	2369.00	2369.00	2369.00	2369.00
泗洪县饮水安全	1301.00	1301.00	1301.00	1301.00	1301.00	1301.00	1301.00
泗阳县饮水安全	7280.00	7280.00	7280.00	7280.00	7280.00	7280.00	7280.00
沭阳县饮水安全	5439.00	5439.00	5439.00	5439.00	5439.00	5439.00	5439.00
宿迁市总六塘河疏浚治理	2951.00	2951.00	2951.00	885.00	2951.00	2951.00	2251.00
沭阳县柴米河	2729.00	2729.00	2456.00	2456.00	2042.00	2042.00	2042.00
宿城区西沙河一期	2993.00	2993.00	2693.00	2693.00	2500.00	2500.00	2500.00
宿城区西沙河二期	2996.00	2996.00	2696.00	2696.00	1200.00	1200.00	1200.00
宿豫区总六塘河二期	2885.00	2885.00	2597.00	2597.00	1000.00		
宿豫区总六塘河三期	2949.00	2949.00	2654.00	2654.00	1000.00		
宿城区西民便河三期	3000.00	3000.00	1300.00	1300.00			
宿城区西民便河四期	3000.00	3000.00	1300.00	1300.00			
宿城区废黄河	2865.00	2865.00	2579.00	2579.00	1000.00		
宿迁市西民便河应急整治	9892.00	9892.00	9892.00	9892.00	9892.00	9892.00	9892.00
泗洪县西民便河整治	2555.00	2555.00	2299.00	2299.00	1020.00	1020.00	1020.00
省属	2033586	2033586.00	191740	191740	80875.00	18242.00	17742.00
“十一五”水资源监测能力建设	565.00	565.00	565.00	565.00	565.00	565.00	65.00
常熟枢纽加固改造	7791.00	7791.00	7791.00	7791.00	7791.00	7791.00	7791.00
西藏援建工程	300.00	300.00	300.00	300.00	300.00	300.00	300.00
中小河流省级质检和管理费	80.00	80.00	80.00	80.00	80.00	80.00	80.00
蔷薇河地涵拆建设	3862.00	3862.00	3862.00	3862.00	3862.00	3862.00	3862.00
江苏省水资源管理信息系统一期工程	6363.00	6363.00	3000.00	3000.00	3000.00		
江都宜陵闸加固工程	1356.00	1356.00	1224.00	1224.00	1224.00		

续上表

	项目计划总投资	实际需要总投资	累计安排投资	累计到位投资	累计完成投资	累计新增固定资产	本年新增固定资产
水文遥测系统整合	2385.00	2385.00	2385.00	2385.00	2385.00	2385.00	2385.00
徐州、连云港三市抗旱打井等工程经费补助	2400.00	2400.00	2400.00	2400.00	2400.00	2400.00	2400.00
"十一五"水文水资源工程	1365.00	1365.00	1372.00	1372.00	1072.00		
泰东河工程	126719.00	126719.00	106976.00	106976.00	52000.00		
省水利信息网络改扩建工程	800.00	800.00	859.00	859.00	859.00	859.00	859.00
淮河入江水道整治	46235.00	46235.00	16000.00	16000.00	337.00		
宿迁洪涝灾情巡测基地建设	928.00	928.00	928.00	928.00			
洪泽湖大堤除险加固	32558.00	32558.00	5050.00	5050.00			
中小河流水文监测系统建设	9120.00	9120.00	5040.00	5040.00			
泰州引江河二期工程	71310.00	71310.00	11668.00	11668.00			
水文综合实验楼及基地附属设施建设	2779.00	2779.00	2000.00	2000.00			
省水利物资总站防汛物资仓储基地迁建改造工程	4730.00	4730.00	2000.00	2000.00			
小型水库防汛通信预警系统	5700.00	5700.00	1000.00	1000.00			
淮河入海水道二期工程	1680000.00	1680000.00	2000.00	2000.00			
走马塘工程(省属部分)	26240.00	26240.00	15240.00	15240.00	5000.00		
项目类型	7203602.16	7274387.28	3458260.69	3037900.89	2750486.17	1800072.12	1396219.12

2011年江苏省水利基建项目一览表(四)

（单位:万元）

	本年计划				本年到位		本年完成		
	小计	中央政府投资	其中:中央财政水利专项资金	地方政府投资	小计	中央政府投资	小计	中央政府投资	地方政府投资
合计	2265272.32	374305.00	123363	1652179.69	2071120.28	380350.00	2017526.17	343262.00	1455388.05
江苏	2262420.32	374305.00	123363	1649327.69	2068268.28	380350.00	2017526.17	343262.00	1455388.05
南京市	338320.00	29055.00	13897	294725.00	307868.39	28664.00	220280.93	25898.00	180427.93
南京市长江干堤2010年应急加固工程	16711.00			16711.00	16711.00		16711.00		16711.00
南京市小型水库除险加固工程	9531.00	3391.00	3391.00	6140.00	9036.00	1200.00	6908.00	1377.00	5531.00
南京市长江干堤2011年应急加固工程	170284.00			170284.00	170284.00		109924.00		109924.00
南京市滁河防洪治理近期工程2011年度工程	50000.00	10000.00		40000.00	20000.00	10000.00	10000.00	10000.00	
南京市浦口区石头河水利血防	260.00			260.00	768.50		1777.00	617.00	1160.00
南京市浦口区2011年小型农田水利重点县工程	3600.00	800.00	800.00	2800.00	3600.00	800.00			
南京市浦口区朱家山河沿滁圩区段整治工程	2890.00			2890.00	2024.00				
南京市栖霞区九乡河治理工程	2397.00	799.00	799.00	1598.00	2663.00	799.00	2100.00	799.00	1301.00
南京市雨花台区板桥河应急整治工程	453.00			453.00	2053.00		2853.00	800.00	2053.00
南京市江宁区小型农田水利建设重点县(2010)							3282.85	700.00	2582.85
南京市江宁区天然河、和尚港水利血防	207.00			207.00	477.00		1044.00	437.00	607.00
南京市江宁区朱门小流域治理二期工程	500.00	166.00		334.00	500.00	166.00			
南京市江宁区朱门小流域治理					115.00		503.00	166.00	337.00
南京市江宁区江宁河治理工程	2686.00	896.00	896.00	1790.00	2987.00	896.00	2300.00	896.00	1404.00
南京市城市防洪2011年度工程	11392.00			11392.00	11392.00		11392.00		11392.00
南京市江宁区牧龙河水环境综合治理工程	14955.00			1000.00	14955.00		14955.00		1000.00
南京市江宁区赵库水库溢洪河整治工程	1477.00			892.00	500.00				
南京市江宁区2011年小型农田水利重点县工程	3437.00	700.00	700.00	2737.00	3437.00	700.00			
南京市溧水县新桥河治理工程					227.00		341.00		341.00

续上表

	本年计划				本年到位		本年完成		
	小计	中央政府投资	其中:中央财政水利专项资金	地方政府投资	小计	中央政府投资	小计	中央政府投资	地方政府投资
南京市江宁区2011年度小型农田水利建设重点县高效节水灌溉专项工程	600.00	150.00	150.00	450.00	450.00	150.00			
南京市江宁区2011年度重点县奖励项目	400.00	200.00	200.00	200.00	400.00	200.00			
南京市江宁区节水灌溉工程(2011)	300.00	100.00		200.00	300.00	100.00			
南京市六合区节水灌溉							300.00	100.00	200.00
南京市六合区新禹河水利血防	407.00			407.00	967.00		2232.00	775.00	1457.00
南京市六合区八百河治理工程	735.00	573.00	573.00	162.00	1115.00	573.00	2574.00	772.00	1802.00
南京市六合区小型农田水利建设专项工程(2010)							1001.74	50.00	951.74
南京市六合区新禹河治理工程	2659.00	887.00	887.00	1772.00	2638.00	887.00	2300.00	887.00	1413.00
南京市六合区2011年小型农田水利重点县工程	3656.00	800.00	800.00	2856.00	3656.00	800.00			
南京市六合区红光河水利血防工程	2040.00	692.00		1348.00	1530.00	692.00			
南京市六合区金牛灌区更新改造工程	191.00			191.00	1938.00	1000.00			
南京市秦淮河上游二干河综合整治三期工程(溧水县)							775.00		775.00
南京市溧水县2011年中央财政重点县高效节水灌溉试点县	7047.00	1500.00	1500.00	5547.00	3500.00	1500.00			
南京市溧水县天生桥河整治	892.00	892.00	892.00		2677.00	892.00	2974.00	892.00	2082.00
南京市溧水县天生桥河应急整治工程	−292.00			−292.00	2508.00		3908.00	1400.00	2508.00
南京市溧水县一干河治理工程	2599.00	809.00	809.00	1790.00	2842.00	809.00	2300.00	809.00	1491.00
南京市溧水县西塘小流域治理					112.00		501.00	166.00	335.00
南京市高淳县相国泵站更新改造工程	2000.00	700.00		1300.00	1660.00	700.00			
南京市高淳县胥河治理工程							1932.00	105.00	1827.00
南京市高淳县2011年小型农田水利重点县工程	3600.00	800.00	800.00	2800.00	3600.00	800.00			
南京市水阳江下游防洪治理近期2011年度工程	15000.00	3000.00		12000.00	7500.00	3000.00	5000.00	3000.00	2000.00

续上表

	本年计划				本年到位		本年完成		
	小计	中央政府投资	其中:中央财政水利专项资金	地方政府投资	小计	中央政府投资	小计	中央政府投资	地方政府投资
南京市高淳县蛇山泵站更新改造工程	1700.00	500.00		1200.00	1400.00	500.00			
南京市高淳县漆桥河治理工程	2200.00	700.00	700.00	1500.00	1923.00	700.00	250.00	250.00	
南京市高淳县小型农田水利建设重点县(2010)					3616.89	800.00	3616.89	800.00	2816.89
南京市浦口区小型农田水利建设专项工程(2010)							505.45	100.00	405.45
南京市高淳县杨家湾节制闸枢纽工程	1806.00			1806.00	1806.00		6020.00		6020.00
无锡市	189421.77	14345.00	3179	175076.77	187542.77	13266.00	175749.66	10800.00	164949.66
太湖梅梁湖(含月亮湾)生态清淤 2009 年度工程	4300.00			4300.00	4300.00		4300.00		4300.00
山北南圩、盛岸联圩达标建设工程	4632.00			4632.00	4632.00		4632.00		4632.00
走马塘拓浚延伸工程无锡市境内工程	41486.00	10000.00		31486.00	41486.00	10000.00	41486.00	10000.00	31486.00
太湖梅梁湖生态清淤 2010 年度工程	8600.00			8600.00	8600.00		8600.00		8600.00
“清河行动”黑臭河道清淤工程	461.00			461.00	461.00		461.00		461.00
无锡市新区 2011 年度水利建设工程	4700.00			4700.00	4700.00		4700.00		4700.00
锡东水环境工程一期	14583.00			14583.00	14583.00		14583.00		14583.00
锡山区 2010 年中央财政小型农田水利专项工程	2055.77			2055.77	2055.77		2055.77		2055.77
双泾河拓浚工程	6258.00			6258.00	6258.00		6258.00		6258.00
运东锡山区域外围河道配套工程	5041.00			5041.00	5041.00		5041.00		5041.00
锡山太湖翠竹节水灌溉示范项目	304.80	100.00		204.80	304.80	100.00			
锡山区区级河道清淤工程	2734.40			2734.40	2734.40		2734.40		2734.40
锡山区 2011 年小型农田水利重点县项目	4003.52	800.00	800.00	3203.52	4003.52	800.00			
运东大包围外围堤防加高加固(惠山段)2009 年度工程	2873.00			2873.00	2873.00		2873.00		2873.00
惠山区 2011 年中央财政小型农田水利专项工程	633.79	100.00	100.00	533.79	633.79	100.00			
惠山区钱桥镇李家湾小流域治理	500.00	166.00		334.00	500.00	166.00			

续上表

	本年计划				本年到位		本年完成		
	小计	中央政府投资	其中:中央财政水利专项资金	地方政府投资	小计	中央政府投资	小计	中央政府投资	地方政府投资
惠山区节水灌溉增效示范项目	1500.00	500.00		1000.00	1500.00	500.00			
惠山区西漳南闸泵站改造工程	689.00			689.00	689.00		689.00		689.00
惠山区 2011 年度区内水利工程汇总	8514.00			8514.00	8514.00		8514.00		8514.00
滨湖区移动式藻水分离站及存藻池配套工程	466.80			466.80	466.80		466.80		466.80
环太湖大堤(滨湖区段)口门建筑物改造工程	1540.00			1540.00	1540.00		1540.00		1540.00
江阴市 2010 年中央财政小型农田水利专项工程	4469.69			4469.69	4469.69		4469.69		4469.69
江阴白屈港泵站	1200.00	400.00		800.00					
江阴市镇村河道综合整治工程	5000.00			5000.00	5000.00		5000.00		5000.00
江阴市小型农田水利重点县 2011 年度项目	4133.00	800.00	800.00	3333.00	4133.00	800.00			
宜兴市金家水库除险加固工程	283.00	283.00	283.00						
宜兴市军民水库除险加固工程	176.00	176.00	176.00						
宜兴响山红水库除险加固工程	220.00	220.00	220.00						
宜兴蒋家庄水库	202.00			202.00	202.00				
宜兴省庄水库	516.00			516.00	516.00				
宜兴市 2011 年中央财政小型农田水利专项工程	950.00	800.00	800.00	150.00	950.00	800.00	950.00	800.00	150.00
宜兴市埝径河(诚庄桥—钟张运河)整治工程	1610.00			1610.00	1610.00		1610.00		1610.00
宜兴市油车水库工程	52000.00			52000.00	52000.00		52000.00		52000.00
宜兴市 2010 年中央财政小型农田水利专项工程	2753.00			2753.00	2753.00		2753.00		2753.00
宜兴市黄墅水库除险加固工程	33.00			33.00	33.00		33.00		33.00
徐州市	120236.02	29137.00	13667	87519.02	123412.02	29937.00	125331.02	31821.00	86930.02
徐州市小型水库除险加固工程	1247.00			1247.00	1247.00		1247.00		1247.00
徐州市奎河上段整治工程	3259.00			3259.00	3259.00		3259.00		3259.00

续上表

	本年计划				本年到位		本年完成		
	小计	中央政府投资	其中:中央财政水利专项资金	地方政府投资	小计	中央政府投资	小计	中央政府投资	地方政府投资
徐州市城市防洪工程	15492.00			15492.00	15492.00		15492.00		15492.00
徐州市废黄河治理工程	10865.00	2373.00		6672.00	13865.00	2373.00	18185.00	4373.00	8992.00
徐州市荆马河治理工程	188.00			188.00	188.00		188.00		188.00
徐州市房亭河治理工程	142.00			142.00	142.00		142.00		142.00
贾汪区小型农田重点县工程	2699.37	950.00	950.00	1749.37	2699.37	950.00	2699.37	950.00	1749.37
徐州市屯头河应急整治工程	2886.00			2886.00	2886.00	800.00	2400.00	800.00	1600.00
贾汪学校饮水安全	103.00	34.00		69.00	103.00	34.00	103.00	34.00	69.00
贾汪区老不牢河整治	2689.00	807.00	807.00	1882.00	2689.00	807.00	2689.00	807.00	1882.00
丰县中小河流治理太行堤河治理工程	198.00			198.00	198.00		198.00		198.00
丰县丰城闸拆除重建工程	1600.00			1600.00	1600.00		1600.00		1600.00
徐州市丰县农村饮水安全	3427.00	2885.00		542.00	3427.00	2885.00	3427.00	2885.00	542.00
丰县沙支河治理工程					102.00		852.00		852.00
丰县 2011 年小型农田水利重点县工程	2906.50	800.00	800.00	2106.50	2906.50	800.00	2906.50	800.00	2106.50
沛县鹿口河整治	2925.00	878.00	878.00	2047.00	2925.00	878.00	2925.00	878.00	2047.00
沛县郑集北支河整治	2992.00	898.00	898.00	2094.00	2992.00	898.00	2992.00	898.00	2094.00
沛县湖西泵站更新改造工程	566.00			566.00	566.00		566.00		566.00
沛县农村饮水安全工程	2505.00	1908.00		597.00	2505.00	1908.00	2505.00	1908.00	597.00
沛县小型农田重点县工程	3446.00	950.00	950.00	2496.00	3446.00	950.00	3446.00	950.00	2496.00
废黄河铜山段二期治理工程	2498.00	816.00	816.00	1682.00	2498.00	816.00	1000.00	700.00	300.00
铜山区光山水库	403.00			403.00	403.00		403.00		403.00
铜山区白桥水库	286.00			286.00	286.00		286.00		286.00
废黄河铜山段治理工程	180.00			180.00	180.00		180.00		180.00

续上表

	本年计划				本年到位		本年完成		
	小计	中央政府投资	其中:中央财政水利专项资金	地方政府投资	小计	中央政府投资	小计	中央政府投资	地方政府投资
铜山区水型农田水利	3680.00	1050.00	1050.00	2150.00	3680.00	1050.00	3680.00	1050.00	2150.00
铜山区农村饮水安全	1293.00	22.00			1293.00	22.00	1293.00	22.00	
徐州市郑集河泵站更新改造工程	615.00			615.00	615.00		615.00		615.00
铜山区学校饮水安全	1487.00	492.00		995.00	1487.00	492.00	1487.00	492.00	995.00
铜山区马庄闸拆除重建工程	780.00			780.00	780.00		780.00		780.00
徐洪河关帝庙桥、浦棠桥改建工程	845.00			845.00	845.00		845.00		845.00
民便河整治睢宁县境内工程	568.00	568.00	568.00		1891.00	568.00	1891.00	568.00	1323.00
废黄河睢宁段	2325.00	775.00	775.00	1550.00	2325.00	775.00	1300.00	775.00	525.00
黄墩湖避洪楼建设睢宁县境内工程	471.00			471.00	471.00		471.00		471.00
睢宁县老龙河下段治理工程	1299.00			1299.00	1299.00		2799.00		2799.00
睢宁县 2011 年中央财政小型农田水利重点县	3159.00	800.00	800.00	2350.00	3159.00	800.00	3159.00	800.00	2350.00
睢宁县 2011 年度农村饮水安全工程	5680.37	2465.00		3215.37	5680.37	2465.00	5680.37	2465.00	3215.37
睢宁县二堡水库	862.00			862.00	862.00		862.00		862.00
新沂黄草关水库	252.00			252.00	252.00		252.00		252.00
白马涧水库除险加固工程	60.00			60.00	60.00		60.00		60.00
白石水库除险加固工程	25.00			25.00	25.00		25.00		25.00
蔡庄水库除险加固工程	49.00			49.00			49.00		49.00
古木水库除险加固工程	105.00			105.00	105.00		105.00		105.00
石涧水库除险加固工程	34.00			34.00	34.00		34.00		34.00
小何水库除险加固工程	34.00			34.00	34.00		34.00		34.00
新沂市 2011 年度农村饮水安全工程	3215.00	1077.00		2138.00	3215.00	1077.00	3215.00	1077.00	2138.00
新沂市 2011 年农村学校饮水安全工程	1799.00	597.00		1202.00	1799.00	597.00	1799.00	597.00	1202.00

续上表

	本年计划				本年到位		本年完成		
	小计	中央政府投资	其中:中央财政水利专项资金	地方政府投资	小计	中央政府投资	小计	中央政府投资	地方政府投资
新沂市 2011 年农村河道疏浚整治工程	1483.46			1483.46	1483.46		1483.46		1483.46
新沂市 2011 年度沂北灌区大型灌区高效节水和水源基础设施建设工程	2700.00	900.00		1800.00	2700.00	900.00	2700.00	900.00	1800.00
新沂黄墩河下段治理工程	2604.00	868.00	868.00	1736.00	2604.00	868.00	1200.00	868.00	332.00
新沂黄墩河上段治理工程	2168.00	723.00	723.00	1445.00	2168.00	723.00	1200.00	723.00	477.00
新沂市 2011 年小型农田水利重点县工程	3200.32	800.00	800.00	2400.32	3200.32	800.00	3200.32	800.00	2400.32
黄墩湖避洪楼建设邳州市境内工程	1863.00			1863.00	663.00		1863.00		1863.00
民便河整治邳州市境内工程	287.00	287.00	287.00		287.00	287.00	957.00	287.00	670.00
邳州彭河治理工程	2689.00	897.00	897.00	1792.00	2689.00	897.00	1500.00	897.00	603.00
邳州市农村饮水安全	8241.00	2717.00		5524.00	8241.00	2717.00	8241.00	2717.00	5524.00
邳州市小型农田水利	2860.00	800.00	800.00	2060.00	2860.00	800.00	2860.00	800.00	2060.00
常州市	40980.28	3467.00	3300	37513.28	22127.00	3467.00	21979.69	900.00	21079.69
常州市城市防洪工程	16000.00			16000.00	16000.00		16000.00		16000.00
新北区 2011 年度中央财政小型农田水利重点县项目	4055.58	800.00	800.00	3255.58	800.00	800.00			
武进区 2011 年度中央财政小型农田水利重点县项目	7385.40	800.00	800.00	6585.40	800.00	800.00			
武进区 2010 年节水灌溉示范项目	306.00			306.00	306.00		306.00		306.00
雅浦港综合整治工程	2946.69			2946.69	1000.00		2946.69		2946.69
溧阳市上兴镇曹山小流域治理	500.00	167.00		333.00	500.00	167.00			
溧阳市 2011 年度中央财政小型农田水利重点县项目	4389.34	900.00	900.00	3489.34	900.00	900.00	1536.00	900.00	636.00
溧阳 2011 年小水库除险加固工程	1021.00			1021.00	1021.00		1191.00		1191.00
金坛市 2011 年度中央财政小型农田水利重点县项目	4376.27	800.00	800.00	3576.27	800.00	800.00			
苏州市	655068.20	65327.00	6400	399598.20	542310.20	73627.00	616935.35	75990.00	344077.30
苏州市东太湖综合整治工程	100000.00	42500.00			100000.00	42500.00	108263.05	42500.00	

续上表

	本年计划				本年到位		本年完成		
	小计	中央政府投资	其中:中央财政水利专项资金	地方政府投资	小计	中央政府投资	小计	中央政府投资	地方政府投资
高新区(虎丘区)农村水利建设	3200.00			3200.00	3200.00		3200.00		3200.00
吴中区胥口上沿山河整治工程	1250.00			1250.00	1250.00		1250.00		1250.00
吴中区农村水利建设工程	13000.00			2857.00	15732.00	800.00	13462.00		2857.00
吴中区中央财政小型农田水利重点县建设	3884.00	800.00	800.00	3084.00	3884.00	800.00	3884.00	800.00	3084.00
吴中区张桥小流域综合治理工程	500.00	167.00		333.00	500.00	167.00	100.00		100.00
相城区城区防洪工程	1500.00			1500.00	1500.00		1000.00		1000.00
相城区农村水利建设	8450.00			8450.00	8450.00		8450.00		8450.00
相城区小型农田水利重点县建设	3820.80	800.00	800.00	3020.80	3820.80	800.00	380.00	80.00	300.00
常熟市走马塘拓浚延伸常熟段工程	13000.00	2000.00		11000.00	8341.00	2000.00	14827.00	3660.00	11167.00
常熟市福山水道南岸边滩综合整治工程	55000.00			10000.00	39455.00		60000.00		17000.00
常熟市节水灌溉增效示范项目	1500.00	500.00		1000.00					
常熟市高标准农田重点县	25000.00	1200.00	1200.00	23800.00	25000.00	1200.00	25000.00	1200.00	23800.00
张家港市走马塘工程	39083.00	8760.00		30323.00	22760.00	16760.00	44009.00	16760.00	27249.00
张家港朝东圩港—环城河河道工程	74000.00			74000.00	74000.00		74000.00		74000.00
张家港农村水利建设	4272.00			4272.00	4272.00		4272.00		4272.00
张家港市三干河南延工程	17000.00			17000.00	17000.00		18310.00	3000.00	15310.00
张家港市中央财政小型农田水利重点县	5340.00	800.00	800.00	4540.00	5340.00	800.00	7902.00	430.00	7472.00
张家港开发区南区水系调整工程	15000.00			15000.00	13400.00		13400.00		13400.00
张家港七干河河道工程	4800.00			4800.00	4800.00		120.00		120.00
张家港长江澄通河段通州沙西水道河道整治工程	50000.00			50000.00	5360.00		5360.00		5360.00
张家港百年一遇江堤加固改造工程	5500.00			5500.00	250.00		250.00		250.00
昆山市小型农田水利重点县工程	4416.00	1000.00	1000.00	3416.00	4416.00	1000.00	4416.00	1000.00	3416.00

续上表

	本年计划				本年到位		本年完成		
	小计	中央政府投资	其中:中央财政水利专项资金	地方政府投资	小计	中央政府投资	小计	中央政府投资	地方政府投资
昆山市 2011 年度张家港挡墙工程	4245.00			4245.00	4245.00		4245.00		4245.00
昆山市昆北塘综合整治项目二期工程	4179.00			4179.00	4179.00		4179.00		4179.00
昆山市道褐浦综合整治工程	5785.90			5785.90	5785.90		5785.90		5785.90
昆山市泗安泾河道综合整治项目	2826.00			2826.00	2826.00		2826.00		2826.00
昆山市千灯浦综合治理	1459.40			1459.40	1459.40		1459.40		1459.40
昆山市农村水利建设工程	27757.00			27757.00	27757.00		27757.00		27757.00
昆山市水利信息化建设	320.00			320.00	320.00		320.00		320.00
吴江市中央财政小型农田水利重点县工程	3773.00	800.00	800.00	2973.00	3500.00	800.00	3500.00	800.00	2700.00
吴江市圩区建设及河道整治工程	28000.00			28000.00	28000.00		28000.00		28000.00
吴江备用水源地建设	7914.00			7914.00	8914.00		9000.00		9000.00
太仓市应急水源地工程	75000.00				50000.00		75000.00		
太仓市十八港整治工程	2500.00				2000.00		2500.00		
太仓市杨林枢纽导流工程——新塘河导流工程	2500.00			2500.00	1300.00		2500.00		2500.00
太仓市 2011 年城区水环境综合整治工程	1902.00			1902.00	1902.00		1902.00		1902.00
太仓市 2010 年中央财政小型农田水利重点县建设项目	5775.00			5775.00	5775.00		5775.00		5775.00
太仓市 2011 年中央财政小型农田水利重点县建设项目	6044.00	1000.00	1000.00	5044.00	6044.00	1000.00	5331.00	760.00	4571.00
太仓市 2011 年双凤、璜泾镇高效节水灌溉项目	572.10			572.10	572.10				
苏州市七浦塘拓浚整治工程	25000.00	5000.00		20000.00	25000.00	5000.00	25000.00	5000.00	20000.00
南通市	140426.41	11651.00	6480	126532.78	140530.25	11651.00	130553.74	7865.00	121215.67
南通市 2010 年度城市防洪工程	40000.00			40000.00	40521.00		40521.00		40521.00
市辖区项目							4500.00		4500.00

续上表

	本年计划				本年到位		本年完成		
	小计	中央政府投资	其中:中央财政水利专项资金	地方政府投资	小计	中央政府投资	小计	中央政府投资	地方政府投资
崇川区 2011 年河道整治工程	2760.00			2760.00	2760.00		2760.00		2760.00
港闸区	7095.00			7095.00	6852.00		6852.00		6852.00
海安县如海灌区	3000.00	1000.00		2000.00	3000.00	1000.00	2520.00	1000.00	1520.00
海安县西场等乡镇农村饮水安全工程	7360.00	233.00		7127.00	7360.00	233.00	7360.00	233.00	7127.00
海安县城市防洪治理工程	1200.00				1200.00		1200.00		
焦港北闸改造工程	1500.00			860.00	1500.00		860.00		860.00
海安县 2010 年中央财政小型农田水利重点县项目	3453.00	800.00	800.00	2653.00	3453.00	800.00	3453.00	800.00	2653.00
如东九洋中型灌区节水配套改造工程	1388.00			1388.00	1388.00		2160.00		2160.00
如东县掘港、栟茶、大豫镇三镇农村饮水安全工程	1195.00	271.00		924.00	1195.00	271.00	1195.00	271.00	924.00
江苏省如东县 2011 旱涝保收高标准农田建设示范重点县项目	4682.00	1200.00	1200.00	3107.44	4682.00	1200.00	345.00	100.00	
协兴闸外迁工程	3300.00	1400.00		1900.00	3300.00	1400.00	400.00	400.00	
农村饮水安全工程 2	5379.00	166.00		5213.00	5379.00	166.00	5379.00	166.00	5213.00
启东市 2011 年中央财政小型农田水利重点县工程	3048.00	800.00	800.00	2248.00	3048.00	800.00	50.00	13.00	37.00
农村饮水安全工程 1	15822.01			15822.01	15822.01		15822.01		15822.01
新港闸外迁工程	2500.00	800.00		1700.00	2500.00	800.00	400.00	400.00	
启东市船舶工业带防汛二道堤工程	8000.00			8000.00	8000.00		8000.00		8000.00
如皋市农村河道整治工程	5555.17			5555.17	5555.17		5555.17		5555.17
焦港灌区节水配套改造工程	2105.82			2105.82	2158.66		2158.66		2158.66
如皋四镇饮水安全	690.83	79.00		611.83	463.83	79.00	463.83		463.83
如海灌区 2011 年度续建配套与节水改造工程	3000.00	1000.00		2000.00	3000.00	1000.00	2760.00	1000.00	1760.00
如皋市 2011 年中央小型农田水利重点县	3198.07	1050.00	1050.00	2120.00	3198.07	1050.00	3198.07	1050.00	2120.00
新江海河	2414.00	724.00	724.00	1690.00	2414.00	724.00	2414.00	724.00	1690.00

续上表

	本年计划				本年到位		本年完成		
	小计	中央政府投资	其中:中央财政水利专项资金	地方政府投资	小计	中央政府投资	小计	中央政府投资	地方政府投资
通州区刘桥镇农村饮水安全工程	4148.00	122.00		4026.00	4148.00	122.00	4148.00	122.00	4026.00
通州区节水灌溉增效示范项目	300.00	100.00		200.00	300.00	100.00			
九圩港	2353.00	706.00	706.00	1647.00	2353.00	706.00	2353.00	706.00	1647.00
通州 2011 年中央财政小型农田重点县工程	3426.00	800.00	800.00	2626.00	3426.00	800.00	3426.00	800.00	2626.00
海门市 2011 年中央财政小型农田水利重点县	1553.51	400.00	400.00	1153.51	1553.51	400.00	300.00	80.00	220.00
海门通吕运河治理工程									
连云港市	61872.00	20268.00	8530	41604.00	61872.00	20268.00	59819.00	19537.00	40282.00
临洪东站改造工程							400.00		400.00
西墅闸							620.00		620.00
蒋庄漫水闸拆建工程							3000.00		3000.00
新浦区中央财政小农水专项工程	297.00	50.00	50.00	247.00	297.00	50.00	297.00	50.00	247.00
蔷薇河出口段整治	2204.00	735.00	735.00	1469.00	2204.00	735.00	1900.00	735.00	1165.00
新浦区蔷薇河三期	2694.00	898.00	898.00	1796.00	2694.00	898.00	2694.00	898.00	1796.00
海州区蔷薇河二期	2413.00	804.00	804.00	1609.00	2413.00	804.00	1700.00	804.00	896.00
海州区中央财政小农水专项工程	285.00	50.00	50.00	235.00	285.00	50.00	285.00	50.00	235.00
海州区饮水安全工程	1154.00	949.00		205.00	1154.00	949.00	1154.00	949.00	205.00
2011 年赣榆小塔山灌区改造	3293.00	1098.00		2195.00	3293.00	1098.00	2749.00	1098.00	1651.00
2011 年重点小 2 型水库(赣榆马旦头)	173.00	173.00	173.00		173.00	173.00	75.00	75.00	
2011 年重点小 2 型水库(赣榆徐山)	255.00	255.00	255.00		255.00	255.00	142.00	142.00	
2011 年重点小 2 型水库(赣榆祝其山)	233.00	233.00	233.00		233.00	233.00	131.00	131.00	

续上表

	本年计划				本年到位		本年完成		
	小计	中央政府投资	其中:中央财政水利专项资金	地方政府投资	小计	中央政府投资	小计	中央政府投资	地方政府投资
赣榆县饮水安全工程	2948.00	804.00		2144.00	2948.00	804.00	2948.00	804.00	2144.00
2011 年重点小 2 型水库(赣榆石门沟)	225.00	225.00	225.00		225.00	225.00	103.00	103.00	
赣榆县石梁河灌区	6000.00	2000.00		4000.00	6000.00	2000.00	4650.00	2000.00	2650.00
2011 年重点小 2 型水库(赣榆二龙山)	228.00	228.00	228.00		228.00	228.00	104.00	104.00	
赣榆县中央财政重点县小型农田水利工程	3262.00	800.00	800.00	2462.00	3262.00	800.00	3262.00	800.00	2462.00
赣榆县节水灌溉增效示范项目	300.00	100.00		200.00	300.00	100.00			
2011 年重点小 2 型水库(赣榆马山)	184.00	184.00	184.00		184.00	184.00	112.00	112.00	
2011 年大型灌区高效节水和水源基础设施建设(赣榆石梁河)	2100.00	700.00		1400.00	2100.00	700.00	1708.00	700.00	1008.00
东海县中央财政一般重点县小农水工程	2000.00	800.00	800.00	1200.00	2000.00	800.00	2000.00	800.00	1200.00
2011 年大型灌区高效节水和水源基础设施建设(东海沭新渠)	900.00	300.00		600.00	900.00	300.00	900.00	300.00	600.00
东海县饮水安全工程	7751.00	1172.00		6579.00	7751.00	1172.00	7751.00	1172.00	6579.00
东海县沭新渠灌区	6000.00	2000.00		4000.00	6000.00	2000.00	4840.00	2000.00	2840.00
五灌河整治	2679.00	893.00	893.00	1786.00	2679.00	893.00	2000.00	893.00	1107.00
灌云县饮水安全工程	4518.00	2454.00		2064.00	4518.00	2454.00	4518.00	2454.00	2064.00
灌云县中央政财重点县小型农田水利工程	2826.00	850.00	850.00	1976.00	2826.00	850.00	2826.00	850.00	1976.00
灌南县中央财政重点县小型农田水利工程	2857.00	1200.00	1200.00	1657.00	2857.00	1200.00	2857.00	1200.00	1657.00
公兴河	507.00	152.00	152.00	355.00	507.00	152.00	507.00	152.00	355.00
灌南县饮水安全工程	3586.00	161.00		3425.00	3586.00	161.00	3586.00	161.00	3425.00
淮安市	151996.00	39500.00	8243	110045.00	139049.00	42901.00	210722.00	40483.00	170239.00
市县自主项目							42526.00		42526.00
淮河入江水道整治工程	21500.00	14000.00		7500.00	12000.00	12000.00	12500.00	12500.00	

续上表

	本年计划				本年到位		本年完成		
	小计	中央政府投资	其中:中央财政水利专项资金	地方政府投资	小计	中央政府投资	小计	中央政府投资	地方政府投资
淮安市城市防洪工程	45820.00			45820.00	39280.00		39280.00		39280.00
楚州区旱涝保收高标准农田建设示范重点县工程(2011年度)	4085.00	1200.00	1200.00	2885.00	2800.00	1200.00			
渠南灌区续建配套与节水改造七期					1057.00		3557.00	557.00	3000.00
楚州区 2010 年中央财政小型农田水利专项工程	304.00			304.00	1004.00	100.00	1004.00	100.00	904.00
楚州区 2011 年农村饮水安全工程	1878.00	1534.00		344.00	1878.00	1534.00	1878.00	1534.00	344.00
楚州区 2010 年度河道疏浚及村庄河塘	2458.00			2458.00	2458.00		2458.00		2458.00
白马湖退圩还湖工程							22864.00		22864.00
渠南灌区续建配套与节水改造八期	6000.00	2000.00		4000.00	4800.00	2000.00	4800.00	2000.00	2800.00
淮阴区 2010 年中央财政小型农田水利工程重点县项目					3079.00	850.00	3079.00	850.00	2229.00
淮安市渠西河治理工程	592.00	592.00	592.00		1184.00	592.00	1824.00	592.00	1232.00
淮安市里运河渠北洼地治理工程	3549.00	430.00		668.00	430.00	430.00	1000.00	1000.00	
淮阴区 2011 年中央财政小型农田水利工程重点县项目	3048.00	850.00	850.00	2198.00	2200.00	850.00			
淮阴区 2010 年度河道疏浚及村庄河塘	2428.00			2428.00			2428.00		2428.00
清浦区 2011 年中央财政小型农田水利专项工程	145.00	50.00	50.00	95.00	100.00	50.00			
清浦区 2010 年度河道疏浚及村庄河塘	2178.00			2178.00	2178.00		2178.00		2178.00
清浦区 2010 年中央财政小型农田水利专项工程					285.00	50.00	285.00	50.00	235.00
清浦区节水灌溉增效示范项目	300.00	100.00		200.00	210.00	100.00			
淮涟灌区七期					969.00		2469.00		2469.00
涟水县 2011 年农村饮水安全工程	1811.00	1527.00		284.00	1811.00	1527.00	1811.00	1527.00	284.00
涟东灌区节水改造二期					1231.00		4231.00	631.00	3600.00
涟东灌区节水改造三期	6000.00	2000.00		4000.00	4800.00	2000.00	4800.00	2000.00	2800.00
涟东灌区高效节水和水源基础设施建设	900.00	300.00		600.00	720.00	300.00	720.00	300.00	420.00

续上表

	本年计划				本年到位		本年完成		
	小计	中央政府投资	其中:中央财政水利专项资金	地方政府投资	小计	中央政府投资	小计	中央政府投资	地方政府投资
涟西灌区节水改造六期					890.00		2890.00	490.00	2400.00
涟水县 2010 年度河道疏浚及村庄河塘工程	1835.00			1835.00	1835.00		1835.00		1835.00
涟水县 2010 年中央财政小型农田水利专项工程					1026.00	100.00	1026.00	100.00	926.00
公兴河(涟水县)治理工程	737.00	737.00	737.00		1474.00	737.00	957.00		957.00
涟水县 2011 年中央财政小型农田水利专项工程	4060.00	1200.00	1200.00	2860.00	2800.00	1200.00			
洪泽县砚临河橡胶坝工程	396.00			396.00	396.00		396.00		396.00
洪金灌区续建配套节水改造五期					890.00		2890.00	490.00	2400.00
洪泽县 2010 年度河道疏浚及村庄河塘							1364.00		1364.00
洪泽县 2011 年农村饮水安全工程	1836.00	58.00		1778.00	1836.00	58.00	1836.00	58.00	1778.00
洪泽县 2010 年中央财政小型农田水利工程重点县项目	1208.00			1208.00	3008.00	800.00	3008.00	800.00	2208.00
洪泽县 2011 年中央财政小型农田水利工程重点县项目	2961.00	800.00	800.00	2161.00	1800.00	800.00			
洪泽县周桥灌区续建配套与节水改造六期工程	4459.00	1436.00		3023.00	3560.00	1436.00	3560.00	1436.00	2124.00
盱眙县和平水库除险加固					491.00	227.00	491.00	227.00	264.00
盱眙县 2011 年中央财政小型农田水利工程重点县项目	3187.00	800.00	800.00	2387.00	2200.00	800.00			
盱眙县 2010 年河道疏浚及村庄河塘	2099.00			2099.00	2099.00		2099.00		2099.00
2011 年 5 批小型水库除险加固	2425.00			2425.00					
2011 年 4 批小型水库除险加固	1522.00			1522.00					
清水坝灌区节水和水源基础设施建设	900.00	300.00		600.00	720.00	300.00	720.00	300.00	420.00
清水坝灌区三期	6000.00	2000.00		4000.00	4800.00	2000.00	4800.00	2000.00	2800.00
盱眙县何岗水库除险加固					424.00		424.00		424.00
盱眙县 2011 年农村饮水安全工程	7341.00	5572.00		1769.00	7341.00	5572.00	7341.00	5572.00	1769.00
盱眙县小刀场水库除险加固					315.00	315.00	315.00	315.00	

续上表

	本年计划				本年到位		本年完成		
	小计	中央政府投资	其中:中央财政水利专项资金	地方政府投资	小计	中央政府投资	小计	中央政府投资	地方政府投资
盱眙县水库除险加固(2010 年批 10 座)					603.00		614.00		614.00
盱眙县人民水库除险加固					445.00	445.00	445.00	445.00	
盱眙县张桥水库除险加固					396.00	396.00	396.00	396.00	
盱眙县黑头港水库除险加固					273.00	273.00	273.00	273.00	
盱眙县雨山水库除险加固					295.00	295.00	295.00	295.00	
清水坝灌区二期					1231.00		4431.00	831.00	3600.00
淮安市团结河治理工程	596.00	596.00	596.00		1191.00	596.00	1985.00	596.00	1389.00
盱眙县 2010 年中央财政小型农田水利工程重点县项目					3209.00	800.00	3209.00	800.00	2409.00
金湖县 2010 年中央财政小型农田水利工程重点县项目					3289.00	750.00	3289.00	750.00	2539.00
金湖县 2011 年中央财政小型农田水利工程重点县项目	3032.00	750.00	750.00	2282.00	2000.00	750.00			
金湖县 2010 年河道疏浚及村庄河塘整治项目	1838.00			1838.00	1838.00		1838.00		1838.00
金湖县老三河治理工程	2006.00	668.00	668.00	1338.00	1338.00	668.00	1500.00	668.00	832.00
金湖县新河水库除险加固	562.00			562.00	562.00		803.00		803.00
盐城市	98759.55	34316.00	22551	64443.55	109863.28	31608.00	128585.78	19724.00	108861.78
2010 年度城市防洪					8518.00		8518.00		8518.00
西潮河上段整治工程	2627.00	876.00	876.00	1751.00	1728.00	853.00	1950.00	853.00	1097.00
2011 年度城市防洪	400.00			400.00	7584.00		7584.00		7584.00
亭湖区 2011 年度农村饮水安全工程	808.00			808.00	808.00		808.00		808.00
亭湖区新丰河整治工程	2524.00	842.00	842.00	1682.00	1682.00		1500.00		1500.00
亭湖区 2011 年度中央财政小型农田水利重点县项目	2925.00	950.00	950.00	1975.00	2925.00	950.00	487.00	240.00	247.00
亭湖区南洋东片治理工程	100.00			100.00	100.00				
盐都区 2011 年中央财政小型农田水利重点县工程	3600.00	800.00	800.00	2800.00	3600.00	800.00	1000.00	300.00	700.00

续上表

	本年计划				本年到位		本年完成		
	小计	中央政府投资	其中:中央财政水利专项资金	地方政府投资	小计	中央政府投资	小计	中央政府投资	地方政府投资
盐龙湖水库工程	5000.00			5000.00	5000.00		38000.00		38000.00
盐都区2011年度农村饮水安全工程	1542.00			1542.00	1542.00		2368.00		2368.00
盐都区东涡河治理工程	880.00	880.00	880.00		880.00	880.00	2934.00	880.00	2054.00
响水县2011年中央财政小型农田水利重点县工程	3020.00	800.00	800.00	2220.00	3020.00	800.00	1000.00	800.00	200.00
响水县大有镇七套片区域治理	500.00	167.00		333.00	350.00	167.00			
响水县灌东盐场海堤巩固	5000.00	4000.00		1000.00	4000.00	4000.00			
响水县新丰河闸拆建工程	328.00	230.00		98.00	328.00	230.00	328.00	230.00	98.00
滨海海堤巩固	700.00	490.00		210.00	490.00	490.00			
滨海县淤黄河下段整治工程	2464.00	821.00	821.00	1643.00	822.00		1000.00		1000.00
滨海县陈涛灌区							2400.00	930.00	1470.00
滨海县2011年度中央财政小型农田水利重点县工程	4003.45	1200.00	1200.00	2803.45	2800.00	1200.00			
滨海县淤黄河上段整治工程	2389.00	796.00	796.00	1593.00	797.00		950.00		950.00
滨海县翻身河整治工程	2213.00	738.00	738.00	1475.00	2213.00	738.00	2459.00	738.00	1721.00
阜宁县2011年中央财政小型农田水利重点县工程	2857.40	800.00	800.00	2057.40	2000.00	800.00			
阜宁县海陵河治理工程	838.00	838.00	838.00		1051.00	838.00	2243.00	838.00	1405.00
阜宁县潮河(太平桥—射阳河段)整治工程	2502.00	834.00	834.00	1668.00	1034.00		1500.00		1500.00
阜宁县渠北泵站	1800.00	800.00		1000.00	1800.00	800.00			
阜宁杨集河治理工程	842.00	842.00	842.00		1012.00	842.00	2255.00	842.00	1413.00
射阳县运棉河地区安南、和合圩区和利民河地区盘湾圩区治理					1070.00		1763.00		1763.00
射阳县利民河整治工程	2672.00	891.00	891.00	1781.00	1742.00	852.00	1950.00	852.00	1098.00
射阳县2011年度中央财政小型农田水利重点县工程	3400.00	800.00	800.00	2600.00	3400.00	800.00			
射阳县特庸泵站	1600.00	600.00		1000.00	1600.00	600.00			

续上表

	本年计划				本年到位		本年完成		
	小计	中央政府投资	其中:中央财政水利专项资金	地方政府投资	小计	中央政府投资	小计	中央政府投资	地方政府投资
2011 年射阳农村饮用水安全工程	2078.00	64.00		2014.00	2078.00	64.00	2078.00	64.00	2014.00
射阳县 2010 年度农村饮水安全工程	160.00	160.00			160.00	160.00			
射阳县串通河整治	883.00	883.00	883.00		883.00	883.00	2644.00	883.00	1761.00
射阳县农村学校饮用水安全工程	54.00	54.00			54.00	54.00	1772.00	54.00	1718.00
建湖县蔷薇河治理工程	834.00	834.00	834.00		1668.00	834.00	2779.00	834.00	1945.00
建湖县女儿河下段整治工程	2663.00	888.00	888.00	1775.00	2663.00	888.00	1648.00	888.00	760.00
建湖县林城河整治工程	2525.00	842.00	842.00	1683.00	1631.00	489.00	1000.00	489.00	511.00
建湖县 2011 年中央财政小型农田水利重点县工程	4000.00	850.00	850.00	3150.00	4000.00	850.00	2400.00	850.00	1550.00
建湖县 2010 年度农村饮水安全工程	131.00	131.00			131.00	131.00			
东台市三仓河东延供水工程	988.00			988.00	2188.00		2988.00		2988.00
东台市 2011 年中央财政小型农田水利重点县工程	3530.00	800.00	800.00	2730.00	3530.00	800.00	3530.00	800.00	2730.00
东台市三仓河治理工程	835.00	864.00	864.00	—29.00	1728.00	864.00	2880.00	864.00	2016.00
东台市堤东灌区改造(2011 年)	2569.00	857.00		1712.00	2569.00	857.00	2055.00	857.00	1198.00
东台市堤东灌区(10 年)							642.00		642.00
东台市 2011 年农村饮水安全工程	2065.00			2065.00	2065.00		3052.00		3052.00
大丰市王港河上段河道治理工程	894.00	894.00	894.00		1694.00	894.00	2981.00	894.00	2087.00
大丰市 2011 年度高标准农田重点县工程	4000.42	1200.00	1200.00	2800.42	2800.00	1200.00			
大丰市 2011 旱改水田间工程改造	1062.28			1062.28	1062.28		1062.28		1062.28
川东港拓浚工程									
大丰市 2011 年度小型农田水利专项工程							1000.50	100.00	900.50
大丰市 2011 年度农村学校饮水安全工程	929.00	299.00		630.00	929.00	299.00	929.00	299.00	630.00
大丰王港闸下迁工程	6160.00	3080.00		3080.00	6160.00	3080.00			

续上表

	本年计划				本年到位		本年完成		
	小计	中央政府投资	其中:中央财政水利专项资金	地方政府投资	小计	中央政府投资	小计	中央政府投资	地方政府投资
大丰市王港河下游段河道治理工程	2364.00	788.00	788.00	1576.00	1576.00	788.00	1000.00	788.00	212.00
大丰市堤东灌区改造(2011 年)	2500.00	833.00		1667.00	2500.00	833.00	2000.00	883.00	1117.00
大丰川东港闸下移(08)					1644.00		5548.00	1674.00	3874.00
大丰市川南灌区					2254.00	1000.00	1600.00	1000.00	600.00
扬州市	92641.00	44432.00	7994	48209.00	97072.00	45029.00	94212.00	44536.00	49676.00
扬州市仪扬河整治工程	712.00	712.00	712.00		2373.00	1187.00	2373.00	1187.00	1186.00
邗江区瓜洲镇建华小流域治理	501.00	167.00		334.00	501.00	167.00			
淮河入江水道整治工程	43608.00	36200.00		7408.00	43608.00	36200.00	43608.00	36200.00	7408.00
扬州经济开发区(2011～2012 年)治涝应急工程	2000.00			2000.00	2000.00		2000.00		2000.00
扬州市东片区骨干河道整治 1 期工程	2500.00			2500.00	2500.00		2500.00		2500.00
扬州市广陵区横沟河综合整治工程	4500.00			4500.00	4500.00		4500.00		4500.00
扬州市黄泥沟综合整治工程	2300.00			2300.00	2300.00		2300.00		2300.00
邗江小型农田水利重点县	1173.00	350.00	350.00	823.00	1173.00	350.00	1173.00	350.00	823.00
宝应县宝射河治理工程	172.00			172.00	940.00		940.00		940.00
宝应小型农田水利重点县	3171.00	850.00	850.00	2321.00	3171.00	850.00	3171.00	850.00	2321.00
宝应县芦范河整治工程	2112.00	704.00	704.00	1408.00	2112.00	704.00	2346.00	704.00	1642.00
仪征小型农田水利重点县	3029.00	800.00	800.00	2229.00	3029.00	800.00	3029.00	800.00	2229.00
仪征农村饮水安全	2056.00	64.00		1992.00	909.00	64.00	2056.00	64.00	1992.00
扬州 2011 年度小型水库除险加固	3371.00			3371.00	3371.00		3371.00		3371.00
仪征市泗源沟整治工程	699.00	699.00	699.00		2097.00	932.00	2331.00	1166.00	1165.00
仪征红旗河综合整治工程	5100.00			5100.00	5100.00		5100.00		5100.00
高邮市向阳河整治	717.00	717.00	717.00		2151.00	956.00	2391.00	1196.00	1195.00

续上表

	本年计划				本年到位		本年完成		
	小计	中央政府投资	其中:中央财政水利专项资金	地方政府投资	小计	中央政府投资	小计	中央政府投资	地方政府投资
高邮小型农田水利重点县	2060.00	800.00	800.00	1260.00	2060.00	450.00	2060.00	450.00	1610.00
高邮农村饮水安全	23.00	7.00		16.00	23.00	7.00	23.00	7.00	16.00
高邮北澄子河治理	170.00			170.00	170.00		170.00		170.00
江都市老三阳河整治续建工程	1016.00			1016.00	2833.00		2833.00		2833.00
江都小型农田水利重点县	3754.00	800.00	800.00	2954.00	3754.00	800.00			
江都市扬中河段嘶马弯道杨湾段应急护岸工程	3000.00			3000.00	1500.00		1500.00		1500.00
江都市白塔河整治工程	2593.00	864.00	864.00	1729.00	2593.00	864.00	1900.00	864.00	1036.00
江都老通扬运河治理	209.00			209.00	209.00		209.00		209.00
江都市红旗河整治工程	2095.00	698.00	698.00	1397.00	2095.00	698.00	2328.00	698.00	1630.00
镇江市	115497.00	7125.00	7125	108270.00	95392.00	6843.00	82708.00	4106.00	78602.00
镇江市古运河中段河道整治一期工程	50515.00			50515.00	50515.00		50515.00		50515.00
镇江市黑臭河专项整治项目	9200.00			9200.00	9200.00		9200.00		9200.00
小型农田水利重点县工程	4002.00	800.00	800.00	3202.00	4002.00	800.00			
大港北山河河道整治工程	1032.00			1032.00	730.00				
大港东方河道整治工程	1281.00			1281.00	820.00				
丁岗团结河、新区捆山河河道整治工程	16000.00			16000.00	1800.00		1800.00		1800.00
农村河道疏浚整治工程	4060.00			4060.00	4060.00		4060.00		4060.00
镇江新区乌巷水库除险加固工程	259.00			259.00	100.00		100.00		100.00
丹徒区巢凰水库	269.00	269.00	269.00		269.00	269.00			
丹徒区 2011 年小型农田水利重点县工程	3617.00	800.00	800.00	2817.00	2617.00	800.00			
丹徒区北南窑水库	237.00	237.00	237.00		237.00	237.00			

续上表

	本年计划				本年到位		本年完成		
	小计	中央政府投资	其中:中央财政水利专项资金	地方政府投资	小计	中央政府投资	小计	中央政府投资	地方政府投资
丹徒7座小水库除险加固工程	335.00			335.00	335.00				
丹徒区石马水库	189.00	189.00	189.00		189.00	189.00			
镇江市丹徒区小流域综合治理									
镇江市胜利河丹徒段治理工程	2682.00	894.00	894.00	1788.00	1530.00	612.00	1530.00	612.00	918.00
丹阳市石城二级沟整治工程	301.00			301.00	301.00		301.00		301.00
丹阳市泰山水库溢洪河清淤工程	245.00			245.00	245.00		245.00		245.00
丹阳市3座小水库除险加固工程(大吴塘、上湾、管山)	1054.00			1054.00	870.00		870.00		870.00
丹阳市2011年小型农田水利重点县工程	4117.00	800.00	800.00	3317.00	3000.00	800.00	358.00	358.00	
丹阳市九曲河城区段护岸整治工程	718.00			718.00	718.00		2718.00		2718.00
扬中市2011年小型农田水利重点县工程	3702.00	800.00	800.00	2800.00	2800.00	800.00	1100.00	800.00	300.00
句容市8座小水库除险加固工程	1748.00			1748.00	450.00		450.00		450.00
句容市南河治理工程	2328.00	776.00	776.00	1552.00	2328.00	776.00	1830.00	776.00	1054.00
句容市中河治理工程	2610.00	870.00	870.00	1740.00	2610.00	870.00	2450.00	870.00	1580.00
句容市句容河上段整治工程	2070.00	690.00	690.00	1380.00	1790.00	690.00	1550.00	690.00	860.00
赤山湖退渔还湖内湖防洪滞洪工程	1952.00			1952.00	2902.00		2657.00		2657.00
句容市秦淮河流域二干河综合整治三期工程	974.00			974.00	974.00		974.00		974.00
泰州市	67042.89	12536.00	10235	48829.89	53011.37	9943.00	22362.00	5522.00	16840.00
开发区生产河治理工程	1904.00	635.00	635.00	1269.00	1904.00	635.00			
海陵区老通扬运河治理工程	2478.00	817.00	817.00	1661.00	2478.00	817.00			
海陵区小型农田水利重点县2011年度项目	172.00	50.00	50.00	122.00	172.00	50.00			
泰州市洼地治理工程	7515.00	1423.00		415.00	7515.00	1423.00			
海陵区稻河治理工程	3000.00			3000.00					

续上表

	本年计划				本年到位		本年完成		
	小计	中央政府投资	其中:中央财政水利专项资金	地方政府投资	小计	中央政府投资	小计	中央政府投资	地方政府投资
高港区小型农田水利重点县 2011 年度项目	3267.83	800.00	800.00	2467.83	3267.83	800.00			
兴化市小型农田水利重点县 2011 年度项目	4724.52	1200.00	1200.00	3524.52					
兴化市渭水河治理工程	2816.00			2816.00					
兴化市白涂河治理工程					1156.00		700.00	495.00	205.00
农村饮水安全工程	9352.00	878.00		8474.00	9352.00	878.00	9051.00	878.00	8173.00
靖江市小型农田水利重点县 2011 年度项目	2958.54	700.00	700.00	2258.54	2958.54	700.00			
靖江市下六圩港枢纽工程					2000.00		3280.00	1280.00	2000.00
靖江市横港治理工程					570.00		400.00	400.00	
靖江市长江农场 2010 年度应急护岸工程	1449.00			1449.00	1449.00		1449.00		1449.00
靖江市夏仕港治理工程					1896.00		2300.00	812.00	1488.00
泰兴市两泰官河治理工程	2997.00	899.00	899.00	2098.00	100.00	100.00	100.00	100.00	
泰兴市古马干河治理工程	2871.00	861.00	861.00	2010.00	267.00	267.00	50.00	50.00	
泰兴市如泰运河(一期)治理工程	2994.00			2994.00					
泰兴市如泰运河(二期)治理工程	2992.00			2992.00					
泰兴市小型农田水利重点县 2011 年度项目	4220.00	1000.00	1000.00	3220.00	4220.00	1000.00			
老通扬运河(姜堰段)治理工程	2626.00	788.00	788.00	1838.00	2000.00	788.00	1313.00	700.00	613.00
姜堰市小型农田水利重点县 2011 年度项目	3832.00	950.00	950.00	2882.00	3832.00	950.00			
泰州市周山河姜堰段治理工程	2689.00	807.00	807.00	1882.00	2689.00	807.00	2689.00	807.00	1882.00
城黄灌区(姜堰片)续建配套与节水改造 2010 年度工程项目					3000.00		1030.00		1030.00
姜堰市茅山河治理工程	2185.00	728.00	728.00	1457.00	2185.00	728.00			

续上表

	本年计划				本年到位		本年完成		
	小计	中央政府投资	其中:中央财政水利专项资金	地方政府投资	小计	中央政府投资	小计	中央政府投资	地方政府投资
宿迁市	83000.20	33885.00	11762	49115.20	81059.00	33885.00	60993.00	32035.00	28958.00
宿迁市西民便河应急整治	892.00			892.00	982.00		9892.00	3000.00	6892.00
宿城区饮水安全	1922.00	1553.00		369.00	1922.00	1553.00	1922.00	1553.00	369.00
宿城区废黄河	2579.00	860.00	860.00	1719.00	2579.00	860.00	1000.00	860.00	140.00
宿城区西民便河四期	1300.00			1300.00	1300.00				
宿城区西民便河三期	1300.00			1300.00	1300.00				
宿城区西沙河二期	2696.00	899.00	899.00	1797.00	2696.00	899.00	1200.00	899.00	301.00
宿城区西沙河一期	2693.00	898.00	898.00	1795.00	2693.00	898.00	2500.00	898.00	1602.00
宿城区运南灌区续建配套与节水改造项目 2011 年度工程	6900.00	2300.00		4600.00	6900.00	2300.00	4900.00	2300.00	2600.00
宿城区小型农田水利重点县建设	2551.00	950.00	950.00	1601.00	2500.00	950.00			
避洪楼建设宿迁境内工程	646.00			646.00	646.00		1526.00		1526.00
来龙灌区续建配套与节水改造项目 2011 年度工程	3498.00	1166.00		2332.00	2938.00	1166.00	2800.00	1166.00	1634.00
皂河灌区续建与节水改造项目 2011 年度工程	8700.00	2900.00		5800.00	8526.00	2900.00	4800.00	2900.00	1900.00
宿豫区小型农田水利重点县建设	2256.00	800.00	800.00	1456.00	2256.00	800.00			
黄墩湖滞洪区安全建设 2007 年度工程									
宿豫区饮水安全	2369.00	1641.00		728.00	2369.00	1641.00	2369.00	1641.00	728.00
宿迁市总六塘河疏浚治理	885.00	885.00	885.00		885.00	885.00	2251.00	885.00	1366.00
宿豫区总六塘河二期	2597.00	866.00	866.00	1731.00	2597.00	866.00	1000.00	866.00	134.00
宿豫区总六塘河三期	2654.00	885.00	885.00	1769.00	2654.00	885.00	1000.00	885.00	115.00
沭阳县小型农田水利重点县建设	2675.00	1100.00	1100.00	1575.00	2400.00	1100.00			
沭阳县饮水安全	5439.00	4457.00		982.00	5439.00	4457.00	5439.00	4457.00	982.00

续上表

	本年计划				本年到位		本年完成		
	小计	中央政府投资	其中:中央财政水利专项资金	地方政府投资	小计	中央政府投资	小计	中央政府投资	地方政府投资
沭阳县柴米河	2456.00	853.00	853.00	1603.00	2456.00	853.00	2042.00	853.00	1189.00
沭阳县2011年柴塘灌区续建配套与节水改造工程	6900.00	2300.00		4600.00	6762.00	2300.00	3900.00	2300.00	1600.00
泗阳县小型农田水利重点县建设	2000.00	800.00	800.00	1200.00	2000.00	800.00			
泗阳县饮水安全	7280.00	4749.00		2531.00	7280.00	4749.00	7280.00	4749.00	2531.00
泗洪县小型农田水利重点县建设	3633.20	1200.00	1200.00	2433.20	2800.00	1200.00			
泗洪县城西翻水站枢纽	2300.00			2300.00	2300.00		2572.00		2572.00
泗洪县塘怀(一)小水库除险加固工程	279.00			279.00	279.00		279.00		279.00
泗洪县西民便河整治	2299.00	766.00	766.00	1533.00	2299.00	766.00	1020.00	766.00	254.00
泗洪县饮水安全	1301.00	1057.00		244.00	1301.00	1057.00	1301.00	1057.00	244.00
省属	107159.00	29261.00		57846.00	107159.00	29261.00	67294.00	24045.00	43249.00
泰东河工程	43476.00	7588.00		15836.00	43476.00	7588.00	52000.00	18588.00	33412.00
淮河入海水道二期	2000.00			2000.00	2000.00				
省水利物资总站防汛物资仓储基地迁建改造工程	2000.00			2000.00	2000.00				
泰州引江河二期	11668.00			11668.00	11668.00				
中小河流水文监测系统建设	5040.00	3040.00		2000.00	5040.00	3040.00			
洪泽湖大堤除险加固	5050.00	5050.00			5050.00	5050.00			
宿迁洪涝灾情巡测基地建设	928.00	186.00		742.00	928.00	186.00			
淮河入江水道整治	16000.00	3800.00		12200.00	16000.00	3800.00	337.00		337.00
蔷薇河地涵拆建							772.00		772.00
徐州、连云港三市抗旱打井等工程经费补助							2400.00		2400.00
江都宜陵闸加固工程	246.00			246.00	246.00		1224.00		1224.00
常熟枢纽加固改造							100.00		100.00

续上表

	本年计划				本年到位		本年完成		
	小计	中央政府投资	其中:中央财政水利专项资金	地方政府投资	小计	中央政府投资	小计	中央政府投资	地方政府投资
西藏援建工程	300.00			300.00	300.00		300.00		300.00
中小河流省级质检和管理费	80.00			80.00	80.00		80.00		80.00
江苏省水资源管理信息系统一期工程	1000.00			1000.00	1000.00		1000.00		1000.00
水文遥测系统整合							2085.00		2085.00
“十一五”水资源监测能力建设							65.00		65.00
省水利信息网络改扩建工程	359.00			359.00	359.00		859.00		859.00
走马塘工程(省属部分)	15240.00	9240.00		6000.00	15240.00	9240.00	5000.00	5000.00	
水文综合实验楼及基地附属设施建设	2000.00			2000.00	2000.00				
小型水库防汛通信预警系统	1000.00			1000.00	1000.00				
“十一五”水文水资源工程	772.00	357.00		415.00	772.00	357.00	1072.00	457.00	615.00

2011年江苏省水利基建项目一览表(五)

	全部计划				本年计划				累积完成				本年完成			
	土方	石方	砼	金属结构	土方	石方	砼	金属结构	土方	石方	砼	金属结构	土方	石方	砼	金属结构
合计	47466.29	1394.36	4658063.53	92926.11	24515.88	645.47	1636504.54	40055.18	36217.91	737.46	2655714.46	87617.65	27141.88	887.35	2081485.54	80181.14
江苏	47408.52	1388.91	4632577.53	92492.34	24515.88	645.47	1636504.54	40055.18	36212.81	732.86	2634314.46	87277.65	27141.88	887.35	2081485.54	80181.14
南京市	2381.86	76.50	313401.90		755.10	23.11	100341.00		1492.15	59.70	211652.90		727.10	19.97	89541.00	
南京市小型水库除险加固工程	454.00	46.50	167880.00		102.00	10.50	37880.00		382.05	39.00	141880.00		74.00	7.36	27080.00	
南京市滁河防洪治理近期工程2011年度工程	284.00	7.30	11.90						284.00	7.30	11.90					
南京市浦口区2011年小型农田水利重点县工程	42.92	0.20	8500.00													
南京市江宁区小型农田水利建设重点县(2010)	77.95	0.56	7600.00		77.95	0.56	7600.00		77.95	0.56	7600.00		77.95	0.56	7600.00	
南京市江宁区朱门小流域治理二期工程	9.19	1.26	1339.00													
南京市江宁区朱门小流域治理	12.50	0.27	1488.00		12.50	0.27	1488.00		12.50	0.27	1488.00		12.50	0.27	1488.00	
南京市城市防洪2011年度工程	18.69	0.14	21956.00		18.69	0.14	21956.00		18.69	0.14	21956.00		18.69	0.14	21956.00	
南京市江宁区牧龙河水环境综合治理工程	240.28				240.28				240.28				240.28			
南京市江宁区2011年小型农田水利重点县工程	130.80	0.70	7820.00													
南京市溧水县新桥河治理工程	99.00	0.39	2700.00		9.00				99.00	0.39	2700.00		9.00			
南京市六合区节水灌溉	2.69	0.57	1315.00		2.69	0.57	1315.00		2.69	0.57	1315.00		2.69	0.57	1315.00	
南京市六合区八百河治理工程	60.00	3.50	5818.00		60.00	3.50	5818.00		60.00	3.50	5818.00		60.00	3.50	5818.00	
南京市六合区小型农田水利建设专项工程(2010)	40.40	0.77	2400.00		40.40	0.77	2400.00		40.40	0.77	2400.00		40.40	0.77	2400.00	

续上表

	全部计划				本年计划				累积完成				本年完成			
	土方	石方	砼	金属结构	土方	石方	砼	金属结构	土方	石方	砼	金属结构	土方	石方	砼	金属结构
南京市六合区2011年小型农田水利重点县工程	94.80	0.16	8690.00													
南京市六合区金牛灌区更新改造工程	7.30	0.28	3000.00		7.30	0.28	3000.00		7.30	0.28	3000.00		7.30	0.28	3000.00	
南京市秦淮河上游二干河综合整治三期工程(溧水县)	98.90	1.41	4600.00		29.90	1.01			98.90	1.41	4600.00		29.90	1.01		
南京市溧水县天生桥河整治	37.36	3.60	353.00		37.36	3.60	353.00		37.36	3.60	353.00		37.36	3.60	353.00	
南京市溧水县西塘小流域治理	12.58	0.14	1231.00		12.58	0.14	1231.00		12.58	0.14	1231.00		12.58	0.14	1231.00	
南京市高淳县胥河治理工程	38.00				24.00				38.00				24.00			
南京市高淳县2011年小型农田水利重点县工程	60.05	0.18	11400.00													
南京市水阳江下游防洪治理近期2011年度工程	480.00	6.80	38000.00													
南京市高淳县小型农田水利建设重点县(2010)	72.72	0.69	14800.00		72.72	0.69	14800.00		72.72	0.69	14800.00		72.72	0.69	14800.00	
南京市浦口区小型农田水利建设专项工程(2010)	7.73	1.08	2500.00		7.73	1.08	2500.00		7.73	1.08	2500.00		7.73	1.08	2500.00	
无锡市	2322.33	11.02	246673.00	2064.95	1686.15	7.67	150864.00	1597.94	2102.56	9.97	187813.00	1747.85	1627.75	7.87	151364.00	1677.94
太湖梅梁湖(含月亮湾)生态清淤2009年度工程	189.00								181.00							
山北南圩、盛岸联圩达标建设工程	8.70		19194.00	78.18	3.03		1945.00	8.27	8.70		19194.00	78.18	3.03		1945.00	8.27
走马塘拓浚延伸工程无锡市境内工程	688.00				448.00				630.00				390.00			

续上表

	全部计划				本年计划				累积完成				本年完成			
	土方	石方	砼	金属结构	土方	石方	砼	金属结构	土方	石方	砼	金属结构	土方	石方	砼	金属结构
太湖梅梁湖生态清淤2010年度工程	176.50				176.50				176.50				176.50			
“清河行动”黑臭河道清淤工程	34.75				10.00				10.00				10.00			
无锡市新区2011年度水利建设工程	90.00	0.05	1200.00		90.00	0.05	1200.00		90.00	0.05	1200.00		90.00	0.05	1200.00	
锡东水环境工程一期	90.00	1.40	5200.00	707.00	60.00	0.90	2000.00	350.00	50.00	0.90	1500.00	430.00	50.00	0.90	1500.00	430.00
锡山区2010年中央财政小型农田水利专项工程	16.90	0.05	22968.00		13.60	0.05	18768.00		16.90	0.05	22968.00		13.60	0.05	18768.00	
双泾河拓浚工程	140.00	0.36	3100.00	900.00	140.00	0.36	3100.00	900.00	140.00	0.36	3100.00	900.00	140.00	0.36	3100.00	900.00
运东锡山区域外围河道配套工程	64.90	1.49	5974.00	88.37	59.60	1.49	5974.00	88.37	59.60	1.49	5974.00	88.37	59.60	1.49	5974.00	88.37
锡山区区级河道清淤工程	99.70				99.70				98.90				98.90			
运东大包围外围堤防加高加固（惠山段）2009年度工程	5.13		11737.00	26.70	5.13		11737.00	26.70	5.13		11737.00	26.70	5.13		11737.00	26.70
惠山区西漳南闸泵站改造工程	1.85		1394.00	15.30	1.85		1394.00	15.30	1.85		1394.00	15.30	1.85		1394.00	15.30
惠山区2011年度区内水利工程汇总	145.00		33670.00	76.00	145.00		33670.00	76.00	145.00		33670.00	76.00	145.00		33670.00	76.00
滨湖区移动式藻水分离站及存藻池配套工程	1.95			84.50	1.95			84.50	1.95			84.50	1.95			84.50
环太湖大堤（滨湖区段）口门建筑物改造工程	2.65			33.80	2.65			33.80	2.65			33.80	2.65			33.80
江阴市2010年中央财政小型农田水利专项工程	53.90	0.20	27000.00													
江阴市镇村河道综合整治工程	232.63	2.68	9230.00		232.63	2.68	9230.00		232.63	2.68	9230.00		232.63	2.68	9230.00	

续上表

	全部计划				本年计划				累积完成				本年完成			
	土方	石方	砼	金属结构	土方	石方	砼	金属结构	土方	石方	砼	金属结构	土方	石方	砼	金属结构
宜兴市2011年中央财政小型农田水利专项工程	28.60	0.07	23600.00		8.58	0.02	7080.00		8.58	0.02	7080.00		8.58	0.02	7080.00	
宜兴市埝径河(诚庄桥—钟张运河)整治工程	27.60		7366.00		27.60		7366.00		27.60		7366.00		27.60		7366.00	
宜兴市油车水库工程	205.00	4.70	54640.00	55.10	141.10	2.10	29000.00	15.00	196.00	4.40	43000.00	15.00	151.50	2.30	30000.00	15.00
宜兴市2010年中央财政小型农田水利专项工程	19.23	0.02	18400.00		19.23	0.02	18400.00		19.23	0.02	18400.00		19.23	0.02	18400.00	
宜兴市黄墅水库除险加固工程	0.35		2000.00						0.35		2000.00					
徐州市	5404.41	73.63	320753.83	4087.73	3709.03	47.18	154992.53	2766.49	5140.61	69.77	275834.83	3524.56	3709.03	47.18	154992.53	2766.49
徐州市小型水库除险加固工程	101.10	7.48	46300.00	50.00					101.10	7.48	46300.00	50.00				
徐州市奎河上段整治工程	10.21		9800.00		10.21		9800.00		10.21		9800.00		10.21		9800.00	
徐州市城市防洪工程	513.00	2.56	24900.00	47.00					513.00	2.56	24900.00	47.00				
徐州市废黄河治理工程	15.00	1.32	3150.00		15.00	1.32	3150.00		15.00	1.32	3150.00		15.00	1.32	3150.00	
徐州市荆马河治理工程	116.00	5.43	1.68						116.00	5.43	1.68					
徐州市房亭河治理工程	47.00	2.80	0.62						47.00	2.80	0.62					
贾汪区小型农田重点县工程	96.09	6.80	383.00	23.60	96.09	6.80	383.00	23.60	96.09	6.80	383.00	23.60	96.09	6.80	383.00	23.60
徐州市屯头河应急整治工程	1.74	0.31	1549.00		1.74	0.31	1549.00		1.74	0.31	1549.00		1.74	0.31	1549.00	
贾汪学校饮水安全	147.28	1.26	3508.00	83.10	147.28	1.26	3508.00	83.10	147.28	1.26	3508.00	83.10	147.28	1.26	3508.00	83.10

续上表

	全部计划				本年计划				累积完成				本年完成			
	土方	石方	砼	金属结构	土方	石方	砼	金属结构	土方	石方	砼	金属结构	土方	石方	砼	金属结构
贾汪区老不牢河整治	281.00	0.06	4620.00		281.00	0.06	4620.00		281.00	0.06	4620.00		281.00	0.06	4620.00	
丰县中小河流治理太行堤河治理工程	295.63	0.42	1890.00						295.63	0.42	1890.00					
丰县丰城闸拆除重建工程	23.48	0.54	16607.00		10.00	0.35	983.00		10.00	0.35	983.00		10.00	0.35	983.00	
徐州市丰县农村饮水安全																
丰县沙支河治理工程	14.78	0.19	4198.00		14.78	0.19	4198.00		14.78	0.19	4198.00		14.78	0.19	4198.00	
丰县2011年小型农田水利重点县工程	35.98	1.82	12000.00		35.98	1.82	12000.00		35.98	1.82	12000.00		35.98	1.82	12000.00	
沛县鹿口河整治	74.40				74.40				74.40				74.40			
沛县郑集北支河整治	137.61				137.61				137.61				137.61			
沛县湖西泵站更新改造工程	27.90	1.87	20025.00	180.00					27.90	1.87	20025.00	180.00				
沛县农村饮水安全工程	24.95	0.12	253.00	3.20	24.95	0.12	253.00	3.20	24.95	0.12	253.00	3.20	24.95	0.12	253.00	3.20
沛县小型农田重点县工程	12.40	0.10	0.06		12.40	0.10	0.06		12.40	0.10	0.06		12.40	0.10	0.06	
废黄河铜山段二期治理工程	78.70	2.35	8530.00		51.00	1.20	5200.00		51.00	1.20	5200.00		51.00	1.20	5200.00	
铜山区光山水库	4.10	0.53	2819.00	61.30	4.10	0.53	2819.00	61.30	4.10	0.53	2819.00	61.30	4.10	0.53	2819.00	61.30
铜山区白桥水库	2.64	0.19	1874.00		2.64	0.19	1874.00		2.64	0.19	1874.00		2.64	0.19	1874.00	
废黄河铜山段治理工程	298.00	0.28	2968.00	146.00					298.00	0.28	2968.00	146.00				
铜山区小型农田水利	13.09	1.63	14000.48		13.09	1.63	14000.48		13.09	1.63	14000.48		13.09	1.63	14000.48	
铜山区农村饮水安全	21.39	2.23	0.06		21.39	2.23	0.06		21.39	2.23	0.06		21.39	2.23	0.06	

续上表

	全部计划				本年计划				累积完成				本年完成			
	土方	石方	砼	金属结构	土方	石方	砼	金属结构	土方	石方	砼	金属结构	土方	石方	砼	金属结构
徐州市郑集河泵站更新改造工程	10.70	0.47	14971.00	160.00					10.70	0.47	14971.00	160.00				
铜山区学校饮水安全	12.02	10.26	788.80	89.57	12.02	10.26	788.80	89.57	12.02	10.26	788.80	89.57	12.02	10.26	788.80	89.57
铜山区马庄闸拆除重建工程	7.40	0.23	1607.00		7.40	0.23	1607.00		7.40	0.23	1607.00		7.40	0.23	1607.00	
徐洪河关帝庙桥、浦棠桥改建工程	1.23	0.10	2579.00		1.23	0.10	2579.00		1.23	0.10	2579.00		1.23	0.10	2579.00	
民便河整治睢宁县境内工程	162.60				162.60				162.60				162.60			
废黄河睢宁段	122.32	1.58	8765.00	74.00	65.00	0.75	5000.00	38.00	65.00	0.75	5000.00	38.00	65.00	0.75	5000.00	38.00
黄墩湖避洪楼建设睢宁县境内工程																
睢宁县老龙河下段治理工程	3.56	0.03	4610.00		3.56	0.03	4610.00		3.56	0.03	4610.00		3.56	0.03	4610.00	
睢宁县2011年中央财政小型农田水利重点县	140.24	1.90	22808.00		140.24	1.90	22808.00		140.24	1.90	22808.00		140.24	1.90	22808.00	
睢宁县2011年度农村饮水安全工程	538.70		9281.30	1128.20	538.70		9281.30	1128.20	538.70		9281.30	1128.20	538.70		9281.30	1128.20
睢宁县二堡水库	8.26	2.61	6428.00	178.60	8.26	2.61	6428.00	178.60	8.26	2.61	6428.00	178.60	8.26	2.61	6428.00	178.60
新沂黄草关水库	9.06	0.46	1195.50	9.36	9.06	0.46	1195.50	9.36	9.06	0.46	1195.50	9.36	9.06	0.46	1195.50	9.36
白马涧水库除险加固工程	1.78	0.09	1463.00	11.57	1.78	0.09	1463.00	11.57	1.78	0.09	1463.00	11.57	1.78	0.09	1463.00	11.57
白石水库除险加固工程	2.64	0.19	1874.00	17.01					2.64	0.19	1874.00	17.01				
蔡庄水库除险加固工程	5.80	0.09	1108.00	23.20					5.80	0.09	1108.00	23.20				
古木水库除险加固工程	4.21	0.61	3319.00	89.20					4.21	0.61	3319.00	89.20				
石涧水库除险加固工程	3.63	0.10	1436.00	35.64					3.63	0.10	1436.00	35.64				

续上表

	全部计划				本年计划				累积完成				本年完成			
	土方	石方	砼	金属结构	土方	石方	砼	金属结构	土方	石方	砼	金属结构	土方	石方	砼	金属结构
小何水库除险加固工程	5.98	0.29	2049.00	10.02					5.98	0.29	2049.00	10.02				
新沂市 2011 年度农村饮水安全工程	37.32				37.32				37.32				37.32			
新沂市 2011 年农村学校饮水安全工程	7.09	0.92	3478.24	64.67	7.09	0.92	3478.24	64.67	7.09	0.92	3478.24	64.67	7.09	0.92	3478.24	64.67
新沂市 2011 年农村河道疏浚整治工程	638.60				638.60				638.60				638.60			
新沂市 2011 年度沂北灌区大型灌区高效节水和水源基础设施建设工程	39.66	1.08	1.49	708.35	39.66	1.08	1.49	708.35	39.66	1.08	1.49	708.35	39.66	1.08	1.49	708.35
新沂黄墩河下段治理工程	125.30	0.58	10000.00	214.00	75.00	0.12	1430.00	8.00	75.00	0.12	1430.00	8.00	75.00	0.12	1430.00	8.00
新沂黄墩河上段治理工程	85.70	0.60	10800.00	220.17	37.00	0.06	1550.00	23.00	37.00	0.06	1550.00	23.00	37.00	0.06	1550.00	23.00
新沂市 2011 年小型农田水利重点县工程	116.09	6.80	443.00	26.60	116.09	6.80	443.00	26.60	116.09	6.80	443.00	26.60	116.09	6.80	443.00	26.60
黄墩湖避洪楼建设邳州市境内工程																
民便河整治邳州市境内工程	162.60				162.60				162.60				162.60			
邳州彭河治理工程	131.30	1.28	10380.00	254.00	65.00	0.60	6000.00	130.00	65.00	0.60	6000.00	130.00	65.00	0.60	6000.00	130.00
邳州市农村饮水安全	622.54	1.56	12561.60	124.27	622.54	1.56	12561.60	124.27	622.54	1.56	12561.60	124.27	622.54	1.56	12561.60	124.27
邳州市小型农田水利	4.63	1.50	9430.00	55.10	4.63	1.50	9430.00	55.10	4.63	1.50	9430.00	55.10	4.63	1.50	9430.00	55.10
常州市	186.73	11.52	80677.29	9520.00	157.23	11.42	44517.29	4050.00	100.28	0.35	45001.79	4100.00	89.78	0.35	44501.79	4050.00
常州市城市防洪工程	62.00	0.32	80660.00	9520.00	32.50	0.22	44500.00	4050.00	43.00	0.22	45000.00	4100.00	32.50	0.22	44500.00	4050.00

续上表

	全部计划				本年计划				累积完成				本年完成			
	土方	石方	砼	金属结构	土方	石方	砼	金属结构	土方	石方	砼	金属结构	土方	石方	砼	金属结构
新北区2011年度中央财政小型农田水利重点县项目	21.30	8.00	7.80		21.30	8.00	7.80									
雅浦港综合整治工程	57.28	0.13	1.79		57.28	0.13	1.79		57.28	0.13	1.79		57.28	0.13	1.79	
溧阳市2011年度中央财政小型农田水利重点县项目	26.50	1.43	3.29		26.50	1.43	3.29									
金坛市2011年度中央财政小型农田水利重点县项目	19.65	1.64	4.41		19.65	1.64	4.41									
苏州市	11230.66	238.13	1332088.98	46537.70	6975.06	195.42	537055.14	23420.20	11423.42	194.69	634325.69	58889.20	6664.11	431.69	491194.30	57805.20
苏州市东太湖综合整治工程	4591.15				1800.00				5855.00				1844.00			
高新区(虎丘区)农村水利建设	120.00				120.00				120.00							
吴中区胥口上沿山河整治工程	1.60	0.65	7000.00	227.00	1.60	0.65	7000.00	227.00	1.60	0.65	7000.00	227.00	1.60	0.65	7000.00	227.00
吴中区农村水利建设工程	201.67	3.10	4500.00	10.00	201.67	3.10	4500.00	10.00	268.40	3.52	5300.00	10.00	268.40	3.52	5300.00	10.00
吴中区中央财政小型农田水利重点县建设	40.06		15000.00		40.06		15000.00		40.06		15000.00		40.06		15000.00	
吴中区张桥小流域综合治理工程	5.00	0.05	250.00		5.00	0.05	250.00		5.00	0.05	250.00		5.00	0.05	250.00	
相城区城区防洪工程	1.83	0.16	2309.90	84.00	1.83	0.16	2309.90	84.00	1.67	0.13	2230.00	92.00	1.67	0.13	2230.00	92.00
相城区农村水利建设	117.39				117.39				164.91				164.91			
相城区小型农田水利重点县建设	22.00	0.50	1.61		22.00	0.50	1.61		2.20	0.06	0.06		2.20	0.06	0.06	
常熟市走马塘拓浚延伸常熟段工程	350.08	0.68	39700.00	2704.00	230.00	0.60	38000.00	2600.00	300.00	0.61	39479.00	3980.00		239.30	0.61	38059.00

续上表

	全部计划				本年计划				累积完成				本年完成			
	土方	石方	砼	金属结构	土方	石方	砼	金属结构	土方	石方	砼	金属结构	土方	石方	砼	金属结构
常熟市福山水道南岸边滩综合整治工程	950.00	52.00	65789.00	23.00	950.00	40.00	50000.00	15.00	950.00	48.00	51850.00	15.00	950.00	48.00	51850.00	15.00
常熟市高标准农田重点县	330.00	70.00	52320.00	2090.00	330.00	70.00	52320.00	2090.00	270.00	60.00	41900.00	1680.00	270.00	60.00	41900.00	1680.00
张家港市走马塘工程	793.66	3.49	749000.00	10000.00	602.00	3.00	135000.00	8778.00	625.00	3.00	135000.00	8778.00	602.00	3.00	135000.00	8778.00
张家港朝东圩港一环城河河道工程	520.00	2.90	65000.00	4500.00	250.00	2.20	10900.00	720.00	520.00	2.90	64600.00	4420.00	250.00	2.20	10900.00	720.00
张家港农村水利建设	184.00				184.00				184.00				184.00			
张家港市三干河南延工程	232.00	5.10	8.30	0.60												
张家港市中央财政小型农田水利重点县	68.00	0.55	53498.00	1600.00	48.00	0.18	23110.00	800.00	26.79	0.63	34968.00	900.00	2.33	0.21	5300.00	150.00
张家港开发区南区水系调整工程	206.00	4.40	7.20	0.50	92.00	1.60	3.10	0.20	92.00	1.60	3.10	0.20	92.00	1.60	3.10	0.20
张家港七干河河道工程	102.00															
张家港百年一遇江堤加固改造工程	212.00	11.10	11.41	4022.00												
昆山市小型农田水利重点县工程	28.00	0.30	3000.00		28.00	0.30	3000.00		28.00	0.30	3000.00		28.00	0.30	3000.00	
昆山市 2011 年度张家港挡墙工程	10.90	1.50	25000.00		10.90	1.50	25000.00		10.90	1.50	25000.00		10.90	1.50	25000.00	
昆山市昆北塘综合整治项目二期工程	41.00	0.30	6600.00	28.00	41.00	0.30	6600.00	28.00	41.00	0.30	6600.00	28.00	41.00	0.30	6600.00	28.00
昆山市道褐浦综合整治工程	70.30	0.10	3500.00	16.00	70.30	0.10	3500.00	16.00	70.30	0.10	3500.00	16.00	70.30	0.10	3500.00	16.00
昆山市泗安泾河道综合整治项目	45.70	0.20	7000.00		45.70	0.20	7000.00		45.70	0.20	7000.00		45.70	0.20	7000.00	
昆山市千灯浦综合治理	8.60				8.60				8.60				8.60			
昆山市农村水利建设工程	390.65	2.40	20000.00		390.65	2.40	20000.00		390.65	2.40	20000.00		390.65	2.40	20000.00	

续上表

	全部计划				本年计划				累积完成				本年完成			
	土方	石方	砼	金属结构	土方	石方	砼	金属结构	土方	石方	砼	金属结构	土方	石方	砼	金属结构
吴江市中央财政小型农田水利重点县工程	38.47	2.70	59053.00	20.00	11.15	0.58	10440.00	12.00	22.00	1.15	30725.00	30725.00	11.15	0.58	10440.00	12.00
吴江市圩区建设及河道整治工程	500.58	7.54	4.53	92.00	500.58	7.54	4.53	92.00	500.58	7.54	4.53	92.00	500.58	7.54	4.53	92.00
吴江备用水源地建设	352.00	0.15	20200.00	700.00	330.00	0.10	19700.00	664.00	350.00	0.10	19700.00	664.00	350.00	0.10	19700.00	664.00
太仓市应急水源地工程	498.00	42.30	89100.00	18077.00	350.00	35.00	60000.00	5000.00	350.00	35.00	60000.00	5000.00	350.00	35.00	60000.00	5000.00
太仓市十八港整治工程	33.89	2.08	2320.00	159.00	30.00	1.50	1500.00	100.00	30.00	1.50	1500.00	100.00	30.00	1.50	1500.00	100.00
太仓市杨林枢纽导流工程——新塘河导流工程	26.21	1.43	8916.00	347.00	26.21	1.43	8916.00	347.00	26.21	1.43	8916.00	347.00	26.21	1.43	8916.00	347.00
太仓市 2011 年城区水环境综合整治工程	9.95	0.32	4400.00	160.00	9.95	0.32	4400.00	160.00	9.95	0.32	4400.00	160.00	9.95	0.32	4400.00	160.00
太仓市 2010 年中央财政小型农田水利重点县建设项目	53.44	10.78	19000.00	727.00	53.44	10.78	19000.00	727.00	60.40	11.20	28500.00	815.00	60.40	11.20	28500.00	815.00
太仓市 2011 年中央财政小型农田水利重点县建设项目	73.03	11.33	9600.00	950.00	73.03	11.33	9600.00	950.00	52.50	10.50	17900.00	840.00	52.50	10.50	17900.00	840.00
太仓市 2011 年双凤、璜泾镇高效节水灌溉项目	1.50	0.02	0.03	0.60												
南通市	1802.71	26.18	183382.20	1467.27	1698.50	22.52	146406.88	412.20	1644.51	22.52	147150.02	422.77	1644.51	22.52	147150.02	422.77
南通市 2010 年主城市防洪工程	134.10	18.30	103555.00		134.10	18.30	103555.00		134.10	18.30	103555.00		134.10	18.30	103555.00	
海安县城市防洪治理工程	25.00	1.50	8000.00	800.00	10.00	0.50	2000.00	80.00	10.00	0.50	2000.00	80.00	10.00	0.50	2000.00	80.00
焦港北闸改造工程	41.81	0.52	7480.00	100.00	10.00				10.00				10.00			
海安县西场等乡镇农村饮水安全工程	35.00		432.00		35.00		432.00		35.00		432.00		35.00		432.00	
海安县如海灌区	25.00	1.00	9000.00		24.29	1.00	8300.00		24.29	1.00	8300.00		24.29	1.00	8300.00	

续上表

	全部计划				本年计划				累积完成				本年完成			
	土方	石方	砼	金属结构	土方	石方	砼	金属结构	土方	石方	砼	金属结构	土方	石方	砼	金属结构
海安县 2010 年中央财政小型农田水利重点县项目	29.84	0.35	11410.00		29.84	0.35	11410.00		29.84	0.35	11410.00		29.84	0.35	11410.00	
如东九洋中型灌区节水配套改造工程			1.65				1.65				1.40				1.40	
江苏省如东县 2011 旱涝保收高标准农田建设示范重点县项目	84.64				84.64				50.80				50.80			
新港闸外迁工程	15.70	1.35	0.86	62.00	9.50	0.40			9.50	0.40			9.50	0.40		
协兴闸外迁工程	19.60	1.69	1.07	152.00	10.00	0.50			10.00	0.50			10.00	0.50		
启东市船舶工业带防汛二道堤工程	50.00		4.00		50.00		4.00		50.00		4.00		50.00		4.00	
启东市 2011 年中央财政小型农田水利重点县工程	26.67		20500.00		26.67		26.67									
农村饮水安全工程 2	96.27				96.27				96.27				96.27			
如皋市 2011 年中央小型农田水利重点县	42.86	0.10	1.59	212.51	42.86	0.10	1.59	212.51	42.86	0.10	1.59	212.51	42.86	0.10	1.59	212.51
如皋市农村河道整治工程	756.81				756.81				756.81				756.81			
焦港灌区节水配套改造工程	72.61	0.21	0.99		72.61	0.21	0.93		72.61	0.21	0.99		72.61	0.21	0.99	
如皋四镇饮水安全	2.73				2.73				1.78				1.78			
如海灌区 2011 年度续建配套与节水改造工程	120.62		10800.00	140.50	102.53		9180.00	119.43	110.00		9950.00	130.00	110.00		9950.00	130.00
通州区刘桥镇农村饮水安全工程	6.82		217.00		6.82		217.00		6.82		217.00		6.82		217.00	
通州 2011 年中央财政小型农田重点县工程	25.30	0.20	1.04	0.26	25.30	0.20	1.04	0.26	25.30	0.20	1.04	0.26	25.30	0.20	1.04	0.26

续上表

	全部计划				本年计划				累积完成				本年完成			
	土方	石方	砼	金属结构	土方	石方	砼	金属结构	土方	石方	砼	金属结构	土方	石方	砼	金属结构
新江海河	78.47	0.57	5461.00		78.47	0.57	5461.00		78.47	0.57	5461.00		78.47	0.57	5461.00	
九圩港	80.26	0.38	5516.00		80.26	0.38	5516.00		80.26	0.38	5516.00		80.26	0.38	5516.00	
海门市2011年中央财政小型农田水利重点县	32.60		1000.00		9.80		300.00		9.80		300.00		9.80		300.00	
连云港市	1507.22	27.00	59631.48	1158.50	1089.97	23.61	50129.48	258.50	1094.97	24.61	50131.48	1158.50	1089.97	23.61	50129.48	258.50
临洪东站改造工程	5.00	1.00	2.00	900.00					5.00	1.00	2.00	900.00				
新浦区中央财政小农水专项工程	18.00	1.00			18.00	1.00			18.00	1.00			18.00	1.00		
蔷薇河出口段整治	180.00				100.00				100.00				100.00			
新浦区蔷薇河三期	220.00				50.00				50.00				50.00			
海州区蔷薇河二期	190.00				100.00				100.00				100.00			
海州区中央财政小农水专项工程	16.00	1.00			16.00	1.00			16.00	1.00			16.00	1.00		
海州区饮水安全工程	13.24		249.00	19.97	13.24		249.00	19.97	13.24		249.00	19.97	13.24		249.00	19.97
2011年赣榆小塔山灌区改造	7.00	2.70	13000.00		6.70	2.17	10500.00		6.70	2.17	10500.00		6.70	2.17	10500.00	
赣榆县饮水安全工程	47.23		328.00	3.93	47.23		328.00	3.93	47.23		328.00	3.93	47.23		328.00	3.93
赣榆县石梁河灌区	28.10	2.40	21000.00		22.73	2.17	16800.00		22.73	2.17	16800.00		22.73	2.17	16800.00	
赣榆县中央财政重点县小型农田水利工程	100.00	2.00			100.00	2.00			100.00	2.00			100.00	2.00		
2011年大型灌区高效节水和水源基础设施建设(赣榆石梁河)	12.90	2.10	6000.00		10.42	1.73	5000.00		10.42	1.73	5000.00		10.42	1.73	5000.00	

续上表

	全部计划				本年计划				累积完成				本年完成			
	土方	石方	砼	金属结构	土方	石方	砼	金属结构	土方	石方	砼	金属结构	土方	石方	砼	金属结构
东海县中央财政一般重点县小农水工程	20.00	1.00			20.00	1.00			20.00	1.00			20.00	1.00		
2011 年大型灌区高效节水和水源基础设施建设(东海沭新渠)	31.30	0.90	5000.00		31.30	0.90	5000.00		31.30	0.90	5000.00		31.30	0.90	5000.00	
东海县饮水安全工程	34.25	0.20	1155.78	107.00	34.25	0.20	1155.78	107.00	34.25	0.20	1155.78	107.00	34.25	0.20	1155.78	107.00
东海县沭新渠灌区	126.90	6.70	11000.00		102.80	5.44	9200.00		102.80	5.44	9200.00		102.80	5.44	9200.00	
五灌河整治	190.00				150.00				150.00				150.00			
灌云县饮水安全工程	53.60		1496.70	127.60	53.60		1496.70	127.60	53.60		1496.70	127.60	53.60		1496.70	127.60
灌云县中央政财重点小型农田水利工程	60.00	3.00			60.00	3.00			60.00	3.00			60.00	3.00		
灌南县中央财政重点县小型农田水利工程	70.00	3.00			70.00	3.00			70.00	3.00			70.00	3.00		
公兴河	50.00				50.00				50.00				50.00			
灌南县饮水安全工程	33.70		400.00		33.70		400.00		33.70		400.00		33.70		400.00	
淮安市	9933.55	28.96	941419.00	11436.90	3339.14	0.24	7535.00	296.00	6987.76	22.75	539133.00	5983.90	6603.48	20.82	520651.00	5861.90
淮河入江水道整治工程	1997.00	3.20	314400.00						97.80				97.80			
淮安市城市防洪工程	213.78	2.04	116770.00	10221.00					192.27	1.50	82700.00	4819.00	192.27	1.50	82700.00	4819.00
渠南灌区续建配套与节水改造七期	130.53	0.10	38600.00						130.53	0.10	38600.00		89.03	0.10	37500.00	
楚州区 2010 年中央财政小型农田水利专项工程	52.50	0.40	6000.00						52.50	0.40	6000.00		52.50	0.40	6000.00	
楚州区 2011 年农村饮水安全工程	16.60		1052.00	123.00	16.60		1052.00	123.00	16.60		1052.00	123.00	16.60		1052.00	123.00

续上表

	全部计划				本年计划				累积完成				本年完成			
	土方	石方	砼	金属结构	土方	石方	砼	金属结构	土方	石方	砼	金属结构	土方	石方	砼	金属结构
楚州区2010年度河道疏浚及村庄河塘	505.90				505.90				505.90				505.90			
白马湖退圩还湖工程	835.00								233.00				233.00			
渠南灌区续建配套与节水改造八期	155.00	2.17	54100.00						124.00	1.74	43300.00		124.00	1.74	43300.00	
淮阴区2010年中央财政小型农田水利工程重点县项目	70.50	0.80	30000.00						70.50	0.80	30000.00		70.50	0.80	30000.00	
淮安市渠西河治理工程	106.00	0.25	3000.00	192.00					106.00	0.25	3000.00	192.00	106.00	0.25	3000.00	192.00
淮安市里运河渠北洼地治理工程	12.54	1.36	5700.00	75.00					2.20	0.65	4600.00	75.00	2.20	0.65	4600.00	75.00
淮阴区2010年度河道疏浚及村庄河塘	671.40				671.40				671.40				671.40			
清浦区2010年度河道疏浚及村庄河塘	114.00				114.00				114.00				114.00			
清浦区2010年中央财政小型农田水利专项工程	15.00	0.20	2000.00						15.00	0.20	2000.00		15.00	0.20	2000.00	
淮涟灌区七期	380.00	0.15	30300.00						380.00	0.15	30300.00		321.70	0.15	29300.00	
涟水县2011年农村饮水安全工程	95.00		5325.00	39.00	95.00		5325.00	39.00	95.00		5325.00	39.00	95.00		5325.00	39.00
涟东灌区节水改造二期	202.00	1.10	30400.00						202.00	1.10	30400.00		162.50	1.10	29400.00	
涟东灌区节水改造三期	203.00	1.71	39000.00						162.00	1.35	30900.00		162.00	1.35	30900.00	
涟东灌区高效节水和水源基础设施建设	31.00	0.07	4500.00						24.80	0.06	3600.00		24.80	0.06	3600.00	
涟西灌区节水改造六期	110.00	0.28	33600.00						110.00	0.28	33600.00		79.70	0.28	32400.00	
涟水县2010年度河道疏浚及村庄河塘工程	616.50				616.50				616.50				616.50			

续上表

	全部计划				本年计划				累积完成				本年完成			
	土方	石方	砼	金属结构	土方	石方	砼	金属结构	土方	石方	砼	金属结构	土方	石方	砼	金属结构
涟水县 2010 年中央财政小型农田水利专项工程	50.00	0.10	11000.00						50.00	0.10	11000.00		50.00	0.10	11000.00	
公兴河(涟水县)治理工程	182.80	0.20	6240.00	122.00					182.80	0.20	6240.00	122.00	82.80			
洪泽县砚临河橡胶坝工程	1.94	0.24		134.00	1.94	0.24		134.00	1.94	0.24		134.00	1.94	0.24		134.00
洪金灌区续建配套节水改造五期	279.90	0.23	31200.00						279.90	0.23	31200.00		230.40	0.23	30200.00	
洪泽县 2010 年度河道疏浚及村庄河塘	292.50				292.50				292.50				292.50			
洪泽县 2011 年农村饮水安全工程	10.40				10.40				10.40				10.40			
洪泽县 2010 年中央财政小型农田水利工程重点县项目	83.70	1.20	28000.00						83.70	1.20	28000.00		83.70	1.20	28000.00	
洪泽县周桥灌区续建配套与节水改造六期工程	181.00	2.08	44000.00						145.00	1.66	35200.00		145.00	1.66	35200.00	
盱眙县和平水库除险加固	4.31	0.70	752.00						4.31	0.70	752.00		4.31	0.70	752.00	
盱眙县 2010 年河道疏浚及村庄河塘	531.40				531.40				531.40				531.40			
清水坝灌区节水和水源基础设施建设	38.00	0.35	3800.00						2.60	0.12	1200.00		2.60	0.12	1200.00	
清水坝灌区三期	356.00	1.43	28000.00						285.00	1.14	22400.00		285.00	1.14	22400.00	
盱眙县何岗水库除险加固	3.42	0.19	1856.00						3.42	0.19	1856.00		3.42	0.19	1856.00	
盱眙县 2011 年农村饮水安全工程	129.50		1158.00		129.50		1158.00		129.50		1158.00		129.50		1158.00	
盱眙县小刀场水库除险加固	2.15	0.19	1252.00						2.15	0.19	1252.00		2.15	0.19	1252.00	
盱眙县水库除险加固(2010 年批 10 座)	26.09	2.64	10655.00						26.09	2.64	10655.00		8.41	0.91	4213.00	

续上表

	全部计划				本年计划				累积完成				本年完成			
	土方	石方	砼	金属结构	土方	石方	砼	金属结构	土方	石方	砼	金属结构	土方	石方	砼	金属结构
盱眙县人民水库除险加固	3.42	0.41	994.00						3.42	0.41	994.00		3.42	0.41	994.00	
盱眙县张桥水库除险加固	3.59	0.31	1139.00						3.59	0.31	1139.00		3.59	0.31	1139.00	
盱眙县黑头港水库除险加固	2.95	0.32	1073.00						2.95	0.32	1073.00		2.95	0.32	1073.00	
盱眙县雨山水库除险加固	2.13	0.15	1419.00						2.13	0.15	1419.00		2.13	0.15	1419.00	
清水坝灌区二期	253.00	1.38	17000.00						253.00	1.38	1700.00		205.50	1.38	1200.00	
淮安市团结河治理工程	79.16	0.01	802.00	51.00					79.16	0.01	802.00	51.00	79.16	0.01	802.00	51.00
盱眙县2010年中央财政小型农田水利工程重点县项目	123.80	1.00	22000.00						123.80	1.00	22000.00		123.80	1.00	22000.00	
金湖县2010年中央财政小型农田水利工程重点县项目	136.03	1.13	11080.00	323.00					136.03	1.13	11080.00	323.00	136.03	1.13	11080.00	323.00
金湖县2010年河道疏浚及村庄河塘	354.00				354.00				354.00				354.00			
金湖县老三河治理工程	261.15	0.01	616.00	51.00					69.00				69.00			
金湖县新河水库除险加固	7.97	0.85	2636.00	105.90					7.97	0.85	2636.00	105.90	7.97	0.85	2636.00	105.90
盐城市	4132.03	195.46	368427.73	6619.37	2045.45	185.38	139050.34	3008.01	2856.91	192.28	190931.01	5549.77	2045.45	185.38	139050.34	3008.01
2010年度城市防洪	187.51		2400.00	1000.00	151.25		1403.00	539.00	187.51		2400.00	1000.00	151.25		1403.00	539.00
西潮河上段整治工程	86.41		1060.32	56.84	9.80		200.00	12.00	9.80		200.00	12.00	9.80		200.00	12.00
2011年度城市防洪	128.20		4200.00	260.00	66.00		1200.00	80.00	66.00		1200.00	80.00	66.00		1200.00	80.00
亭湖区2011年度农村饮水安全工程	3.73				3.73				3.73				3.73			

续上表

	全部计划				本年计划				累积完成				本年完成			
	土方	石方	砼	金属结构	土方	石方	砼	金属结构	土方	石方	砼	金属结构	土方	石方	砼	金属结构
亭湖区新丰河整治工程	71.10		6430.00	549.00	14.00		1250.00	100.00	14.00		1250.00	100.00	14.00		1250.00	100.00
亭湖区2011年度中央财政小型农田水利重点县项目	80.26		10500.00		80.26		10500.00		80.26		10500.00		80.26		10500.00	
盐都区2011年中央财政小型农田水利重点县工程	21.40	0.90			5.00	0.20			5.00	0.20			5.00	0.20		
盐龙湖水库工程	680.00	1.54	22900.00		280.00		8000.00		680.00		15000.00		280.00		8000.00	
盐都区2011年度农村饮水安全工程	6.37				6.37				6.37				6.37			
盐都区东涡河治理工程	130.00				130.00				130.00				130.00			
响水县2011年中央财政小型农田水利重点县工程	21.63	0.56	1.80		10.50	0.30	0.80		10.50	0.30	0.80		10.50	0.30	0.80	
响水县新丰河闸拆建工程	0.35		650.00	119.00	0.35		650.00	119.00	0.35		650.00	119.00	0.35		650.00	119.00
滨海县淤黄河下段整治工程	160.00		1134.00		10.00				10.00				10.00			
滨海县陈涛灌区	31.00		1.20		31.00		1.20		31.00		1.20		31.00		1.20	
滨海县2011年度中央财政小型农田水利重点县工程	58.92		66400.00													
滨海县淤黄河上段整治工程	163.84		1093.00		10.00				10.00				10.00			
滨海县翻身河整治工程	136.44		5325.00	389.40	136.44		5325.00	389.40	136.44		5325.00	389.40	136.44		5325.00	389.40
阜宁县2011年中央财政小型农田水利重点县工程	19.80		10000.00													

续上表

	全部计划				本年计划				累积完成				本年完成			
	土方	石方	砼	金属结构	土方	石方	砼	金属结构	土方	石方	砼	金属结构	土方	石方	砼	金属结构
阜宁县海陵河治理工程	57.80	0.40	4451.00	78.20	38.80	0.40	4451.00	78.20	57.80	0.40	4451.00	78.20	38.80	0.40	4451.00	78.20
阜宁县潮河(太平桥—射阳河段)整治工程	90.00		5774.00		10.00				10.00				10.00			
阜宁杨集河治理工程	98.10	0.44	5320.00	140.00	76.10	0.44	5320.00	140.00	98.10	0.44	5320.00	140.00	76.10	0.44	5320.00	140.00
射阳县运棉河地区安南、和合圩区和利民河地区盘湾圩区治理	8.50	182.00	6507.00		8.50	182.00	6500.00		8.50	182.00	6500.00		8.50	182.00	6500.00	
射阳县利民河整治工程	61.54		6094.00		10.00				10.00				10.00			
射阳县2011年度中央财政小型农田水利重点县工程	84.72	0.60	15894.00													
2011年射阳农村饮用水安全工程	18.16				18.16				18.16				18.16			
射阳县2010年度农村饮水安全工程	38.90								38.90							
射阳县串通河整治	61.54		6094.00		61.54		6094.00		61.54		6094.00		61.54		6094.00	
射阳县农村学校饮用水安全工程	14.18				14.18				14.18				14.18			
建湖县蔷薇河治理工程	33.36		5850.00	450.00	33.36		5850.00	450.00	33.36		5850.00	450.00	33.36		5850.00	450.00
建湖县女儿河下段整治工程	71.91		10578.00	540.00	50.00		2000.00	200.00	50.00		2000.00	200.00	50.00		2000.00	200.00
建湖县林城河整治工程	82.74	0.13	1257.00	75.76	10.00	0.13	200.00	20.00	10.00	0.13	200.00	20.00	10.00	0.13	200.00	20.00
建湖县2011年中央财政小型农田水利重点县工程	22.12		17460.80		13.27		10476.40		13.27		10476.40		13.27		10476.40	
建湖县2010年度农村饮水安全工程	39.91		413.00						39.91		413.00					

续上表

	全部计划				本年计划				累积完成				本年完成			
	土方	石方	砼	金属结构	土方	石方	砼	金属结构	土方	石方	砼	金属结构	土方	石方	砼	金属结构
东台市三仓河东延供水工程	175.34				175.34				175.34				175.34			
东台市2011年中央财政小型农田水利重点县工程	29.38		1488.00		29.38		1488.00		29.38		1488.00		29.38		1488.00	
东台市三仓河治理工程	98.18		7500.00		98.18		7500.00		98.18		7500.00		98.18		7500.00	
东台市堤东灌区改造(2011年)	41.09		7064.67	260.76	30.00		4650.00	182.00	41.09		7064.67	260.76	30.00		4650.00	182.00
东台市堤东灌区(10年)	46.34		5652.00		6.04		796.00		46.34		5652.00		6.04		796.00	
东台市2011年农村饮水安全工程	2.83				2.83				2.83				2.83			
大丰市王港河上段河道治理工程	157.90				157.90				157.90				157.90			
大丰市2011年度高标准农田重点县工程	24.20	0.08	34700.00													
大丰市2011旱改水田间工程改造	54.66		5705.94	188.00	54.66		5705.94	188.00	54.66		5705.94	188.00	54.66		5705.94	188.00
大丰市2011年度小型农田水利专项工程	3.47		5889.00	167.41	3.47		5889.00	167.41	3.47		5889.00	167.41	3.47		5889.00	167.41
大丰市2011年度农村学校饮水安全工程	3.79				3.79				3.79				3.79			
大丰市王港河下游段河道治理工程	250.67				10.87				10.87				10.87			
大丰市堤东灌区改造(2011年)	30.50	0.09	7800.00	295.00	30.50	0.09	5100.00	160.00	30.50	0.09	7800.00	295.00	30.50	0.09	5100.00	160.00
大丰川东港闸下移(08)	270.33	8.72	66600.00	2050.00	66.33	1.82	33100.00	183.00	270.33	8.72	66600.00	2050.00	66.33	1.82	33100.00	183.00
大丰市川南灌区	172.90		8240.00		87.54		5400.00		87.54		5400.00		87.54		5400.00	
扬州市	5005.51	667.16	300552.68	3860.22	1032.69	118.40	57109.28	1592.68	1300.96	125.30	75160.94	1663.24	999.60	118.12	57031.28	1592.68

续上表

	全部计划				本年计划				累积完成				本年完成			
	土方	石方	砼	金属结构	土方	石方	砼	金属结构	土方	石方	砼	金属结构	土方	石方	砼	金属结构
扬州市仪扬河整治工程	59.25	1.13	10711.00	80.71	44.44	0.85	8033.25	60.75	59.25	1.13	10711.00	80.71	44.44	0.85	8033.25	60.75
邗江区瓜洲镇建华小流域治理	33.09	0.28	78.00		33.09	0.28	78.00									
淮河入江水道整治工程	3851.00	627.00	180000.00		500.00	100.00			500.00	100.00			500.00	100.00		
扬州经济开发区（2011—2012年）治涝应急工程	149.00	0.26	11473.00	1141.00	51.55	0.09	3969.66	394.79	51.55	0.09	3969.66	394.79	51.55	0.09	3969.66	394.79
扬州市东片区骨干河道整治1期工程	105.11	1.24	26878.00	1490.00	31.53	0.37	8063.40	447.00	31.53	0.37	8063.40	447.00	31.53	0.37	8063.40	447.00
扬州市广陵区横沟河综合整治工程	50.32	0.11	11985.00		14.39	0.03	3427.71		14.39	0.03	3427.71		14.39	0.03	3427.71	
扬州市黄泥沟综合整治工程	19.16	1.37	7594.00	52.29	5.75	0.41	2278.20	15.60	5.75	0.41	2278.20	15.60	5.75	0.41	2278.20	15.60
邗江小型农田水利重点县	14.00		0.50		14.00		0.50		14.00		0.50		14.00		0.50	
宝应县宝射河治理工程	65.60	2.19	1.11	18.00					65.60	2.19	1.11	18.00				
宝应小型农田水利重点县	38.70	0.88	0.82		38.70	0.88	0.82		38.70	0.88	0.82		38.70	0.88	0.82	
宝应县芦范河整治工程	81.16	0.48	4044.00	167.00	67.36	0.40	3356.52	138.61	67.36	0.40	3356.52	138.61	67.36	0.40	3356.52	138.61
仪征小型农田水利重点县	1.42	0.03	0.04		1.42	0.03	0.04		1.42	0.03	0.04		1.42	0.03	0.04	
扬州2011年度小型水库除险加固	40.54	0.78	1.00		40.54	0.78	1.00		40.54	0.78	1.00		40.54	0.78	1.00	
仪征市泗源沟整治工程	42.98	1.58	11397.00	29.00	32.24	1.19	8548.00	22.00	42.98	1.58	11397.00	29.00	32.24	1.19	8548.00	22.00
仪征红旗河综合整治工程	47.81	0.62	5007.00	413.00	29.88	0.39	3129.00	258.00	29.88	0.39	3129.00	258.00	29.88	0.39	3129.00	258.00
高邮市向阳河整治	87.05	2.57	2306.00	217.00	62.15	1.83	1646.48	154.94	62.15	1.83	1646.48	154.94	62.15	1.83	1646.48	154.94
高邮小型农田水利重点县	15.35	0.11	1.36		8.64	0.06	0.56		15.35	0.11	1.36		8.64	0.06	0.56	

续上表

	全部计划				本年计划				累积完成				本年完成			
	土方	石方	砼	金属结构	土方	石方	砼	金属结构	土方	石方	砼	金属结构	土方	石方	砼	金属结构
高邮北澄子河治理	24.20	2.31	12600.00	14.60					24.20	2.31	12600.00	14.60				
江都小型农田水利重点县	9.00	1.10	0.85													
江都市扬中河段嘶马弯道杨湾段应急护岸工程		18.00				8.00				8.00				8.00		
江都市白塔河整治工程	60.37	0.62	3322.00	220.00	25.90	0.27	1425.14	94.38	25.90	0.27	1425.14	94.38	25.90	0.27	1425.14	94.38
江都老通扬运河治理	179.30	1.96	1.00	11.00					179.30	1.96	1.00	11.00				
江都市红旗河整治工程	31.10	2.54	13151.00	6.62	31.10	2.54	13151.00	6.62	31.10	2.54	13151.00	6.62	31.10	2.54	13151.00	6.62
镇江市	339.07	1.81	38656.00		201.77	0.63	24760.00		236.77	0.71	25860.00		201.77	0.63	24760.00	
镇江市胜利河丹徒段治理工程	73.60	0.46	4200.00		29.80	0.11	1500.00		29.80	0.11	1500.00		29.80	0.11	1500.00	
丹阳市九曲河城区段护岸整治工程	17.80		12800.00		17.80		12800.00		17.80		12800.00		17.80		12800.00	
丹阳市泰山水库溢洪河清淤工程	10.45				10.45				10.45				10.45			
丹阳市石城二级沟整治工程	1.12		1460.00		1.12		1460.00		1.12		1460.00		1.12		1460.00	
赤山湖退渔还湖内湖防洪滞洪工程	27.30	0.36	2600.00		24.20	0.13	800.00		24.20	0.13	800.00		24.20	0.13	800.00	
句容市南河治理工程	71.39	0.73	4366.00		38.90	0.26	1800.00		38.90	0.26	1800.00		38.90	0.26	1800.00	
句容市中河治理工程	66.41	0.10	3730.00		50.80	0.05	1800.00		50.80	0.05	1800.00		50.80	0.05	1800.00	
句容市句容河上段整治工程	32.00	0.01	8000.00		24.70		4200.00		24.70		4200.00		24.70		4200.00	
句容市秦淮河流域二干河综合整治三期工程	39.00	0.16	1500.00		4.00	0.08	400.00		39.00	0.16	1500.00		4.00	0.08	400.00	
泰州市	646.27	22.13	137306.75	78.17	388.07	6.57	69534.60	70.00	393.21	6.91	68234.60	55.00	381.05	6.29	68234.60	55.00

续上表

	全部计划				本年计划				累积完成				本年完成			
	土方	石方	砼	金属结构	土方	石方	砼	金属结构	土方	石方	砼	金属结构	土方	石方	砼	金属结构
兴化市白涂河治理工程	32.02	0.32	2000.00	70.00	32.02	0.32	2000.00	70.00	25.00	0.04	700.00	55.00	25.00	0.04	700.00	55.00
农村饮水安全工程	44.00				44.00				44.00				44.00			
靖江市下六圩港枢纽工程	66.00	1.12	43882.00		15.00	0.65	18000.00		15.00	0.65	18000.00		15.00	0.65	18000.00	
靖江市横港治理工程	103.10	0.66	6210.00		3.50	0.60	520.00		3.50	0.60	520.00		3.50	0.60	520.00	
靖江市长江农场 2010 年度应急护岸工程		10.45														
靖江市夏仕港治理工程	137.92	0.32	1980.00		129.00	0.26	1600.00		129.00	0.26	1600.00		129.00	0.26	1600.00	
泰兴市两泰官河治理工程	40.55	2.05	17408.15	8.17					12.17	0.62						
泰兴市古马干河治理工程	21.15	2.33	16600.00													
老通扬运河(姜堰段)治理工程	54.98	1.10	6612.00		18.00	0.95	4800.00		18.00	0.95	4800.00		18.00	0.95	4800.00	
泰州市周山河姜堰段治理工程	27.67	3.48	1614.60		27.67	3.48	1614.60		27.67	3.48	1614.60		27.67	3.48	1614.60	
城黄灌区(姜堰片)续建配套与节水改造 2010 年度工程项目	118.88	0.31	41000.00		118.88	0.31	41000.00		118.88	0.31	41000.00		118.88	0.31	41000.00	
宿迁市	2418.70	8.73	236303.69	3211.53	1420.67	3.01	121909.00	1633.16	1341.23	2.61	110585.20	1732.85	1341.23	2.61	110585.20	1732.64
宿迁市西民便河应急整治	260.00				260.00				260.00				260.00			
宿城区饮水安全	19.42				19.42				19.42				19.42			
宿城区西沙河二期	35.70								2.70				2.70			
宿城区西沙河一期	109.60	1.14	2561.95	181.44	80.00				100.00	0.14	500.00		100.00	0.14	500.00	

续上表

	全部计划				本年计划				累积完成				本年完成			
	土方	石方	砼	金属结构	土方	石方	砼	金属结构	土方	石方	砼	金属结构	土方	石方	砼	金属结构
宿城区运南灌区续建配套与节水改造项目2011年度工程	99.76	0.60	18389.00	525.20	82.60	0.48	14500.00	120.00	87.85	0.48	14720.00	420.20	87.85	0.48	14720.00	420.00
宿城区小型农田水利重点县建设	20.70	1.00	600.00													
避洪楼建设宿迁境内工程	13.23		44600.00		13.23		44600.00		13.23		44600.00		13.23		44600.00	
来龙灌区续建配套与节水改造项目2011年度工程	54.92	0.40	15602.00	522.00	54.92	0.40	15602.00	522.00	46.70	0.35	11800.00	428.01	46.70	0.35	11800.00	428.00
皂河灌区续建与节水改选项目2011年度工程	50.78	0.84	24370.00	70.30	50.78	0.84	24370.00	70.30	44.60	0.65	18800.00	59.70	44.60	0.65	18800.00	59.70
宿豫区小型农田水利重点县建设	38.29	0.54	19582.00													
黄墩湖滞洪区安全建设2007年度工程	5.58	0.60	638.00	252.20												
宿豫区饮水安全	44.50				44.50				45.00				45.00			
宿迁市总六塘河疏浚治理	338.56	0.20	2900.00		338.56	0.19	2900.00		338.56	0.20	2900.00		338.56	0.20	2900.00	
宿豫区总六塘河二期	274.28	1.62	5249.00	241.88												
宿豫区总六塘河三期	314.69	0.13	1311.00	56.85												
沭阳县小型农田水利重点县建设	84.03	0.09	6731.29	435.00												
沭阳县饮水安全	27.14				27.14				27.14				27.14			
沭阳县2011年柴塘灌区续建配套与节水改造工程	109.47	0.46	7700.00	131.00	109.47	0.46	7700.00	131.00	87.58	0.37	6200.00	104.00	87.58	0.37	6200.00	104.00
沭阳县柴米河	164.15	0.17	632.00	5.80	140.00				140.00				140.00			

续上表

	全部计划				本年计划				累积完成				本年完成			
	土方	石方	砼	金属结构	土方	石方	砼	金属结构	土方	石方	砼	金属结构	土方	石方	砼	金属结构
泗阳县小型农田水利重点县建设	54.00															
泗阳县饮水安全	26.85		1895.45	246.00	26.85		1895.00	246.00	26.85		1895.00	246.00	26.85		1895.00	246.00
泗洪县西民便河整治	121.00	0.36	1953.00	114.86	121.00	0.36	1953.00	114.86	48.40	0.14	781.20	45.94	48.40	0.14	781.20	45.94
泗洪县小型农田水利重点县建设	99.85	0.30	73200.00													
泗洪县城西翻水站枢纽	10.40	0.28	6878.00	429.00	10.40	0.28	6878.00	429.00	10.40	0.28	6878.00	429.00	10.40	0.28	6878.00	429.00
泗洪县塘怀(一)小水库除险加固工程	6.80		1511.00		6.80		1511.00		6.80		1511.00		6.80		1511.00	
泗洪县饮水安全	35.00				35.00				36.00				36.00			
省属	97.46	0.70	73303.00	2450.00	17.06	0.32	32300.00	950.00	97.46	0.70	72500.00	2450.00	17.06	0.32	32300.00	950.00
江都宜陵闸加固工程			20000.00				20000.00				20000.00				20000.00	
常熟枢纽加固改造	24.40	0.28	16003.00						24.40	0.28	15200.00					
走马塘工程(省属部分)	73.06	0.42	37300.00	2450.00	17.06	0.32	12300.00	950.00	73.06	0.42	37300.00	2450.00	17.06	0.32	12300.00	950.00
项目类型	47466.29	1394.36	4658063.53	92926.11	24515.88	645.47	1636504.54	40055.18	36217.91	737.46	2655714.46	87617.65	27141.88	887.35	2081485.54	80181.14

2011年全省水利重点工程完成情况表

2011年12月　　　　　　　　　　　　　　　　　　　　　　　　　　　单位:万元

序号	项目名称	建设目标	本年完成	完成比例	备　注
一	流域性治理项目	269478	298202	110.66%	
(一)	淮河治理	140335	149901	106.82%	
1	沂沭泗河洪水东调南下二期工程	8721	8921	102.29%	
	南四湖湖西堤加固工程	3721	3721	100.00%	
	新沭河治理工程	4000	4200	105.00%	
	沂、沭、邳治理工程	1000	1000	100.00%	
2	淮河入江水道整治	55000	52500	95.45%	
3	洪泽湖大堤除险加固	1000	1000	100.00%	
4	分淮入沂整治	0	0	0.00%	
5	淮河入海水道二期	0	2000		
6	世行贷款淮河流域重点平原洼地	71045	71185	100.20%	
	泰东河工程	50000	52000	104.00%	
	泰州市里下河东南片洼地治理	2000	0	0.00%	
	淮安市里运河渠北洼地治理工程	1000	1000	100.00%	
	徐州市废黄河洼地治理工程	18045	18185	100.78%	
7	里下河洼地治理川东港拓浚工程	0	0	0.00%	
8	黄墩湖滞洪区	1289	1189	92.24%	
9	黄墩湖滞避洪楼	3280	4106	125.18%	
10	治淮其他工程		9000		
11	新沂河应急治理工程	0	0	0.00%	
(二)	沿海水利	72094	85843	119.07%	
1	泰州引江河二期	0			
2	徐圩片区输水线	9700	11311	116.61%	
3	焦港闸拆建	2500	2650	106.00%	
4	焦港北闸工程	1650	1700	103.03%	
5	九圩港闸加固	2350	2500	106.38%	

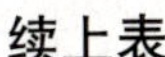

续上表

序号	项目名称	建设目标	本年完成	完成比例	备　注
6	东台市三仓河东延送水工程	2988	2988	100.00%	
7	北凌河疏浚	0	0	0.00%	
8	拼茶运河拓浚	1000	1000	100.00%	
9	通吕通启河拓浚	3000	3200	106.67%	
10	射阳河上段整治	0		0.00%	
11	海堤巩固工程	5000	16588	331.76%	
12	川东港拓浚工程	0		0.00%	
13	盐龙湖水库	38000	38000		
14	东温庄水库	5906	5906		
（三）	海堤达标	5250	5250	100.00%	
1	连云港	1002	1002	100.00%	
2	盐城	4248	4248	100.00%	
（四）	长江治理	42462	47666	112.26%	
1	南京长江堤防能力提升	21700	26711	123.09%	
2	镇扬、扬中、澄通河段应急加固	4788	4981	104.03%	
3	水阳江治理工程	5000	5000	100.00%	
4	滁河治理工程	10000	10000	100.00%	
5	长江南京支流治理	974	974	100.00%	
（五）	省属水利	9337	9542	102.20%	
二	区域性治理项目	372970	439596	117.86%	
（一）	灌区改造	79950	74076	92.65%	
（二）	灌排泵站	3973	3973	100.00%	
（三）	中小河流	140233	157524	112.33%	
（四）	病险水库水闸	25791	36063	139.83%	
	小型水库	17791	28063	157.74%	
	无锡油车水库	8000	8000	100.00%	
	病险水闸		0		
（五）	水利血防	5105	5053	98.98%	
（六）	区域治理	17657	30969	175.39%	
（七）	地方基建	20000	13846	69.23%	

续上表

序号	项目名称	建设目标	本年完成	完成比例	备注
（八）	水资源水环境	10000	6600	66.00％	
（九）	城市防洪	50000	89493	178.99％	9000万转入治淮
（十）	灾后重建	20261	21999	108.58％	
三	南水北调	200000	300000	150.00％	
四	太湖治理	147600	144519	97.91％	
（一）	走马塘工程	90000	96169	106.85％	
（二）	新沟河工程	0			
（三）	新孟河工程	0			
（四）	东太湖综合整治	42500	42500	100.00％	
（五）	常熟枢纽	100	850	850.00％	
（六）	无锡梅梁湖生态清淤	15000	5000	33.33％	
五	还贷		7103		
	合计	990048	1189420	120.14％	

2011年竣工验收情况统计

序号	工程名称	时间	概算(万元)
1	金坛市茅东水库除险加固工程	2011.1.14	3689
2	溧阳市前宋水库除险加固工程	2011.1.16	4525
3	镇江句容市句容水库除险加固工程	2011.1.18	3031
4	镇江句容市墓东水库除险加固工程	2011.1.18	2879
5	镇江句容市二圣桥水库除险加固工程	2011.1.18	3513
6	徐州市废黄河铜山段治理工程	2011.1.24	3627
7	武定门节制闸加固改造工程	2011.4.2	3199.73
8	溧阳市大溪水库除险加固工程	2011.4.8	15042
9	溧阳市沙河水库除险加固工程	2011.4.8	13228
10	淮安市盱眙县龙王山水库除险加固工程	2011.6.1	3356
11	淮安市盱眙县桂五水库除险加固工程	2011.6.1	2720
12	江苏省淮河干流省界水质自动监测站、沭河新安水质水量自动监测站工程	2011.7.7	478.4
13	海堤达标2006年度工程启东市启海界至蒿枝港闸段堤脚抛石防护工程	2011.9.20	1271
14	海堤达标2006年度工程启东市塘芦港新闸除险加固工程	2011.9.20	504
15	江苏省苏北地区水资源配置监控调度系统工程	2011.9.24	5583.69
16	通榆河北延送水工程大套三站	2011.9.27	9276.15
17	通榆河北延送水工程灌河地涵	2011.9.27	11040.57
18	通榆河北延送水工程灌河北泵站	2011.9.27	5053.01
19	通榆河北延送水工程善后河南泵站	2011.9.27	3800.77
20	溧水县湫湖泵站更新改造工程竣工	2011.10.13	7537.19
21	南京市江宁区云台山河治理工程	2011.10.18	2124.19
22	如东县东安新闸工程	2011.10.26	5215
23	如东县掘苴新闸工程	2011.10.26	4820
24	东海县房山水库除险加固工程	2011.11.23	2670
25	东海县横沟水库除险加固工程	2011.11.23	2961
26	东海县昌黎水库除险加固工程	2011.11.23	4148

续上表

序号	工程名称	时间	概算(万元)
27	南通市遥望港闸除险加固工程	2011.12.1	1211
28	南通市团结闸除险加固工程	2011.12.1	2860
29	海门市青龙港及大洪港附近长江护岸工程	2011.12.2	1305
30	江苏省里下河腹部地区湖荡管理中心用房工程	2011.12.16	2705
31	泰州引江河管理区南区交通桥工程	2011.12.16	105
32	长江镇扬河段世业洲左汊2009年度应急护岸工程	2011.12.20	2390
33	吴江市三船路港治理工程	2011.12.24	2278

2011年洪涝灾害统计表（年报）

灾害类型:洪涝及台风灾害

填报单位:江苏防汛防旱指挥部办公室
起止日期:2011－1－1～2011－12－31

地区	受灾范围		农作物受灾面积（万亩）	农作物成灾面积（万亩）	农作物绝收面积（万亩）	受灾人口（万人）	死亡人口（人）	转移人口（万人）	倒塌房屋（万间）	直接经济总损失（亿元）	其中水利设施直接经济损失（亿元）
	县(区、市)（个）	乡(镇)（个）									
合计	45	280	438.64	113.33	25.99	183.62	1	9.997	0.083	27.476	1.851
南京市	7	16	5.52	0.05		1.38		0.009		0.164	0.015
无锡市	3	10	0.75	0.32	0.13	0.74			0.001	0.285	0.041
徐州市	1	24	2.80	1.73	0.61						
常州市	6		0.03							0.003	
苏州市	3	7	2.91	0.58	0.28	4.19		0.004		1.857	0.001
南通市	6	71	263.01	78.86	16.36	128.60	1	4.040	0.035	19.682	0.775
连云港市	4	22				13.61		2.111		0.378	0.119
淮安市											
盐城市	9	80	103.35	16.73	7.10	14.40		3.834	0.040	2.793	0.781
扬州市	4	40	49.62	15.06	1.51	20.71			0.007	2.314	0.119
镇江市											
泰州市	2	10	10.65								
宿迁市											

单位负责人:李春华　　　　填报人:沈之望　　　　填报日期:2012－2－7

2011 年旱灾及抗旱效益统计表(年报)

填报单位:江苏省防汛防旱指挥部办公室

起止日期:2011—1—1～2011—12—31

地区	受灾范围		受旱影响人数	作物受旱面积	作物受灾面积			累计因旱人畜饮水困难		因旱直接经济总损失(亿元)	抗旱效益(亿元)
	县(区、市)(个)	乡镇(个)			总计(万亩)	其中 成灾(万亩)	其中 绝收(万亩)	人口(万人)	大牲畜(万头)		
合计	68	691	709.95	2345.58	722.36	362.03	30.73	28.37	1.23	52.40	174.0
南京市	17	72	49.30	166.13	42.18	29.31	1.03	2.66	0.031	11.469	
无锡市	1	5									
徐州市	8	99	183.20	564.88	416.30	188.30	19.00			5.719	
常州市	4	28	80.38	73.43	2.74	2.22	0.75	18.3	0.1	4.573	
苏州市											
南通市	2	19	26.40	23.11	0.50					0.439	
连云港市	8	85	167.17	384.25	71.09	55.32	5.13			6.419	
淮安市	5	102	56.22	226.13	52.85	29.38	1.50	3.1	0.576	5.869	
盐城市	8	121	62.25	391.35	32.24	12.94				6.446	
扬州市	5	45	41.36	35.97						1.382	
镇江市	5	35	28.00	88.42	29.27	28.55	1.02	4.313	0.52	3.837	
泰州市											
宿迁市	5	80	15.67	391.90	75.20	16.00	2.30			6.250	

单位负责人:李春华　　　　填报人:沈之望　　　　填报日期:2012—2—7

2011年江苏省水利科技优秀成果奖获奖汇总表

序号	成果名称	完成单位	主要完成人	授奖等次
1	大型潜水贯流泵装置及泵站结构型式研究	江苏省通榆河北延送水工程建设管理局、江苏省水利勘测设计研究院有限公司、合肥三益江海泵业有限公司、扬州大学	陆永泉、方桂林、谢伟东、朱庆龙、邓悌康、陶爱忠、陆林广	一等奖
2	长江南京河段崩岸及其防护工程型式研究	南京市长江河道管理处、南京水利科学研究院	章志强、臧英平、马启南、应强、张幸农、仲　琳、陈长英	一等奖
3	苏锡常地区地下水禁采效果评价与研究	江苏省节约用水办公室、江苏省地质调查研究院	季红飞、黄晓燕、冯志祥、李朗、武健强、杨　林、刘晓玲	一等奖
4	复杂地层大口径平行顶管施工技术研究	江苏省通榆河北延送水工程建设管理局、上海交通大学、上海市第二市政工程有限公司	陆永泉、张政田、方桂林、沈水龙、龚叶峰、朱庆元、刘建龙	一等奖
5	江苏沿海挡潮闸冲淤减淤运行管理研究	盐城市水利工程管理处、江苏省水利厅工程管理处、江苏省灌溉总渠管理处	郭　宁、蔡洪卿、孙洪滨、杨启明、陆体成、周俭华、周和平	一等奖
6	沟田协同控制灌排技术节水及环境效应试验研究	江苏省农村水利科技发展中心、河海大学、涟水县水利科学研究站	张小马、蔡　勇、樊峻江、郭相平、刘敏昊、唐合年、胡　乐	一等奖
7	大型水利工程(南水北调东线江苏段)建筑与环境规划设计研究与应用	南水北调东线江苏水源有限责任公司、东南大学	段　进、荣迎春、冯旭松、王丽慧、雒建利、吴学春、王兴平	一等奖
8	七里沟岩溶水源地四氯化碳污染修复技术应用	徐州市城区水资源管理处、徐州工程学院	冯正刚、韩宝平、张元岭、刘喜坤、梁　峙、朱雪强	二等奖
9	工业节水案例与重点行业节水技术集成研究	江苏省节约用水办公室、南京工业大学	季红飞、廖传华、冯志祥、王重庆、朱延风、李春华	二等奖
10	红山窑水利枢纽工程地基和基础综合研究	南京市水利局、南京市水利规划设计院有限责任公司、河海大学、红山窑水利枢纽工程建设处	吴永新、徐惠民、徐小春、陈勇、朱珍德、陈晓静	二等奖
11	江苏省骨干河道布局及等级划分研究	江苏省水利工程规划办公室、江苏省水利厅工程管理处、江苏省水利勘测设计研究院有限公司	叶　健、喻君杰、常　虹、罗伯明、张　飞、陈振强	二等奖
12	膨胀土改良技术研究与工程应用	南水北调东线江苏水源有限责任公司、河海大学、江苏省工程勘测研究院有限责任公司、东南大学	邓东升、张福海、宋意勤、冯旭松、洪振舜、张文慧	二等奖

续上表

序号	成果名称	完成单位	主要完成人	授奖等次
13	高耗水行业废水(印染废水)再生处理回用技术研究与应用	江苏省水文水资源勘测局南通分局、河海大学、江苏双鹤集团有限公司	陈建标、祝建中、杨柳俊、张云、周亚莉、孙　建	二等奖
14	河道入湖污染物量监测与研究	江苏省水文水资源勘测局	马　倩、刘俊杰、万晓凌、纪晓敏、王锡冬、胡尊乐	二等奖
15	张家港市水稻节水灌溉管理制度和激励机制研究	张家港市水资源管理处	卫　臻、张　磊、张　剑、陈江、潘建刚、杨　瑛	二等奖
16	义泽河闸底板大体积砼防裂措施的研究与应用	连云港市盐东水利工程管理处、江苏省水利科学研究院	蒋春祥、刘宝勤、张勇军、黄俊友、胡晓东、李志清	二等奖
17	水工建筑物水下探测系统的推广及应用	江苏省水利科学研究院	黄俊友、赵　钢、王冬梅、陈文猛、胡晓东、徐　毅	二等奖
18	3G技术在防汛指挥系统可视化会商中的应用和推广	淮安市防汛防旱指挥部办公室、中国电信股份有限公司淮安分公司、河海大学	高中卫、黄克清、俞晓春、汤建均、许　峰、王良勇	二等奖
19	南方灌区生态节水工程建设与管理模式	高邮市水务局、河海大学	顾　宏、罗玉峰、王之义、徐俊增、李江安、王卫光	二等奖
20	新沂河行洪能力水文测验与分析研究	江苏省水文水资源勘测局	赵德友、陈家大、赵永俊、张玉田、胡必要、赵立华	二等奖
21	大套三站泵站系统效率研究	江苏省通榆河北延送水工程建设管理局、扬州大学、江苏省水利勘测设计研究院有限公司	陆永泉、朱庆元、仇宝云、祁国虎、刘建龙	三等奖
22	地下连续墙与压力分散型锚杆组合式挡土结构研究与工程应用	省南水北调东线淮安四站工程建处、江苏鸿基岩土工程有限公司、江苏省水利勘测设计研究院有限公司	荣迎春、叶　华、田晋生、李辉、沈朝晖	三等奖
23	扬州市社区节水技术应用研究与推广	扬州市水利局、扬州大学	宋丹丽、贾仁甫、戴　勇、程智、张　炯	三等奖
24	建设项目扰动土侵蚀规律研究	江苏省沿海水利科学研究所、江苏省水利科学研究院	杨延春、吴玉柏、邹志国、周华强、施朱峰	三等奖
25	淮河入江水道金湖段过流防洪安全分析研究	金湖县水务局、扬州大学水利科学与工程学院	季建国、费佰年、钟开伟、华庆平、邹　燕	三等奖
26	分光辐射光谱仪在太湖蓝藻遥感监测中的研究与应用	江苏省水利科学研究院	黄俊友、赵　钢、王冬梅、俞青荣、吴建刚	三等奖
27	大口径钢筋砼管节现场制作及粘土夹岩地质中顶进施工研究与应用	淮安市水利局、中交二航局南水北调淮安市截污导流穿运洞移建工程项目经理部	李三林、许夕保、胡永法、陈海宽、戴振华	三等奖
28	强震区截污导流工程抗震安全性研究及应用	宿迁市水务局、河海大学	叶志才、任青文、徐　磊、叶兴成、王山山	三等奖
29	堤坝决口抢险植桩技术的应用研究	镇江市防汛机动抢险队	许凤阳、李一中、朱文元、郭云书、刘　杰	三等奖
30	堤防白蚁防治技术规程	江苏省水利厅	陶长生、郑在洲、朱德伦、吕金宝、万　骏	三等奖

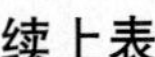

续上表

序号	成果名称	完成单位	主要完成人	授奖等次
31	水利工程观测规程	江苏省水利厅、江苏省河道管理局	陶长生、郑在洲、杨　淮、高杏根、王震球	三等奖
32	大中型灌区工程设计概(估)算编制规定	江苏省农村水利科技发展中心	张小马、刘有勇、蔡　勇、倪明娟、樊峻江	三等奖
33	水利工程铸铁闸门设计制造安装验收规范	江苏省水利工程质量监督中心站、扬州大学、江苏省水利勘测设计研究院有限公司、扬州扬大水利机械有限责任公司、江苏省水利科学研究院	黄海田、樊志远、周济人、丁军、张　毅、	三等奖